Thomas Bräutigam

Klassiker des Fernsehfilms

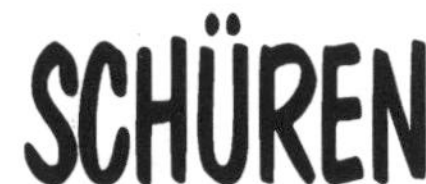

Bibliografische Information der Deutschen Bibliothek
Die Deutsche Bibliothek verzeichnet diese Publikation in der Deutschen Nationalbibliografie; detaillierte bibliografische Daten sind im Internet über http://dnb.ddb.de abrufbar.

Bildnachweis

Constantin (S. 274); HR (S. 63, 165); NDR (S. 23, 126, 297); ORF (S. 252); RB (S. 177); Sat.1 (S. 76, 299, 309, 325, 333); Scotia (S. 106); SDR (S. 33); SFB (S. 75); WDR (S. 91, 115, 127, 139, 223, 240, 265, 273, 301, 308, 332); ZDF (S. 21, 25, 57, 60, 72, 74, 90, 131, 174, 199, 257, 295)

Screenshots: absolut MEDIEN (S. 172); AL!IVE (S. 52, 321); ARD (S. 45, 81, 83, 86, 93, 102, 120, 136, 144, 183); Arthaus (S. 47, 151, 190, 293); Ascot Elite (S. 161); 3sat (S. 78, 232); Edel Germany (S. 225); Edition Der Standard (S. 338); EuroVideo (S. 185, 203, 204, 213, 239, 245, 280, 282); Filmgalerie 451 (S. 133); good! movies (S. 229); Icestorm (S. 70, 188, 342); Kinowelt (S. 67); KNM (S. 53, 243, 263, 347); Komplett Media (S. 334); NDR (S. 123, 129, 179, 227, 247); S.A.D. Home Entertainment (S. 182); Studio Hamburg / ARD Video (S. 50, 95, 147, 156, 195, 208, 215, 217, 266, 269, 279, 315, 319, 324); Universal (S. 304); Universum Film (S. 138); Warner (S. 111, 290, 343); WVG Medien (S. 345); ZDF (S. 59, 100, 145, 163, 168, 219, 249); ZYX Music (S. 235)

Schüren-Verlag GmbH
Universitätsstraße 55 · D-35037 Marburg
www.schueren-verlag.de | info@schueren-verlag.de

Gestaltung: Erik Schüßler
Umschlaggestaltung: Wolfgang Diemer, Köln
Druck: CPI- Clausen & Bosse, Leck
Printed in Germany
Wir verwenden Papiere aus nachhaltiger Waldwirtschaft.
ISBN: 978-3-89472-859-5

Thomas Bräutigam
Klassiker des Fernsehfilms

Inhalt

Vorwort

I.

Man kann ihn als «Volkswagen unter den Filmen» bezeichnen, als «Mäusekino», «kleiner Bruder der Leinwand», «poor cinema» – oder was einem an phantasievollen Herablassungen noch einfällt. Der Fernsehfilm tut sich schwer, neben seinem großen Kino-Bruder als eigenständiges Wesen – als «Kunstwerk» gar – wahrgenommen zu werden.

Das Kino ist fest in der Kulturgeschichte verankert. Der Film gehört zum «Kulturerbe», dem man «Denkmalpflege» angedeihen lässt.[1] Es gibt einen akzeptierten Kanon an Werken, Regisseuren, Autoren, es gibt Festivals, Preise, Retrospektiven etc. Verglichen mit Hollywood-Glamour ist das, was das Fernsehen an fiktionaler Produktion zu bieten hat, tatsächlich eine graue Maus. Ein paar aktuelle Titel und Namen sind vielleicht präsent, solche aus der Geschichte des Fernsehfilms jedoch kaum.

Hat er überhaupt eine Geschichte? Er hat! Gibt es Fernsehfilme von künstlerischem Rang, von hoher Aussagekraft, deren Kenntnis unseren Horizont erweitern würde? Es gibt sie! Kann man sich davon sofort überzeugen, indem man sich diese Werke ansieht? Nein, man kann nicht!

Allein mit diesen drei Punkten wäre ein Buch über die «Klassiker» des Fernsehfilms hinreichend legitimiert. Die Behauptung indes, dass aus jenem kleinen Möbelstück im Wohnzimmer (vulgo: «Glotze») in den letzten fünf bis sechs Jahrzehnten außer Bonanza, Dallas, Kulenkampff und Gottschalk auch Meisterwerke herausgeflimmert sein sollen, ist insofern kühn, als sie sich nicht auf Anhieb überprüfen lässt. Denn die Produktionen sind nach ihrer Erstsendung und vielleicht einmaligen Wiederholung in den Archiven der Sender verschwunden – versunkenes Kulturgut, ein Schicksal, das in der Geschichte des Hörspiels[2] seine Parallele hat.

Von diesem Archivbegräbnis ist eben nicht nur die routinierte Unterhaltungsware betroffen, sondern auch das einzelne Kunstwerk. Eberhard Fechners Dokumentarfilm über den Majdanek-Prozess (DER PROZESS, 1984), ein Werk, das in seiner Bedeutung neben Claude Lanzmanns SHOAH steht – möglicherweise sogar das Beste, was das deutsche Fernsehen in seiner Geschichte überhaupt hervorgebracht hat – ist für die Öffentlichkeit

1 vgl. Anna Bohn: *Denkmal Film*, 2 Bde., Wien/Köln/Weimar 2013.

2 In dieses «Schicksal» hat der Verfasser schon einmal versucht einzugreifen: Thomas Bräutigam: *Hörspiel-Lexikon*, Konstanz 2005.

nicht zugänglich (keine Wiederholung, keine DVD), viele wissen gar nichts von seiner Existenz.

Dieser Befund macht die Sichtung und Auslese einzelner Fernsehspiele/Fernsehfilme (beide Begriffe sind hier synonym verwendet) zum Desiderat. Zunächst ist eine knappe Vergegenwärtigung der historischen Entwicklung angemessen. Wir können uns kurz fassen, an historiographischen Darstellungen ist kein Mangel[3], wohl aber an der Analyse einzelner Filme.

II.

Auf der Suche nach einer eigenständigen Kunstform grenzte sich das Fernsehen in seiner Frühphase (erste Hälfte der 1950er Jahre) vom Film scharf ab, orientierte sich eher an Theater und Hörspiel. Das Live-Spiel im Studio sollte eine autonome Kunstform begründen, die ähnlich wie die Hörspiel-Ästhetik der Zeit auf Intimität und Innerlichkeit ausgerichtet war. Der kleine Bildschirm schien prädestiniert für die Form des kleinräumigen Kammerspiels, eine Reduzierung und Kondensierung des Geschehens durch Nah- und Großaufnahmen von Gesichtern, eine Visualisierung von «inneren», «vergeistigten» Vorgängen. Damit wollte man ein den anderen Künsten wie Theater und Literatur vergleichbares Niveau erreichen, trotz – oder gerade wegen – der schütteren technischen Möglichkeiten eines von elektronischen Kameras fixierten Studiobetriebs. Diese theoretischen Zielsetzungen erwiesen sich als Sackgasse. Nicht nur war es schwierig, gute Autoren zu gewinnen – die Intellektuellen waren nicht bereit, sich für diesen belächelten kleinen Kasten herzugeben, die Hörspielarbeit dagegen war viel besser bezahlt –, spätestens mit der Einführung der Magnetaufzeichnung und der Produktion auf Filmmaterial Ende der fünfziger Jahre, war dieses Prinzip der «intimen Bühne» auch schon veraltet.

Die Ablösung vom Studio-Spiel (die langsam vonstattenging, die elektronische Kamera blieb weiter im Einsatz) und die Hinwendung zum Filmischen eröffneten nicht nur neue formale Möglichkeiten, sondern änderten auch die inhaltliche Ausrichtung der TV-Fiktionen. Nicht mehr die Weltliteratur, aus deren Stoffangebot man sich zuvörderst bediente, war

3 Der akademische Zirkel, der sich mit «Fernsehspiel-Forschung» beschäftigt, ist klein, deshalb fallen immer wieder die gleichen Namen: Knut Hickethier: *Das Fernsehspiel der Bundesrepublik*, Stuttgart 1980. Knut Hickethier: *Geschichte des deutschen Fernsehens*, Stuttgart/Weimar 1998. Knut Hickethier: Das Fernsehspiel oder Der Kunstanspruch der Erzählmaschine Fernsehen, in: Helmut Schanze / Bernhard Zimmermann (Hrsg.): *Das Fernsehen und die Künste*, München 1994, S. 303–348. Irmela Schneider: Das Fernsehspiel. Wie es war, ist und sein könnte, in: Helmut Kreuzer / Karl Prümm (Hrsg.): *Fernsehsendungen und ihre Formen*, Stuttgart 1979, S. 25–52. Thomas Koebner: Das Fernsehspiel – Themen und Motive, in: Peter von Rüden (Hrsg.): *Das Fernsehspiel. Möglichkeiten und Grenzen*, München 1975, S. 20–64. Weitere Titel in der Bibliografie im Anhang.

das maßgebliche Modell, sondern die eigene Wirklichkeit, die Gesellschaft der Gegenwart, die Zeitgeschichte. Dieses neue Paradigma war nicht etwa von der Programmdirektion «von oben» verordnet, sondern resultierte aus äußeren Faktoren. Der sprunghafte Anstieg der Zuschauerzahlen ab etwa 1960, die jetzt erst einsetzende rasante Entwicklung zum *Massenmedium* – wie in den Kinosälen der fünfziger Jahre sammelte sich nun die *gesamte* Gesellschaft vor dem Gerät –, bewirkte eine generelle Tendenz zu aktuellen, reportageartigen, informierenden Programmanteilen, das Fernsehen politisierte sich mit Magazinen und Journalen (Thilo Koch, Peter von Zahn, Gert von Paczensky hießen die Protagonisten) und wurde selbst zu einer kritischen Instanz innerhalb einer Gesellschaft, die den Mief der fünfziger Jahre abzustreifen begann, sich nicht mehr primär über «Privatheit» und «Intimität» definierte, sondern über Politik und Gesellschaft debattierte. Auch die bislang erfolgreich praktizierte Verdrängung der deutschen Vergangenheit wurde nun empfindlich gestört. Die Fakten, die etwa der Eichmann-Prozess in Jerusalem oder der Auschwitz-Prozess in Frankfurt offenlegten, ließen sich nicht mehr ignorieren.

In diesen Prozess der Modernisierung ordnete sich auch die fiktionale Produktion des Fernsehens ein. Studiotheater und Literatur-Adaption wurden abgelöst vom «Original»-Fernsehspiel, das sich der Realität zuwandte oder Zeitgeschichte in szenischer Darstellung rekonstruierte. Die Probleme und Konflikte der zeitgenössischen Gesellschaft ließen sich in einer Spielhandlung besser und attraktiver darstellen als in den eigentlichen Politiksendungen. «Das Fernsehspiel entwickelte sich zu einem Forum der Auseinandersetzung mit gesellschaftlichen Fragestellungen»[4]. Nun begann die «Glanz»- und «Blütezeit» dieses Genres, das sich damit markant gegen den damaligen Kinofilm profilierte. Während die Filmindustrie mit Lümmel- und Schlagerfilmen und sonstigem eskapistischen Biedersinn aus der selbstverschuldeten Misere herauszufinden suchte, fanden Themen wie Familien- und Generationskonflikt, die Tristesse an den Arbeitsplätzen in Fabriken und Zechen, die deutsch-deutsche Teilung, die Verbrechen der Deutschen im Zweiten Weltkrieg fast ausschließlich im Massenmedium Fernsehen statt (der Holocaust allenfalls noch im Dokumentartheater, nicht jedoch in der Prosaliteratur, auch nicht im «Neuen Deutschen Film»).

Dieser Anspruch, der auch die Gelegenheit zum Experiment und zur Provokation bot, ließ sich nur mit engagiertem Personal in den Sendern behaupten. Redakteure wie Egon Monk und Dieter Meichsner in Hamburg oder Günter Rohrbach in Köln setzten den politischen Fernsehfilm – im krassen Gegensatz zur heutigen Praxis – auch notfalls *gegen* das Publikum durch (viel Gelegenheit zum Wegzappen war bei nur zwei Vollprogrammen ohnehin nicht, was zur Primetime lief, wurde auch gesehen).

4 Joan Kristin Bleicher: Das kleine Kino? TV Movies im Deutschen Fernsehen, in: Harro Segeberg (Hrsg.): *Film im Zeitalter Neuer Medien I. Fernsehen und Video*, München 2011, S. 225–248; 229.

Dieses kritische, aufklärerische Potential war nun auch attraktiv für Autoren und Regisseure aus Film, Theater, Literatur (Heinar Kipphardt, Dieter Wellershoff, Gabriele Wohmann, Peter Zadek, Tankred Dorst, Rainer Werner Fassbinder u. a.). Viele, die später im Kino erfolgreich waren, begannen damals beim Fernsehen (z. B. Peter Lilienthal, Wolfgang Petersen oder der Kameramann Jost Vacano).

Rückblickend lässt sich feststellen, dass der Fernsehfilm der 1960er und 1970er Jahre noch vor allen anderen kulturellen Gattungen wie ein Fundus der deutschen Zeit- und Alltagsgeschichte erscheint, als solcher ist er allerdings noch kaum gewürdigt worden.[5]

Dies gilt indirekt auch für die «Fernsehdramatik» der DDR, allerdings unter völlig anderen Bedingungen. Die Produktion unterlag den ideologischen Vorgaben, sie sollte das Wunschbild einer sozialistischen Gesellschaft zeigen, herauszulesen ist aus ihr eher die Diskrepanz zwischen Anspruch und Wirklichkeit. Was als Realismus ausgegeben wurde, war meist unfreiwillig Utopie.

Der dezidiert sozialkritische Anspruch des Fernsehspiels in der Bundesrepublik schwächte sich in der zweiten Hälfte der siebziger Jahre wieder ab. Da das «Spiel» auf dem Bildschirm immer mehr zu «Film» geworden war, begannen die von beiden Seiten lange gepflegten Grenzen zwischen Fernsehen und Kino zu fließen. Mit dem «Film-Fernseh-Abkommen» von 1974 finanzierten ARD und ZDF Koproduktionen, überließen der Filmwirtschaft das Erstaufführungsrecht und bekamen die Möglichkeit zur Fernsehausstrahlung garantiert. Diese Kontaminierung der beiden Medien hatte thematische und ästhetische Konsequenzen. Der «spezifische Fernsehblick auf die Wirklichkeit», der die sechziger Jahre charakterisierte, änderte sich: «Die Funktion aufklärerischer Kritik durch Fiktion begann schrittweise der Unterhaltungsfiktion des Kinos zu weichen»[6]. Auf der anderen Seite wurde der deutsche Film nicht nur finanziell vom Fernsehen abhängig: «Ästhetisch orientierten sich die Koproduktionen am Fernsehen, auch wenn sie in der Erstverwertung im Kino gezeigt wurden. (...) Der sogenannte Neue Deutsche Film muss vor diesem Hintergrund eigentlich als Neues Deutsches Fernsehen klassifiziert werden.»[7] Viele Filme, die auf Festivals liefen oder Filmpreise erhielten waren faktisch Fernsehproduktionen (z. B. DER PLÖTZLICHE REICHTUM DER ARMEN LEUTE VON KOMBACH, FALSCHE BEWEGUNG, LINA BRAAKE, DIE VERLORENE EHRE DER KATHA-

5 Mit einer Ausnahme: Martin Wiebel (Hrsg.): *Deutschland auf der Mattscheibe. Die Geschichte der Bundesrepublik im Fernsehspiel*, Frankfurt 1999. Diese Publikation ging hervor aus einer Retrospektive des deutschen Fernsehspiels im Rahmen der Ausstellung «Einigkeit und Recht und Freiheit, Wege der Deutschen 1949–1999» in Berlin.

6 Bleicher (wie Anm. 4), S. 230.

7 Lothar Mikos: Amphibischer Film versus transmediale Erzählung. Zu den komplexen Wechselbeziehungen von Film und Fernsehen, in: Thomas Schick / Tobias Ebbrecht (Hrsg.): *Kino in Bewegung. Perspektiven des deutschen Gegenwartsfilms*, Wiesbaden 2011, S. 137–154; 140f.

RINA BLUM), ohne dass dies sonderliche Erwähnung fand.

Dass das Fernsehspiel-Problemstück mit didaktisch-volkspädagogischer Intention selbst problematisch geworden war, zeigte 1979 geradezu sensationell und schockartig der US-Mehrteiler HOLOCAUST. Ein triviales Rührstück löste eine ungeheure Emotionalisierung und Betroffenheit aus, was dem gutgemeinten, artifiziellen, dokumentaristischen Fernsehfilm vorher nicht gelungen war (diese verspätete Erschütterung machte schlagartig evident, wie die Deutschen einer Verarbeitung von «Auschwitz» 35 Jahre lang aus dem Weg gegangen waren).

Nach diesem Muster setzte eine unselige Gefühls-Offensive im Fernsehen ein, das gesellschaftliche Konflikte von nun an zwar nicht umging, doch statt Systeme und Institutionen anzugreifen, lieber individuelle, private, melodramatisch aufgezogene Geschichten erzählte und auch vor zähnenschindenden Stoffen nicht zurückschreckte. Die Einführung des kommerziellen Privatfernsehens verstärkte diese Tendenz nochmals, da den öffentlich-rechtlichen Sendern als Reaktion auf die plötzliche Konkurrenz nichts anderes einfiel, als sich bis zur Unkenntlichkeit an deren Trash-Angebot zu assimilieren und die eigenen Programme einem bis dahin nicht gekannten Quoten-Fetischismus zu unterwerfen.

Seitdem gibt es zwar auch im Fernsehfilm anspruchsvolle Produktionen mit Qualitäts-Niveau (und die Wiedervereinigung ließ auch das Interesse am Politischen wieder aufflammen), denen aber nur dann Erfolg zugetraut wird, wenn sie als Unterhaltung verpackt sind («Anpassung an veränderte Sehgewohnheiten» lautet die Formel des Opportunismus). Auch gute Autoren mit kritischem Anspruch sehen sich gezwungen, ihre Stoffe in einem Who-done-it-Krimi oder Frau-zwischen-zwei-Männern-Melo unterzubringen. Der ehedem aufrüttelnde und querdenkende Impetus mutierte zu «organisiertem Süßstoff mit integriertem Schlafmittel» (Dominik Graf über die berüchtigten «Degeto»-Produktionen).

III.

Sechzig Jahre Fernsehspiel haben zweifellos ein Repertoire entstehen lassen, das jedoch aufgrund des eingangs konstatierten Eintagsfliegen-Daseins der meisten Produktionen (mit nachfolgender Deponierung in den Sender-Katakomben) weitgehend unbekannt geblieben ist. Eine kulturelle Öffentlichkeit, die dieses Genre angemessen (Buch, Film, Theater vergleichbar) rezipiert hätte, hat es nie gegeben. Die Titel sind zwar erfasst und katalogisiert,[8] doch die maßgeblichen Autoren und Regisseure, die vorrangig oder gar ausschließlich für das Fernsehen gearbeitet haben, sind im

8 Durch die vom Deutschen Rundfunkarchiv herausgegebene Reihe von Verzeichnissen: *Fernsehspiele in der ARD 1952–1972, Die Fernsehspiele 1973–1977, Lexikon der Fernsehspiele 1978–1987*, nachfolgend jeweils Jahresbände.

Unterschied zu ihren Kollegen von Theater und Film im Schatten geblieben: Egon Monk, Dieter Meichsner, Franz Peter Wirth, Fritz Umgelter, Rainer Erler, Peter Beauvais, Rolf Hädrich, Rainer Wolffhardt, Eberhard Fechner, Axel Corti, Eberhard Itzenplitz, Oliver Storz, Peter Schulze-Rohr, Daniel Christoff, Wolfgang Menge oder Tom Toelle – um nur einige zu nennen. Über die Personen immerhin kann man sich in einem vortrefflichen Nachschlagewerk informieren,[9] die Fernsehspiel-Geschichte ist ebenfalls geschrieben,[10] doch wenn es um einzelne Werke geht, überschreiten die Mitteilungen zwei bis drei Sätze nur selten. Ein Lexikon der Fernsehfilme, das Inhalt, Analyse und Kritik verbindet, fehlte bislang (auch im sonst so geschwätzigen Internet herrscht bei diesem Thema mehr Vakuum als Substanz).

Die Kriterien für die in diesem Buch getroffene Auswahl sind durch die erwähnte Literatur bereits vorstrukturiert. Dort sind die kanonisierten Autoren und Regisseure genannt (für die Gegenwart ergänzen wir stellvertretend: Dieter Wedel, Heinrich Breloer, Dominik Graf, Jo Baier, Matti Geschonneck, Christian Görlitz, Andreas Kleinert, Stefan Kolditz, Beate Langmaack, Torsten C. Fischer, Stefan Krohmer, Lars Kraume, Roland Suso Richter, Max Färberböck, Hermine Huntgeburth). Zuvörderst aus deren Œuvre rekrutieren sich die «Klassiker». Gemeint sind damit Produktionen, die geeignet sind, ihre Entstehungszeit zu überdauern, weil sie ein stilistisch-ästhetisch hohes Niveau aufweisen und/oder gesellschaftlich bzw. zeitgeschichtlich relevante Probleme behandeln, sich vielleicht gar experimentell gebärden. Nicht jeder Klassiker ist ein hehres Kunstgebilde, auch die zu ihrer Zeit umstrittenen Filme, die Debatten auslösten, gehören dazu, desgleichen die populären Publikumsrenner («Straßenfeger» wie etwa die Durbridge-Mehrteiler). Auch die Auszeichnung mit dem renommierten Adolf-Grimme-Preis wirkt repertoirebildend (die Preisträger sind im Lexikonteil mit ★ markiert). Insgesamt sollte eine Auswahl von knapp 300 Produktionen einen repräsentativen Querschnitt durch die Fernsehspiel-Geschichte ergeben, «Geschichte», die selbstverständlich bis in die Gegenwart reicht. Wem dieser Kanon zu groß ist, der sei auf die «Top 20» im Anhang verwiesen.

Abzugrenzen ist der Fernseh*film* von der hier nicht berücksichtigten Fernseh*serie*.[11] Serien bestehen aus in sich abgeschlossenen Episoden, ein «Mehrteiler» hingegen ist ein Film mit durchgehender Handlung, der nur wegen seiner Länge mehrere Folgen hat. So weit die Füsse tragen, Acht Stunden sind kein Tag, Berlin Alexanderplatz oder Heimat sind daher

9 Eine wahre Fundgrube, natürlich längst vergriffen: Egon Netenjakob: *TV-Filmlexikon. Regisseure, Autoren, Dramaturgen 1952–1992*, Frankfurt 1994.

10 Siehe Anm. 3.

11 Die Fernsehserie ist lexikalisch schon sehr gut erschlossen: Harald Keller: *Kultserien und ihre Stars*, Reinbek 1999. Martin Compart: *Crime TV. Lexikon der Krimi-Serien*, Berlin 2000. Thomas Hruska / Joan Evermann: *Der neue Serien-Guide*, Berlin 2004. Michael Reufsteck / Stefan Niggemeier: *Das Fernsehlexikon*, München 2005. Thomas Klein / Christian Hißnauer (Hrsg.): *Klassiker der Fernsehserie*, Stuttgart 2012.

keine Serien, sondern mehrteilige Filme, die gleichwohl «seriell», d. h. auf ihre Mehrteiligkeit hin erzählt sein können.[12] Ein Unikat wie DIE UNVERBESSERLICHEN findet hier dennoch Aufnahme: die einzelnen Folgen liefen nur im Jahresabstand.

Verzichtet wurde auf einige Fernsehfilme, die im Kino erfolgreich waren, da diese schon in der Film-Literatur besprochen sind (z. B. DIE KONSEQUENZ, DIE ABFAHRER, DIE POLIZISTIN, WOLFSBURG, HIERANKL). Die oben erwähnte Praxis der Koproduktionen macht eine Unterscheidung zwischen Fernseh- und Kinofilm ohnehin problematisch, im Zweifelsfall gilt der Ort der Erstaufführung. Selbstverständlich war die Auswahl auch davon abhängig, ob die Filme dem Autor überhaupt zugänglich waren.

Die einzelnen Artikel bestehen aus Produktionsdaten, «Cast & Crew», einer Inhaltsangabe, einer Bewertung bzw. historischen Einordnung und/ oder einem Zitat aus Rezensionen oder auch aus der Begründung der Jury des Adolf-Grimme-Preises. Ergänzend folgen Hinweise auf Textausgaben, Forschungsliteratur und DVD-Editionen. Ziel ist grundsätzlich, komprimierte Information über den Film zu liefern, im Idealfall den Leser auf ein Werk neugierig zu machen. Die Möglichkeit, diese Neugier auch zu befriedigen, besteht – siehe oben – in vielen Fällen nicht. Mit diesem Buch auf verborgene Schätze aufmerksam zu machen, ergibt letztlich nur Sinn, wenn diese der Öffentlichkeit auch zugänglich sind. Filme wollen gesehen, nicht nur beschrieben werden.[13]

12 Zu Definitionen und Differenzkriterien vgl. z. B. Knut Hickethier: *Film und Fernsehanalyse*, Stuttgart [2]1996, S. 183 ff., Klein/Hißnauer (wie Anm. 11), S. 9 ff.

13 Das Ziel wäre erreicht, wenn zumindest die hier vorgestellten Titel komplett auf DVD vorliegen. Hingewiesen sei auch auf die «Programmgalerie» im Film- und Fernsehmuseum Berlin, ein frei zugängliches Archiv mit Hunderten von Fernsehproduktionen.

Abkürzungsverzeichnis

★	Adolf-Grimme-Preis
B	Buch
BR	Bayerischer Rundfunk
D	Darsteller
DFF	Deutscher Fernsehfunk
Do	Drehort
DRS	Fernsehen der deutschen und rätoromanischen Schweiz
epd	Evangelischer Pressedienst
FAZ	Frankfurter Allgemeine Zeitung
FF	Funk und Fernsehen der DDR/FF dabei
FK	Funkkorrespondenz
FR	Frankfurter Rundschau
Fs	Festschrift
HR	Hessischer Rundfunk
K	Kamera
KF	Kirche und Fernsehen
Ko	Kostüme
KR	Kirche und Rundfunk
L	Literarische Vorlage
M	Musik
MDR	Mitteldeutscher Rundfunk
ND	Neues Deutschland
NDR	Norddeutscher Rundfunk
NWRV	Nord- und Westdeutscher Rundfunkverband
NZZ	Neue Zürcher Zeitung
ORB	Ostdeutscher Rundfunk Brandenburg
ORF	Österreichischer Rundfunk
P	Produzierender Sender
R	Regie
RAss	Regieassistenz
RB	Radio Bremen
RBB	Rundfunk Berlin Brandenburg
S	Schnitt
Sd	Sendedatum der Erstausstrahlung
SDR	Süddeutscher Rundfunk
SF	Schweizer Fernsehen
SFB	Sender Freies Berlin
SWF	Südwestfunk
SWR	Südwestrundfunk
SRG	Schweizerische Radio- und Fernsehgesellschaft
SZ	Süddeutsche Zeitung
Sz	Szenenbild
T	Ton
Ü	Übersetzung
WDR	Westdeutscher Rundfunk

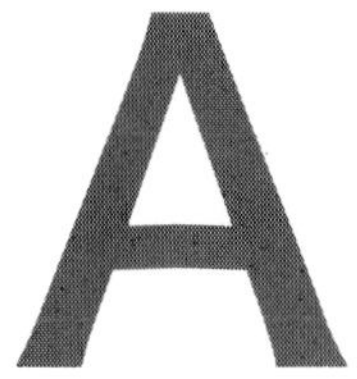

Abendlicht ➲ Rheinpromenade

Aber Vati! (1974/79)

P DFF 1974/79 **Sd** 1., 4., 6.1.1974, 25.8.1979, DFF (4 Teile) **R** Klaus Gendries **B** Hermann Rodigast, Klaus Gendries **K** Eberhard Borkmann, Hans-Jürgen Sasse **M** Rudi Werion **Sz** Norbert Günther, Udo Scharnowski **S** Vera Nowark **T** Rosemarie Linde, Horst Mathuschek **Ko** Maria Welzig
D Erik S. Klein (Erwin Mai), Rolf und Rudi Lemcke (Kalle und Kulle), Marianne Wünscher (Elsbeth), Martin Trettau (Fred), Helga Labudda (Monika), Ewa Szykulska (Sybille), Erich Petraschk (Opa Büttner), Ina Reuter (Fränze), Volkmar Kleinert (Edgar Seinert), Maria Mallé (Ulla Lindig), Hans Teuscher (Buchholz), Janett Koos (Sophia), Kathrin Brose (Birgit), Günter Wolf (Bork)

Der geschiedene Erwin Mai ist als Alleinerziehender mit seinen 11-jährigen Zwillingen Kalle und Kulle überfordert. In seinem Betrieb ist er zwar ein As, aber zu Hause ein Versager. Das findet zumindest seine Schwester Elsbeth, die sich um die Zwillinge kümmert. Sie drängt Erwin, wieder zu heiraten, da die Kinder, die mit ihren Streichen Nachbarn und Lehrer zur Verzweiflung bringen, unbedingt eine Mutter brauchen. Gegen diesen Wunsch sträuben sich sowohl Erwin als auch Kalle und Kulle, aber Erwin kommt schließlich zur Einsicht, dass es so nicht mehr weiter geht. Seine Partnersuche führt zunächst zu einer ziemlich jungen Reisebekanntschaft, doch die Zwillinge favorisieren die Karussellbesitzerin Marion, die er dann auch heiratet. Kalle und Kulle sind zufrieden, sie haben nicht nur eine Mutter, sondern auch eine 7-jährige Schwester. Doch neue Turbulenzen lassen nicht lange auf sich warten, vor allem, als die erste Ehekrise ausbricht. Der vierte Teil spielt fünf Jahre später. Die Kinder sind inzwischen Teenager und haben nun ganz andere Probleme. Außerdem ist noch ein vierjähriges Schwesterchen da. Als die Mutter auf einen Lehrgang geht, steht schon kurz nach ihrer Abreise alles Kopf.

Dieser familienserienartige TV-Mehrteiler war einer der größten Publikumserfolge des DDR-Fernsehens. Er spiegelt einen Trend im DDR-Fernsehspiel der 70er Jahre wider, den des betont apolitischen, komödiantischen Reflektierens der Alltagswelt (vgl. ➲ Florentiner 73). Aber Vati bezweckte jedoch nicht nur Unterhaltung, sondern sollte auch die Bewältigung alltäglicher Erziehungsprobleme vermitteln. Diese didaktische Komponente zeigt sich vor allem im sich verändernden Verhalten des Vaters, der zu einem größeren Verantwortungsbewusstsein findet und seine neue Frau, die er zunächst nur der Kinder wegen geheiratet hat, als wirkliche Partnerin schätzen lernt. Auf einem wesentlich höheren Niveau und mit negativ akzentuierten Männerfiguren problematisiert der Mehrteiler ➲ Eva und Adam die Partnerbeziehung in der sozialistischen Gesellschaft.

Literatur: Klaudia Wick: Ein Herz und eine Serie. Wie das Fernsehen Familie spielt, Freiburg 2006, S. 98–112.
DVD: Studio Hamburg / DDR TV-Archiv

Abgefahren! (1995) ★

P ZDF 1995 **Sd** 20.3.1995, ZDF **R/B** Uwe Frießner **K** Hartwig Strobel **M** Axel Donner **Ko** Anne-Gret Oehme
D Susanne Bormann (Pattie), Pierre René Müller (Sven), Philipp Dümcke (Fabian), Ilona Schulz (Mutter), Eduard Burza (Olaf), Thomas Frindt (Lars), Stefan Riedner (Pit), Markus Kunze (Aki), Janusz Cichocki (Leszek)

Eine Straßengang von noch nicht ganz 14-jährigen (also noch nicht strafmündigen) Kids im Plattenbau-Milieu des Berliner Ostens klaut Autos. Sie veranstalten damit Wettrennen und ab und zu auch einen Crash. Da sie noch nicht strafmündig sind, kann die Polizei nicht mehr tun, als sie jedesmal nach Hause zu schicken zu ihren kaputten Familien. Svens Mutter nimmt Drogen, Patties Mutter, Kassiererin im Supermarkt, angelt sich ständig die falschen Kerle. Den Eltern flattern allerdings saftige Rechnungen der Autoversicherer ins Haus. Pattie unterschlägt diese Post, da ihre Mutter niemals 12000 Mark aufbringen könnte. Deshalb «professionalisieren» Pattie und Sven ihr Hobby: Sie verschachern die geklauten Wagen an eine polnische Autoschieber-Gang. Bei Verfolgungsjagden mit der Polizei gibt es neue Blechschäden und neue Forderungen der Autoversicherer. Aus diesem Teufelskreis finden die Protagonisten nicht mehr heraus, Patties Mutter erhängt sich. Dennoch hat der Film einen harmoniehaft-irrealen, wohl ironisch gemeinten Schluss: Pattie und ihr Freund verlassen Hand in Hand das Bild in eine Mond-Kulisse.

Frießners Film dringt zwar nicht zu den gesellschaftlichen Hintergründen von Jugendkriminalität vor, doch zeichnet er sentimentalitäts- und pathosfrei ein stimmiges Bild einer von ihren Eltern sich selbst überlassenen Generation, die unentschieden zwischen Abenteuerlust und Sehnsucht nach Harmonie schwankt. Die Jury des Adolf-Grimme-Preises würdigte bei ihrer Preiszuerkennung vor allem die Sprache des Mädchens: «Im Mittelpunkt und am Ende des Films (...) steht die knapp 14-jährige Pattie, die eine eigene, überlebenstüchtige Individualität gewonnen hat. Sie ist nicht den Verhältnissen ausgeliefert, sondern gewinnt ein beeindruckend eigenständiges Profil. Dies gelingt vor allem durch zweierlei: Das Mädchen spricht mit anderen (...) in einer Sprache, die genau ist. Kein Wort überflüssig, aufgesetzt, belehrend. Dies wird abgesichert durch die überzeugende schauspielerische Leistung von Susanne Bormann. Was ‹cool› unter Jugendlichen meint, kann man selten so genau erfahren, wie bei Pattie.»

«Kein Meisterwerk, aber eine sehr direkte, zum Nachdenken anregende Momentaufnahme.»
(Dieter Deul, *FR*,22.3.1995)

ABGEHAUEN (1998) ★

P WDR 1998 **Sd** 3.6.1998, ARD **R** Frank Beyer **B** Ulrich Plenzdorf, Frank Beyer **L** Manfred Krug **K** Eberhard Geick **Sz** Thomas Knappe **S** Clarissa Ambach **T** Elisabeth Mondi **Ko** Ingrid Zoré **RAss** Irene Weigel **D** Peter Lohmeyer (Manfred Krug), Karoline Eichhorn (Ottilie), Hermann Lause (Werner Lambertz), Peter Donath (Manfred S), Ann-Kathrin Kramer (Erika S), Uwe Kockisch (Jurek Becker), Jürgen Hentsch (Stefan Heym), Ute Lubosch (Christa Wolf), Manfred Gorr (Gerhard W), Karl Kranzkowski (Heiner Müller), Hermann Beyer (Frank Beyer), Thomas Dehler (Ulrich Plenzdorf), Matthias Günther (Klaus S), Ulrich Matthes (Eberhard Esche), Thomas Neumann (Eberhard H), Viktor Deiß (Heinz A), Günter Junghans (Jochen H), Gunter Schoß (Hans Dieter M)

Am 20.11.1976, kurz nach der Biermann-Ausbürgerung, wogegen die herausragenden DDR-Künstler eine Protestnote unterschrieben hatten, versammelten sich in Manfred Krugs Haus Autoren, Regisseure und Schauspieler (u.a. Stefan Heym, Christa Wolf, Jurek Becker, Heiner Müller, Frank Beyer, Ulrich Plenzdorf) und eine Abordnung des Politbüros, um «vertraulich» über die Krise zwischen Staat und Künstlern zu reden. Denn die Protestnote hatte bei den DDR-Oberen wie ein Bombe eingeschlagen: «Das Wort ‹Protest› rast wie eine Bowling-Kugel unter die Politbüro-Kegel: Alle Neune» (Krug). Krug ließ bei dem Gespräch heimlich ein Tonband mitlaufen. Die Künstler drängen auf eine Rücknahme der Ausbürgerungs-Entscheidung und auf eine Veröffentlichung ihrer Protestnote in der DDR (die dort nur aus den West-Medien bekannt ist). Werner Lambertz, Chef der Agitations-Abteilung im Politbüro, mimt den Gekränkten, zu einer Einigung kommt es nicht. Am 19.4.1977 stellt Krug einen Ausreiseantrag und pocht auf den offiziellen Instanzenweg. Der Kulturminister versucht, ihn mit Zugeständnissen zu halten. Lambertz erhebt Einspruch gegen den Antrag und will Krug «zwingen» hierzubleiben, sieht aber letztlich ein, dass es keinen Sinn hat. Krug hat Angst, dass eine Rufmordkampagne das Verhältnis zu seinem Publikum zerstört, und dass er im Westen in seinem Alter von vorn beginnen müsste. Außerdem ist er mit einem IM unter seinen Freunden konfrontiert. Schließlich ist es soweit: Manfred Krug wird an der Bornholmer Brücke von TV-Reporter Dirk Sager in Empfang genommen.

Gedreht wurde zwar im Westen, aber mit Original-Requisiten aus Krugs Haus. Er selbst tritt als ironischer Kommentator zwischen den Szenen auf.

Die als «Docu-Fiction» inszenierte und sich ganz auf die wörtlichen Dialoge konzentrierende Umsetzung von Manfred Krugs Erinnerungsbuch wurde mit dem Adolf-Grimme-Preis ausgezeichnet. Die Jury konstatierte in ihrer Begründung: «Die für Unbeteiligte unbegreifliche Nähe von Geborgenheit und Bedrohung, Freundschaft und Bespitzelung, der Sehnsucht und Zusammengehörigkeit und der Flucht voreinander, auch bei den Mitgliedern der Künstler-Elite, setzten Beyer und Plenzdorf in kaum bewegte, aber um so bewegendere Bilder um.»

ABGETRIEBEN (1992) ★

P ZDF 1992 **Sd** 27.9.1992, ZDF **R/B** Norbert Kückelmann **K** Jürgen Jürges **M** Markus Urchs **Sz** Franz Bauer **S** Siegrun Jäger **Ko** Marianne Schultz **T** Manfred Banach

D Hanns Zischler (Dr. Heß), Jörg Hube (Gerichtsvorsitzender), Edgar Selge (Block), Axel Milberg (Stern), Bernd Herberger (Staatsanwalt Kranz), Dominik Raacke (Richter Fromm), Günter Gräwert (Oberstaatsanwalt), Monika Schwarz (Frau Heß), Christine Neubauer (Frau Sommer), Saskia Vester (Frau Stein), Aslahan Özay (Frau Zefir), Franziska Walser (Frau Schröder), Barbara Dickmann (Frau Reich), Ruth Drexel (Ministerin), Doris Schade (Frau Dr. Krauss)

Der Gynäkologe Dr. Heß führt Schwangerschaftsabbrüche durch, auch wenn die Frauen kein vorgeschriebenes Beratungsattest haben. Ihm genügt es, wenn er von deren sozialer oder psychischer Notlage und ihrer Entschlossenheit zur Abtreibung überzeugt ist. Nach einem anonymen Hinweis dringt die Steuerfahndung in seine Praxis ein (Dr. Heß hat die Abtreibungsgebühren nicht versteuert), beschlagnahmt die Patientenkartei und leistet faktisch Amtshilfe für die Staatsanwaltschaft, die aufgrund dieser Patientendaten ein großangelegtes Ermittlungsverfahren wegen unerlaubten Schwangerschaftsabbruchs einleitet. Unter Missachtung des Arztgeheimnisses und der Persönlichkeitsrechte werden Hunderte von Frauen zu intimsten Aspekten ihrer privaten Verhältnisse vernommen und mit Verfahren überzogen. Der Arzt kommt in U-Haft, muss für die Kaution sein Haus belasten und die Praxis aufgeben. Der Prozess, der im Mittelpunkt des Films steht, nimmt inquisitionsartige Züge an. Während Staatsanwaltschaft und Richter mit unerbittlicher Härte vorgehen und ein Staats- und Rechtsverständnis zur Schau stellen, das sich vom Gerechtigkeitsdenken weit emanzipiert hat, macht die Verteidigung den Prozess zu einem öffentlichen Forum, das die Fragwürdigkeit der Überprüfung psychischer und sozialer Notlagen durch juristische Kategorien in den Mittelpunkt stellt.

Der Film beruht auf dem aufsehenerregenden Prozess gegen den Memminger Frauenarzt Dr. Theissen, der 1989 zu zweieinhalb Jahren Haft und drei Jahren Berufsverbot verurteilt wurde. 174 Frauen erhielten Geldstrafen (von 900 bis 3200 Mark). Die Spielszenen orientieren sich an den Prozessakten. Dem temporeichen, krimiartigen Beginn folgte der langsame, auf die Verhandlungs-Mechanik fokussierte dokumentarische Gerichts-Teil, der auch nicht vor vermeintlich spröden juristischen Texten zurückschreckt. Bei der Zuerkennung des Adolf-Grimme-Preises bemerkte die Jury: «Mit präziser Schauspielerführung (...) gelang dem Regisseur Kückelmann eine differenzierte Analyse des Gerichtsverfahrens, des gesellschaftlichen Klimas und der Machtverteilung. Diese ZDF-Produktion belegt zudem, dass unspektakuläre Formen des politischen Fernsehspiels eine Dramatik entfalten können, an denen es vielen bunten Stücken heute mangelt.»

ACHT STUNDEN SIND KEIN TAG (1972)

P WDR 1972 **Sd** 29.10., 17.12.1972, 21.1., 18.2., 18.3.1973 (5 Teile), ARD **R/B** Rainer Werner Fassbinder **K** Dietrich Lohmann **M** Jean Gepoint (= Jens Wilhelm Petersen) **Sz** Kurt Raab **S** Marie-Anne Gerhardt **RAss** Renate Leiffer, Eberhard Schubert
D Gottfried John (Jochen), Hanna Schygulla (Marion), Luise Ullrich (Oma), Werner Finck (Gregor), Anita Bucher (Käthe), Wolfrid Lier (Wolf), Christine Oesterlein

(Klara), Renate Roland (Monika), Kurt Raab (Harald), Irm Hermann (Irmgard Erlkönig), Andrea Schober (Sylvia), Wolfgang Zerlett (Manfred), Torsten Massinger (Manni), Wolfgang Schenck (Franz), Herb Andress (Rüdiger), Rudolf Waldemar Brem (Rolf), Hans Hirschmüller (Jürgen), Peter Gauhe (Ernst), Karl Scheydt (Peter), Victor Curland (Kretzschmer), Rainer Hauer (Gross)

Fassbinder akzeptierte bei seinem Ausflug in die TV-Unterhaltung zwar die Grundmuster von Unterhaltungsserien, aber zum erstenmal stand nun der Arbeiter im Mittelpunkt, wobei Arbeitswelt und Privatleben nicht nebeneinander herlaufen, sondern miteinander verknüpft sind. Jochen steht mit seiner Werkzeugmacher-Arbeitsgruppe unter Leistungsdruck. Nachdem durch seine Idee der Arbeitsvorgang entscheidend erleichtert wird, bekommt er zwar eine Prämie, doch der Betrieb streicht die Leistungszulage. Die Arbeiter reagieren mit Sabotage und produzieren absichtlich Schrott. Jochen lernt Marion kennen, seine Oma sucht zusammen mit ihrem neuen Freund Gregor zunächst vergeblich eine bezahlbare Wohnung und gründet stattdessen einen Kindergarten, bei dessen Einrichtung Jochens Kollegen helfen. In seinem Betrieb kommt es zum Konflikt zwischen seiner Arbeitsgruppe und der Betriebsleitung, weil ihnen ein neuer Meister von außen vorgesetzt wird, während sie einen von ihren Leuten durchsetzen wollen. In der 4. Folge stehen die Scheidung von Jochens Schwester Monika sowie Jochens und Marions Heiratspläne im Mittelpunkt, die Marions Mutter zu durchkreuzen versucht. In der letzten gedrehten Folge führt die geplante Verlegung des Betriebes an den Stadtrand zu einer Diskussion über die generelle Verbesserung der Arbeitsbedingungen. Die Arbeiter schlagen einen neuen Arbeitsrhythmus vor, dem die Betriebsleitung überraschend zustimmt. Marions Arbeitskollegin Erlkönig überwindet ihre Vorurteile gegen Arbeiter und verliebt sich in einen, den sie auf Marions Hochzeitsfeier kennen gelernt hat. Nach der 5. Folge wurde die Reihe vom WDR aus «dramaturgischen Gründen» abgesetzt, weil die geplanten Fortsetzungen angeblich so viel Gewerkschaftsproblematik enthielten, dass sie den Unterhaltungswert konterkariert hätten.

Acht Stunden sind kein Tag war zwar beim Publikum erfolgreich, wurde jedoch von links und rechts gleichermaßen kritisiert. Der Vorwurf richtete sich vor allem gegen den mangelnden Realismus und die geradezu märchenhaften Züge der Handlung: Alles, was die Arbeiter und solche Außenseiter-Figuren wie Oma und Gregor initiieren und anpacken, wird zum Erfolg. Diesen Märchen-Aspekt verstand Fassbinder aber gerade als den eigentlichen aufklärerischen Impetus. Die Arbeiter sind frei, selbstbewusst, solidarisch und frech und zeigen dadurch modellhaft wie es sein könnte, wenn die tatsächlichen Zustände zu überwinden wären.

▶ Ein Jahr zuvor hatte der WDR einen Arbeiterfilm der ganz anderen Art produziert: die realistische Dokumentation Rote Fahnen sieht man besser von Theo Gallehr und Rolf Schübel über die Stilllegung eines Chemiewerks in Krefeld aus der Sicht der entlassenen Arbeiter. Im Film kommen ausschließlich Betroffene zu Wort, ihre Interpretation der Vorgänge, ihre Reaktionsweisen, ihre Formen der Selbstorganisation.

Text in: *Fassbinders Filme 4 + 5*, Frankfurt: Verlag der Autoren, 1991 (einschl. d. nicht gedrehten Folgen).
Literatur: Peter Märtesheimer: Die Okkupation eines bürgerlichen Genres. Anmerkungen zu der Sendereihe ACHT STUNDEN SIND KEIN TAG, in: *Fernsehen und Bildung* 7, 1973, S. 25–30. – Wolfgang Gast / Gerhard R. Kaiser: Kritik der Fernsehspielkritik. Das Beispiel von Fassbinders ACHT STUNDEN SIND KEIN TAG, in: Jörg Drews (Hrsg.): *Literaturkritik – Medienkritik*, Heidelberg 1977, S. 103–116. – Klaus Ulrich Militz: *Personal Experience and the Media. Medial Interplay in Rainer Werner Fassbinder's Work for Theatre, Cinema and Televison*, Frankfurt 2006, S. 195–213.

DIE AFFÄRE SEMMELING (2001)

P ZDF 2001 **Sd** 2., 4., 7., 9., 12., 14.1. 2002, ZDF (6 Teile) **R/B** Dieter Wedel **K** Grzegorz Kedzierski **M** Rainer Kühn, Michael Landau **Sz** Thomas Gehrig, Winfried Hennig, Maximilian Johannsmann **Ko** Stefanie Bieker **S** Benjamin Hembus, Norbert Herzner **T** Heinz Günther Türksch
D Stefan Kurt (Sigi Semmeling), Heike Makatsch (Silke), Fritz Lichtenhahn (Bruno), Antje Hagen (Trude), Mario Adorf (Beton-Walter), Robert Atzorn (Hennig), Heinz Hoenig (Axel Ropert), Andrea Sawatzki (Susanne Ropert), Heiner Lauterbach (Asmus), Christian Berkel (Fred Kiefer), Florian Martens (Hans Janisch), Anja Kling (Barbara Kramer), Annika Pages (Doris Berg), Richy Müller (Charly Wiesner), Dieter Pfaff (Hermann Schomberg), Jürgen Tarrach (Peter Scheller), Gundi Ellert (Erika Vonhoff), Matthias Redlhammer (Schmalstein), Maja Maranow (Katja Aschberg), Maria Bachmann (Helga Mauer), Magnus Johannsen (Benny)

Der Sechsteiler ist eine Fortsetzung von Dieter Wedels Semmeling-Geschichten aus den siebziger Jahren. In ➲ EINMAL IM LEBEN (1972) wird der Eigenheim-Bau zum Alptraum, 1976 folgte ALLE JAHRE WIEDER über einen missratenen Winter-Urlaub. Diesmal stehen Sohn Sigi und die Macht- und Intrigenwirtschaft der Politik im Mittelpunkt, während Vater Bruno die Tragödie des Steuerzahlers erleidet. Die satirisch gemeinte Handlungsebene der Politik und Korruption spielt in den Jahren 1997/98. Als Lehrer Sigi, der auch in der Erwachsenenbildung engagiert ist, im Vorzimmer des Hamburger Bürgermeisters Hennig Zeuge einer nicht ganz koscheren Parteispendenaktion wird, schanzt man ihm kurzerhand als Schweigelohn die Leitung der Friedrich-Ebert-Stiftung auf Jamaika zu. Nach einem Korruptionsskandal um den Tourismusminister und eine Hotelkette, die von Hennig unterstützt wird, kehrt Sigi wieder nach Hamburg zurück, wo sein Vater nach einer Erbschaft mit einer Aufforderung zur Steuernachzahlung von 269000 Mark konfrontiert ist und sein geliebtes Häuschen glaubt verkaufen zu müssen. Nach der Bürgermeisterwahl wird Sigi Referatsleiter des neuen Amtsinhabers Ropert, Silke Semmeling haushaltspolitische Sprecherin der Grünen. Als Intimus des Bürgermeisters avanciert Sigi zum Staatsrat und Senator. Doch um seinen Vater aus der finanziellen Klemme zu helfen, nimmt er ein Darlehen des Werftbesitzers Asmus an und ist damit politisch kompromittiert. Gleichzeitig läuft wegen einer Affäre Silkes mit Ropert seine Ehe aus dem Ruder. Als Ropert wegen eines Parteispenden-Skandals um Asmus zurücktritt, ist auch Sigi seinen Posten los,

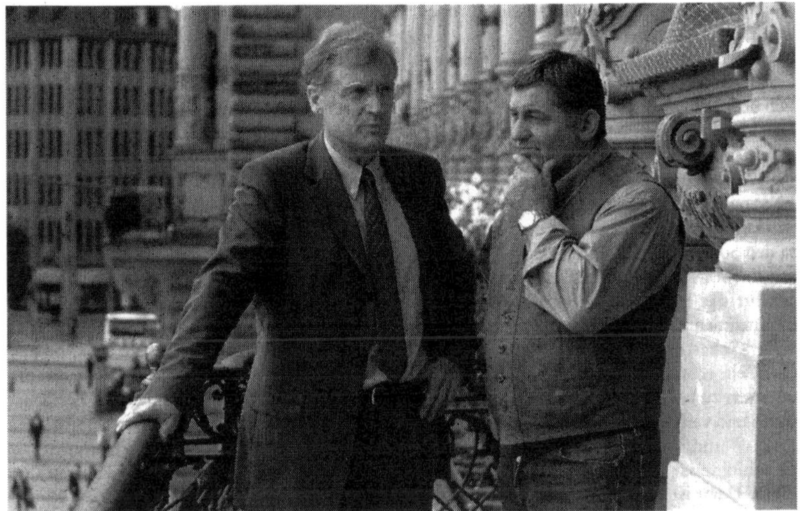

Robert Atzorn (l.) und Heinz Hoenig in Die Affäre Semmeling

hat aber Aussicht auf einen neuen Job in Berlin, wo Ex-Bürgermeister Hennig im Kabinett des neuen SPD-Kanzlers sitzt.

Dieter Wedels dritter Teil der Semmeling-Saga kam beim Fernsehpublikum zwar nicht an – möglicherweise weil er weit weniger komödiantisch war als seine Vorgänger –, es gelang ihm immerhin die populär-unterhaltende Vermittlung komplexer Zusammenhänge von Politik und Wirtschaft mittels Personalisierung.

«Wenn aber das Publikum mit Wedel zusammenstößt und es klingt hohl nach niedrigen Quoten, muss es nicht nur an Wedel liegen.»

(Sybille Simon-Zülch, *epd medien 2*, 2002)

Literatur: Dieter Wedel: *Die Affäre Semmeling*, Reinbek 2001.

DVD: Universum

Aktion Abendsonne ➲ Rheinpromenade

Alle für die Mafia (1996)

P ORF 1996 **Sd** 26., 30.4.1997, ORF (2 Teile) **R** Gernot Friedel **B** Felix Mitterer **K** Jiri Stibr **M** Erwin Kiennast **Sz** Bettina Schmidt **S** Michou Hutter **T** Christian Götz **Ko** Erika Navas **D** Mario Adorf (Don Michele), Tilo Prückner (Sepp), Anita Zagaria (Rosa), Sigo Lorfeo (Stefano), Philipp Seiser (Tommaso), Ludwig Dornauer (Krautschneider), Rita Frasnelli (Regina), Christian Lerch (Franz), Stephan Vill (Michl), Elisabeth Romano (Eva), Max Mitterrutzner (Bürgermeister Stecher), Krista Posch (Frieda), Kurt Weinzierl (Lehrer Wielander), Michael Schönborn (Pfarrer), Doris Goldner (Burgl), Stephan Dola (Lukas), Rüdiger Hacker (Wirt Rampl), Christine Mayn (Maria), Christine Neubauer (Rita Hollenzer), Josef Pittl (Bankdirektor Hauser), Renzo Martini (Maresciallo), Armando Dotto (Ignazio), Ciro de Chiara (Salvatore), Marcello Tusco (Don Pasquale)

Mafiaboss Don Michele wird von Sizilien in das kleine Südtiroler Dorf Galmigg verbannt. Die Galmigger sehen ihre vermeintlich idyllische Gemeinschaft bedroht und reagieren mit offener Feindseligkeit. Keiner bietet Don Michele Unterkunft an, auch im einzigen Wirtshaus wird er abgewiesen. Nur der ewig betrunkene Besenbinder Sepp ist auf seiner Seite, der Außenseiter des Dorfes, der nun die Gelegenheit zur Rache für erlittene Demütigungen gekommen sieht. Mit Hilfe Sepps, der über die Leichen im Keller der Galmigger Bescheid weiß, fällt es Don Michele nicht schwer, den Spieß umzudrehen. Den Maresciallo hat er als ersten in der Hand, denn seine Mafia fungiert auch als Hehler für das Diebesgut, das der Polizist heimlich konfisziert. Vom Bürgermeister kauft Don Michele das Schloss und lässt von Sepp dessen Bauunternehmen ersteigern. Als die örtliche Bank pleite ist, zahlt er vier Milliarden Lire ein und hat damit das ganze Dorf in der Hand, das willig zu seinen Fahnen überläuft und den ehemaligen Dorfdeppen Sepp mit fast 100% zum Bürgermeister wählt (Sepp: «Für welche Partei hab i denn kandidiert?» Don Michele: «Für keine. Das war eine Persönlichkeitswahl.» Sepp: «Ah so? Na, is ma eh lieber. I mag keine Parteien.»). Aber Don Michele muss auch Rückschläge einstecken. Die Satire kippt um zur Moritat, als sein einzig verbliebener Sohn, der rechtschaffener Anwalt werden sollte, von der Mafia-Konkurrenz Don Pasquales umgebracht wird. Don Michele gelingt es zwar, Don Pasquale selbst zu töten, doch auch im Dorf formieren sich seine Gegner: (Alt-) Bürgermeister, Wirt und Maresciallo schmieden ein Mordkomplott. Aber der vermeintliche Tod im von einer künstlich ausgelösten Steinlawine verschütteten Wagen ist nur ein letztes Täuschungsmanöver Don Micheles, bevor er wieder zurück nach Sizilien fährt.

Die «Mafia» fungiert als Chiffre für die Macht des Geldes, mit dem von außen eindringende Fremde eine – freilich bereits angekränkelte – Gemeinschaft korrumpieren. Diesem Prinzip folgte bereits Mitterers ➲ PIEFKE-SAGA. Wie hier der «Pate» mit den örtlichen Strukturen operiert, machten es dort die deutschen Touristen.

Text: Felix Mitterer: *Alle für die Mafia*, Innsbruck: Haymon, 1997.

ALLE JAHRE WIEDER ➲ EINMAL IM LEBEN

ALMA MATER (1969)

P NDR 1969 **Sd** 27.11.1969, ARD **R** Rolf Hädrich **B** Dieter Meichsner, Rolf Hädrich **K** Jost Vacano **Sz** Mathias Matthies
D Karl Guttmann (Prof. Freudenberg), Erika Dannhoff (s. Frau), Rainer Rudolph (Rainer), Claus Theo Gärtner (Ulrich), Roland Astor (Martin), Hans Baur (Prof. Stauch), Til Erwig (Mickey), Wilfried Herbst (Janssen), Peter Roggisch (Prof Eichler), Walter Born (Prof. Fugge), Malte Petzel (Prof. Meinass), Otto Kurth (Prof. Trümper), Hans Bausch (Dekan), Karl-Josef Cramer (Rasmus), Peter Paszek (Hans-Dieter), Krikor Melikyan (Tross), Ingeborg Kleiber (Frau Knauff), Ronald Nitschke (Wolfgang), Andras Fricsay (Dingbaum), Eric Burger (Fabier), Herbert Sebald (Geschwinder)

Im Mittelpunkt dieser kritischen und polemischen Auseinandersetzung mit Auswüchsen der Studentenrevolte steht der jüdische Professor Freudenberg, der in der Nazi-Zeit nach Amerika emigriert war und nach dem Krieg

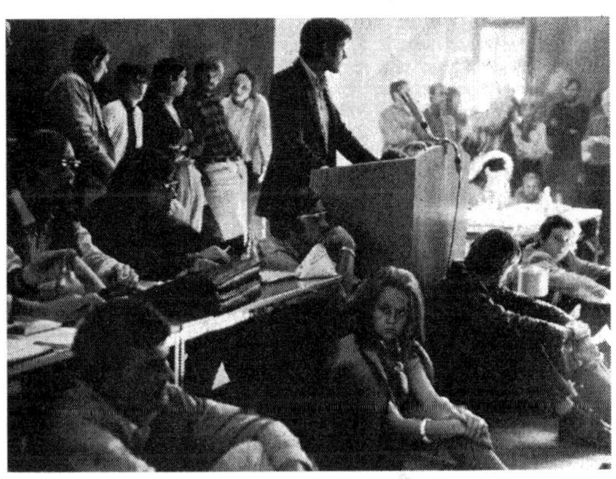

ALMA MATER

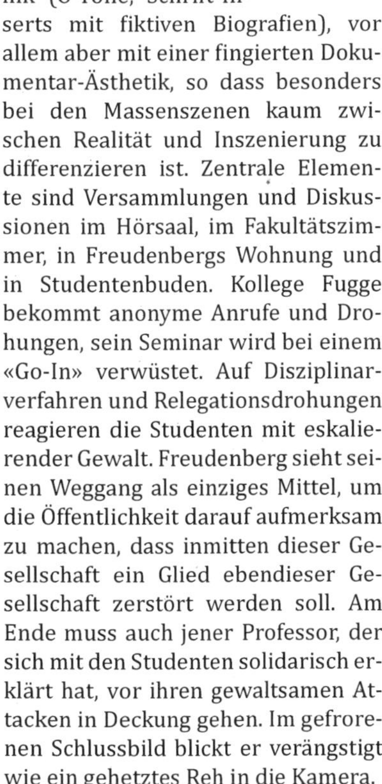

an die FU Berlin zurückkehrte. Nun packt er wieder die Koffer, um abermals in die USA auszuwandern, weil er durch Massenversammlungen, Institutsbesetzungen und Studentenkrawalle die Universität der Zerstörung preisgegeben sieht: eine Aushöhlung der Legalität innerhalb der Gesetze. Der Film arbeitet mit einer modernen Collage-Technik (O-Töne, Schrift-Inserts mit fiktiven Biografien), vor allem aber mit einer fingierten Dokumentar-Ästhetik, so dass besonders bei den Massenszenen kaum zwischen Realität und Inszenierung zu differenzieren ist. Zentrale Elemente sind Versammlungen und Diskussionen im Hörsaal, im Fakultätszimmer, in Freudenbergs Wohnung und in Studentenbuden. Kollege Fugge bekommt anonyme Anrufe und Drohungen, sein Seminar wird bei einem «Go-In» verwüstet. Auf Disziplinarverfahren und Relegationsdrohungen reagieren die Studenten mit eskalierender Gewalt. Freudenberg sieht seinen Weggang als einziges Mittel, um die Öffentlichkeit darauf aufmerksam zu machen, dass inmitten dieser Gesellschaft ein Glied ebendieser Gesellschaft zerstört werden soll. Am Ende muss auch jener Professor, der sich mit den Studenten solidarisch erklärt hat, vor ihren gewaltsamen Attacken in Deckung gehen. Im gefrorenen Schlussbild blickt er verängstigt wie ein gehetztes Reh in die Kamera.

Wegen der suggerierten Analogien zwischen den Attacken nationalsozialistischer Studenten auf jüdische Professoren und der 68er-Revolte provozierte ALMA MATER maßlose Kritik von links. Helmut Gollwitzer hielt es für «das übelste Werk, das mir seit den antisemitischen Hetzfilmen der Nazizeit zu Gesicht gekommen ist. Anstelle der Juden sind es diesmal die Studenten» (offener Brief an den NDR-Intendanten), Walter Jens sah «Pogrom-Atmosphäre gefördert» (*Die Zeit* 49, 1969). Diese Angriffe waren das Ergebnis einer raffinierten Identifizierung von Fiktion und Dokumentation. Alles, was auf «Spiel» hindeutete, war aus der Inszenierung, die als solche nicht mehr erkennbar war, entfernt worden. Nicht eine dialektische Analyse oder eine These zur Diskussion zu stellen, war das Ziel, vielmehr wurde das Gezeigte als «Wahrheit» ausgegeben. Die Vorgeschichte, die die Eskalation bei den Studenten herbeiführte und die den Mechanismus der Gewalt verständlich gemacht hätte, blendeten die Autoren aus.

▶ Mit der Gründung der FU und dem Transfer von Studenten aus der Ostzone in den Westen hatte sich Dieter Meichsner schon 1954 in seinem Roman *Die Studenten von Berlin* befasst, aus dessen

Grundmotiven ebenfalls Rolf Hädrich ein Fernsehspiel produzierte: NACHRUF AUF JÜRGEN TRAHNKE (NDR 1962, m. Ernst Jacobi in der Titelrolle). Auch hier beziehen die Autoren Stellung gegen Dogmatismus und Opportunismus. Trahnke, der sich unpolitisch gibt, hilft bedrohten Kommilitonen in der DDR und wird bei einem Fluchtversuch erschossen.

Text in: *Fernsehen und Film* 1, 1970.
Literatur: Brigitte Domurath: *Das faktographische Fernsehspiel Dieter Meichsners*, Frankfurt u.a. 1987.

ALPENSAGA (1976–1979)

P ORF/ZDF 1976–1979 **Sd** 24.10.1976, 23.10., 30.10.1977, 21.12.1978, 4.11.1979, 1.5.1980, ORF (6 Teile) **R** Dieter Berner **B** Peter Turrini, Wilhelm Pevny **K** Xaver Schwarzenberger, Michael Ballhaus (5), Horst Knecht (6) **M** Peer Raben **Sz** Wolf Witzemann, Friedrich Hollergschwandtner **Ko** Barbara Langbein, Xenia Hausner (5, 6) **S** Erika Geiger **T** Hannes Mack, Rolf Schmidt-Gentner
D Hans Brenner (Huber), Helmut Qualtinger (Allinger), Elisabeth Stepanek (Maria), Linde Prelog (Anna), Burgi Mattuschka (Kathi), Therese Affolter (Agerl), Rudolf Josits (Peter), Hubert Kramar (Vitus), Franz Buchrieser (Korporal Huber), Bernd Spitzer (Hans), Otto Tausig (Gendarm), Ernst Meister (Froschauer), Judith Holzmeister (Gräfin), Karl Paryla (Graf), Josef Kröpfl (Gregor), Karl Kröpfl (Michl), Alois Bauer (Erich), Monica Bleibtreu (Frau Leischner), Franz Konwalin (Fiala), Jutta Schwarz (Wilma), Manfred Lukas-Luderer (Hubert), Bernhard Wicki (Nordhoff), Johannes Thanheiser (Reblaus), Maria Martina (Elsa)

Die Geschichte einer Bauernfamilie in Österreich reflektiert die erste Hälfte des 20. Jahrhunderts aus deren ländlicher Kleine-Leute-Perspektive, Weltgeschichte wird zu Dorfgeschichte. Im I. Teil (LIEBE IM DORF) führt um 1900 die Industrialisierung zur Verelendung der Kleinbauern. Ihnen drohen Zwangsversteigerungen. Der Großbauer Allinger will eine Brennerei errichten und die Bauern bei sich anstellen. Der Versuch von Bauer Huber als Gegenwehr eine Genossenschaft zu gründen, scheitert. Die Bauern wenden sich von Huber ab und werden Allingers Rübenlieferanten. In Teil II (DER KAISER IM LANDE) beschäftigt Allinger slowakische Fremdarbeiter in seiner Zuckerfabrik, verliert aber das Militär als Großkunden und braucht deshalb von den Bauern keine Rüben mehr. Der Zorn entlädt sich in nationalistischen Parolen («Serbien muss sterbien»). Der Korporal Josef Huber kommt auf Heimaturlaub ins Dorf mit der Nachricht, der Kaiser werde hier Station machen, aber der Zug mit dem er kommen soll, fährt einfach durch. In DAS GROSSE FEST sind die Männer im Krieg, die Arbeit bleibt an den Frauen hängen, die obendrein immer mehr Vieh und Vorräte zur Versorgung der Armee hergeben müssen. Sie schließen einen Pakt mit der Gräfin: die Bauern spielen maskiert die adligen Gäste eines Festes und dürfen dafür Vieh und Lebensmittel im Schloss verstecken. Teil IV (DIE FEINDLICHEN BRÜDER) spielt 1933. Die Zwillingssöhne Hubers sind bei der rechtsnationalen «Heimwehr», die gegen die Arbeiter einer Waffenfabrik eingesetzt wird. Michl verliebt sich in eine Arbeiterin, Gregor nimmt Kontakt zu den illegalen Nationalsozialisten auf, beide Brüder verfeinden sich. In DER DEUTSCHE FRÜHLING wird Michl, der inzwischen als Arbeiterfunktionär lebt, von den Nazis verhaftet. Seine Schwester

Maria macht sich auf die Suche nach ihm, wird selbst verhaftet und trifft im Gefangenenlager ihren Bruder. Dieser kommt nach Dachau, Maria kehrt wieder ins Dorf zurück. 1945 (ENDE UND ANFANG) wimmelt es im Dorf von «Einquartierten», Russen, Vertriebenen. Aus dem anfänglichen Gegeneinander wird ein Miteinander und alle zusammen bringen die Landwirtschaft wieder in Gang.

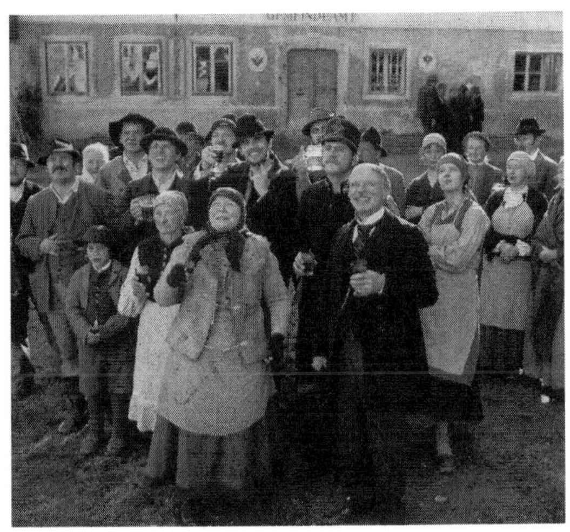

DIE ALPENSAGA

Die ALPENSAGA, die von ihrer Intention her mit Edgar Reitz' ➲ HEIMAT vergleichbar ist (statt Heimatkitsch Darstellung von Konflikten), wurde in Österreich massiv angegriffen (Kirche, Bauernbund, auch ORF-intern). Den Autoren wurde Denunzierung des Bauernstandes und kommunistische Agitation vorgeworfen.

Text: Peter Turrini / Wilhelm Pevny: *Alpensaga*, Salzburg/Wien: Residenz 1980.
Literatur: Drehli Robnik: Was (in) Wahrheit war. Inszenierungen nationalsozialistischer Vergangenheit in österreichischen Fernsehfilmen 1970–2005, in: Sylvia Szely (Hrsg.): *Spiele und Wirklichkeit. Rund um 50 Jahre Fernsehspiel und Fernsehfilm in Österreich*, Wien 2005, S. 71–101.
DVD: Edition Der Standard

ALS HITLER DAS ROSA KANINCHEN STAHL (1978)

P WDR 1978 **Sd** 25.12.1978, ARD **R** Ilse Hofmann **B** Nigel Kneale **L** Judith Kerr **K** Axel Block **Sz** Wolfgang Schünke
D Martin Benrath (Papa), Elisabeth Trissenaar (Mama), Ariane Jessulat (Anna), Alexander Rosenberg (Max), Sigfrit Steiner (Onkel Julius), Marie Luise Marjan (Heimpi), Ernst Konarek (Honigsbaum), Wolfgang Feige (Heck), Hans Christian Rudolph (Rosenfeld), Miriam Spoerri (jüdische Frau), Günter Meisner (Berg), Marguerite Grimprel (Mme Socrate)

Die 9-jährige Anna lebt mit ihrer jüdischen Familie in Berlin. Ihr Vater ist ein bekannter Schriftsteller, der auch Artikel gegen die Nazis schreibt. Seiner bevorstehenden Verhaftung entgeht er durch die Flucht nach Prag. Anna, ihre Mutter und ihr 12-jähriger Bruder Max reisen in die Schweiz, wohin der Vater nachkommt. Das Berliner Haus wird mit allen Möbeln konfisziert, die Bücher des Vaters werden öffentlich verbrannt. Anna darf nur ein Spielzeug mitnehmen und entscheidet sich für ihr neues Wollhündchen. Ihr Lieblingsstofftier, ein rosa Kaninchen, lässt sie zurück. Die betont «neutrale» Haltung der Schweiz macht den Aufenthalt der Familie nicht einfach, der Vater hat Probleme seine kritischen Artikel zu veröffentlichen. Schließlich findet er eine Anstellung in Paris und die Familie zieht nach Frankreich, wo sie mit den alltäglichen Flüchtlingsproblemen konfrontiert ist: fremde Sprache, Integrationskonflikte, Finanznot. Doch Anna gewinnt sogar einen Preis für einen Aufsatz über ihre Flucht. Als eine englische Firma ein Drehbuch des Vaters kauft, ziehen sie weiter nach London.

Für die Verfilmung des autobiografischen Romans von Judith Kerr (Dt. Jugendbuchpreis), der Tochter des berühmten Theaterkritikers Alfred Kerr – die ihr Buch freilich als fiktiven Roman, nicht als Dokumentarbericht verstanden wissen wollte – schrieb ihr Mann Nigel Kneale das Drehbuch. Wie im Roman sind auch im Film die dramatischen und traumatisierenden Ereignisse ganz aus der Perspektive der Kinder erzählt, völlig nüchtern, ohne Pathos und erklärende Diskussionen. Was sich ihren Erfahrungen entzieht – etwa die Befindlichkeiten der Eltern – ist konsequent ausgespart. Das Erlebte ist nicht einer gesellschaftlichen oder politischen Perspektive unterworfen, sondern als subjektive Krisenerfahrung erzählt: unsentimental, ohne aufgesetzte moralisierende Reflexionen.

▶ Mit dem Thema Kindheit im Nationalsozialismus beschäftigte sich Ilse Hofmann auch in DIE WELT IN JENEM SOMMER (WDR 1980 nach dem Roman von Robert Muller). Nach dem Schicksal der Emigranten stand nun der Alltag der Hiergebliebenen im Mittelpunkt. Protagonist ist ein 12-jähriger Hitlerjunge mit jüdischer Großmutter.

ALTERSHEIM ➲ RHEINPROMENADE

EIN ALTES MODELL (1976)

P DFF 1976 **Sd** 27.12.1976, DFF **R** Ulrich Thein **B** Joachim Nowotny, Ulrich Thein **K** Hartwig Strobel **Sz** Joachim Bober **Ko** Ingeborg Hunke **S** Edith Kaluza **T** Gerd Rößiger

D Erwin Geschonneck (Bruno), Agnes Kraus (s. Frau), Marianne Kiefer (Verkäuferin), Werner Lierck (Gastwirt), Axel Triebel (Karl), Hans-Peter Reinecke (Franz Robel), Wolfgang Winkler (Zilias), Lisa Macheiner (Dame im Café), Kurt Böwe (Schulze), Christian Grashof (Antek)

Die DDR-Alltagskomödie beginnt mit einer kaputten elektrischen Kaffeemühle. Der alte Bruno bringt sie zum Elektroladen in seinem Dorf, aber da die Reparatur Wochen dauern soll, macht er sich selbst auf den Weg in die Kreisstadt. Die Fahrt und der vergebliche Versuch, einen Elektriker zu finden, entwickeln sich zu einer amüsanten Odyssee durch den modernen realsozialistischen Alltag, mit dem der bauernschlaue Dickschädel – der Titel bezieht sich nicht nur auf die Kaffeemühle – permanent sanft kollidiert. Er stößt auf Dinge, die den Fortschritt repräsentieren, denen er aber verständnislos gegenübersteht (ein Kraftwerk mitten in der Heide, Teppiche in der Baubaracke, Fremdarbeiter, die er nicht versteht). In der Stadt kennt er sich nicht mehr aus, von Ampeln und Straßenverkehrsordnung weiß er nichts, und die Dienstleistung im Staat lässt zu wünschen übrig. Im Café eckt er mit der Kellnerin an, weil kein Bier ausgeschenkt wird. Dort lernt er eine Witwe kennen, die ihm von ihrem Sohn in West-Berlin vorschwärmt und der er das Blaue vom Himmel über seinen eigenen nicht existierenden Sohn herunterlügt. Als er endlich ein Elektrogeschäft findet, ist gerade Mittag und repariert wird ohnehin nicht, sondern nur verkauft. Im Park trifft er einen jungen Mann, dessen Vater zufällig Elektriker ist, doch der hat keine Zeit, weil er im Fernstudium ist, er empfiehlt für die Kaffeemühle die Mülltonne. Verbittert fährt Bruno wieder in sein Dorf, trifft auf den jungen, patenten Antek, der ihm die Mühle im Handumdrehen repariert. Das alte Modell hat doch noch nicht ausgedient! Bruno ist mit sich und der Welt wieder versöhnt.

Der Fernsehfilm geht auf ein gleichnamiges Hörspiel von Joachim Nowotny zurück (Rdf. d. DDR 1974, R: Walter Niklaus) mit Kurt Böwe als Bruno, der im Film in einer Nebenrolle auftritt.

«Der Film erinnert lebhaft an eine der früheren Arbeiten Theins, an seine feinfühlige Hermann-Kant-Verfilmung Mitten im kalten Winter, aber auch an den jüngst gedrehten Film Lasset die Kindlein... von Wolfgang Kohlhaase: Im bewusst Alltäglichen, im realistisch erfassten Dasein gewöhnlicher Leute werden Lebensfülle und Beziehungsreichtum, Individualität und Gemeinschaftssinn jener sichtbar, von denen der georgische Drehbuchautor Suliki Shgenti treffend sagte, dass auf ihnen die Welt ruht.»

(Hans-Dieter Tok, *Leipziger Volkszeitung*, 30.12.1976)

Am grünen Strand der Spree (1960)

P WDR 1960 **Sd** 22.3., 5.4., 19.4., 3.5., 17.5.1960, ARD (5 Teile) **R** Fritz Umgelter **B** Reinhart Müller-Freienfels, Fritz Umgelter **L** Hans Scholz **K** Kurt Grigoleit **M** Peter Thomas **Sz** Alfred Bütow, Theo Zwierski **S** Marie-Anne Gerhardt **T** Martin Müller **Ko** Brigitte Scholz **RAss** Ingrid Lipowsky **D** Bum Krüger (Hesselbarth), Werner Lieven (Schott), Malte Jaeger (Lepsius), Günter Pfitzmann (Arnoldis), Hinrich Rehwinkel (Stimme: Horst Naumann; Wilms), Wolfgang Büttner (General), Peter Pasetti (Bibiena/Koslowski), Elisabeth Müller (Babsybi/Bastienne), Wilmut Borell (Hptm. Rahn), Werner Hessenland (Oberstlt. Max), Wolfrid Lier (Uffz. Jaeltzki), Adolf Ziegler (Dankelmann), Konrad Georg (Mj. Huber), Til Kiwe (Mj. Illing), Hans Pössenbacher (Hptm. Matthäus), Karl Stiefel (Olt. Reinecke), Leni Marenbach (Frau von Zehdenitz), Ursula Dirichs (Hannah), Peter Thom (Hans Wratislaw), Robert Bürckner (Dr. Förster), Fritz Rasp (Schorin), Traute Rose (Frau Pausin), Alfons Teuber (Pausin), Friedrich Schoenfelder (Dr. Bon), Horst Niendorf (Dr. Brabender), Alexander Kerst (österr. General), Ernst Stankovski (österr. Offizier), Edgar O. Faiss (Pfitzer), Werner Meissner (Lt. von Sternberg), Dieter Kirchlechner (Lt. Hahneberg), Utz Richter (Mitlöhner), Karin Saida (poln. Mädchen), Dorit Amann (Galina), Gerhard Just (Gatzka), Helen Vita (Käte Gatzka / Cornelia), Johannes Heesters (Graf Chiaroscuro)

1954 treffen sich in der West-Berliner «Jockey-Bar» vier Freunde, die sich seit der Vorkriegszeit nicht oder nur flüchtig wiedergesehen haben. Sie erzählen sich gegenseitig ihre Schicksale und das ihrer Bekannten, so dass eine Art Saga der Kriegsgeneration entsteht. Im 1. Teil («Das Tagebuch des Jürgen Wilms») berichtet Lepsius von der Bekanntschaft mit Jürgen Wilms, von dem er in einem russischen Gefangenenlager Tagebuchaufzeichnungen erhalten hat. Darin berichtet dieser vom Vormarsch der Wehrmacht in Richtung Dnjepr. Höhepunkt ist eine detailliert geschilderte Massenerschießung von Juden. Damit wurden zum erstenmal in einer Spielhandlung im Fernsehen Gräueltaten der Deutschen im Zweiten Weltkrieg gezeigt, was beim Publikum entsprechendes Aufsehen erregte. Der 2. Teil («Der General») handelt aus der Sicht Hesselbarths vom preußischen Offizierskorps. Ein General lässt einen Hauptmann, der einen Norweger in das neutrale Schweden lotst, verhaften und zum Tode verurteilen, verhilft ihm aber dann doch zur Flucht. Teil 3 («Preußisches Märchen») schildert aus einer Familienchronik der Bibiena zunächst eine Episode aus dem Siebenjährigen Krieg, um zum Schicksal von Babsybi, einer Nachfahrin dieser Familie im Zweiten Weltkrieg überzuleiten, das sich im 4. Teil («Bastien und Bastienne») fortsetzt. Im letzten Teil («Capriccio Italien») erfindet Arnoldis eine Geschichte, die von frivolen Liebesabenteuern im Italien der 1930er Jahre handelt. Er will damit die Frau eines bornierten Wirtschaftswunderkapitäns ärgern, die mit ihrem Mann in der Jockey-Bar Platz genommen hat.

Die zweite mehrteilige Romanverfilmung des deutschen Fernsehens versuchte an den großen Erfolg von ➲ So weit die Füsse tragen anzuknüpfen. Hans Scholz hatte im Erscheinungsjahr seines Romans bereits eine gleichnamige fünfteilige Hörspielfolge (SWF 1955, R: Gert Westphal) geschrieben, in der er selbst mitwirkte. Die Massenerschießungs-Sequenz im ersten Teil der Fernsehfassung kam einem visuellen Tabubruch gleich (das Erschießungskommando trägt überdies Armbinden mit der Aufschrift «Lettische Volksarmee im Dienste der deutschen Wehrmacht»). Dennoch reiht sich der Film ein «in die lange Reihe jener integrativen Kriegsdarstellungen, die den Krieg als kollektive Leidenserfahrung deuten, seine Begleiterscheinungen als ‹Charakterschule› des Einzelnen wie der Gesellschaft interpretieren und den Wert der Überlebenden an ihrer scheinbar intakten moralischen Anständigkeit bemessen. Die wahren Opfer der NS-Diktatur sind demnach gerade jene, die davongekommen sind und die in der Nachkriegsgesellschaft mit dem Wissen um das Geschehene und der hieraus resultierenden Scham umgehen müssen» (Lars Koch).

Eine solche «Betroffenheit» belegt diese Rezension:

«Indem die Kamera Kurt Grigoleits sich darauf beschränkte (weise begnügte!) nur zu berichten, indem jeder lehrhafte Schwenk vermieden wurde, indem das Grauen selbst nicht mitspielte, sondern nur seine Erzeuger und seine Schatten, seine Echos zu hören waren – da wirkte es tiefer. Eine Leistung, auf die alle Beteiligten stolz sein dürfen. So, nur so werden wir unsere furchtbare Vergangenheit bewältigen können, wie es hier auf dem Gebiet der Kunst geschehen ist. (Ob es von sicherem Urteil in Geschmacksfragen zeugt, einen Mann wie Malte Jaeger, einst Mitmacher im ‹Jud Süß›-Film, hier mitspielen zu lassen, ist eine andere Frage.).»

(Adolf Volbracht, *BZ*, 24.3.1960)

Literatur: Peter Seibert: Medienwechsel und Erinnerung in den späten 50er Jahren. Der Beginn der Visualisierung des Holocaust im westdeutschen Fernsehen, in: *Der Deutschunterricht* 53, 2001, Nr. 5, S. 74–83. – Knut Hickethier: Kriegserlebnis und Kriegsdeutung im bundesdeutschen Fernsehen der fünfziger Jahre, in: Ursula Heukenkamp (Hrsg.): *Schuld und Sühne? Kriegserlebnis und Kriegsdeutung in deutschen Medien der Nachkriegszeit (1945–1961)*, Bd. 2, Amsterdam 2001, S. 759–775. – Lars Koch: Das Fernsehbild der Wehrmacht am Ende der fünfziger Jahre – Zu Fritz Umgelters Fernsehmehrteiler Am grünen Strand der Spree, in: Waltraud ‹Wara› Wende (Hrsg.): *Geschichte im*

Film. Mediale Inszenierungen des Holocaust und kulturelles Gedächtnis, Stuttgart/Weimar 2002, S. 78–93.
DVD: Studio Hamburg / ARD Video «Große Geschichten»

AN DIE GRENZE (2007) ★

P ZDF 2007 **Sd** 7.9.2007, arte **R** Urs Egger **B** Stefan Kolditz **K** Martin Kukula **M** Johannes Kobilke **Sz** Alexander Scherer **S** Andrea Mertens **T** Csaba Kulcsar
D Jacob Matschenz (Alexander), Bernadette Heerwagen (Christine), Corinna Harfouch (Wanda Dobbs), Jürgen Heinrich (Hptm. Dobbs), Max Riemelt (Kerner), Florian Panzner (Gappa), Burghart Klaußner (Prof. Karow), Dirk Burchardt (Hfw Kramm), Jutta Hoffmann (Großmutter), Frederick Lau (Knut), Hilmar Eichhorn (Mj. Feigel), Thomas Drechsel (Wanne)

Obwohl sein Vater, ein angesehener Chemie-Professor und Funktionär, ihn freistellen lassen will, meldet sich Alexander Karow freiwillig zur NVA-Grenztruppe, da er Privilegien ablehnt. Außerdem will er nicht Chemie studieren, sondern Fotograf werden. Der Dienst an der Grenze wird für ihn, wie er es selbst nennt, sehr «aufschlussreich». Zunächst ist er als «Bonzensöhnchen» Opfer von Mobbing, bei einem Grenzdurchbruch wird ein Kamerad getötet, ein Hauptmann begeht Selbstmord, weil seine Frau mit dem Hauptfeldwebel fremdgeht. Alexander verliebt sich in die Traktoristin Christine, deren Bruder Fluchtpläne hegt. Christine schenkt Alexander einen Fotoapparat, mit dem er heimlich Aufnahmen von den Selbstschussanlagen macht. Er zeigt ihr außerdem eine Stelle, an der man leicht rüberkommt. Als es so weit ist, und er realisiert, dass auch Christine fliehen will, versucht er zuerst, es zu verhindern, lässt aber dann doch sie und ihren Bruder ziehen.

Im Unterschied zu anderen klischeehaften Filmen über die DDR, die klar zwischen gut und böse unterscheiden (z. B. ➲ DIE FRAU VOM CHECKPOINT CHARLIE) und damit der Publikumserwartung entsprechen, liefert AN DIE GRENZE eine wohldifferenzierte Alltagsstudie. Der Schweizer Regisseur Urs Egger filmte aus einer DDR-Binnenperspektive und zeigt die Illusionslosigkeit, die in den letzten Jahren dieses Staates vorherrschte (vgl. auch ➲ DER TURM).

An Glaubwürdigkeit gewinnt der Film «durch den Mut, eine vermeintlich randständige Geschichte aus dem Spektrum der DDR zu erzählen, nur einen Ausschnitt zu zeigen und durch die Konsequenz, mit der er Individualität und Subjektivität zu den Grundpfeilern seiner Geschichte macht. So vermeidet Kolditz gängige Klischeebilder und Vorurteile. (...) Hier wird einem nicht in 105 Minuten die DDR erklärt, sondern es werden bewegende, anrührende, nie künstlich dramatisierende Geschichten von der deutsch-deutschen Grenze erzählt» (Begründung der Jury des Adolf-Grimme-Preises).

DVD: Colonia Media

AN UNS GLAUBT GOTT NICHT MEHR

➲ WELCOME IN VIENNA

ANFRAGE (1962)

P NDR 1962 **Sd** 15.2.1962, ARD **R** Egon Monk **B** Christian Geissler, Egon Monk **L** Christian Geissler **K** Horst Schröder **Sz** Karl-Hermann Joksch, Werner Schlichting **S** Ilse Wilken **T** Werner Stumpf **RAss** Rolf Busch

D Hartmut Reck (Klaus Köhler), Carl Lange (Prof. Fischer), Konrad Wagner (Weismantel), Gerhard Bünte (Kurz), Kurt Otto Fritsch (Assessor), Albert Johannes (Kramer), Walter Jokisch (Huber), Erich Dunskus (Mollwitz), Anneli Granget (Sekretärin)

ANFRAGE ist eines der frühen Muster von Fernsehspielen, die sich auf tabugesättigtes Terrain wagten und politische Themen behandelten, um die der zeitgenössische Kinofilm einen großen Bogen machte. Es geht um den entscheidenden Generationskonflikt der Nachkriegszeit, der schließlich in der 68er-Bewegung kulminierte. Die Söhne, die, wie es im Film heißt, «1933 noch im Kindergarten waren», fragen die schweigenden Väter nach ihrer Vergangenheit und erwarten ein Schuldbekenntnis. Klaus Köhler, ein junger Physiker und wissenschaftlicher Assistent, der «hinderlicherweise einen komplizierten Charakter hat», erhält von seinem Institutsdirektor den Auftrag, einen Herrn Weismantel aus den USA zu empfangen. Dessen jüdischer Familie gehörte früher das Institutsgebäude. Ihr Besitz war «arisiert» worden, die meisten Familienmitglieder kamen in den Vernichtungslagern ums Leben. Köhlers Interesse ist geweckt, doch Weismantel hat mit der Vergangenheit abgeschlossen und gibt keine Auskunft. Auch ein Besuch im ehemaligen KZ Dachau kann ihn nicht umstimmen (hier ist eine 10-minütige Dokumentarfilm-Sequenz über das Lager eingeschoben). Köhler ist enttäuscht und forscht nun nach Joachim Valentin, einem Überlebenden der Familie. Der Regierungsassessor im «städtischen Wiedergutmachungsamt» kann und will ihm nicht weiterhelfen, Valentins ehemaliger Lehrer erinnert sich zwar, will von Verantwortung oder gar Mitschuld nichts wissen. Der Landtagsabgeordnete Huber, ein Schwager Valentins, glaubt zwar, dass dieser unter anderem Namen lebt, empfiehlt aber zu vergessen, denn Nicht-Vergessen-Können mache «lebensuntüchtig». Diese Verweigerungshaltungen machen Köhler immer aggressiver und rachedurstiger. Einen «Täter», von dem er glaubt, dieser sei auch für die Vertreibung der jüdischen Familie verantwortlich gewesen, schlägt er nieder. Valentin jedoch findet er nicht.

Gemäß Monks Intentionen, die Prinzipien des epischen Theaters Brechts auf das Fernsehspiel zu übertragen, ist die Handlung lehrstückartig eingebettet in eine imaginäre Gerichtsverhandlung (ein leerer Saal mit Stimmen aus dem Off): Ein angeklagter Vater verwahrt sich dagegen, für unzurechnungsfähig erklärt zu werden, bekennt sich vielmehr ausdrücklich zu seiner Schuld. Diese Szene entlarvt sich als Fiktion, als Wunschdenken, wohingegen die dummen, selbstgerechten Antworten, die Köhler auf seine «Anfrage» erhält, auf Fakten basieren (Geissler dokumentierte in seinem Buch die Quellen). Weitere verfremdende, illusionszerstörende Effekte sind z. B. das direkte Hinwenden Köhlers an den Zuschauer und die Wiederholung einer Szene in verändertem Kontext. Inhaltlich irritierend ist jedoch das aggressive, selbstgerechte Auftreten Köhlers, der ausschließlich auf ein Schuldbekenntnis fixiert zu sein scheint und glaubt, sogar dem Juden Weismantel die Nazi-Gräuel erläutern zu müssen.

Literatur: Michael E. Geisler: Die Entsorgung des Gedächtnisses. Faschismus und

Holocaust im westdeutschen Fernsehen, in: *Erinnerung und Geschichte, Augen-Blick* 17, Marburg 1994, S. 10–50. – Knut Hickethier: Egon Monks ‹Hamburgische Dramaturgie› und das Fernsehspiel der 60er Jahre, in: *Deutsche Geschichten. Egon Monk – Autor, Dramaturg, Regisseur, Augen-Blick* 21, Marburg 1995, S. 19–33. – Julia Schumacher: Egon Monks Fernsehspiele der 1960er Jahre, in: Rundfunk und Geschichte 3–4, 2011, S. 19–30

ANGSTHASEN (2007)

P BR 2007 **Sd** 26.9.2007, ARD **R** Franziska Buch **B** Ulrich Limmer **K** Axel Block **M** Ulrich Reuter **Sz** Uwe Szielasko **Ko** Bettina Helmi **S** Barbara von Weitershausen **T** Eckhard Kuchenbecker
D Edgar Selge (Adrian Zumbusch), Nina Kunzendorf (Dr. Katja Lorenz), Claudia Messner (Sylvie Zumbusch), Uwe Ochsenknecht (Dr. Elmau), Jürgen Hentsch (Andreas), Rudolf Krause (Georg), Julie Ronstedt (Rita Stolze), Christian Hoenig (Dr. Oberländer), Nikolaus Ofczarek (Axel Reichert), Robert Dölle (Dr. Müller), Phillip Moog (Katjas Freund), Hildegard Schmahl (Frau Zumbusch)

Versicherungsangestellter Adrian Zumbusch ist ein überkorrekter Hypochonder, dessen Leben von «Angst» in all ihren Erscheinungsformen bestimmt ist. Flugzeuge, Tunnel, Aufzüge, Vorträge vor vielen Leuten – seine Phobien machen vor nichts Halt. Dann eröffnet ihm seine Ärztin Katja Lorenz, dass er an Leukämie erkrankt ist und nur noch drei Monate zu leben hat. Diese Nachricht wirkt auf ihn sofort befreiend: Nun, wo er den Tod vor Augen hat, braucht er sich vor nichts mehr zu fürchten. Sämtliche Phobien sind verschwunden – jetzt wird gelebt! Er verliebt sich in Katja, stürzt sich in Ballonfahrten, Flugreisen und Achterbahnfahrten, geigt seinen Vorgesetzten die Meinung und kündigt. Dann teilt ihm Katja nach anfänglichem Zögern – sie befürchtet, er wird wieder der alte Phobiker – die «gute» Nachricht mit, dass seine Werte mit jemand anderem verwechselt wurden, Adrian ist kerngesund. Nun droht er tatsächlich wieder, von seinen alten Ängsten besessen zu werden. Doch durch die Erfahrung, die er gerade gemacht hat, weiß er, wie schön das Leben sein kann – und vor allem: die Liebe zu einem Menschen wie Katja ist stärker als jede Angst.

«Bei Regisseurin Franziska Buch ist Limmers Geschichte in den besten Händen. Gerade die verschiedenen Slapstick-Szenen inszeniert sie mit perfektem Gespür für Situationskomik. Vor allem aber macht sie Zumbusch nicht zum Affen. Selbst beim Finale, als Adrian während der Trauerfeier allerlei Unheil anrichtet, bleibt ihm eine gewisse Würde erhalten. Adrians bewegende Ansprache über den Tod als Teil des Lebens ist ohnehin ein würdiger Abschluss für eine Geschichte, in die immer derart viele witzige, originelle Einfälle reingepackt sind, dass sie im Normalfall für zwei Komödien reichen. Allein die Dialoge haben beste Screwball-Tradition. ANGSTHASEN ist die Komödie des Jahres.»

(Tilmann P. Gangloff, *FR*, 26.9.2007)

DVD: Kinowelt

DER ANWALT UND SEIN GAST (2002)

P SWR 2002 **Sd** 29.1.2003, ARD **R** Torsten C. Fischer **B** Jörg von Schlebrügge **K** Theo Bierkens **M** Dieter Schleip **Sz** Claus Jürgen Pfeifer **S** Benjamin Hembus **Ko** Anne-Gret Oehme **T** Michael Hemmerling
D Heino Ferch (Weller), Götz George (Karmann), Claudia Michelsen (Katja Weller),

Fabio Beyer (Daniel), Julia Jäger (Staatsanwältin), Marie Zielcke (Juliette)

Karmann, vorbestraft wegen Geiselnahme mit Vergewaltigung, steht unter dem Verdacht, ein serienmäßiger Frauenmörder zu sein. Sein Anwalt Weller – über den gerade ein für ihn peinlicher Zeitungsartikel erschienen ist, worin er wegen seines Engagements für Benachteiligte als «Robin Hood der Anwaltschaft» bezeichnet wird – macht ihm klar, dass er nur jemand verteidigt, der ihm rückhaltlos die Wahrheit sagt. Doch wird Karmann ohnehin wegen mangelnder Beweise auf freien Fuß gesetzt. Er taucht in Wellers Haus auf, quartiert sich kurzerhand dort ein und versucht, sich nützlich zu machen, weiß aber auch die innerfamiliären Konflikte geschickt auszunutzen. Wellers Frau Katja ist auf Karmanns Seite. Sie hat ihre Karriere als Künstlerin zugunsten der Familie aufgegeben und ist deswegen depressiv. Karmann reißt sie aus ihren Selbstzweifeln heraus, indem er sie überredet, wieder ein Bild zu malen. Unterdessen recherchiert die junge Reporterin, die für den Kitschartikel über Weller verantwortlich ist, hinter Karmanns Vergangenheit her, um Weller klarzumachen, dass Karmann ein Lügner und mutmaßlicher Mörder ist. Je mehr Karmann sich in seine Familie drängt, umso mehr ist auch Weller überzeugt, dass dieser tatsächlich der gesuchte Täter ist – ganz im Gegensatz zu Katja: sie will nicht, dass Karmann unglücklich ist, stellt ihren Mann vor eine Ich-oder-Er-Situation und schmeißt ihn schließlich ganz aus der Wohnung. Die heile Familien-Fassade ist eingestürzt. Nun lässt Weller Karmann verhaften, mit der erfundenen Begründung, er habe ihm die Morde gestanden und außerdem das Tatmesser gezeigt. Daraufhin droht Karmann Weller, ihn umzubringen. Als der richtige Täter gefasst ist und Karmann freigelassen wird, rast Weller mit einem Messer in der Hand nach Hause. Doch Karmann ist nur gekommen, um sich von Wellers Familie zu verabschieden. Weller ist nun völlig verstört, läuft aus dem Haus und – im wörtlichen Sinn – gegen eine Wand (mit dieser «Wahnsinns»-Szene hat der Film auch begonnen).

Der raffiniert konstruierte Psychothriller spielt mit den Erwartungshaltungen der Zuschauer. Die suggestive Kamera im Dogma-Stil beobachtet zwei ungleiche Gegner, die beide vom Wahn befallen sind. Der eine versucht, mit allen Mitteln die bürgerliche Fassade aufrechtzuerhalten, der andere kämpft überhaupt erst um ein bürgerliches Dasein.

«Ein überzeugend erdachtes, darstellerisch exzellent umgesetztes Seelendrama, das einen Platz in der Jahresbestenliste finden könnte.»
(Harald Keller, *FR*, 29.1.2003)

DER ARME MANN LUTHER ➲ MARTIN LUTHER

DER ATTENTÄTER (1969) ★

P SDR 1969 **Sd** 9.11.1969, ARD **R** Rainer Erler **B** Hans Gottschalk **K** Karl Steinberger **M** Eugen Thomass **Sz** Helmut Gassner **Ko** Nikola Hoeltz **S** Henri Sokal

D Fritz Hollenbeck (Elser), Ulrich Mattschoss (Kommissar Huber), Ingeborg Lapsien (Frau Krantz), Lothar Grützner (Kriminaldir. Nebe), Doris Denzel (Maria Schmauder), Ruth Kähler (Else Härlen), Ilse Künkele (Frau Schmauder), Werner Schramm (Vater Schmauder), Gustl Bayrhammer (Daferl), Willy Harlander (Niederdorfer), Franziska Liebing (Frau Baumann), Ursula Herion (Frau Lehmann), Ludwig Wühr (Brig), Marianne Lindner (Marie Strobel), Franz Loskarn (Nachtwächter), Rolf Schimpf (Postenführer)

Die filmische Dokumentation über den schwäbischen Schreinergesellen Johann Georg Elser, der am 8. November 1939 versuchte, im Münchner Bürgerbräukeller Hitler mit einer Bombe zu töten, setzt sich zusammen aus dem Verhör Elsers durch die Kriminalpolizei (nicht der Gestapo!), szenischen Rückblenden sowie Statements von Zeitgenossen. Nach dem Münchner Abkommen 1938 war Elser zu der Überzeugung gelangt, dass es Krieg geben und es der Arbeiterschaft unter Hitler immer schlechter gehen wird. Deshalb entwickelte er, ohne jede Beeinflussung von anderen, seinen Plan und arbeitete ein Jahr lang ununterbrochen an der Bombe. Das Material besorgte er sich in einem Armaturenwerk in Heidenheim, wo er arbeitete. Bei seinen Wirtsleuten richtete er sich im Souterrain eine provisorische Werkstatt ein, wo er mit verschiedenen Zündern experimentierte. Den Sprengstoff verschaffte er sich in einem Steinbruch. Dann nimmt er sich ein Zimmer in München und beginnt mit seiner Arbeit im Bürgerbräukeller, wo er sich nachts einschließen lässt. Unter schwierigsten Bedingungen – er ruiniert seine Gesundheit, weil er wochenlang auf den Knien arbeiten muss – baut er die Bombe in einen tragenden Pfeiler ein. Am 8. November stellt er den Zeitzünder auf 21.20 Uhr und fährt mit dem Zug nach Konstanz, um über die Schweizer Grenze zu gehen, während im Radio Hitlers Rede aus dem Bürgerbräukeller

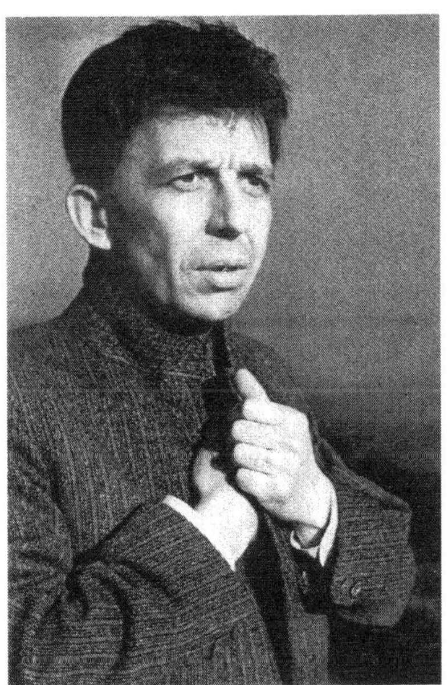

Fritz Hollenbeck in Der Attentäter

übertragen wird. Beim Grenzübertritt stellt sich Elser so ungeschickt an, dass er festgehalten wird. Man findet bei ihm einen Zünder und das Abzeichen des Rotfrontkämpferbundes. Währenddessen explodiert in München die Bombe, doch Hitler hat den Saal vorzeitig verlassen. Elser verbringt sechs Jahre in Konzentrationslagern, nach dem «Endsieg» soll ihm ein großer Schauprozess gemacht werden. Im April 1945 – unmittelbar vor der Befreiung – wird er in Dachau erschossen.

Der Fokus des Films zielt vor allem darauf, dass Elser die Tat aus eigenem Antrieb und ohne jede fremde Hilfe begangen und auch niemand eingeweiht hat (auf Fragen antwortete er immer, er arbeite an einer Erfindung). Dies bedeutete eine Rehabilitierung Elsers (mit den Verhörprotokollen als Quelle), der von den Nazis als «agent provocateur» der Engländer bezichtigt wurde und vom anderen, «offiziellen» Widerstand als Handlanger der Nazis. Diese Version hatte auch in der Nachkriegszeit Bestand. Für Hans Gottschalk war Elser ein Beispiel dafür, dass das Individuum nicht zur Ohnmacht verdammt ist und «wozu ein einzelner fähig sein kann, wenn er seine Möglichkeiten erkennt und ausschöpft.»

Ein stark fiktionalisiertes und mit melodramatischen Akzenten versehenes Elser-Bild zeigte Klaus Maria Brandauer in seinem Kinofilm GEORG ELSER – EINER AUS DEUTSCHLAND (1989) mit ihm selbst in der Titelrolle.

«Über das Faktische hinaus wirkte vor allem die Person des in seiner unfanatischen Zärtlichkeit geradezu rührenden Elser, den Fritz Hollenbeck ohne heldische Attitüde überzeugend verkörperte.»

(Michael Lorenz, *Hör Zu* 47, 1969)

Text in: *Rundfunk und Fernsehen* 4, 1969.

Literatur: Joachim Paech: Der Einzelne und sein Attentat – Zur Re/Konstruktion eines Ereignisses ohne Held, Märtyrer, Rebell oder Heiligem. Der Hitler-Attentäter Johann Georg Elser, in: Waltraud ‹Wara› Wende (Hrsg.): *Geschichte im Film. Mediale Inszenierungen des Holocaust und kulturelles Gedächtnis*, Stuttgart/Weimar 2002, S. 290–306.

AUF DEM CHIMBORAZO ➲ DOROTHEA MERZ

AUF EWIG UND EINEN TAG (2006)

P ZDF 2006 **Sd** 8., 9.9.2006, arte (2 Teile) **R** Markus Imboden **B** Christian Jeltsch **K** Jo Heim **M** Annette Focks **Sz** Christian Kettler, Maximilian Lange **S** Ueli Christen **T** Quirin Böhm **Ko** Natascha Curtius-Noss **D** Heino Ferch (Jan Ottmann), Fritz Karl (Gregor Luckner), Martina Gedeck (Paula), Claudia Michelsen (Elsa), Juliane Köhler (Frau Luckner), Henry Hübchen (Luckner sr.), Emmo Hesse (Jan, jung), Ludwig Trepte (Gregor, jung), Anja Knauer (Elsa, jung), Anna Schudt (Jans Mutter), Peter Cotton (Bradshaw), Sean Cullen (Bob Cunnings), Shaun Lawton (Brunswick), Dulcie Smart (Mrs. Bradshaw), Reiner Schöne (Sam Millhouse)

Jan Ortmann glaubt seinen Freund Gregor Luckner unter den Toten des 11.9., denn er hatte an diesem Morgen einen Termin im World Trade Center. Dies ist der Anlass für eine auf ständig wechselnden Zeitebenen ablaufende Geschichte einer langen und schwierigen Freundschaft, die im bayerischen Landshut beginnt, wo Jan und Gregor zur Schule gingen, der eine ein Kapitalistensohn mit autoritärem Vater, der andere ein Protestierer gegen den Vietnamkrieg. Beide wollen sie Karriere und das große Geld machen. Gregors Motiv ist der Kampf um die Anerkennung seines Vaters, er glaubt, ihm etwas «beweisen» zu müssen. Jan und Gregor gehen in den 90ern, der Zeit der «New Economy» nach New York, wo ihre geschäftlichen Karrieren ein ständiges Auf und Ab erfahren, ebenso wie ihre Beziehungen zu Frauen. Gregor, Jan und Elsa hatten früher in einer «ménage à trois» zusammengelebt; Jan heiratet die Modedesignerin Paula. Gregor kämpft sich an der Wall Street nach oben, aber als er damit nicht den Stolz seines Vaters erreicht, lässt er dessen Spielautomaten-Werke aufkaufen. Da er dabei verbotene Insider-Geschäfte macht, wird er verhaftet und muss wieder bei Null anfangen. Jan nimmt ihn als Partner in seine neue Firma und schickt ihn am 11.9. zu einem Termin ins WTC. Seitdem gibt es von ihm kein Lebenszeichen. Jan glaubt, dass Gregor aus dem brennenden Turm gesprungen ist, obwohl er sich leicht hätte retten können, so wie der Gesprächspartner, mit dem er sich getroffen hat. Dieser erklärt, dass Gregor einfach nicht gerettet werden wollte. Nachdem Gregors Mantel gefunden wird, wird er für tot erklärt, aber Jan gibt nicht auf, weil er nicht glauben will, dass «25 Jahre seines Lebens mit Gregor verschwunden sind». Schließlich findet er seinen Freund in New York als Taxifahrer. Gregor erklärt, dass sein Leben, das er mit seinem Vater-Komplex geführt habe, nicht sein Leben gewesen sei, er wolle nun frei sein. Aber er verspricht «auf ewig und einen Tag», wieder zurückzukommen.

Der 11. September ist hier nur Aufhänger und Hintergrund einer aus der Jugendzeit sich entwickelnden Männerfreundschaft, die mit dem Schwur «Auf ewig und einen Tag» besiegelt wird. Die Protagonisten scheinen auch nicht erwachsen geworden zu sein, sondern schleppen Vaterkomplex und Jugendliebschaften durch ihr mühseliges Karriereleben. Das in komplizierten Rückblenden erzählte Psychodrama kommt über übliche Tragödien-Versatzstücke nicht hinaus, der gewählte 9/11-Aufhänger ist für die Geschichte zu groß.

«Was soll man von der Idee halten, diese Tragödie als Katalysator einzusetzen, als Kristallisationspunkt, von dem aus angeblich die im Alltag verloren gegangenen wahren Empfindungen zutage treten können? An der Katastrophe findet das deutsche Gemüt zu sich selbst? So etwas nennt man Kitsch.»

(Fritz Wolf, *epd medien* 74, 2006)

Literatur: Andreas Langenohl / Kerstin Schmidt-Beck: Wenn Erinnerungsfilme scheitern – filmische Erinnerungen an den 11. September, in: Astrid Erl / Stephanie Wodianka (Hrsg.): *Film und kulturelle Erinnerung*, Berlin 2008, S. 231–262. – Eckhard Pabst: Betroffen aus der Ferne. Reflexe des 11. September 2001 im deutschen fiktionalen Film und Fernsehen, in: Ingo Irsigler / Christoph Jürgensen (Hrsg.): *Nine Eleven. Ästhetische Verarbeitungen des 11. September 2001*, Heidelberg [2]2011, S. 313–343.
DVD: Stardust

DER AUFSTAND (1986)

P ORF/WDR 1986 **Sd** 27.10.1986, ARD **R** Peter Patzak **B** Thomas Pluch **K** Dietrich Lohmann **M** Peter Ponger **Sz** Erich Stembrock **S** Michou Hutter **T** Heinz Bretterbauer, Sascha Ainberger **Ko** Heidi Meling
D Joachim Bissmeier (Ernst Bach), Monica Bleibtreu (Dora), Peter Strauß (Jakob), Fritz Grieb (Eder), Erwin Leder (Jelemensky), Andreas Gönczöl (Keleman), Hannes Siegl (Ministerialrat)

Wien, Oktober 1956. Ernst Bach, linientreuer KPÖ-Journalist, glaubt auf die ersten Nachrichten von den Demonstrationen in Budapest hin, diese seien von der CIA gesteuert. Von seiner Parteizeitung erhält er den Auftrag, die Zusammenarbeit der Exil-Ungarn in Österreich mit dem CIA zu beweisen. Von einem Informanten wird er zu einem Schiff geführt, mit dem Waffen von Wien nach Ungarn geliefert werden sollen. Bachs Artikel mit der Schlagzeile «CIA schleust Waffen nach Budapest» wird nicht nur von seiner KP-Zeitung, sondern auch in der Prawda gedruckt. Bachs Zeitung wird beschlagnahmt, er selbst von der österreichischen Staatspolizei verhört. Als die Sowjets in Ungarn einmarschieren und den Aufstand blutig niederschlagen, fühlt sich Bach wegen seines Artikels irgendwie mitverantwortlich für die gefährliche politische Lage. Sein Sohn, der kein

Kommunist ist und beim gerade neu aufgestellten Bundesheer dient, wird dort als «Spion» beurlaubt. Bach, der sich wundert, warum niemand – auch seine eigenen Genossen nicht – die Beweise für den Waffenschmuggel, z. B. den Namen des Schiffes wissen will, erfährt von dem befreundeten Gewerkschaftler Eder, dass Bachs Informant aus dem Kreise der Exil-Ungarn ein Doppelagent war: sein Artikel über die Waffenlieferungen war vom KGB provoziert worden, um die Invasion in Ungarn zu motivieren. Bachs KP-Parteilokal wird aus «Rache für Ungarn» verwüstet. Bach und seine Familie bleiben desillusioniert zurück.

Der unpolemische Schwarzweißfilm befrachtet sein Thema nicht mit politisch-ideologischem Pathos, sondern schildert Geschichte aus der subjektiven Perspektive eines am Rande Involvierten, der am Schluss vor den Trümmern seiner Weltanschauung steht. Nicht das objektiv Dokumentarische ist von Interesse, sondern die individuelle, gelegentlich melodramatisch akzentuierte Tragödie eines naiven Idealisten.

DER AUFSTIEG – EIN MANN GEHT VERLOREN (1980)

P SWF 1980 **Sd** 1.10.1980, ARD **R** Peter Patzak **B/L** Dieter Forte **K** Johannes Hollmann **Sz** Günther Naumann

D Ernst Schröder (Manz), Dietmar Mues (Wulf), Ulrich Faulhaber (Kern), Ludwig Thiesen (Thieme), Eberhard Busch (Karl von Arx), Marie Luise Etzel (Sekretärin), Gert Burkard (Konkursverwalter)

Konzernchef Manz ist bankrott. Er willigt in ein Fernseh-Interview ein. Ein kleines, aber routiniertes Team aus Interviewer, Kameramann und Tontechniker reist an, um ihn zu seinem Aufstieg in der Nachkriegszeit und die Gründe für seine Pleite zu befragen oder vielmehr: professionell-trickreich auszuquetschen. Doch Manz gibt sich auf eine erstaunlich uneitle Art ehrlich. Er ist gar nicht so sehr über seinen wirtschaftlichen Niedergang verbittert, sondern darüber, dass er, der immer dazugehören wollte zu denen «da oben», es trotz seines Geldes und seiner Statussymbole (Rolls, Gemäldesammlung) nicht geschafft hat in die Nähe der «wirklich wichtigen Leute», der «alten Familien», die faktisch die ökonomische Macht ausüben, zu gelangen. Von diesen wurde er wegen seiner Herkunft aus einfachen Verhältnissen – er ist Sohn eines Eisenwarenhändlers – nie als ebenbürtig akzeptiert: «Sie haben mich nie über die Schwelle gelassen. Ich stand eigentlich immer vor dem Lieferanteneingang», selbst als milliardenschwerer Konzernchef. Am Ende des Interviews gibt sich Manz sogar glücklich darüber, dass er wieder da steht, wo er angefangen hat, vor einem «neuen Start». Doch als die Fernsehleute, erfreut über die vielen Details, wegfahren, erschießt er sich. (Allerdings ist nur der Schuss zu hören. Die genauen Umstände seines Todes bleiben ungeklärt.) Sie haben nicht begriffen, dass das Interview sein Abschiedsmonolog war. «Dass dabei auch die inzwischen fast industrialisierte Herstellung eines Menschenbildes durch ein Medium gezeigt werden soll, sei nicht verschwiegen. Da versucht das Medium einen Mann in den Griff zu bekommen, während dieser Mann das Medium für sich in den Griff zu bekommen versucht» (Dieter Forte).

Manz benutzt das Interview, um eine radikal ehrliche Lebensbeichte abzulegen, die sich von den üblichen medialen Zerrbildern absetzt. Doch genau damit können die Journalisten nicht umgehen, weil sie gewohnt sind, dass die Befragten die Unwahrheit sagen und erst von ihnen «durchschaut» werden müssen, der Enthüllungsjournalismus ist karikiert. Das Spiel konzentriert sich auf den literarischen Text, den Monolog Ernst Schröders, verzichtet auf szenische Rückblenden. Schröder zeichnet das brillante Portrait eines Menschen, der Leistung abgeliefert hat und dann vom System wieder ausgespuckt wurde.

«Im fingierten Interview wird die mögliche Wahrheitsfindung des elektronischen Mediums selbstkritisch parodiert und im Anfangsgespräch der technischen Helfer über einen kurz zuvor gesehenen ‹Tatort›-Kriminalfilm die analytische Fabel des Stücks ironisch in ein kriminalistisches Umfeld gerückt.» (Manfred Durzak)

Text in: Dieter Forte: *Fluchtversuche*, Frankfurt: Fischer 1980.

Literatur: Manfred Durzak: Erfolg ist ein Aberglaube. Über die Fernsehspiele von Dieter Forte, in: ders.: *Literatur auf dem Bildschirm*, Tübingen 1989, S. 51–67 und in: Jürgen Hosemann (Hrsg.): *«Es ist schon ein eigenartiges Schreiben...» Materialien zum Werk von Dieter Forte*, Frankfurt 2007, S. 158–181.

Das ausgefüllte Leben des Alexander Dubronski (1967) ★

P ZDF 1967 **Sd** 23.12.1967, ZDF **R** Thomas Fantl **B** Dieter Waldmann **K** Michael Marszalek **M** Herbert Jarczyk **Sz** Walter Haag **S** Horst Rossberger **T** Fritz Schwarz **RAss** Lutz Hochstraate

D Horst Bollmann (Lothar Krake), Ida Krottendorf (Ilse Krake), Herbert Stass (Griebel), Gerold Wanke (Böhlk), Peter Schiff (Müller), Till Erwig (Martens), Diana Körner (Uschi), Hugo Schrader (Anwalt), Eduard Wandrey (Richter), Claus Hofer, Heinz Peter Scholz, Lutz Moik, Harald Sawade, Peter Dornseif, Erwin Aderhold, Herbert Grünbaum, Heinz Rabe

Lothar Krake, beflissener EDV-Buchhalter beim Gaswerk, macht beim Erstellen der Kundenkartei einen Tippfehler, den er aus Angst vor Entlassung sich nicht traut zuzugeben. Nun ist der Verbraucher «Dubronski» beim Gaswerk registriert und «kreist» im System. Damit der Irrtum nicht auffällt, erweckt Krake dieses Phantom zu einem Scheinleben und erklärt ihn zu seinem Untermieter. Vor allem Krakes Frau Ilse lässt ihrer Phantasie freien Lauf, indem sie eine fiktive Biographie Dubronskis erfindet, mit der sich renommieren lässt: verarmter russischer Fürst, Schriftsteller. Er muss polizeilich gemeldet werden, einen Pass besorgt sich Krake in der Unterwelt. Damit wird Dubronski auch beim Finanzamt geführt, die Kirche (russisch-orthodox) meldet sich und der Schriftstellerverband. Ilse Krake steigert sich immer mehr in Dubronskis Leben hinein, stattet sein Zimmer mit russischen Antiquitäten aus und schreibt sogar seine Memoiren über sein schweres Schicksal in Russland für eine Illustrierte. Der Erfolg ist überwältigend, Dubronski wird zum Star. Krake wird irrtümlich als Dubronski fotografiert und landet auf der Titelseite der Illustrierten. Nun platzt Krake der Kragen, er zertrümmert Dubronskis Zimmer und löst dabei versehentlich eine Gasexplosion aus. Jetzt gilt Dubronski zwar als tot, aber Krake wird als sein Mörder verhaftet. Dass das «Opfer» nie existiert hat, glaubt ihm keiner. Ein Phantom, das Steuern zahlt? Undenkbar! Dubronski war ein erfasstes, verwaltetes, verbuchtes Wesen und damit existent. Doch Ilse rettet ihren Mann, indem sie einen Abschiedsbrief des «Fürsten» präsentiert, der seinen Selbstmord beweist.

Die Satire von der Diktatur der verwalteten Welt, in der das Individuum versinkt, ist zwar amüsant (vor allem dank Horst Bollmanns Darstellung), bleibt aber an der Oberfläche, denn das System, der Apparat, dem Krake zum Opfer fällt, ist keiner aggressiven Kritik ausgesetzt (wie etwa in ➲ DR. MURKES GESAMMELTES SCHWEIGEN). Die zufällige Panne im Räderwerk diskreditiert nicht die ganze Maschinerie. Die Komik gilt dem kleinen Angestellten, der sich windet, um weiter ein Rädchen im Getriebe sein zu dürfen. Zudem ist diese satirische Ebene noch von einer zweiten überfrachtet: die von der Regenbogenwelt der Illustrierten und ihren gläubigen Lesern.

AUSGERECHNET ZOE (1994)

P NDR 1994 **Sd** 21.9.1994, ARD **R/B** Markus Imboden **K** Rainer Klausmann **M** Detlef Petersen **Sz** Bergith Geyer **S** Annemarie Bremer **T** Hermann Ebling **Ko** Ulrike Burmester **RAss** Elke Schließmann

D Nicolette Krebitz (Zoe), Henry Arnold (Mike), Caroline Redl (Pat), Jürgen Vogel (Luc), André Jung (Martin), Nicole Heesters (Zoes Mutter), Ralph Herfurth (Pedro), Fritz Lichtenhahn (alter Mann), Albert Kitzl (Ricci)

Als Zoe erfährt, dass ihr Schwangerschaftstest zwar negativ, der HIV-Test aber positiv ist, reagiert sie nicht etwa mit weinerlicher Betroffenheit, sondern mit einer Art demonstrativer Unvernunft. Sie bricht ihr Studium ab, trinkt, kifft, sucht sexuelle Abenteuer mit mehreren Männern. Von ihrem Freund glaubt sie, dass er nur noch aus Mitleid mit ihr zusammen ist. Sie stößt ihn mehrmals vor den Kopf, indem sie ihm ins Gesicht sagt, dass sie ihn betrügt, verlässt ihn schließlich ganz, weil sie nicht so monogam leben kann und will wie er. Hinter ihrem Verhalten steckt eine Suche nach dem Sinn des Lebens, gerade jetzt, wo es bedroht ist. Doch hinter äußerer Aktivität verbirgt sich Willensschwäche, sie weiß nicht, was sie genau will, will «einfach nur leben». Sie genießt die Irritationen, die sie mit ihrem Verhalten bei den Männern auslöst, das verleiht ihr Selbstsicherheit, Lebensenergie und Freiheit. Diesen Momenten stehen wieder andere entgegen, in denen sie ratlos, entsetzt und stumm ist, in denen sie zu ihrer Mutter flieht und sich in ihr Kinderzimmer zurückzieht. Der Film endet als Tragikomödie: Nicht Zoe stirbt, sondern ihre beste Freundin bei einem Verkehrsunfall. Nach der Seebestattung sitzt Zoe mit dem Freund ihrer Freundin vor dem Sylter Ferienhaus, in das sie sich zurückgezogen hat und raucht dicke Zigarren.

Das unsentimentale Kammerspiel liefert eine nüchterne Beschreibung eines Lebensgefühls, das zwischen Ratlosigkeit und Rastlosigkeit schwankt und wartet außerdem mit für das Fernsehen drastischen Dialogen auf («Ich dachte nur Nutten haben Pariser bei sich»): kein gesellschaftskritischer Film über AIDS – die HIV-Infektion ist letztlich nur der «Aufhänger» –, sondern eine Studie darüber, was es heißt, «intensiv» leben zu wollen.

B

Babeck (1968)

P ZDF 1968 **Sd** 27., 28., 29.12.1968 (3 Teile), ZDF **R** Wolfgang Becker **B** Herbert Reinecker **K** Rolf Kästel **M** Peter Thomas **Sz** Wolf Englert **S** Ingrid Bichler **Ko** Paul Seltenhammer

D Helmut Lohner (Manfred Krupka), Cordula Trantow (Marianne Hohmann), Helmut Käutner (Dr. Brenner), Siegfried Lowitz (Weingarten), Senta Berger (Susanne Stefan), Friedrich Joloff (Mazzini), Raimund Harmstorf (Nielsson), Paul Albert Krumm (Hiebler), Walter Richter (Scherenschleifer), Charles Regnier (Kaminsky), Curd Jürgens (Mann im Rollstuhl), Peter Neusser (Mayerhofer), Wolfgang Völz (Fasuld), Helma Seitz (Agathe), Rudolf Schündler (Komm. Winfeld), Paul Verhoeven (Körner), Isabella de Pat (Patricia), Kai Fischer (Caroline), Walter Morath (Mendozza), Harry Raymon (Enrico), Monika Lundi (Hilde Giesing)

Der mysteröse Arzt Dr. Brenner – er pflegt trotz schlecht gehender Praxis einen gehobenen Lebensstil – bringt im Auftrag eines gewissen Babeck Manfred Krupkas Vater, einen Scherenschleifer, um. Als Dr. Brenner ebenfalls tot aufgefunden wird, versucht Krupka die Hintergründe des Mordes an seinem Vater aufzuklären. Eine Spur führt zu Marianne Hohmann, deren Vater angeblich in Genua ertrunken ist, was sie jedoch nicht glaubt. Es stellt sich heraus, dass anstelle von Hohmanns Leiche die von Krupkas Vater nach Deutschland überführt wurde. Auch Weingarten, ein Onkel Marianne Hohmanns, der ebenfalls in Babecks Diensten stand, wird ermordet. Hohmanns Vater lebt und arbeitet in Genua für Babeck, Boss einer Bande von Waffenschmugglern. Mit den Waffen soll ein Umsturz in einem afrikanischen Land stattfinden. In dem mysteriösen «Mann im Rollstuhl» glaubt Krupka, der inzwischen genügend Material für einen Prozess gesammelt hat, Babeck vor sich zu haben, doch dieser wird von seinen eigenen Leuten getötet, denn er war nur ein Strohmann. Aber ob der im Showdown ebenfalls erschossene Kaminsky, der den ganzen Film über als Stellvertreter Babecks agierte und die meisten Morde begehen ließ, mit diesem identisch ist, bleibt offen.

➲ Der Tod läuft hinterher (1967), Babeck (1968) und 11 Uhr 20 (1970) sind die Dreiteiler, mit denen Herbert Reinecker (1914–2007) im Kielwasser der Durbridge-Krimis (➲ Das Halstuch, ➲ Melissa, ➲ Der Schlüssel) seinen Durchbruch als Fernsehautor erzielte, eine Karriere, die ihren Höhepunkt mit den ZDF-Serien Der Kommissar (1969) und Derrick (1974) erreichte. Im Unterschied zu den eher trägen Durbridge-Kammerspielen, waren Reineckers Mehrteiler actionreich, spielten an internationalen Schauplätzen und waren berühmt für ihre «cliffhanger» am Ende der Teile. Die Handlungslogik blieb allerdings öfters auf der Strecke. In Babeck waren auch aktuelle gesellschaftliche Strömungen spürbar:

«[E]rstens in der sozialkritischen Haltung, mit der gezeigt wird, wie moralisch verderbt es in Wirklichkeit hinter den Fassaden der Reichen und Mächtigen zugeht. (...) Die Zuordnung gerät aber zur Pseudo-Sozialkritik, weil das Böse in Babeck *nur als individuelle Fehlentwicklung erscheint, als asozial und nicht der Gesellschaft inhärent und von ihr hervorgerufen. (...) Der zweite deutlich zeitspezifische Bezug von* Babeck *liegt darin, dass sich gegen Ende der Handlung der moralische Konflikt zwischen den integren Gestalten Marianne Hohmann und Manfred Krupka und Babecks Organisation zum Generationskonflikt zuspitzt. Die von Anfang an als Suche der jungen Krupka und Marianne nach ihren Vätern angelegte Handlung endet damit, dass drei junge Menschen in Opposition zu ihren Vätern beziehungsweise der sie repräsentierenden Generation stehen.»*

(Ricarda Strobel)

Literatur: Ricarda Strobel: *Herbert Reinecker. Unterhaltung im multimedialen Produktverbund*, Heidelberg 1992
DVD: Universal

Badische Revolte ➲ Lenz oder die Freiheit

Bambule ➲ Sechs Wochen im Leben der Brüder G.

Bauern, Bonzen und Bomben (1973)

P NDR 1973 **Sd** 23., 24., 29.4., 3., 8.5.1973, ARD (5 Teile) **R/B** Egon Monk **L** Hans Fallada **K** Kurt Weber, Hans Sommerfeld **M** Alexander Goehr **Sz** Ellen Schmidt **S** Stefanie Wilke **T** Hans Elbel **Ko** Ingeborg Desmarowitz

D Ernst Jacobi (Tredup), Arno Assmann (Stuff), Siegfried Wischnewski (Gareis), Eberhard Fechner (Frerksen), Rudolf Brand (Meyer), H. M. Crayon (Schabbelt), Carola Erdin (Frau Schabbelt), Hannelore Hoger (Frau Tredup), Wolfgang Engels (Temborius), Reinhart Firchow (Henning), Heinz Lieven (Banz), Andrea Grosske (Bäuerin Banz), Hans Häckermann (Andersson), Kurt A. Jung (Wenk), Henry Kielmann (Reimers), Gottfried Kramer (Kalübbe), Peter Danzeisen (Thiel), Herbert Tiede (Senkpiel), Fritz Hollenbeck (Piekbusch), Peter Lehmbrock (Perduzke), Horst Bergmann (Tunk), Edgar Bessen (Rohwer), Ernst von Klipstein (Graf Bandekow), Hartmut Reck (Padberg), Max Grothusen (Benthin), Kyra Mladek (Frau Frerksen), Henning Schlüter (Feimbube), Wolfgang Kieling (Gebhardt), Gert Haucke (Manzow), Benno Hoffmann (Meisel), Otto Kurth (Dr. Lienau), Thomas Kylau (Dr. Hüppchen). Hubert Suschka (Toleis), Herbert Stass (Koffka), Jörg Falkenstein (Stein)

Schleswig-Holstein, Ende der 1920er Jahre. Annoncenvertreter Tredup verkauft an Regierungspräsident Temborius ein Foto, auf dem zu sehen ist, wie Gemeindevorsteher Reimers und eine Gruppe Bauern die Pfändung zweier Ochsen verhindern. Temborius lässt Reimers verhaften und geht gegen dessen Sympathisanten vor. SPD-Bürgermeister Gareis ist unsicher, laviert zwischen den Lagern und gerät in Konflikt mit seiner eigenen Partei, die die von den Rechten unterstützte Bauernbewegung bekämpft. Nach einem Attentatsversuch auf Temborius und der blutigen Niederschlagung einer Bauern-Demonstration eskalieren die Gegensätze und es kommt zu einer Flut von Intrigen und Denunziationen, wobei der zwielichtige Zeitungsredakteur Stuff im Mittelpunkt steht. Tredup erhält Stuffs Posten, nachdem er Stuff auf Druck von Gareis erpresst. Als Tredup im Bericht über den Prozess gegen die Anführer der Landvolkbewegung die Wahrheit schreibt, verliert er seinen Posten wieder und wird von einem Bauern erschlagen.

Fallada richtete in seinem 1931 erschienen Roman über die Landvolkbewegung in Schleswig-Holstein (1929), die gegen überhöhte Steuern und die Zwangsversteigerung verschuldeter Höfe opponierte, seine Kritik vor allem gegen die Sozialdemokratie. In Monks auf Details insistierender Verfilmung (an Original-Schauplätzen) mündet der Protest – historisch korrekt – in die Unterstützung der Nationalsozialisten. Fallada erlebte die damalige Zeit als Zeitungsberichterstatter in Neumünster, Ernst Jacobis Rolle ist ein Portrait des Autors. Falladas ganz auf Dialog konzentrierten, im Stil der «Neuen Sachlichkeit» geschriebenen Roman setzt Monk (der obendrein zusätzliche Recherchen zur Landvolkbewegung durchführte) mit kaum zu überbietender Sorgfalt um: eine mustergültige Literaturverfilmung, die nicht zuletzt durch herausragende Schauspielerleistungen (v. a. Jacobi, Assmann, Wischnewski, Hannelore Hoger) besticht. Die das Kleinstadt-Bürgertum korrumpierende Existenzangst und eine in Interessen- und Intrigenwirtschaft polarisierte Gesellschaft als authentisches Miniaturmodell der sich auflösenden Weimarer Republik zu verstehen (wie von Fallada und Monk intendiert), greift als historische Analyse freilich zu kurz.

«Als gekonnt in Szene gesetzt können die Aufnahmen gelten, die innerhalb von Regierungsgebäuden oder im Bürgermeistersaal spielen. Auffällig ist hier die leichte Aufsicht der Kamera, die im Vordergrund die Räumlichkeiten aufnimmt, die Menschen agieren im Hintergrund und wirken in den überdimensionierten Räumen verkleinert. Damit wird die Aussage solcher Szenen verstärkt, die die Personen nur als Funktionsträger ihrer jeweiligen Positionen darstellen (...) und nicht als Charaktere.» (Anja Weller)

▶ Unter den früheren Fallada-Verfilmungen des Fernsehens ragt die dreiteilige Produktion WER EINMAL AUS DEM BLECHNAPF FRISST heraus (WDR 1962, R: Fritz Umgelter, B: Reinhart Müller-Freienfels, m. Klaus Kammer), die die Handlung in die Gegenwart verlegt.

Literatur: Karl Prümm: Inszeniertes Dokument und historisches Erzählen. Die Fernsehfilme von Egon Monk, in: *Deutsche Geschichten. Egon Monk – Autor, Dramaturg, Regisseur, Augen-Blick 21*, Marburg 1995, S. 34–51. – Anja Weller: Fernsehspielreihen nach literarischer Vorlage, in: Helmut Schanze (Hrsg.): *Fernsehgeschichte der Literatur*, München 1996, S. 249–312 [283–86]. – Wolfgang Gast: Die Transformation von Literatur der Neuen Sachlichkeit in das Fernsehspiel – Egon Monks dokudramatische Adaption von Hans Falladas Roman ‹Bauern, Bonzen und Bomben›, in: Carsten Gansel / Werner Liersch (Hrsg.): *Hans Fallada und die literarische Moderne*, Göttingen 2009, S. 187–204.
DVD: Studio Hamburg / ARD Video «Große Geschichten»

Der Beginn (1966) ★

P SDR 1966 **Sd** 25.10.1966, ARD **R** Peter Lilienthal **B** Günter Herburger, Peter Lilienthal **K** Gerard Vandenberg **Sz** Günter Naumann **S** Annemarie Weigand **T** Reiner Lorenz, Hans Peter Schulz **RAss** Peter Stripp, Hartmut Bitomsky

D Kim Parnass (Rick), Joachim Wichmann (Vater), Eva Brumby (Mutter), Ursula Alexa (Tante), Dunja Rajter (Dunja), Rolf Zacher (Rolf), Ingrid Oppermann (Ingrid), Verena Buss (Rita), Günter Hoffmann (Hoffmann), Günther Graf-Weisköppel (Graf), Martin Brandt (Untermieter), Giesbert Münster (Lehrlingsausbilder), Karl-Heinz Tischendorf (Immobilienmakler)

Dieses «realistische bis utopische Jugendbildnis» (Lilienthal) wurde mit dem Adolf-Grimme-Preis und dem DAG-Fernsehpreis in Gold ausgezeichnet, einer der Höhepunkte im Fernsehspiel der 1960er Jahre. Am Beispiel des 17-jährigen Rick zeigt es die Diskrepanz zwischen der Wunsch der Jugendlichen und der engen Welt, in der sie hineingeboren werden und mit der sie sich auseinandersetzen müssen. Rick hat sich nach seinem Schulabschluss der Elektrikerlehre verweigert und ist stattdessen nach Spanien getrampt. Nach zwei Monaten kehrt er zurück. Das Gefühl der Freiheit und Unabhängigkeit, das er dort kennengelernt hat, wird er auch nach seiner Rückkehr nicht wieder los, seine Spanien-Sehnsucht kollidiert mit der festgefügten Gesellschaft aus Eltern, Freunden und Arbeitswelt. Melancholisch-träumerisch lässt er sich treiben und nimmt Gelegenheitsjobs an. Als er der schönen ausländischen Sängerin Dunja begegnet, hofft er, mit ihr seine Träume – er hat eine Stelle in einem spanischen Hotel in Aussicht – wahr machen zu können. Doch kann er sich für nichts und niemanden entscheiden. Dunja reist in ihre Heimat zurück. Rick findet seine «bürgerliche» Freundin Rita wieder attraktiv und fügt sich schließlich in seine begrenzte Umwelt: Er nimmt die Elektriker-Lehrstelle an.

Herburger und Lilienthal sind wie auch in ihren anderen Fernsehspielen (Abschied, 1966, Hauptlehrer Hofer, 1971) nicht daran interessiert, eine lineare Geschichte, die den Helden in einen dramatischen Konflikt verstrickt, zu erzählen. Stattdessen ist die Handlung in eine Vielzahl von Partikeln parzelliert, die der Zuschauer assoziativ zu einem Ganzen verbinden muss. Diese Sequenzen visualisieren mit einer an die «Nouvelle Vague» angelehnten Ästhetik in kleinen Episoden das Hauptthema: die innere Distanz eines Jugendlichen zur Welt der Erwachsenen und des Arbeitslebens, einer Welt, die ihn ständig auffordert, in sie einzutreten, während er mit melancholisch-skeptischem Blick die Rolle des Beobachters einnimmt. Es gibt keinen Höhepunkt, sondern eine Aneinanderreihung von Alltagsszenen (Jahrmarkt, Schwimmbad, Tanz, Job, Arbeitsplatz der Eltern), gleichsam Miniaturen einer Welt, die erst noch verstanden, noch eingeordnet sein will. Selbst die Beziehung zu den – sich betont indifferent gebenden – Eltern hat nicht den Hauch eines Generationskonflikts, wie überhaupt die Erwachsenen nicht kritisiert, sondern ebenfalls nur teilnahmslos registriert werden.

«Statt Höhepunkte dramatisch zu akzentuieren, stellten die Autoren Nebensächlichkeiten vor, und die sprachen für sich. (...) Man zeigte Vorbereitungen, Anklänge, Pausen, Intermezzi, langweiliges Herumsitzen, Wortgeplänkel,

Sich-Aalen, Sich-Wiegen, Sich-Angucken, man gab das Überraschende als Selbstverständlichkeit, das Ungewohnte als Normalität, das Diskontinuierliche als konsequent. (...) Ich kann mich keiner Fernsehsendung erinnern, bei der ich so wie hier das Gefühl des ‹mea res agitur› hatte. So wird gedacht, so verkehren wir miteinander, so verständigen sich die, die wir nicht mehr verstehen. Dies ist ihre Syntax, dies ihr Wortschatz, dies ihr Klischee, ihr Sentiment, ihre Kälte, ihre Zärtlichkeit.»

(Momos [= Walter Jens], *Die Zeit* 45, 1966)

▶ In SCHULE DER GELÄUFIGKEIT (SWF 1963, B: Dieter Gasper) nahm Lilienthal satirisch die Eltern in der Wirtschaftswunder-Wohlstandsgesellschaft aufs Korn, die über das Geldverdienen ihre Kinder vernachlässigen. Sie engagieren gegen Bezahlung einen Jungen, der sich um ihr Kind kümmern soll, ihm aber gerade das beibringt, womit sich die Eltern beschäftigen: Geldverdienen.

BEGRÜNDUNG EINES URTEILS ➲ MAUERN

BEI THEA (1987)

P ZDF 1987 **Sd** 10.1.1988, ZDF **R** Dominik Graf **B** Johannes Reben **K** Laszlo Kadar **Sz** Jochen Schumacher **Ko** Barbara Grupp **D** Marianne Hoppe (Thea Ammer), Hannes Jaenicke (David Adler), Ida Ehre (Else Stern-Adler), Herta Schwarz (Ortrud Katz), Wolfrid Lier (Fritz Katz), Nikolaus Paryla (Engelchen), Rony Blitz (Bukadromali), Claus-Dieter Reents (Markus von Gasel), Martin May (Peter Oriolic), Gaby Pochert (Rita Taast)

David Adler lebt in Tel Aviv bei seinen deutschen Großeltern Katz und seiner Stiefgroßmutter Else in bescheidenen, aber ordentlichen Verhältnissen. Die Alten, Emigranten aus Deutschland, die in Israel nicht recht heimisch geworden sind, wollen dem Jungen mit ihren begrenzten Mitteln ein Studium in München finanzieren. Am Vorabend seiner Abreise brechen die tabubeladenen Erinnerungen an Deutschland durch und über abfällige Bemerkungen erfährt David von seiner anderen – christlichen – Großmutter, die nach der Trennung von ihrem jüdischen Mann einen Nazi geheiratet hatte und seit dem Krieg irgendwie «verschollen», womöglich gestorben ist. In München gerät David eher zufällig in die Schwulenkneipe «Bei Thea», wo er sich mit der Wirtin anfreundet, einer alten, faszinierenden Dame mit starker Ausstrahlung. Thea merkt schnell aus Davids Erzählungen, dass sie ihren Enkel vor sich hat. Als sie ihm ihre Identität verrät, reagiert David geschockt, da er ihr damaliges pro-nazistisches Verhalten für inakzeptabel hält. Während Thea, einer tiefen Schuld bewusst, Versöhnung wünscht und ihr Leben «wieder in Ordnung bringen» will, verhält sich der verstörte David schroff abweisend. Doch die Gegenwart ist wichtiger als die Vergangenheit, die Gefühle sind stärker als die Einteilung in gut und böse, in richtiges und falsches Verhalten. David akzeptiert schließlich, dass Thea, ihren zweiten Mann, den Nazifunktionär, tatsächlich geliebt hat und nicht seinen Großvater, und dass sie auch ihn, ihren Enkel liebt. Am Schluss kommt es gar zu einem Wiedersehen von Thea Ammer und Else Stern-Adler, die einmal zusammen zur Schule gegangen sind. Doch dieser Schluss ist ein offener: Nazi-Großmutter und jüdische Großmutter gehen in der Münchner Flughafenhalle zwar aufeinander zu, aber bevor sie sich treffen, blendet der Film ab (die Szene ist auch nur durch den Schnitt entstanden, da sich Ida Ehre weigerte, mit Marianne Hoppe zusammenzutreffen).

Aussöhnung setzt auf der einen Seite Einsicht in Schuld voraus und auf der anderen den Willen zum Aufeinanderzugehen. Die alten Emigranten in Israel schicken deshalb ihren Enkel nach Deutschland. Dieser David ist nicht nur der Stellvertreter seiner Großeltern, sondern auch der des Zuschauers aus der Generation der Nachgeborenen. Die Geschichte einer historisch belasteten Begegnung ist von Dominik Graf bemerkenswert unsentimental und klischeefrei inszeniert, mit Bildern, die einer «auf den Menschen konzentrierten Dramaturgie» folgen:

«Schwenks, die mit den durch die Stadt gehenden, laufenden Figuren mitziehen, Schuss/Gegenschuss-Einstellungen, die die Beziehungen zwischen den miteinander Sprechenden in Nuancen sichtbar machen, die der nach oben gepusteten Stirnlocke, dem Halten einer Kaffeetasse Bedeutung verleihen, die vor allem Blicken eine Bedeutung beimessen, die ihnen als ‹sprechenden› zukommt, ohne dass es uns als zu dick aufgetragen, als gewollt und inszeniert erscheint. (…) Ein Fernsehspiel, bei dem alles zueinander passte, keine großen Ansprüche die Erwartungen überhöht haben und deshalb die Beobachtung des Details auf einzelne Situationen und die Figuren sich konzentrieren konnte. Ein Fernsehspiel, das vom ersten Augen-Blick gelungen und bis zur letzten Sekunde spannend war.»

(Knut Hickethier, *epd/KR* 3, 1988)

▶ Eine Reise in umgekehrter Richtung stand im Mittelpunkt von Berengar Pfahls JERUSALEM, JERUSALEM (NDR 1979, lief zunächst in 6 Teilen im Jugendprogramm): ein sehr junger Familienvater reist nach Israel, wo er durch die Beziehung zu einer Israelin und deren Verwandten einiges über sich und die deutsche Geschichte erfährt.

Literatur: Tobias Ebbrecht: Geschichte im Transit. Bei Thea oder: Orte, die in die Vergangenheit hineinziehen, in: *Im Angesicht des Fernsehens. Der Filmemacher Dominik Graf*, München 2012, S. 267–283.

DAS BEIL VON WANDSBEK (1981)

P NDR 1981 **Sd** 12.8.1982, S3, 16.8.1982, HR 3 **R/B** Heinrich Breloer, Horst Königstein **L** Arnold Zweig **K** Klaus Brix **M** Annette Humpe **Sz** Gonsela B. Dahlke **S** Dagmar Stawicki

D Roland Schäfer (Teetjen), Angelika Thomas (Stine), Hildegard Schmahl (Dr. Neumeister), Dietmar Mues (Footh), Barbara Nüsse (Annette Koldewey), Ulrich Matschoss (Gefängnisdirektor), Edgar Hoppe (Lehmke), Robert Tillian (Vierkant), Ben Hecker (Preester), Trude Possehl (Barfey), Gisela Trowe (Kostümverleiherin), Vera Tschechowa (Frl. Blüthe)

Königsteins und Breloers Fernsehspiel ist nicht einfach ein Remake der Defa-Verfilmung Falk Harnacks (1950, mit Erwin Geschonneck), vielmehr wird Arnold Zweigs Geschichte des Schlachters Teetjen, der sich für ein Blutgeld zum Scharfrichter für die Nazis machen lässt, daraufhin von seinen Nachbarn boykottiert wird und mit seiner Frau Selbstmord begeht, mit weiteren Ebenen angereichert, die das Werk in den Worten der Autoren zu einer «Spurensicherung von ausgeblendeter Geschichte» machen. Ein Journalist geht mit Zweigs Roman in der Hand durch Hamburg und recherchiert nach Spuren der damaligen Protagonisten. Der Film ist das Protokoll dieser Nachforschungen. Dabei steht nicht nur Teetjen im Mittelpunkt, sondern es laufen zwei Realitäten nebeneinander her: die Spielszenen der Geschichte Teetjens als Romanfiktion und die reale Geschichte des jungen Bruno Tesch, der als Folge des Altonaer Blutsonntags (17.7.1932) mit drei anderen Kommunisten hingerichtet wird. Der Blutsonntag mit 18 Toten war einer der Höhepunkte der politischen Straßenkämpfe zwischen SA/SS und KPD im Vorfeld der Machtübertragung an die Nationalsozialisten. Der Prozess gegen 15 verhaftete Kommunisten fand im Mai 1933 statt. Zu den dokumentarischen Teilen des Films gehören auch Interviews mit damaligen Teilnehmern der Kämpfe, mit Freunden von Bruno Tesch, mit einem Schlachter und seinen Kunden, mit Albert Speer und Arnold Zweigs Sohn Adam.

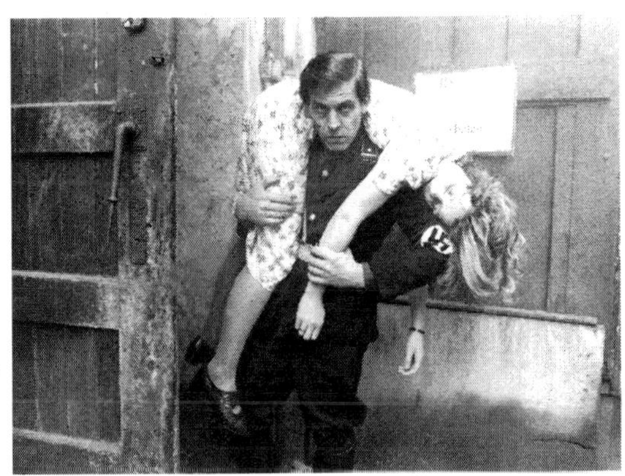

Das Beil von Wandsbek: Roland Schäfer und Angelika Thomas

Teetjens Schicksal steht exemplarisch für das des deutschen Kleinbürgers, der sich mit Hilfe des Nationalsozialismus retten will und dabei zugrunde geht. Seine Verführbarkeit und die damit verbundenen Widersprüche dieser Figur stellen die Autoren mit ihrem Verfahren sowohl in den historischen Kontext als auch in einen Bezug zur Gegenwart. Romanverfilmung und reale Spurensuche sollen sich einander ergänzen und kommentieren.

▶ Eine ähnliche Konzeption der Verflechtung von Literaturverfilmung und historischer Dokumentation liegt Rolf Hädrichs Erinnerungen an einen Sommer in Berlin zugrunde (NDR 1972). Ausgehend vom letzten Kapitel von Thomas Wolfes autobiographischem Roman *Es führt kein Weg zurück* zeigt der Film Wolfe (Burt Nelson) im Berlin der Olympischen Spiele von 1936 und seinen Desillusionierungsprozess, als er langsam begreift, was hinter den Olympia-Fassaden vor sich geht. Dazwischengeschoben sind Dokumentaraufnahmen, Wochenschauen, Ausschnitte aus Leni Riefenstahls Olympia-Film und Statements von Zeitzeugen (z. B. Heinrich Maria Ledig-Rowohlt, Albert Speer und Riefenstahl selbst).

Bekenntnisse des Hochstaplers Felix Krull (1981)

P ZDF 1981 **Sd** 24.1., 31.1., 7., 14., 21.2.1982, ZDF (5 Teile) **R** Bernhard Sinkel **B** Bernhard Sinkel, Alf Brustellin **L** Thomas Mann **K** Dietrich Lohmann **M** Nikos Mamangakis **Sz** Nikos Perakis **S** Annette Dorn **Ko** Stasi Kurz **T** Hans Endrulat

D John Moulder-Brown (Stimme: Stephan Schwartz; Felix), Oliver Wehe (Felix als Kind), Klaus Schwarzkopf (Vater Krull), Daphne Wagner (Mutter Krull), Nikolaus Paryla (Schimmelpreester), Mareike Carrière (Olympia), Franziska Walser (Genoveva), Despina Pajanou (Rosza), Kurt Raab (Sally Meerschaum), Magali Noël (Mme Houpflé), Hans-Heinz Moser (Dir. Stürzli), Marie Colbin (Zaza), Pierre François Pistorio (Venosta), Fernando Rey (Prof. Kuckuck), Georgia Slowe (Zouzou), Alain Flick (Machatschek), James Cossins (Lord Kilmarnock), Emma Jacobs (Eleonore Twentyman), Rita Tushingham (Mrs. Twentyman), Joss Ackland (Mr. Twentyman), Vera Tschechowa (Maria Pia), Tony Portacio (Hurtado), Alain Flick (Hoteldetektiv)

Felix ist das Kind eines leichtlebigen Sektfabrikanten in Eltville. Der übermütige Vater bringt sich um, als seine Fabrik bankrottgeht. Mit seinen natürlichen Gaben nimmt der hübsche Felix seine Umwelt schnell für sich ein, beim Kindermädchen entdeckt er den ersten Sex. Dem Wehrdienst entgeht er durch einen simulierten Anfall. Als Liftboy in einem Hotel in Frankreich ist er der Mittelpunkt eleganter Damen. Der Marquis Venosta dient ihm aus Liebe zu einer Artistin seine Identität an, was Felix die Türen zur feinsten Gesellschaft öffnet. Als Baron Venosta begibt er sich auf Weltreise und lernt auf der Fahrt nach Lissabon den Paläontologen Prof. Kuckuck und dessen Frau und Tochter kennen, was sogleich ein Dreiecksverhältnis zur Folge hat. Als die Entdeckung seiner Betrügerei droht, entschwebt er in einem Fesselballon, womit die «Hoch-Stapelei» metaphorisch ins Bild gesetzt ist.

Im Vergleich zu Kurt Hoffmanns Verfilmung von 1957 (mit Horst Buchholz) schwelgt dieser Film mit einer opulenten Ausstattung und operettenhaften Szenen in publikumswirksamer Bebilderung. Die Belle Epoque, in der Felix sich bewegt und in der der Schein das Bewusstsein bestimmt, verlangt nach Extravaganz, Verschwendung, Prunk auch im Detail. Da die Handlungs- und nicht die Reflexionsebene im Vordergrund steht, bleiben die Feinheiten des Romans von Thomas Mann freilich auf der Strecke, aus Erotik wird Sex, die Ironie reduziert sich auf wenige Dialogstellen. Das Ergebnis ist ein sinnlicher, Lebensfreude verströmender Unterhaltungsfilm. Der Zuschauer soll sich nicht so sehr mit dem Hochstapler identifizieren, der Regisseur wollte vielmehr, «dass er so viel wie möglich von dem Austausch der Liebe und Sympathie abbekommt, die Felix an seine Umwelt verteilt. Der Zuschauer soll in sich selber diese Liebe und Sympathie spüren» (Bernhard Sinkel).

«Sinkel und sein Kameramann Dietrich Lohmann haben dies seltsame Leben mit so selbstverständlicher Farbenpracht in Szene gesetzt, dass man sie früher, da das Kino bei uns noch ärmer war, als Kulinarik diffamiert hätte. Damals aber fiel der Aufwand auch noch aus dem Rahmen; inzwischen füllt er ihn aus. Das Ergebnis ist (...) eine optische Sinnenfreude, die Sinkels frühere Angestrengtheiten vergessen lässt.»
(Peter Buchka, *SZ*, 23.1.1982)

Literatur: Peter Zander: *Thomas Mann im Kino*, Berlin 2005, S. 142–151.
DVD: Studio Hamburg / ARD Video «Große Geschichten»

BERLIN ALEXANDERPLATZ (1980)

P WDR 1980 **Sd** 12.10.–29.12.1980, ARD (13 Teile) **R/B** Rainer Werner Fassbinder **L** Alfred Döblin **K** Xaver Schwarzenberger

M Peer Raben **Sz** Helmut Gassner, Werner Achmann, Jürgen Henze **S** Juliane Lorenz **T** Karsten Ulrich **Ko** Barbara Baum **RAss** Renate Leiffer
D Günter Lamprecht (Franz Biberkopf), Hanna Schygulla (Eva), Gottfried John (Reinhold), Barbara Sukowa (Mieze), Franz Buchrieser (Meck), Annemarie Düringer (Cilly), Ivan Desny (Pums), Claus Holm (Wirt), Hark Bohm (Lüders), Roger Fritz (Herbert), Brigitte Mira (Frau Bast), Harry Baer (Richard), Barbara Valentin (Ida), Irm Herrmann (Trude), Volker Spengler (Bruno), Karin Baal (Minna), Elisabeth Trissenaar (Lina), Margit Carstensen (Sekretärin), Helen Vita (Fränze), Gerhard Zwerenz (Baumann), Mechthild Großmann (Paula), Marquard Bohm (Otto), Hans Michael Rehberg (Kommissar), Marie-Luise Marjahn (Wirtin), Liselotte Eder (Frau Pums), Fritz Schediwy (Willy), Axel Bauer (Dreske), Günter Kaufmann (Theo), Vitus Zeplichal (Rudi), Rolf Zacher (Krause), Traute Hoess (Emmy)

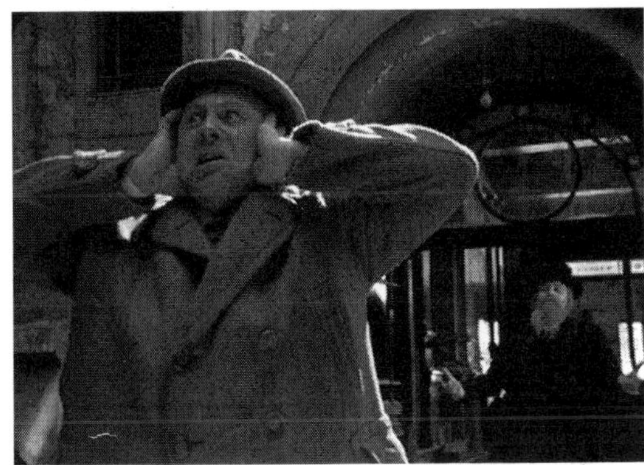
Günter Lamprecht in Berlin Alexanderplatz

In dieser 13-teiligen Verfilmung für das Fernsehen kulminiert Fassbinders lebenslange Beschäftigung mit Döblins Jahrhundertroman. Insbesondere die Figur des Franz Biberkopf begriff Fassbinder als alter ego: destruktive und gleichzeitig verletzliche Männer voller Sehnsucht durchziehen das Œuvre des Regisseurs von Liebe ist kälter als der Tod, Götter der Pest und Faustrecht der Freiheit bis Die dritte Generation. Gleichwohl handelt es sich nicht einfach um eine Umsetzung des Romans in Bilder. Das Prinzip der «erzählten Stadt» fehlt, der Alexanderplatz kommt überhaupt nicht vor, das Geschehen vollzieht sich kammerspielartig in Interieurs, in denen die Stadt nur in Geräuschen und hereinblinkender Reklame wahrnehmbar ist und in die sich die Protagonisten gleichsam verkriechen. Statt des durch Montagen und Collagen erzielten schnellen Rhythmus des Romans, herrschen lange Einstellungen und Plansequenzen vor. Im Mittelpunkt stehen nicht die Stadt und der narrative Plot, sondern die Personen, insbesondere das Figurendreieck Franz-Reinhold-Mieze. Der komplexe, widersprüchliche Charakter des Biberkopf – ein passiver tumber Tor, der jedoch zu tiefen Empfindungen fähig ist und der mit seinem Bestreben, nach seinem Gefängnisaufenthalt rechtschaffen zu bleiben, scheitert – findet in dem Herrscher- und Tatmenschen Reinhold seinen Widerpart. Zwischen den beiden entsteht eine latent homoerotische Beziehung, die zerstörerische Kräfte freisetzt. Mieze stirbt, von Reinhold ermordet, einen Opfertod für Franz, denn absolute Liebe ist nur im Tod möglich. Das Interesse gilt den dargestellten menschlichen Grundsituationen, ihr Verhalten angesichts äußerer Bedrohung, ihre Fremdheit gegenüber sich selbst, ihre Suche nach Wärme und Zärtlichkeit, die sich oft als Gewalt äußert, ihre hilflose Aggressivität und ihre Unfähigkeit, Gefühle zu artikulieren.

Während das Werk bei der Voraufführung auf dem Festival von Venedig aufgrund seiner ästhetischen Raffinesse enthusiastische Kritiken erhielt, fühlte sich das Fernsehpublikum in seinen traditionellen Serienerwartungen gestört und provoziert. Es reagierte mit hysterischer Ablehnung. Der differenzierte Einsatz von Licht und Dunkel als visuelle Metaphorik war nicht mehr zu erkennen, auf dem kleinen Bildschirm schien alles in Dunkelheit zu versinken. Dieses «Dunkelheitsproblem» behob erst die mit moderner Technik (unter Leitung von Xaver Schwarzenberger) vorgenommene Licht- und Farbkorrektur der restaurierten Fassung 2007.

Text in: Rainer Werner Fassbinder / Harry Baer: *Der Film Berlin Alexanderplatz. Ein Arbeitsjournal*, Frankfurt 1980.

Literatur: Heinz Brüggemann: Berlin Alexanderplatz oder Franz, Mieze, Tod & Teufel?, in: *Text & Kritik* 103, 1989, S. 51–65. – Achim Haag: «*Deine Sehnsucht kann keiner stillen*». *Rainer Werner Fassbinders Berlin Alexanderplatz. Selbstreflexion und Ich-Auflösung*, München 1992. – Wallace Steadman Watson: *Understanding Rainer Werner Fassbinder*, Columbia 1996, S. 231–255. – Matthias Hurst: *Erzählsituationen in Literatur und Film*, Tübingen 1996, S. 245–283. – Klaus Ulrich Militz: *Personal Experience and the Media. Medial Interplay in Rainer Werner Fassbinder's Work for Theatre, Cinema and Televison*, Frankfurt 2006, S. 214–242. – Dominique Pleimling: *Film als Lektüre. Rainer Werner Fassbinders Adaption von Alfred Döblins ‹Berlin Alexanderplatz›*, München 2010. – Manfred Hermes: *Deutschland hysterisieren. Fassbinder, Alexanderplatz*, Berlin 2011.

DVD: SZ

BERLINER ANTIGONE (1968)

P ZDF 1968 **Sd** 24.11.1968, ZDF **R** Rainer Wolffhardt **B** Leopold Ahlsen **L** Rolf Hochhuth **K** Hartmut Niesbach **Sz** Victor Müller-Staedt **S** Gisela Haller **Ko** Mechthild Senklow

D Donata Höffer (Anne), Dieter Borsche (Dr. Hellmer), Peter Kappner (Bodo Hellmer), Manfred Heidmann (Pfarrer), Inga Weber-Artmann (Kathinka), Frank Glaubrecht (Christian), Ilse Steppat (Wärterin), Robert Dietl (Staatsanwalt), Eva Lissa (Frau Hellmer), Emmy Burg (Frau Hofmann), Konrad Georg (Lehrer)

Der Film transportiert (wie die zugrundeliegende Erzählung von Rolf Hochhuth) den antiken Antigone-Stoff in die Zeit des Dritten Reiches. Annes Bruder ist wegen Wehrkraftzersetzung hingerichtet worden, weil er geäußert hatte, dass nicht der Russe, sondern Hitler die 6. Armee in Stalingrad auf dem Gewissen habe. Anne stiehlt den Leichnam ihres Bruders aus der Anatomie der Universität, wo er Lehrzwecken dienen sollte, und bestattet ihn in einem aufgelassenen Friedhof. Für diese Tat wird sie zum Tode verurteilt. Ihr Richter, der stramme Nationalsozialist Dr. Hellmer, ist der Vater ihres Verlobten Bodo. Für Dr. Hellmer ist die Verbindung seines Sohnes zur Schwester eines «Wehrkraftzersetzers» eine glatte Mesalliance, die seine Stellung kompromittiert. Gleichwohl versucht er, Anne eine Brücke zu bauen: Wenn sie den Leichnam exhumiert und wieder zurückbringt, könne er vom Todesurteil absehen. Doch Anne bleibt standhaft, lässt sich auch vom Pfarrer nicht umstimmen. Als sie erfährt, Bodo habe sich an der Front selbst erschossen, weil er glaubte, sie sei bereits tot, gibt es für sie endgültig keinen Grund mehr, ihre Tat rückgängig zu machen.

Der Film ist ganz aus der Perspektive Annes erzählt mit einer für das damalige Fernsehspiel bemerkenswerten Ästhetik (subjektive Kamera, Transponierung innerer Vorgänge ins Visuelle). Ausgehend von der Situation in der Todeszelle, sind blitzartige assoziative Erinnerungssplitter hart und unchronologisch aneinandermontiert (eine Methode, die von dem Film Hiroshima mon amour inspiriert scheint): die Verhaftung des Bruders, der Selbstmord ihrer Mutter, die Liebe zu Bodo, ihre Tat. Die Essenz besteht in der Würdigung der naiven Tat, die ohne ideologisches Motiv durchgeführt wird, nur weil man sie menschlich für richtig hält: «Es führt kein Weg an der Tatsache vorbei, dass Annes Verhalten, rational und bloß zweckhaft betrachtet, uneffektiv, ja unsinnig ist. Aber schmälert das seine innere Würde?» (Leopold Ahlsen).

▶ Der Antigone-Mythos war schon 1960 von Claus Hubalek für die Zeitgeschichte aktualisiert worden. In Die Stunde der Antigone (NWRV, R: Fritz Schröder-Jahn) will Antigone (Luitgard Im) die Leiche ihres Bruders ausgraben, der vor 15 Jahren die Gräueltaten, die die Stadt an ihren Fremdarbeitern verübte, aufdecken wollte. Er wurde von Bürgermeister Kreon (Werner Hinz) umgebracht, der nun Antigone ins Irrenhaus stecken lässt, damit die Friedhofsruhe in der Stadt ungestört bleibt.

Text in: Heinz Schöffler (Hrsg.): *Fernsehstücke*, Frankfurt 1972. – Rolf Hochhuth / Leopold Ahlsen: *Die Berliner Antigone*, Paderborn 1980.

Literatur: Detlef Brennecke: Rolf Hochhuths Novelle ‹Die Berliner Antigone›, in: *Germanisch-Romanische Monatsschrift* 57, 1976, S. 321–333. – Manfred Durzak: Der Anwalt der Literatur im Medienapparat. Zu den Fernseharbeiten von Leopold Ahlsen, in: ders.: *Literatur auf dem Bildschirm*, Tübingen 1989, S. 255–276. – Günter Helmes: «Mein Trotz hat meine Müdigkeit umarmt, / vermählt sich meine Kraft mit meiner Schwäche». Das Fernsehspiel Berliner Antigone (1969) von Leopold Ahlsen und Rainer Wolffhardt und dessen Prä-Texte von Sophokles und Hochhut, in: ders. (Hrsg.): «*Schicht um Schicht behutsam freilegen*». *Die Regiearbeiten von Rainer Wolffhardt*, Hamburg 2012, S. 112–143.

Bernhard Lichtenberg ➲ Operation Walküre

Berta Garlan ➲ Frau Berta Garlan

Die Bertinis (1988)

P ZDF 1988 **Sd** 31.10., 1., 6., 7., 8.11. 1988, ZDF (5 Teile) **R/B** Egon Monk **L** Ralph Giordano **K** Franz Rath **M** Alexander Goehr **Sz** Wolf Sesselberg, Karel Vacek **S** Edelgard Gielisch **T** Norbert Giebel **Ko** Ingeborg Desmarowitz **RAss** Sebastian Monk

D Hannlore Hoger (Lea Bertini), Peter Fitz (Alf Bertini), Elfriede Kuzmany (Emma Bertini), Gisela Trowe (Recha Lehmberg), Daniel Hajdu (Roman), Florian Fitz (Cesar), Holger Handtke (Ludwig), Drafi Deutscher (Giacomo), Tomas Visek (Alfredo jung), Christine Röthig (Emma jung), Nino de Angelo (Giacomo jung), Zuzana Frenglova (Recha jung), Sebastian Eble (Roman jung), Till Dunckel (Cesar jung), Aslak Maiwald (Ludwig jung), Robert Zimmerling (Rudolph Lehmberg), Rosel Zech (Erika Schwarz), Gert Haucke (Melone), Ernst Jacobi (Professor), Gerda Gmelin (Frl. Neiter), Marian-

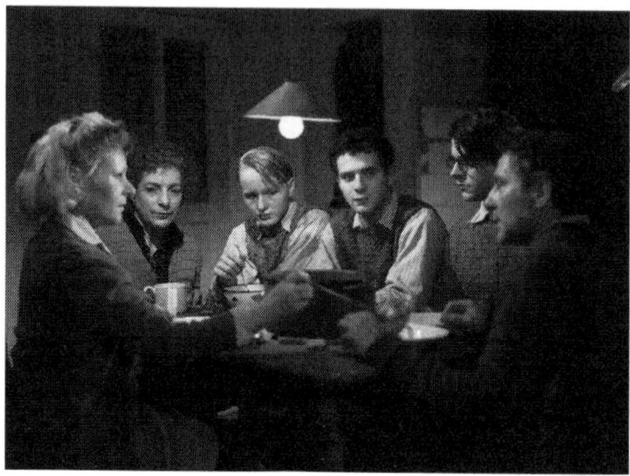

Die Bertinis

ne Kehlau (Hauswirtin), Ulrich Hub (David Hanf), Dietrich Mattausch (s. Vater), Astrid Meyer-Gossler (s. Mutter), Karl-Heinz von Hassel (Hattenroth), Friederike Brüheim (Frau Hattenroth), Kurt Ackermann (Speckrolle), Edgar Bessen (Hauptwachmeister), Hans Häckermann (Standesbeamter), Jens Reichardt (Fred Asberth), Willy Barthelsen (Snider), Stephanie Eidt (Esther Snider), Katja Riemann (Margarete), Hannelore Wüst (Frau Otte), Nadja Engel (Charlotte Wandt)

Nach Egon Monks Feuchtwanger-Verfilmung ➲ Die Geschwister Oppermann über das jüdische Großbürgertum, folgte mit den Bertinis der «Versuch einer Chronik des Alltags der Verfolgten im Dritten Reich» (Monk). Der Vater des Pianisten Alf Bertini ist 1882 17-jährig von Sizilien nach Deutschland ausgewandert. In Hamburg heiratet Alf die jüdische Musikstudentin Lea. 1932 ist Alf arbeitslos, Lea muss mit Klavierunterricht die Familie ernähren, aber 1935 darf sie ihre Tätigkeit nicht mehr ausüben. Alf verdingt sich als Akkordeonspieler auf der Amerikalinie, die Söhne sind antisemitischen Schikanen an der Schule ausgesetzt. Cesar wird von der Gestapo verhaftet und gefoltert, weil man ihn verdächtigt, der oppositionellen «Swing-Jugend» anzugehören. Kurz vor dem Abitur muss er die Schule verlassen. Während die befreundete Familie Hanf deportiert wird, bleiben die Bertinis davon verschont, weil sie in einer «privilegierten Mischehe» leben. In Hamburg ausgebombt, ziehen sie aufs Land. Nach anfänglicher Integration in das Dorfleben wendet sich nach einer Denunziation das Blatt und sie müssen ins zerstörte Hamburg zurück. Als Lea doch noch die Deportation droht, verstecken sie sich in einem Kellerloch. Halb verhungert kriechen sie hervor, als endlich die Engländer einrücken.

Monks Familie Bertini ist nicht auf Identifikation angelegt. Auf Distanz gehalten, soll sich der Zuschauer nicht in ein Schicksal einfühlen, sondern Einsicht in die Verhältnisse gewinnen. Diesem Ziel dient eine eher asketische, monotone Inszenierung, die sich nicht auf Dialoge oder dramaturgische Spannungsbögen konzentriert, sondern auf kurze, atmosphärisch verdichtete Sequenzen. Gerade die demonstrative Ausblendung des Nazi-Terrors – die Kamera bleibt z. B. vor dem Folterkeller stehen – macht die Bedrohung manifest, die sich vor allem im Alltäglichen, Banalen äußert. Der distanziert-dokumentarische Stil – u. a. mit eingeblendetem Archiv- und Grafikmaterial zur Verdeutlichung der historischen Fakten – kontrastiert bewusst mit der ebenfalls alltagsorientierten amerikanischen TV-Serie Holocaust (1979), der jedoch eine sensationelle emotionale Mobilisierung der Zuschauer gelang.

▶ Thematisch (nicht ästhetisch) vergleichbar ist KAISERHOFSTRASSE 12 (HR 1980, R: Rainer Wolffhardt, B: Ann Ladiges nach Valentin Senger, m. Christoph Eichhorn) über das Überleben jüdischer Exil-Russen in Frankfurt.

Text: *Die Bertinis. Ein Fernsehfilm von Egon Monk nach dem Roman von Ralph Giordano*, München: Fischer, 1988.

Literatur: Karl Prümm: Ansteckende Genauigkeit. Egon Monk dreht DIE BERTINIS, in: *Deutsche Geschichten. Egon Monk – Autor, Dramaturg, Regisseur* (*Augen-Blick* 21), Marburg 1995, S. 81–86. – Heinz Ungureit: Chance einer sühnenden Erinnerung. Zu Egon Monks DIE BERTINIS, in: *Kritik des Ästhetischen – Ästhetik der Kritik*, Fs. Karl Prümm, Marburg 2010, S. 244–248.

DVD: Studio Hamburg / ARD Video «Große Geschichten»

BESUCH AUS DER ZONE (1957)

P SDR 1957 **Sd** 23.2.1958, ARD **R** Rainer Wolffhardt **B** Dieter Meichsner, Helmut Pigge **L** Dieter Meichsner (Hörspiel) **K** Fritz Moser **Sz** Karl Wägele **S** Guntram von Ehrenstein **T** Heinz Gauger

D Siegfried Lowitz (Reichert), Werner Peters (Kleinschmidt), Paula Denk (Margot), Olga von Togni (Berta), Lieselotte Walter (Lisa), Uwe Friedrichsen (Erich), Hans Dieter Zeidler (Brötscher), Herbert Hübner (Dr. Wetzel), Walter Richter (Kuhnert), Mila Kopp (Frau Kuhnert), Max Mairich (Funktionär), Wolfgang Wendt (Sachbearbeiter), Walter Thurau (Wernicke), Willi Semmelrogge (Malkowski)

Zwei Textilfabrikanten in der DDR, Reichert und Kleinschmidt, haben eine bedeutende Kunstfaser entdeckt und entgehen mit diesem wichtigen Exportartikel der Verstaatlichung. Kleinschmidt flieht aus politischen Gründen in den Westen und findet bei dem Textilunternehmer Brötscher, Hauptabnehmer der Kunstfaser, eine Anstellung. Kleinschmidt verrät ihm das Herstellungsverfahren, woraufhin Brötscher den Bezug der Faser bei Reichert kündigt. Dieser gerät damit in eine Existenzkrise, ihm droht die Enteignung. Um den Grund für Brötschers Verhalten zu erfahren, fährt er (mit Frau und Tochter) in den Westen zu Kleinschmidt und Brötscher, denen dieser Besuch peinlich ist, weil sie ihr Verhalten selbst amoralisch finden (aber mit wirtschaftlichem Anpassungsdruck erklären). Kleinschmidt gesteht Reichert seinen Patentverrat. Brötscher bietet Reichert als Entschädigung einen guten Posten in seiner Firma an. Reichert schwankt nun zwischen dem Wunsch im Westen zu bleiben – was vor allem seine Frau und seine Tochter wollen – und dem Pflichtgefühl gegenüber seinen Mitarbeitern in der DDR, denn wenn Reichert im Westen bleibt, steht der Firma die Enteignung bevor. Reichert entscheidet sich für die Rückkehr.

BESUCH AUS DER ZONE, die zweite Filmproduktion des Fernsehens überhaupt (nach DER RICHTER UND SEIN HENKER, 1957) löste den ersten großen Skandal in der Geschichte des Mediums aus. Weil angeblich die DDR zu positiv dargestellt wurde, auch anständige Kommunisten vorkamen und die freiwillige Rückkehr der Hauptfigur in die «Ostzone» als Provokation aufgefasst wurde, kam es zu einer polemischen Bundestagsdebatte, und den SDR-Intendanten Fritz Eberhard kostete es die Wiederwahl. Tatsächlich ist in diesem Fernsehspiel der Ost-Unternehmer der «Gute», «Sympathische», mit dem

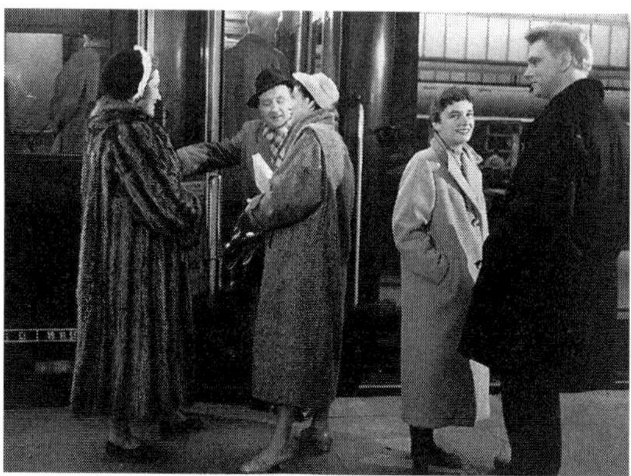

BESUCH AUS DER ZONE: Paula Denk, Siegfried Lowitz, Olga von Togni, Lieselotte Walter, Uwe Friedrichsen (v.l.n.r.)

sich der Zuschauer identifiziert, der westliche Kapitalist hingegen ist ausschließlich auf Gewinnmaximierung fixiert, protzt mit seinem Wohlstand und ist gefühlsarm. Die innovativen Aspekte von BESUCH AUS DER ZONE liegen jedoch auf der ästhetischen Ebene und sind vor allem durch einen neuen dokumentarischen, authentischen Stil markiert. Die Produktion auf Film ermöglichte es, das Studio zu verlassen und an Originalschauplätzen (in Stuttgart) zu drehen, z. B. Textilfabrik mit Arbeitern, Geschäftsstraße mit Schaufenstern und Neonreklame. Die Fiktion thematisiert nicht den in der Ost-West-Auseinandersetzung dominierenden «ideologischen Komplex», sondern ist durch die Darstellung von Alltagswelt und die Konzentration auf wirtschaftliche und menschliche Motive in eine für den Zuschauer verifizierbare Realität eingebettet. Auch die östliche Seite ist nicht durchweg positiv dargestellt: ärmliche Verhältnisse, verbitterte, Menschen, bedrohliche Partei- und Stasi-Vertreter. Umso höher ist die Entscheidung des Protagonisten zur Rückkehr angesiedelt.

«Im Stück fragt Kleinschmidt seinen ehemaligen Kompagnon Reichert, an dem er nicht juristisch, nur moralisch schuldig geworden ist, weshalb er den Kram drüben nicht einfach hinschmeiße? Diese Frage wird oft gestellt. Und es ist gut, dass Dieter Meichsner einmal gezeigt hat, dass die Antwort keinem Menschen von drüben leichtfällt. Wer geht, gefährdet unter Umständen Nachbarn, Mitarbeiter, Verwandte – er macht mittelbar ihr Leben zur Hölle. (...) Wir sollten uns davor hüten, unsere Freunde im Osten als ‹arme Verwandte› über die Schulter anzusehen. Wenn die Millionen am Fernsehschirm das begriffen haben, dann hat das Stück, dann hat Dieter Meichsner seine Schuldigkeit getan. Denn Reichert ist nur einer von 17 Millionen – und dass er zurückkehrt in ein ungeliebtes Leben, muss man verstehen.»

(Oswalt Kolle, *BZ*, 25.2.1958)

Text in: *Rundfunk und Fernsehen 2*, 1958 (Gegenüberstellung von Hörspiel- und Fernsehfassung).

Literatur: Saad R. Elghazali: *Literatur als Fernsehspiel*, Hamburg 1968, S. 19–28. – Brigitte Domurath: *Das faktographische Fernsehspiel Dieter Meichsners*, Frankfurt u.a. 1987, S. 49–71. – Birgit Peulings: Die Ost-West-Geschichte im bundesrepublikanischen Fernsehspiel – Inhalte und Entwicklung eines Genres, in: Knut Hickethier (Hrsg.): *Deutsche Verhältnisse. Beiträge zum Fernsehspiel in Ost und West*, Siegen 1993, S. 113–141. – Clas Dammann: *Stimme aus dem Äther – Fenster zur Welt*, Köln 2005, S. 226–233.

DVD: AL!VE/Pidax

Der Besuch der alten Dame (1959)

P SWF 1959 **Sd** 19.2.1959, ARD **R** Ludwig Cremer **B/L** Friedrich Dürrenmatt **M** Johannes Aschenbrenner **Sz** Gerd Richter **D** Elisabeth Flickenschildt (Claire Zachanassian), Hans Mahnke (Alfred Ill), Annemarie Schradiek (Frau Ill), Bum Krüger (Bürgermeister), Wilhelm Kürten (Pfarrer), Arnim Waldeck-Süssenguth (Lehrer), Hans Epskamp (Arzt), Katharina Kuiper von Bülow (Tochter), Werner Pochlatko, Walter Starz (Söhne), Rudolf Birkemeier, Harry Gröneke, Kurt Ebbinghaus, Robert Rathke (Bürger), Rolf Wanka (Gatten VII-IX), Robert Taube (Butler), Al Hoosmann (Toby), Paul Dättel (Roby), Gerhard Ritter (Koby), Richard Bohne (Loby)

Die Milliardärin Claire Zachanassian kommt in das heruntergewirtschaftete Nest Güllen, um Rache zu nehmen und sich Gerechtigkeit zu kaufen, denn einer der Bürger, der Krämer Alfred Ill, hat sie vor Jahren mit einem Kind sitzen gelassen. Ill hat das Kind verleugnet, um in den Kramladen einheiraten zu können, aus Claire wurde zunächst eine Prostituierte, bis sie einen Ölmilliardär heiratete. Nun bietet sie der Stadt Güllen eine Milliarde für Ills Leben. Nach außen lehnen die Güllener diesen Deal entrüstet ab, doch daneben fangen sie plötzlich an, auf großem Fuß zu leben, denn der versprochene Reichtum ist zu verlockend, um ihm nicht zu erliegen. Sie töten Ill in einer Art Kollektivtat, Ill selbst nimmt das Geschehen als eine Läuterung seiner einstigen Untat passiv hin.

Dürrenmatts Theaterstück ist eine beißende Satire auf die saturierte Wohlstandsgesellschaft, die für diesen Wohlstand über Leichen geht (Uraufführung 1956 im Züricher Schauspielhaus mit Therese Giese in

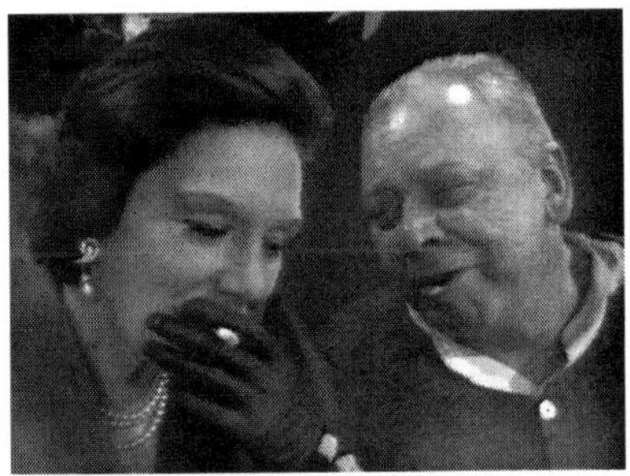
Der Besuch der alten Dame: Elisabeth Flickenschildt und Hans Mahnke

der Titelrolle und Gustav Knuth als Ill). Während Ill sich wandelt, indem er seine Schuld anerkennt und damit nicht nur Opfer, sondern auch Sieger ist, sind die Güllener zwar materiell gerettet, aber moralisch zerstört. Diese erste Verfilmung steht im Schatten des späteren, aber nicht besseren Hollywood-Films The Visit (Bernhard Wicki, 1963 mit Ingrid Bergman und Anthony Quinn), in dem Ill von der Hinrichtung verschont bleibt. (Weitere Verfilmungen: 1982 von Max Peter Ammann für das Schweizer Fernsehen mit Maria Schell und Günter Lamprecht, ARD 2008 von Nikolaus Leytner mit Christiane Hörbiger und Michael Mendl).

«Schade, dass man in Cremers Inszenierung bei einem so bedeutenden Anlass Unentschlossenheit und oft Phantasielosigkeit feststellen muss. Erst am Schluss aber kamen Cremer plötzlich Einfälle! Jetzt ließ er den Chor an einer Festtafel von den Mördern im Frack, Sektgläser in der Hand, sprechen. Auch die filmische Montage vom Wohlstand durch Mord, Lichtreklamen aus dem Nachtleben einer Großstadt, durch das der Kopf der Milliardärin geistert, ist großartig! Warum wurde von diesem Ende her nicht auch der Anfang ent-

schlossen fürs Fernsehen inszeniert? Richtig interpretiert, wäre der kuriose Vorspruch der Ansagerin überflüssig gewesen. Sie musste den Eltern am Bildschirm mitteilen, dass sich Dürrenmatts Fernsehspiel nicht für Kinder eigne. Welches Theater ließe sich einfallen, Tragödien für den ‹Jugendring› zu sperren?»

(Johannes Jacobi, *Die Zeit* 9, 1959)

«Elisabeth Flickenschildt hätte auch ohne ihre makabre Begleitung die eisige Kälte und den Anhauch der Verwesung, mit der sie als tödliche Versuchung in die kleine Stadt Güllen eindringt, über die Szene getragen. Nicht weniger stark war das Spiel Hans Mahnkes. Sein Bürger Ill, der sich vom spießerhaften, egoistischen Krämer in einen stoisch lächelnden, seine Schuld erkennenden Philosophen verwandelt, hatte tragische und wuchtige Größe.»

(Klaus Müller-Gräffshagen, *Gong* 10, 1959)

DVD: KNM; Film 101

Der Biberpelz ➲ Die Ratten

Bis dass dein Tod uns scheidet (2002)

P ZDF 2002 **Sd** 25.3.2002, ZDF **R** Manfred Stelzer **B** Michael Bergmann, Anika Apelt **K** Frank Grunert, **M** Lutz Kerschowski **Sz** Christian Kettler **S** Bernd Schriever **Ko** Nikola Hoeltz **T** Erik Seifert
D Senta Berger (Edith), Günther Maria Halmer (Gunnar), Loretta Pflaum (Kyra Rosentreter), Hanna Burgwitz (Thea), Hanno Pöschl (Lothar), Roswitha Schreiner (Birgit), Paul Faßnacht (Hermann), Michael Brandner (Willi), Kristina van Eyck (Kroll-Morawetz), Sara Hilliger (Alina), Karo Guthke (Franka), Christoph Hofrichter (Loose), Hans Bergmann (Onkel Hubert), Germán Casano (Rodriguez)

Edith Mosbach, Redakteurin eines «Tussi»-Blattes, sucht für einen Artikel eine Frau auf, die mit einem Computerprogramm das Todesdatum jedes Menschen errechnen kann. Vor allem Ediths Mann Gunnar, Inhaber eines schlecht laufenden Wassersportladens, ist davon begeistert. Er ist bereit, sich ein «Todesprofil» quasi im Selbstversuch erstellen zu lassen. Der «Input» besteht aus Parametern wie stellare Konstellation bei der Geburt, Krankheiten, geheime Wünsche, genetische Defekte, Sexleben etc. Edith und Gunnar erhalten zwei verschlossene Umschläge mit dem Ergebnis: dem Datum ihres Todes. Beide lassen die Umschläge zunächst verschlossen. Aber mit Gunnar gehen nun merkwürdige Veränderungen vor: Er beschäftigt sich mit nichts anderem mehr als dem Tod, trägt nur noch schwarz, pflegt einen Totenkult, gibt sich nekrophil. Er spürt, dass sein Leben endlich ist und will seinen Nachlass regeln. Seine Frau dagegen wird immer lebenslustiger, gibt ihren Job auf, besucht einen Tangokurs, während er sich auf Friedhöfen herumtreibt. Schließlich öffnet er doch den Umschlag und erfährt, dass sein Todestag heute ist. Er legt sich ins Bett, wartet aufs Sterben und nimmt von seinen Freunden Abschied. Als er am nächsten Tag immer noch lebt, bemerkt er, dass es der falsche Umschlag war, nämlich der von Edith, die auch in diesem Augenblick die Treppe hinunterfällt – doch sie kommt mit Arm- und Beinbruch davon. Edith und Gunnar ziehen nach Spanien und fangen ein neues Leben an.

«Besonders witzig war er zwar nicht, dieser vom ZDF als ‹schwarze Komö-

die› angekündigte Film, wenn er auch ein paar wirklich gute Gags zu bieten hatte. Wann diente schon mal eine Grabinschrift als ironischer Kommentar zum Geschehen, als Gunnar gedankenverloren auf dem Friedhof ‹Jesus ist Sieger› liest, derweil Ehefrau Edith sich in den Armen von Tangolehrer Jesus García Rodriguez wiegte. Manfred Stelzer gelang ein unterhaltsamer TV-Film mit bissigen Spitzen gegen den Jugendwahn und einem spielfreudigen Ensemble aus dem neben Senta Berger und Günther Maria Halmer vor allem Hanna Burgwitz als Ediths Mutter hervorstach.»

(Lutz Gräfe, *Berliner Morgenpost* 26.3.2002)

BITTERE UNSCHULD (1999)

P ZDF 1999 **Sd** 9.7.1999, arte **R** Dominik Graf **B** Markus Busch **K** Hanno Lentz **M** Dieter Schleip **Sz** Roger Katholing **S** Christel Suckow **Ko** Barbara Grupp **T** Rainer Plabst

D Elmar Wepper (Andreas Brand), Andrea L'Arronge (Monika), Laura Tonke (Vanessa), Michael Mendl (Larssen), Mareike Lindenmeyer (Eva), Peter Weiß (Behrens), Peter Rühring (Stimmer), Cornelia de Pablos (Frau Hartmann), Arnulf Schumacher (Vorstandsvorsitzender), Georgia Stahl (Larssens Sekretärin)

Andreas Brand, Mitarbeiter eines Pharma-Unternehmens, wehrt sich gegen die bevorstehende Schließung seiner Forschungsabteilung. Er hat seinen Chef Larssen gleich zweifach in der Hand und erpresst ihn: Brand beobachtet, wie Larssen die Aushilfskraft Vanessa vergewaltigt und entwendet außerdem eine Akte, die beweist, dass ein von Larssen entwickeltes Medikament zahlreiche Todesfälle zur Folge hatte. Doch Larssen schlägt zurück: Um die Akte zurückzubekommen, fängt er ein Verhältnis mit Brands Frau Monika an und insinuiert obendrein, Brand habe eine Beziehung mit Vanessa. Diese erpresst ihrerseits Brand, weil er bei der Vergewaltigung nicht eingeschritten ist. Unter der Ehekrise leidet Eva, die 15-jährige Tochter der Brands, die die Zusammenhänge erfährt, als sie sich mit Vanessa anfreundet. Larssen bricht bei Brand ein, um die Akte zu suchen, doch Eva hat sie vorher entwendet, um sie Vanessa zu geben, die sich an ihrem Vergewaltiger rächen will. Andreas und Monika glauben, Larssen habe nun die Akte und fahren zu seinem Haus, um sie wieder an sich zu bringen. Als auch Eva mit Vanessas Pistole dort auftaucht, kommt es zum Showdown. Eva erschießt Larssen und knallt die Akte auf den Boden. Dann verlässt sie angewidert ihre Eltern («Ihr lügt nur noch, weil ihr nicht mehr anders könnt») und zieht zu Vanessa.

«Ein House-Thriller ohne Polizei, der wie eine Soap in den eigenen vier Wänden der Protagonisten spielt» (Dominik Graf). Dieses düstere Kammerspiel wirkt zwar etwas mechanisch und überkonstruiert, gleichsam laborhaft, hat jedoch ästhetische Raffinessen zu bieten, vor allem hinsichtlich Kameraarbeit, Licht- und Farbgebung: kaltes Blau für die Firma, warmes Gelb für die Familie. Die Akteure bleiben künstlich, laden kaum zur Identifikation ein und unterstreichen damit den artifiziellen Duktus. Graf und Busch setzten ihre sezierenden «Firmen-Familien-Melodramen» fort mit ➲ DEINE BESTEN JAHRE und ➲ KALTER FRÜHLING.

Literatur: Daniel Eschkötter: Außer Fassung. Drei Firmen-Familien-Melodramen:

BITTERE UNSCHULD, DEINE BESTEN JAHRE, KALTER FRÜHLING, in: *Im Angesicht des Fernsehens. Der Filmemacher Dominik Graf*, München 2012, S. 200–214.
DVD Mc One (zusammen mit DEINE BESTEN JAHRE).

EINE BLASSBLAUE FRAUENSCHRIFT (1984)

P ORF/RAI 1984 **Sd** 26., 28.10.1984, ORF (2 Teile) **R** Axel Corti **B** Kurt Rittig, Axel Corti **L** Franz Werfel **K** Edward Klosinski **M** Hansgeorg Koch **Sz** Fritz Hollergschwandtner **Ko** Birgit Hutter **T** Hannes Paiha **S** Ulrike Pahl
D Friedrich von Thun (Leonidas Tachezy), Gabriel Barylli (der junge Leonidas), Krystyna Janda (Amélie), Friederike Kammer (Vera Wormser), Rudolf Melichar (Dr. Wormser), Otto Schenk (Spittelberger), Kurt Sowinetz (Skutecky), Georg Marischka (Schummerer), Leopold Lindtberg (Bloch), Thomas Kamper (Jacques), Sebastian Baur (Samy Passauer), Erzähler: Axel Corti

Im Jahr 1936 findet Leonidas Tachezy, Sektionsrat im Wiener Unterrichtsministerium, unter der Glückwunschpost zu seinem 48. Geburtstag einen Brief, der ihn in Panik versetzt. Die Jüdin Vera Wormser, mit der er vor zwölf Jahren eine Liaison hatte, bittet ihn um Hilfe für einen 11-jährigen Knaben, der «aus den bekannten Gründen» nicht in Deutschland bleiben kann und deshalb an ein österreichisches Gymnasium wechseln soll. Leonidas glaubt sofort, dass es sich bei dem Jungen um seinen Sohn handelt. Im Hause Dr. Wormser ging er schon in seiner Jugend als Nachhilfelehrer ein und aus, doch zur Liebesbeziehung mit der Tochter Vera kam es erst später, als er dienstlich im faschistischen Italien zu tun hatte. Einen halbjüdischen Sohn zu haben, zu dem er sich womöglich bekennen muss, versetzt ihn in Aufruhr: einerseits zeigt er Verantwortungsgefühl und verspricht alles für den Jungen zu tun, andererseits kann ihm dies im immer brauner werdenden Österreich die Karriere kosten. Die «Halbschlächtigkeit seines Herzens» schlägt durch: «einerseits zu weich, andererseits zu windig». Der Emporkömmling Tachezy ist mit einer steinreichen Frau verheiratet, in deren Besitz er sich «übernommen» fühlt. Der Mut zur Beichte gegenüber seiner Frau fehlt ihm, selbst dann als diese ihm selbst ihr Misstrauen beichtet und ihn wegen ihrer – wie sie glaubt: grundlosen – Eifersucht um Verzeihung bittet. Doch die veränderte Situation spornt Tachezy plötzlich zu einem ganz anderen Verhalten an. Als an der Wiener Universität ein neuer medizinischer Lehrstuhl zu besetzen ist, wagt er es, dem blasierten Minister zu widersprechen und statt den ausersehenen Kandidaten abzunicken, wie es von ihm erwartet wird, auf dem Juden Bloch, einer internationalen Kapazität, zu bestehen. Ein Treffen mit Vera Wormser, die sich auf dem Weg ins Exil befindet, bestärkt ihn zunächst in seinem neuen kämpferischen Elan. Er bewundert ihre Stärke, ihren Lebensmut und ihre Ungebundenheit und denkt daran, was wohl aus ihm an ihrer Seite geworden wäre. Doch dann teilt sie ihm mit, dass der Knabe gar nicht sein Sohn ist, sondern der einer von den Nazis ermordeten Freundin Veras. Schlagartig hat sich damit für ihn die Lage wieder geändert. Der Zwang, sein Leben zu ändern weicht unversehens von ihm. Er besteht nicht mehr auf der Ernennung Blochs und fällt erleichtert wieder in sein altes Leben aus Bequemlichkeit und Opportunismus zurück.

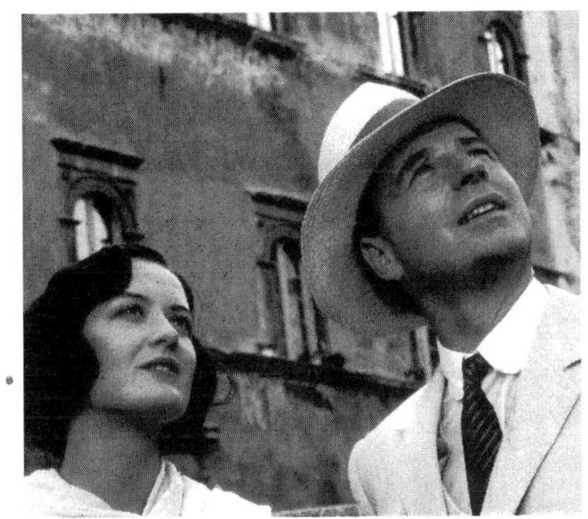

Friederike Kammer und Friedrich von Thun in Eine blassblaue Frauenschrift

Diese penible Studie über einen Vertreter der Menschen, die «ihre politische Umwelt nicht beeinflussen wollen, sondern die *die* Verhältnisse, die ihnen Angst machen, durch ihre Passivität erst ermöglichen» (Corti), gehört zu den besten Fernsehspielen überhaupt. Das Psychogramm dieses Parvenus wirft ein Schlaglicht auf eine dem Nationalsozialismus entgegentaumelnde Gesellschaft, die von einer charakterlosen, unmoralischen Elite gesteuert wird. Cortis Meisterschaft besteht darin, das bei Werfel oft nur in Nebensätzen Angedeutete szenisch umzusetzen und einzelne Motive zu verschieben, um durch die «neue Montage Bedeutungen aufzuschließen und anzureichern und die sprachlichen Charakterisierungen als poetische Momente zu erhalten und ihnen im Erzähl- und Darstellungsganzen einen höheren Stellenwert beizumessen» (Knut Hickethier). Kleinste Nuancen (ein kurzes Zögern, ein Blick, eine Stimme, der pointiert gesetzte Erzählerkommentar aus dem Off) wie auch der raffiniert-fließende Übergang zu den Rückblenden erlauben dem Zuschauer das Nacherleben einer Mentalität, die sich als immun gegenüber den destruktiven Tendenzen erweist, die sie selber hervorbringt.

«Dieser panische Kampf des erfolgreichen Sektionschefs, nichts zu verlieren, diese existentielle Erschütterung des tönernen Selbstbewusstseins wird von Corti in all seiner wahnhaften Verlogenheit, mit einer bestechend klaren, deshalb oft auch heiteren Sensibilität nachgezeichnet. Abenteuerlich spannend ist es, wie es Corti gelingt, in das Porträt einer Zeit (...) das Psychogramm eines Mannes einzufügen, wie einen Demonstrationsschnitt, ohne je demonstrativ zu sein, bloßzulegen, wie das Private die Politik (und umgekehrt) bestimmt.»

(Thomas Thieringer, *FR*, 16.7.1986)

Literatur: Knut Hickethier: ‹Süße Fremdartigkeit› und die ‹Halbschlächtigkeit des Herzens›. Axel Cortis Film Eine blassblaue Frauenschrift nach der Erzählung von Franz Werfel, in: Friedbert Aspetsberger / Arno Rußegger (Hrsg.): *Die Ungetrennten und Nichtvereinten. Studien zum Verhältnis von Film und Literatur*, Innsbruck/Wien 1995, S. 30–51. – Helmut Pfaner: Zweimalige Vergangenheitsbewältigung. Franz Werfels Novelle «Eine blassblaue Frauenschrift» und ihre Verfilmung durch Axel Corti, in: *Literatur für Leser* 26, 2003, S. 28–36.

DVD: Edition Der Standard

BLAUBART (1984)

P WDR 1984 **Sd** 28.10.1984 ARD **R/B** Krzysztof Zanussi **L** Max Frisch **K** Slawomir Idziak **M** Wojciech Kilar **Sz** Hans Eichin, Lothar Kirchem **S** Liesgret Schmitt-Klink **Ko** Detlef Papendorf
D Vadim Glowna (Felix Schaad), Eberhard Feick (Staatsanwalt), Karin Baal (Lilian), Vera Tschechowa (Gisela), Ingrid Resch (Corinna), Elisabeth Trissenaar (Andrea), Maja Komorowska (Katarzyna), Margarethe von Trotta (Jutta), Barbara Lass (Rosalinde), Hans Paetsch (Präsident), Margret Ensinger (Frl. Schlegel), Regine Lutz (Frau Bickel), Leslie Malton (Serviererin)

Der Arzt Dr. Felix Schaad steht vor Gericht. Er, der siebenmal verheiratet war, wird beschuldigt, seine letzte Frau Rosalinde, die nach der Scheidung zur Edelprostituierten wurde, ermordet zu haben. Der Staatsanwalt verhört Schaads Ex-Frauen als Zeuginnen. Banale Einzelheiten sollen die krankhafte Eifersucht des Angeklagten und damit das Tatmotiv nachweisen. Aber die meisten Aussagen erweisen sich als entlastend. Obwohl Schaad wegen mangelnder Beweise freigesprochen wird, legt er ein Geständnis ab und unternimmt einen Selbstmordversuch. Er hat ein allgemeines Schuldgefühl, das sich nicht bestimmen lässt und an keine konkrete Tat gebunden ist («seit meinem 14. Lebensjahr habe ich nicht das Gefühl, unschuldig zu sein»). Vorgeführt wird eine Person, die nur durch Aussagen anderer über ihn deutlich wird, ohne aber eine «Wahrheit» oder «Wirklichkeit» hervortreten zu lassen. Die ganze Gerichtssituation ist dadurch ad absurdum geführt. Schaads eigene Einlassungen sind nur allgemein, rätselhaft («Alkohol hilft manchmal» – aber wogegen?) und tragen zur Aufklärung nichts bei. Es mangelt ihm an einer klaren Identität. Sein falsches Geständnis ist wohl als Kompensation dieses Inidividualitätsverlustes zu deuten.

In Frischs Text realisiert sich die für das Œuvre des Autors signifikante Identitätsproblematik in der Suche des reflektierenden Schaad nach seiner Vergangenheit, um sich so seiner Schuld zu versichern. Zanussi hingegen stellt die Gerichtsverhandlung und den Mord an Rosalinde in den Mittelpunkt mit einem sich verteidigenden Angeklagten als Hauptfigur. Die subjektive Perspektive Schaads mit seiner dissoziierten Wahrnehmung schlägt sich in visuellen Verfremdungseffekten nieder: Unschärfe, Hervorheben von Details, Naheinstellungen mit Fokus auf Mimik, komplexe Schnitttechnik u. a.

Text: Max Frisch: *Blaubart. Ein Buch zum Film von Krzysztof Zanussi*, Frankfurt: Suhrkamp 1985.

Literatur: Beat Sieber: Eine Wahrnehmungsart wird zur Darstellungsform. BLAUBART von Max Frisch (1982) und Krzysztof Zanussi (1984), in: Franz-Josef Albersmeier / Volker Roloff (Hrsg.): *Literaturverfilmungen*, Frankfurt 1989, S. 199–217.

BOLWIESER (1977)

P ZDF 1977 **Sd** 31.7.1977, ZDF **R/B** Rainer Werner Fassbinder **L** Oskar Maria Graf **K** Michael Ballhaus **M** Peer Raben **Sz** Kurt Raab, Peter Müller **Ko** Monika Altmann-Kriger **S** Ila von Hasperg, Juliane Lorenz **T** Reinhard Gloge **Do** Marxgrün/Oberfr.
D Kurt Raab (Bolwieser), Elisabeth Trissenaar (Hanni), Bernhard Helfrich (Merkl), Udo Kier (Schafftaler), Volker Spengler (Mangst), Armin Meier (Scherber), Karl-Heinz von Hassel (Windegger), Gustl Bayrhammer (Neidhart), Maria Singer (Frau Neidhart),

Willi Harlander (Stempflinger), Hannes Kaetner (Lederer), Gusti Kreissl (Frau Lederer), Helmut Alimonta (Hartmannseder), Peter Kern (Treuberger), Gottfried John (Finkelberger), Gerhard Zwerenz (Fährmann), Helmut Petigk (Wirt), Sonja Neudorfer (Wirtin), Monika Teuber (Mariele), Hannes Gromball (Richter im Amtsgericht), Alexander Allerson (Vorsitzender)

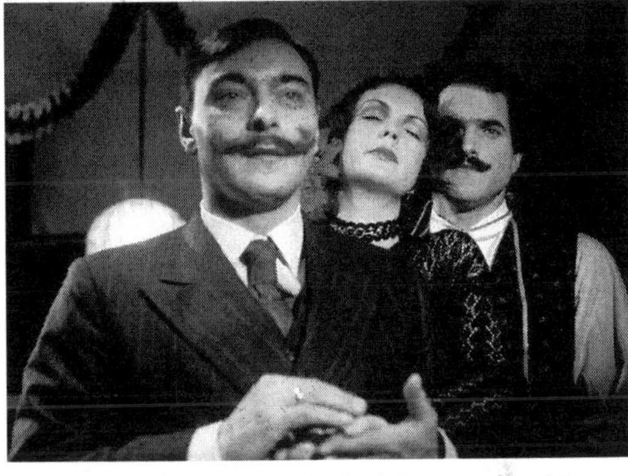

Bolwieser mit Kurt Raab, Elisabeth Trissenaar und Bernhard Helfrich (v.l.n.r.)

Bahnhofsvorsteher Bolwieser ist mit der Bürgerstochter Hanni verheiratet, der er sexuell hörig ist. Die Ehe des Spießbürgers mit der femme fatale geht nicht lange gut, Hanni ist ihm zunächst mit dem Gastwirt Merkl, dann mit dem Friseur Schafftaler untreu. In seiner Abhängigkeit, die als Angst vor der Freiheit zu deuten ist, lässt sich Bolwieser von Hanni unterdrücken, schwört sogar einen Meineid, um das Gerede der Leute im Dorf zu unterbinden. Dafür sitzt er vier Jahre im Gefängnis und verliert seine Stellung, die ihm die ersehnte gesellschaftliche Anerkennung bedeutete. In seiner Zelle schreit er den Hass auf Hanni aus sich heraus, doch ist ihm nach seiner Entlassung ein versöhnliches Ende beschieden: er wird Fährmann und findet seine Ruhe im Einklang mit der Natur (Fassbinders Kinoversion von 1983, die andere Akzente setzt und sich ganz auf Bolwieser/Hanni konzentriert, endet dagegen im Gefängnis).

Bolwieser ist eine werkgetreue Verfilmung von Grafs Roman und enthält zugleich «Fassbinder pur». Die zentralen Grundkonstanten seiner Filme sind vorhanden: der verratene, in seinen Gefühlen ausgebeutete Liebhaber, die Ehe als sadomasochistische Institution, Sexualität als destruktives Unterdrückungsinstrument. Fassbinders Inszenierung ergibt ein in absolute Künstlichkeit getauchtes Melodram, verstärkt durch die expressive, outrierte Sprechweise der Darsteller und die Musik Peer Rabens. Gerade die artifizielle Überhöhung und besonders die Inszenierung der Räume decken das Innere der Figuren auf, durchaus im Sinne der literarischen Vorlage: Fassbinders Fernsehfilm «legt die Tiefenstruktur von Grafs kritischem Realismus frei, seine Radikalität und Aktualisierbarkeit über das chronikhafte und einfache Erzählen hinaus» (Karl Prümm).

«In wohl keinem seiner bisherigen Filme gibt es soviel akustische Stimmungsmalerei, in keinem wird der Blick auf das tragikomische Geschehen so konsequent durch Gläser, Schleier usw. gebrochen oder vielfältig durch Spiegel verdoppelt – ‹Brenngläser›, unter denen er die Gesten der gefährlichen Hilflosigkeit, der brutalen Unterwerfung, mit denen er die ins Un-

glück treibende, ignorante Spießigkeit dieser ‹schuldlosen› Leute ins Monströse vergrößert (aber nicht vergröbert), ihre permanenten Lebenslügen seziert, ihre lediglich aufs Essen und (Bei-)Schlafen reduzierten ‹Vergnügungen› in einer abstumpfenden Gleichgültigkeit attackiert.»

(Thomas Thieringer, *SZ*, 2.8.1977)

Literatur: Karl Prümm: Extreme Nähe und radikale Entfremdung. Rainer Werner Fassbinders Fernsehfilm Bolwieser (1977) nach dem Roman von Oskar Maria Graf, in: Franz-Josef Albersmeier / Volker Roloff (Hrsg.): *Literaturverfilmungen*, Frankfurt 1989, S. 155–182. – Alexandra Söller: *Der Tod in der Literatur und seine filmische Inszenierung am Beispiel der Literaturverfilmungen Rainer Werner Fassbinders*, Frankfurt 2001, S. 139–182.

Die Bombe (1987)

P ZDF 1987 **Sd** 25.1.1988, ZDF **R/B** Christian Görlitz **L** Lars Molin **K** Alfred Ebner **M** Mathias Thurow **Sz** Bernd Gaebler
D Michael Degen (Paul Meyerdiercks), Rosel Zech (Helga), Rolf Becker (Jan Lessing), Wolfgang Wahl (Polizeidirektor Kuhnke), Ulrich Matschoss (Bürgermeister Schröder), Dietrich Mattausch (Innensen. Winter), Franz Rudnik (Dr. Tomczyck), Gudo Hoegel (Schmölders), Siegfried Kernen (Dr. Richard), Matthias Fuchs (Oberstlt. Uhl), Hartmut Reck (von Plottnitz), Jochen Paulmann (MEK-Chef)

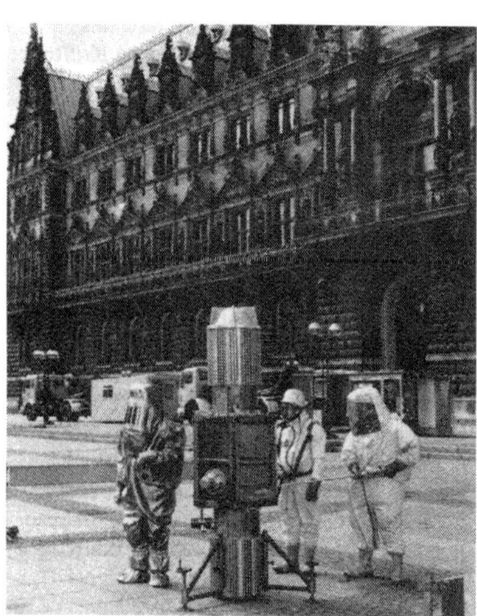

Die Bombe

An einem ruhigen Sonntagmorgen lädt ein Mann mitten in Hamburg ein Metallrohr von einem Kran. Er baut eine Absperrung auf und stellt sich, in einen Strahlenanzug gekleidet, daneben. Den ersten Polizisten erklärt er höflich, es handle sich um eine Bombe, die nicht nur bei der geringsten Berührung hochgehe, sondern auch eine gefährliche Strahlung freisetze. Die Verantwortlichen der Stadt glauben zunächst an die Aktion eines Verrückten, doch Experten bestätigen, dass von dem Rohr tatsächlich radioaktive Strahlen ausgehen. Ein gewaltsames Einschreiten verbietet sich, da der Mann behauptet, nur er kenne den raffinierten, nicht entschärfbaren Zündmechanismus. Als sich herausstellt, dass es sich bei dem Unbekannten um einen in militärischen Kreisen bekannten Sprengstoff-Experten handelt, dem es als Sicherheitsexperte eines Kernkraftwerks gelungen ist, an nukleares Material heranzukommen, wissen die Verantwortlichen endgültig, dass es nicht um einen Bluff geht, sondern die Lage ernst ist: Sie haben eine Atombombe mitten in der Stadt! Der Bombenleger fordert, über die Medien einen Friedensappell zu verbreiten, sein Ziel ist offenbar, die Welt zum Abbau aller Atomwaffen zu zwingen. Zum Schein gehen die Behörden auf seine Forderungen ein, während sie mit der Evakuierung Hamburgs beginnen. Zwar gelingt es, die Bevölkerung in Sicherheit zu bringen, aber die Bombe wird hochgehen, was der Film jedoch nicht mehr zeigt: Er verzichtet auf den Atompilz, sondern endet mit der Großaufnahme des tickenden Zeitzünders.

Der Film reflektiert den von der damaligen Friedensbewegung thematisierten unkontrollierten Rüstungswahn und die Angst, spaltbares Material könne in die Hände von Terroristen gelangen – schon damals längst keine Utopie mehr, es gab Skandale bei der Überwachung radioaktiven Materials («Nukem»). Darüberhinaus ist DIE BOMBE durch Anleihen beim Genre «Katastrophenfilm» ein bis zum Schluss spannender Thriller. Ähnlich wie in Wolfgang Menges ➲ SMOG stehen im dokumentarischen Stil das Krisenmanagement, die logistischen Probleme der Evakuierung, die Behördenstreitigkeiten und die Hilflosigkeit der Politiker im Mittelpunkt.

▶ Ein ähnliches Szenario führte schon fünf Jahre früher der Film IM ZEICHEN DES KREUZES (WDR 1982) von Rainer Boldt vor. Durch den Zusammenstoß eines Atomtransporters mit einem Flüssiggas-Laster wird ein ganzes Dorf radioaktiv verseucht und von der martialisch auftretenden Bundeswehr, die auf Fliehende schießt, hermetisch abgeriegelt. Der hochumstrittene Film lief am 13.5.1983 nur in den dritten Programmen (außer BR).

BRANDSTIFTER (1969)

P WDR 1969 **Sd** 13.5.1969, ARD **R/B** Klaus Lemke **K** Robert van Ackeren **Sz** Peter Wandrey **S** Marianne Katsch **T** Richard Kettelhake **RAss** Martin Müller

D Margarethe von Trotta (Anka), Iris Berben (Iris), Veith von Fürstenberg (Karl), Dieter Noss (Martin), Christian Friedel (Stefan), Georg Alexander (Heiner), Marquard Bohm (Dieter), Winfried Reckmann (Kunsthändler), Dieter Schaad (Professor), Rudolf Jürgen Bartsch (Staatsanwalt)

Die WG-Bewohnerin Anka deponiert auf eigene Faust und ohne mit jemand darüber zu sprechen in der Büstenhalter-Abteilung eines Kaufhauses einen Sprengsatz. Die Bombe stammt aus Dreharbeiten der WG für einen Film über den Studentenprotest. Die Detonation bewirkt nur Sachschaden, in der Zeitung erscheint eine kleine Notiz darüber. Anka geht es nicht um Terror gegen Staat oder Bevölkerung. Doch während ihre WG-Freunde nur diskutieren wollen (in einem selbstparodistisch anmutenden Jargon) und einen infantil-verspielten Umgang mit der Rebellion pflegen, glaubt sie, dass «wir zu lange mit dem Gedanken an die Revolution gespielt» haben und dass sie endlich gemacht werden muss. Ihre Tat ist ein Protest gegen Revolutionäre, die Bomben nur als Dekoration für einen Film benutzen. Politische Argumente hat sie keine. Als sie sich ihren Freunden offenbart, reagieren diese mit Unverständnis («absurde Anbetung der Spontaneität»). Anka stellt sich selbst der Polizei, die ihr freilich nicht glauben will, dass sie allein gehandelt hat.

BRANDSTIFTER gehört zu einer Reihe von Fernsehfilmen um 1970, die sich kritisch mit dem Thema APO und Studentenbewegung auseinandersetzten (vgl. ➲ ALMA MATER). Hier geht es um das Umkippen des Protestes in Gewalt und Terrorismus, an dessen Beginn Kaufhausbrandstiftungen standen. Dennoch ist Lemkes Film ausgesprochen unpolitisch. Er konfrontiert die spontan-naive Tat des Mädchens, für die es keine eigentliche Begründung liefern kann, mit dem manierierten ideologischen Geschwätz ihrer APO-Freunde. Aus heutiger Sicht, mit dem Wissen um die Entstehung der «RAF», ist die eigentlich interessante Frage in die Zukunft verlagert: Was wird aus Anka im Gefängnis? Gezeigt werden im Film nur die Gefängnismauern, hinter denen sie sitzen wird.

«Lemke hat der rebellischen Jugend recht genau aufs Maul geschaut. (...) Ob man diesem popbunten Abziehbild über die Möchtegernrevoluzzer in der malerischen APO-Uniform das Prädikat ‹zeitkritisch› gewähren kann, muss freilich bezweifelt werden. Im übrigen: Das Plädoyer für die jungen Rebellen ist vorzüglich gespielt und lebendig gefilmt.»

(Konrad Kleefisch, *Gong* 23, 1969)

BRODDI (1975)

P DFF 1975 **Sd** 13., 15., 18.5.1975 DFF (3 Teile) **R** Ulrich Thein **B** Benito Wogatzki **K** Hartwig Strobel **M** Karl-Ernst Sasse **Sz** Christoph Lindemann, **Ko** Ingeborg Hanke

D Christian Grashof (Brodalla), Jenny Gröllmann (Christine), Kurt Böwe (Kräuter), Jürgen Reuter (Munz), Klaus Manchen (Ramlow), Jochen Thomas (Klingbeil), Horst Hiemer (Berthold), Günter Junghans (Katsch), Wolfgang Winkler (Mando), Jan Spitzer (Hotta), Juliane Theurer (Corni), Ursula Werner (Inge), Berko Acker (Walter), Dietrich Körner (Vater Kampe), Fred Delmare (Vater Franze), Marianne Kiefer (Mutter Franze), Lissy Tempelhof (Frau Kräuter), Stefan Lisewski (ABV)

Jochen Brodalla, genannt Broddi, dessen Leben bislang nur aus Heimen und Kasernen bestand, lernt bei der Hochzeit seines Freundes das Mädchen Christine kennen und verändert sich. Er fängt in dem Braunkohlekombinat an, in dem auch sie arbeitet. Obwohl er vor allem ihretwegen hierhergekommen ist, weckt die Arbeit seinen Ehrgeiz. Kaum hat er bei einer Entwässerungs-Brigade begonnen, soll die Grube geschlossen und stattdessen ein Aluminiumwerk errichtet werden. Die Veränderungen in der Arbeitseinteilung führen zu Konflikten unter den Arbeitern. Brodallas Mentor, der Brigadier Kräuter, steigt ganz aus, weil er die «Aluminiumbude» für ein «Zuchthaus» hält («Bergmann über Tage – eine Plage»). Er will nun lieber Tulpenzwiebeln verkaufen. Brodalla hält dies für Verrat, zwischen den beiden kommt es zum Zerwürfnis. Als einer der Kumpel wegen Zementklau angeklagt wird, schwingt sich Broddi zu dessen Verteidiger auf, indem er die Werksleitung selbst wegen Zementverschwendung anzeigt. Diese vermessene Aktion führt ihn zum Ingenieur Munz, dem «Ehemaligen» Christines, der durch umstrittene Projektierungen zahlreiche Arbeiter gegen sich aufgebracht hat. Auf einer Dienstreise in Armenien (vor einer zur heimatlichen Industrielandschaft stark kontrastierenden Kulisse) kommt es zwar zur Aussprache zwischen beiden, aber nicht zu einem gegenseitigen Verständnis. Bei ihrer Rückkehr ist Christine nach Magdeburg verschwunden.

Wie auch ➲ DANIEL DRUSKAT knüpft BRODDI an die großen DDR-«Fernsehromane» der 60er Jahre an (z. B. ➲ DR. SCHLÜTER, ➲ KRUPP UND KRAUSE), die die sozialistischen Umwälzungen in Industrie und Landwirtschaft in ihrer Auswirkung auf einzelne Arbeiter thematisieren. Hier nun stehen nicht mehr die gesellschaftlichen Probleme, sondern die des Individuums im Mittelpunkt. Statt Verklärung der Errungenschaften sind auch aggressive und rebellierende Figuren (wie Kräuter), die auf ihren Lebensentwürfen insistieren, mit Verständnis geschildert. Dennoch ist BRODDI mit komplizierten Problemen wie Fragen nach kollektiver und persönlicher Verantwortung überfrachtet (Figur des Munz), die scheiternde Liebe des Helden zu Christine tritt mehr und mehr in den Hintergrund.

Text: Benito Wogatzki: *Broddi*, Berlin: Henschel, 1976.
Literatur: Klaus Wischnewski: Von einem, der auszieht, sich selbst zu finden, in: *Film und Fernsehen* 8, 1975, S. 2–7.
DVD: Studio Hamburg / DDR TV-Archiv

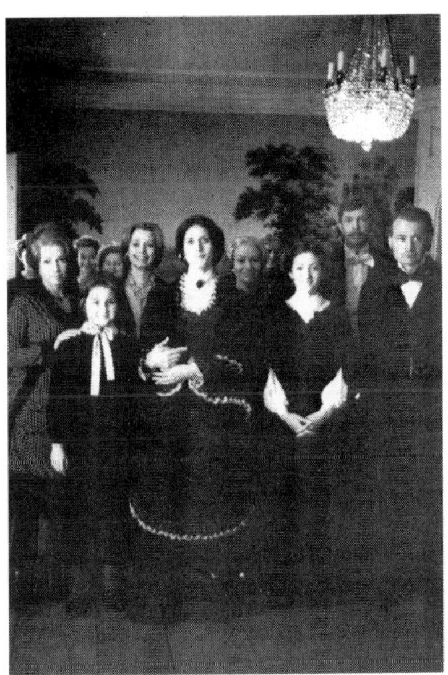

BUDDENBROOKS

BUDDENBROOKS (1979)

P HR 1979 **Sd** 15.10.–23.12.1979, ARD (11 Teile) **R** Franz Peter Wirth **B** Bernd Rhotert **L** Thomas Mann **K** Gernot Roll **M** Eugen Thomass **Sz** Horst Klös **Ko** Ingeborg Desmarowitz, Ingeburg Wolff **S** Margot von Oven

D Martin Benrath (Konsul), Ruth Leuwerik (Konsulin), Carl Raddatz (Johann), Katharina Brauren (Antoinette), Reinhild Solf (Tony), Volker Kraeft (Thomas), Gerd Böckmann (Christian), Kai Taschner (Hanno), Rainer Goermann (Morten), Rolf Boysen (Schwarzkopf), Michael Degen (Grünlich), Dieter Kirchlechner (Permaneder), Noelle Chatêlet (Stimme: Judy Winter; Gerda), Wega Jahnke (Klara), Barbara Markus (Erika), Klaus Schwarzkopf (Kesselmeyer), Ursula Dirichs (Ida Jungmann), Heinz Baumann (Weinschenk), Henning Gissel (Pastor Tiburtius), Regine Lutz (Sesemi Weichbrodt), Edwin Noël (von Throta), Udo Thomer (Markus), Sigfrit Steiner (Pfühl), Karl-Heinz von Hassel (Hageström), Ulrich Faulhaber (Smolt), Robert Naegele (Gieseke), Armin Pianka, Michael Kebschull (Thomas, jung), Claudius Kracht, Alexander Stölze (Christian, jung), Melanie Pianka, Marion Kracht (Tony, jung), Adem Rimpapa (Hanno, jung), Erzähler: Hans Caninenberg

Thomas Manns Roman vom Verfall der Lübecker Kaufmannsfamilie Buddenbrook über vier Generationen hinweg wurde zu einem 11-teiligen Fernseh-Serial ausgedehnt, die bis dahin aufwendigste Produktion des deutschen Fernsehens. Die intendierte «Werktreue» bis in alle Einzelheiten der Handlung und der Dialoge führte vor allem zu einer peniblen Rekonstruktion der Kostüme und Innenarchitektur der Gründerzeit. Der erzählerischen Komplexität des Romans wurde die Verfilmung jedoch nicht gerecht. Im sich verselbstständigenden Dekor spiegeln sich die gesellschaftlichen Konventionen, in denen zu agieren die Figuren gezwungen sind. Die ambivalente, «gemischte» Charakterisierung der Figuren ist in der Verfilmung zwar erhalten, das Insistieren auf dem vermeintlich werktreuen Detail übersieht jedoch, dass im Roman auch dieser Detailrealismus ironisiert ist und der Leser auf kritische Distanz zu den Einzelheiten gehalten ist. Bei Thomas Mann zerfällt nicht nur eine Familie, sondern auch die «realistische», eindeutige Auffassung von einer diffus und chaotisch gewordenen Wirklichkeit, der der bürgerliche Kaufmannsgeist nicht mehr gewachsen ist. Die Abkehr von diesem Denken bei Thomas Buddenbrook und die durch Schopenhauer-Lektüre ermöglichte Einsicht in seine entfremdete Existenz – die zentrale Peripetie – sind in der Verfilmung nur angetippt, aber nicht umgesetzt. Gerade das detaillierte Filmen am Text entlang zeigt die Grenzen der Literaturverfilmung. Auf dem Bildschirm bleibt es ein illustrierter Familienroman, der dem Zwang zur Bebilderung auch da unterliegt, wo der Text bewusst auf Beschreibung verzichtet. Umgekehrt lassen sich Sätze wie «Herr Grünlich frühstückte warm» oder «Ein breiter Trauerflor saß an dem Ärmel seines eleganten Leibrockes» zwar als faktische Aussagen im Bild wiedergeben, ihr semantischer Mehrwert indes bleibt dem Roman vorbehalten.

«Es gibt fast nur O-Ton von 1901: An den nobelpreisgekrönten Dialogen hat keine fremde Hand gefrevelt, hausgemacht wurden nur ein paar unumgängliche Eselsbrücken, und wo der Text ausuferte, raffte ihn ein Erzähler auf Medienmaß. Solche Hochachtung mag philologische Gralshüter beruhigen – die Serienkundschaft droht sie einzuschläfern. Drehbücher werden nicht filmischer dadurch, dass sie die Bücher nachplappern. In Wirths optischem Vollbad teuerster Kostüme, schönster Fassaden und vornehmster Dekors wird der elegisch-ironische Tonfall des Originals opulent überspült.»

(Klaus Umbach, *Spiegel* 42, 1979)

Literatur: Silvio Vietta: Die Buddenbrooks im Fernsehen. Eine Mannheimer Studie zur Rezeption der Verfilmung des Romans von Thomas Mann, in: Helmut Kreuzer / Reinhold Viehoff (Hrsg.): *Literaturwissenschaft und empirische Methoden*, Göttingen 1981, S. 244–263. – Peter Zander: *Thomas Mann im Kino*, Berlin 2005.

DVD: Arthaus Premium (zusammen mit der Kino-Verfilmung von Alfred Weidenmann, 1959, m. Hansjörg Felmy und Lieselotte Pulver)

C

Columbus 64 (1966)

P DFF 1965/66 **Sd** 1., 2., 4., 5.10.1966, DFF (4 Teile) **R/B** Ulrich Thein **K** Hartwig Strobel **M** Wolfgang Pietsch **Sz** Erich Geister **S** Bert Schultz **T** Günther Lefahs

D Armin Mueller-Stahl (Georg Brecher), Sepp Wenig (dto., Stimme: Hans Hardt-Hardtloff), Terry Torday (Terry), Otmar Richter (Willi), Lissy Tempelhof (Isa), Günter Grabbert (Kurt), Margitta Hellmann (Gundel), Günter Meier (Schloth), Erik Neutsch (dto.), Peter Dommisch (Krümel), Erik S. Klein (Paul), Lothar Bellag (Korat), Reimar J. Baur (Brautner), Uli Kahle (Moritz)

Georg Brecher ist ein talentierter Gelegenheitsreporter mit schriftstellerischen Ambitionen, dem jedoch jeder politische Standpunkt und jede moralische Haltung fehlt, ein Zyniker, der nur bei schönen Frauen «engagiert» ist: aus DDR-Perspektive eindeutig ein negativer Held. Seine Geschichten enthalten dem Lektor zufolge zu viele Zweifel. Doch Brecher weigert sich, eine «rosarote parteiliche Brille» aufzusetzen. Dann nimmt er, weil er Geld braucht, widerwillig einen Auftrag an, der ihn in den Uranbergbau der Wismut führt. Dort soll er einen verdienten Brigadier interviewen. Zunächst hat er auch für dieses Milieu nur Spott übrig, doch dann lässt er sich auf das «Abenteuer Wismut» ein, heuert sogar als Fahrer an und macht durch die Begegnung mit den «Helden des Alltags» eine entscheidende Wandlung durch. Er wird mit unterschiedlichen Verhaltensweisen konfrontiert, macht, wie einst Columbus «Entdeckungen», die ihn die Vielschichtigkeit der Gesellschaft, in der er lebt, begreifen lassen. Am Schluss ist er in der Lage, Verantwortung für seinen unehelichen Sohn zu übernehmen, der bislang in einem katholischen (!) Kinderheim lebte und von dem er gar nichts wusste. Zentrale Vermittlungsfigur ist der tatsächliche Direktor der Arbeit bei der Wismut Sepp Wenig, ein altgedienter Bergmann, der nun für den Betrieb mitverantwortlich ist. Dieser Sepp Wenig, ZK-Mitglied und Volkskammer-Abgeordneter, spielt sich selbst: diese Kombination von Fiktion und Realität gehört zum elementaren Gestaltungsprinzip des Films (auch der Schriftsteller Erik Neutsch tritt auf). Vor seiner Fertigstellung wurde er jedoch als Folge des berüchtigten 11. Plenums der ZK zensiert und gekürzt, da die Wismut-Wirklichkeit zu realistisch dargestellt wurde (auch Szenen mit Walter Biermann fielen der Schere zum Opfer). Selbst die originalen Äußerungen Sepp Wenigs wurden synchronisiert, vermutlich wegen seines Dialekts. Ein ähnliches Schicksal hatte schon 1959 Konrad Wolfs Wismut-Film Sonnensucher getroffen: dieser wurde ganz zurückgezogen.

Ein «gebrochener» Held, der seine Umwelt skeptisch, kritisch, argwöhnisch registriert, war im DDR-Fernsehfilm ungewöhnlich. Deshalb stieß der Film auf Rezeptionsprobleme:

«So einen üblen Zeitgenossen glaubwürdig in einen brauchbaren, verlässlichen Weggenossen zu verwandeln, musste schwer werden. Es ist, scheint mir, noch

ohne Knochenbrüche abgegangen, aber das ist wohl vor allem dem Regisseur Thein und dem sehr wandlungsfähigen Mueller-Stahl zu verdanken, sicher nicht einer der Geschichte selbst immanenten Logik.» (H. Dohms, *FF* 44, 1966)

DVD: Studio Hamburg / DDR TV-Archiv

Die Comedian Harmonists (1976)

P NDR 1976 **Sd** 18., 20.12. 1976, N III (2 Teile) **R/B** Eberhard Fechner **K** Rainer Schäfer **S** Brigitte Kirsche **T** Dieter Schulz

Fechners Dokumentation über die berühmte Gesangsgruppe besteht nicht aus traditionellen Künstlerbiographien, vielmehr steht die Frage nach dem Verhalten von Menschen im Mittelpunkt, wenn ihre persönlichen Ziele mit den allgemeinen Umständen in Konflikt geraten. Der Film besteht aus historischem Material – wobei die ausgewählten Lieder so arrangiert sind, dass sie direkt an das Gesagte anknüpfen – und Interviews mit den vier Überlebenden der «Comedian Harmonists»: Ari Leschnikoff, Robert Biberti, Roman Cycowski und Erwin Bootz. Über die bereits verstorbenen Harry Frommermann und Erich Collin berichten Verwandte und Partnerinnen. Die Befragten erzählen über sich und die anderen, wobei durch schnelles Hin- und Herschneiden die Aussagen sich ergänzen und der Eindruck entsteht, sie säßen alle an einem Tisch und hätten nicht nur dem Zuschauer etwas zu sagen, sondern auch untereinander Diskussionsbedarf. Nachdem Harry Frommermann 1928 das Vokalensemble nach amerikanischem Vorbild («The Revellers») gegründet hatte, begann eine beispiellose internationale Karriere, die die Mitglieder reich und populär machte. Eine der Erfolgsgarantien war der Zusammenhalt der Truppe, keiner durfte sich als Star nach vorne spielen. Diese Balance wurde von 1933 an zerstört. Da Frommermann, Collin und Cycowski Juden waren, diffamierten die Nazis die «Comedian Harmonists» als «entartet» und «undeutsch». Die Truppe konnte fast nur noch im Ausland auftreten, aber anstatt geschlossen und in Solidarität mit den jüdischen Mitgliedern zu emigrieren, blieben Biberti, Leschnikoff und Bootz in Deutschland und passten sich dem nationalsozialistischen Kulturbetrieb an. Der Versuch, unter dem deutschen Namen «Meister-Sextett» mit drei neuen Mitgliedern weiterzumachen, scheiterte sowohl künstlerisch als auch moralisch. Die Anpassungsbemühungen endeten mit gegenseitigen Denunziationen bei der Gestapo. Die Emigranten hingegen hatten unter ihrem alten Namen weiterhin Erfolg in der ganzen Welt. Nach dem Krieg jedoch waren diese Künstler mit ihrem deutschen Akzent nicht mehr gefragt. Nur Roman Cycowski war in den USA weiterhin erfolgreich als bedeutender Kantor in der jüdischen Gemeinde. Frommermann kehrte als Besatzungsoffizier nach Deutschland zurück und schlug sich wie die anderen in unterschiedlichen Berufen durch (Joseph Vilsmaiers Kinofilm von 1997 endete mit der Trennung 1935).

«Die vier ‹Comedian›-Überlebenden haben sich in der Tat nicht real zusammengefunden und haben nicht wirklich im akustisch-handfesten Sinn miteinander gesprochen. Dennoch haben sie sich (und dem Zuschauer) gegenseitig viel zu sagen, insofern ist dieses von Fechner immer wieder neu arrangierte Rundgespräch ganz nah an der Wirklichkeit der konkreten Situation, nah an einer

untergründigen Wahrheit, die Fechner in sokratischer Funktion befreit. (...) Er geht an die Personen, die er interviewt, nicht mit dem Konzept der fertigen Sendung, mit genauen Vorstellungen von dem, wie konkret der Film werden soll, heran. (...) Fechners Methode verbindet sich dennoch mit politischem Engagement, das sich aber erst in der Gestaltung des Materials niederschlägt. Die Methode hat jedenfalls mit nichts weniger zu tun als mit Indifferenz und fehlender Passion. (...) Der Film zeichnet sich durch eine ungewöhnliche Langzeitwirkung aus, die man dem geliebt-verhassten Guckkasten in den eigenen vier Wänden kaum noch zutraute.»

(Rupert Neudeck, *FK* 23, 1977)

Text: Eberhard Fechner: *Die Comedian Harmonists. Sechs Lebensläufe*, Weinheim: Quadriga [2]1996.

Literatur: Egon Netenjakob: *Eberhard Fechner. Lebensläufe dieses Jahrhunderts im Film*, Weinheim 1989, S. 116–122.

DVD: Studio Hamburg / ARD Video «Dokumentation»

CONTERGAN (2006)

P WDR 2006 **Sd** 7., 8.11.2007, ARD (2 Teile) **R** Adolf Winkelmann **B** Benedikt Röskau **K** David Slama **M** Hans Steingen **Sz** Ingrid Henn **Ko** Lucia Faust **T** Ed Cantu **S** Rudi Heinen

D Benjamin Sadler (Paul Wegener), Katharina Wackernagel (Vera), Denise Marko (Katrin), Hans Werner Meyer (Horst Bauer), Caroline Peters (Hanne Bauer), Bernd Stegemann (Helmut Passlack), Matthias Brandt (Henrik Spiess), August Zirner (Dr. Naumann), Sylvester Groth (Staatsanwalt Feddersen), Peter Fitz (Dr. Kessler), Jürgen Schornagel (Dr. Helsing), Karl Fischer (Dr. Eberhard), Ernst Stötzner (Dr. Lange), Stephan Kampwirth (Gregor Karges), Laura Tonke (Franziska Steiner), Jochen Kolenda (Chefarzt), Claus-Dieter Clausnitzer (Richter)

Nachdem sie das vom Arzt empfohlene und als harmlos eingeschätzte Schlafmittel «Contergan» eingenommen hat, bringt Vera, die Frau des Rechtsanwalts Paul Wegener, eine Tochter zur Welt, der beide Arme und ein Bein fehlen. Die Ärzte halten die Behinderung für einen Erbfehler, die Eltern hätten sich eben vorher untersuchen lassen sollen. Doch durch die Häufung der Fälle erhärtet sich der Verdacht, dass «Contergan» für die Missbildungen verantwortlich ist. Hergestellt wird es von der Firma Grünenthal, die Wegeners Kanzlei schon lukrative Mandate vermittelt hat. Wegener verklagt die Firma, woraufhin sein Sozius Bauer zu Grünenthal wechselt. Das Pharma-Unternehmen versucht Wegener zu diskreditieren. 1968, sieben Jahre nachdem «Contergan» vom Markt genommen wurde, kommt es zum Prozess. Grünenthal spielt auf Zeit, um eine Verjährung des Delikts zu erreichen. Wegener erzielt schließlich eine außergerichtliche Einigung von 100

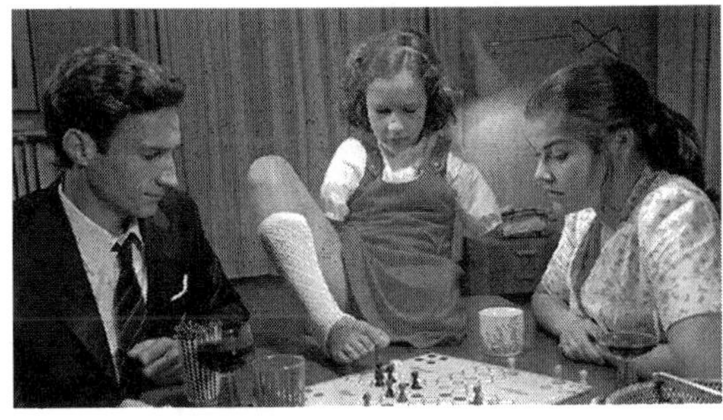

CONTERGAN mit Benjamin Sadler, Denise Marko und Katharina Wackernagel

Millionen Schadensersatz für die Opfer. Das Verfahren wird eingestellt.

Die für 2006 vorgesehene Ausstrahlung des Films wurde durch eine einstweilige Verfügung der Firma Grünenthal, die sich verunglimpft sah, verzögert. Erst ein Jahr später wurde der Film - mit nur minimalen Änderungen - freigegeben. Gleichwohl handelt es sich nicht um einen Dokumentarfilm (worauf mit Schrifttafeln zu Beginn eigens hingewiesen wird), sondern um ein konventionelles Familiendrama auf Basis des historischen Stoffes, das sich zudem streng an ein Gut-Böse-Schema hält. Auffallend ist die Rekonstruierung der 60er Jahre durch eine vorzügliche, detailverliebte Ausstattung. Während der erste Teil dem Schicksal der Familie mit behindertem Kind gewidmet ist, folgt der zweite Teil dem Genre des Justizfilms mit intriganten Machenschaften der Chemiefirma, wobei unter dem Druck des langjährigen Prozesses die Familie des Anwalts zu zerbrechen droht.

Literatur: Dietrich Leder: Der «Contergan»-Film – einer der eindrücklichen Beiträge des Fernsehjahres, in: *FK* 45, 2007, S. 3–7.
DVD: Kinowelt

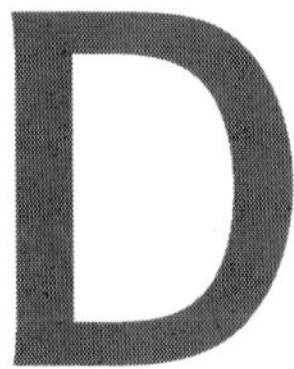

Die Dame und der Blinde (1959)

P DFF 1959 **Sd** 22.12.1959, DFF **R/B** Hans-Erich Korbschmitt **L** Joachim Witte (Hörspiel) **K** Erwin Anders **M** Reiner Bredemeyer **Sz** Ernst R. Pech **S** Hildegard Tegener **Ko** Luise Schmidt **T** Horst Mathuschek
D Inge Keller (die Dame), Albert Hetterle (der Blinde), Gerd Ehlers (der Dicke), Harry Riebauer (Ober), Werner Pledath, Karl-Helge Hofstadt, Günther Arndt, Daniela Gerster

In einer niedersächsischen Kleinstadt trifft eine feine Dame auf dem Weg ins Café einen blinden Bettler, der glaubt, sich ihrer Stimme zu erinnern. Er denkt zurück an Berlin im März 1945. Damals hat er als Soldat unerlaubt seinen Posten verlassen, um der Dame zu helfen, die im Bombenhagel nach Hause zu ihrem Kind wollte. Auf der Fahrt dorthin wurden sie selbst getroffen. Er ist seitdem blind, außerdem wurde ihm als Deserteur der Prozess gemacht, denn die Geschichte mit der Frau und dem Kind glaubte ihm keiner. Auch Kriegsversehrtenrente erhält er nicht, denn die Dame als einzige Zeugin war verschwunden. Im Café bei Cognac und Nougatschnitten fällt auch der Dame ein, wer der Blinde ist. Sie will ihm helfen, sich als Zeugin stellen und holt ihren Freund, den «Dicken», der am Gericht mit dem Fall beschäftigt ist, um ihn zu fragen, was zu tun sei. Der Dicke hat nur einen Rat: sich nicht zu erkennen zu geben, denn der Richter und der damalige Vorgesetzte des Blinden haben inzwischen in der BRD Karriere gemacht und dürfen nicht bloßgestellt werden. Als der Blinde die Dame beim Verlassen des Cafés anspricht, verleugnet sie ihn. Sie braust mit dem Dicken im Mercedes davon.

Dieses mit einer expressiven Ästhetik inszenierte DDR-Fernsehspiel

«war noch der Tradition der für die Livesendung postulierten Kammerspiel-Theorie verpflichtet, es strebte eine intime Wirkung an, bei der eine individuelle Geschichte – in poetischer Verdichtung – das historisch und sozial Typische erfassen sollte. (...) Durch die verwendeten ästhetischen Mittel, d. h. auch Schauplätze, Reduzierung der Kulisse, Anordnung der Personen, über die Musik und Geräusche bis zur Sprache, besonders der Gedanken aus dem Off, vermeidet das Fernsehspiel jeden direkten Anspruch einer Wirklichkeitsabbildung. Es wird nicht getan, als wolle man Realität darstellen, sondern die Darsteller demonstrieren ein Verhalten – ein an Bertolt Brechts Verfremdungsansatz orientiertes Verfahren.

Unter dieser didaktischen Anlage konfrontiert das Fernsehspiel das Publikum mit einer Situation, mit Verhaltensweisen, Denkformen und Handlungen, zu denen sich die Zuschauer eine eigene Meinung bilden sollen. (...) Die zentrale Kritik des Stücks am Umgang des Westens mit seiner nationalsozialistischen Vergangenheit lässt sich auch aus westlicher Sicht ohne weiteres nachvollziehen. Zumal sie in ihrer Grundtendenz auch im Westen selbst, nicht zuletzt im Fernsehspiel, immer wieder formuliert wurde. Allein die Ursachen und Gründe dafür nur im System zu suchen, wäre eine zu eingeschränkte Sicht.»

(Rainer Maria Jacobs-Peulings)

Literatur: Rainer-Maria Jacobs-Peulings: Gewinner und Verlierer im Nachkriegsdeutschland, in: *Umsteiger, Aussteiger. Studien zum Fernsehspiel der DDR, Augen-Blick* 25, Marburg 1997, S. 24–35.

DANIEL DRUSKAT (1976)

P DFF 1976 **Sd** 12.–20.4.1976, DFF (5 Teile) **R/B** Lothar Bellag (Szenarium: Helmut Sakowski) **L** Helmut Sakowski **K** Jürgen Heimlich **M** Jens-Uwe Günther **Sz** Arthur Büttner **Ko** Ursula Wolf **S** Silvia Hebel **T** Rudolf Woska

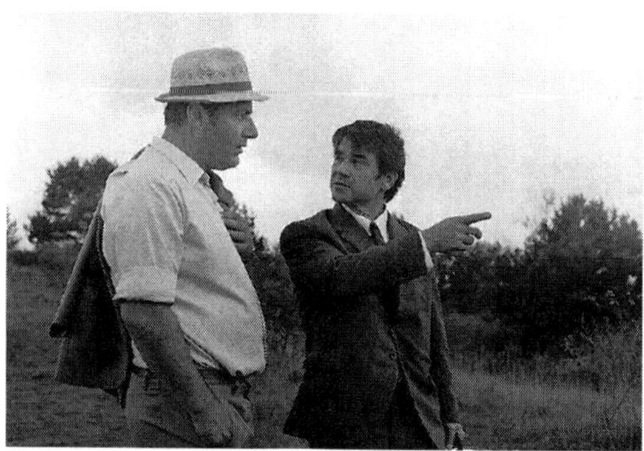

Manfred Krug und Hilmar Thate in DANIEL DRUSKAT

D Hilmar Thate (Daniel Druskat), Manfred Krug (Max Stephan), Ursula Karrusseit (Hilde), Norbert Christian (Gomolla), Sabine Elsholtz (Anja), Angelica Domröse (Irene), Erika Pelikowsky (Anna Preibisch), Käthe Reichel (Ida), Angelika Waller (Rosemarie), Ralph Schlösser (Jürgen), Johannes Wieke (Krüger), Dieter Wien (Großmann), Irma Münch (Gräfin), Hans Knötzsch (Wiedenbeck), Harald Warmbrunn (Dobbin), Lutz Riemann (Kettner), Peter Kalisch (Ziesenitz), Carola Braunbock (Frau Ziesenitz), Rolf Hoppe (Müllstädt), Otmar Richter (Hinzpeter)

Grundstruktur der Handlung ist der Kontrast zweier ländlicher Genossenschaften, einer armen und einer reichen, und damit in Gestalt ihrer Leiter Daniel Druskat und Max Stephan die Opposition zweier unterschiedlicher Charaktere, ihrer widersprüchlichen Methoden und Lebensentwürfe. Während Druskat die industriemäßige Produktion in der Landwirtschaft fordert, sperrt sich der selbstgerechte und sich für unschlagbar haltende Stephan gegen dieses Ansinnen und erkämpft die Fortschritte seiner ohnehin begünstigten LPG mit unorthodoxer Gewitztheit (indem er etwa die Administration in Verlegenheit bringt und gegeneinander ausspielt). Obwohl sich die beiden bekämpfen und oft sogar blutig schlagen, raufen sie sich doch auch wieder zusammen und zeigen Solidarität. Druskats plötzliche Verhaftung ist Anlass für umfangreiche Rückblenden aus verschiedenen Perspektiven, die bis in die letzten Tage der Nazi-Herrschaft zurückführen. Druskats schärfster Ankläger (wobei der eigentliche Vorwurf zunächst unklar bleibt) ist der alte Parteisekretär Gomolla, der nach KZ-Haft und Befreiung den jungen Druskat unter seine Fittiche genommen und ihm den Sozialismus beigebracht hatte. Dessen jahrzehntelanges Verschweigen seiner Tat empfindet Gomolla als Verrat. In die Geschichte Druskats sind etwa ein Dutzend Personen verstrickt, aus deren Sichtweisen ein komplexer Diskurs über Schuld und Unschuld, richtiges und falsches Handeln sowie über die historischen Bedingtheiten gegenwärtigen Verhaltens entsteht. Der zugrundeliegende Vorfall wird erst am Schluss vollständig enthüllt. Druskat hat 1945 als 16-Jähriger einen polnischen Zwangsarbeiter versteckt, dann aber, eher absichtslos, ihn doch verraten und den eigentlich Schuldigen umgebracht, folglich zwei Menschenleben auf dem Gewissen. Diesen einen Augenblick, in dem «der Hass stärker war als die Angst» wollte er mit einem «anständigen Leben» wiedergutmachen. Angezeigt hat er sich schließlich selbst.

Mit den Figuren Druskat und Stephan kontrastieren zwei differente Lebensentwürfe auf der Basis gleicher gesellschaftlicher Prinzipien. Das tragikomische historische Epos, in dem Gegenwart als Folge weit zurückliegender Ereignisse erscheint, liefert jedoch noch eine Fülle anderer Leitideen: Individualität als Ergebnis von Korrespondenz- und Kontrastrelationen zu anderen Figuren, generationsbedingte unterschiedliche Sichtweisen, die Determinierung heutiger Entscheidungen durch den historischen Prozess. Die Fülle der angesprochenen Probleme, das gewaltige Figurenensemble und die Rückblenden auf unterschiedlichen Zeitebenen zeigen die Grenzen der Dramaturgie auf.

Literatur: Anneliese Löffler: Entwürfe vom Leben, in: *Film und Fernsehen* 7, 1976, S. 29–30, 46.
DVD: Icestorm / DDR TV-Archiv

DEINE BESTEN JAHRE (1999)

P ZDF 1999 **Sd** 3.9.1999, arte **R** Dominik Graf **B** Markus Busch, Bernd Schwamm **K** Benedict Neuenfels **M** Dieter Schleip **Sz** Claus-Jürgen Pfeiffer **Ko** Barbara Grupp **S** Hana Müller
D Martina Gedeck (Vera), Tobias Moretti (Manfred), Carla Hagen (Lisbeth), Tim Bergmann (Andreas Wolgast), Wolfgang Hinze (Norbert Krämers), Frederic Welter (Thomas), Mona Seefried (Heike), Monika Woytowicz (Doris), Tamara Simunovic (Matika), Birge Schade (Susanne Lösner), Raidar Müller-Elmau (Ernst Keup)

Die reiche Firmenerbin Vera macht den Eindruck einer glücklichen Ehefrau und Mutter. Doch sie lebt in einer Scheinwelt, Ehemann und Schwiegermutter besorgen die Firmengeschäfte und schirmen sie von der Lebenswirklichkeit ab. Obwohl sie Hauptanteilseignerin ist, hat sie in der Firma nichts zu sagen. Erst als sie einer jungen Frau begegnet, die ihr eröffnet, die Geliebte ihres Mannes Manfred zu sein, nimmt ihr Leben eine Kehrtwendung. Sie ist fest entschlossen, um ihren Mann zu kämpfen, als sie ein weiterer Schicksalsschlag trifft: Mann und Sohn verunglücken tödlich. Nun ist sie vollends in ein anderes Leben geworfen. Sie übernimmt die Arbeit ihres Mannes in der Firmenleitung – gegen den Widerstand der restlichen Familie. Peu a peu entlockt sie der widerborstigen Schwiegermutter ein weiteres Geheimnis: Veras Vater – ebenfalls vor Jahren bei einem Unfall ums Leben gekommen – hatte damals ihre Heirat

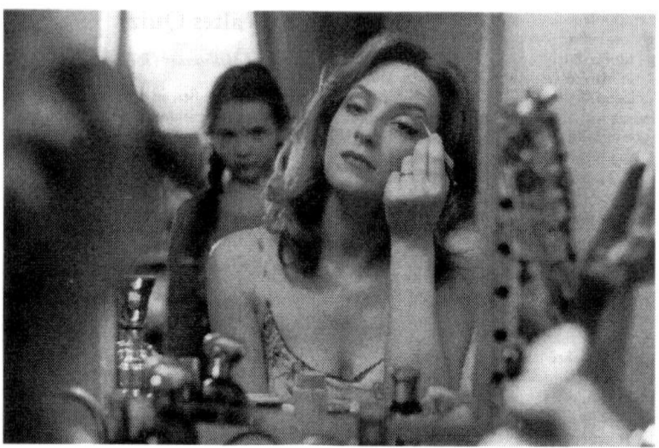

Martina Gedeck in DEINE BESTEN JAHRE

aus geschäftlichen Interessen arrangiert, Manfred erhielt Firmenanteile. Der angebliche Unfall war Selbstmord, weil der Vater Krebs hatte. Vera war ihr ganzes Leben Spielball der Männer und ihrer Pläne. Nun wird sie selbst mächtig: Sie entlarvt eine Intrige in der Firmenspitze und verhindert so den Verkauf des Unternehmens.

«(Der Film) entzieht sich dem Genrebegriff, er verzichtet auf jedes erwartbare Spannungsmoment und gewinnt durch die Anbindung an das subjektive Empfinden seiner Hauptfigur einen ungleich stärkeren Sog. (...) So persönlich, rätsel- und meisterhaft wie in diesem Film hat man nicht nur die wie schon gewohnt herausragende Hauptdarstellerin Martina Gedeck, sondern vor allem auch diesen Regisseur noch nicht gesehen. Von ihm lässt sich ohne Zweifel sagen, dass er in den besten Jahren sei.» (Michael Hanfeld, *FAZ*, 6.9.1999)

«Ein ungeheurer Druck lastet auf diesem bürgerlichen Leben, und dies erzählt Dominik Graf auf eine wunderbar nervöse, drängende Weise. Szenen werden angerissen, leuchten auf wie unter einem Blitzlicht. Ein Satz hier, eine Bewegung da, fließende Übergänge. Die Kamera ist ständig in Bewegung, läuft ruhelos zwischen den Figuren hin und her, ruht sich kaum einmal auf einem Gesicht oder einer Geste aus. Dominik Graf kann spannungsvoll all das inszenieren, was zwischen Menschen geschieht, auch das Nicht-Gesagte oder Nicht-Sagbare. Er inszeniert immer auch die Räume um seine Figuren herum und setzt deren Empfindungen in Farbe, Licht und Raum um: Seelenlandschaften.»

(Fritz Wolf, *epd medien* 71, 1999)

Literatur: Daniel Eschkötter: Außer Fassung. Drei Firmen-Familien-Melodramen: BITTERE UNSCHULD, DEINE BESTEN JAHRE, KALTER FRÜHLING, in: *Im Angesicht des Fernsehens. Der Filmemacher Dominik Graf*, München 2012, S. 200–214.

DVD: Mc One (zusammen mit BITTERE UNSCHULD)

DEPRESSIONEN ➲ DAS LEBEN DES SCHIZOPHRENEN DICHTERS ALEXANDER MÄRZ

DES CHRISTOFFEL VON GRIMMELSHAUSEN ABENTEUERLICHER SIMPLIZISSIMUS ➲ DIE MERKWÜRDIGE LEBENSGESCHICHTE DES FRIEDRICH FREIHERRN VON DER TRENCK

DEUTSCHLANDLIED (1995)

P ZDF 1995 **Sd** 4., 5., 6.5.1995, arte (3 Teile) **R** Tom Toelle **B** Peter Märtesheimer, Pea Fröhlich, Tom Toelle **K** Ingo Hamer **M** Nikolaus Glowna **Sz** Slavomir Mikovec, Jan Kott **S** Margret Borsche **Ko** Gudrun Schretzmeier **T** Hans-Reinhard Weiss

D Ulli Philipp (Anna), Matthias Habich

(Schuhbeck), Katja Riemann (Lisa), Heino Ferch (Hanno), Suzanne von Borsody (Gertrud Sternke), Matthias Gnädiger (Hermann Sternke), Peter Ehrlich (Baron von Hellnstein), Julia Brendler (Betty), Francis Fulton-Smith (Stone), David Ramsey (George), Fabian Busch (Paulchen), Andras Balint (Aljoscha), Jan Bicycki (Opa Peisener), Thomas Fabian (Dr. Riemer), Elsa Grube-Deister (Oma Lina), Irm Hermann (Frl. Kitzing), Marita Breuer (Frau Priscall), Rudolf Donath (Pfr. Hellwig)

Der Film – gedreht zum 50. Jahrestag des Kriegsendes – zeichnet ein Portrait der fiktiven Kleinstadt Königsbrück und ihrer Einwohner vom Mai 1945 bis 1948. Unmittelbar vor dem Einrücken der Amerikaner versorgt Anna Mahlmann zum letzten Mal den Sozialisten Schuhbeck, den sie bei sich versteckt. Ihr Haus wird von einem US-Panzer beschossen, der schwarze Soldat George rettet ihr und ihrer Tochter Betty das Leben, Betty verliebt sich in George. Die Amerikaner ernennen Schuhbeck zum Bürgermeister und verhaften den ehemaligen Kreisleiter Sternke, der auch Polenmädchen vergewaltigt hat. Auch der junge Hanno, wiewohl kein Nazi, wird vorübergehend interniert. Leutnant Stone, ein jüdischer Emigrant, organisiert die Neuordnung. Baron von Hellnstein verliert sein Schloss an die Besatzer und versucht einen Deal mit dem Schwarzmarkt-Profi Paulchen: Er sorgt für seine Freilassung, erwartet dafür Mäntel aus einem Geheimdepot im Steinbruch, doch Paulchen bringt seine Kriegsbeute in Sicherheit. Lisa erwartet vom Bruder ihres vermissten Mannes ein Kind. Am Schluss entschwebt ein Heimkehrer (und Deserteur) in einem Ballon – für ihn ist kein Platz in der Gesellschaft – und Schuhbeck wird von einer verirrten Kugel getroffen.

Das Panorama, das hier entfaltet wird, erweist sich als zu breit. Eine Fülle von Handlungssträngen und Episoden fließen ineinander oder auch aneinander vorbei, die Charaktereigenschaften und Seelenzustände, die hier vorgeführt werden, sind arg schematisch und streng in «gut» und «böse» sortiert. Die «Stunde Null» ist schon einmal nüchterner und schlüssiger in Szene gesetzt worden: in Edgar Reitz' gleichnamigen Film von 1977 (➲ STUNDE NULL).

DEUTSCHLANDSPIEL (2000) ★

P ZDF 2000 **Sd** 29.9.2000, arte (2 Teile) **R/B** Hans-Christoph Blumenberg **K** Hartmut E. Lange **M** Nikolaus Glowna **Sz** Frank Geuer **S** Florentine Bruck **Ko** Ingeborg Desmarowitz **T** Werner Langheld

D Lambert Hamel (Helmut Kohl), Rudolf Wessely (Erich Honecker), Rudolf Kowalski (Egon Krenz), Peter Ustinov (Igor Maximytschew), Udo Samel (Gorbatschow), Udo Schenk (Teltschik), Hans M. Rehberg (Fritz Streletz), Ezard Haußmann (Falin), Jean-François Balmer (Mitterand), Nicole Heesters (Thatcher), Peter Sodann (Mielke), Jürgen Holtz (Tisch), Peter Fitz (Kotschemassow), Fabian Busch (Adam Radomski), Bernd Stegemann (Schabowski), Arnd Klawitter (Siegbert Scheffke), Jaecki Schwarz (Roland Wötzel), Stefanie Stappenbeck (Viktoria Herrmann), Günter Junghans (Hackenberg), Hermann Beyer (Modrow), Edgar M. Böhlke (George Bush), Matthias Fuchs (Portugalow)

Mit einer Montage aus Aussagen der politischen Entscheidungsträger (wie Kohl, Gorbatschow, Krenz), Spielszenen und Dokumentaraufnahmen rekonstruiert der Film die dramatischen Ereignisse vom Oktober 1989

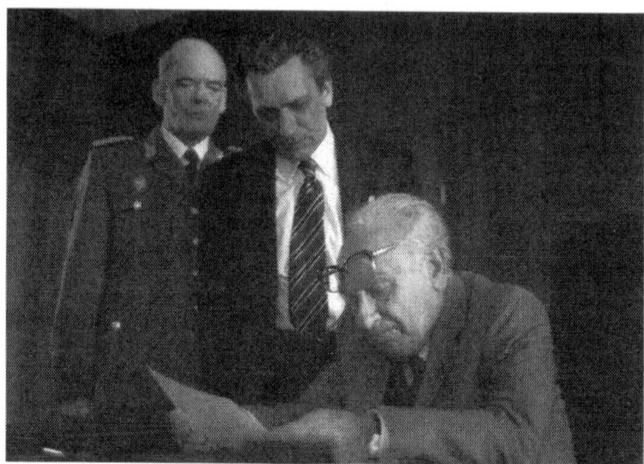

DEUTSCHLANDSPIEL mit Rudolf Wessely, Rudolf Kowalski und Hans Michael Rehberg (v.r.n.l.)

bis zur Wiedervereinigung ein Jahr später. Der 1. Teil («Auf der Straße») beginnt mit den 40-Jahr-Feiern der DDR, zu denen Honecker einen ihm unsympathischen Gast empfangen muss: Michail Gorbatschow, den Hoffnungsträger des Volkes. In Leipzig beginnen die Montagsdemonstrationen, das Politbüro ist ratlos, wie darauf zu reagieren ist, aber die gewaltbereiten Hardliner sind in der Minderheit. Honecker wird von Krenz abgelöst. Die sowjetische Botschaft in Ost-Berlin fungiert als russischer Beobachterposten. Entscheidender Mann ist der Vizebotschafter Maximytschew, der als einziger die Tragweite der Vorgänge in der DDR begreift. Nachdem Schabowski mit seiner legendären Pressekonferenz für die vorzeitige Maueröffnung sorgt, schildert der zweite Teil («Eilig Vaterland») die Eigendynamik, die zur zunächst von niemand beabsichtigten Wiedervereinigung führte. Die neue DDR-Führung entscheidet sich für die Grenzöffnung ohne Absprache mit der Sowjetunion, die ihrerseits die DDR aufgibt und selbst zum ersten Mal von Wiedervereinigung spricht. Mitterand und Thatcher versuchen vergeblich, diese Entwicklung aufzuhalten. Im März 1990 finden die ersten freien Wahlen in der DDR statt, der Film endet am 3. Oktober 1990.

Blumenbergs Doku-Drama erreicht in der Verknüpfung von Interviews und Spielszenen zwar nicht das Niveau der Arbeiten Heinrich Breloers, doch vermittelt es einen spannenden Einblick in die damaligen Machtzentralen, wobei sich die Spannung nicht aus Fiktion, sondern aus den tatsächlichen, von niemand vorausgeplanten Ereignissen speist. Es war ein permanentes Reagieren auf den nächsten überraschenden Schritt. Gut herauspräpariert ist der Aspekt, dass es die Russen waren, die den Zug in Richtung Wiedervereinigung in Bewegung setzten, während sie am Tag des Mauerfalls diplomatisch stümperhaft reagiert hatten.

«So ist etwas entstanden, was es in der Geschichte noch nie gegeben hat: Es dürfte die erste Revolution der Welt sein, nach der die Verlierer (...) dem Fernsehen der Sieger die Gründe ihrer Niederlage schildern» (Herbert Riehl-Heyse, SZ 29.9.2000).

▶ Über die Vorgänge, die am 9. November 1989 zur Maueröffnung führten, ist schon 1990 ein Dokumentarspiel aus der Perspektive der DDR-Staatsspitze gedreht worden: WER ZU SPÄT KOMMT ... DAS POLITBÜRO ERLEBT DIE DEUTSCHE REVOLUTION (WDR, R: Jürgen Flimm / Claudia Rohe, B: Cordt Schnibben, mit Hans-Christian Blech als Honecker, Christoph Bantzer als Krenz und Dirk Dautzenberg als Mielke).

Die Jury des Adolf-Grimme-Preises würdigte eine «Lektion in Sachen Starrsinn und Machterhalt».

Literatur: Thomas Waitz: Geschehen/Geschichte. Das Dokudrama bei Hans-Christoph Blumenberg, in: Harro Segeberg (Hrsg.): *Referenzen. Zur Theorie und Geschichte des Realen in den Medien*, Marburg 2009, S. 211–222. **DVD:** CineCentrum; Die Zeit «Dokumentation»

Deutschstunde (1970)

P SFB 1970 **Sd** 24., 28.1.1971, ARD (2 Teile) **R** Peter Beauvais **B** Diethard Klante **L** Siegfried Lenz **K** ost Vacano **Sz** Jan Schlubach **S** Barbara Herrmann
D Wolfgang Büttner (Nansen), Arno Assmann (Jepsen), Andreas Poliza (Siggi, 10), Jens Weisser (Siggi, 19), Edda Seippel (Ditte), Irmgard Först (Gudrun Jepsen), Jörg Marquardt (Klaas), Joeka Paris (Hilke), Erland Erlandsen (Busbeck), Lisa Helwig (Katrine), Petra Redinger (Jutta), Ferdy Mayne (Gaines), Antje Hagen (Hilde), Maxim Hamel (Leon), Gustav Burmester (Deutschlehrer), Will Müller-Jensen (Direktor)

Siggi Jepsen, Insasse einer Hamburger Jugendstrafanstalt, soll im Deutschunterricht eine Strafarbeit zum Thema «Die Freuden der Pflicht» schreiben. Doch mit diesem Thema ist er überfordert, denn zum Thema «Pflicht» hat er so viel zu sagen, dass es mit einem Aufsatz nicht getan ist. Er gibt ein leeres Blatt ab. Die Gründe hierfür liefern seine Erinnerungen an die Kindheit in Rugbüll, wo sein strenger Vater Polizeiposten war. Vater Jepsen war mit dem Maler Nansen befreundet, doch als die nationalsozialistischen Behörden ein Malverbot gegen Nansen verhängen, ist es Jepsen, der dieses Verbot gegen Nansen rigoros durchzusetzen versucht, weil er dies nun einmal für seine Pflicht hält. Er observiert ihn, zerstört immer wieder seine Bilder, die er trotz des Verbots malt, denn die Übertretung des Verbots empfindet Jepsen als persönliche Verletzung. Der Vater versucht auch seinen Sohn Siggi für seine Zwecke einzusetzen. Doch Siggi solidarisiert sich mit Nansen, denn dieser und seine Bilder verkörpern die Gegenwelt zu Jepsens starrem Pflichtdenken. Für Nansen ist allein das Gewissen der Maßstab. Siggi kann einige Bilder vor der Zerstörung retten. Auch sein Bruder Klaas ist ein Familien-Dissident, der sich als Soldat selbst verstümmelt, desertiert und in Rugbüll von Nansen versteckt wird. Bei einem Tiefflieger-Angriff wird Klaas schwer verletzt. Diese Erfahrungen machen Siggi nach dem Krieg zum Bilderdieb, weil er zwanghaft weiter Nansens Bilder «retten» will, indem er sie stiehlt. Sein Vater hingegen kehrt auf seinen Polizeiposten zurück, ohne einen in-

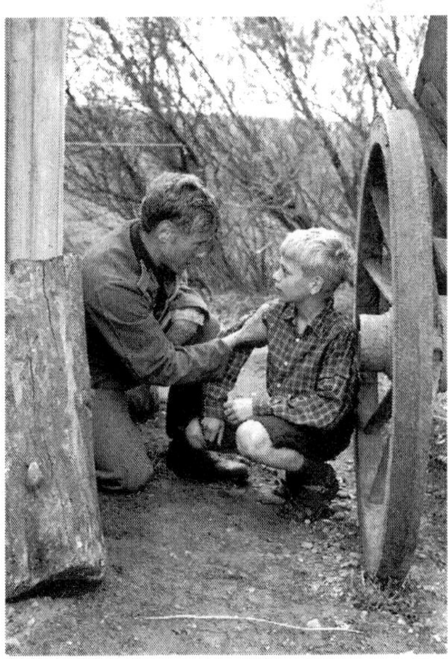

Andreas Poliza (r.) und Jörg Marquardt in Deutschstunde

neren Wandel vollzogen zu haben: Er verfolgt Nansen weiterhin.

Der Titel «Deutschstunde» verweist darauf, dass hier nicht nur eine individuelle Geschichte erzählt, sondern ein nationales Syndrom verhandelt wird: die im Provinz-Milieu lokalisierten autoritären Denk- und Verhaltensweisen wachsen sich zu ideologischer Borniertheit und pathologischer Besessenheit aus. Während Lenz doch sehr anekdotisch erzählt, spitzen Klante und Beauvais durch die Verdichtung der dramatischen Ereignisse das Geschehen politisch zu: der Nationalsozialismus rückt vom Hinter- in den Vordergrund.

▶ Siegfried Lenz selbst hat schon in der «Pionierzeit» ein Fernsehspiel geschrieben, das noch im Fernseh-Versuchsprogramm lief: INSPEKTOR TONDI (NWRV 1952, R: Hanns Farenburg) mit Alfred Schieske in der Titelrolle.

DVD: Studio Hamburg / ARD Video «Große Geschichten» (in: Siegfried-Lenz-Box).

DIENSTREISE – WAS FÜR EINE NACHT (2002) ★

P Sat.1 2002 **Sd** 18.3.2003, Sat.1 **R** Stephan Wagner **B** Axel Brauer **K** Carl-Friedrich Koschnick **M** Ali N. Askin **S** Friedrike von Normann **T** Frank Tenge
D Christoph Waltz (Lehmann), Armin Rohde (Wilmers), Anica Dobra (Jana), Vadim Glowna (Rocco), Iris Berben (Rita), Hannes Jaenicke (Herling), Marek Wlodarczyk (Marek), Lucia Gailova (Nicole), Sonja Kerskes (Nadine), Jockel Tschiersch (Polizist), Anne Sarah Hartung (Natscha), Nicola Hartmann (Conny)

Der biedere Frankfurter Vertreter Lehmann wird von seinem Abteilungsleiter kurz vor Feierabend noch schnell auf Dienstreise nach Potsdam geschickt – mit einem Porsche und der Aussicht, die Karriereleiter nach oben zu klettern. Diese nächtliche Dienstreise wird Lehmann verändern: Dem zuverlässigen Angestellten und Ehemann kommt mehr und mehr die Vernunft abhanden, Leichtsinn und Übermut übernehmen wider Willen die Kontrolle über sein Leben, bis er sich am Ende ganz aus seinem bisherigen «vernünftigen» Dasein verabschiedet. Es beginnt damit, dass bei der Ankunft im Hotel kein Zimmer reserviert ist. Vom jovialen Kollegen Wilmers lässt sich Lehmann zu einem Kneipenbesuch überreden. Im Lokal hat Lehmann zwar großen Erfolg bei den Animierdamen, diese entpuppen sich jedoch als Trickbetrügerinnen: Geld, Hotelschlüssel und Porsche (mitsamt seinen Unterlagen) sind weg und ebenso Kollege Wilmers. Bei einem Anruf zu Hause erfährt Lehmann, dass seine Frau mit dem Abteilungsleiter im Bett liegt. Nach weiteren Turbulenzen im Potsdamer Nachtleben – er bekommt es u.a. mit polnischen Au-

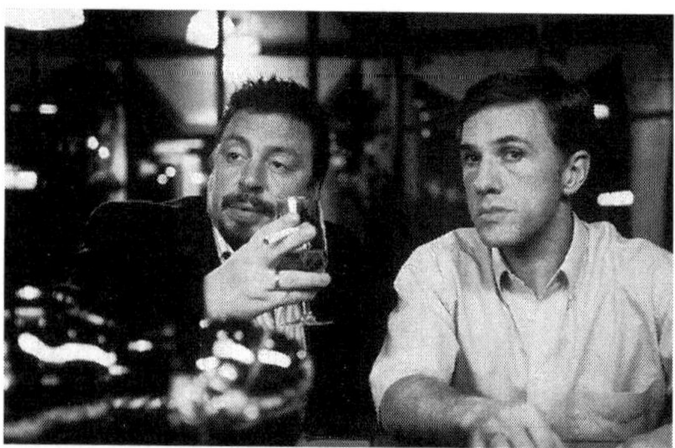

Armin Rohde (l.) und Christoph Waltz in DIENSTREISE

todieben zu tun – erfüllt Lehmann seinen Auftrag am nächsten Tag glänzend. Dann lässt er sein altes Leben hinter sich und fliegt mit der Kellnerin Jana, die ihm während der Nacht mehrmals beigestanden hat, nach Bali.

Die inhaltlich an den Film Into the Night (John Landis, 1984) angelehnte Komödie wurde mit dem Adolf-Grimme-Preis ausgezeichnet. Die Jury würdigte «Wagners Gespür für Situationskomik, für die nötige Balance zwischen absurden Wendungen und Bodenhaftung in der Glaubwürdigkeit, sein Fantasiereichtum im Skizzieren witziger Details. (...) Ihr Zentrum aber findet die Komödie in der Verkörperung der Herren Lehmann und Wilmers durch Christoph Waltz und Armin Rohde: die überaus geglückte Paarung zweier grundverschiedener Vertretertypen. Die unsichtbare, ängstliche, betrogene Figur des Christoph Waltz, der seine Verpuppung Schritt für Schritt durchbricht und sich mit feiner, nuancierter Komik aus der Mutlosigkeit des Vertretertyps herausspielt. Und als Kontrast die aufdringlich großmäulige Figur des Armin Rohde – ein wahres Kraftwerk fehlgeleiteter Gefühle –, der sich in die innere Not des Typus ‹gesellig lärmender Vertreter› hineinspielt.»

Dieser Mann und Deutschland (1966)

P WDR 1966 **Sd** 24.2.1967, WDR III **R** Hansjürgen Pohland, Heinz von Cramer **B** Heinz von Cramer **K** Robert van Ackeren **Sz** Peter Scharff

D Herbert Fleischmann (Abgeordneter), Kaspar Brüninghaus (Lokalredakteur), Johannes Schauer (Bürgermeister), Walter Jokisch (Minister), Joachim Hansen (Ostexperte), Wolfgang Spier (Korrespondent), Gisela Trowe (Witwe), Roma Bahn (Chefin), Peter Brogle (Sohn), Max Noack (Lehrer), Wolfgang Wahl (Regisseur), Willy Trenk-Trebitsch (Rechtsanwalt), Willi Rose (Freund), Walter Wilz (Werbefachmann), Thomas Fabian (Diskussionsleiter), Eduard Rothe (Professor), Klaus Schwarzkopf (Doktor)

In Form einer fiktiven Reportage versucht der Film sich der Biografie von Hans-Otto Werdenfels zu nähern, eines Kommunisten und Emigranten, der in beiden Deutschlands nicht heimisch werden konnte. Am Anfang steht seine Beerdigung: Er ist von DDR-Grenzern erschossen worden. In fingierten Interviews mit Weggefährten und Zeitgenossen (sie antworten auf nicht gestellte Fragen in die Kamera) formt sich nur zögernd ein – zudem widersprüchliches – Bild eines Mannes, der 1933 emigriert ist, dessen jüdische Verwandten im KZ umgekommen sind, der 1945 wieder zurückkehrt, offenbar mit Illusionen über ein «neues» Deutschland. Er siedelt in die DDR über, kehrt aber 1955 ins heimatliche Ruhrgebiet zurück, versucht sich als Korrespondent in Bonn, scheitert aber, weil er nicht in der Lage ist, sich anzupassen und Kontakte zu knüpfen. Er nimmt verschiedene Jobs an (Tischler, Kaufhausbote), bis ihm ein Magazin eine Reportage über die Zonengrenze aufdrängt; bei dieser Arbeit kommt er ums Leben. Bei seiner Beerdigung wird er als Opfer des DDR-Totalitarismus instrumentalisiert («aufrechter Streiter für die Sache der Freiheit»). Grotesker Höhepunkt der biografischen Rekonstruktionsversuche ist eine Fernsehdiskussion, in der ein «Ostexperte» die Behauptung aufstellt, Werdenfels sei gar nicht emigriert, sondern habe im Auftrag der Resistance als französischer Fremdarbeiter in Deutschland gearbeitet. Werdenfels' Sohn aus England hat seinen Vater nie gesehen, weil er dessen Rückkehr nach Deutschland nicht verstehen kann. Der Film endet auf einer Metaebene: Ein Regisseur will einen Film mit dem Titel «Dieser Mann und Deutschland» drehen, der Werdenfels als einsamen Kämpfer und «Mahnung» für beide Deutschlands zeigen soll.

Aus allen diesen Meinungspartikeln ist eine verbindliche Wahrheit über diese Person nicht mehr ausfindig zu machen. Ein gemeinsamer Nenner ist vielleicht ein Satz des Ostexperten: «Altkommunisten bleiben heimatlos, wo immer sie sich aufhalten.» Das Schicksal von Werdenfels, das aus all diesen Äußerungen indirekt deutlich wird, wirft ein grelles Licht auf die bundesdeutsche Nachkriegsgesellschaft, in der die Angepassten dominieren und in der für abweichende Lebensentwürfe kein Platz ist.

Text in: Hansjörg Schmitthenner (Hrsg.): *Acht Fernsehspiele*, München: Piper 1966.

DILEMMA (2002)

P DRS 2002 **Sd** 17.11.2002, SF1 **R** Tobias Ineichen **B** Josy Meier **K** Thomas Hardmeier **M** Martin Schütz **Sz** Monika Bregger **Ko** Regula Wetter **S** Michael Schaerer **T** Andreas Litmanowitsch
D Eva Scheurer (Susanne Winter), Sarah Bühlmann (Stimme: Kathrin Gaube; Mo), Veli Berisha (Arben), Martin Huber (Reto Gross), Roeland Wiesnekker (Vincent Jung), Pit-Arne Pietz (Marcel Bodmer), Ernst C. Siegrist (Vater), Stefan Kollmuss (Urs Schmid)

Die neue Polizeipräsidentin Winter hat Probleme mit ihrer Tochter Mo, die ihren Freund Arben aus dem Kosovo heiraten will. Dessen Bruder ist gerade als Dealer verhaftet worden. Arben selbst liefert sich nach einer Schlägerei eine Verfolgungsjagd mit der Polizei. Diese endet mit einem toten Polizisten, und Arben liegt mit einem Kopfschuss auf der Intensivstation. Mo gibt ihrer Mutter die Schuld, auf die Polizei fällt der Verdacht, einen Ausländer «hingerichtet» zu haben. Mo verbindet sich mit einem Reporter gegen ihre Mutter, die nun angesichts der Öffentlichkeit unter Druck steht, den wahren Sachverhalt aufzuklären: Der Kollege des getöteten Polizisten hat unter Schock gezielt auf Arben geschossen, Polizeidirektor Groß hat dies vertuscht, denn der Polizist ist sein Schwiegersohn. Unterdessen versucht Mo das Atmungsgerät von Arben abzustellen, der durch seine Kopfverletzung nicht mehr der gleiche wäre wie vorher. Doch Arben ist bereits gestorben. Mo unternimmt einen Selbstmordversuch, Mutter und Tochter kommen sich wieder näher.

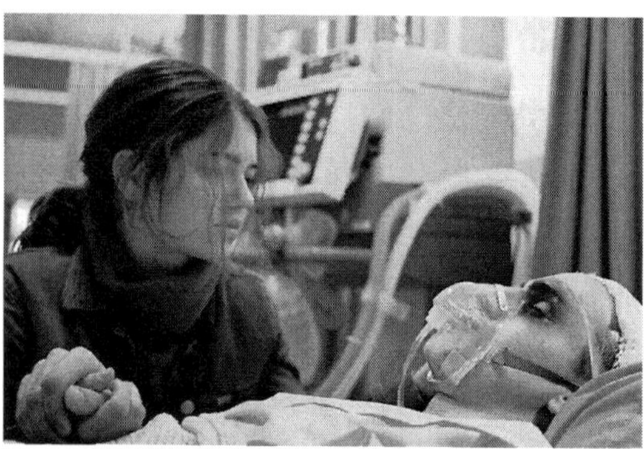
Sarah Bühlmann und Veli Berisha in DILEMMA

«Josy Meier kennt als Dokumentaristin das Grossstadtpflaster à fond, nur hat sie einfach zu viel an Thriller-Ingredienzen in

die Story verpackt. Tobias Ineichens Inszenierung ist packend wie die Vorlage. Ein Gewinn: das unverbrauchte, gute Schauspielerensemble.»
(mw., *NZZ*, 17.11.2002)

Direktmandat (1979)

P ZDF 1979 **Sd** 15.10.1979, ZDF **R/B** Daniel Christoff **K** Lothar E. Stickelbrucks **Sz** Frank Hein
D Stefan Wigger (Dernbach), Gudo Hoegel (Neudeck), Karin Anselm (Irene), Gertie Honeck (Dagmar), Diether Krebs (Hans Stein), Helga Engel (Frau Müller-Döring), Hening Gissel (Fred Martens), Gerhard Wollner (Egon Silber), Edeltraut Elsner (Frau Lindgruber), Marianne Prenzel (Martina Ferdesser), Dagmar Biener (Jutta Preuss), Ilse Biberti (Gaby Winzer), Rainer Hunold (Schlüter), Andreas Mannkopff (Ortsvorsitzender), Tobias Meister (Pit Rudolf), Friedhelm Lehmann (Landesvorsitzender), Michael Schulte (Martin)

Der Bundestagsabgeordnete Dernbach wird von seiner Partei aufgefordert, seinen Wahlkreis an einen Nachwuchspolitiker abzugeben. Dernbach soll sich zu wenig um seine Wähler gekümmert und die Betreuung des Wahlkreises vernachlässigt haben. Als Gegenkandidat wird der Stadtrat Neudeck aufgebaut, der schließlich auch gegen Dernbach antritt. Dernbach gibt auf und steht vor einem privaten Scherbenhaufen, da er zugunsten seiner Karriere die Familie vernachlässigt hat, wohingegen Neudeck erst vom Ehrgeiz seiner Frau angestachelt wird. Obwohl er von Dernbach unterstützt wird, landet Neudeck als Neuling nur auf einem der unteren Listenplätze, müsste also die sehr beliebte Kandidatin der Gegenpartei, Frau Müller-Döring, direkt schlagen. Nach Neudecks Niederlage bei der Wahl erfährt Dernbach, dass der Kreisvorsitzende selbst nicht auf Neudecks Wahlsieg gesetzt hat, sondern auf dessen Niederlage hoffte, um bei der nächsten Wahl selbst als Kandidat aufgestellt zu werden. Für Neudeck ist nicht nur die politische Laufbahn beendet, er muss auch beruflich neu anfangen, da er seine Karriere dem Wahlkampf opfern musste. Wenigstens hat, im Unterschied zu Dernbach, seine Ehe noch Bestand.

Nicht um politische Inhalte geht es den Autoren, sondern um den Mechanismus parteiinterner Machtkämpfe. Die «Politik» ist mit dem «Privaten» kontrastiert und wird als mit gedeihlichen menschlichen Beziehungen unvereinbar denunziert. Dementsprechend ist die Figurenzeichnung schematisch, Dernbach und Neudeck sind lediglich Demonstrationsobjekte, nicht Gegenstand von Charakterstudien. Im Wahlkampf geht es nicht darum, die Bürger von einem politischen Programm zu überzeugen, sondern nur um die strategische Positionierung der Kandidaten. Die parlamentarische Demokratie gibt das Exerzierfeld ab für ehrgeizige Männer, die sich für ihre Karriere prostituieren. Dass die Parteien nicht einmal Namen haben, war wohl dem Ausgewogenheitszwang des öffentlich-rechtlichen Fernsehspiels geschuldet – es macht das Stück vollends abstrakt.

Literatur: Werner und Rose Waldmann: *Einführung in die Analyse von Fernsehspielen*, Tübingen 1980, S. 175–187.

Dorothea Merz (1976)

P WDR 1976 **Sd** 23., 25.5.1976 ARD (2 Teile) **R** Peter Beauvais **B/L** Tankred Dorst **K** Michael Ballhaus **M** Wilhelm Killmayer **Sz** Lothar Kirchem **Ko** Barbara Baum

D Sabine Sinjen (Dorothea Merz), Dieter Wernecke (Rudolf), Fritz Rasp (der alte Merz), Dieter Kirchlechner (Erich), Gisela Welzel (Elsbeth), Rolf Defrank (Bruno Schedewy), Elisabeth Trissenaar (Bella), Elisabeth Schwarz (Klara), Christiane Bruhn (Ida Wienkötter), Heinz Reincke (Dr. Plinke), Katharina Tüschen (Frau Falk), Ingmar Zeisberg (Mora Wollschedel), Horst Breitenfeld (Theodor Wollschedel), Christoph Felsenstein (Regus), Hans von Borsody (Pfr. Jarosch), Claus Enskat (Kupka), Miriam Spoerri (Frau Zacharias), Tankred Dorst (Büttner)

Dorothea Merz, aus norddeutschen großbürgerlichen Verhältnissen stammend, zieht 1925 mit ihrem Mann Rudolf in das thüringische Dorf Grünitz, wo er Direktor einer Stahldrahtfabrik ist. Die schwärmerische Dorothea erhofft sich ein einfaches, naturnahes Leben ohne gesellschaftliche Etikette. Doch ihre Vorstellungen von Glück und Ehe lassen sich nicht verwirklichen. Ihre idealistischen Vorstellungen kollidieren mit den Ansprüchen von Gesellschaft, Politik, Familie. Ihre Naivität und Spontaneität prallen an Rudolfs Strenge ab. Die Bekannten in Grünitz leben hinter scheinheiligen Familien-Fassaden. Dann erkrankt Rudolf unheilbar an Tbc und verbringt über ein Jahr in Capri, wo Dorothea ihn besucht. Sein langsames Siechtum ist eine Chiffre für den Niedergang des Bürgertums, Dorothea sieht in der Krankheit den Grund für die Distanz zwischen sich und ihrem Mann. Nach Rudolfs Tod bleibt sie in Grünitz, ihr Schwager Erich drängt sie aus der Fabrik, der alte Merz meidet sie, weil er Rudolfs Krankheit als Versagen deutet. Dorothea beschränkt sich auf die Erziehung ihrer Kinder und verteidigt ihre Illusionen, die sich auch auf die politischen Ereignisse erstrecken. Dem aufkommenden Nationalsozialismus gegenüber verhält sie sich indifferent, engagiert sogar einen Nazi als Hauslehrer für ihren Sohn. Als sie sieht, wie ein Jude auf der Straße zusammengeschlagen wird, ist es für sie nur ein kurzer Moment des Schreckens ohne persönliche Konsequenzen.

DOROTHEA MERZ ist Teil eines familiengeschichtlichen Zyklus mit sozialpsychologischem Fokus. Das Bewusstsein der Protagonisten wird fast unmerklich von den «großen» Ereignissen der Politik und Geschichte beeinflusst. Das Private, Harmlose, Alltägliche ist Reflex einer schleichenden Ideologisierung. Dorsts und Beauvais' Film AUF DEM CHIMBORAZO (WDR 1977) zeigt die alte Dorothea (Heidemarie Hatheyer), die mit ihren Söhnen und ihrer Freundin Klara auf einen Berg nahe der DDR-Grenze steigt, wo sie ein Feuer machen wollen, um die Freunde und Verwandten «drüben» zu grüßen. Dabei brechen verdrängte Familien-Konflikte auf. KLARAS MUTTER (WDR 1978), von Dorst selbst inszeniert, spielt wieder in der Zeit von DOROTHEA MERZ und zeigt den Versuch dreier Menschen, in der fränkischen Provinz ein selbstbestimmtes Leben jenseits der Konventionen zu führen.

Literatur: Karl Prümm: Das Buch nach dem Film. Aktuelle Tendenzen des multimedialen Schreibens bei Tankred Dorst und Heinar Kipphardt, in: Helmut Kreuzer (Hrsg.): *Fernsehforschung – Fernsehkritik*, Göttingen 1980, S. 54–74.

DR. MURKES GESAMMELTES SCHWEIGEN (1963)

P HR 1963 **Sd** 6.2.1964, ARD **R** Rolf Hädrich **B** Dieter Hildebrandt **L** Heinrich Böll **K** Klaus König **M** Peter Thomas **Sz** Arno Richter **S** Ursula v. d. Berg **T** Ludwig Werner

D Dieter Hildebrandt (Dr. Murke), Dieter Borsche (Intendant), Robert Meyn (Bur-Malottke), Thomas Fabian (Humkoke), Heinz Schubert (Fabian), Balduin Baas (Schwendling), Joachim Hess (Huglieme), Ilo Schieder (Sängerin), Fritz Rémond (Prüll), Günter Skopnik (Krause), Willi H. Thiem (Morsch), Inge Rassaerts (Wulla), Sophie Cossäus (Schauspielerin)

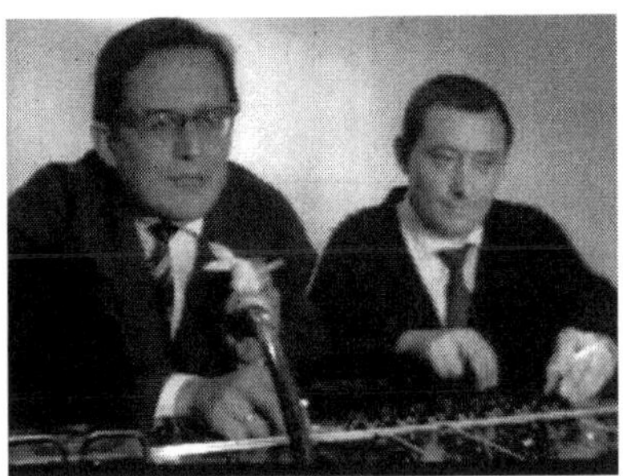

Dieter Hildebrandt und Heinz Schubert in Dr. Murkes gesammeltes Schweigen

Zielscheibe von Bölls beißender Satire ist die im Rundfunk institutionalisierte Kulturproduktion, die unter dem Zwang, ständig «Wort» produzieren zu müssen, nur hohle, sinnentleerte Phrasen hervorbringt. Das Radio wird zum Forum eitler Pseudo-Intellektueller, hier in Gestalt des Kulturphilosophen Bur-Malottke, der in übereifriger Anpassung an den Zeitgeist (er will nicht an der «religiösen Überlagerung» des Rundfunks mitschuldig sein) aus seinem letzten Vortrag das Wort «Gott» eliminiert und durch «jenes höhere Wesen, das wir verehren» ersetzt wissen will. Mit dieser Aufgabe wird der Kulturredakteur Dr. Murke betraut, der den eingefahrenen Mechanismen des Rundfunk-Betriebs mit Spott begegnet. Nun hat er Gelegenheit, sich feinsinnig an Bur-Malottke, den «Kulturschwätzer vom Dienst», zu rächen: Er zwingt ihn, fünfundreißigmal die gewünschte Wendung in allen Deklinationen und Betonungen zu sprechen, um sie an den entsprechenden Stellen des Vortrags einfügen zu können. Die herausgeschnittenen Stellen mit Bur-Malottkes «Gott» – wenn auch nur die Nominative – finden in einem Hörspiel Verwendung, in dem zuviel Schweigen enthalten ist. Murke selbst ist ein Liebhaber von Bandschnipseln, die Pausen und Schweigen enthalten und die er in einer Schachtel aufbewahrt: ein Atemzug von Karl Jaspers etwa (sehr lang) oder eine Denkpause von Erich Kuby (sehr kurz). Der Intendant ist mit Murke zufrieden, er soll nun sämtliche Reden Bur-Malottkes seit 1945 säubern.

In der Fortsetzung Dr. Murkes gesammelte Nachrufe (1965) ist Murke zum Fernsehen versetzt, in die Abteilung «Pro Memoria», die Nachrufe auf bedeutende Persönlichkeiten zu deren Lebzeiten produziert.

Im Unterschied zu Bölls Erzählung (und wohl aus Hildebrandts kabarettistischen Intentionen resultierend) fungiert im Film Dr. Murke als Ich-Erzähler mit bissigen Kommentaren im Off:

«Dadurch ergab sich eine starke Akzentverschiebung in bezug auf die Charakterisierung der Figur: In Bölls Vorlage ist Murke ein an vielen Aspekten des Funkhausbetriebes leidender und durch sie stark irritierter Intellektueller. In der Bearbeitung dagegen wird Murke als eine Figur gezeichnet, die sich gegenüber dem Funkhausalltag eine ironische Distanz bewahrt hat, die es ihr erlaubt, den sie umgebenden Betrieb launig und sich innerlich überlegen fühlend zu kommentieren.»

(Christina Kaschuba)

Literatur: Christina Kaschuba: Die Literaturverfilmungen von Rolf Hädrich, in: Hel-

mut Schanze (Hrsg.): *Fernsehgeschichte der Literatur*, München 1996, S. 192–247.
DVD: HR-media (zusammen mit Dr. Murkes gesammelte Nachrufe)

Dr. Schlüter (1965)

P DFF 1965 **Sd** 4.–8.12.1965, DFF (5 Teile) **R** Achim Hübner **B** Karl-Georg Egel **K** Günter Eisinger **M** Günter Hauk **Sz** Hans-Jürgen Mirr **Ko** Werner Bergemann **S** Ursula Zweig **T** Werner Blass
D Otto Mellies (Martin Schlüter), Hans-Peter Minetti (Ernst Demmin), Larissa Lushina (Eva/Irene), Günter Grabbert (Wolfgang Jonkers), Wolfgang Langhoff (Vahlberg), Eva-Maria Hagen (Felicia), Walter Jupé (Julius), Gerd Biewer (Mahnel), Walter Lendrich (Dr. Seibt), Heinz Schütz (Mengütz), Christoph Engel (Storch), Gisela Morgen (Frau Banse), Sofia Slaboszowska (Ljuba), Chewel Buzgan (Tairow), Wolfgang Hübner (Klempe), Dieter Franke (Mautig), Horst Schulze (Ressow), Alfred Struwe (Dr. Strenka), Vladimir Kosel (Grogori Melaschwili), Monika Lennartz (Sabine), Horst Hiemer (Semkow), Herwart Große (Durich), Friedrich Richter (Schulze), Erich Gerberding (Weimann), Willi Narloch (Muster), Martin Flörchinger (Minister), Marianne Behrens (Frau Holter), Klaus Piontek (Dr. Sänger), Friedel Nowack (Wirtin)

1934 gibt der karrieresüchtige Chemiker Martin Schlüter seine Freundin Eva, die für den kommunistischen Untergrund arbeitet, auf und geht eine «formale» Ehe mit Felicia Vahlberg ein. Eingefädelt hat die Ehe deren Vater, Chef des zur IG Farben gehörenden Lenox-Konzerns, bei dem Schlüter arbeitet. Schlüter soll die wenig tugendhafte Felicia «domestizieren» und erhält dafür eine entscheidende Forschungsstelle: eine Art Pakt mit dem Teufel. Als er ein neues Chemiewerk in Auschwitz, in dem KZ-Häftlinge arbeiten, übernehmen soll, lehnt er ab und meldet sich zur Front. In Russland baut er eine zerstörte Chemiefabrik wieder auf. Nach der Kriegsgefangenschaft arbeitet er weiter in der Sowjetunion, doch obwohl er Land und Leute schätzen gelernt hat, kehrt er zurück ins kapitalistische Westdeutschland zu den Lenox-Werken. Dort findet er den ehemaligen SS-Gruppenführer Storch als Personalchef vor, der den Profit aus dem Auschwitz-Werk in die sichere Schweiz transferiert hat. Mit diesem «Blutgeld» wurde das Nachkriegswerk wieder aufgebaut. Der Kampf gegen Storch, der auch für Evas Tod im KZ verantwortlich ist, bringt Schlüter wegen des raffiniert klausulierten Testaments um das Firmenerbe. Nun geht er in die DDR, ins Chemiewerk Thalstadt, wo er seinen Freund Ernst Demmin als Direktor vorfindet, einen Kommunisten, der Eva damals geheiratet hatte. Schlüter stößt im Werk mit seiner Lenox-Vergangenheit auf Misstrauen, seine Forschungen sind umstritten, vorübergehend steht er sogar unter Sabotage-Verdacht. Er muss erkennen, dass seine Erfindung durch Vertrauen in den falschen Freund Jonkers, der ihm immer wieder geholfen hat, aber ein Agent des westdeutschen Geheimdienstes war, in die Hände des Vahlberg-Konzerns gelangte. Zur endgültigen Akzeptanz in der DDR-Gesellschaft findet Schlüter erst, als er lernt, nicht nur als Wissenschaftler erfolgreich zu sein, sondern als «Mensch unter Menschen» zu leben und nicht als «abgekapseltes Individuum unter Konkurrenten und Feinden».

Dr. Schlüter steht im Kontext anderer Filme über den Wandlungsprozess einer Figur vom Faschismus/Kapitalismus zur sozialistischen Gesellschaftsordnung, um damit deren Überlegenheit zu demonstrieren (➲ Gewissen in Aufruhr, Hannes Trostberg, Ohne Kampf kein Sieg). Er verstand sich als Gegenentwurf zum «Entfremdungsmechanismus» und dem abstrakten Menschenbild westlicher Gesellschaften: «Das Zurückgehen in die Geschichte gab die Möglichkeit, Übereinstimmung als Resultat geschichtlicher Kämpfe zwischen diesen beiden antagonistischen Klassen begreiflich zu machen» (Ingeborg Münz-Koenen).

Text: Karl-Georg Egel: *Dr. Schlüter*, Berlin: Verlag der Nation 1966.

Literatur: Christoph Funke: Dr. Schlüter, in: Filmwissenschaftliche Mitteilungen 1, 1966, S. 224–231. – Ingeborg Münz-Koenen: Fernsehdramatik. Experimente – Methoden – Tendenzen, Berlin 1974, S. 170–188.

DVD: Studio Hamburg / DDR TV-Archiv «Große Geschichten»

Die Drachen besiegen (2009)

P BR 2009 **Sd** 19.3.2009, ARD **R** Franziska Buch **B** Rodica Döhnert **K** Axel Block **M** Ulrich Reuter **Sz** Annette Ingerl **S** Norbert Herzner **T** Frank Heidbrink

D Gabriela Maria Schmeide (Sabine), Amelie Kiefer (Anna), Michael Fitz (Martin), Maximilian Befort (Jakob), Marco Bretscher-Coschignano (Andreas), Marie-Lou Sellem (Verena), Anneke Kim Sarnau (Dr. Wiegand), Anna Brüggemann (Brigitte Sommer), Robert Giggenbach (Pfr. Landinger), Felix Vörtler (Obermeier), Roman Knizka (Dr. Svoboda)

Die 17-jährige Kirchenmusikerin Anna, die gerade eine Einladung zur Aufnahmeprüfung ans Mozarteum Salzburg erhalten hat, erleidet einen Leukämie-Rückfall. Sie muss wieder zur Chemotherapie, langfristig braucht man einen Knochenmarkspender, doch ihr Blutbild ist selten. Diese Ungewissheit treibt ihre Mutter Sabine zu einer ungewöhnlichen Maßnahme. Sie will mittels Präimplantationsdiagnostik ein neues Kind zur Welt bringen und mit dessen Zellen Anna retten. Sabines Mann Martin will davon zunächst nichts wissen. Er hat religiöse Vorbehalte, will «dem Herrgott nicht ins Handwerk pfuschen» – wir sind im katholischen Oberbayern –, außerdem kostet allein ein Versuch 12000 €. Mit ihrer Gastwirtschaft sind sie ohnehin hoch verschuldet, überdies kommt es im Keller zu einem Wassereinbruch, das Haus droht buchstäblich zusammenzukrachen. Aber Sabine lässt nicht locker, heimlich fahren sie nach Tschechien, denn die Methode ist in Deutschland verboten. Doch gerade mit ihrem energischen Insistieren entfremdet sich Sabine von ihrer Tochter. Anna wird immer wütender über ihren Zustand und den möglichen Tod, will alles alleine durchstehen, braucht ihre Ruhe. Als sie vom Vorhaben ihrer Eltern erfährt,

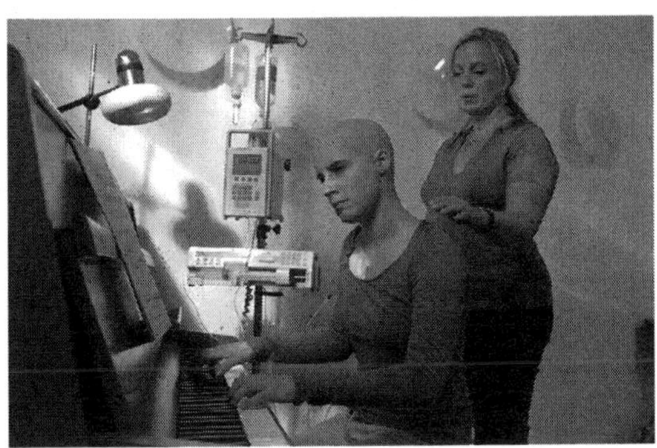

Gabriela Maria Schmeide (r.) und Amelie Kiefer in Die Drachen besiegen

ist sie entsetzt («wenn ich sterbe, habt ihr schon für Ersatz gesorgt!») und beklagt die Entfernung der Mutter von ihr: «Ich bin längst ganz woanders als du.» Doch am Schluss ist für sie ein Knochenmarkspender gefunden – und ihre Mutter ist schwanger! Aber Sabine und Martin freuen sich auf das Kind, das sie nun nicht mehr zweckentfremden müssen.

Das brisante und komplexe Thema Stammzellentransplantation ist hier fernsehkompatibel umgesetzt: viel emotionale Wärme und Verständnis für alle Beteiligten, ein glaubwürdiger Milieurealismus und ein multiples Happy-End, in der alle angerissenen Konflikte einer glücklichen Zukunft zugeführt werden: Anne wird leben und studieren können, ihre Eltern bekommen ein Kind und müssen sich deswegen nicht schuldig fühlen, sogar die finanziellen Probleme der Familie lösen sich auf (sie haben Anspruch auf Entschädigung, weil der Wassereinbruch durch Straßenbauarbeiten entstanden ist). Buch und Regie ist es zuzuschreiben, dass jede Sentimentalität und jedes falsche Pathos vermieden ist.

DREI TAGE IM APRIL (1995)

P SDR 1995 **Sd** 7.4.1995, arte **R/B** Oliver Storz **K** Hans Grimmelmann **M** Markus Schmitt, Werner Fischötter **Sz** Klaus-Peter Platten **Ko** Nikola Hoeltz **S** Jürgen Lenz **T** Klaus Nordmann

D Karoline Eichhorn (Anna), April Hailer (Irene), Eve Michel (Elli), Birke Bruck (Amalie), Dieter Eppler (Stegmaier), Walter Schultheiß (Klenck), Sepp Schauer (Hochmoser), Manfred Boehm (Pfr. Sengle), Heidi Forster (Kätter), Felix Eitner (Rolf), Bärbel Strecker (Marlies), Reinhold Ohngemach (Raab), Rotraud Rieger (Elfriede Kachel), Eva Bukovska (Helena), Sigrid Burkholder (Heidrun), Fréderick Allouard-Rubin (Pierre)

April 1945 in einem württembergischen Dorf, eine Zwischenzeit, in der die lokalen NS-Herrscher verschwinden und mit ihnen die Träume vom Endsieg, die Sieger selbst aber noch nicht da sind. Die autoritätsgläubigen Menschen wissen nicht mehr recht, woran sie sind: «Seitdem die Partei weg ist, weiß man nicht mehr vor wem man Angst haben soll.» Für das BDM-Mädel Anna stürzen die letzten Illusionen ein, als ein Deserteur von der SS erschossen wird. Und dann werden von einem Transportzug, dessen Lokomotive bei einem Tieffliegerangriff beschädigt wurde, drei Güterwaggons vollgepfercht mit KZ-Häftlingen abgekoppelt und im Bahnhof abgestellt. Die Dorfbevölkerung steht unter Entscheidungsdruck: Helfen oder Wegsehen? Die Schreie der Gefangenen sind unüberhörbar. Man verschanzt sich hinter Nichtzuständigkeit und ruft nach Autoritäten, die nicht mehr vorhanden sind. Anna ergreift die Initiative und geht mit Brot und Milch zu den Waggons: ein Tropfen auf dem heißen Stein. Dann besticht eine im Ort gestrandete Frontheatersängerin die Wachposten mit «organisiertem» Cognac. Nachdem die Posten verschwunden sind, schieben die Dorfbewohner die Waggons einfach in den nächsten Ort. Über das weitere Schicksal der Häftlinge wird nie etwas bekannt.

Den ARD-«Gedenkfilm» zum 8. Mai, der auf einer wahren Begebenheit beruht, hat Oliver Storz zu einer Parabel zugespitzt. Der Mikrokosmos aus Dorfbewohnern und vom Krieg angeschwemmten Existenzen agiert wie auf einer Bühne und entfaltet ein Ineinanderspiel von Recht und Unrecht, Mut und Feigheit, Größe und

Beschränktheit. Das macht die Figuren glaubwürdig. Der Zuschauer bekommt nicht ein abstraktes historisches Ereignis vorgesetzt, sondern eine konkrete Situation, die insofern über sich hinausweist, als vom Individuum ein Handeln gefordert wird, das er nicht mehr an eine anonyme «Zuständigkeit» delegieren kann.

«Die Geschichte aber, die hier buntschillernd erzählt wird, sie ist von genialem Zuschnitt, fast Novelle. Doch die Opulenz der Dialoge und die überlangen bacchantischen Einstellungen rauben der Parabel gelegentlich die Stringenz – wohlgemerkt: nicht durchgängig. Es ist ein guter Film, dem nur wenig gefehlt hätte, um als groß zu gelten.»

(Christian Hörburger, *FK* 15, 1995)

Literatur: Tilo Werner: *Holocaust-Spielfilme im Geschichtsunterricht*, Norderstedt 2004, S. 92–105.

DVD: Studio Hamburg / ARD Video «Große Geschichten»

DREILEBEN (2011)

P WDR 2011 **Sd** 29.8.2011, ARD **R/B** Christian Petzold (I), Dominik Graf (II), Christoph Hochhäusler (III) **K** Hans Fromm (I), Michael Wiesweg (II), Reinhold Vorscheider (III) **M** Stefan Will (I), Sven Rossebach, Florian van Volxem (II), Bert Wrede (III) **Sz** Kade Gruber (I), Claus-Jürgen Pfeiffer (II), Renate Schmaderer (III) **Ko** Anette Guther (I), Barbara Grupp (II), Renate Schmaderer (III), **T** Andreas Mücke-Niesytka (I), Gunnar Voigt (II), Michael Busch (III) **S** Bettina Böhler (I), Claudia Wolscht (II), Stefan Stabenow (III) **Do** Suhl, Oberhof

D Stefan Kurt (Molesch), Jakob Matschenz (Johannes), Luna Mijovic (Ana), Jeanette Hain (Jo), Susanne Wolff (Vera), Mišel Maticevic (Bruno), Lisa Kreuzer (Jos Mutter), Rüdiger Vogeler (Jos Vater), Frank Kessler (Jürgen), Eberhard Kirchberg (Marcus Kreil), Imogen Kogge (Carola Kreil), Timo Jacobs (Dimitros Katalmas), Joan Pascu (Egon Scheer), Holger Doellmann (Guido), Felix Römer (Kurt Helmer)

Die ARD ging ausnahmsweise ein Wagnis ein (was heutzutage schon als «Experiment» bezeichnet wird): Sie zeigte an einem Abend drei 90-Minuten-Filme hintereinander, gedreht von drei verschiedenen Regisseuren, zur gleichen Zeit am gleichen Ort spielend und mit einem Kriminalfall als Hintergrund.

I. ETWAS BESSERES ALS DEN TOD (Christian Petzold). Im (fiktiven) thüringischen Dreileben flieht der verurteilte Sexualmörder Molesch aus dem Krankenhaus, in dem er sich von seiner soeben verstorbenen Mutter verabschieden sollte. Doch steht nicht dessen Flucht im Mittelpunkt, sondern die undramatisch und wortkarg verlaufende Liebesgeschichte von Johannes, der als Zivi in der Klinik arbeitet (und an Moleschs Flucht nicht ganz unschuldig ist) und einem bosnischen Mädchen aus einer Motorradgang.

II. KOMM MIR NICHT NACH (Dominik Graf). Die Kriminalpsychologin Jo wird nach Dreileben gerufen. Sie kommt zwar wegen der Suche nach Molesch, deckt zunächst aber einen Korruptionsfall in der örtlichen Polizei auf. Aber auch bei Graf steht nicht das Kriminalistische im Vordergrund, sondern das Private. Jo quartiert sich bei ihrer Studienfreundin Vera und deren Mann ein. Jo und Vera stellen einigermaßen verstört fest, dass sie früher in den gleichen Mann verliebt waren. Diese Erkenntnis bringt Vera so aus dem Gleichgewicht, das sie vorübergehend verschwindet und diesen ehemaligen Freund aufsucht.

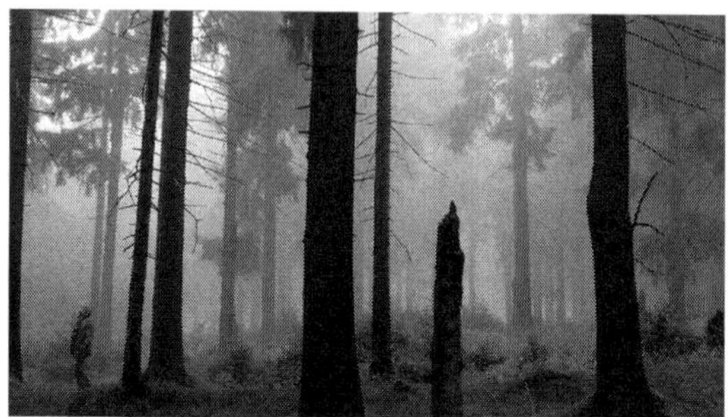

DREILEBEN – EINE MINUTE DUNKEL

III. EINE MINUTE DUNKEL (Christoph Hochhäusler). Der dritte – und beste – Film zeigt die Suche des Kommissars Kreil – der eigentlich krankgeschrieben ist – nach Molesch, der sich in den thüringischen Wäldern versteckt hält. Kreil ist von seiner Schuld nicht fest überzeugt, da auf dem Video, das ihn überführen soll, die entscheidende Minute fehlt. Erst das letzte Bild des Films – es ist das einer Überwachungskamera, mit dem auch Petzolds erster Teil anfing – zeigt, wen Molesch wirklich umgebracht hat: Johannes' bosnische Freundin aus Teil I.

DVD: KNM

DRESDEN (2005)

P ZDF 2005 **Sd** 5., 6.3.2006, ZDF (2 Teile) **R** Roland Suso Richter **B** Stefan Kolditz **K** Holly Fink **M** Harald Kloser **Sz** Thomas Stammer **Ko** Lucia Faust **S** Bernd Schlegel **T** Erik Seifert

D Felicitas Woll (Anna), John Light (Robert Newman), Benjamin Sadler (Alexander Wenninger), Heiner Lauterbach (Prof. Carl Mauth), Susanne Bormann (Eva Mauth), Marie Bäumer (Marie Goldberg), Kai Wiesinger (Simon Goldberg), Wolfgang Stumph (Pfarrer), Jürgen Heinrich (Mutschmann), Michael Brandner (Blockwart), Christian Rodska (Arthur Harris), John Keogh (Lt. Leslie), Paul Ready (William)

Dresden ist im Januar 1945 noch von den Bombenangriffen verschont geblieben. Die Krankenschwester Anna, Tochter des Krankenhauschefs Carl Mauth, ist mit dem Oberarzt Alexander verlobt. Der britische Bomberpilot Robert Newman wird über Ostdeutschland abgeschossen und nach seinem Fallschirm-Absprung von Bauern aus Rache schwer verletzt. Ihm gelingt es, sich incognito in das Krankenhaus zu schleppen, wo ihn Anna im Keller versteckt und versorgt. Die beiden verlieben sich ineinander, Robert kann sich mit einer Wehrmachtsuniform tarnen. Sie entdecken, dass Annas Vater gemeinsam mit ihrem Verlobten das im Krankenhaus dringend benötigte Morphium in die Schweiz verschiebt, um sich dort eine Nachkriegsexistenz zu sichern. Unterdessen haben die Briten beschlossen, das bislang unbehelligt gebliebene Dresden zu bombardieren, um die Versorgung der deutschen Ostfront zu unterbrechen und die vorrückenden russischen Truppen zu unterstützen. Die Bomberstaffel macht sich auf den Weg zu ihrem bislang weitesten Flug. An diesem 13. Februar 1945 will Chefarzt Mauth seine Familie mit dem Nachtzug nach Basel bringen. Als sie am Dresdner Bahnhof angekommen sind, beginnt der große Luftangriff. Mauth kommt ums Leben, Anna und Alexander überleben in einem Luftschutzkeller. Mitten im Inferno stößt Robert zu ihnen. Zu dritt versuchen sie, sich im Feuersturm zu den Elbwiesen durchzuschlagen.

Dabei wird Robert verschüttet, aber Anna bleibt bei ihm, um mit ihm zu sterben. Am Morgen gelingt es ihnen, aus den Trümmern hervorzukriechen. Ein Panorama apokalyptischen Grauens bietet sich ihnen dar: verkohlte Ruinen, entsetzlich zugerichtete Leichen und verstörte Menschen, die an einem absoluten Nullpunkt angelangt sind. Der Film endet jedoch tröstlich mit Bildern vom 30. Oktober 2005, als die wiederaufgebaute Frauenkirche eingeweiht wird.

Die Autoren des Films haben sich große Mühe gegeben, beiden Seiten gerecht zu werden. Ihr Ziel war es nicht, allein die Klage über die unschuldigen Opfer von Dresden anzustimmen. Sie beschönigen zwar nichts an der Bombardierung – das Feuer-Inferno ist aufwendig und realitätsnah inszeniert –, doch geben sie auch die Position der Briten differenziert wieder: Der Krieg soll schnellstmöglich beendet werden, und die Piloten in den Kanzeln sind junge Männer, die selbst ihr Leben aufs Spiel setzen, um Europa von der Naziherrschaft zu befreien. Dass ihr Einsatz Tod und Zerstörung für die Zivilbevölkerung bedeutet, wird auch von ihnen selbst problematisiert. Die britische und die deutsche Perspektive durch die Figuren Robert und Anna zusammenzubringen, ist der entscheidende Kunstgriff für diese Balance, weil er die Sympathien der Zuschauer auf beide Seiten lenkt. Doch an den Konventionen, die für zeitgeschichtliche Fernsehfilme offenbar Pflicht sind (vgl. ➲ DIE FLUCHT), kommt auch DRESDEN nicht vorbei: eine kolportagehafte, überdramatisierte Liebesgeschichte nach dem Schema «Frau zwischen zwei Männern», die für massentaugliche Emotionen sorgen soll.

▶ Weit über ein «Event-Movie» hinaus ging Stefan Kolditz mit dem Dreiteiler UNSERE MÜTTER, UNSERE VÄTER (ZDF 2013, R: Philipp Kadelbach), der das Schicksal von fünf jungen Freunden im Zweiten Weltkrieg verfolgt: Sie verlieren ihre Naivität, ihre Ideale, ihre Unschuld, werden zu Mördern und kämpfen zugleich ums eigene Überleben. Die Kritik verglich den Film mit DIE BRÜCKE und DAS BOOT.

Literatur: Klaudia Wick: Krieg und Frieden. Über das Fernsehereignis DRESDEN und seine öffentliche Wahrnehmung, in: *FK* 10, 2006, S. 3–5. – Hans Janke: EVENTuell. Über die Erfolgsbedingungen der Event-Produktion, in: Claudia Cippitelli / Axel Schwanebeck (Hrsg.): *Fernsehen macht Geschichte*, Baden-Baden 2009, S. 57–64. – Tobias Ebbrecht: *Geschichtsbilder im medialen Gedächtnis. Filmische Narrationen des Holocaust*, Bielefeld 2011, S. 300-311.

DVD: Warner

DER DRÜCKER (1986) ★

P ZDF 1986 **Sd** 3.11.1986, ZDF **R** Uwe Frießner **B** Bernhard Pfletschinger **L** Andreas Blechner **K** Simon Kleebauer **M** Theo Breiding **Sz** Frank Hein **Ko** Jutta Schwarzat **S** Sybille Windt **T** Elisabeth Mondi, Klaus Wehling

D Andreas Buttler (Thomas), Heinz Hönig (Kalle), Herbert Raule (Erich), Uli Krohm (Timmi), Sabine Bellstedt (Eva), Volkmar Richter (Peter), Udo Seidler (Richard), Wolfgang Scheer (Bernd), Richard Paczkowski (Josef), Marcus Sauk (Charly), Cathrin Vaessen (Martina), Michael Grella (Ulrich Ratge)

Arbeitslosigkeit, Schulden und Zoff im spießigen Elternhaus bringen den 22-jährigen Thomas dazu, sich einer Kolonne von Zeitschriftenwerbern anzuschließen. Er macht sich zwar keine Illusionen über das «Klinkenputzen», aber der Job verspricht das schnelle Geld. Doch worauf er sich wirklich eingelassen hat, erfährt er erst nach und nach. Das Drücker-Milieu entpuppt sich als eine geschlossene Gesellschaft, eine Art moderne Sklavenhaltung unter der Diktatur der Kolonnenführer; ständiges Reisen im Kleinbus quer durchs Land, die Unterkünfte sind kasernenartige Absteigen. Durch Vorschüsse und Schuldentilgung werden junge Leute, die anderswo keine Chance haben, abhängig gemacht. Die Lügengeschichten an den Wohnungstüren widern Thomas an. Er versucht es mit der Wahrheit und erzählt seine eigene Geschichte, hat damit sogar Erfolg und ist deshalb etwas besser gestellt als seine Kollegen. Denn wer zu wenig Abonnements verkauft, hat Ausgangssperre und bekommt nichts zu essen. Wer sich ganz von der Truppe entfernt, wird zusammengeschlagen. Auch Thomas hat schließlich genug vom unmenschlichen Druck und den ständigen Demütigungen, doch seine Flucht, gleichsam eine Desertion aus einem militärischen System, misslingt, er wird von Drücker-Boss Kalle gestellt.

Zu der interessanten Frage, inwiefern die Zeitschriftenverlage in das Geschäft der Werberkolonnen involviert sind, dringt der Film zwar nicht vor, aber das Drücker-Milieu ist realistisch eingefangen. Frießner lässt es nicht bei einer sozialkritischen Studie bewenden, sondern geht sein Thema «filmisch» an mit Sinn für Dramaturgie:

«Er zeigt ein feines Gespür für heikle Situationen, für die Tragikomik der desolaten Verkaufsgespräche in tristen Treppenhäusern und für plötzliche Stimmungswechsel zwischen unterdrückter Aggressivität und Sehnsucht nach Solidarität.»

(Angelika Kaps, *FAZ*, 5.11.1986)

«Ohne das soziale Thema zu überreizen, ohne die Dramaturgie zu überziehen, eher beiläufig und kühl beschreibend, macht Frießner Gewalt auf beklemmende Weise fassbar» meinte die Jury des Adolf-Grimme-Preises.

▶ Dem gleichen Milieu widmete sich schon Otto Jägersberg in Drücker über einen Lexikonvertreter (WDR 1970, R: Franz-Josef Spieker, K: Robert van Ackeren).

Die Dubrow-Krise (1968) ★

P WDR 1968 **Sd** 9.1.1969, ARD **R** Eberhard Itzenplitz **B** Wolfgang Menge **K** Leander Loosen **Sz** Wolfgang Schünke **Ko** Irmgard Kaiser **S** Alexandra Anatra **T** Gerhard Trampert **Do** Prezelle/Kr. Lüchow-Dannenberg **D** Joachim Wichmann (Dr. Unger), Ruth Winter (Anneliese Lentführ), Rudolf Beiswanger (Roggenbrodt), Hans Rolf Radula (Szieguleit), Erika Rumsfeld (Elli), Giulia Follina (Yvonne), Gustav Burmester (Krummpeter), Ursula Traun (Frau Krummpeter), Marga Maasberg (Hanna Sulldorf), Traugott Buhre (Prell), Eugen H. Bergen (Kalinsky), Hans Häckermann (Repenning), Annelore Klinze (Marlis), Christiane Bruhn (Grete), Arno Gürke (Koberg), Ingeborg Heydorn (Inge), Jochen Rathmann (Kuscholke)

Ein Mitarbeiter des kartographischen Instituts Leipzig glaubt festgestellt zu haben, dass die Grenze zur BRD beim Ort Dubrow falsch vermessen wurde. Ohne die Dubrower zu benachrichtigen, wird über Nacht die Grenzziehung berichtigt: Dubrow gehört nun zum Westen, der Weg nach Osten ist abgeriegelt. Dieses Ereignis – eine Art Wiedervereinigung en miniature –

stürzt die Beteiligten in eine mittlere Krise, weniger die Dorfbewohner, die zögernd die neue Freiheit annehmen, als vielmehr die Verantwortlichen im Westen, deren 20 Jahre lang verbreiteten gesamtdeutschen Phrasen nun mit der völlig überraschend hereingebrochenen Realität kollidieren. Die Minister in Bonn sind verwirrt, der Bundesgrenzschutz hilflos, nur die Geschäftemacher wittern ihre Chance und überziehen den Ort mit Reklame und Konsumterror. Fernsehreporter fallen ein und kommandieren die Dubrower zu allerlei Inszenierungen ab (z. B. einer Jugendweihe). Bei diesen schleicht sich langsam Unbehagen über diese emsige Geschäftigkeit ein, sie sehnen sich mehr und mehr nach ihrem vertrauten, beschaulichen Sozialismus. Nach acht Tagen ist der Spuk vorüber, die Grenzziehung ist wieder korrigiert, Dubrow gehört wieder zur DDR (allerdings befinden sich die meisten Dubrower zu diesem Zeitpunkt auf Mallorca!). In einer Rahmenhandlung, die Authentizität simuliert, versucht ein Fernsehredakteur im Studio durch Interviews mit den Beteiligten Licht hinter die nun schon Monate zurückliegende «Dubrow-Krise» zu bringen.

Sieben Jahre nach dem Mauerbau war es möglich, das eigentlich tragische Thema der deutschen Teilung als Komödie zu inszenieren. Ziel der satirisch-utopischen Fiktion war es, die zeitgenössische Realität zu entlarven. Hinter der «Einig-Vaterland»-Rhetorik lauern massive Geschäftsinteressen, der permanent bekundete Willen zur Wiedervereinigung ist überhaupt nicht vorhanden (vgl. auch Dieter Wedels ➲ GEDENKTAG).

▶ Wolfgang Menge hatte schon 1964 die Scheinheiligkeit des Westens satirisch aufgespießt. In EINES SCHÖNEN TAGES (HR, R: Dieter Munck) sehnt sich ein an der Transitstrecke wohnendes DDR-Ehepaar (Paul Dahlke und Inge Meysel) danach, einmal jemand von den durchreisenden Westdeutschen kennenzulernen. Als ihnen ein Autounfall tatsächlich fünf Gäste aus dem Westen beschert, entpuppen sich diese als arrogante Nörgler, «Besserwessis», wie man heute sagen würde. 1978 spitzte Menge die Ost-West-Satire nochmals zu: In GRÜSS GOTT, ICH KOMM VON DRÜBEN (WDR, R: Tom Toelle) wird eine westdeutsche Fabrik in einen volkseigenen Betrieb der DDR umgewandelt.

Literatur: Ingrid Wesseln: Zwischen prophetischer Weitsicht und kritischer Stellungnahme: die Ost-West-Fernsehspiele Wolfgang Menges, in: Birgit Peulings / Rainer Maria Jacobs-Peulings (Hrsg.): *Das Ende der Euphorie. Das deutsche Fernsehspiel nach der Einigung*, Münster 1997, S. 151–168.

DUNCKEL (1999) ★

P ZDF 1999 **Sd** 24.8.1999, ZDF **R/B** Lars Kraume **K** Andreas Doub **M** Die Sterne **Sz** Daniela Selig **Ko** Nicole Schlier **S** Benjamin Hembus **T** Stefan Soltau

D Florian Lukas (Benny), Oliver Korittke (Freddy), Sebastian Blomberg (Tommy), Vadim Glowna (Karl Dunckel), Horst Buchholz (Lacroix), Nele Müller-Stöfen (Maria), Isabella Parkinson (Sohad), Peter Fitz (Komm. Richter), Teresa Harder (Michelle), Christine Harbort (Marianne)

Die drei sehr unterschiedlichen Brüder Benny, Freddy und Tommy Dunckel (Kind, Choleriker, Spieler) überfallen eine Bank. Tommy erschießt die beiden sie verfolgenden Polizisten. Der bei dem Schusswechsel verletz-

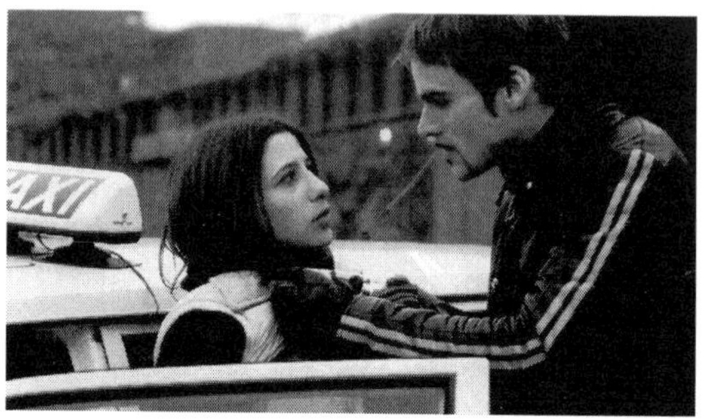

Isabella Parkinson und Sebastian Blomberg in DUNCKEL

te Benny (der jüngste der drei) kidnappt eine junge iranische Taxifahrerin und will mit ihr nach Stettin. Sie verhält sich zunächst komplicenhaft. Als sie entdeckt, dass er sie belogen hat, verrät sie ihn zwar nicht, doch gibt sie ihn an einen polnischen Lkw-Fahrer weiter, der den Verblutenden am Straßenrand aussetzt. Freddy (der ewige Looser) geht zu seiner Ex-Frau und lässt sich, nach dem vergeblichen Versuch, sie mit Geld zurückzugewinnen, widerstandslos festnehmen, als sie die Polizei verständigt. Da er bei der Vernehmung lügt, holt der Kommissar den Vater Dunckel, dessen Verhalten (Prügel für die «Memme», die Maxime «Jeder muss für sich entscheiden») deutlich macht, dass die missratenen Söhne Produkt seiner prekären Erziehung sind: der Vater hat immer jede Verantwortung von sich gewiesen. Tommy (der älteste und intelligenteste) geht zu dem Glücksspieler Lacroix, der ihm einen Pass besorgt und mit dem er an die Côte d'Azur fliehen will. Tommy tötet Lacroix – eine Art stellvertretender Vatermord –, als dieser von ihm verlangt, den verletzten Benny auf dem Weg nach Polen im Stich zu lassen. Tommy geht zu seinem Vater, liefert sich mit ihm eine kurze, bilanzierende Auseinandersetzung über dessen Versagen, fährt mit dem Wagen des Vaters (!) Richtung Stettin und findet Benny sterbend am Straßenrand.

Der Film bezieht seinen Reiz aus der Verbindung von Action-Thriller mit Familiengeschichte. Der Bankraub ist ein inszenierter Aufbruch aus Elternhaus und Jugend, über den drei Flucht-Geschichten schwebt der Schatten der Vaterfigur, jeder muss sich gemäß dem väterlichen Prinzip alleine durchschlagen. Der intendierte Bruch der Jugend mit der Vater-Generation scheitert. Die Jury des Adolf-Grimme-Preises würdigte den «souveränen Gestaltungswillen des Regisseurs», der «nie in platte Psychologisierung verfällt und die drei Stränge der Geschichte am Ende souverän verknüpft».

«Der kalte Blick, den DUNCKEL *auf die Väter und Söhne der 90er Jahre wirft, fördert eine Reprise der Nachkriegszeit zutage. Deren Abschied von der Elterngeneration führte zum ‹Tod eines Handlungsreisenden›, den Kraume in der finalen Auseinandersetzung von Karl und Tommy Dunckel bis in die Wortwahl hinein zitiert. Fünf Dekaden später indes ist die Revolte sinnlos geworden. Noch in der Abkehr vom Alten triumphiert das Alte: Im väterlichen Wagen fährt der Vater immer mit, reicht Berlin bis nach Polen. ‹Die Sterne›, deren Musik das erstaunliche Debut Lars Kraumes in der Gegenwart verortet, sind Leuchtkörper von verdüsternder Strahlkraft.»*

(Alexander Kissler, *FAZ*, 26.8.1999)

DUNKLE TAGE (1999)

P WDR 1999 **Sd** 5.5.1999, ARD **R/B** Margarethe von Trotta **K** Franz Rath **M** Tom Dokoupil **Sz** Naomi Schenk **Ko** Marion Boegel **S** Corina Dietz **T** Arno Wilms **RAss** Peter Altmann

D Suzanne von Borsody (Angela Rinser), Stefanie Stappenbeck (Felicitas), Siggi Kautz (Max), Marie Helen Dehorn (Felicitas als Kind), Cornelius Lehmann (Max als Kind), Steffen Groth (Fabian), András Fricsay (Schmanke), Pamela Knaack (Alexandra Schmanke), Konstantin Wecker (Frieder)

Nach dem plötzlichen Tod ihres Mannes fängt die vielbeschäftigte Chefsekretärin Angela an zu trinken. Sie vernachlässigt sich und ihre Kinder Felicitas und Max, um die sie sich wegen ihrer Arbeit schon bislang nicht viel kümmern konnte. Die Kinder versuchen, die Flaschen zu verstecken und die Trunksucht ihrer Mutter nach außen zu verheimlichen. Als Angela ihren Job verliert, scheint es vollends keine Rettung mehr zu geben. Doch gelingt es ihr, sich noch einmal zusammenzureißen, als Max an seinem achten Geburtstag ernsthaft böse wird und sie mit dem Wunsch «Ich will, dass du stirbst» tief erschreckt. Fünf Jahre später – die Kinder sind inzwischen Teenager und mit ihrer Mutter in eine kleinere Wohnung gezogen – geht es wieder von vorne los. Angela verwahrlost, Max zieht von zu Hause aus, weil er es bei der «Schlampe» nicht mehr aushält und greift aus Frust einen Lehrer mit dem Messer an. Um seinen Rauswurf aus der Schule zu verhindern, soll Angela beim Direktor erscheinen, stattdessen muss Felicitas ihre Mutter aus der Ausnüchterungszelle abholen. Es gelingt ihr aber, ihre Mutter zu einer Entziehungskur zu überreden. Währenddessen nimmt sie ihren Freund Fabian mit in der Wohnung auf. Angela wird geheilt aus der Klinik entlassen, aber als die Rückkehr in ihrem Beruf an ihrem blasierten Chef scheitert, wird sie wieder rückfällig. Felicitas zieht zunächst mit ihrem Freund aus der Wohnung aus, aber als ihre Mutter völlig verkommt, kehrt sie wieder zurück («ich hatte mich so lange gegen meine Mutter gewehrt, dass es fast eine Erleichterung war, ihr wieder nahe zu sein») und fängt selbst an zu trinken. Als Max versucht, seine betrunkene Schwester aus der Wohnung zu holen, erschlägt er seine Mutter mit einer Flasche. Felicitas nimmt die Tat auf sich, wird aber vor Gericht freigesprochen.

Die Studie einer erfolgreichen Frau, die vor die Hunde geht (mit einer herausragenden Hauptdarstellerin), ist konsequent aus der Perspektive der Kinder erzählt, die durch den Abstieg ihrer Mutter in eine Ausnahmesituation geraten. Margarethe von

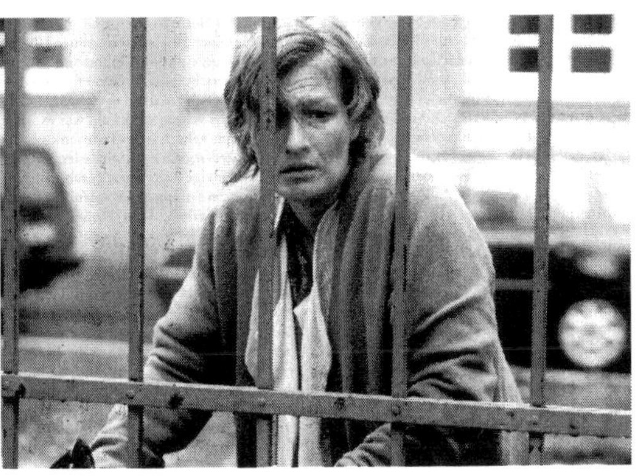

Susanne von Borsody in DUNKLE TAGE

Trotta, deren Œuvre (DAS ZWEITE ERWACHEN DER CHRISTA KLAGES, DIE BLEIERNE ZEIT, ROSA LUXEMBURG) sich durch sensible Porträts weiblicher Charaktere auszeichnet, beabsichtigte weniger eines der üblichen Trinker-Psychogramme, sondern stellte das Abhängigkeitsverhältnis von Mutter und Tochter in den Mittelpunkt. Der Sohn hingegen markiert den Rebellen.

▶ Schon 1977 lief ein bemerkenswertes Alkoholikerdrama im Fernsehen: RÜCKFÄLLE (WDR, R: Peter Beauvais, B: Daniel Christoff, m. Günter Lamprecht).

Literatur: Thilo Wydra: *Margarethe von Trotta – Filmen, um zu überleben*, Berlin 2000, S. 229–239.

DVD: Bavaria Media

E

Eichmanns Ende (2010)

P NDR 2010 **Sd** 25.7.2010, ARD **R/B** Raymond Levy **K** Dirk Heuer **M** Hans-Peter Ströer **Sz** Harald Turzer **S** Heike Parplies **Ko** Heike Hütt **T** Günter Hahn
D Herbert Knaup (Eichmann), Ulrich Tukur (Sassen), Michael Hanemann (Lothar Hermann), Henriette Confurius (Silvia), Johannes Klaußner (Nick), Axel Milberg (Fritz Bauer), Cornelia Kempers (Vera Eichmann), Nina Kronjäger (Nelly Krawitz), Susanne Hoß (Veronika)

Gegenstand des Dokudramas ist eine der rätselhaftesten und infamsten Figuren der NS-Elite: Adolf Eichmann, der die Deportation von Millionen europäischer Juden in die Vernichtungslager organisierte (vgl. ➲ Die Geschichte von Joel Brand), allerdings geht es nicht um sein «Ende» in Israel, sondern seine Enttarnung in Argentinien, wohin er sich 1950 abgesetzt hatte. 1957 gab er dort dem niederländischen Journalisten und SS-Veteranen Willem Sassen ein langes Interview, das auf Tonbändern erhalten ist. Die Interview-Spielszenen folgen dem Original-Wortlaut. Sassen handelt nicht aus Sympathie mit Eichmann, er will mit dem Interview nur Geld verdienen. Eichmann gebärdet sich nicht – wie später im Prozess – als bürokratischer Befehlsempfänger, vielmehr im Gegenteil, er zeigt sich unbefriedigt, dass er nicht alle Juden zur Vernichtung führen konnte, seine «Schuld» bestehe darin, dass die «umfassende Eliminierung» nicht durchgeführt werden konnte: «Ich war kein Befehlsempfänger. Ich habe mitgedacht. Ich war Idealist». Zur gleichen Zeit bereitet sich seine Entdeckung durch eine familiäre Begebenheit vor. Im Unterschied zu den Interview-Sequenzen ist diese zwei-

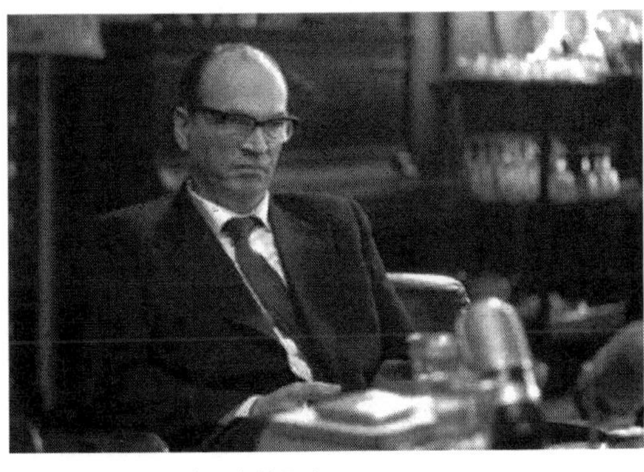
Herbert Knaup als Adolf Eichmann

te Handlungsebene vorwiegend fiktiv und stark melodramatisch akzentuiert (einschließlich eines penetranten Musikteppichs): «Liebe, Verrat und Tod» lautet der Untertitel des Films als handle es sich um einen Illustriertenroman (wobei das zu hoch gegriffene Wort «Verrat» Eichmann nebenbei zum Opfer stilisiert). Eichmanns Sohn Nick verliebt sich in Silvia, die Tochter des Lager-Überlebenden Lothar Hermann. Dieser ist sich alsbald sicher, dass Nicks Vater Eichmann ist und benachrichtigt den hessischen Generalstaatsanwalt Fritz Bauer, der die strafrechtliche Verfolgung der NS-Verbrecher betreibt. Bauer, ebenfalls Jude und Remigrant, informiert den israelischen Geheimdienst, da er sich auf die mit ehemaligen Nazi-Mitläufern durchsetzte deutsche Justiz nicht verlassen kann. Der Mossad hält die Information jedoch für falsch, erst 1960 kommt die Angelegenheit wieder ins Rollen. Eichmann, der mittlerweile als Elektriker bei Mercedes arbeitet, wird nach Israel verschleppt.

In die Spielhandlung eingelassen sind Statements von Zeitzeugen wie z. B. Sassens Tochter oder Rafi Eitan, Leiter der Mossad-Operation «Eichmann». Interessant wird der Film aber hauptsächlich durch Herbert Knaup, der versucht, Eichmanns ruckartig hervorgestoßene Sätze in eine adäquate Körpersprache zu transponieren, während sein Gegenüber, Ulrich Tukurs Sassen, ironisch-distanzierte Kühle ausstrahlt.

EIGER (1974)

P NDR/DRS 1974 **Sd** 30., 31.3.1974, ARD (2 Teile) **R** Dieter Wedel **B** Dieter Meichsner **K** Kurt Weber **M** Friedrich Scholz **D** Hans Brenner (Tiger), Herbert Stass (Kurt), Werner Asam (Simmi), Jörg Pleva (Toni), Martin Sperr (Omar), Claus Eberth (Lenz), Michael Grimm (Gerd), Kurt Schwendener (Landjäger), Regine Lutz (s. Frau), Erwin Kohlund (Bergführer)

Die beiden jungen Alpinisten Tiger und Simmi sind nach Grindelwald gekommen, um die berüchtigte Eigernordwand zu besteigen. Tiger verletzt sich beim ersten Aufstieg, aber da sich mit Kurt ein anderer Bergsteiger findet, muss die Expedition nicht abgebrochen werden. Der Aufstieg geht zügig voran, doch dann schlägt das Wetter um und bessert sich auch in den nächsten Tagen nicht, die Kletterer geraten in Not. Tiger, der, wie auch eine Vielzahl von Touristen, vom Tal aus die Wand beobachtet, alarmiert die Bergrettung. Doch auch die Retter sind mit widrigen Bedingungen konfrontiert, es besteht nur wenig Hoffnung. Bei den Beobachtern im Tal schlägt die Stimmung schnell um: von Bewunderung über die Kühnheit der Bergsteiger zur Empörung über die Unverantwortlichkeit ihres Tuns. Mit einer aufwendigen, tollkühnen Aktion, die noch nie durchgeführt wurde, gelingt schließlich die Rettung: per Hubschrauber und mit aus 600m Höhe herabgelassenen Stahlseilen (es handelt sich um eine reale Übung der Schweizer Bergrettung: Fiktion und Realität fließen ineinander). Ein Mitglied der Rettungsmannschaft wird dabei schwer verletzt. Wieder im Tal besaufen sich die Geretteten aus Enttäuschung über ihr Scheitern.

Weit jenseits vom Luis-Trenker-Klischee drehten Wedel und Meichsner einen Bergfilm der anderen Art, der den vermeintlich romantischen Alpinismus radikal entmystifiziert. Die Extremkletterei dient den Bergsteigern als Flucht aus ihrem eintönigen Berufsalltag, aus Isolation und Anonymität, die «Wand» ist Ort ihrer Selbstfindung und Selbstbestätigung – hier obendrein wie auf einer Bühne vor einer voyeuristischen Zuschauerkulisse. Doch der Ausstieg aus der Gesellschaft misslingt, weil am Berg die gleichen Prinzipien vorherrschen wie in der Leistungsgesellschaft unten im Tal: es gibt Gewinner und Verlierer, es herrschen Zwang und Versagensangst, Eitelkeit und Renommiersucht. Befreit werden sie von einer komplizierten Rettungsmaschinerie, die gerade deshalb funktioniert, weil es bei dieser Aktion nicht auf Individualismus und Heldentum ankommt, sondern ein «Rädchen» ins andere greifen muss.

EINES SCHÖNEN TAGES ➲ DIE DUBROW-KRISE

EINMAL IM LEBEN (1971)

P NDR 1971 **Sd** 16., 23., 30.1.1972, ARD (3 Teile) **R** Dieter Wedel **B** Dieter Wedel, Günter Handke **K** Hans-Joachim Theuerkauf, Kurt Weber **M** Günter Handke, Klaus Munro **Sz** Albrecht Becker **Ko** Ingeborg Wolff **S** Irene Brunhöver **T** Günter Bock
D Fritz Lichtenhahn (Bruno Semmeling), Antje Hagen (s. Frau), Eva Brumby (Frau Hagen), Günter Strack (Wumme), Til Erwig (Michels), Franz Rudnick (Sachbearbeiter), Helmut Oeser (Rasche), Herbert Steinmetz (Hauswirt), Hans Korte (Masch), Uwe Dallmeier (Knauster), Hermann Günther (Henke), Hans-Helmut Dickow (Freiwald), Edgar Bessen (Tischlergeselle), Dagmar Berghoff (Frau Hassert), Hans Häckermann (Schlehberger), Joachim Tennstedt (Ali), Gernot Endemann (Bertram)

Diplomingenieur Semmeling hat ein durchschnittliches Einkommen und auch die Miete lag bislang im üblichen Rahmen. Doch eine saftige Mieterhöhung ist für Semmeling Anlass, selbst ein Haus zu bauen, wo doch überall dafür geworben wird, sein Geld in «Sachwerten» anzulegen. Mit diesem Entschluss beginnt die Tragikomödie des kleinen Mannes im Dschungel des Baugewerbes. Sowohl bei den Kreditgebern als auch bei den Immobilienhändlern und Baufachleuten sieht er sich einem kühl kalkulierenden Profitverhalten gegenüber, an dem er mehrmals zu scheitern droht. Bevor auch nur der erste Bagger zu sehen ist, haben seine Ausgaben und Belastungen die bisherige Miete schon weit überstiegen. Dann verhängt das Bauamt einen vorläufigen Baustopp: die Sohle ist zu hoch, es geht nochmal von vorne los. Mittlerweile gestiegene Preise machen den ursprünglichen Kostenvoranschlag zur Makulatur. Alle diese Schwierigkeiten pariert Semmeling mit dem Spruch

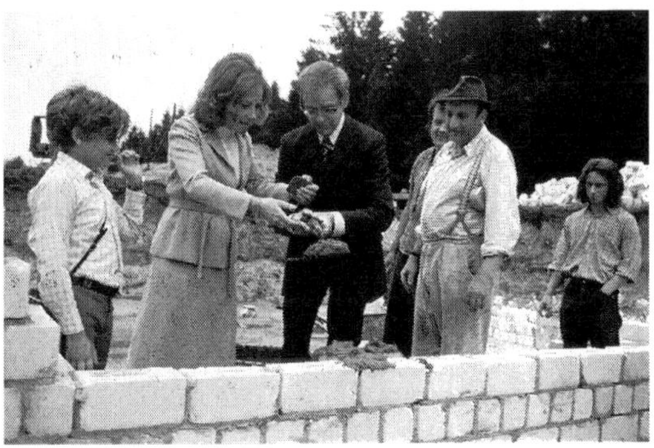

Antje Hagen und Fritz Lichtenhahn (Mitte) in EINMAL IM LEBEN

«Man baut ja nur einmal im Leben». Dann können sie endlich einziehen in ihr neues Heim, verspätet, hoch verschuldet, am Rande der psychischen und physischen Grenzen.

Mit den Semmelings legte Wedel den Grundstein zu seiner Fernsehkarriere, da er seine Geschichten immer aus gegenwärtigen Stimmungen und Gefühlslagen der Gesellschaft schöpft. Das Thema Hausbau war damals brandaktuell. Zu Beginn der 70er Jahre explodierten die Mieten, die Leute wollten bauen, verschuldeten sich und fielen Betrügern in die Hände. An das von Egon Monk begründete «epische» Fernsehspiel erinnert die Idee, die Schauspieler gelegentlich aus ihrer Rolle heraustreten zu lassen, um sich direkt an den Zuschauer zu wenden.

▶ Dieter Wedel drehte noch zwei weitere Filme mit den Semmelings: ALLE JAHRE WIEDER (1976) über einen verkorksten Skiurlaub (Anreise mit Hindernissen, als sie ankommen, ist das gebuchte Zimmer vergeben, Bruno hadert mit Hotel- und Reiseleitung) und ➲ DIE AFFÄRE SEMMELING (2001).

Literatur: Klaudia Wick: *Ein Herz und eine Serie. Wie das Fernsehen Familie spielt*, Freiburg 2006, S. 55–67.
DVD: Studio Hamburg / ARD Video

EINTAUSEND MILLIARDEN (1974)

P NDR 1974 **Sd** 17.12.1974, ARD **R** Dieter Wedel **B** Dieter Meichsner **K** Bernd Eismann **Sz** Gonsela Dahlke **S** Brigitte Kirsche **D** Martin Benrath (Jakob), Klaus Schwarzkopf (Müller-Mend), Peter Ehrlich (Maahs), Jochen Striebeck (Hinze), Gisela Stein (Frau Jakob), Benno Sterzenbach (Roegner-Franke), Klaus Höhne (Krull), Robert Naegele (Serra), Charles Brauer (Oggesen), Herbert Bötticher (Oelze), Knut Hinz (Leiser), Hans-Dieter Jendreyko (Caumanns), Joachim Bliese (von Gahlen), Holger Hagen (Setterle), Peter Schiff (Remmels), Katrin Schaake (Frau Vonhoff), Gert Burkard (Pitschel), Antje Hagen (Käthe Staewen), Mathias Eysen (Meusel), Jürgen Flimm (Vertrauensmann), Günter Strack, Herbert Steinmetz (zwei Herren aus der Industrie), Hans Häckermann (Steffen), Hans-Helmut Dickow (Fettig), Heinz Schimmelpfennig (Funkel), Horst-Michael Neutze (Vertreter), Franz Alt (dto.)

Dieter Meichsner kritisierte die einseitige Fokussierung des sozialkritischen Fernsehspiels auf das Leben der Arbeiter und antwortete mit einer Fallstudie aus den obersten Etagen der Wirtschaft. Am Beispiel «Öl» (ein Nachhall der «Ölkrise» von 1973) versucht EINTAUSEND MILLIARDEN die für den Bürger nahezu undurchschaubaren Zusammenhänge und Abhängigkeiten, die den abstrakten Komplex «Wirtschaft» ausmachen, zu durchleuchten. Der Manager eines internationalen Öl-Konzerns, ein Vorstandsmitglied einer Gewerkschaft, ein hoher Ministerialbeamter und der Hauptabteilungsleiter einer mittelständischen Maschinenfabrik fassen – jeder an seinem Platz und vermeintlich unabhängig voneinander – Entschlüsse, die nicht nur ihre eigene Existenz berühren, sondern Auswirkungen auf den gesamten ökonomischen Organismus haben. Die scheinbare Unabhängigkeit zeitgleicher Ereignisse aus verschiedenen Wirtschaftsbereichen zeigt in ihren Motiven und Auswirkungen gerade die Verflechtung von großer und mittlerer Industrie, Staat und Gewerkschaften.

Die Empathie mit den ausgebeuteten Lohnabhängigen in den «Arbeiterfilmen» ist hier ersetzt durch Einfühlung in den gehetzten Manager, der unter permanentem Erfolgszwang steht. Die Personalisierung wirtschaftlicher und politischer Strukturen wirkt allerdings kaum aufklärerisch. Das Hohelied wird hier dem sich aufopfernden und von der Öffentlichkeit verkannten Spitzenmanager gesungen, ein Heros der Volkswirtschaft, dem es nicht allein um den Profit geht, sondern der das Gemeinwohl im Auge hat: «Das Spiel, das diesmal dabei herauskam, sah zeitweilig so aus, als hätte die Esso AG *Das Kapital* verfilmt» (Hans Georg Puttnies, *FAZ*, 19.12.1974). Tatsächlich wurde der Film im Esso-Verwaltungsgebäude in Hamburg gedreht.

Ende der Saison (2001) ★

P BR 2001 **Sd** 21.11.2001, ARD **R** Stefan Krohmer **B** Daniel Nocke **K** Gunnar Fuß **Sz** Thilo Mengler **Ko** Silke Sommer **T** Einar Marell **S** Stefan Krumbiegel

D Anneke Kim Sarnau (Klarissa), Hannelore Elsner (Waltraut), Christian Brückner (Enno), Devid Striesow (Marius), Uli Krohm (Uwe), Marlen Diekhoff (Ulla), Antonio Godoiy (Luiz), Martin Weiß (Sven)

Die krebskranke Waltraut hat ihre Chemotherapie abgebrochen und ist zum Sterben nach Hause zurückgekehrt. In dieser Ausnahmesituation prallen vier unterschiedliche Charaktere aufeinander. Tochter Klarissa, Studentin und Handballerin (das «Ende der Saison» wird ihre Mutter nicht mehr erleben) will die Mutter pflegen. Aber beide sind grundverschieden. Ohne Rücksicht auf Takt und Konventionen gibt Waltraut bissige Sprüche von sich, mit denen sie vor allem Klarissas Freund Marius vertreibt. Zu Waltrauts Lebensgefährten, dem Zyniker Enno, hält Klarissa zunächst Distanz, verfällt aber dann doch seinem widerborstigen Charme. Diese Konstellation zwischen Enno, Marius und der sterbenden Mutter bringt Klarissas Gefühlshaushalt durcheinander, aber auch einen Reifeprozess in Gang. Die Handkamera im Dogma-Stil zwingt den Zuschauer, seine distanzierte Beobachter-Position zu verlassen. Die äußere Handlung nimmt erst nach Waltrauts Tod – sie stirbt plötzlich und still – Fahrt auf. Klarissa und Marius engagieren sich nebenbei in einem Kleinkunsttheater, das sie vor dem Abriss bewahren wollen. Enno mischt sich ein und kauft das Gebäude kurzerhand, um sich eine Machtposition gegenüber den beiden zu schaffen. Als Enno auch noch in das laufende Theaterprojekt eingreift, zündet Marius das Haus aus Eifersucht an. Nun trifft auch Klarissa ihre Entscheidung. Sie lässt Enno, der sie nach Waltrauts Tod an sich binden wollte, stehen, denn Marius hat für sie durch die Brandstiftung anarchischen Charme gewonnen. Angesichts der rauchenden Ruine meint Klarissa: «Das passt hier viel besser zu meiner Mutter.»

Die Dogma-Ästhetik mit wildgewordener Kamera, schlecht ausgeleuchteter Szenerie, verwaschenem Ton und dem Verzicht auf eine «ordentlich» erzählte Geschichte ist nicht aufgesetzt, sondern richtet den Blick kühl auf das Wesentliche in einer gleichsam «chemischen» Versuchsanordnung (wie in Goethes *Wahlverwandtschaften*): die schwankenden Gefühle von vier unterschiedlichen Temperamenten, die sich aneinander reiben und nicht recht wissen, in welche Richtung sie treiben sollen. Ein Film, der seine Einsichten «beiläufig in Szene setzt», «verpackt in Halbsätze oder in eine Sekunde der Irritation. Auf erlösende Erklärungen wartet man vergebens» urteilte die Jury des Adolf-Grimme-Preises.

ENDE DER UNSCHULD (1991)

P WDR 1991 **Sd** 3., 7.4.1991, ARD (2 Teile) **R** Frank Beyer **B** Wolfgang Menge **K** Michael Steinke **M** Günter Fischer **Sz** Michael Letz **Ko** Monika Jakobs **S** Angelika Siegmeier **T** Christina Moldt
D Jürgen Hentsch (Heisenberg), Udo Samel (Diebner), Rolf Hoppe (Otto Hahn), Hanne Hiob (Lise Meitner), Walter Kreye (Straßmann), Rolf Illig (Max von Laue), Götz Schubert (Weizsäcker), Ulrich Mühe (Green), Hans Teuscher (Major), Hans Korte (Schumann), Christian Doermer (Esau), Jörg Gudzuhn (Leo Szilard), Nicolaus Lansky (Edward Teller), Fred Düren (Einstein), Rolf Henniger (Gerlach), Hans Zischler (Harteck), Klaus Pohl (Wirtz), WolframTeufel (Bagge), Hans-Peter Hallwachs (Speer), Hermann Treusch (Fermi), Peter Roggisch (Niels Bohr)

August 1945. In Farm Hall nahe der englichen Universitätsstadt Cambridge sind die führenden deutschen Atomphysiker wie Hahn, Heisenberg, von Laue, Weizsäcker interniert. Der britische Geheimdienst belauscht ihre Gespräche, als sie vom Abwurf der Atombombe auf Hiroshima erfahren. Rückblenden rekonstruieren die Zeit von 1938, als Hahn und Straßmann im Berliner Kaiser-Wilhelm-Institut die Kernspaltung entdeckten, bis zum Kriegsende (allerdings nicht als Dokumentarspiel, sondern als Fiktion des Autors auf Basis von Fakten, wie z. B. der britischen Abhörprotokolle). Die Möglichkeit einer Atombombe in den Händen der Nazis schreckt die Amerikaner auf, der «Wettlauf» um die erste Bombe beginnt. Im Heereswaffenamt unter Kurt Diebner (ein Beamter, aber studierter Atomphysiker) laufen die Fäden zusammen. Zahlreiche – jedoch rivalisierende – Wissenschaftler beteiligen sich an den Versuchen, einen Uranofen «kritisch» zu machen. Zunächst geht es nur um die Gewinnung ungeheuerer Energie, doch Weizsäcker spricht es als erster aus: «Forschung auf dem Gebiet der Uranmaschine ist gleichzeitig Forschung für Kernwaffen!» Otto Hahn sieht bestürzt, was er losgetreten hat: «Wenn meine Entdeckung dazu führt, dass Hitler eine Atombombe in die Hände bekommt, dann nehme ich mir das Leben.» Heisenberg und Diebner dagegen sind die treibenden Kräfte auf dem Weg zur Bombe. Jeder arbeitet an seinem eigenen Reaktor (der eine in Haigerloch, der andere in Stadtilm), doch ist es letztlich die Rivalität zwischen beiden und die Knappheit des Materials, die den Bau der Bombe immer wieder verzögert. War der ausbleibende Erfolg der Ungunst der Umstände geschuldet oder war die Hinauszögerung bis zur Kapitulation gar verborgene Absicht? Heisenberg jedenfalls behauptet im Verhör, sich nie für die Bombe interessiert zu haben. Am Schluss trifft in Farm Hall die Nachricht von der Verleihung des Nobelpreises an Otto Hahn ein. Indem Hahn gerührt die Gratulation der Sieger entgegennimmt, nimmt er unausgesprochen auch die Verantwortung für die Bombe an.

Menge und Beyer bleiben in ihrer Geschichte der deutschen Atomforschung und des Nichtzustandekommens einer deutschen Bombe ganz auf die Personen fixiert. Der politisch-militärische Komplex bleibt ausgespart, Probleme und Konflikte sind auf die Rivalitäten der beteiligten Physiker reduziert, ihre Selbstaussagen sind die einzige Quelle. Trotz dieser fehlenden Distanz gelingt durch die sorgfältige Inszenierung eine populäre Darstellung komplexer Zusammenhänge. Eines wird klar: am Widerstand der deutschen Physiker ist die Bombe nicht gescheitert.

Text: Wolfgang Menge: *Ende der Unschuld*, Berlin: Volk und Welt, 1991.
Literatur: Peter Hoff: Die Männer und die Bombe, in: Ralf Schenk (Hrsg.): *Regie: Frank Beyer*, Berlin 1995, S. 248–253.
DVD: Studio Hamburg / ARD Video «Große Geschichten»

DAS ENDE EINER NACHT (2012) ★

P ZDF 2012 **Sd** 26.3.2012, ZDF **R** Matti Geschonneck **B** Magnus Vattrodt **K** Judith Kaufmann **M** Florian Tessloff **Sz** Thomas Freudenthal **Ko** Annelie Troost **S** Ursula Höf **T** Maj-Linn Preiß
D Barbara Auer (Katharina Weiss), Ina Weisse (Eva Hartmann), Jörg Hartmann (Werner Lamberg), Katharina Lorenz (Sandra), Matthias Brandt (André Weiss), Christina Hecke (Hannl), Tobias Oertel (Robert), Christoph M. Ohrt (Georg Sänger), Johann Adam Oest (Kissinger), Bernhard Schütz (Benning), Alexander Hörbe (Oliver Laum), Melika Foroukan (Anette Hollenkamp)

Der wohlhabende Unternehmer Werner Lamberg steht vor Gericht, weil ihn seine eigene Frau Sandra wegen Vergewaltigung angezeigt hat. Die Polizei hatte sie schwer verletzt im gemeinsamen Schlafzimmer gefunden. Lamberg beteuert seine Unschuld und ist fassungslos, wie ihm seine Frau so etwas antun könne. Sandra hingegen beschuldigt ihn, sie schon öfters geschlagen zu haben und an diesem Abend habe sie ihm erklärt, sich scheiden lassen zu wollen, woraufhin er ausgerastet sei. Nach seiner Darstellung war er es, der sich scheiden lassen wollte, woraufhin seine Frau ihn gebeten habe, nochmals mit ihm zu schlafen. Seine Verteidigerin, die gewiefte Eva Hartmann, der es nicht um die «Wahrheit» geht, sondern nur darum, ihren Mandanten herauszuhauen, kann Sandras Aussage zunächst erschüttern, indem sie demonstriert, wie man sich mit Injektionen Hämatome selbst beibringen kann. Doch auch Lamberg rückt wieder ins Zwielicht, da er in seinem Unternehmen Geliebte hatte, gegen die er offenbar auch gewalttätig war, aber auch Sandra hat ihren Mann offensichtlich schon einmal fälschlich bezichtigt. Auch die Verteidigerin gerät in einen Gewissenskonflikt, weil sie einmal einem Vergewaltiger zum Freispruch verholfen hatte, der dann prompt rückfällig wurde. Auf der anderen Seite hat ihre «Kontrahentin», die Richterin Katharina Weiss, die für ihre Härte gegenüber männlichen Angeklagten bekannt ist, jemand verurteilt, der dann jahrelang unschuldig im Gefängnis saß. Werner Lamberg muss schließlich wegen Mangels an Beweisen freigesprochen werden. Was in jener Nacht tatsächlich geschehen ist, bleibt ungeklärt.

Im dramaturgischen Zentrum steht nicht das Opfer einer Vergewaltigung und die Bestrafung des Täters, sondern es treffen mit Verteidigerin und Richterin zwei unterscheidliche Frauen aufeinander, die über Recht und Gerechtigkeit für einen der Gewalt gegen seine Frau angeklagten Mann streiten müssen. Nicht nur bleibt am Schluss, entgegen den Fernsehkonventionen, alles offen, sondern der Film ergreift auch für niemand Partei, Sympathien und Antipathien wechseln ständig hin und her (man beachte auch den Austausch von Rollen- und Darstellernamen), nie gibt es irgend eine Gewissheit.

Die Jury des Adolf-Grimme-Preises sah ein «formvollendetes, angemessen kühl fotografiertes Gerichtsdrama, (...) inszeniert als Duell zweier machtbewusster Frauen. So etwas hat es im deutschen TV bislang noch nicht gegeben – von der Brillanz des Films mal ganz abgesehen.»

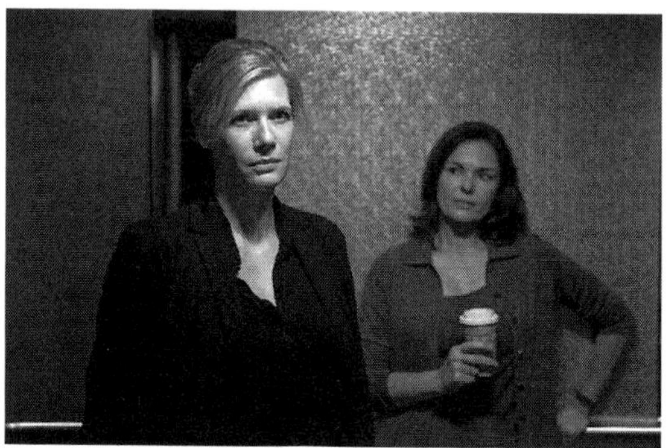

Ina Weisse (l.) und Barbara Auer in DAS ENDE EINER NACHT

«Alles ist Licht, Klang und Atmosphäre. Ständig ist die Kamera in Bewegung und betont, plötzlich ruhig, den Zweikampf, der durch knappe Dialoge scharfe Umrisse enthält. Jede neue Einstellung führt zu winzigen Verschiebungen in den Überzeugungen der Charaktere, Schritt für Schritt wird eine neue Facette der Geschichte freigelegt. Das ist das wahre Kunststück dieses eleganten Films: Bei aller Entschlossenheit, mit der die Figuren ihren Weg gehen, ist in jeder Szene auch das Aufbrechen des Bisherigen zu hören, das sich aus der Verschiebung der Figuren zueinander ergibt.»

(Achim Zons, *SZ*, 24.3.2012)

Literatur: Rasmus Greiner: Die künstlerische Einstellung. Judith Kaufmanns Fernseharbeiten, in: Bernd Giesemann u.a. (Hrsg.): *Nähe und Empathie. Die Bilderwelten der Kamerafrau Judith Kaufmann*, Marburg 2013, S. 180–198.

ENGELCHEN, FLIEG (2004)

P WDR 2004 **Sd** 26.5.2004, ARD **R** Adolf Winkelmann **B** Werner Thal **K** David Slama **M** Hans Steingen **Sz** Pit Jantzen **Ko** Annette von Bullion **T** Michael Etz **S** Rudi Heinen **RAss** Jochen Gosch

D Corinna Beilharz (Hanna), Uwe Ochsenknecht (Michael), Marlene Beilharz (Pauline), Moritz Beilharz (Patrick), Veronika Fitz (Agnes Blanke), Maggie Peren (Amelie), Franziska Schlattner (Gaby), Carolin Fink (Dr. Weisser), Robert Lohr (Benno), Ernst Stötzner (Verleger), Christoph Zrenner (Gutachter)

Aufgrund ärztlicher Kunstfehler bei der Geburt haben Hanna und Michael ein behindertes Kind. Tag und Nacht sind sie mit Pauline beschäftigt. Wegen der Belastung sind sie ständig gereizt und aggressiv, das Eheleben kommt zu kurz oder findet gar nicht mehr statt. Hinzu kommen weitere Sorgen wegen eines Prozesses gegen die Klinik, dem geplanten Umbau des Hauses und beruflicher Probleme: er ist Karikaturist, sie Schauspielerin. Michael hat das Gefühl, seine erotischen Phantasien nicht verwirklichen zu können. Als Hanna ihn in flagranti mit der Putzfrau erwischt, will sie sich von ihm trennen. Damit ist er schnell einverstanden und zieht aus. Dann verunglückt ihr Sohn Patrick schwer, und Hanna erleidet einen Nervenzusammenbruch. Michael muss sich allein um die Kinder kümmern. Dies und eine gemeinsame Urlaubsreise bringen das Ehepaar wieder einander näher.

Ohne jede Larmoyanz und den sonst üblichen Betroffenheitskitsch entsteht das Bild vom Alltag einer Familie mit behindertem Kind. Dieser konsequent unsentimental-lakonische Diskurs beruht zum einen darauf, dass nicht Pauline im Mittelpunkt steht, sondern die Perspektive des überforderten Vaters, zum anderen auf dem authentischen Hintergrund: Der Drehbuchautor ist mit der Hauptdarstellerin verheiratet, die beiden Kinder sind ihre eigenen. Werner Thal und Adolf Winkelmann setzten ENGELCHEN, FLIEG 2007 mit DAS LEUCHTEN DER STERNE fort, den Vater spielte nun allerdings Michael Fitz.

ERINNERUNGEN AN EINEN SOMMER IN BERLIN ➲ DAS BEIL VON WANDSBEK

DIE ERMITTLUNG ➲ IN DER SACHE J. ROBERT OPPENHEIMER

ERMITTLUNGEN GEGEN UNBEKANNT (1974)

P ZDF 1974 **Sd** 29.3.1974, ZDF **R** Roland Gall **B** Günter Wallraff, Jürgen Alberts **K** Giorgos Panousopoulos **Sz** Johannes Ott **Ko** Vera Mügge **S** Heinz Haber, Margret Sager **D** Vadim Glowna (Herbert Lang), Dieter Laser (Riegand), Friedhelm Ptok (Dr. Gründler), Alexander May (Staatsanwalt Schröter), Peter Schiff (Kriminalrat Pfister), Claus Jurichs (Weiling)

Wallraffs Film tritt zwar als Fiktion auf, rekonstruiert jedoch einen authentischen Fall: Am Ostermontag 1968 kommen auf einer Demonstration in München ein Student und ein Fotoreporter zu Tode. Dem Bruder des toten Studenten wird mitgeteilt, dieser sei durch einen unbekannten Demonstranten von einer Holzbohle getroffen worden. Der misstrauisch gewordene Bruder – im Film Herbert Lang –, ein bis dahin «unpolitischer» kleiner Angestellter, nimmt nun mit Hilfe eines Anwalts und eines Journalisten selbst Ermittlungen auf. Während die Behörden den Täter unter den Demonstranten vermuten (bzw. vorgeben dies zu tun), sucht er ihn unter den Polizisten. Er gibt ein neues Gutachten über die Art der Verletzung in Auftrag, doch die Staatsanwaltschaft ignoriert es. Mögliche Beweismittel wie ein studentischer Amateurfilm werden nicht anerkannt, Vernehmungen und Ermittlungen einseitig durchgeführt, Zeugen und Tatverdächtige auf seiten der Polizei unterschlagen. Beide Seiten haben letztlich keinen eindeutigen Beweis für ihre jeweilige Theorie. Lang muss aufgeben und resümiert: «Ich habe 7000 Mark da reingesteckt für nichts und wieder nichts. Dagegen kommen wir nicht an.» Das «Wogegen?» bleibt freilich diffus.

«Der Film also behauptet nicht – auf welche Weise er ja Widerspruch provozieren könnte –, sondern er zieht sich von seinem eigentlichen Thema – der rechtsfeindlichen Verabredung aller staatlichen Stellen untereinander – zurück und überlässt es dem Urteil der Zuschauer, der durch das Angebot an Filmhandlung auf die Möglichkeiten von Vorurteilen beschränkt wird. Der Film macht nicht durchsichtig, sondern verdichtet mit dem Ziel, den pauschalen Unrechtsverdacht gegen den Staat irrational einzuschärfen. Der Bruder des Toten erlebt, dass der sich in ihm ausbildende Verdacht begründet ist, um eine Aufklärung zu erzwingen. So bleibt der Hauptvorwurf wieder scheinbar ‹objektiv› abgerückt, aber nur, um in der Vermeidung jeglicher Objektivation auch der Gefahr zu entgehen, dass die These präzisierbar und damit auch widerlegbar, diskreditierbar ist. Ein geschickter Agitationsfilm im ZDF.»

(Jürgen Busche, *FAZ*, 1.4.1974

Es ist nicht vorbei (2011)

P SWR 2011 **Sd** 9.11.2011, ARD **R** Franziska Meletzky **B** Kristin Derfler, Clemens Murath **K** Eeva Fleig **M** Johannes Kobilke **Sz** Jörg Baumgarten **Ko** Ingrid Bendzuk **S** Jürgen Winkelblech **T** Ben Krüger
D Anja Kling (Carola Weber), Ulrich Noethen (Prof. Limberg), Tobias Oertel (Jochen Weber), Melika Foroutan (Monika Limberg), Merle Juschka (Friederike), Catherine Bode (Anne Weber), Kirsten Block (Helga Gramski), Ernst Georg Schwill (Weihe), Georg Tryphon (Prof. Schmitz), Justus Carrière (Dr. Huber), Silke Matthias (Frau Huber)

Professor Limberg, neuer Chefarzt der Neurologie am Klinikum Koblenz, wird von der Klavierlehrerin Carola Weber als derjenige Arzt erkannt, der 1988 im DDR-Frauengefängnis Hoheneck für die Staatssicherheit gearbeitet hat. Carola war dort wegen «versuchter Republikflucht» drei Jahre inhaftiert und mit Psychopharmaka, Verdunkelung, Einzelhaft und Liegeverbot traktiert und dadurch psychisch traumatisiert worden. Limburg hatte sie dennoch für arbeitsfähig erklärt, bei einem Arbeitsunfall in der Gefängniswerkstatt waren ihr dann zwei Finger abgetrennt worden: für die damalige Pianistin das berufliche Ende. Limburg streitet ab, in Hoheneck gewesen zu sein und setzt alles daran, Carola Weber als psychisch Kranke hinzustellen, deren Anschuldigungen nicht ernst zu nehmen seien. Aufgrund seiner ärztlichen Autorität ist diese Strategie äußerst erfolgreich. Selbst Carolas Mann, der als Personalchef in der Klinik arbeitet und den vermeintlich untadeligen Limburg eingestellt hat, glaubt diesem mehr als seiner Frau, denn Carola hatte ihm diesen Teil ihres Lebens bislang verschwiegen. Sie sucht nun verzweifelt nach Beweisen von Limburgs Tätigkeit in Hoheneck. Auch wenn die Taten juristisch verjährt sind, möchte sie ein öffentliches Bekenntnis Limburgs. Sie fährt nach Chemnitz zur Stasi-Unterlagenbehörde und sucht Limburgs ehemaligen Führungsoffizier auf, doch ohne Erfolg. Doch auch der Professor wird nun aktiv, weil ihm Carolas Nachforschungen die Karriere kosten kann. Als Carola von der Behörde in Chemnitz den Mitschnitt eines Gesprächs zwischen Limburg und seinem Führungsoffizier erhält, hat sie den Beweis in Händen. Doch Limburg ist ihr gefolgt, drängt sie von der Fahrbahn ab, so dass sie gegen einen Baum fährt. Im Krankenhaus will er der Schwerverletzten die Todesspritze setzen, doch wird er im letzten Moment von Carolas Mann gehindert und von der Polizei abgeführt.

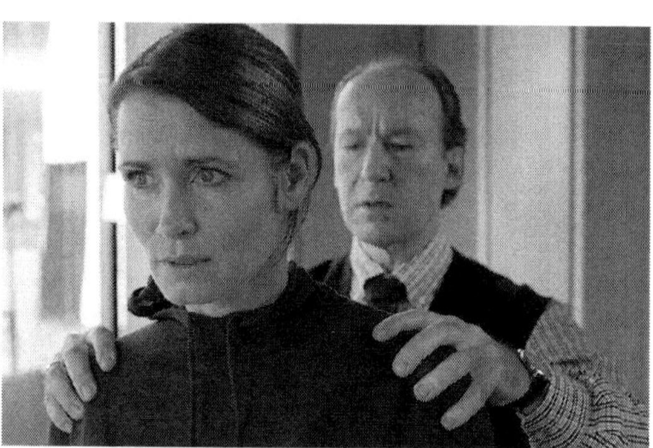
Anja Kling und Ulrich Noethen in Es ist nicht vorbei

Anja Kling zeigt beeindruckend den einsamen Kampf einer Frau, die sich von ihrem psychischen Trauma befreien will, stellvertretend für viele Opfer, bei denen auch 20 Jahre nach dem Ende der DDR noch alle Wunden offenliegen, während die Täter sich problemlos im neuen System eingerichtet haben. Die Stärke des Films liegt vor allem in seinem Verzicht auf jegliches Pathos (selbst die Musik ist überraschend unaufdringlich), die Schwäche im vom Sender erzwungenen Schluss, denn die Festnahme Limburgs straft die Realität Lügen: Kein Gefängnisarzt, kein Richter, kein Jugendfürsorger musste sich je vor Gericht verantworten.

DVD: KNM

EVA & ADAM (1973)

P DFF 1973 **Sd** 16., 18., 23., 26.9.1973, DFF (4 Teile) **R** Horst E. Brandt **B** Gerhard Bengsch **K** Günter Haubold **M** Helmut Nier **Sz** Paul Lehmann, Christoph Schneider **Ko** Ursula Stumpf, Günther Pohl **T** Rolf Prochazka **S** Karin Kusche **Do** Oelsnitz, Plauen

D Ursula Karrusseit (Helga Lorenz), Helga Göring (Luise Bertram), Jenny Gröllmann (Betty Lienau), Angelica Domröse (Vera Schmitt), Dietmar Richter-Reinick (Hans Lorenz), Rudolf Ulrich (Reinhold Bertram), Horst Drinda (Stefan Bunge), Barbara Dittus (Erika), Lissy Tempelhof (Marie Schenk), Marianne Wünscher (Elli Kramer), Herbert Köfer (Willi Lienau), Jessy Rameik (Hilde Lienau), Frank Schenk (Manfred), Matthias Günther (Martin), Joachim Zschocke (Peickert), Christine Lazar (Anni Ellschuh), Wolfgang Greese (Heiner Ellschuh), Brigitte Lindenberg (Karla Schönemann), Wolfgang Dehler (Richard Schönemann), Günter Junghans (Edwin), Ingeborg Krabbe (Franziska), Jaecki Schwarz (Dieter Gruner), Walter Lendrich (Matthes), Herta Thiele (Sophie), Ute Boeden (Martha)

Die Reihe EVA & ADAM besteht aus vier Unterhaltungsfilmen, die sich als verschiedene Fallstudien zum Thema «Frauenemanzipation in der sozialistischen Gesellschaft» bzw. «Arbeit oder Herd» präsentieren. Eingebaute Diskussionen über Theorie und Praxis in der DDR (mit statistischen Angaben) intendieren einen starken Realitätsbezug. Im 1. Film («Gefechte mit Napoleon») erlebt die Facharbeiterin Helga Lorenz nach einem Abendstudium einen beruflichen Aufstieg, der auf Kosten von Freizeit und Familie geht. Ihr paschahafter Mann, der als Klempner im gleichen Betrieb arbeitet, fühlt sich der Karrierefrau gegenüber minderwertig und sieht die traditionelle Männerrolle bedroht. Er will kündigen und eine neue Stelle in Rostock annehmen, die Frau soll mit. Doch beide einigen sich auf einen Kompromiss: «Ein Schiff kann auch zwei Kapitäne haben.»

Im Unterschied zu Helga Lorenz lebt Luise Bertram im 2. Film («Privat nach Vereinbarung») ganz zurückgezogen nur für Haus und Familie. Ihrem Mann, einem Zahnarzt in der Poliklinik, hat sie durch eigenes Zurückstecken Studium und Erfolg ermöglicht. Nun betrügt er sie mit der Sprechstundenhilfe und wirft ihr vor, sie sei durch ihre Fixierung auf den Haushalt kein geistiger Partner mehr für ihn, weil sie nicht «mitgewachsen» sei. Nach der Scheidung muss Frau Bertram wieder Anschluss an das Berufsleben finden.

Der 3. Film («Wieviele Sterne hat der Himmel?») handelt von der 17-jährigen Betty, die aus einer zerrütteten Familie stammt. Die Mutter ist zu einem anderen davongelaufen, der Vater säuft aus Einsamkeit. Betty ist lieber auf Trebe als in einem festen Arbeitsverhältnis, landet aber schließlich in dem Textilbetrieb, in dem nun auch Frau Bertram arbeitet, die sie als Untermieterin bei sich aufnimmt. Mühsam gelingt es dem Kollegium im Betrieb, in das Leben Bettys, die zwischen Anpassung an die Arbeitswelt und ihrem Ungebundensein schwankt, wieder «Ordnung» zu bringen.

Im letzten Film («Drum prüfe!») heiratet die Wissenschaftlerin Vera den Betriebsdirektor ihres Werks. Als dieser beruflich aufsteigend nach Leipzig übersiedeln soll, will Vera nicht mit. Sie verlangt aufgrund eines rigorosen Emanzipationsverständnisses, dass *er* Rücksicht auf *sie* nimmt und nicht umgekehrt. Veras Vorgesetzte überzeugt sie jedoch von der Pflicht gegenüber der Gemeinschaft, der Bruch ihrer Ehe wäre ein «unnötiges Opfer».

«Der Autor spürt in allen vier Folgen seines Films den Konsequenzen nach, die die gesetzlich verbürgte Gleichberechtigung nicht nur für Frauen, sondern für die ganze Gesellschaft mit sich bringt. Er suchte Wirkungen aufzudecken, die mit den revolutionären Veränderungen, mit der Emanzipation der Frau in unserer Republik einhergehen – im Arbeiterkollektiv, in der Familie, in der Entwicklung des Bewusstseins. Dabei rückten auch objektive und subjektive Barrieren ins Blickfeld, die der vollen Persönlichkeitsentwicklung der Frau hier und da noch entgegenstehen.»

(Katja Stern, *ND*, 29.9.1973).

▶ Das Thema Frauenemanzipation – mit besonderer Berücksichtigung der sexuellen Aspekte – behandelte im gleichen Jahr auch Frank Beyer in dem Vierteiler Die sieben Affären der Doña Juanita (DFF 20.–29.4.1973, B: Eberhard Panitz), ein kritisch-komödiantisches Porträt einer jungen Frau (Renate Blume) mit mehreren Männerbeziehungen und die moralischen Urteile der Gesellschaft über sie.

Literatur/Text (Auszüge): Gerhard Bengsch: Eva & Adam. Ein Filmtagebuch, Berlin: *Der Morgen*, 1973. – Peter Berger: Eva und die lieben Mitmenschen. Sozialistische Gegenwart im Fernsehschaffen der DDR, in: *Prisma* 6, 1975, S. 54–71.

Exil

➲ Kaddisch nach einem Lebenden

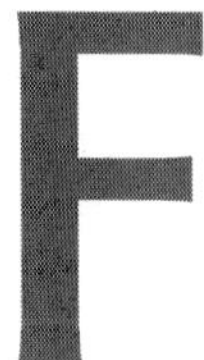

Der Fall Jägerstätter (1971)

P ORF/ZDF 1971 **Sd** 11.6.1971, ZDF **R** Axel Corti **B** Hellmut Andics **K** Walter Kinder **Sz** Gabriele Bauer **S** Erika Geiger **T** Friedrich Speckmeier
D Kurt Weinzierl (Franz Jägerstätter), Julia Gschnitzer (Franziska), Helmut Wlasak (Pfarrer), Fritz Schmiedel (Bischof), Guido Wieland (Major), Bruno Dallansky (Feldwebel), Wolfgang Kieling (Unteroffizier)

Streng dokumentarisch (der Dialog entstammt Aufzeichnungen und Briefen des Protagonisten) zeichnet der Film das Schicksal eines Kriegsdienstverweigerers im Dritten Reich nach. Der oberösterreichische Landwirt Franz Jägerstätter begründet sein Verhalten ausschließlich religiös: sein Gewissen als Katholik erlaube ihm nicht, an diesem Krieg teilzunehmen, wenn er die Uniform anziehe, mache er sich mitschuldig. Da sein Verhalten das sichere Todesurteil bedeutet, versuchen auch der Pfarrer und der Bischof, ihn von seinem Vorhaben abzubringen, seine einzige Verantwortung sei die für Frau und Kinder, alles andere solle er den kirchlichen Oberen überlassen und da er zum Kriegsdienst gezwungen werde, sei er ohnehin unschuldig. Doch für Jägerstätter gilt, dass man Gott mehr gehorchen müsse als den Menschen. Auch der Major bei der Musterung meint es gut mit ihm, doch sein Versuch, ihn wenigstens im Sanitätsdienst unterzubringen, scheitert. Jägerstätter wird dem Reichskriegsgericht in Berlin überstellt. Aber selbst hier ist er von Menschen guten Willens umgeben, die ihm goldene Brücken bauen wollen: wenn er seine Verweigerung rückgängig mache, könne er das Todesurteil umgehen. Die Bemühungen seines Pflichtverteidigers, der von Jägerstätter ehrlich erschüttert ist, prallen an dessen Selbstgewissheit ab. Er bleibt bei seiner «Wahrheit», sieht seinen Aufenthalt hier gar als «Fingerzeig Gottes». Selbst nach seiner Verurteilung gäbe es noch eine Möglichkeit, die Hinrich tung abzuwenden: eine Begnadigung, wenn er sich doch noch einberufen lässt. Seine Frau und der Pfarrer reisen nach Berlin, um ihn umzustimmen, aber Jägerstätter hält an seinem eingeschlagenen Weg fest («kann es denn Sünde sein, seinem Gewissen zu folgen?») und landet auf dem Schafott.

Das Dokumentarische wird unterstrichen durch eingeblendete Statements der tatsächlichen Zeitzeugen: Jägerstätters Witwe, die Bauern seines Dorfes, der Pfarrer. Diese Aussagen werfen ein ambivalentes Licht auf Jägerstätters Verhalten: für einige ist er ein Held, für andere ein Narr in Christo. Die Intransigenz, mit der er seinen Glauben über alles andere (auch über seine Familie) stellt, mag niemand gutheißen.

DVD Edition Der Standard

Der Fall Vera Brühne ➲ Vera Brühne

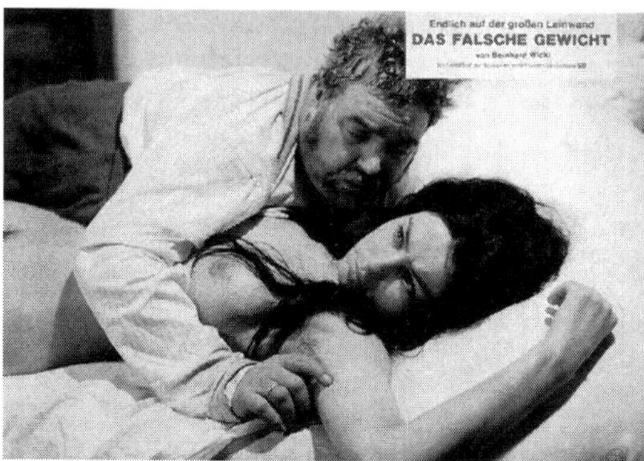

Helmut Qualtinger und Evelyn Opela in DAS FALSCHE GEWICHT

DAS FALSCHE GEWICHT (1971)

P ZDF 1971 **Sd** 21.11.1971, ZDF **R** Bernhard Wicki **B** Fritz Hochwälder, Bernhard Wicki **L** Joseph Roth **K** Jerzy Lipman **M** George Gruntz **Sz** Otto Pischinger **Ko** Erika Thomasberger **S** Eva-Maria Tittes **T** Mihàly Lehmann, Christian Schubert, Peter Schwaber **RAss** Thomas Grimm

D Helmut Qualtinger (Anselm Eibenschütz), Agnes Fink (Regina), Evelyn Opela (Euphemia), Bata Zivojinovic (Jadlowker), Kurt Sowinetz (Kapturak), Anna Baro (Rosa Kapturak), Gottfried Kumpf (Konstantin Sameschkin), Istvan Iglody (Josef Nowak), Johannes Schaaf (Slama), Rudolf Strobl (Piotrak), Wladimir Rosenbaum (Mendel Singer), Rosa Markus (Blume Singer), Manyi Kiss (Soscha), Sandor Simenfalvy (Onufrij), Erika Santner (Jadwiga), Sigfrit Steiner (Gollerstepper), Kurt Zips (Morgenbesser)

Anselm Eibenschütz hat auf Wunsch seiner Frau den Militärdienst quittiert und tritt nun eine neue Stelle als k.-u.-k.-Eichmeister an der galizisch-russischen Grenze an. Es ist ein unsägliches Nest, bevölkert von Schmugglern, Spielern, Deserteuren, bei denen Eibenschütz mit seinen militärisch korrekten Gewichtskontrollen schnell aneckt. Er verhält sich auch der Not der kleinen Leute gegenüber kalt und hart und gerät deshalb schnell in soziale Isolation. Als ihn seine Frau auch noch mit dem Sekretär betrügt und versucht, das von diesem erwartete Kind als das Anselms auszugeben, bricht für den Eichmeister vollends die Welt zusammen. Er verfällt der Zigeunerin Euphemia, Geliebte seines ärgsten Feinds, des Schankwirts Jadlowker. Dieser lässt sich zu einem Mordversuch an Eibenschütz hinreißen. Jadlowker kommt ins Gefängnis und Eibenschütz übernimmt selbst die Schenke. Er verfällt, von Euphemia teils geduldet, teils gedemütigt, dem Suff. Während einer Cholera-Epidemie gelingt Jadlowka die Flucht. Das Amtsgebaren von Eibenschütz wird parallel zu seinem inneren Verfall immer rigoroser. Als er den von den Dorfbewohnern wie einen Heiligen verehrten Mendel Singer wegen falscher Gewichte verhaften will, wird er von der aufgebrachten Menge bedroht. In der folgenden Nacht versetzt ihm Jadlowka einen tödlichen Schlag.

Mit dieser Joseph-Roth-Verfilmung konnte Bernhard Wicki, der nach eigenen Angaben seine Fernseharbeiten stets so inszenierte als seien sie fürs Kino bestimmt, wieder an das Niveau seines Meisterwerks DIE BRÜCKE (1959) anknüpfen. Dies gelingt ihm durch eine detailversessene Rekonstruktion der gottverlassenen galizischen Provinz (in Ungarn gedreht), atmosphärisch dichte Szenen und einen überragenden, überraschend zurückhaltend agierenden Hauptdarsteller, dessen Eichmeister sich vergeblich an seine Gewichte klammert, in einer untergehenden Welt, in der das Eichmaß keine Bedeutung mehr hat. Fürs Kino verfilmte Wicki auch Joseph Roths DAS SPINNENNETZ (1989).

«Es war darüber hinaus ein großer Einfall, Qualtinger endlich einmal nicht einen flüssig miesen, fiesen Wiener sein, sondern ihn einen prinzipiellen österreichischen Preußen spielen, grandios erspielen zu lassen: so sah ich Qualtinger nie. Man muss sich vorstellen, dass der Professor Unrat von Kafka wäre und Chagall die Ausstattung besorgt hätte.»
(Joachim Kaiser, *SZ*, 23.11.1971)

«Ähnlich wie in dieser Figur hat es Wicki verstanden, an der melancholischen Geschichte jene Züge filmisch ans Licht zu kehren, die deutlich machen, wie wenig sich das hier ausgebreitete Leben klischierten Roman- oder Filmerwartungen anpasst. All die Wenns und Weils und Deshalbs, die sonst aufgeboten werden, um ein Leben oder ein Sterben zu erklären, sind hier zugunsten eines geduldigen Reichtums und einer filigranhaften Vielfalt beiseitegeschoben. In der Balance, mit der die Kamera Gerechte und Ungerechte geduldig beobachtete, wurde das Gleichnis von den Gewichten, die falsch und richtig zur gleichen Zeit sind, eindrucksvoll lebendig. Die moribunde Erfahrung von einer Welt, deren Sinn Zerstörung und Verwesung ist, die abweisende Kleinheit der Figur, die ihnen einmalige Größe gibt, dass alles ergab eine epische Elegie, die es sich leisten konnte, das pittoreske galizische Detail einzusetzen, ohne auch nur einen Augen-Blick in die Gefahr der falschen Folklore zu verfallen.»
(Hellmuth Karasek, *Die Zeit* 48, 1971)

DER FALSCHE TOD (2006)

P ZDF 2006 **Sd** 16.4.2007, ZDF **R** Martin Eigler **B** Sönke Lars Neuwöhner, Martin Eigler **K** Christoph Chassée **M** Oliver Kranz **Sz** Ruth Wilbert **Ko** Chalune Seiberth **S** Jörg Kadler **T** Christoph Köpf **RAss** Axel Rottmann

D Anneke Kim Sarnau (Jenny), Friedrich von Thun (Hinrich Fehse), Eleonore Weisgerber (Elisabeth Spengler), Dorkas Kiefer (Anette Scheper), Renate Delfs (Gudrun Berger), Wilfried Dziallas (Hans Berger), Petra Kelling (Marianne Berger), Hanns Zischler (Dr. Stoever), Mina Tander (Liv Ahrens), Franz Viehmann (Kommissar), Harald Warmbrunn (Ziemann)

Die junge Ärztin Jenny Fehse fährt an die Küste zum 65. Geburtstag ihres Vaters Hinrich, der auch Arzt ist. Doch als sie ankommt, wird er gerade mit einem Herzinfarkt ins Krankenhaus eingeliefert. Sie vertritt ihren Vater in seiner Praxis. Als sie zum krebskranken Nachbarn gerufen wird, findet sie in tot vor. Da sie die Todesurasche für unklar hält, lässt sie eine Obduktion anordnen. Frau Spengler, die langjährige Arzthelferin ihres Vaters, weist Jenny darauf hin, dass der Verstorbene dies nicht gewollt hätte. Die Obduktion ergibt eine Überdosis Morphin im Blut, und Frau Spengler war als letzte bei dem Patienten. Hinrich Fehse nimmt nicht nur Frau Spengler gegen Jennys Verdacht in Schutz, sondern eröffnet seiner Tochter sogar, dass er seiner eigenen Frau, die lange im Rollstuhl saß, den erbetenen Tod gewährt hat. Er hält es überhaupt für seine ethische Pflicht, hoffnungslosen Patienten Sterbehilfe zu leisten. Jenny ist entsetzt, vor allem als sie herausfindet, dass ihr Vater schon zu Lebzeiten ihrer Mutter ein Verhältnis mit Frau Spengler hatte. Für Jenny ist diese «Erlösung» Mord. Sie bricht mit ihrem Vater, ohne freilich gegen ihn Anzeige erstatten zu wollen, und geht wieder nach Hamburg an die Universitätsklinik. Als Jenny durch einen Anruf von der Presse erfährt, dass diese Wind von Hinrichs Taten bekommen hat, fährt sie wieder zu ihrem Vater. Es kommt zwar zu einer Aussöhnung, doch dann gibt er sich selbst die Todesspritze.

Das Thema «Sterbehilfe» ist in eine Familiengeschichte eingebettet und wird von dieser letztlich überlagert. Die Entscheidung, ob es sich um «Erlösung» oder «Mord» handelt, stellt sich eigentlich nicht, da die geschilderten Fälle strafrechtlich relevant sind. Jenny kämpft den Kampf der Gerechten gegen ein Mörder-Duo, der sich in der Konfrontation mit Elisabeth, der Rivalin um die Gunst des Vaters, zuspitzt.

«Buch und Regie erzählen eine zutiefst berührende Vater-Tochter-Geschichte vor dem Hintergrund der Sterbehilfedebatte, behutsam inszeniert und mit stimmigen Dialogen. (...) Ein kleines Fernseh-Juwel. DER FALSCHE TOD zählt zweifelsohne zu den besten deutschen Fernsehfilmen des Jahres 2007, schon jetzt.»
(Thilo Wydra, *Tagesspiegel*, 16.4.2007)

FAMILIENKREISE (2003) ★

P BR 2003 **Sd** 20.8.2003, ARD **R** Stefan Krohmer **B** Daniel Nocke **K** Gunnar Fuß **Ko** Silke Sommer **S** Stephan Krumbiegel **T** Christian Conrad
D Götz George (Raimund Parz), Jutta Lampe (Annemarie), Hans-Jochen Wagner (Christopher), Sophie von Kessel (Anja), Tobias Oertel (Mirko), Katja Gaub (Katrin), Erwin Steinhauser (Jan Ise), Marc Zwinz (Axel), Andreas Fröhlich (Off-Stimme)

Der erfolgreiche und berühmte Auslandskorrespondent Raimund Parz kehrt nach Jahren der Abwesenheit wieder zu seiner Familie nach Bonn zurück. Diese Rückkehr löst mehrere Konflikte aus, weil Raimund glaubt, unverdrossen seine alte Patriarchenrolle wieder aufnehmen zu können. Den beruflich erfolglosen Sohn Mirko weist er aus dem Haus, gegenüber den gut gemeinten Vermittlungsversuchen von Sohn Christopher, eines Verlegers, der eigens aus Hamburg angereist kommt, zeigt er sich resistent. Christopher ist dem dominanten Vater nicht gewachsen. Dieser verkündet im Fernsehen, seine Memoiren werden im Verlag seines Sohnes erscheinen, wovon Christopher gar nichts weiß. Raimund wiederum erfährt von einer Bekannten, dass seine Frau ihre Tätigkeit in einer Wohltätigkeitsorganisation aufgibt, weil sie die Veruntreuung von Spendengeldern entdeckt hat. Nun will sie für eine rechtspopulistische Partei kandidieren. Christopher manövriert sich vollends ins Abseits, als er von Mirko mit dessen Freundin im Bett erwischt wird. Mirko wirft sich daraufhin aus Frust vor ein Auto und liegt nun im Koma im Krankenhaus. Jetzt gibt sich plötzlich Raimund die Schuld am Selbstmordversuch seines Sohnes, weil er glaubt, seine Verweigerungshaltung ihm gegenüber sei der Grund. Christopher, dessen Ehe nun in die Brüche geht, versucht den wahren Sachverhalt aufzuklären, doch Mirko möchte das gar nicht, weil er spürt, dass sein Vater sich nun für ihn interessiert.

Wie bei der Versuchsanordnung in einem Labor stehen hier die familiären Beziehungen und ihre permanente Verletzbarkeit unter Beobachtung. Götz Georges Raimund Parz (eine Anspielung auf die antiken Parzen) ist der Katalysator, aber im Mittelpunkt steht der Sohn Christopher, dessen gutgemeinte Vermittlungsversuche an der eigenen Schwäche scheitern. Das psychologisch stringente Ausleuchten seelischer Abgründe ist in diesem Familiendrama, das – abgesehen vom Selbstmordversuch – ohne dramatische Zuspitzungen auskommt, durch einen Erzählerkommentar aus dem Off verfremdet, eine allwissende Instanz, die das eitle Gebaren der Figuren ironisch auf Distanz hält. Die Jury des Adolf-Grimme-Preises würdigte «das glänzend minimalistische, sprachlich überaus präzise Drehbuch, die subtile und feinfühlige Regie und die hervorragenden Darsteller».

«Der Film Familienkreise hat die Kamera, den Dialog und den Schnitt auf jene Grauzone hin orientiert, in der sich die Doppeloptik abspielt, in der sich herausstellt, dass jedes gesprochene Wort einen zweiten Sinn hat, der aus der Vergangenheit herrührt oder aus den Wünschen für die Zukunft. Jede Geste, jeder Schritt und jeder Blick ist mehrdeutig eingesetzt und kann doch verstanden werden, ohne dass das Bewusstsein dabei immer beteiligt sein muss. Das Wunder: Der psychologische Feinschliff, der diesen Film auszeichnet, fordert dem Zuschauer keine übertriebene Anstrengung ab. Er präsentiert sich glänzend, schlicht und überzeugend. Der Film ist superspannend, obgleich so ausgebufft.»

(Barbara Sichtermann, *Tagesspiegel*, 20.8.2003)

Die Festung ➲ Unruhige Nacht

Feuerzeichen ➲ Sechs Wochen im Leben der Brüder G.

Finito l'amor ➲ Rheinpromenade

Fleisch (1979)

P ZDF 1979 **Sd** 21.5.1979, ZDF **R/B** Rainer Erler **K** Wolfgang Grasshoff **M** Eugen Thomass (Song: Donald Arthur) **Sz** Paul Kinslow **Ko** Marianne Wagner **S** Hilwa von Boro **T** Peter Notz **RAss** Helga Asenbaum **D** Jutta Speidel (Monica), Wolf Roth (Stimme: Manfred Lehmann; Bill), Herbert Herrmann (Mike), Charlotte Kerr (Dr. Jackson), Christoph Lindert (Assistent), Bob Cunningham (Stimme: Wolfgang Kieling; Sergeant), Tedi Altice (Wirtin), Ben Zeller (Sanitäter), David Ross (Ambulanzfahrer), Deborah Blanche (Nelly), Ronnie Lee Williams (Sänger), Deborah Unger (Schwester i. Jet), Linda Kerns (Schwester i. Klinik)

Das deutsch-amerikanische Paar Monica und Mike befindet sich auf Hochzeitsreise im Süden der USA. Sie steigen in einem abgelegenen Motel ab, deren Besitzerin Mitglied in einem Verbrechersyndikat ist, das Menschen kidnappt und umbringt, um mit den Opfern Organbanken zu beliefern. Mike wird in einem Ambulanzwagen entführt, Monica kann entkommen. Mit Unterstützung des Fernfahrers Bill nimmt sie die Suche nach Mike auf. Sie fahren nochmals in das Motel, um sich gleichsam als Köder für eine Entführung anzubieten. Tatsächlich kommt wieder der Ambulanzwagen, doch mit Hilfe anderer Trucker (die bezeichnenderweise Rinderhälften durchs Land fahren) gelingt es, die Fahrer zu überwältigen, und die Einzelheiten aus ihnen herauszupressen. So gelangen sie zu der Klinik, in der Mike eingeliefert wurde. Durch Unterstützung der ihrer Organisation abtrünnig gewordenen Chefärztin gelingt es, Mike in letzter Minute zu retten. Die Ärztin muss für ihren Verrat mit dem Tod büßen, die Hintermänner der Organisation bleiben im Dunkeln.

Diese Variante des Hollywood-Films COMA (1977) gelangte im gleichen Jahr auch in die Kinos, wo die Fernseh-Ästhetik (kammerspielartige, dialoglastige Szenen) trotz gelegentlicher Ansätze zum Road-Movie freilich etwas verloren wirkte. Erler kritisiert den Mythos vom unversehrten menschlichen Körper auch im Tode, der erst einen Schwarzmarkt für Organe entstehen lässt und den Menschen auf seinen Fleischwert reduziert – ein verblüffend aktuell gewordenes Thema.

▶ Der Science Fiction hatte sich Erler schon 1974–76 mit der Serie DAS BLAUE PALAIS und 1977 mit OPERATION GANYMED gewidmet: Fünf Astronauten (Horst Frank, Dieter Laser, Uwe Friedrichsen, Jürgen Prochnow, Claus Theo Gärtner), die man längst für tot gehalten hat, landen unentdeckt in der mexikanischen Wüste und glauben, dass ein Atomkrieg die Zivilisation ausgelöscht habe. Diese Situation setzt archaische Verhaltensweisen frei. Von FLEISCH ließ Pro7 2007 ein dürftiges Remake drehen (R: Oliver Schmitz, B: Thomas Gaschler), das die Handlung nach Südafrika verlegte.

Text (Romanfassung): Rainer Erler: *Fleisch*, München: Goldmann, 1980.
Literatur: Florian Kain: *Die Geschichte des ZDF 1977–1982*, Baden-Baden 2007, S. 314–316.
DVD: EuroVideo

FLORENTINER 73 (1971)

P DFF 1971 **Sd** 6.2.1972, DFF **R/B** Wolfgang Gendries **L** Renate Holland-Moritz **K** Hans-Jürgen Reinecke **M** Rolf Kuhl **Sz** Paul Lehmann **S** Margret Brusendorf **T** Rosemarie Linde **D** Edda Dentges (Brigitte), Agnes Kraus (Frau Klucke), Steffie Spira (Frau Knatter), Friedrich Richter (Ingo), Anna Wollner (Helga Riechert), Günther Sonnenberg (Sohni Hartmann), Hertha Thiele (Frau Hartmann), Gudrun Ritter (Frau Regler), Arnim Mühlstädt (Herr Regler), Erich Petraschk (Herr Hartmann), Norbert Speer (Wolfgang), Lieselott Baumgarten (Frau Engel), Jessy Rameik (Frl. Maas), Berthold Schulze (Leonhard), Gerd E. Schäfer (Kioskverkäufer)

Diese auch im Kino erfolgreiche DDR-Komödie, einer der populärsten Ost-Fernsehfilme, singt das Hohelied der Hausgemeinschaft und propagiert das Verständnis für Mütter von unehelichen Kindern. Die junge Sekretärin Brigitte ist im zweiten Monat schwanger, will jedoch den Vater des Kindes nicht heiraten. Da sie die Vorwürfe der Mutter satt hat, zieht sie von zu Hause aus und nimmt ein möbliertes Zimmer, der raren Angebote wegen das erstbeste bei Mutter Klucke im Pankower Hinterhof, Florentinerstraße 73. Es entpuppt sich als typisches «Berliner Durchgangszimmer». Nach anfänglichem Schock lebt sich Brigitte schnell ein. Mutter Klucke hat endlich eine «Tochter», für die sie sorgen kann. Nur von deren «anderen Umständen» weiß sie noch nichts. Die anderen Hausbewohner sind alle nette, teils skurrile, teils kauzige Typen, die die Probleme mit Heiraten, Kinderkriegen mit und ohne Ehe selbst kennen und großes Verständnis für Brigitte aufbringen. Als sich die Schwangerschaft im Haus herumspricht und Mutter Klucke davon als Letzte erfährt, ist ihre anfängliche Enttäuschung über das «mangelnde Vertrauen» ihrer «Tochter» schnell verflogen und zusammen mit der Hausgemeinschaft bereitet sie alles für die bevorstehende Geburt vor.

Eine Fortsetzung NEUES VON DER FLORENTINER 73 schildert die Zeit nach der Niederkunft und Brigittes – sich schon im ersten Teil anbahnende – Annäherung an den Studenten Wolfgang.

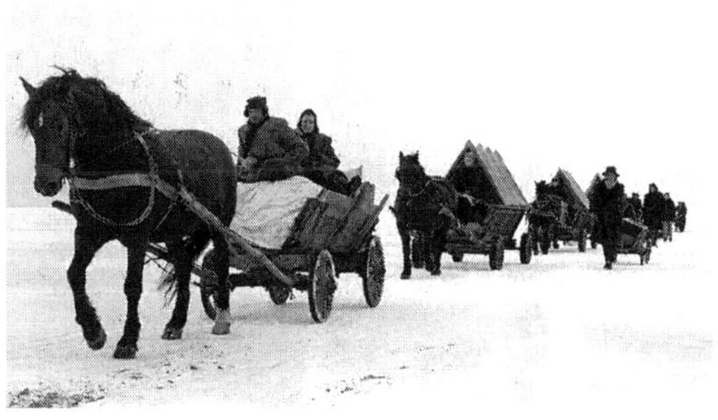

DIE FLUCHT

«In einem Punkte aber, glaube ich, haben sich Autor und Dramaturg eine wenig zuviel Freiheit genommen. Im Gegensatz zur Buchvorlage nämlich wird bei ihnen nur sehr vage und wenig überzeugend motiviert, weshalb Brigitte den Vater des Kindes partout nicht heiraten will. Nicht zum ersten Male wird übrigens die Emanzipation in unserer Fernsehdramatik in dieser Beziehung ein bisschen wild-romantisch interpretiert; das scheint mir problematisch, weil das Leben nicht immer eine hilfreiche Witwe Klucke und einen rettenden Wolfgang Engel als Ausgleich für übereilte Schritte parat hat.»

(Peter Berger, *ND*, 9.2.1972)

DVD: Studio Hamburg / DDR TV-Archiv

DIE FLUCHT (2007)

P BR/SWR/HR/ORF 2007 **Sd** 2., 3.3.2007, arte (2 Teile) **R** Kai Wessel **B** Gabriela Sperl **K** Holly Fink **M** Enjott Schneider **Sz** Knut Loewe **Ko** Wiebke Kratz **S** Carsten Eder, Heidi Handorf **T** Roland Winke **Do** Litauen, Schloss Bothmer, Schloss Friedrichsfelde
D Maria Furtwängler (Lena), Jean-Yves Berteloot (François), Tonio Arango (Heinrich), Gabriela Maria Schmeide (Babette), Jürgen Hentsch (Berthold), Hanns Zischler (Rüdiger), Angela Winkler (Sophie), Max von Thun (Ferdinand), Josef Mattes (Fritz), Stella Kunkat (Vicky), Barbara Morawiecz (Oma Herta), Marie-Luise Schramm (Waltraud), Winfried Glatzeder (Dietrich), Adrian Wahlen (Benno), Adrian Goessel (Wilhelm), Fritz Karl (Gauleiter Herrmann), Michael Ginsburg (Mikolai)

Lena Gräfin von Mahlenberg, die sich einst wegen eines unehelichen Kindes mit dem Vater überworfen hatte, kehrt auf das ostpreußische Gut zurück und übernimmt dort Verantwortung. Sie heiratet den Sohn vom Nachbargut, der sich allerdings als «furchtbarer» Wehrmachts-Jurist entpuppt, gnadenlos vermeintliche Deserteure erschießen lässt und am Selbstmord seines eigenen Bruders Schuld hat. Nach dem Vorrücken der Roten Armee wartet man vergeblich auf eine Treckerlaubnis, doch die Nazis erklären Ostpreußen zur «Festung», wer geht, wird mit dem Tode bestraft. Die Flucht kann wegen dieser verpassten ordnungsgemäßen Evakuierung erst unter chaotischen Umständen stattfinden, als es kaum noch Fluchtwege gibt. Lena, die den «Verpflichtungsadel» verkörpert und den Gemeinschaftsgeist beschwört, übernimmt die Führung des Trecks. Ihre Tochter schließt sich heimlich den getrennt marschierenden Kriegsgefangenen und Fremdarbeitern an. Diese werden alle von der Wehrmacht erschossen, mit Ausmahme von François, der die Tochter wohlbehalten zur Mutter bringt. Zwischen Lena und François entspinnt sich eine zarte Romanze. Nach Tieffliegerangriffen und Einbrüchen im Eis, landen sie schließlich in Bayern, wo sie aber auch nicht willkommen sind.

Das in den Medien lange tabuisierte Thema «Vertreibung der Deutschen» war nun reif für den großen Fernsehfilm. Der Zweiteiler verbindet dokumentarischen Anspruch mit den standardisierten melodramatischen Grundbausteinen der TV-Unterhaltung. Der «political correctness» verpflichtet, sind die Figuren typisiert und auf gut oder böse getrimmt, die Historie ist eingebettet in eine Liebesgeschichte mit der gängigen Frau-zwischen-zwei-Männern-Konstellation, die Filmmusik fungiert als Gefühlsverstärker. Seine stärksten Momente hat das 9-Millionen-Euro-Projekt in den glaubwürdigen Bildern von der Flucht durch das eisige Ostpreußen und im kühlen Spiel der Hauptdarstellerin, das sich dem seichten Sentiment verweigert.

«Eine weitere Eigenheit des Geschichtsschreibers Unterhaltungsfilm wird in der Flucht *deutlich. Die Kamera ist ‹undemokratisch›, sie braucht herausragende Menschen, vornehme Gesichter, die Freiheiten des materiell Vermögenden. Deshalb malt das Historiengenre das Upstairs-downstairs-Motiv so gern aus, die Herr- und Knecht-Perspektive. Allein schon, um sie gelegentlich märchenhaft zu durchbrechen. Der Historienfilm ist schließlich der Erbe der Mythenerzähler, die so gern von Herrschern berichten.»*

(Nikolaus von Festenberg, *Der Spiegel* 9, 2007)

DVD: Warner

Flüchtige Bekanntschaften (1982)

P WDR 1982 **Sd** 22.9.1982, ARD **R** Marianne Lüdcke **B** Dieter Wellershoff **K** Michael Steinke **Sz** Maciej M. Putowski **Ko** Antje Krüger **S** Sybille Windt **T** Gunther Kortwich **D** Angelica Domröse (Susanne), Günter Lamprecht (Walter), Christa Berndl (Waltraud), Dagmar Biener (Lilo), Hannes Messemer (Paul), Helmut Berger (Michael), Ellen Esser (Irmchen), Uwe Hellfrich (Tulli), Margret Homeyer (Frau Hess), Robert Wolfgang Schnell (Herr Hess), Martina Herrmann (Friderike), Gunter Berger (Rolf)

Ein Wochenende im Leben der seit einem Jahr geschiedenen Susanne zeigt die schwierige Glückssuche im Leben moderner Singles. Da sie berufstätig ist, wächst ihre Tochter bei der Oma auf, weswegen sie ein schlechtes Gewissen hat. Sie kommt mit ihrer Tochter nicht zurecht, will es aber nicht zugeben. Mit Männerbekanntschaften versucht sie die Lücke zu schließen, die die Trennung von ihrem Mann hinterlassen hat. Gerade verabschiedet sie ihren letzten One-Night-Stand Walter, von dem sie glaubt, etwas mehr für ihn zu empfinden. Sie verbringt ihren Geburtstag mit zwei fröhlichen, aufgekratzten Freundinnen, die sie in eine «Lonely-Hearts»-Bar mitschleppen. Dort treffen sie zufällig Walter wieder. Doch die Begegnung verläuft distanziert. Walter macht sich ungeniert an Susannes Freundin ran, und als sich die Party im Haus von Walters Freund fortsetzt und alle ziemlich besoffen sind, wird Walter, der die Rolle des Alphamännchens spielt, ausfällig. Der peinliche Männerstrip, den er aufführt, zeigt seine Selbstentblößung. Susanne verlässt angeekelt die Party, nimmt aber einen neuen, sehr jungen Bekannten mit, der ganz anders ist: Er gibt sich schutzbedürftig, ganz ohne Sexprotzerei. Doch auch er flieht am nächsten Morgen vor jeder Verbindlichkeit: «Ich ruf dich an!» Aber Susanne hat genug vom Warten auf Anrufe. Desillusioniert, sowohl vom Macho als auch vom Softie nur benutzt, bleibt sie zurück.

Marianne Lüdcke, die in Wellershoffs Drehbuch manches veränderte, zeigt zwar differenzierte Charaktere, aber die Männer sind in dieser sozialen Studie eindeutig die negativen Helden: narzisstische Personen, die sich hinter ihren Rollen und Posen verschanzen. Die weibliche Hauptfigur, deren Suche nach menschlicher Nähe nur in flüchtigen, bindungslosen Bekanntschaften endet, scheint hingegen am Schluss ihr Leben doch selbst in die Hand nehmen zu wollen: «Ich habe versucht, in Susanne das Porträt einer Frau zu zeichnen, die einen noch unzerstörten Kern von Hoffnung und Lebensmut in sich trägt, aber von Resignation und wachsender Desillusionierung bedroht ist. Eine Frau, die sich ihrer selbst nicht mehr sicher ist und sich von den Verhaltensweisen der anderen mitschleppen und bestimmen lässt, die aber doch zu fragen beginnt, wer sie selbst ist und wer die anderen sind» (Dieter Wellershoff).

Text in: Dieter Wellershoff: *Flüchtige Bekanntschaften*, Köln: Prometh 1987. – Ders.: *Werke* 6, Köln: Kiepenheuer & Witsch 1997.
Literatur: Rob Burns / Renate Becker: Fernsehspiel und Veränderung. Wunschtraum und Realitätsprinzip in Glücksucher und Flüchtige Bekanntschaften, in: Manfred Durzak / Hartmut Steinecke / Keith Bullivant (Hrsg.): *Dieter Wellershoff. Studien zu seinem Werk*, Köln 1990, S. 215–230.

Flug in Gefahr (1964)

P SDR 1964 **Sd** 18.8.1964, ARD **R** Theo Mezger **B** Arthur Hailey, Werner Sommer **Ü** Irene Dodel, Horst van Diemen **K** Rolf Ammon **M** Dave Hildinger **Sz** Rolf Illg **S** Guntram von Ehrenstein **T** Heinz Gauger
D Hanns Lothar (George Spencer), Ingmar Zeisberg (Stewardess), Günther Neutze (Treleaven), Benno Sterzenbach (Dr. Baird), Heinz Weiss (Kapitän), Günter Hoffmann (Copilot), Wolfgang Stumpf (Wachleiter), Klaus Schwarzkopf (Burdick), Hans Wengefeld (Telefonist), Rolf-Dieter Groest (Funker), Fred Kretzer (Turmchef), Peter-Timm Schaufuß (1. Stations-Assistent), Uwe-Jens Pape (2. Stations-Assistent)

Die bekannte Geschichte Arthur Haileys gehörte zu den meistwiederholten Fernsehspielen, nicht zuletzt weil es sich um einen Hanns-Lothar-Klassiker handelt. Auf dem Flug von Winnipeg nach Vancouver erkranken Crew und etliche Passagiere einer Verkehrsmaschine an einer Fischvergiftung. Eine Zwischenlandung ist wetterbedingt nicht möglich, und als auch Pilot und Co-Pilot außer Gefecht gesetzt sind, haben die Menschen an Bord nur eine Chance: Einer der Passagiere ist der ehemalige Jagdflieger George Spencer, der jedoch schon seit 15 Jahren nicht mehr geflogen ist und sich mit modernen Passagiermaschinen nicht auskennt. Während er vom Kontrollturm aus von Kapitän Treleaven (gespielt von Hanns Lothars Bruder) über Funk dirigiert wird, riskiert er eine – am Ende erfolgreiche – Landung.

Flug in Gefahr war eines der ersten Fernsehspiele, die Anleihen beim amerikanischen Action-Kino nahmen. Theo Mezger inszenierte später viele Tatort-Folgen aus Stuttgart. Hollywood verfilmte den Arthur-Hailey-Stoff 1957 (Zero Hour! / 714 ant-

WORTET NICHT) mit Dana Andrews. In der ARD lief 1977 der US-Fernsehfilm PANIK IN DEN WOLKEN (TERROR IN THE SKY) mit Doug McClure.

«Das Flugmilieu macht sich auch im Film und Fernsehen gut, hier blüht das Heldentum wie kaum sonstwo, auch das ist wohl eine Folge der Luftkriege. Arthur Haileys Fernsehspiel verriet die Hand eines routinierten Schreibers, der eine konstruierte Story spannend darzubieten versteht. Die Handlung bezog ihren abenteuerlichen Reiz aus dem Wechselspiel zwischen Bodenkontrolle und Flugkabine, während die Reaktionen der Passagiere nur sporadisch gezeigt wurden. Der psychologische Aspekt – Darstellung einer ‹geschlossenen Gesellschaft› im Angesicht des Todes – wurde vom Autor nur gestreift. Theo Mezger hatte die Vorlage folgerichtig im Stil einer aufregenden Reportage inszeniert und die Atmosphäre des Flugmilieus erstaunlich sicher getroffen.» (A. P., *Gong* 36, 1964)

DVD: Inakustik

FRAU BERTA GARLAN (1989)

P ORF/ZDF 1989 **Sd** 25.12.1989, ORF 1 **R/B** Peter Patzak **L** Arthur Schnitzler **K** Franz Rath **Sz** Peter Manhard **S** Michou Hutter **Ko** Heidi Melinc **T** Walter Fiklocki **D** Birgit Doll (Berta Garlan), Riccardo de Torrebruna (Stimme: Christian Brückner; Emil Lindbach), Hans Michael Rehberg (Rupius), Kitty Speiser (Frau Rupius), Wolfgang Hübsch (Klingemann)

Berta Garlan, eine junge verwitwete Klavierlehrerin, führt ein unbefriedigtes Dasein in der österreichischen Provinz, eine «brave Frau, die ihr Leben brav hingebracht hat für ihren Sohn». Da liest sie in der Zeitung von der Karriere des Violinspielers Erwin Lindbach, mit dem sie vor 15 Jahren ein Verhältnis hatte, die einzige richtige Liebe ihres Lebens. Ihre Leidenschaft entfacht neuerlich und sie ist fest entschlossen, wieder Lindbachs Geliebte zu werden, um der provinziellen Enge zu entfliehen und ihr Glück zu finden. Sie schreibt ihm nach Wien, sie treffen sich dort. Er ist ihr zwar zugeneigt, verhält sich jedoch reserviert. Berta indes lässt von ihrem Vorhaben nicht ab. Sie will ihr Glück erzwingen, nach Wien ziehen, um dort Stunden zu geben, weg von ihren blasierten Verwandten, hin in seine Nähe. Doch Lindbach rät ihr kühl davon ab, schlägt ihr stattdessen vor, alle vier bis sechs Wochen nach Wien zu kommen, «auf einen Tag und eine Nacht». Bertas Traum von einem Leben an seiner Seite ist geplatzt, sie wird in ihrem Nest bleiben und weiter irgendwelchen Gören Klavierstunden geben.

Peter Patzak griff in seinem Drehbuch auf eine Hörspielbearbeitung der Schnitzler-Erzählung durch Max Ophüls (SWF 1956) zurück, die sich durch eine besondere Engführung von Erzählerstimme und Dialog auszeichnete. Ludwig Cremer hatte unter dem Titel BERTA GARLAN schon 1966 für den WDR verfilmt (mit Gertrud Kückelmann und Helmut Lohner).

«Patzaks Film folgt Schnitzlers Erzählung sehr detailgenau und getreu, jedwede aktualisierende Absicht ist ihm fremd. Die Farben der sommerlichen Landschaft, die Szenen in Wiens Kabinetten und Separees: Sie wirken gerade in ihrer fast festlichen Opulenz immer auch etwas museal. Aber man fühlt sich in diesem Schnitzler-Museum immer wohl und immer noch in der Moderne.»

(Jochen Hieber, *FAZ*, 16.5.2012)

FRAU BÖHM SAGT NEIN (2009) ★

P WDR 2009 **Sd** 21.10.2009, ARD **R** Connie Walther **B** Dorothee Schön **K** Peter Nix **M** Rainer Oleak **Sz** Alexander Scherer **Ko** Lore Tesch **S** Sabine Brose **T** Olav Gross **D** Senta Berger (Rita Böhm), Lavinia Wilson (Ira Engel), Stella Holzapfel (Pauline), Johanna Gastdorf (Frau Heisterkamp), Thomas Huber (Hochfeld), Ralf Dittrich (Jung), Folker Banik (Jacobs), Jürgen Haug (Schwarz), Michael Abendroth (Dressel)

Frau Böhm hat bei der Hewaro AG einen Vertrauensposten: Sie ist als Sachbearbeiterin für die Abrechnungen der Bezüge für die Vorstandsmitglieder zuständig. Sie wirkt in diesem New-Economy-Umfeld wie ein erratischer Block aus einer anderen Zeit: biederes Outfit, verhuschte Körpersprache, altmodisches Büro – aber auch andere Wertvorstellungen, nach denen die Moral vor der hemmungslosen Gewinnmaximierung kommt. Als das Unternehmen von einem anderen Konzern geschluckt wird, soll der Vorstand Millionenprämien kassieren – allein ihr Chef Dr. Hochfeld 50 Mio! –, während die Belegschaft von Massenentlassungen bedroht ist und der Betriebsrat nach Sexreisen auf Unternehmenskosten erpressbar ist. Frau Böhm, die jahrzehntelang loyal und verschwiegen dem Unternehmen gedient hat, verweigert die Anweisung der Gelder, nicht nur weil die Beschlussvorlage juristisch nicht haltbar ist, sondern weil sie diese Summen für unanständig hält. Sie informiert den Wirtschaftsprüfer, löst damit polizeiliche Ermittlungen aus und erhält dafür von der Belegschaft in der Kantine «standing ovations», was ihr freilich peinlich ist. Frau Böhms eigentlicher Widerpart ist jedoch ihre Kollegin, die ebenfalls auf der Prämienliste steht: Chefsekretärin Ira Engel, jung, dynamisch, smart. Aber sie steht auch unter Druck, weil sie sich als alleinerziehende Mutter von Job zu Job durchkämpfen muss. Während im Konflikt zwischen Rita Böhm und dem Konzern die Fronten klar sind, verwischen sie sich auf der menschlichen Ebene in der Auseinandersetzung mit Frau Engel, denn Loyalität, so könnte man den Erkenntniszuwachs beschreiben, besteht eben nicht nur im unauffälligen, schweigsamen Dienst. Am Ende kündigt Frau Böhm zwar erhobenen Hauptes, aber der Vorstand erhält seine Prämien doch noch.

Die von der entschieden gegen das Klischee besetzten Senta Berger gespielte Figur hatte ein reales Vorbild: eine Mitarbeiterin, die nach der Übernahme von Mannesmann durch Vodafone den Stein ins Rollen brachte.

Die Jury des Adolf-Grimme-Preises resümierte in ihrer Urteilsbegründung: «Vor allem aber gelingt das fast Unmögliche: hochkomplexe

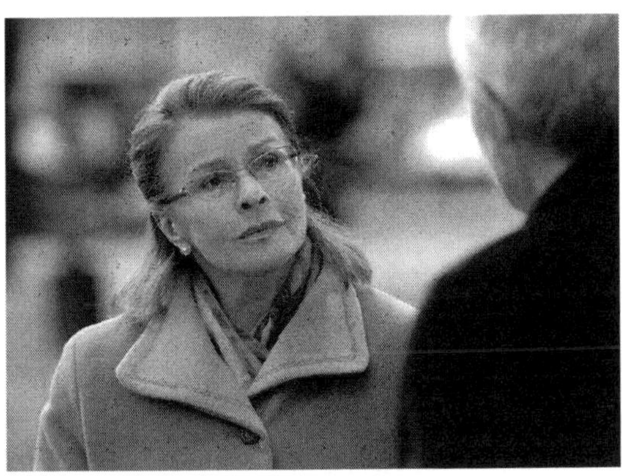

Senta Berger in FRAU BÖHM SAGT NEIN

und aktuellste wirtschaftliche Vorgänge als spannendes Fernsehspiel zu erzählen – fern jeglicher Lehrbuchhaftigkeit.»

DVD: Edel Germany

DIE FRAU DES ARCHITEKTEN (2003)

P MDR 2003 **Sd** 9.4.2003, ARD **R/B** Diethard Klante **L** Stefan Heym **K** Achim Poulheim **M** Ralf Wienrich **Sz** Andreas Schmid **Ko** Martina Müller **S** Jutta Brandstaedter **T** Michael Busch

D Jeanette Hain (Julia/Babette), Robert Atzorn (Arnold), Hans-Michael Rehberg (Daniel), Paul Peter (Julian), Matthias Maschke (Hans Hiller), Thomas Thieme (Tolkening), Heike Jonca (Frau Sommer)

1956 erhält der stalintreue DDR-Architekt Arnold Sundstrom, der in seiner Stadt gerade die «Straße des Weltfriedens» baut, Besuch von seinem ehemaligen Lehrer Daniel. Dieser wurde 1937 in der Sowjetunion als Opfer der stalinistischen Säuberungen nach Sibirien verbannt. Nun ist er begnadigt worden. Arnold hat seine wesentlich jüngere Frau Julia streng sozialistisch «erzogen». Sie, deren Mutter auch damals in der Sowjetunion hingerichtet wurde, sieht sich jäh aus ihrer naiven Gläubigkeit gerissen, als sie von Daniel erfährt, dass sowohl er als auch ihre Mutter unschuldig verhaftet wurden und Arnold es war, der sie damals denunziert hatte. Julia verlässt ihren Mann und entschließt sich, ins rebellische Ungarn zu gehen. Arnold, der die Zeichen der neuen poststalinistischen Ära, in der auch seine Arbeit kritischer beurteilt wird als vordem, noch nicht begreift, gelingt es nicht, sie zurückzuhalten.

Stefan Heym schrieb seinen Roman *Die Architekten* in den sechziger Jahren, ließ ihn jedoch erst 2000 erscheinen. Sein Thema ist die Kontinuität des stalinistischen Denkens in der DDR der fünfziger Jahre. Das reale Vorbild für Arnold Sundstrom ist unschwer als Hermann Henselmann zu identifizieren, der Architekt der Berliner «Stalinallee» (hier «Straße des Weltfriedens»). Der Film verschiebt den Fokus auf dessen Frau, die plötzlich selbst zu denken beginnt. Die politische Ebene tritt hinter das Beziehungsdrama zurück.

«In der Schwarz-Weiß-Malerei gehen die Wirklichkeiten zu Grunde. Bei Heym ist der schrittweise Aufbau des Finales zwingend und bestürzend, bei Klante wird alles in einem unsäglichen Beziehungsgesülze zwischen Julia und Arnold im See versenkt. (...) Zu viele überflüssige Symbole, zu viel Geschwätz, zu viel Thriller. Zu wenig Vertrauen in den brisanten Kern der Vorlage.»

(Ulrike Steglich, *epd medien* 29/30, 2003)

«Nichts zu mäkeln: Da stimmte Sujet wie Atmosphäre, die Darsteller entwickelten präzise Psychogramme, zeigten die divergierenden, allseits verquälten Überlebensstrategien von Individuen in einer Gleichmacherdiktatur.»

(W. O. P. Kistner, *Abendzeitung*, 11.4.2003)

DIE FRAU IN WEISS (1971)

P WDR 1971 **Sd** 16., 23., 30.5.1971, ARD (3 Teile) **R** Wilhelm Semmelroth **B** Herbert Asmodi **L** Wilkie Collins **K** Dieter Naujeck **M** Hans Jönsson **Sz** Paul Haferung **Ko** Brigitte Scholz **S** Wolfgang Richter

D Heidelinde Weis (Laura / die Frau in Weiß), Christoph Bantzer (Hartright), Eva Christian (Marian), Pinkas Braun (Sir Percival), Eric Pohlmann (Conte Fresco), Helmut Käutner (Fairlie), Edith Lechtape (Contessa), Hans Hinrich (Gilmore), Wolfgang Unterzaucher (Pesca), Alf Marholm (Merriman), Jenny Thelen (Mrs. Catherick), Arthur Jaschke (Dr. Dawson), Victor Beaumont (Herr in Schwarz)

Der Zeichenlehrer Walter Hartright kommt nach Limmeridge House, um den beiden Halbschwestern Marian und Laura das Malen beizubringen. Er verliebt sich in Laura. Da sie jedoch mit Sir Percival verlobt ist, macht sich Walter keine Illusionen. Laura hat eine Doppelgängerin: Die geheimnisvolle, dann und wann erscheinende «Frau in Weiß». Sie warnt Laura vor der Heirat mit Percival, der nur auf ihr Geld aus sei und berichtet Walter, Percival trage ein Geheimnis mit sich herum. Laura und Percival heiraten, Walter geht nach London zurück. Um an Lauras Erbe zu gelangen, lässt Percival Laura unter dem Namen Anne Catherick in ein Sanatorium einweisen – dies ist der Name der geheimnisvollen Doppelgängerin in Weiß. Als diese stirbt, wird sie als Laura beerdigt. Marian verhilft ihrer Halbschwester zur Flucht aus dem Sanatorium, doch niemand glaubt ihre Identität. Erst als sie zufällig Walter wieder treffen, gelingt es mit dessen akribischen Ermittlungen, die Wahrheit über Laura zu beweisen und auch Percivals Geheimnis zu lüften: Dessen Eltern waren nie verheiratet, er ist somit kein rechtmäßiger Nachfahre und ohne Anspruch auf Titel und Erbe. Beim Versuch, den Eintrag im Standesregister zu ändern, kommt Percival durch einen selbst gelegten Brand ums Leben. Walter und Laura heiraten und ziehen mit Marian nach Limmeridge House.

Die Verfilmung der ‹mystery novel› von Wilkie Collins, eine Mischung aus Melodram, Schauerroman und Kriminalgeschichte mit sozialkritischen Untertönen, war mit 9 Millionen Zuschauer eine der erfolgreichsten TV-Produktionen des Jahres 1971. Diese sahen eine sorgfältige Inszenierung, die nicht auf Effekte, sondern auf sich langsam entwickelnde Atmosphäre setzt, eine «Arbeit, die dem Senior der deutschen Fernsehregie zur Ehre gereicht, und von der zu hoffen ist, das ihre feinere englische Art möglichst vielen Zuschauern den Geschmack an Durbridge und Konsorten vergällt» (Rainer Grünwald, FK 24, 1971). Asmodi und Semmelroth verfilmten noch weitere Romane von Wilkie Collins (die übrigens von Arno Schmidt damals neu übersetzt worden waren): Der rote Schal (1973), Der Monddiamant (1974), Lucilla (1980).

DVD: Studio Hamburg / ARD Video «Straßenfeger» (zusammen mit Der rote Schal)

Die Frau vom Checkpoint Charlie (2007)

P MDR 2007 **Sd** 28.9.2007, arte (2 Teile) **R** Miguel Alexandre **B** Annette Hess **L** Ines Veith **K** Jörg Widmer **M** Dominic Roth **Sz** Lothar Holler **Ko** Ingrid Zoré **S** Andreas Herzog **T** Eric Rueff
D Veronica Ferres (Sara Bender), Maria Ehrich (Silvia), Elisa Schlott (Sabine), Peter Kremer (Peter Koch), Peggy Lukac (Marlene Engel), Filip Peters (Richard Panter), Michael Schenk (Hans Wimpel), Karl Kranzkowski (Horst Seelig), Bruno F. Apitz (Jochen Hailer), Winnie Böwe (Britta Sandfuß), Julia Jäger (Regina Pries), Götz Schubert (Martin Pries), Charlotte Schwab (Aenne Bubach), Katinka Auberger (Birgit Henning), Annette Blum (Frau Petrus)

Nachdem sie in ihrem Beruf Schikanen ausgesetzt ist, stellt die Erfurterin Sara Bender 1982 einen Ausreiseantrag. Als dieser abgelehnt wird, nimmt sie Kontakt zu einem professionellen Fluchthelfer auf. Die geplante «Republikflucht» soll in Rumänien stattfinden. Dort werden ihr die Papiere gestohlen und sie bekommt von der BRD-Botschaft in Bukarest West-Dokumente. Dann wird sie jedoch mit ihren beiden Töchtern in die DDR-Botschaft verschleppt und wieder in die DDR zurückgeflogen. Sie kommt in U-Haft, ihre Töchter landen im Heim. Das Urteil lautet auf 3 Jahre Gefängnis und Entzug des Erziehungsrechts über ihre Töchter. Verraten wurde sie von ihrem Freund, einem IM. Nach einem Freikauf darf sie 1984 in den Westen – aber ohne ihre Kinder. Ihr Antrag auf Familienzusammenführung wird abgelehnt, die Kinder kommen in eine Pflegefamilie. Da sie auf administrativem Weg nichts erreicht, stellt sie sich jeden Tag mit einem Plakat an den Grenzübergang «Checkpoint Charlie»: «Gebt mir meine Kinder zurück!» Obwohl sie anonyme Drohungen bekommt und überfallen wird, kann sie heimlich mit ihren Kindern Kontakt aufnehmen und Kassetten schmuggeln. Doch auf der politischen Ebene gilt sie mit ihren öffentlichen Aktionen als Störfaktor in den innerdeutschen Beziehungen. Auf der KSZE-Konferenz in Helsinki 1986 kettet sie sich mit dem Plakat «My children are hold captive in the GDR» fest. Nach einem gescheiterten Mordanschlag zwingt die internationale Publicity die DDR zu einer letzten Aktion: Mit der Lüge, ihre Mutter sei tödlich verunglückt, veranlasst man die Kinder eine Adoptionsurkunde zu unterzeichnen. Als die Kinder hinter die Wahrheit kommen, ist die Stasi mit ihrem Latein am Ende, zumal auch die an dieser Infamie Beteiligten Gewissensbisse bekommen. Am Checkpoint Charlie kann Sara Bender endlich ihre Kinder in die Arme schließen.

Der an einem authentischen Fall aus den achtziger Jahren orientierte Mehrteiler erzählt seine Geschichte als einen spannenden Thriller. Einer seriösen Aufarbeitung von Zeitgeschichte stehen jedoch die zahlreichen hinzuerfundenen Episoden, die emotionalen Zuspitzungen und eine als reine Heroin gezeichnete Hauptfigur entgegen – oder drastischer ausgedrückt:

«Die Spielfilmfassung diskreditiert ein redliches Anliegen durch übelste Verschnulzung. (...) In der Darstellung durch Veronica Ferres wird die tapfere Mutter zur Erfurter Jeanne d'Arc, allseits gerecht und immer hilfsbereit, deshalb Ziel finsterster Machenschaften der Stasi bis hin zum Mordversuch. Unter Druck gerät auch des Zuschauers Tränendrüse, wenn Jammer und Elend voll ausgekostet werden dank rührseliger Szenen, die es in Wahrheit nicht gegeben hat. Schöpferische Fantasie ist selbstredend erlaubt. Nur dient sie in diesem Fall nicht der Durchleuchtung eines kriminellen Systems oder einer packenden Charkteranalyse. Vielmehr entschieden sich die beteiligten Redaktionen für eine gefühlsduselige Mitleidstour und dumpfe Zährenschinderei.»

(Harald Keller, *FR*, 28.9.2007)

DVD: Universum

FREIER FALL (1996)

P ZDF 1996 **Sd** 24.1.1997, arte **R/B** Christian Görlitz **L** Bernd Sülzer **K** Michael Epp **M** Matthias Thurow **Sz** Bernd Gaebler **Ko** Gabriele Friedrich **S** Klaus Dudenhöfer **T** Reinhard Levin

D Josef Bierbichler (Edgar Wurlitzer), Florian Martens (Dr. Teichmann), Ulrich Tukur (Werner März), Julia Stemberger (Julia März), Birgit Doll (Yvonne Wurlitzer), Dieter Mann (Richter), Wilfried Dziallas (Polizist), Henning Venske (Reporter)

Baudezernent Wurlitzer fährt eine Frau tot und begeht Fahrerflucht. Der eigentliche Schock kommt erst hinterher: es war seine eigene Frau! Nun kommt er wegen Mordverdachts in U-Haft. Seine Frau hat Tagebücher geführt, die ihn schwer belasten: Schläge, Morddrohungen, Schiebereien bei Bauaufträgen zugunsten seines Architekten-Freundes März. Mit dessen Frau Yvonne hatte Wurlitzer ein Verhältnis, das März – ohne Yvonnes Wissen – offenbar geduldet hatte. Die beiden Freunde haben alles geteilt: die Geschäfte und die Frau. Rechtsanwalt Teichmann ist sich sicher, dass die Tagebücher eine Mischung aus Lüge und Wahrheit sind. Krank vor Eifersucht war Wurlitzers Frau offenbar zum Selbstmord entschlossen, um ihren Mann hinter Gitter zu bringen. Ihre Rechnung scheint aufzugehen. Als die Korruptionsvorwürfe öffentlich werden, gibt Wurlitzer sie zu, während März im Prozess lügt und im Gerichtssaal verhaftet wird. Doch Yvonne, die erkennen muss, dass sie für beide Männer nur ein Spielball war, rächt sich: Sie erklärt wahrheitswidrig, Wurlitzer habe ihr gegenüber den Mord an seiner Frau zugegeben. Dann bringt sie sich selbst um.

Eine intime, mit kühler Distanz inszenierte Geschichte, ein Psychothriller als Kammerspiel, das eine Männer-Gesellschaft desavouiert, die die Frauen untereinander austauscht und denen dann in letzter Konsequenz nur der Tod bleibt. Aber auch die Männerfreundschaften sind nichts wert, jeder versucht den anderen zu belauern und auszutricksen. Der «freie Fall» in den seelischen Abgrund demontiert die glatten Gesellschafts-Fassaden, hinter denen Rollenspiele stattfinden, denen die Protagonisten nicht gewachsen sind.

«Freier Fall ist ein Fernsehspiel der höchsten Klasse. Es ist einer der Filme, mit denen man sich auf ein ungeahntes Abenteuer begibt. Jeder Schritt, den die Protagonisten unternehmen, um sich zu retten, könnte auch in eine andere Richtung gehen. Es gibt kein Ziel auf dieser Reise durch die Hölle. So muss man ständig auf der Lauer sein. Dieser ‹Freie Fall› geht trudelnd und schlingernd ins Nichts, weil alle Schritte, die zur eigenen Rettung unternommen werden, sich gegen einen wenden.»

(Thomas Thieringer, *SZ*, 24.2.1997)

Die fremde Familie (2010)

P BR 2010 **Sd** 12.1.2011, ARD **R** Stefan Krohmer **B** Daniel Nocke **K** Benedict Neuenfels **M** Carsten Meyer **Ko** Silke Sommer **S** Boris Gromatzki **T** Steffen Graubaum
D Katja Riemann (Ira), Thomas Sarbacher (Marquard), Fritz Schediwy (Robert), Katja Nesytowa (Elisavet), Stephan Lucas (Bernd), Jan Messutat (Pfleger), Jean-Yves Berteloot (Brailly)

Ira Wolfens Vater ist nach einem Schlaganfall ein Pflegefall. Sie will ihn – auch aus finanziellen Gründen – nicht in ein Heim geben und engagiert deshalb als illegale Pflegehilfe Elisavet, ein junges Mädchen aus Rumänien. Iras Mann Marquard findet sich zunächst mit Iras Vater in der gemeinsamen Wohnung ab. Dann taucht Bernd auf, des Vaters Sohn aus zweiter Ehe, der Ira und Marquard mehr oder weniger verhasst ist, weil

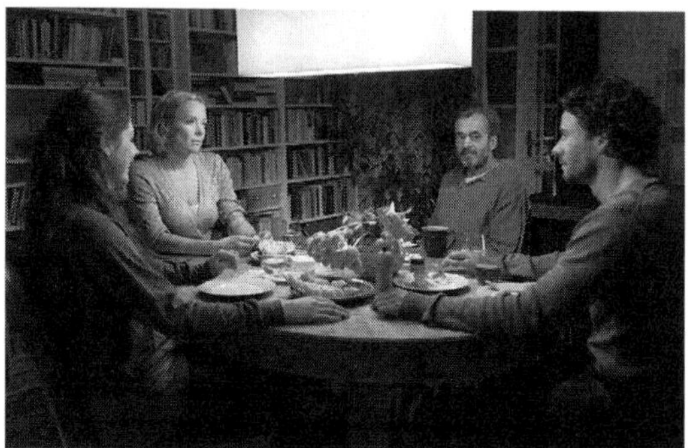

Katja Nesytowa, Katja Riemann, Fritz Schediwy und Stephan Lucas (v.l.n.r.) in DIE FREMDE FAMILIE

er nur von Vaters Geld lebt, das sie jetzt, wo sie sich um den Alten kümmern müssen, selbst brauchen würden. Bernd, der sich mit seinem Vater gut versteht, geht mit der Situation sehr locker um: Er sorgt für «Partystimmung» und geht auch gleich mit Elisavet ins Bett. Diese Konstellation sorgt für Zündstoff. Die Konflikte spitzen sich zu, als Ira und Marquard Elisavet wieder loswerden wollen. Das Mädchen sagt klipp und klar, was Iras eigentliches Problem ist, das sie auf ihrem, Elisavets, Rücken austragen will: der Halbbruder Bernd steht Ira bei ihrem Verhältnis zum schwierigen Vater im Weg. Ira gesteht Marquard außerdem, bei einem Kongress mit einem anderen Mann geschlafen zu haben. Marquard, der sich schon die ganze Zeit in seiner Wohnung wie ein Fremder fühlt, zieht daraufhin aus – und der Weg ist frei für die Klärung der Verhältnisse. Es kommt zur Annäherung zwischen Ira und ihrem Halbbruder Bernd, der den Vorschlag macht, nun, da Marquard weg ist, bei seiner Schwester einzuziehen und selbst seinen Vater zu pflegen. Ira sieht ein, dass sie ihre Familienprobleme auf dem Rücken anderer ausgetragen hat. Doch den Paukenschlag setzt am Schluss der Vater: Er gibt eiskalt zu, dass er seine Familie gehasst und die Zeugung seiner Kinder bereut hat.

«Die Kälte, mit der diese beiden Filmemacher ihr Personal betrachten, ist keine herabwürdigende Vivisektion, kein hämisches Zündeln und Zerstören, sondern vielmehr ein bohrendes Forschen, ein unnachgiebiges Wissenwollen, hinter dem sich ein großer Lebensdurst und eine selbstskeptische Sehnsucht verbergen. Wo können wir dem Leben wirklich trauen? Wer steht uns nah? Wie sind wir geworden, die wir sind? Leben wir in Nestern oder Zellen? Tröstet uns die Familie oder bringt sie uns langsam um?»

(Torsten Körner, *FK* 4, 2011)

DIE FREUNDE DER FREUNDE (2002) ★

P WDR 2002 **Sd** 23.10.2002, ARD **R** Dominik Graf **B** Markus Busch, Dominik Graf **L** Henry James **K** Hanno Lentz **M** Sven Rossenbach, Florian van Volxem **Sz** Claus Jürgen Pfeiffer **Ko** Barbara Grupp **S** Christel Suckow **T** Rupert Medell

D Matthias Schweighöfer (Gregor), Florian Stetter (Arthur), Sabine Timoteo (Billie), Jessica Schwarz (Pia), Tanja Schleiff (Veronika), Tabea Haynig (Marion)

Internatsschüler Gregor lernt auf einer Party die mysteriöse Billie kennen und verliebt sich in sie. Er glaubt, dass auf jeden Menschen irgendjemand wartet, der zu ihm gehört. Doch Billie, die das Internat abgebrochen hat, als sie schwanger wurde, ist so ganz anders als er, z. B. hat sie «Erscheinungen»: Leute tauchen bei ihr auf, die gerade in diesem Moment sterben. Das gleiche Erlebnis hatte auch Gregors bester Freund Arthur, der eine ganz andere Einstellung zu Frauen hat: er nimmt sie wie sie gerade kommen. Zurzeit ist er mit Pia befreundet, die auch Gregor gefällt, obwohl sie wiederum ganz anders als Billie ist: lebensfroher, «geerdeter». Billie verschwindet eines Tages so plötzlich wie sie gekommen ist, Gregor und Arthur ziehen nach München zum Studium. Billie taucht wieder auf, sie will sich von ihrem Mann scheiden lassen. Damit wäre sie frei für Gregor, der immer noch an die romantische Liebe glaubt. Gregor will Billie unbedingt Arthur vorstellen, doch jede verabredete Begegnung der beiden scheitert. An ihrem letzten Abend in München «sieht» Billie Arthur, dem sie nie begegnet ist, in ihrem Zimmer. Gregor ahnt, was das bedeutet: Arthur ist zur gleichen Zeit von jemand, den er erpresst hat, erschossen worden. Billie entschwindet für immer aus Gregors Leben, doch mit Arthur ist sie auf einer höheren, «geisterhaften» Ebene verbunden. Sie stirbt ein Jahr später bei einem Fahrradunfall, einem «inneren Ruf» folgend.

Wie zuvor seinen Kinofilm DER FELSEN (2000) drehte Dominik Graf auch diese in die Gegenwart verlagerte Adaption einer Henry-James-Erzählung mit digitaler Videotechnik, was ruhelose, wacklige Bilder ergab. Das Thema, die Sehnsucht nach der großen, aber unerreichbar bleibenden Liebe, ist so geschickt mit einer übersinnlichen Ebene verwoben, dass der spirituelle Aspekt nie störend wirkt: er markiert die Phantome, denen man im Leben hinterherjagt, aber die nie zu fassen sind.

«Das Übersinnliche artikuliert sich weniger als Thema, als Plot, sondern als Atmosphärisches. Der Film löst alle festen Konturen auf, schafft düstere, fragile, verschattete Stimmungen, die für wenig lichte Momente sorgen. Die digitale Kamera von Hanno Lentz ist immer nah an den Schauspielern, die auch deshalb so präsent sind, weil ihr Spiel den technischen Apparat zu ignorieren scheint. Sie entwickeln eine Intensität, die sich offensichtlich dem Konzept Dominik Grafs verdankt, ihre so ganz und gar dem Zeitgeist der forcierten Coolness zuwiderlaufenden Rollen mit unbedingtem Ernst zu spielen» (Begründung der Jury des Adolf-Grimme-Preises).

Literatur: Felix Lenz: Widerspruch in Bewegung. Zum Filmwerk von Dominik Graf, in: *Bewegungen im neuesten deutschen Film, Augen-Blick* 47, Marburg 2010, S. 6–35. – Ders.: Urelemente und Milieu. Die Coming-of-Age-Filme von Dominik Graf, in: *Im Angesicht des Fernsehens. Der Filmemacher Dominik Graf*, München 2012, S. 156–180.

DVD: Edel Germany

G

Gedenktag (1970)

P NDR 1970 **Sd** 31.5.1970 **R/B** Dieter Wedel **K** Wolfgang Zeh **Sz** Albrecht Becker, Herbert Kirchhoff **Ko** Dore Clemens **S** Brigitte Kirsche **T** Hans Diestel **RAss** Bruno Jantoss **D** Wolfgang Hagemeister (Sowada), Walter Riß (Fiebelkorn), Joachim Wolff (Geye), Harry Kalenberg (Otmar), Claus Eberth (Werner David), Hubert-Paul Mittendorf (Maurer), Franz Rudnick (Merkel), Gottfried Kramer (Krümel), Peter Petran (Bechtold), Gernot Endemann (Günther Steckel), Horst Warning (Wippenhohn), Gerhard Schinschke (Stasi-Beamter), Olav Sveistrup (Giese), Georg Eilert (Bürgermeister), Kurt Buecheler (Staatsanwalt), Franz-Josef Steffens (Abendroth), Sprecher: Dieter Borsche

Wedels Ziel war es, mit diesem Film Irrtümer, Mythen und Legenden, die sich um den im Westen mit nationalem Pathos begangenen Gedenktag 17. Juni rankten, zu korrigieren, z. B., dass die Arbeiter 1953 von vornherein mit der Absicht auf die Straße gingen, die DDR-Regierung zu stürzen und die Wiedervereinigung zu betreiben, während sie von der DDR als West-Agenten diffamiert wurden. Seine Rekonstruktion der Ereignisse dieses Tages, wie sie sich in Bitterfeld abgespielt haben, betont das spontane und amateurhafte Vorgehen der Streikenden, die ihre Aktionen ohne politische Pläne begannnen. Die befragten Mitglieder des damaligen Streikkomitees – Fiebelkorn, Lehrer in Bitterfeld, Sowada und Geye, Arbeiter im «Elektrochemischen Kombinat» (die am Tag nach dem gescheiterten Aufstand in den Westen geflüchtet waren) und die nach ihren, allerdings widersprüchlichen Angaben gedrehten Spielszenen sehen den Beginn der Aktionen als Reaktion auf die Verhaftung eines Lehrlings des Kombinats durch die Staatssicherheit. Da der Lehrling verschwunden bleibt, initiiert Sowada einen Streik, ohne von den Ereignissen in Berlin etwas zu wissen. Die Streikenden – durch die vorangegangenen Normerhöhungen besonders motiviert –, denen sich immer mehr Arbeiter von anderen Betrieben anschließen, marschieren in die Stadt und skandieren Parolen wie «Wir wollen Freiheit, Recht und Brot, sonst schlagen wir die Bonzen tot» (was sie jedoch nicht wörtlich meinen, da sie kein Blutvergießen wollen). Sie halten eine Kundgebung ab, stürmen die Polizeistation, befreien im Folterkeller des Stasi-Gebäudes die politischen Gefangenen (die in ihren Zellen im eiskalten Wasser stehen müssen) und setzen den Bürgermeis-

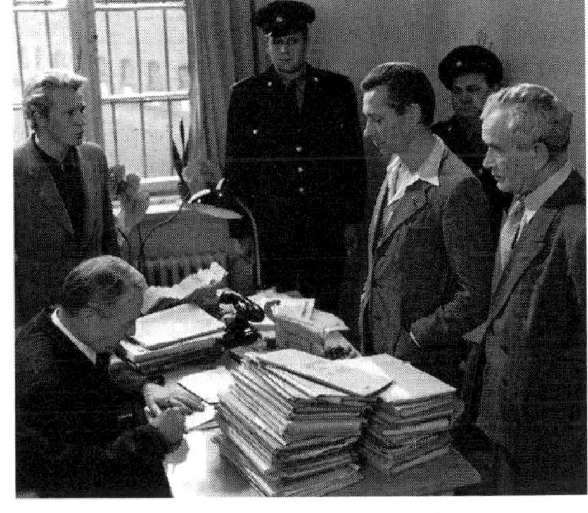

Gernot Endemann, Kurt Buecheler, Walter Petersen und Walter Riß (v.l.n.r.) in Gedenktag

ter ab. Zu ihrer eigenen Überraschung stoßen sie nirgends auf Widerstand, sind wie berauscht von ihrer plötzlichen Macht, zumal nun langsam die Nachrichten aus den anderen Städten der DDR durchsickern. Nun, im Glauben die «Revolution» habe überall gesiegt und die Russen werden nicht auf deutsche Arbeiter schießen, fordern auch sie die Wahl einer neuen Regierung. Doch als in Berlin der Ausnahmezustand verhängt wird, wissen sie nicht, wie es weitergehen soll. Dann kommen die russischen Panzer und der kurze Traum von der Freiheit ist ausgeträumt.

Doch auch das Dargestellte ist nun nicht die unwiderlegbare «Wahrheit» über den 17. Juni. Der Autor enthält sich eines eigenen Kommentars und stellt die widersprüchlichen Aussagen einander gegenüber. Beabsichtigt war wohl auch weniger die kritische Deutung eines zeitgeschichtlichen Ereignisses, als vielmehr ein Lehrstück über unpolitischen Dilettantismus zu liefern. Die Rekonstruktion des Bitterfelder Tages verliert sich zuweilen im Anekdotisch-Banalen, der ideologische Kontext bleibt unreflektiert.

«Gesamtdeutsch an dem ‹Tag der deutschen Einheit› ist die Lüge: Hüben wird eine Teilschuld für die Spaltung auf ein zu spätes Datum und auf die falschen Kräfte geschoben, und drüben dient er, um unterdrückte Spannungen in eine ‹Provokation› der anderen Seite umzulügen. Hier wie dort ist die Alibi-Funktion klar zu erkennen. Die ‹objektive› Darstellung der Revolte durch Wedel entlarvt aber nur eine Hälfte der Lüge, die Lüge der SED. Gedenktag wäre progressiv, wenn es eine Produktion des Deutschen Fernsehfunks in Ostberlin wäre. In erster Linie die andere Seite zu entlarven aber ist gleichbedeutend mit einer reaktionären Haltung.»

(Egon Netenjakob, *Fernsehen und Film* 6, 1970)

Gegen Ende der Nacht (1998) ★

P SDR/DRS/ORF 1998 **Sd** 29.4.1998, ARD **R/B** Oliver Storz **K** Hans Grimmelmann **M** Werner Fischötter **Sz** Klaus-Peter Platten **Ko** Nikola Hoeltz **S** Jürgen Lenz
D Stefan Kurt (David Gladbaker), Karoline Eichhorn (Karin Katte), Felix Eitner (Rudi), Bruno Ganz (Fehleisen), Caroline Ebner (Inge), Ueli Jäggi (Landser), Heidy Forster (Lina), Patriq Pinheiro (Fahrer)

In einem Dorf in der Nähe von Heilbronn wird im August 1945 die fünfköpfige Famile Danner ermordet aufgefunden. Die nackten Toten sind mit SS-Runen verunstaltet. CIC-Officer Dave Gladbaker übernimmt die Ermittlungen. Da die Toten anständige Leute waren, scheidet ein Racheakt von Denunzierten oder ehemaligen Zwangsarbeitern aus. Es könnte jedoch sein, dass die Tochter der Danners mit jemand anderem verwechselt wurde. In Gladbakers Visier gerät die junge Flüchtlingsfrau Karin Katte, die bei den Danners wohnt, aber zur Tatzeit gerade nicht anwesend war. Sie sieht der Danner-Tochter tatsächlich sehr ähnlich. Gladbaker hat Karin im Verdacht, Aufseherin im KZ Majdanek gewesen zu sein, Fotos scheinen dies zu bestätigen. Gladbaker, dessen Eltern im Vernichtungslager umgekommen waren, verliebt sich in Karin, die seine Gefühle erwidert. Sie gesteht ihm nur ein Detail, nämlich in Lublin als Krankenschwester gewesen zu sein und einmal stellvertretend für eine Ärztin KZ-Häftlinge selektiert zu haben. Gladbaker ist im Zwiespalt: Wenn er Karin verhaftet, wird sie nach Polen ausgeliefert. Doch Karin nimmt ihm die Entscheidung ab. Sie schnappt sich seine Pistole, verschwindet und wird nicht mehr gesehen. Karins Vergangenheit und der Mord an den Danners bleiben unaufgeklärt.

Während Oliver Storz in ➲ Drei Tage im April die Frage nach Schuld und Unschuld, Recht und Unrecht noch an einem anschaulichen Fall exemplifiziert hatte, ist das deutsche Drama hier auf eine wesentlich abstraktere Ebene gehoben. Der konkrete historische Raum mit Verbrecher, Tätern und Opfern ist aufgegeben zugunsten einer eher existentiell angelegten Studie über Zweifel und Misstrauen.

Aus der Begründung der Jury des Adolf-Grimme-Preises: «Gegen Ende der Nacht ist so aufgebaut wie ein Puzzle, das viele Doppelbruchstellen hat. Die große emotionale Spannung ergibt sich gerade dadurch, dass nie gewiss ist, ob das Spiel aufgeht, ob die Täter – der Morde zu Beginn, der Vernichtungslager – zu erkennen sind. So wird dieser Film zu einem Alptraum: Die Fakten entziehen sich im Gemenge aus Hass und Erotik, Verdrängung und Wehmut, und dann ergibt sich daraus ein ganz anderes Spiel, banal und zerstörerisch. In der Regie von Oliver Storz lassen Karoline Eichhorn, Stefan Kurt und Bruno Ganz ihre Figuren irritierend undefiniert. Darin liegt die Stärke: Man muss das aushalten, dieses Schwanken zwischen Sympathie und schreckensvoller Ablehnung.»

Das Unentschiedene und das Offenbleiben der Schuldfrage stießen auch auf Kritik:

«Storz wählte diesmal sorgsam gepuderte Samthandschuhe. Gezieltes Nachfragen nach Schuld und Verantwortung gab es nicht oder blieb Dekoration für eine laszive Liebelei zwischen zwei bedeutungsschwangeren Schweigern beiderlei Geschlechts. Insofern hinkte der famos ausstaffierte Film hinter erreichten Erkenntnissen und filmischen Fiktionen hinterher und könnte von falscher Seite ohne weiteres gänzlich missverstanden werden.»

(Christian Hörburger, *FK* 19, 1998)

Die Geisel (2003)

P NDR 2003 **Sd** 8.10.2003, ARD **R** Christian Görlitz **B** Christian Görlitz, Uta König **L** Katharina Bennefeld-Kersten **K** Johannes Geyer **M** Matthias Thurow **Sz** Bernd Gaebler **Ko** Susanne Platz **S** Klaus Dudenhöfer **T** Volker Zeigermann

D Suzanne von Borsody (Ella Jansen), Jürgen Vogel (Komm. Scholl), Christian Redl (Vollmer), Ralph Herforth (Bernd Meyer), Sylvester Groth (Olaf Bodenteich), Oliver Stokowski (Lienau), Dieter Mann (Dr. Strucks), Martin Brambeck (Köppe), Imogen Kogge (Sabine Lichtenfeld), Josef Ostendorf (Frank Voss), Iris Minich (Johanna Wöller), Monika Barth (Kommissarin)

Der wegen Doppelmords inhaftierte Lienau bringt eine JVA-Angestellte mit einem Messer in seine Gewalt. Die Gefängnisdirektorin Ella Jansen lässt sich gegen die Geisel austauschen. Lienau will eigentlich nur bessere Haftbedingungen, weshalb Ella Jansen sicher ist, die Situation einfach zu klären. Aber das Innenministerium verlangt von der Polizei, demonstrativ Härte zu zeigen – v. a. um das liberale Justizministerium zu düpieren – und setzt einen völlig überflüssigen SEK-Einsatz durch. Als Lienau merkt, dass ein Einsatz läuft, vergewaltigt er Ella Jansen. Trotzdem gelingt es ihr, ihn zum Aufgeben zu bewegen. Das Innenministerium lässt in den Medien verbreiten, das SEK habe die Anstaltsleiterin befreit und diese stehe unter Schock. Außerdem «enthüllt» die Presse «schockierende Zustände» in der JVA. Es habe sexuelle Beziehungen zwischen Häftlingen und weiblichen Justizangestellten gegeben und in der Zelle Lienaus seien 18 Messer gefunden worden. Ella Jansen ist empört. Als auch noch die Justizministerin, die bislang frauensolidarisch auf ihrer Seite stand, unter dem Druck der Öffentlichkeit Jansens Beurlaubung durchsetzen will, setzt diese alles daran, die Hintergründe aufzuklären. Mit Hilfe eines Gefängniswärters – der Lienau auch das Messer zugespielt hatte – hat das Innenministerium eine Intrige gegen den Strafvollzug unter weiblicher Leitung eingefädelt, bei der auch der SEK-Direktor mitgespielt hat. Ella Jansen kommt zu dem Schluss: «Der Innenminister hat mich vergewaltigen lassen.»

Der Film geht auf einen authentischen Vorfall 1996 in Salinenmoor bei Celle zurück und basiert auf dem Buch der damaligen Anstaltsleiterin Katharina Bennefeld-Kersten. Er reduziert die damalige Affäre jedoch auf den Konflikt zwischen chauvinistischen Politikern und deren Angst vor weiblicher Dominanz in ihrer männlichen Domäne. Dabei kam zwar ein spannender Politthriller heraus, der jedoch mit argen Schwarz-Weiß-Schablonen operiert: auf der einen Seite die heilige Johanna der Gefängnisse, auf der anderen ein finsterer Intrigantenstadel von Politikern und Polizei.

Geliebt in Rom ➲ Kaddisch nach einem Lebenden

Die Gentlemen bitten zur Kasse (1966)

P NDR 1966 **Sd** 8., 10., 13.2.1966, ARD (3 Teile) **R** John Olden, Claus Peter Witt **B** Henry Kolarz **K** Gerald Gibbs **M** Heinz Funk **Sz** Matthias Mathies **Ko** Eva Sheppard **S** Monika Taddsen-Erfurth **T** Horst Faahs **D** Horst Tappert (Michael Donegan), Hans Cossy (Patrick Kinsey), Günther Neutze (Archibald Arrow), Karl-Heinz Hess (Geoffrey Black), Hans Reiser (Thomas Webster), Rolf Nagel (Gerald Williams), Wolfgang Weiser (Harold McIntosh), Harry Engel (George Slowfoot), Wolfram Schaerf (Andrew Elton), Günther Tabor (Ronald Cameron), Wolfried Lier (Walter Lloyd), Franz Mosthav (Alfred Frost), Kurt Conradi (Arthur Finegan), Horst Beck (Twinky),

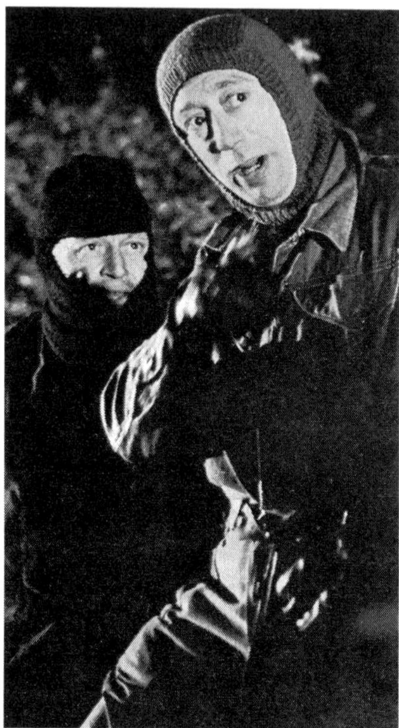

Wolfried Lier und Horst Tappert in Die Gentlemen bitten zur Kasse

Paul Edwin Roth (Peter Masterson), Kai Fischer (Inge Masterson), Günther Meisner (Jackon), Albert Hoerrmann (Montague), Grit Böttcher (Jennifer Donegan), Eleonore Schroth (Eileen Black), Sylvia Lydi (Suzy Fast), Siegfried Lowitz (Dennis McLeod), Lothar Grützner (Sgt. Robbins), Dirk Dautzenberg (Sgt. Davies), Alexander Golling (Gerichtsvorsitzender), Sprecher: Hans-Günter Martens

Im Wesentlichen den tatsächlichen Geschehnissen folgend, rekonstruiert der Film den bis dahin größten Raubzug aller Zeiten: den Überfall auf einen englischen Postzug im Jahr 1963. Die Bande besteht aus «Gentlemen-Gangstern», die zwar vorbestraft sind, aber bürgerliche Berufe ausüben: Antiquitätenhändler, Friseur, Maler, Buchmacher, Perückenhändler, Rennfahrer. Kopf der Bande ist Ex-Major Donegan, der mit militärischer Präzision agiert und entsprechende Disziplin einfordert. Zur Finanzierung des Projekts («Betriebskapital») überfallen sie eine Bank am Flughafen. Dann heuern sie eine Reihe von Hilfsarbeitern an, darunter einen Elektriker, der sich mit Signalen auskennt. Sie stoppen den Zug, koppeln die Wagen mit dem Geld ab (es sind abgenutzte Banknoten, die in London eingestampft werden sollen) und verladen die Säcke auf bereitgestellte Lastwagen. Ihre Beute besteht aus der ungeheuren Summe von zweieinhalb Millionen Pfund. Sie verstecken sich in der abgelegenen Woodlands-Farm, die sie vorher gekauft hatten. Da die Polizei die ganze Gegend durchkämmt, muss die Bande, unter der sich langsam Disziplinlosigkeit breitmacht, wieder verschwinden. Als die Polizei die Woodlands-Farm entdeckt, findet sie trotz aller Vorsicht der Gangster doch einige Fingerabdrücke. Unter bereitwilliger Mithilfe der Bevölkerung – es sind 260000 Pfund Belohnung ausgesetzt – werden die meisten Räuber geschnappt und zu 30 Jahren Gefängnis verurteilt. Vier, darunter Donegan, sind noch auf freiem Fuß. Ihnen gelingt sogar, mehrere ihrer Kumpane aus dem Gefängnis zu befreien.

Der Dreiteiler gehört zu den großen Krimi-Klassikern des deutschen Fernsehens. Bemerkenswerterweise steht nicht die Polizeiarbeit im Mittelpunkt, sondern die Perspektive der Gangster. Der Zuschauer identifiziert sich mit ihnen aufgrund ihrer positiv besetzten Tugenden wie Disziplin, Solidarität, Organisationstalent. Diese Tugenden lösen sich im zweiten Teil auf, die Charaktermasken fallen ab. Im dritten Teil bricht die Bande völlig auseinander, es regiert der nackte Egoismus. Der Film wurde in England mit englischem Kameramann gedreht (obwohl die britischen Behörden nicht alle Drehgenehmigungen erteilten) und war mit zwei Millionen DM Kosten eine der teueren Produktionen. Regisseur John Olden starb während der Dreharbeiten, Claus Peter Witt setzte seine Arbeit ohne erkennbaren Bruch fort.

DVD: Studio Hamburg / ARD Video

Gerhard Langhammer und die Freiheit ➲ Preis der Freiheit

Die Geschichte von Joel Brand (1964) ★

P WDR 1964 **Sd** 15.11.1964, ARD **R** Franz Peter Wirth **B** Heinar Kipphardt **L** Alex Weissberg **K** Karl Schröder **Sz** Rolf Zehetbauer **Ko** Margit Bardy

D Robert Graf (Sprecher), Emil Stöhr (Joel Brand), Herwig Walther (Eichmann), Alexander Hegarth (Dr. Kastner), Harry Kalenberg (Becher), Gerhard Jentsch (von Klages), Alfons Höckmann (Bandi Grosz), Doris Schade (Hansi Brand), Alph Rainau (Menachem Bader), Ludwig Anschütz (Chaim Barlasz), Hannes Tannert (Lord Mayne), Reinhard Glemnitz (Cpt. Tunney)

In Form eines szenischen Berichts, durch den ein Sprecher in einem «Dokumentationszentrum» führt, rekonstruiert das Fernsehspiel den gescheiterten Versuch, die Deportation der ungarischen Juden nach Auschwitz zu verhindern. Es ist die «Geschichte eines Geschäfts». Joel Brand arbeitet 1944 in der Leitung der illegalen «Waada», des jüdischen Rats für Rettung und Hilfe in Budapest. Im Auftrag der Waada verhandelt er mit Adolf Eichmann, um möglichst viele Juden vor der Deportation zu bewahren. Die Chancen stehen nicht schlecht, denn Eichmann handelt im Auftrag Himmlers, der durch ein Entgegenkommen in der «Judenfrage» separate Verhandlungen mit den Alliierten erreichen will. Eichmann schlägt Brand einen Menschenhandel vor: 1 Million Juden gegen 10000 Lastwagen für die Ostfront. Brand soll durch Kontakte mit den Alliierten die «ökonomischen Ressourcen des Weltjudentums» für dieses «Geschäft» mobilisieren. Er reist nach Konstantinopel, um mit der dortigen jüdischen Hilfsorganisation, der «Sochnuth», das weitere Vorgehen zu beraten. Dort wartet man auf eine Vollmacht aus Jerusalem, Brand kann Eichmann lediglich ein Zwischenabkommen ankündigen. Währenddes-

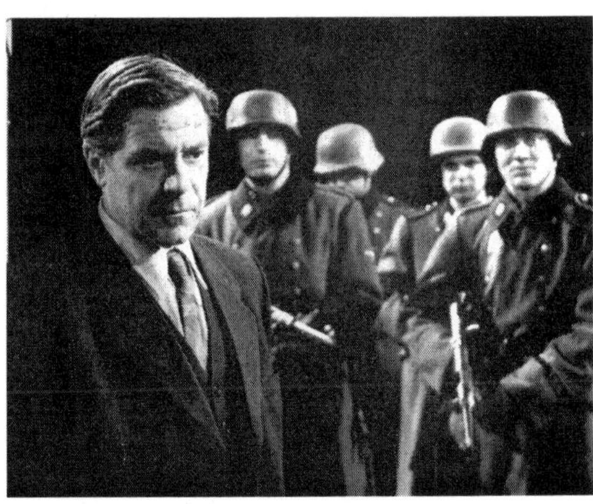

Die Geschichte von Joel Brand mit Emil Stöhr

sen beginnen in Ungarn die Deportationen, die Eichmann erst einstellen will, wenn ein Vertrag aus Konstantinopel vorliegt. Brand reist weiter nach Syrien, um sich mit alliierten Vertretern zu treffen, wird von diesen nach Kairo weitergeschickt und dort festgehalten. Joel Brand ist verzweifelt, denn die Allierten glauben nicht an die Ernsthaftigkeit des Angebots, vermuten einen Trick der SS – und vor allem: sie wissen nicht, was sie mit 1 Million Juden machen sollen. Schließlich macht die britische Nachrichtenagentur Reuters den geplanten Menschenhandel öffentlich, denunziert ihn als «psychologische Kriegsführung der Nazis». Joel Brands Mission ist gescheitert. Zwischen dem 15. Mai und dem 8. Juli 1944 werden 434000 ungarische Juden nach Auschwitz deportiert und ermordet. «Hätten sie gerettet werden können?» fragt der Sprecher am Schluss.

Hier legitimieren sich die Nationalsozialisten nicht mehr über ihre Ideologie, sondern sie sind reduziert auf das nackte verbrecherische Geschäft, in das sie die Juden, die gezwungen sind, mit ihnen zu verhandeln, mit hineinziehen. Die offene Form mit einem aus den Akten lesenden Sprecher verleiht der Inszenierung dokumentarische Nüchternheit. Kipphardts vom Fernsehspiel stark abweichende Bühnenfassung hatte 1965 an den Münchner Kammerspielen Premiere (Regie: August Everding) mit Robert Graf als Brand und Romuald Pekny als Eichmann.

Text in: Hansjörg Schmitthenner (Hrsg.): *Acht Fernsehspiele*, München: Piper, 1966.

GESCHLOSSENE GESELLSCHAFT (1978)

P DFF 1978 **Sd** 29.11.1978, DFF; 30.4.1990, ARD **R** Frank Beyer **B** Klaus Poche **K** Hartwig Strobel **M** Günther Fischer **Sz** Manfred Glöckner **Ko** Elisabeth Lützenberg **S** Edith Kaluza **T** Rudi Woska

D Jutta Hoffmann (Ellen), Armin Müller-Stahl (Robert), Sigfrit Steiner (Karl), Andreas Pfaff (Nicky), Walter Plathe (Bernd)

Das Ehepaar Ellen und Robert will mit dem kleinen Sohn und zwei weiteren Ehepaaren Urlaub in einem abgelegenen Ferienhaus machen. Da die anderen Paare nicht kommen (das eine verunglückt bei der Anreise, das andere ist dienstlich verhindert), ist die kleine Familie allein im Haus. Diese Situation der Isolierung lässt latente Konflikte offen ausbrechen. Robert gesteht, Ellen betrogen zu haben, sie ist tief verletzt und entschlossen gleiches zu tun. Beide entdecken im Alleinsein Abgründe im anderen, die durch ihr bisheriges Funktionieren innerhalb gesellschaftlicher Zwänge verschüttet waren. Die Entfremdung im Berufsleben wird von der Familie nicht aufgefangen, weil auch die Flucht ins Private misslungen ist: «Wer bei uns seine vier Wände verlässt, der ist einsam; es ist verflucht wenig los da draußen». Nur der alte Hauswart relativiert gelegentlich ihre aufeinanderprallenden Egoismen ein wenig. Bei ihm findet auch Ellens und Roberts Sohn die Zuneigung, die er bei seinen Eltern vermisst (er simuliert eine Gehstörung, um auf sich aufmerksam zu machen – ein Zitat aus Michelangelo Antonionis Film DIE ROTE WÜSTE). Dies bringt auch die beiden Entfremdeten zur Einsicht in ihr Versagen und zum neuerlichen Versuch einer Annäherung («Warum weiter Schüsse auf uns abgeben, wir bluten ja schon wie die Schweine»). Ob sie klüger geworden sind, bleibt offen.

Das Thema dieses vor allem formal herausragenden Films – die Suche nach individuellem Glück und eine Ehekrise, die nicht zuletzt in gesellschaftlichen Ursachen gründet – rief die staatlichen Repressionsinstanzen auf den Plan, da der Eindruck entstanden war, in der sozialistischen Gesellschaft könne der Glücksanspruch der Menschen nicht verwirklicht werden. Weil man nach der Biermann-Ausbürgerung (1976) und der kurz zuvor erfolgten Absetzung von Egon Günthers ➲ Ursula einen weiteren kulturellen Skandal vermeiden wollte, wurde der Film nicht verboten, sondern im Spätprogramm versteckt und beschwiegen. Eine Wiederaufführung erlebte er erst nach der Wende. Unabhängig von dieser Unterdrückungspraxis liegt der Rang dieser Szenen einer Ehe nicht im DDR-Bezug, sondern in der stilistischen Umsetzung einer Beziehungskrise: Die Kälte und Fremdheit zwischen den Figuren ist in karge, spröde, lakonische Bilder gefasst, und die stilisierte, literarische Sprache lässt die Interaktion wie eine Versuchsanordnung erscheinen.

«Geschlossene Gesellschaft kann sich in der Analyse zwischenmenschlicher Konflikte durchaus mit den Szenen einer Ehe (1973, Ingmar Bergman) messen. In der atmosphärisch dichten Kritik an verkrusteten Verhältnissen erinnert er an die besten Arbeiten Michelangelo Antonionis, und in der bewusst stilisierenden Bildgestaltung mit optischen Kompositionen, die an Gemälde denken lassen (wie beim Blick aus dem Nachbarzimmer durch den Rahmen der offenen Tür auf die scheinbar an die konfrontierenden Tischkanten gefesselten Eheleute) knüpft er eigenschöpferisch an die ruhigen, dem Zuschauer unvergesslichen ‹Filmgemälde› aus Pirosmani (1969, Georgi Schengelaja) an.»

(Hans Müncheberg)

Literatur: Hans Müncheberg, in: Ralf Schnelle (Hrsg.): *Regie: Frank Beyer*, Berlin 1995, S. 216–221.

Eine geschlossene Gesellschaft (1987) ★

P WDR 1987 **Sd** 1., 8.12.1987, WDR 3 (2 Teile) **R/B** Heinrich Breloer **K** Michael Giefer **M** Hans-Peter Ströer **Sz** Peter Pelzer **Ko** Detlef Papendorf **S** Wolfgang Richter **T** Klaus Esefeld

D Ernst Jacobi (Direktor), Daniel Breloer (Heinrich), Jens Daniel Herzog (Heinrich als Abiturient), Wolf-Dietrich Sprenger (Präfekt), Olaf Kreutzenbeck (Religionslehrer), Gabriele Garsoffky (Mutter), Hans-Gerd Kilbinger (Vater), Gisela Trowe (Kunsterzieherin), Hans Joachim Grau (Siegfried), Dietmar Bär (Klaus), Justus von Dohnanyi (Norbert), Ben Becker (Hermann)

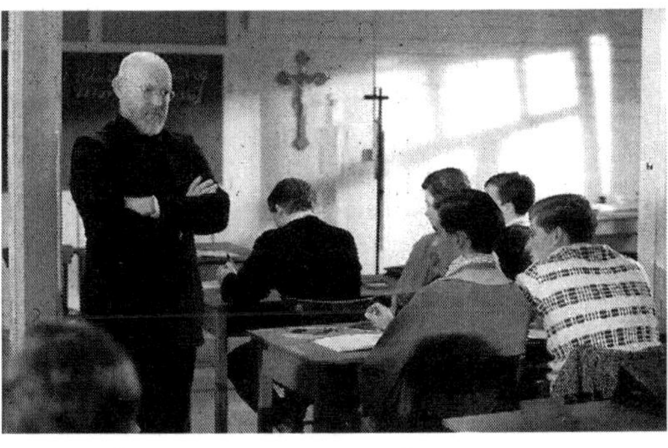

Ernst Jacobi in Eine geschlossene Gesellschaft

Mit der für ihn typischen Mischung aus Interviews und nachgespielten Szenen, die geschickt ineinandergeschnitten sind, unternahm Autor und Regisseur Heinrich Breloer eine autobiografische Exkursion mit zeitgeschichtlicher Dimension. Während die Eltern in die Wirtschaftswunder-Karriere abtauchen, wird er in den 50er Jahren in das streng katholische Internat Canisianum in Lüdinghausen geschickt. 30 Jahre nach dem Abitur spürt er seine ehemaligen Mitschüler auf, befragt sie nach ihren Erinnerungen und ihrem Leben. Das Internat sollte in jeder Hinsicht eine «geschlossene Gesellschaft» sein, abgedichtet auch auch gegen Gesellschaft und Kultur der Adenauerzeit. Der Direktor, unter den Nazis im KZ Dachau interniert, versuchte ein «katholisches Schulimperium» zu errichten, in dem die Schüler streng nach Kategorien von «Schuld» und «Sünde» erzogen und einem reglementierten Tagesablauf aus Frühmesse, Unterricht, Silentium unterworfen wurden. Dennoch geht es Breloer nicht um Denunziation oder Anklage, seine Fragetechnik zielt vielmehr auf Verstehen und Einfühlung. In den Interviews und Spielszenen (in denen Breloer von seinem Neffen verkörpert wird) zeigt sich, dass die völlige Anpassung und Unterwerfung der Schüler unter die rigiden Moralvorstellungen nicht gelungen ist, da «das Leben» sich nicht hat aussperren lassen. Die Jungen organisierten ihre kleine Freiheiten, hatten ihre Heimlichkeiten (die natürlich ein schlechtes Gewissen hervorriefen) wie Comics lesen, Rauchen und Musik hören, und vollends in der Oberstufe ließ sich das freie Denken nicht mehr aufhalten. Man las heimlich Nietzsche, Sartre und Joyce, diskutierte über moderne Kunst und Philosophie. Für einige Schüler öffnen sich Türen aus der geschlossenen Gesellschaft, einige bleiben aber auch für ihr Leben gezeichnet.

DVD: Die Zeit Dokumentation

DIE GESCHWISTER OPPERMANN (1982) ★

P ZDF 1982 **Sd** 30., 31.1.1983, ZDF (2 Teile) **R/B** Egon Monk **L** Lion Feuchtwanger **K** Wolfgang Treu **M** Alexander Goehr **Sz** Ellen Schmidt **Ko** Ingeborg Desmarowitz **S** Egi Gielisch **T** Norbert Giebel

D Wolfgang Kieling (Martin), Rosel Zech (Lieselotte), Till Topf (Berthold), Michael Degen (Gustav), Ilona Grübel (Sybil), Peter Fitz (Edgar), Britta Pohland (Ruth), Kurt Sobotka (Jacques Lavendel), Andrea Dahmen (Klara), Manuel Vaessen (Heinrich), Christoph Quest (Joachim Ranzow), Gert Haucke (Mühlheim), Kurt-Otto Fritsch (Brieger), Achim Strietzel (Hintze), Eberhard Fechner (Wels), Klaus Mikoleit (Dr. Vogelsang), Otto Kurth (François), Elisabeth Wiedemann (Frau François), Wolfgang Bahro (Kurt Baumann), Martin Floerchinger (Geheimrat Lorenz), Eva Brumby (Oberschwester Helene)

Im November 1932 versammeln sich die Geschwister Oppermann im Chefkontor ihres Möbelhauses in der Berliner Gertraudenstraße, um über die Zukunft des Geschäfts zu beraten. Man steckt mitten in der Wirtschaftskrise, es gibt 6 Millionen Arbeitslose und am politischen Horizont dräut Hitler. Martin Oppermann, der für seine Geschwister die Firma leitet, hält es für nötig, dem Geschäft das «Odium des jüdischen Hauses» zu nehmen und plant eine Fusion mit dem Nichtjuden Wels. Doch als Hitler bei der Novemberwahl massiv Stimmen verliert, beruhigt man sich wieder und schiebt die Verhandlungen mit dem ohnehin unsympathischen Wels auf die lange Bank. Als Hitler von einer Reihe verantwortungsloser, intriganter Deutschnationaler (Papen, Schleicher) an die Macht gebracht wird, ist es zu spät. Jetzt diktiert der Nazi Wels die Bedingungen, und Oppermann muss sich demütigen lassen. Unterdessen gerät sein 17-jähriger Sohn Berthold mit dem nationalsozialistischen Deutschlehrer in Konflikt, der von Berthold verlangt, sich für seine kritischen Äußerungen über Hermann den Deutschen in einem Referat zu entschuldigen. Berthold verweigert den Widerruf und begeht Selbstmord. Der Schriftsteller Gustav Oppermann geht ins Exil in die Schweiz, der Medizinprofessor Edgar Oppermann wird zusammen mit anderen jüdischen Ärzten aus seiner Klinik gejagt. Martin Oppermann wird von der SA verhaftet, misshandelt und nach einer erpressten Unterschrift freigelassen, mit der er sich einverstanden erklärt, künftig den Nazi-Anweisungen Folge zu leisten. Die Schlusseinstellung zeigt Wels, wie er in NS-Uniform zufrieden in den Sessel in Oppenheimers Kontor sinkt.

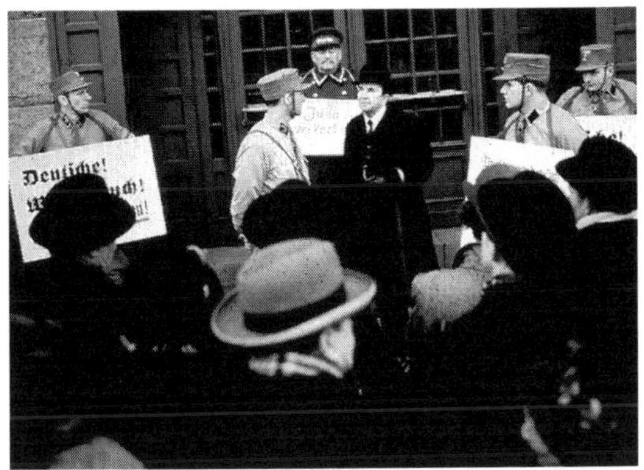

Die Geschwister Oppermann mit Wolfgang Kieling

Thema Feuchtwangers ist das Nicht-Begreifen des assimilierten jüdischen Bürgertums dessen, was in seiner vertrauten Umwelt vor sich geht. Das Zögernde, Unentschlossene, Bedenkentragende und das ungläubige Staunen der späteren Opfer über die politische Entwicklung schlägt sich in Monks Inszenierung, die den Roman um einige Handlungsstränge kürzte, in einem extrem verlangsamten Tempo nieder. In den Film ist eine Chronik der Ereignisse von November 1932 bis April 1933 einmontiert in Gestalt von Fotos, Zeitungsüberschriften und Ausschnitten von Artikeln, die einerseits der Orientierung der Zuschauer dienen, andererseits auch die Verwirrung und Unsicherheit innerhalb der damaligen (noch) demokratischen Publizistik wiedergeben.

«Der Film ist nicht nur – bis hin zu den eingeblendeten Zeitdokumenten – geglückt, weil er die jüngste deutsche Vergangenheit auch als ein Versagen der (künftigen) Opfer deutlich macht; er ist auch auf grandiose Weise gelungen, weil er eine Paraphrase des Begriffs ‹Würde› versucht; damit unausgesprochen von Widerstand spricht.»

(Fritz J. Raddatz, *Die Zeit* 5, 1983)

Text: *Der Fernsehfilm Die Geschwister Oppermann von Egon Monk*, Frankfurt: Fischer, 1982.

Literatur: Karl Prümm: Was unsere Zeit noch in Bewegung hält. Ein Interview mit Egon Monk über Die Geschwister Oppermann, in: *Deutsche Geschichten. Egon Monk –*

Autor, Dramaturg, Regisseur, Augen-Blick 21, Marburg 1985, S. 72–80.
DVD: Studio Hamburg

GEWISSEN IN AUFRUHR (1961)

P DFF 1961 **Sd** 5., 7., 10., 12., 14.9.1961, DFF (5 Teile) **R** Günter Reisch, Hans J. Kasprzik **B** Hans Oliva, Hans J. Kasprzik **L** Rudolf Petershagen **K** Horst Brandt, Otto Hanisch, Hartwig Strobel **M** Günter Klück **Sz** Joachim Otto, Alfred Drosdek **Ko** Günter Schmidt **S** Lena Neumann **T** Werner Heller **D** Erwin Geschonneck (Ebershagen), Inge Keller (Angelika Ebershagen), Harry Hindemith (Hans Stiller), Ruth Kommerell (Frau Stiller), Joachim Schmidtchen (von Pritznach), Irene Korb (Frau von Pritznach), Fred Mahr (Stockholm), Horst Kube (Fw. Kranz), Hans-Peter Reinecke (Klaus Pocke), Hans-Joachim Büttner (Komm. von Stralsund), Günter Margo (Graf), Else Korén (Ärztin), Kurt Wenkhaus, Arthur Joop, Hans Plössel, Horst Koch, Otto Roland, Ralph Boettner, Albrecht Delling (deutsche Generale), Alexander Papendiek (Dolmetscher), Otto Dierichs, Friedrich Richter, Karl Brenk, Johannes Mars (Bürger von Greifswald)

Der deutsche Oberst Ebershagen (sein authentisches Vorbild ist Rudolf Petershagen, auf dessen Erfahrungsbericht der Film fußt) kommt im Kessel von Stalingrad zur Erkenntnis der Sinnlosigkeit des Krieges. Sein Gewissen wehrt sich gegen unsinnige Durchhaltebefehle und Soldatenopfer: «Wer von uns Offizieren kann den Krieg noch mit seinem Gewissen verantworten? Ist für die Grausamkeiten nur die SS verantwortlich?» Verletzt kehrt er aus dem Lazarett in seine Heimatstadt Greifswald zurück, wo er zum Stadtkommandanten ernannt wird. Da er seine Lektion aus Stalingrad gelernt hat, ignoriert er die Befehle zum bedingungslosen Widerstand gegen die heranrückende Rote Armee, übergibt die Stadt kampflos den russischen Truppen und rettet dadurch Tausenden das Leben. Er will sich jedoch nicht in den Dienst der neuen Machthaber stellen und geht in russische Gefangenschaft. Dort sieht er sich mit den unbelehrbaren deutschen Offizierskollegen konfrontiert, die Ebershagen wegen seines Verhaltens in Greifswald als Vaterlandsverräter verachten. Um die Gesellschaft dieser Nazi-Offiziere zu vermeiden, meldet sich Ebershagen freiwillig in ein Arbeitslager, wo er sogar einem Mordanschlag entgeht. Nach seiner Rückkehr nach Greifswald arbeitet er als Arbeiter an der Universitätsklinik und wird in den Stadtrat gewählt. Bei einem Besuch in Westdeutschland verhaftet ihn der amerikanische CIC. Sein Engagement für die deutsche Einheit und gegen die Remilitarisierung Westdeutschlands bringt ihm eine Haft im Kriegsverbrechergefängnis Landsberg ein. Während dort die wirklichen Kriegsverbrecher nach und nach entlassen werden, bietet man ihm, der inzwischen gesundheitlich schwer angeschlagen ist, die Freiheit an, wenn er sich zur Mitarbeit am Münchner militärwissenschaftlichen Institut bereit erklärt, wo er die «Aggressionsabsichten» der DDR nachweisen soll. Abermals folgt Ebershagen seinem Gewissen und lehnt trotz der persönlichen Nachteile ab. Erst 1955 wird er entlassen – und kehrt sofort in die DDR zurück.

Der Mehrteiler – eine Art Antwort auf den westlichen SO WEIT DIE FÜSSE TRAGEN – ist schon damals als Meilenstein in der Geschichte der DDR-Fernsehdramatik empfunden worden. Interessanterweise lief die Premiere nur wenige Wochen nach dem Mauerbau: «Es ist gut, sich an das Inferno von Stalingrad in einer Zeit zu erinnern, da die Panzer unserer Volksarmee am Brandenburger Tor stehen, um zu verhindern, dass die Initiatoren des 2. Weltkrieges die Welt noch ein drittes Mal in Brand setzen können» (Katja Stern, ND 6.9.1961) – oder anders ausgedrückt:

«Der Film GEWISSEN IN AUFRUHR zeigt, wo der Gegner steht, mit welchen Mitteln er arbeitet und wie notwendig es ist, ihm mit Festigkeit entgegenzutreten. Er stärkt das Vertrauen zur Kameradschaft und Kraft unseres großen Freundes, der Sowjetunion. Dieses fernsehdramaturgische Meisterwerk ist das Hohelied von der wirklichen soldatischen Tapferkeit, von der opferbereiten Liebe zur sozialistischen Heimat.» (Anna Seidler, *FF* 41, 1961)

Literatur: Brigitte Thurm: Die Odyssee des Oberst Ebershagen – Geheimnisse einer Fernsehwirkung, in: *Filmwissenschaftliche Beiträge* 1, 1975, S. 183–200. – Peter Hoff: Gewissen in Aufruhr – Kriegserlebnis und Kriegsdeutung im Fernsehen der DDR der 50er Jahre, in: Ursula Heukenkamp (Hrsg.): *Schuld und Sühne? Kriegserlebnis und Kriegsdeutung in deutschen Medien der Nachkriegszeit (1945–1961)*, Bd. 2, Amsterdam 2001, S. 777–789.

GHETTOKIDS (2002)

P BR 2002 **Sd** 4.10.2002, arte **R** Christian Wagner **B** Gabriela Sperl **K** Jürgen Jürges **M** Fabian Römer **Sz** Su Proebster **Ko** Nicole Schlier **S** Patricia Rommel **T** Marc Parisotto **D** Ioannis Tsialas (Christos), Urjeton Osmani (Maikis), Barbara Rudnik (Hanna Solinger), Günther Maria Halmer (Xaver Friedmann), Renate Becker (Erna Solinger), Julia Dietze (Kathi)

Der 17-jährige Maikis und der 13-jährige Christos leben mit ihrer Mutter und ihrem älterem Bruder im Münchner Problemviertel Hasenbergl. Sie dealen, klauen, und Christos verschwindet mit Männern in der Toilette des Hauptbahnhofs. Der Sozialarbeiter Xaver, der mit den Problemkids «Antiaggressionstraining» macht, kümmert sich um sie. Mit Hanna Solinger kommt eine neue Lehrerin an die Schule, aber nachdem gleich der erste Schultag mit einer Schlägerei endet, will sie wieder gehen, solch «schlimme Kinder» hat sie noch nicht erlebt. Doch dann wird ihr eigener Sohn von ganz «normalen, deutschen, bürgerlichen» Kindern zusammengeschlagen. Christos versucht beharrlich, Hanna zum Bleiben zu bewegen. Maikis landet derweil im Knast wegen versuchten Raubüberfalls, kommt jedoch mit Xavers Hilfe frei. Hanna kehrt wieder an die Schule zurück und es gelingt ihr, die aggressiven Schüler halbwegs zu bändigen. Als sie entdeckt, dass Christos das Essensgeld für die Schule sich von Freiern am Bahnhof holt, lässt sie ihn bei sich zu Hause schlafen. Doch die Geschichte endet tragisch: Auf der Flucht vor der Polizei stürzt Christos vom Zug. Maikis bringt mit seiner Fa-

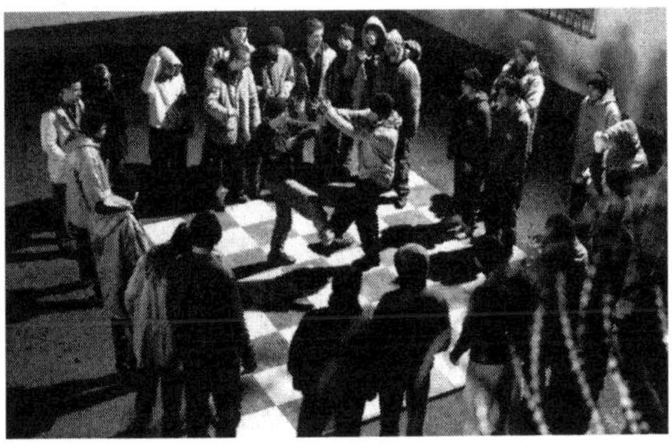

GHETTOKIDS

milie die Asche seines Bruders nach Griechenland.

Im Gegensatz zu anderen Fernsehfilmen mit sozialer Problematik ist GHETTOKIDS mehr Dokumentation als Fiktion. Nicht nur auf das Happy-End wurde verzichtet, die Geschichte ist auch frei von jeder Sozialromantik und Melodramatik. Die Laiendarsteller vom Hasenbergl, ihre authentische Sprache und ihr spontanes Spiel, dem sich die Inszenierung anpasste (und nicht umgekehrt), bewirken die große Wahrhaftigkeit des Films.

«Der Film fällt weit aus dem üblichen Betroffenheitsrahmen und ist frei von billiger Schuldzuweisung und von Sozialkitsch. Er verdichtet, aber übertreibt sicher nicht, wenn er unentwegt Prügeleien, Fäkalsprache, Aggression als Mittel der Kommunikation zeigt. Und wenn er die Adventszeit als Emotionsverstärker einsetzt, nutzt Regisseur Christian Wagner diese aufweichende Stimmung zu harten Brüchen.»
(Renate Stinn, *epd medien* 95, 2002)

DVD: Filmgalerie 451

DAS GLÜCK LÄUFT HINTERHER (1963)

P NDR 1963 **Sd** 3.12.1963, ARD **R** Peter Beauvais **B** Horst Lommer **K** Ludwig Berger, Walter Fehdmer **M** Hans-Martin Majewski **Sz** Jan Schlubach **Ko** Doris Clemens **S** Peter Harlos **T** Heinz Ruete
D Katrin Schaake (Sabine), Werner Bruhns (Dieter), Dirk Dautzenberg (Erich Abt), Rosemarie Pruppacher (Christel Abt), Werner Feuchtenberg (Harry Abt), Ilsemarie Schnering (Lottchen), Benno Hoffmann (Theo Schallbecher), Wera Frydtberg (Margot Schallbecher), Ingeborg Lapsien (Klara Gumbricht), Tommi Piper (Bruno Blisse), Lisa Hellwig (Frau Schmolke), Walter Jokisch (Gustav Eifert), Helmut Förnbacher (Otmar Eifert), Wolfgang Stumpf (Kurt König), Ursula Ludwig (Frau König), Gert Haucke (bedeutender Mann), Gerlach Fiedler (Witzbold), Fred Berthold, Max Walter Sieg, Kurt Weitkamp (Whiskytrinker), Heidi Thuns, Conny Wehrhahn (Sänger), Doris Kunstmann (sehr junges Mädchen)

In Horst Lommers Fernsehspielen der 60er Jahre (z.B. SCHÖNES WOCHENENDE, GEIBELSTRASSE 27) ist das Geschehen meist ein Mosaik aus kurzen Szenen mit sich überkreuzenden Handlungssträngen, die sich gegenseitig kommentieren. DAS GLÜCK LÄUFT HINTERHER spielt an einem Abend und in einer Nacht. Auf der Party des Unternehmers Eifert treffen sich die «großen» Leute, die Protagonisten des Wirtschaftswunders. Schallbecher will Eiferts Fabrik kaufen und setzt deshalb seine Frau auf ihn an, ertappt sie dann aber bei einem Schäferstündchen mit Eifert jr. In der Kontrastwelt der «kleinen» Leute findet das junge Paar Sabine und Dieter mehrere tausend Mark in ihrem Cabrio, die ein Dieb auf der Flucht dort hineingeworfen hat. Schon planen die beiden mit dem unverhofften Geldsegen die gemeinsame Zukunft, doch dann müssen sie das Geld doch zurückgeben, weil die Entdeckung droht. Das Ehepaar Abt hingegen, bei dem Sabine wohnt, befindet sich in ernster Geldnot, aber trotz drückender Ratenzahlungen soll es am nächsten Tag an die Costa Brava gehen. Frau Abt muss als Kellnerin auf Eiferts Party jobben und ihrem Mann obendrein eröffnen, dass sie schwanger ist (seine Reaktion: «für mich hast du versagt als Frau»). Auch Sabine und Dieter schleppen allerlei Lügen mit sich herum. Er ist gar nicht Fahrlehrer, sondern nur Fahrer in einer

Spedition, das Cabrio gehört seiner Chefin, er hat es unerlaubt «ausgeliehen». Und Sabine hat ihm verschwiegen, dass sie ein uneheliches Kind hat. Die kleinen Ereignisse, die das materialistische Denken der Gesellschaft aufspießen sollen, werden von kabarettistischen Chansons, die die Band auf der Party singt, in Brecht-Manier kommentiert.

Lommer und Beauvais karikierten in ihren (unter Egon Monks Redaktion entstandenen) Lustspielen das Streben nach Glück, Wohlstand, Sex und Sicherheit in der Adenauerzeit. Ohne aggressiv zu sein, legten sie hinter der Fassade des Kleinbürgertums die Doppelmoral bloß. Ihre Figuren «machen sich und anderen etwas vor und wirken in ihrer unschuldigen Schizophrenie zwischen offizieller Moral und praktischer Moral – die Unschuld bedingt das häufige Scheitern – eben komisch» (Egon Netenjakob). Mit dieser Art von Kritik wollte sich das zeitgenössische Publikum freilich nicht identifizieren (vielleicht weil man sich ertappt fühlte):

«Das war kein Spiegel unserer Gesellschaft, sondern ein Zerrbild, eine schon fast bösartige Karikatur des heutigen Menschen, in dessen Welt es kein Licht, keine Sauberkeit und schon gar keine Gnade gibt. Horst Lommer hat die Pfeile gegen Unmoral diesmal überspitzt abgeschossen, und deshalb konnten sie den Mantel der Unempfindlichkeit des modernen Zuschauers nicht durchstoßen.» (K.A., *Gong* 51, 1963)

Literatur: Egon Netenjakob: «Jeden Sommer einen Lommer». Die Adenauer-Ära in TV-Lustspielen von Lommer und Beauvais, in: *medium* 6, 1976, H. 1, S. 18–20.

Glücksucher ➲ Ein ungleiches Paar

Goebbels und Geduldig (2001)

P SWR 2001 **Sd** 20.11.2002, ARD **R** Kai Wessel **B** Peter Steinbach **K** Rudolf Blahacek **M** Ralf Wienrich **Sz** Götz und Anna Heymann **Ko** Wiebke Kratz **S** Bernd Lorbietzki **T** Heiko Toman

D Ulrich Mühe (Geduldig/Goebbels), Dagmar Manzel (Grete), Eva Mattes (Magda Goebbels), Dieter Pfaff (Eugen Haase), Katharina Thalbach (Hertha Haase), Jürgen Schornagel (Hitler), Tilo Prückner (Heinrich Hoffmann), Katja Riemann (Eva Braun), Götz Otto (Brenneisen), Tobias Schenke (KZ-Insasse), Helmut Krauss

Im April 1941 entgeht Propagandaminister Goebbels auf dem Weg zum Obersalzberg nur knapp einem Bombenattentat. Er vermutet seinen Gegner Himmler hinter dem Anschlag. Dieser hält seit 10 Jahren in einem Spezial-KZ den Juden Harry Geduldig gefangen, der Goebbels aufs Haar gleicht. Dieser Doppelgänger soll einmal bei «Bedarf» die Rolle von Goebbels einnehmen. Goebbels fährt in dieses KZ, um sich sein Ebenbild anzusehen, stellt aber sofort fest, dass dem Juden der nötige Fanatismus fehle. Geduldig nutzt einen Moment der Verwirrung und verlässt als vermeintlicher Goebbels das Lager, während der echte Goebbels für den falschen gehalten wird und im KZ bleibt. Geduldig fährt mit der Goebbels-Entourage nach Nürnberg, um eine Rede zu halten. Diese wird von einem feindlichen Luftangriff unterbrochen und Geduldig-Goebbels zum Obersalzberg geflogen, wo der Führer gerade Geburtstag feiert. Magda kommt Geduldig zwar auf die Schliche, ist aber von seiner Liebeskunst so ange-

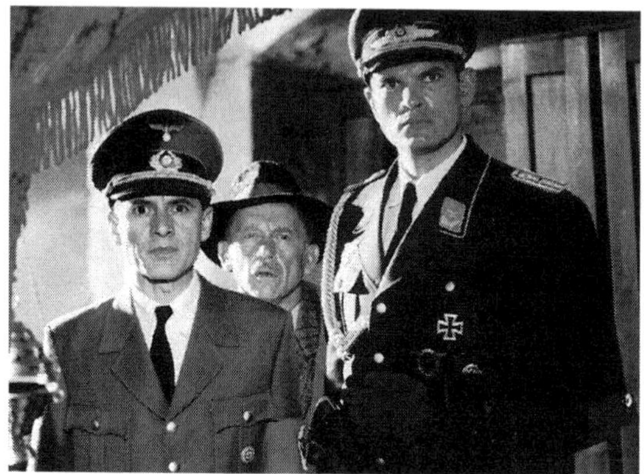
Ulrich Mühe, Tilo Prückner und Götz Otto (v.l.n.r.) in GOEBBELS UND GEDULDIG

«Ohne die klamaukigen Einlagen, die Rückversicherungen, dass auch der Letzte merkt, was hier gespielt wird – nur Komödie! –, hätte GOEBBELS UND GEDULDIG ein Kunstwerk werden können.»
(Kerstin Decker, *Tagesspiegel* 20.11.2002)

Literatur: Torsten Körner: Geschichte verpasst und nicht gelacht. Von der Schwierigkeit, einen komischen Fernsehfilm über Goebbels zu drehen, in: *FK* 47, 2002, S. 3–5.

tan, dass sie ihn nicht verrät. Auf der Rückfahrt kommt es wieder zu einem Bombenanschlag, bei dem Geduldig stirbt. Jetzt ist der vermeintliche Ernstfall da, und der richtige, vor Wut tobende Goebbels wird als sein eigenes Double aus dem KZ geholt.

In Anlehnung an Filmkomödien wie DER GROSSE DIKTATOR, SEIN ODER NICHTSEIN und DAS LEBEN IST SCHÖN wagte auch das Fernsehen, das Thema Nationalsozialismus und Judenverfolgung als Farce darzustellen – mit aller Vorsicht: Drehbuchautor Steinbach schrieb 15 Fassungen, und der Film wurde vor der Ausstrahlung erst auf internationalen Festivals «getestet». Während die filmischen Vorbilder von Chaplin, Lubitsch und Benigni davon leben, dass sie der nationalsozialistischen Diktatur die Utopie eines anderen Lebens entgegensetzen – das Glück der Liebenden, die kleine Freiheit im Winkel –, fehlt diese Komponente in GOEBBELS UND GEDULDIG. Harry Geduldig geht völlig in seiner Doppelgänger-Funktion auf, bleibt als Individuum ohne Vorgeschichte jedoch blass. Grandios hingegen ist die virtuose Kunst Ulrich Mühes.

GRABBES LETZTER SOMMER (1980) ★

P RB 1980 **Sd** 7.12.1980, ARD **R** Sohrab Shahid Saless **B/L** Thomas Valentin **K** Rolf Romberg **Sz** Günther Naumann **Ko** Ute Burgmann **S** Anna Koudelka **Do** Verl, Detmold

D Wilfried Grimpe (Grabbe), Renate Schröter (Luise), Sonja Karzau (Dorothee), Uwe Meister (Karl Ziegler), Ulrich von Bock (Moritz Petri), Martha Holler (Wilhelmine), Gabriele Fischer (Sophie Müller), Boris Guradze (Gottlieb), Gunther Malzacher (Pastor Althaus), Alexander Radszun (Maler Bergius)

Mit einfühlsamer Akribie zeichnet der Film die letzten Monate im Leben des Dichters Christian Dietrich Grabbe (1801–1836) nach. Im Mai 1836 kehrt er nach Detmold zurück, wo er als Sohn eines Zuchthausaufsehers geboren und im entsprechenden Milieu aufgewachsen ist. Grabbe ist krank, frustriert von seiner Erfolglosigkeit und vom Alkohol gezeichnet. Seine Frau Luise, von der er sich getrennt hatte, weigert sich, ihn bei sich aufzunehmen. Sie stammt aus wohlhabendem, gutbürgerlichem Hause, er ist ihr zu ungestüm und zu wenig «manierlich». Grabbe steigt in einem Gasthof ab und versucht verzweifelt sein Drama *Hermannschlacht* zu vollenden. Von der Detmolder Gesellschaft wird er weitgehend gemieden, ihm haftet der Ruf des Exzentrikers mit «tollem Gebarem» an. Grabbe seinerseits verachtet das Theater und die Gesellschaft seiner Zeit, liegt tagelang im Bett und ist dann wieder voller Unruhe. Als sich sein Gesundheitszustand verschlechtert, nimmt ihn zwar seine Frau auf, doch die alten Konflikte treten wieder zutage. Luise beantragt die Scheidung, aber Grabbe stirbt im September. «Grabbes Leben währte 34 Jahre und 9 Monate. Seine Trinkwut, die dazu beitrug, dieses Leben zu verkürzen, ist nicht nur privater Natur. Sie ist Selbstzerstörung eines Menschen, der in der Gesellschaft seiner Zeit und ihrer Kultur, der in der Theaterwelt seiner Epoche, dem Theater der Epigonen Goethes und Schillers, seinen Ort nicht fand, nicht finden konnte. Grabbe liegt quer zum herrschenden Geschmack: er wird nach frühem Ruhm totgeschwiegen – er, in der Geschichte des deutschen Dramas der erste ‹Realist›» (Thomas Valentin).

«Der Regisseur, der Iraner Sohrab Shahid Saless, und der Kameramann Rolf Romberg transponieren eine schäbige Wirklichkeit in eine Reihe von Bildern, die in Farbe und Form jedesmal so geschlossen sind wie eine nach allen klassischen Regeln gemachte Komposition. Fast nur schwarzgrau sind am Anfang die ersten Einstellungen mit den Zuchthausgängen, in denen Grabbe aufgewachsen ist. Üppiges, wenn auch gedämpftes Grün leuchtet auf, wenn Grabbe noch einmal in den Garten seiner Jugend zurückkommt. Blau-grün kennzeichnet die weibliche Welt, die sich immer wieder vor ihm verschließt. Kühle Farben, Braun und Hellblau und Hintergründe von gebrochenem Weiß erfüllen im übrigen den Bildschirm mit subtilen Variationen, nur zweimal, wenn der Mord an der ungeliebten Frau wenigstens in der Phantasie stattfindet, leuchtet tiefes Rot auf.»

(Clara Menck, *FAZ*, 9.12.1980)

▶ Sohrab Shahid Saless wurde bekannt mit Reifezeit (ZDF 1976), einer genauen Studie über den eintönigen Alltag des neunjährigen Sohns einer Prostituierten.

Text in: Thomas Valentin: *Tod eines Mannequins. Fernsehspiele* 2, Oldenburg: Igel 2002.

Der Grenzer und das Mädchen

➲ Die Mauer – Berlin '61

Der grosse Bellheim (1992) ★

P ZDF 1992 **Sd** 1., 3., 4., 6.1.1993, ZDF (4 Teile) **R/B** Dieter Wedel **K** Edward Klosinski **M** Michael Landau, David Knopfler **Sz** Winfried Hennig **Ko** Diemut Remy **S** Tanja Schmidbauer **T** Haymo Heyder.

D Mario Adorf (Peter Bellheim), Heinz Schubert (Erich Fink), Will Quadflieg (Herbert Sachs), Hans Korte (Max Reuther), Krystyna Janda (Maria), Heinz Hoenig (Rottmann), Leslie Malton (Gudrun Lange), Renan Demirkan (Andrea), Alexander Radszun (Berger), Manfred Zapatka (Richard Maiers), Annemarie Düringer (Maiers' Mutter), Ingrid Steeger (Mona), Dominique Horwitz (Charly), Erika Skrotzki (Carla), Renate Grosser (Mathilde), Wolfgang Wahl (Dr. Urban), Hans-Jörg Assmann (Dr. Müller-Mendt), Heinz W. Krückeberg (Albert), Eva-Maria Bauer (Olga Fink), Guiseppe Pampieri (Streibel), Ferdinand Dux (Vater Bellheim), Michael Wittenborn

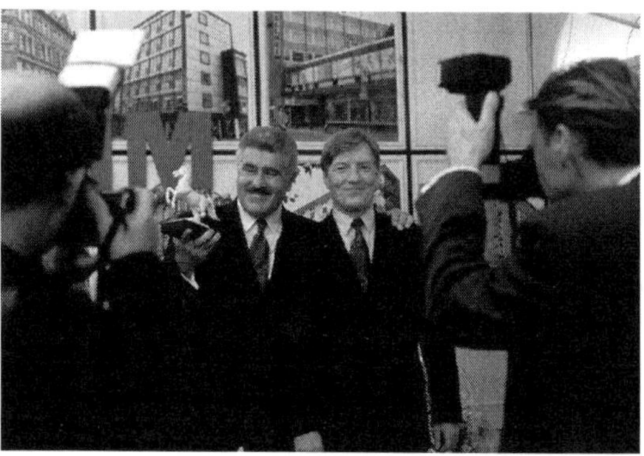

DER GROSSE BELLHEIM mit Mario Adorf und Manfred Zapatka

(Ziegler), Marcello Tusco (Konsul Tötter), Ilse Zielstorff (Frau Vonhoff), Ursula Hinrichs (Emma), Thomas Huber (Christian), Roswitha Soukup (Frau Roster), Christian Ebel (Kurt), Anaid Iplicjian (Karin), Hans Peter Hallwachs (David), Arnfried Lerche (Dr. Dürr)

Peter Bellheim, Mehrheitsaktionär einer Kaufhauskette, der sich schon in den Ruhestand nach Spanien zurückgezogen hat, erfährt an seinem 60. Geburtstag, dass sein Konzern vor dem Konkurs steht. Um das Unternehmen zu retten, nimmt er Abschied vom Pensionärsleben und trommelt drei alte Freunde – ebenfalls Ruheständler – zusammen: einen Wirtschaftsberater, einen ehemaligen Konkurrenten und einen Gewerkschafter. Diese vier Oldies kämpfen nun gegen den eigenen Vorstand, die Banken und vor allem gegen Supermarktchef Rottmann, der den Bellheim-Konzern übernehmen will. Um diesen zu ruinieren wirft er Tausende von Bellheim-Aktien auf den Markt. Bellheim verfolgt ein eigenes Sanierungskonzept: Erweiterung statt Gesundschrumpfen. Aber die eigene Belegschaft misstraut ihm, zwei Verkäufer machen sich selbstständig. Beflügelt durch die neue Aufgabe, lacht sich Bellheim eine Freundin an und lässt dadurch seine Ehe kriseln. Rottmann wird schließlich Großaktionär und kündigt den Kauf aller seiner Aktien an, doch Bellheims Oldie-Freunde finden durch einen Einbruch heraus, dass Rottmann illegal vorgegangen ist. Nun haben sie ihren Gegner in der Hand.

Dieter Wedels Vierteiler gehört zu den Sternstunden der Fernsehunterhaltung. Garant des Erfolgs war nicht nur die großartige Besetzung, sondern auch die klassische Grundstruktur der Erzählung: Die vier Helden, mit denen sich der Zuschauer identifiziert, kämpfen gegen einen diabolischen Gegner. In die Handlung, die realistische mit märchenhaften Elementen verknüpft, sind zahlreiche Nebenhandlungen eingebettet, die als Parallele oder Kontrast zur Bellheim-Handlung zu lesen sind – z. B. der Kampf des Existenzgründers Charly um seine Selbstständigkeit –, sodass wie in den großen Gesellschaftsromanen des 19. Jahrhunderts mehrere Erzählungen sich zu einem Ganzen verbinden.

«Ausdrücklich zu loben ist die Regie Dieter Wedels. Da wurden Erkenntnisse kultiviert, die wir verloren glaubten. Etwa, dass das Tempo sich nur mit der Pause entwickeln kann. Oder dass das Wesentliche einer Einstellung nicht zwangsläufig in die Bildmitte gehört. Wir haben nämlich Augen, die auch Subtiles zu erkennen vermögen. Es gibt

ihn also doch noch, den interessanten Fernsehfilm im Unterhaltungszoo. Er gehört nur zu den bedrohten Arten.»
(Frank Lüdecke, *Tagesspiegel*, 8.1.1993)

Literatur: Christian W. Thomsen / Gerd Hallenberger (Hrsg.): *Der große Bellheim. Ein deutsches Fernsehspiel mit internationalen Ambitionen*, Heidelberg 1996.
DVD: Universum

Die grosse Flatter (1979) ★

P WDR 1979 **Sd** 30.9., 3., 7.10.1979, ARD (3 Teile) **R** Marianne Lüdcke **B/L** Leonie Ossowski **K** Leander Loosen **M** Günther Fischer **Sz** Harold Waistnage **Ko** Ilse Stripp **S** Susanne Paschen **T** Gunther Kortwich
D Jochen Schroeder (Schocker), Hans-Jürgen Müller (Richy), Hanna Schygulla (Frau Piesch), Günter Lamprecht (Herr Piesch), Katharina Tüschen (Frau Schock), Franciszek Pieszka (Warga), Renate Küster (Frau Grün), Gottfried John (Adam), Susanne Schäfer (Lehrerin), Adriane Rimscha (Elli), Katharina Lehmann (Inge Piesch), Bernd Riedel (Mücke), Hermann Lause (Hirn), Manuela Anaskewicz (Agnes Warga), Jens Korn (Charly)

Die Protagonisten dieser naturalistischen Milieustudie leben in einer Berliner Obdachlosensiedlung. Zu den Konflikten, die die Enge in dieser «Einfachstwohnlage» produziert, kommt die Stigmatisierung von außen als «Asoziale». Vor allem die Jugendlichen möchten gerne abhauen, «die große Flatter» machen. Für Schocker verschlimmert sich die Lage noch, als sein Stiefvater bei einem Unfall beide Beine verliert und nun, alle tyrannisierend, den ganzen Tag zu Hause sitzt. Schockers Versuch der «großen Flatter» auf einem Frachtkahn nach Italien macht die Wasserschutzpolizei schnell ein Ende.

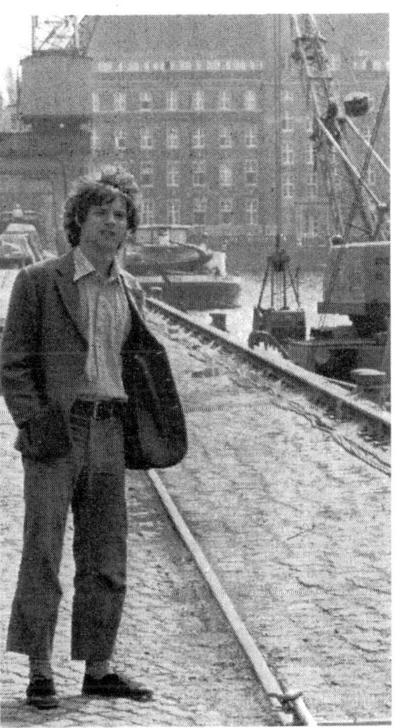

Jochen Schroeder in Die grosse Flatter

Eine Lehrstelle findet er nicht, seine Freundin Elli hält trotzdem zu ihm, vor allem, weil sie fürchtet, er könnte durch den schlechten Einfluss seines Kumpels Richy kriminell werden. Dessen Mutter hat nach einem Suizidversuch die Familie verlassen, der Vater ist gewalttätig und säuft. Ellis Befürchtungen bestätigen sich: Schocker und Richy überfallen einen Juwelier, den Richy dabei erschlägt. Während sich hinter Richy für viele Jahre die Gefängnistore schließen werden, gibt es für Schocker einen Hoffnungsschimmer: Elli liebt ihn immer noch.

Sensible und motivierte Jugendliche zerbrechen an der Determinierung durch die sozialen Verhältnisse. Die Ausweglosigkeit des Milieus lässt nicht nur die Träume und Ausbruchsversuche der Protagonisten scheitern, sondern führt auch zur Aggression. Leonie Ossowski und Marianne Lüdcke setzten dieses Thema differenziert um. Der dokumentarische Impetus verhindert jeden Sozialkitsch und erschöpft sich nicht im Elendsgemälde, es gibt auch solidarisches Verhalten, echte Freundschaft und Opferbereitschaft (Schockers Mutter als weiblicher Hiob).

«Mit den größeren Gefährdungen ihrer Jugendlichen, mit der dadurch entschiedener werdenden ‹Action› gelangen Marianne Lüdcke immer spannendere, rührendere Momente. Fesselnd dabei, wie sie in der Umkehrung der (Flucht- und) Flatter-Bewegungen in auswegloser Erniedrigungshektik ihren gefährdeten Menschen ein großes Sensibilitätspotential beließ; klärender als in vielen anderen sozialkritischen Fernsehspielen wurde dadurch demonstriert, welche Energie soziale Benachteiligung kostet und wie Aggressionen wachsen über dem Bemühen, nicht weiter benachteiligt zu werden, wie wenig man schließlich mit Solidaritätsbedürfnis und Zuneigungsverlangen ausrichtet gegen den Sog der als asozial gebrandmarkten Herkunft und Umwelt.»

(Thomas Thieringer, *SZ*, 9.10.1979)

DVD: Universum

DER GROSSE TAG DER BERTA LAUBE (1969)

P NDR 1969 **Sd** 21.1.1969, ARD **R/B** Dieter Meichsner **K** Walter Fehdmer **Sz** Herbert Kirchhoff **S** Brigitte Kirsche

D Angelika Hurwicz (Berta Laube), Lili Schoenborn-Anspach (Frau Albert), Ingrid Piltz (Frau Kobus), Charlotte Weddy (Frau Degenhart), Joachim Tennstedt (Ingo), Peter Petran (Seufert), Heinz Ulrich (Witulsky), Ernst Ronnecker (Schladitz), Gerhard Schinschke (Gerland), Joachim Richert (Erwin), Kurt Fuß (Heilmann), Christian Carlsen (Kamphövel), Rafik Kennou (Ahmed), Tahar Belkhoga (Mohammed), Abdelbaki Djebli (Hossein)

Als in einem Industriebtrieb der Termin für einen wichtigen Eilauftrag zu kippen droht, kommt der «große Tag» der Lagerarbeiterin Berta Laube. Sie ist schon etwas älter, führte früher selbst einen Kramladen und huldigt daher einem altmodisch gewordenen Pflichtethos. Während die anderen Kollegen vom unteren Ende der (im übrigen durch Sprache, Kleidung und Büromöbel fein markierten) Firmen-Hierarchie längst resigniert haben und nicht wissen, wieso sie sich für den Betrieb («die da oben») engagieren sollen («für die paar Groschen, nee, bei mir nur noch Paragraph eins – jeder macht seins!»), besteht sie darauf, dass jeder an seinem Platz «sein Bestes» geben muss, und dies auch anerkannt würde. Es gelingt ihr jedoch nicht, ihren indolenten Kollegen, die hinter ihrem Rücken über sie feixen («die erinnert mich an die Zeugen Jehovas») irgendeine Aktivität zu entlocken. Es bleiben ihr nur die unter ihrer Aufsicht stehenden jungen tunesischen Gastarbeiter, mit denen sie sich sprachlich in der Mitte trifft («Immer gerecht sein. Gerechtigkeit, compris? – Also – heute Ahmed, Eimer, Mohammed – Karton ... So! Immer mit Einteilung!»). Doch all ihre Beflissenheit läuft ins Leere. Die Lieferung, die sie mühselig und unter Zeitdruck zusammengestellt hat, kann nicht abtransportiert werden, weil die Lagerarbeiter pünktlich Feierabend gemacht haben. In der Schlusstotale steht Berta Laube vereinsamt im menschenleeren Betrieb.

Dieter Meichsner, der hier erstmals auch Regie führte, drehte einen der ersten «Arbeiterfilme», der auch ausschließlich die Arbeiter an ihrem Arbeitsplatz zum Gegenstand hat (vgl. ➲ WILHELMSBURGER FREITAG, mit der Verflechtung von Arbeits- und Privatleben). Die Dialoge sind in einem nahezu naturalistischen Jargon wiedergegeben (im Unterschied etwa zur absichtlich stilisierten Sprache in ➲ INDUSTRIELANDSCHAFT MIT EINZELHÄNDLERN), der die Dumpf- und Abgestumpftheit der Protagonisten in Sprache fasst. Während die damaligen und späteren sozialkritischen Arbeiterfilme die Entfremdung von der Arbeit meist durch die kapitalistischen Strukturen erklären, sind sich hier die Arbeiter selber feind: sie sind nicht nur faule Drückeberger (haben gar einen geheimen Raum, wo sie sich zum «Abseilen» und «Abhängen» treffen), sondern obendrein dümmliche Schwätzer, die sich gegenseitig aggressiv belauern – auch sie Opfer ihrer Abhängigkeit, die, so wäre wohl die Botschaft des Films zu verstehen, zur Eigeninitiative und Mitbestimmung erst aufgerüttelt werden müssten. Auf der anderen Seite scheitert der opportunistische Diensteifer der Berta Laube erst recht, weil er in der modernen Industriewelt anachronistisch, systemfremd geworden ist. Die große Brecht-Schauspielerin Angelika Hurwicz interpretiert diese Figur jedoch so eindringlich, dass sie nie zur Karikatur wird.

Text in: Heinz Schöffler (Hrsg.): *Fernsehstücke*, Frankfurt: Fischer 1972.

DIE GRUBE (1995)

P RB 1995 **Sd** 29.10.1995, ARD **R/B** Karl Fruchtmann **K** Rolf Romberg **Sz/Ko** Frank Chamier **S** Ingeburg Forth **T** Elmar Schmidt **D** Helmut Griem (Groscurth), Ernst Jacobi (Liebe), Peter Simonischek (Kretschmer), Christian Redl (Tewes), Holger Mahlich (Wilczek), Claus Fuchs (Kornmann), Axel Milberg (Reuss), Peter Fitz (Häfner), Klaus Mikoleit (Weirup), Dietz-Werner Steck (Huhn), Jaecki Schwarz (Heit), Heinz Gerd Lück (Kiebach), Peter Aust (Werner); Sprecher: Stella Avni, Heinrich Hannover, Peter Kaempfe

In Bjelalja Zerkow bei Kiew erschießt ein deutsches Sonderkommando 1941 900 Juden. 90 Kinder im Alter zwischen sechs Monaten und sechs Jahren überleben. Zusammengepfercht in zwei kleinen Räumen vegetieren sie ohne Versorgung dahin. Zwei Wehrmachtspfarrer melden diese Zustände, nachdem sie von empörten Soldaten darauf aufmerksam gemacht wurden. Der Wehrmachtsoffizier Helmuth Groscurth interveniert, in der Hoffnung, die Ermordung der Kinder aufhalten zu können. Die Befehlskette der Entscheidungsträger aus Wehrmacht und SS tritt in Gang. Der Oberbefehlshaber der 6. Armee (Reichenau) und der Führer des Sonderkommandos (Blobel) bemängeln die «Unzweckmäßigkeit» des bisherigen Verfahrens, die darin bestanden habe, dass die Kinder nicht sofort mit ihren Eltern erschossen worden seien und ordnen die sofortige Exekution der Kinder vor einer von Wehrmachtssoldaten auszuhebenden Grube an.

Der Kindermord von Bjelalja Zerkow ist außergewöhnlich gut dokumentiert, vor allem durch (bereits ediertes) Material, das Helmuth Groscurth hinterlassen hat (er starb 1943 in sowjetischer Gefangenschaft). Fruchtmanns Dokumentarfilm besteht aus den authentischen Aussagen der – von Schauspielern dargestellten – Zeugen und Täter (auch aus Prozessen der Nachkriegszeit) sowie einer Überlebenden der Mordaktion. Das einmontierte Dokumentarmaterial dient nicht als Illustration oder Hintergrund, sondern soll das Aufdecken oft verschleierter Wahrheiten visualisieren: zum Grafischen verfremdete Bilder von Erschießungen, von Toten und Gesichtern von Gefangenen, Vergrößerungen bis zur Unkenntlichkeit des Abgebildeten, Verfremdungen die neben den wörtlichen Aussagen eine eigene Realität schaffen. Dazwischen stehen inszenierte Aufnahmen von kriechenden Kindern zwischen Soldatenstiefeln, der Blick in eine leere Grube, aber auch kurze Wochenschau-Sequenzen (z. B. der dirigierende Furtwängler).

«Diese Verfremdung von dokumentarischem Realfilm, die ästhetisch kalkulierte Vernichtung des Dokuments wirkt augenfälliger als die sehr bemühten Nachstellungen auf der Spielebene. (...) Fruchtmanns zweites Mittel neben der taubstummen Klage der Opfer im anonymisierenden Schwarzweiß sind Bilder einer Grube. In dramatischer Aussparung sehen wir Kleiderbündel und Blutspuren im Gras und hören wir Exekutionsbefehle im Off. Und statt der Schüsse ertönt eine Trillerpfeife. Diese indirekten Mittel machen das Dokudrama aus, nicht die Fleischwerdung der Täter in der Darstellung durch überdurchschnittliche Schauspieler.»

(Leopold Schuwerack, *FR*, 31.10.1995)

Text: Karl Fruchtmann: *Die Grube*, Bremen: Donat, 1998.

Grüss Gott, ich komm von drüben ➲ Die Dubrow-Krise

Guten Morgen, Herr Grothe (2007)

★

P WDR 2007 **Sd** 2.5.2007, ARD **R** Lars Kraume **B** Beate Langmaack **K** Jens Harant **M** Christoph Kaiser, Julian Maas **Sz** Irina Kromayer **Ko** Esther Walz **S** Barbara Gies **T** Stefan Soltau

D Sebastian Blomberg (Grothe), Ludwig Trepte (Nico), Nina Kunzendorf (Lisa Krenz), Nele Mueller-Stöfen (Sibylle Grothe), Steffi Kühnert (Nicos Mutter), Jacob Lemberg (Lars), Tu Pahn Ngoc (Duc), Esra Kanaat (Sebiya), Safak-Sirin Agdasan (Büsra), Philip Jahn (Turtok), Dominik Sierpowski (Schleimi), Rebecca Martin (Jennifer), Patrick Güldenberg (Referendar)

Michael Grothe ist Lehrer an einer Neuköllner Hauptschule. Sein engagierter, idealistisch motivierter Deutschunterricht prallt an einer rebellischen, desinteressierten Klasse ab. Er ist mit Schlägereien mitten im Unterricht konfrontiert, wird als «impotenter Wichser» beschimpft (was er schlagfertig mit «Ein Widerspruch in sich» kontert). Vor allem der mit einer geradezu selbstzerstörerischen Destruktivität ausgestattete Schüler Nico konterkariert alle Bemühungen Grothes, aber gerade dieser eine Schüler ist für ihn eine pädagogische Herausforderung. Seine Devise, «freundlich, aber trocken-distanziert» aufzutreten, kann er nicht immer durchhalten. Grothes Kollegin Lisa Krenz, mit der er ein zaghaftes Verhältnis eingeht, glaubt, dass es ihm gar nicht um Nico geht, sondern er sich nur selbst etwas beweisen will. Er solle lieber den Schulpsychologen einschalten. Lisa hat jedoch selbst eine Problemschülerin mit Sprachfehler, die trotz Lisas Engagement aus dem Fenster springt. Die Sonderzuwendung, die Grothe Nico zuteil werden lässt – er bestellt ihn auf den Sportplatz und ins Freibad ein, schenkt ihm «Der Fänger im Roggen» – führt dazu, dass sich der Rest der Klasse vernachlässigt fühlt. Zwischen Grothe und Nico entsteht fast eine Art Kampf wie zwischen Vater und Sohn, ein ständiges Buhlen um gegenseitiges Verständnis und um Anerkennung. Beim Schulausflug kommt es zum Eklat: Grothe lässt Nico von seiner – ziemlich desinteressierten – Mutter abholen und muss sich sein pädagogisches Scheitern eingestehen, sieht gar seine weitere Zukunft als Lehrer in Frage gestellt. Am Ende jedoch, als Nico von der Schule gewiesen ist, scheint Grothe die Achtung seiner Klasse wiedergewonnen zu haben, gerade weil er das Risiko eingegangen ist, seine Gefühle und Ängste offen gezeigt zu haben.

Lars Kraume hält seinen Film auf kluge Distanz zu einem gefälligen anklägerischen Alarmismus. Er ist auch kein Beitrag zur aktuellen Bildungs- und Integrationsdebatte, sondern eine Hommage für einen scheiternden Idealisten, einen Sisyphus der Pädagogik, der jeden Tag gerne zu seinem Dienst im «Straflager» geht. Aber auch die Schüler sind nicht als Monster verzeichnet. Wenn sie wollen, können sie nämlich durchaus schreiben, lesen und ihre Gefühle artikulieren. Einer nimmt Grothe sogar tröstend in den Arm, als der Lehrer sich ernste Sorgen um seinen eigenen Sohn macht.

Die Jury des Adolf-Grimme-Preises sah einen «leisen Film zu einer lauten Debatte, kein verfilmtes Thesenpapier und keine melodramatische Anklage. Er meidet schlichte Botschaften und Klischees, er denunziert seine Protagonisten nicht. Dieser Nico hat weder einen Migrationshintergrund noch kommt er aus einem Hartz-IV-Haushalt, die soziale Verwahrlosung in seiner Familie ist nicht plakativ, aber fundamental. Weil der Film keine billigen Antworten liefert, ist es umso schwerer, sich den Fragen, die er aufwirft, zu entziehen. Er ist nicht gut gemeint, sondern gut gemacht. Es ist ein außerordentlich intensiver, genauer Film, der nicht überhöht, sondern einen Ausschnitt aus unserer Welt zeigt, der vermutlich typisch und realistisch ist.»

DVD: Edel Germany

GUTER JUNGE (2008)

P WDR 2008 **Sd** 9.4.2008, ARD **R** Torsten C. Fischer **B** Karl-Heinz Käfer **K** Martin Kukula **M** Fabian Römer **Sz** Claus-Jürgen Pfeiffer **Ko** Elisabeth Krauß **S** Benjamin Hembus **T** Horst Zinsmeister

D Sebastian Urzendowsky (Sven), Klaus J. Behrendt (Achim), Gabriela Maria Schmeide (Julia), Sandro Lohmann (Patrick), Martin Brambach (Ralf Bechler), Astrid Meyerfeldt (Doris), Komi Togbonou (Gaston), Bernd Michael Lade (Ronald), Matthias Brenner (Dieter)

Nach dem Tod seiner Ex-Frau nimmt Taxiunternehmer Achim den 17-jährigen Sohn Sven bei sich auf. Als er erfährt, dass sein Sohn pädophile Neigungen hat, reagiert er zunächst aggressiv («Du Drecksschwein»), aber nach einem Selbstmordversuch Svens begreift er, dass er mehr tun muss. Pädophilie ist für ihn gleichbedeutend mit Kinderschänder und Missbrauch, aber Sven fühlt in seiner Neigung zu Jungs Liebe und keine Gewalt, weiß aber selbst, dass eine Gefahr von ihm ausgeht: er bittet seinen Vater sogar, ihn einzusperren. Thera-

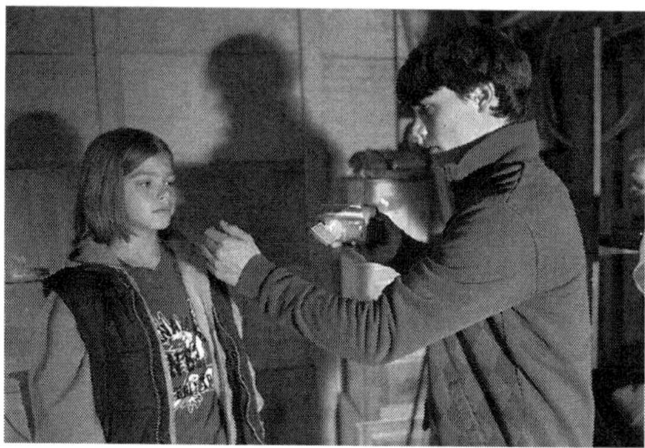

Sebastian Urzendowsky (r.) in GUTER JUNGE

pie lehnt der Vater ab, weil er sich seinen Sohn nicht ein zweites Mal wegnehmen lassen will. Achim nimmt selbst den Kampf auf, mehr als konventionelle Mittel stehen ihm jedoch nicht zur Verfügung: Drohungen, Schläge, Verbote. Zum 18. Geburtstag schenkt er Sven eine Digitalkamera, da er dessen alte Kamera, mit der er die Jungs gefilmt hatte, zerstört hat. Sven soll ihm beweisen, dass es ihm ernst ist, seine Neigungen zu bekämpfen. Doch er unterschätzt die Macht, die das verbotene Verlangen über seinen Sohn hat. Sven wird rückfällig und von der Polizei abgeholt.

«Wie der Schauspieler Urzendowsky die Zerrissenheit dieser Figur spielt, wie er Sven aus Trotz an seinen Ausflügen auf die Kinderspielplätze der Stadt festhalten lässt, wie er ihn andereseits gegen seine Pädophilie ankämpfen lässt und wie er all dies innere Geschehen sichtbar macht – das ist mehr als bemerkenswert. Und es ist nicht zuletzt seiner schauspielerischen Leistung zu verdanken, dass das Problem dieses Problemfilms, eben die Pädophilie, nicht einen Moment lang psychologisiert und damit teilweise entschuldigt wird. Urzendowsky vermag es aber ebenso, die heillose und hilflose, fast dämonische Verstrickung dieser Figur zu zeigen – und auch dies glaubhaft zu machen.»

(Jochen Hieber, *FAZ*, 9.4.2008)

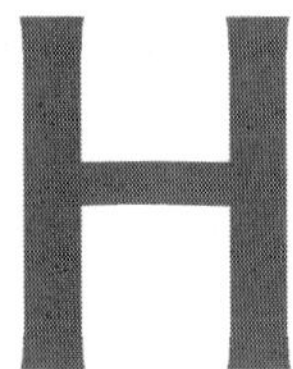

Der Hahn ist tot (1999)

P ZDF 1999 **Sd** 10.1.2000, ZDF **R** Hermine Huntgeburth **B** Fabian Thaesler **L** Ingrid Noll **K** Martin Langer **M** Biber Gullatz, Eckes Malz **Sz** Bettina Schmidt **Ko** Astrid Möldner **S** Barbara Hennings **T** Benjamin Schubert

D Gisela Schneeberger (Rosi Hirte), August Zirner (Rainer Engstern), Renate Krößner (Beate), Nikolaus Paryla (Ernst Schröder), Emanuela von Frankenberg (Kitty), Saskia Vester (Scarlett)

Die altjüngferliche Rosi, an der das «große Glück» bisher vorbeigegangen ist, ist wild entschlossen, den Schriftsteller Rainer Engstern zu erobern. In ihrer Hartnäckigkeit geht sie über Leichen. Als sie beobachtet, wie Rainer seine Frau niederschießt, greift sie entschlossen ein, verpasst der Frau die finale Kugel und Rainer eine ins Bein, damit er nicht in Verdacht gerät. Nun ist er zwar von ihr abhängig, doch einer richtigen Beziehung stehen noch einige Hindernisse im Weg, die Rosi zielstrebig beseitigt. Sie bringt ihre Freundin Beate um, im Glauben, sie habe ein Verhältnis mit Rainer, dieser hat sich jedoch in Beates Tochter verliebt. Rosis nächstes Opfer ist die Frau von Rainers bestem Freund, die (a) ein Verhältnis mit Rainer hat und (b) Rosi auf die Schliche kommt. Als auch der Kommissar seinen Verdacht gegen sie richtet, erschießt sie ihn kaltblütig mit Rainers Pistole. Beim Beseitigen der Polizistenleiche verunglückt Rainer so, dass er für immer ein Pflegefall ist: Jetzt erst hat Rosi ihn ganz für sich.

Die «graue Maus» Rosi rächt sich in diesem schwarzen Kammerspiel dafür, im Leben immer zu kurz gekommen zu sein. Die Inszenierung übergeht zwar viele Nuancen von Ingrid Nolls Roman, überzeugt aber durch eine ökonomische, konzentrierte Bildsprache und knappe, melancholische Dialoge.

«Die Regie von Hermine Huntgeburth besticht durch die Ökonomie ihrer Mittel. Sie beherrscht die Kunst des Auslassens, zeigt nur das Nötigste, verzichtet auf alle Schlenker und überflüssigen Bilder. Immer wieder genügt ihr eine Andeutung, ein kurzes Wort, ein angeschnittenes Bild, um die Handlung voranzutreiben und ihre Charak-

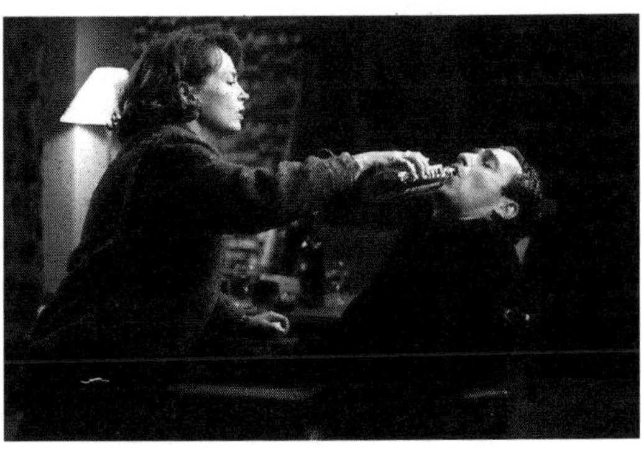

Giesela Schneeberger und August Zirner in Der Hahn ist tot

tere auszuzeichnen. Sie verzichtet auf das Offensichtliche, konzentriert sich statt dessen ganz auf ein Geflecht von Blicken, das die durchweg glänzenden Akteure zwischen sich spannen, wo die Worte versagen.»

(Heinrich Wefing, *FAZ*, 12.1.2000)

«Ein bizarrer Stoff also, dessen Inszenierung das Publikum zum Jaulen, Erschauern und Totlachen treiben müsste. Stattdessen sitzt es starr vorm Gerät und stellt schließlich die Diagnose: Verrückt ist die Mörderin, ein pathologischer Fall, sie gehört in eine Anstalt (wo am Ende der Traummann landet). Das heißt, man nimmt, angestiftet von der düster-realistischen Atmosphäre des Films, alles viel zu ernst, interpretiert Figuren und Geschichte als psychologische Fallstudie und bescheinigt so dem TV-Hahn, dass er sein Ziel, ein Stück grotesk-schräger Literatur in einen grotesk-schrägen Film zu verwandeln, verfehlt hat.»

(Barbara Sichtermann, *Die Zeit* 3, 2000)

DAS HALSTUCH (1961)

P WDR 1961 **Sd** 3., 5., 7., 10., 13., 17.1.1962, ARD (6 Teile) **R** Hans Quest **B** Francis Durbridge **Ü** Marianne de Barde **K** Karl Heinz Weber **M** Horst Jönsson **Sz** Alfons Windau **Ko** Ingrid Bütow **S** Monika Pancke **T** Manfred Oelschlegel **Do** Remscheid
D Heinz Drache (Insp. Yates), Albert Lieven (Clifton Morris), Margot Trooger (Marian Hastings), Horst Tappert (Vikar Matthews), Hellmut Lange (Edward Collins), Dieter Borsche (John Hopedean), Eckart Dux (Sgt. Jeffreys), Gerhard Becker (Kent), Erwin Linder (Alistair Goodman), Christian Doermer (Gerald Quincey), Eva Pflug (Diana Winston), Alwin Joachim Meyer (Komm. Nash), Bernd M. Bausch (Dr. Cousins), Gardy Garnass (Jill Yates), Erica Beer (Kim Marshall), Hans Bosenius (Hector), Helga Zeckra (Phyllis North), Heinz von Cleve (Eric), Annelie Jansen (Mrs. Lloyd)

Auf einer Farm ist das Fotomodell Fay Collins, Schwester des gehbehinderten Musiklehrers Edward Collins, mit einem Halstuch erwürgt worden. Inspektor Yates ermittelt als ersten Verdächtigen den Modezeitschriftenverleger Morris, dessen – angeblich gestohlenes – Feuerzeug in der Nähe des Tatorts gefunden wurde. Morris verlangt von der Modejournalistin Diana Winston ein Alibi, doch wird diese kurz darauf in seiner Wohnung ermordet aufgefunden. Sie war mit dem Kunstmaler Hopedean befreundet, der seinerseits Morris schwer belastet. Für diese Tatzeit hat Morris allerdings ein Alibi. Damit scheidet Morris für Insp. Yates als Verdächtiger aus, denn er ist überzeugt, dass der Täter für beide Morde verantwortlich ist. Das hindert jedoch Edward Collins nicht, Morris zu bedrohen. Dieser wird außerdem mit belastendem Material erpresst, vermutlich vom tatsächlichen Mörder, denn Morris war auch mit Fay Collins bekannt und in der Mordnacht mit ihr verabredet. Der Mörder hat außerdem die Modesalonbesitzerin Marian Hastings wegen einer Fahrerflucht in der Hand. Yates' Verdacht richtet sich gegen Hopedean, weil dieser ihm wegen seiner übertriebenen Kooperationsbereitschaft auffällt und freiwillig von anonymen Briefen berichtet, die ihn als Mörder bezichtigen. Yates, der überzeugt ist, dass Hopedean diese Briefe selbst geschrieben hat, stellt ihm eine Falle. Er schreibt ihm auch einen Schmähbrief, in dem er ihn der Erpressung beschuldigt. Und von diesem Brief erwähnt Hopedean nichts. In einer Scheune kommt es schließlich zum Showdown, als Hopedean auch Marian Hastings erwürgen will.

Krimiautor Durbridge (1912–1998) hatte bereits in den 1950er Jahren mit der Hörspiel-Serie *Paul Temple* im Radio für Furore gesorgt. Mit dem Halstuch eroberte er das Fernsehpublikum, der Mehrteiler war einer der ersten großen «Straßenfeger» des deutschen Fernsehens (89% Einschaltquote). Der hörspielgewohnte Zuschauer störte sich nicht an der Dialoglastigkeit (wohl aber, dass Wolfgang Neuß in der Zeitung den Täter verriet), und auch die ständige Irreführung durch eine ziemlich unlogische, auf sensationelle Wendungen zielende Handlung monierte nur die professionelle Kritik:

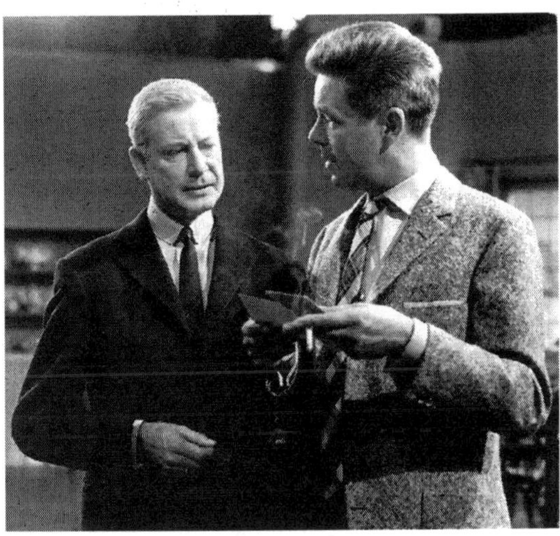
Dieter Borsche (l.) und Heinz Drache in Das Halstuch

«Statt dem Publikum eine faire Chance zu geben, selbst den Mörder zu ‹verhaften›, schürte die Serie Ratlosigkeit bis zur Massenhysterie. Der Autor führte die Zuschauer an der Nase herum, gaukelte ihnen Spannung vor, ließ sie auf Irrwege geraten und machte dann irgendeine Charge zum Täter. Jede andere der zahlreichen Nebenfiguren hätte mit gleicher Berechtigung als Mörder entlarvt werden können. Die Lösung des Rätsels war nicht der logische Schluss einer durchkonstruierten Geschichte, sondern nur ein neuer Taschenspielertrick.»

(bsb, *FK* 4, 1962).

Weitere Durbridge-Mehrteiler waren u.a. Tim Frazer (1963), ➲ Die Schlüssel (1965), ➲ Melissa (1966), Wie ein Blitz (1970), Das Messer (1971).

Literatur: Ingrid Brück: *Alles klar, Herr Kommissar? Aus der Geschichte des Fernsehkrimis in ARD und ZDF*, Bonn 2004, S. 234–242.
DVD: Studio Hamburg / ARD Video «Straßenfeger» (zusammen mit Der Schlüssel)

Der Hammermörder (1990) ★

P ZDF 1990 **Sd** 3.9.1990, ZDF **R** Bernd Schadewald **B/L** Fred Breinersdorfer **K** Ingo Hamer **M** Ingfried Hoffmann **Ko** Elisabeth Irmer **S** Rudi Reinhold **T** Andreas Mücke
D Christian Redl (Erich Rohloff), Ulrike Kriener (Christa), Silvan Oesterle (Steffen), Timmy Vetter (Andy), Ulrich Pleitgen (Soko-Beamter), Oliver Stritzel (Kreditsachbearbeiter), Verena Plangger (Monika), Walter Kreye (Kurt), Christoph Hofrichter (Kostmann), Peter Röhring (Allgöver), Rudolf Waldemar Brem (Polizist)

Im Großraum Stuttgart geht der «Hammermörder» um. Er erschießt auf Parkplätzen Autofahrer und fährt mit deren Fahrzeugen zum Bankraub, wobei er jedesmal einen Vorschlaghammer benutzt. Die Polizei vermutet, dass der Täter aus ihren Reihen kommt, und bei Christa Rohloff keimt der Verdacht, ihr Mann Erich ist der Gesuchte. Die gerade ins neue Eigenheim gezogene Familie ist hochverschuldet, aber Erich hat phasenweise immer wieder Geld, angeblich von einer Nebentätigkeit. Sein Verhalten ergibt das Bild eines geltungssüchtigen Kleinbürgers, der will, dass die anderen zu ihm aufschauen und dass es seinen beiden Söhnen, die er nach dem Tod seiner kleinen Tochter abgöttisch liebt, gut geht. Nun erwartet Christa ein weiteres Kind. Schließlich findet sie das Versteck mit dem geraubten Geld. Als sie die Polizei anrufen will, erschießt Erich sie sowie den älteren Sohn. Mit dem jüngeren fährt er nach Italien, den Ort seiner Sehnsucht aus der Kindheit. Dort bringt er ihn und sich selbst um.

Die Jury des Adolf-Grimme-Preises sah ein «Psychogramm, das von der unstillbaren Sehnsucht nach kleinbürgerlichem Wohlleben und der verzweifelten Suche nach Anerkennung um jeden Preis erzählt. Die Tragödie des Polizisten Rohloff, dessen Ego sich in dumpfer Verblendung von sterilem Eigenheim und intaktem Familienleben zu nähren sucht, findet bei Schadewald ihre visuelle Entsprechung in den grauen Bildern furchterregender Innenaustattung.»

▶ Bernd Schadewald erhielt einen weiteren Grimme-Preis für SCHICKSALSSPIEL (NDR 1994), eine Ost-West-Romeo-und-Julia-Story zwischen Fans zweier verfeindeter Fußballvereine, FC St. Pauli und Hansa Rostock.

DER HANDYMÖRDER (1998)

P Sat.1 1998 **Sd** 22.9.1998, Sat.1 **R** Hans Werner **B** Holger Karsten Schmidt **K** Charles Finkbeiner **M** Martin Todsharow **Sz** Myriande Heller **Ko** Gabriele Binder **S** Oliver Lanvermann **T** Raoul Grass **D** Jochen Horst (Victor Roth), Natalia Wörner (Nicola Helling), Rolf Hoppe (Dreher), Axel Wandtke (Robert Bennat), Karl-Heinz von Hassel (Töteberg), Max Volkert Martens (Stefan König), Hanns Zischler (Kanzler), Alexander Hörbe (Achim Bornhak), Wilhelm Mauske (Richter), Dieter Dost (Wärter), Angelika Ritter (Sabine Knaus), Peter Mohrdieck (Kurt)

Ex-DDR-Spionagechef Dreher wird zu zehn Jahren Haft verurteilt. Aus der Haft heraus aktiviert er seinen «Schläfer» «Lucy», um sich von ihm freipressen zu lassen. Dieser «Lucy» droht, den Generalbundesanwalt zu töten, wenn Dreher nicht ausgeflogen wird. «Lucy» – es ist der BKA-Beamte Roth und Geliebter der Soko-Chefin Helling – schlägt zu, indem er das Handy des Generalbundesanwalts in eine Bombe verwandelt. Nun richtet er seine Drohung gegen den Bundeskanzler. Als Dreher in der Haft stirbt, verheimlichen dies die Ermittler und geben vor, ihn nach Syrien auszufliegen, um so «Lucy» zu fassen. Dessen Identität wird zwar enttarnt – er war einst Drehers Adoptivsohn –, ihn zu stellen gelingt jedoch erst, als er am Berliner Gendarmenmarkt den Bundeskanzler im Visier hat.

An filmischen Vorbildern orientiert (DER SCHAKAL, TELEFON), ist DER HANDYMÖRDER ein handwerklich ordentlich inszenierter Politthriller, der sich frech aus Versatzstücken der deutschen Gegenwart und jüngsten Vergangenheit bedient. Schnelle Perspektiv- und Ortswechsel erzeugen Dynamik, der Wissensvorsprung der Zuschauer ergibt «suspense».

«DER HANDYMÖRDER operiert in besonderem Maße mit differierenden Wissensständen von Zuschauern und Figuren – die weibliche Hauptfigur er-

fährt erst lange nach dem Zuschauer, dass ihr Liebhaber der Handymörder ist. Interessant dabei ist das musikalische Verfahren (...). Während zu Beginn seine (des Handymörders, T.B.) starken affektiven Reaktionen musiklos bleiben, scheint die Musik gegen Ende zunehmend zu einer empathischen Beteiligung des Zuschauers an den Emotionen des Killers anzuregen.»

(Klaus Hippel, in: Hans J. Wulff: *TV-Movies ‹Made in Germany›*, 1. Teil, Kiel 2000, S. 206)

HAUTNAH (1985) ★

P SWF 1985 **Sd** 8.12.1985, ARD **R** Peter Schulze-Rohr **B** Norbert Ehry **K** Johannes Hollmann **M** Günther Fischer **Sz** Wolf Sesselberg **Ko** Rosemarie Zander **S** Monika Kretschmann **T** Gerd Müller
D Armin Mueller-Stahl (Dold), Wolf-Dietrich Berg (Charly), Brigitte Karner (Margot Fiala), Walter Tschernich (Rodinski), Wilfried Baasner (Meilick), Horst Bollmann (Schober), Michael Degen (Fischer)

Dold und Charly, zwei Profis aus der Überwachungsbranche («Observationskünstler»), bauen für einen ihnen nicht konkret bekannten Auftraggeber in das Büro des Immobilienhais Rodinski – er ist die «Nr. 1» im Bahnhofsviertel – perfekt funktionierende Überwachungskameras ein. Rodinski unterhält korrupte Beziehungen zum Ordnungsamt der Stadt, das ihm die Konkurrenz im Rotlicht-Milieu vom Leib halten soll, weil die Stadt und Rodinski Geschäftspartner sind. Aus ihrer Observation erfahren Dold und Charly, dass Rodinski den Schnüffler Gersdorf damit beauftragt, Rodinskis Konkurrenten Fischer zu beobachten. Kurz darauf kommt Gersdorf zu Tode, und Dold und Charly erfahren, dass jener Fischer ihr eigener Auftraggeber ist. Dold besitzt eine Videokassette, die Fischer mit Gersdorfs Tod in Verbindung bringt. Als er merkt, dass Fischer von der Existenz dieser Kassette weiß, glaubt er, Charly habe ihn verpfiffen und schmeißt ihn raus. Tatsächlich steckt jedoch Margot Fiala dahinter, eine von Rodinskis Nutten, in die sich Dold verliebt hat. Dold, der Rodinski nun auch zu Hause mit seiner Kamera observiert, bricht bei diesem ein und stiehlt die Unterlagen, die die Beamten des Ordnungsamtes belasten. Dabei wird er seinerseits von Fischers Mann Meilick gefilmt. Rodinskis Machenschaften fliegen zwar letztlich mit Dolds Hilfe auf, aber die Kassette mit der Aufnahme von Dolds Diebstahl wird Rodinski zugespielt.

HAUTNAH ist zwar zunächst ein sozialkritisch engagierter Krimi, der den Filz von Wohnungsbau und Immobilienbranche ausleuchtet, doch kondensiert die Geschichte mehr und mehr zum Psychogramm eines Schnüfflers, der sich selbst in dem von ihm ausgelegten Netz verheddert. Der Blick durch die Kamera führt nicht zur «Wahrheit», sondern verschleiert langsam die Realität. Armin Mueller-Stahls Figur erinnert an Gene Hackman im Coppola-Film THE CONVERSATION (1974): ein Abhörspezialist, der seiner eigenen «Wanzen»-Obsession erliegt.

Die Jury des Adolf-Grimme-Preises verortete den Film fernsehhistorisch: «eine spannende, hintergründige Geschichte, wie sie verwöhnte Fernsehzuschauer früher einmal von den Krimi-Redaktionen gewöhnt waren, bevor oberflächliche ‹Action›, Banal-Psychologie und simple Ballerei die Krimi-Szene besetzten. HAUTNAH knüpfte an die alte Schule folgerichtig erzählter, mehrschichtiger Stories mit kriminalistischem Hintergrund an.»

HEIMAT (1983) ★

P WDR 1983 **Sd** 16.9.–14.11.1984, ARD (11 Teile) **R** Edgar Reitz **B** Edgar Reitz, Peter Steinbach **K** Gernot Roll **M** Nikos Mamangakis **Sz** Franz Bauer **Ko** Reinhild Paul **S** Heidi Handorf **T** Gerhard Birkholz **Do** Woppenroth und andere Hunsrück-Dörfer **D** Marita Breuer (Maria Simon), Michael Lesch (Paul Simon, jung), Dieter Schaad (Paul Simon, alt), Roland Bongard (Ernst Simon, jung), Michael Kausch (Ernst Simon, alt), Markus Reiter (Anton Simon, jung), Matthias Kniesbeck (Anton Simon, alt), Jörg Richter (jugendlicher Hermann Simon), Peter Harting (erwachsener Hermann Simon), Jörg Hube (Otto Wohlleben), Rüdiger Weigang (Eduard Simon), Eva Maria Bayerwaltes (Pauline Kröber), Karin Rasenack (Lucie Simon), Gudrun Landgrebe (Klärchen), Willi Burger (Mathias Simon), Gertrud Bredel (Katharina Simon), Eva-Maria Schneider (Marie-Goot), Sabine Wagner (Martha Simon), Johannes Lobewein (Alois Wiegand), Hans-Jürgen Schatz (erwachsener Wilfried Wiegand), Wolfram Wagner (Mäthes-Pat), Gabriele Blum (erwachsene Lotti Schirm), Kurt Wagner (Glasisch-Karl), Johannes Metzdorf (Fritz Pieritz), Arno Lang (Robert Kröber)

1918 kehrt Paul Simon aus der Kriegsgefangenschaft in sein Hunsrückdorf Schabbach zurück. Er heiratet Maria, die Tochter des reichen Bauern Wiegand und bekommt mit ihr zwei Kinder, Anton und Ernst. 1928 jedoch, wandert Paul heimlich nach Amerika aus und lässt die Familie sitzen, die ihn schließlich, nachdem sie jahrelang nichts von ihm hört, für tot erklärt. 1938 verliebt sich Maria in den Ingenieur Otto, der an der neuen «Hunsrück-Höhenstraße» baut. Nun meldet sich plötzlich Paul zurück, der mit dem Schiff nach Deutschland gefahren ist, jedoch nicht von Bord darf, da er keinen Ariernachweis besitzt. Otto ist in seiner Menschlichkeit und Liebenswürdigkeit ein wohltuender Kontrast zu den sonstigen Männern im Dorf, insbesondere zu Marias Bruder Wilfried, einem fanatischen Nazi. Maria bekommt von Otto ein Kind, das Nesthäkchen Hermann. Otto kommt beim Versuch, eine Bombe zu entschärfen, ums Leben. 1945 wird Schabbach von den Amerikanern besetzt, Marias Söhne kehren aus dem Krieg zurück, und auch der «Amerikaner» Paul steht plötzlich vor der Tür: ein reicher Mann ist er geworden, der im Dorf entsprechend angibt, aber Maria will nichts mehr von ihm wissen. Anton und Ernst werden Unternehmer. Anton baut eine Fabrik für optische Geräte auf, die zwar im Wirtschaftswunder floriert («Made in Germany» – so sollte ursprünglich die ganze Serie heißen), aber bald auf dem Weltmarkt nicht mehr konkurrenzfähig ist. Ernst betreibt im wörtlichen Sinn einen «Ausverkauf» der Heimat, indem er den Bauern Kunststoffteile für deren Gebäude aufschwatzt und zugleich das alte Mobiliar als «Antiquitäten» in den Städten verkauft. Hermann verlässt das Dorf vollends und bricht in die Welt der modernen Kunst auf, er wird Komponist der «Neuen Musik». Die Serie endet 1982 mit der Beerdigung Marias.

DIE ZWEITE HEIMAT (1993) widmet sich der Studentenzeit und Komponistenkarriere Hermanns (Henry Arnold) und endet mit dessen vorübergehender Rückkehr nach Schabbach. Die Figuren – vorwiegend Künstler im Schwabinger Studentenmilieu – repräsentieren die Generation, die erstmals unter demokratischen Verhältnissen sozialisiert wird. Auch hier steht der Alltag im Vordergrund, Politik ist nur fernes Echo. In

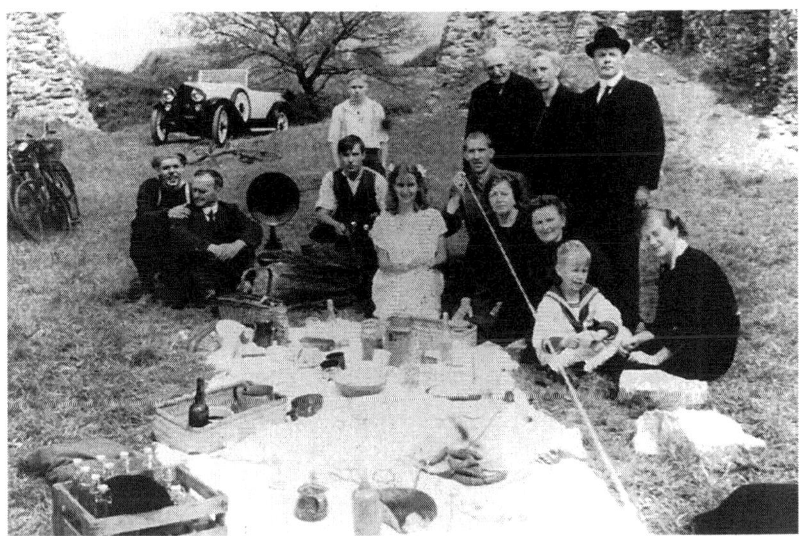

HEIMAT: Alexander Scholz, Willi Burger, Eva Maria Schneider, Wolfram Wagner (stehend), Kurt Wagner, Johannes Lobewein, Michael Lesch, Marita Breuer, Rüdiger Weigang, Gertrud Bredel, Gertrud Scherer, Ingo Hoffmann, Karin Kienzler (sitzend/hockend)

HEIMAT 3 (2004) trifft Hermann in der Nacht der deutschen Einheit auf seine verflossene Liebe Clarissa (Salomé Kammer). Die beiden werden neuerlich ein Paar und kaufen sich am Rhein ein altes Fachwerkhaus.

Edgar Reitz' Hunsrück-Saga, die schon vor der TV-Ausstrahlung beim Münchner Filmfest en bloc gezeigt wurde, markiert einen Höhepunkt in der Geschichte des deutschen Fernsehens. Die – auch international – erfolgreiche und preisgekrönte Arbeit (eher ein Film in 11 Teilen als eine Serie) steht in der Tradition des «kritischen Heimatfilms» und zeigt die Chronik eines Dorfes über 6 Jahrzehnte, in denen die Ereignisse weitab vom Weltgeschehen verlaufen. Selbst der Nationalsozialismus berührt das nach außen abgeschottete, rückständig-katholische Milieu nur oberflächlich (weswegen dem Regisseur von Teilen der Kritik reflexartig «Verharmlosung» vorgeworfen wurde). Gegenstand ist jedoch nicht objektive Geschichtsschreibung, sondern die subjektive, selektiv vonstattengehende Erinnerung des Individuums, die beim Zuschauer ähnliche Assoziationen freisetzen soll.

«(Reitz) zeigt keine Provinz-Idylle, er leuchtet nur, mit jeder Sequenz schöner und genauer, in die Brutnester, aus denen die deutsche Geschichte kroch. Sein Film ist ein Fresko komischer Verzweiflung, ein Trauerpanorama ohne Wehleid. Denn die bäuerliche Kultur im Hunsrück ist auch unwiederbringlich dahin. Keine Feier gilt ihr, aber doch ein Abgesang. Ein Requiem also und kunstvolle Totenklage.»

(Karsten Witte, *Die Zeit* 38, 1984)

Text: Edgar Reitz / Peter Steinbach: *Heimat. Eine deutsche Chronik*, Nördlingen: Greno 1985.

Literatur: Anton Kaes: *Deutschlandbilder. Die Wiederkehr der Geschichte als Film*, München

1987. – Georg Seeßlen, in: *Deutsche Geschichte bis 1945. Ereignisse und Entwicklungen. Filmanalytische Materialien*, Frankfurt 1988, S. 18–30. – Gerhard Schäffer: Edgar Reitz' HEIMAT als Sozialgeschichte der Neuen Medien, in : Hans J. Wulff (Hrsg.): *2. Film- und Fernsehwissenschaftliches Kolloquium Berlin 1989*, Münster 1990, S. 315–323. – Edgar Reitz: *Drehort Heimat*, Frankfurt 1993. Egon Netenjakob, in: *Filmklassiker* Bd. 4, Stuttgart 1995, S. 12–136. – Rachel Palfreyman: *Edgar Reitz' Heimat. Historien, Traditionen, Fiction*, Bern u.a. 2000. – Peter Reichel: *Erfundene Erinnerung*, München 2004, S. 264–272. – Gundolf Hartlieb: *In diesem Ozean von Erinnerung. Edgar Reitz' Filmroman Heimat – ein Fernsehereignis und seine Kontexte*, Siegen 2004. – Klaudia Wick: *Ein Herz und eine Serie. Wie das Fernsehen Familie spielt*, Freiburg 2006, S. 113–128. – Egon Netenjakob: Ein Filmroman: Versuch über DIE ZWEITE HEIMAT, in: ders.: *Es geht auch anders*, Berlin 2006, S. 131–164. – Karl Prümm: In Bildern zu Hause sein. Heimatgefühle in Edgar Reitz' HEIMAT, in: Susanne Marschall / Fabienne Liptay (Hrsg.): *Mit allen Sinnen. Gefühl und Empfindung im Kino*, Marburg 2006, S. 423–429. – Matteo Galli: Filmische Familiensagas: zu Francis Ford Coppolas THE GODFATHER und zu Edgar Reitz' HEIMAT, in: Simone Castagli / Matteo Galli (Hrsg.): *Deutsche Familienromane*, München 2010, S. 109–120. – Johannes von Moltke: Heimat – Orte. Zur Konstrution von Moderne in HEIMAT (1984), in: *Film-Konzepte* 28: Edgar Reitz, München 2012, S. 43–63. – Hans Krah: «Heimat». Edgar Reitz' HEIMAT-Zyklus 1984–2004, in: Martin Nies (Hrsg.): *Deutsche Selbstbilder in den Medien*, Marburg 2012, S. 167–224.

DVD: Arthaus

HELEN, FRED UND TED (2006)

P BR 2006 **Sd** 13., 20.9.2006, ARD (2 Teile) **R** Sherry Hormann **B** Gabriela Sperl **K** Hanno Lentz **M** Stephan Hansen, Dirk Reichardt, Max Berghaus **Sz** Renate Schmaderer **Ko** Gabriele Binder **S** Clara Fabry **T** Michael Mladenovic
D Friedrich von Thun (Frederick Czerny), Christian Berkel (Ted Fröhlich), Andrea Sawatzki (Helen Cordes), Gisela Schneeberger (Traudel Nitsche), Laura Sonntag (Julie), Corinna Harfouch (Biggi Schwarz), Johannes Silberschneider (Wolfi), Nina Kronjäger (Beate), Astrid Meyerfeld (Lilo), Julia Schmalbrock (Lilly Bäumler), Thorsten Merten (Heiner Sauer), August Zirner (Peter Kowalski), Charly Hübner (Uwe Karasin), Jürgen Tonkel (Christensen), Hans Kremer (Dr. Büchner), Lukas Eichhammer (Constantin), Ferenc Graefe (Devid)

Psychoanalytiker Fred Czerny hat zwar seine Praxis an den jüngeren Kollegen Ted Fröhlich übergeben, kommt aber mit dem Pensionärsdasein gar nicht zurecht. Also bildet er mit seinem – methodisch gänzlich anders orientierten – Nachfolger eine Praxisgemeinschaft, zu der auch noch die frustrierte Klinik-Psychologin Helen Cordes hinzustößt, als «Teil des männlichen Machtsystems». Das flotte Therapeuten-Trio wird ergänzt durch Sekretärin Traudel, die zwar mit gesundem Menschenverstand ausgestattet ist, aber mit drei Chefs nicht mehr zurechtkommt. Das Chaos reichern die Patienten an, deren Geschichten zwischen Ernst und Komik schwanken: Burn-Out-Syndrom, bettnässende Söhne, magersüchtige Töchter, verursacht durch die pädagogische Inkompetenz der Eltern. Aber die Therapeuten, deren unterschiedliche Ansätze nicht kompatibel sind, sind selbst Patienten, insbesondere Helen: sie zeigt im Umgang mit ihrer Tochter die gleichen «Krankheits»-Symptome wie ihre Patientinnen.

Der Zweiteiler unterläuft die Erwartungen, die der Zuschauer an einen unterhaltenden Ärztefilm richtet.

Statt einer linearen Handlungsführung dominiert die Episodenstruktur mit deutlichen Stimmungsschwankungen: Auf ernste Probleme folgt unversehens Komik. Obendrein ist der Film ungewöhnlich stilistisch ambitioniert:

«Regisseurin Sherry Hormann (...) hat nicht nur für die drei therapeutischen Stilrichtungen, die Fred, Ted und Helen verkörpern, je eine eigene ästhetische Welt entworfen, sondern auch für jede Krankengeschichte: für den an Burn-out leidenden Manager, für die nymphomanische Langzeitklientin, für das magersüchtige Mädchen und den jugendlichen Bettnässer. Mit seinen radikalen Lichtstimmungen und effektvollen Kadrierungen visualisiert die ambitionierte Kamera von Hanno Lentz perfekt deren Seelenzustände und durchschreitet voller Pein die Räume der Seele von der grellen Sterilität eines Krankenhauses über die klaustrophobische Leere der Einsamkeit bis zur Gefühlskälte des bürgerlichen Wohlstandsbungalows. (...) Ein Stück Fernsehen im Ausnahmezustand.»

(Klaudia Wick, *FK* 37, 2006)

HERRENJAHRE (1983)

P ORF/ZDF 1983 **Sd** 13.11.1983, ORF **R/B** Axel Corti **L** Gernot Wolfgruber **K** Charly Steinberger **M** Hansgeorg Koch **Sz** Ernst Wurzer

D Peter Simonischek (Bruno Melzer), Josefin Platt (Maria), Lore Krainer (Melzers Mutter), Hermine Czillinger (Großmutter), Johannes Silberschneider (Reinhard), Erwin Leder (Katzenschlager), Erwin Steinhauer (Koppensteiner), Christine Csar (Gerti), Lore Brunner (Sissy), Karl Friedrich (Jeschko)

Bruno Melzer geht in die Lehre als Tischler und durchläuft Lehrjahre, die bekanntlich keine Herrenjahre sind. Danach arbeitet er in einer großen Tischlerei. Er lernt Maria kennen, die in einem Heim aufgewachsen ist. Sie heiraten gezwungenermaßen, als ein Kind unterwegs ist. Auf der Suche nach einer eigenen Wohnung findet er das ehemalige Ladenlokal eines Schuhgeschäfts. Bruno wechselt den Arbeitsplatz und arbeitet nun im Akkord in einer Möbelfabrik am Band. Als seine Frau an Krebs erkrankt, sieht sich Bruno der Doppelbelastung von Beruf und Haushalt ausgesetzt. Nach dem Tod seiner Mutter zieht er mit der Familie wieder in sein Elternhaus, entschließt sich aber ein eigenes Haus zu bauen, obwohl sich Marias Gesundheitszustand rapide verschlechtert. Als sie stirbt, steht Melzer allein mit drei Kindern und dem halbfertigen Haus da.

Es ist die Geschichte einer totalen Desillusionierung. Die Suche nach Glück scheitert an der Unterordnung unter die Zwänge des Alltäglichen, Banalen, an der Abhängigkeit von gesellschaftlichen Rollenerwartungen, denen sich das Individuum nicht entziehen kann:

«Indem Corti alltäglichen Szenen, die für den Fortgang der Geschichte kaum Bedeutung haben breiten Raum gibt, während dramatische Ereignisse, wie der Tod von Melzers Frau Maria wie nebenbei geschehen, weckt der Film das beklemmende Gefühl, dass höchstes Glück und tiefstes Leid bedeutungslos werden vor der Frage, wo man die Kinder unterbringen soll, wenn man zur Arbeit gehen muss.»

(meg, *Stuttgarter Zeitung*, 10.1.1984)

«Das ist überhaupt die herausragende Leistung dieses durch und durch spannenden Fernsehspiels, dass es nicht nötig ist, den Leuten Wärme, Verständnis,

Lebensmut anzuschminken. Die haben eine Kraft, die es zu finden lohnt; wenn man sie entdeckt, dann setzt Corti gern noch ein paar Takte von Hansgeorg Kochs Musik drauf, wie im Kino. HERRENJAHRE, das ist auch bestes Fernsehkino.»

(Thomas Thieringer, *FR*, 10.1.1984)

HERZLOS (1998)

P ZDF 1998 **Sd** 8.2.1999, ZDF **R** Lutz Konermann **B** Siegfried Meier, Lutz Konermann **K** Sonja Rom **M** Ulrich Reuter **Sz** Börries Hahn-Hoffmann **Ko** Barbara Hopfengart **S** Mareile Marx-Scheer **T** Hans R. Weiß
D Leslie Malton (Charlotte Brandis), Tim Bergmann (Frank Soltau), Henry Hübchen (Henry), Julia Brendler (Sandra), Felix von Manteuffel (Andreas Aschert), Ellen Ten Damme (Lisa Kramer), Inga Busch (Thekla Gerber), Manfred Lehmann (Dr. Müller), Helmut Everke (Gustav Reimers), Ilse Strambowski (Emma Reimers), Marquard Bohm (Kredithai)

Die verheiratete Krankenschwester Charlotte hat ein Verhältnis mit ihrem Kollegen Frank. Dieser entwendet heimlich Morphium aus der Station, weil er als Dealer für den süchtigen Notar Dr. Müller arbeitet. Als ein Patient stirbt, weil Frank das Morphium aus der Spritze ausgetauscht hat, lässt er Charlotte im Glauben, sie sei die Schuldige, da sie denkt, sie habe die Medikamente verwechselt. Nun lässt er die Liebhaber-Maske fallen und erpresst sie: 10000 Mark. Da er eine Taucherschule in der Südsee eröffnen will und schon die Ausrüstung bei Charlottes Mann bestellt hat, schraubt er die Forderung auf 25000 Mark hoch, was Charlotte nicht aufbringen kann. Außerdem macht er sich an Charlottes Tochter ran und nistet sich im Haus ein. Nun kommt Charlotte der Wahrheit auf die Spur: Frank hat nicht nur die Spritze ausgewechselt, sondern obendrein eine falsche Identität. Doch er hat sie weiterhin in der Hand, da er im Besitz ihres schriftlichen Geständnisses ist, das sie geschrieben hat, als sie noch von ihrer eigenen Schuld überzeugt war. Frank bringt Charlotte fast um und droht, ihre Tochter zu töten, die von nichts weiß und mit ihm in die Südsee will. Als Dr. Müller in die Klinik eingeliefert wird, bringt Charlotte ihn dazu, gegen Frank auszusagen. Im Krankenhaus kommt es schließlich zum Showdown: Frank versucht erst Dr. Müller umzubringen und wird dann von Charlotte mit einer Harpune aus seiner Taucherausrüstung niedergestreckt.

«In seiner Inszenierung ist dieser Thriller virtuos. Nach VIRUS X – ATEM DES TODES und der Komödie EINE FAST PERFEKTE LIEBE, für die der Regisseur Lutz Konermann vor zwei Jahren einen Adolf-Grimme-Preis bekam, beweist er auch hier, dass er es versteht sehr dicht, sehr suggestiv zu inszenieren. Vielleicht ist Tim Bergmann ein wenig überfordert mit seiner Rolle: So richtig angsteinflößend wirkt er nie. Aber Leslie Malton gleicht diesen Mangel aus. Sie spielt, als stünde ihr Robert De Niro gegenüber und saust so bravourös auf der Achterbahn der Gefühle, dass es eine echte Thriller-Freude ist.»

(Sybille Simon-Zülch, *SZ*, 8.2.1999)

«Ein schrecklicher Absturz in die Niederungen einer billig zusammengeschusterten Klamotte war hier zu begutachten. (...) Ein ganz überflüssiger Film, ganz ohne Fortune komponiert, lieblos und überhastet ins Bild gesetzt.»

(Christian Hörburger, *FK* 6, 1999)

HILDE BREITNER ➲ EIN MANN FÜRS LEBEN

HIOB ➲ RADETZKYMARSCH

HÖLLEISENGRETL (1995)

P ZDF 1995 **Sd** 16.4.1995, ZDF **R/B** Jo Baier **L** Oskar Maria Graf **K** Jürgen Martin **M** Stefan Melbinger **Sz** Jochen Schumacher **Ko** Ute Hofinger **S** Clara Fabry **T** Albrecht Harms **RAss** Holger Barthel
D Martina Gedeck (Gretl), Michael Leuchtenberg (Wiggerl), Hubert von Goisern (Matthias), Josef Wierer (Thomas), Heide Ackermann (Rosl), Jutta Schmuttermaier (Nanni), Fred Stillkrauth (Bablochner), Herbert Fux (Schrotthändler), Gilbert von Schlern (Junge)

Die Eltern der jungen Hölleisen-Bäuerin sind tot, ihre Brüder im Krieg gefallen. Wegen ihres Buckels ist sie von Kind an gedemütigt worden und wird sie auch heute noch von den Dörflern geächtet. Nur der Tagelöhner Wiggerl hält zu ihr, deshalb stellt sie ihn als Knecht ein, aber auch, weil sie Hunger nach Liebe hat und auch einmal in den Arm genommen werden will. Aber Bauer lässt sie Wiggerl, Sohn armer Häusler, nicht werden. Deshalb verlässt er sie wieder. Die Hölleisen-Gretl nimmt stattdessen den angeblich gerade aus der Kriegsgefangenschaft entlassenen Matthias bei sich auf, den sie auch heiratet. Matthias entpuppt sich jedoch als Tyrann, der nur am Hof interessiert ist, weil er zu Hause von seinen Brüdern als überflüssig hinausgeschmissen wurde. Für seine Familie gilt er als bereits gestorben. Durch den alten Knecht Thomas lässt die Gretl einen Motorradunfall arrangieren, bei dem Matthias ums Leben kommt.

Im Unterschied etwa zu Fassbinders ➲ BOLWIESER ist dies keine werkgetreue Oskar-Maria-Graf-Verfilmung. Jo Baier hat die Vorlage in die Zeit nach dem Zweiten Weltkrieg verlegt und mit zusätzlichen Elementen ausgestattet. Ebenso wie Gretl durch ihren Buckel ums Leben betrogen ist, ist auch der um sein Erbe gebrachte Matthias ein Betrogener, dessen Härte sich ebenso wie die Gretls aus der gesellschaftlichen Zurücksetzung herleitet. Im bäuerlichen Mikrokosmos «bündeln die unzähligen Emotionen und Leidenschaften sich brutaler oft und gewalttätiger als in der sublimierten ‹bürgerlichen› Ausformung, aber auch archaischer und unmittelbarer» (Jo Baier).

«In allen schlummert das Böse, es braucht nur ein übervolles Maß an Zurückweisungen, inneren Verletzungen und Tritten in die Seele, um es aufzuschrecken und zu entfesseln. (...) Das faszinierende an Baiers Voralpendrama (...) ist seine Kunst, mit einem Mindestmaß an schauspielerischen Aktionen, mit sparsamsten Gesten und auf wenige Sätze reduzierten Dialogen ein Höchstmaß an Stimmung und innerer Bewegtheit zu erzeugen.»
(cvw, *Stuttgarter Zeitung*, 18.4.1995)

«Aus der eher ‹graphisch› anmutenden Vorlage ist bei der Anpassung an die Forderungen des Unterhaltungsmediums, so sehr dieser Fernsehfilm auch manchen Murks sogenannter Festtagsprogramme überragte, beim Bemühen, sich von der Verwechslung mit dem Genre des Tragödienstadls abzusetzen, gleichsam ein Ölbild mit starkem Farbauftrag geworden, unter dem heimlichen Titel, frei nach Brecht, ‹Im Dickicht der Höfe›.»
(Klaus Hamburger, *FK* 17, 1995)

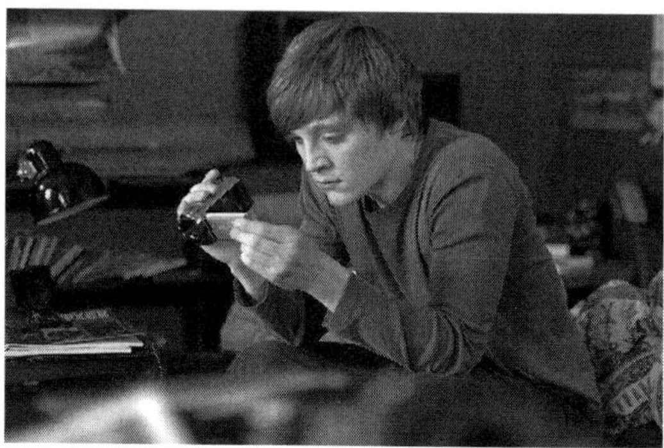

Jonas Nay in HOMEVIDEO

HOMEVIDEO (2011) ★

P NDR 2011 **Sd** 19.10.2011, ARD **R** Kilian Riedhof **B** Jan Braren **K** Benedict Neuenfels **M** Peter Hinterthür **Sz** Martin Schreiber **S** Benjamin Hembus **Ko** Ivana Milos **T** Michael Kunz

D Jonas Nay (Jakob), Wotan Wilke Möhring (Claas Moormann), Nicole Marischka (Irina), Sophia Boehme (Hannah), Jannik Schümann (Henry), Tom Wolf (Erik), Willi Gerke (Tom), Anett Heilfort (Frau Beckmann), Petra Kelling (Eriks Mutter), Sabine Timoteo (Vera)

Die Mutter des 15-jährigen Jakob gibt einem Klassenkameraden ihres Sohns arglos dessen Videokamera. Darin befindet sich jedoch noch die Speicherkarte mit einem brisanten «Homevideo»: Jakob hat sich beim Onanieren gefilmt. Es gelingt ihm zwar, die Speicherkarte zurückzuholen, aber das Video ist längst kopiert und via Internet auf dem Handy sämtlicher Mitschüler. Obendrein wird es an Jakobs Freundin Hannah geschickt, deren Namen er bei seiner Filmerei gestöhnt hat. Damit ist Jakob einem üblen Cyber-Mobbing mit Hass-Mails ausgesetzt, ein Alptraum, der kein Ende hat, denn was einmal im Netz ist, bleibt für immer dort. Obwohl es seine «Freunde» waren, die das Video an Hannah geschickt haben, wird ihm dieser Vorgang als sexuelle Nötigung ausgelegt, was seine vorläufige Suspendierung von der Schule zur Folge hat, zumal er bei einer Schlägerei auf dem Schulhof versehentlich einen Lehrer verletzt hat. Aber auch an einer anderen Schule wird er dem Mobbing nicht entgehen, da auch dort das Video zirkulieren wird. Jakob befindet sich in einer ausweglosen Situation. Seine Isolierung ist total, weil die Erwachsenen die Dramatik seiner Lage nicht begreifen: weder seine Eltern, die sich gerade getrennt haben und mit ihren eigenen Problemen beschäftigt sind, noch die Lehrer, die nur nach einem bürokratischen Schema handeln. Jakob sieht sich so in die Enge getrieben, dass er sich mit der Dienstpistole seines Vaters, eines Polizisten, erschießt.

Der mehrfach preisgekrönte Film ist insofern authentisch, als er die Sprache der Jugendlichen trifft und die unüberbrückbare Distanz zu den Erwachsenen vermittelt. Da er ganz die Perspektive des Opfers einnimmt, fehlt auch jeder pädagogische Zeigefinger. Die Jury des Adolf-Grimme-Preises urteilte: «Der Verlust des Privaten als große Tragödie. Das wird konsequent bis zum Ende erzählt. Wie unerschrocken Fernsehen doch manchmal sein kann.»

DVD: Studio Hamburg / ARD Video

HOTTE IM PARADIES
➲ DER KÖNIG VON ST. PAULI

DER HUND DES GENERALS (1964)

P WDR 1964 **Sd** 23.4.1964, ARD **R** Franz Peter Wirth **B** Heinar Kipphardt **K** Kurt Gewissen **M** (Lieder) Peter Fischer **Sz** Rolf Zehetbauer, Herbert Strabel **Ko** Ilse Dubois **T** Heinz Terworth
D Paul Hoffmann (Rampf), Robert Graf (Pfeiffer), Klaus Löwitsch (Faber), Willi Semmelrogge (Czymek), Werner Hessenland (Dr. Rust), Karl Meixner (Oberstaatsanwalt), Reinhard Glemnitz (Dr. Fillisch), Peter Lühr (Prof. Schweigeis), Willi Rose (Schlievland), Hans Dieter Asner (Vorderwühlbecke), Carl Lange (Fahlzogen), Ulrich Faulhaber (Schindler), Gernot Duda (Paschke), Erich Fritze (Unteroffizier), Kunibert Gensichen (Hauptmann), Winfried Groth (Partisanenfranz)

Eine Kommission aus zwei Staatsanwälten und einem Historiker untersucht Verbrechen deutscher Soldaten im Krieg, um der Staatsanwaltschaft eine Empfehlung zu geben, ob ein Verfahren gegen den Beschuldigten eröffnet werden soll oder nicht. Sie ist mit folgendem Fall konfrontiert: Infanterist Pfeiffer erschießt auf Posten einen Schäferhund, der ihn anfällt. Divisionsgeneral Rampf, dem der Hund gehört, verurteilt ihn daraufhin zu verschärftem Arrest. Aber Pfeiffers bauernschlauer Kamerad Cymek treibt einen von Rampf unterschriebenen Divisionsbefehl auf, wonach streunende Hunde zu erschießen seien. Aus Verärgerung darüber, lässt der General die ganze Abteilung in einer militärisch sinnlosen Operation verheizen. Nur Pfeiffer überlebt. Der General ist derweil mit den «Schicksalsfragen der Nation» beschäftigt, um die «drohende militärische Katastrophe» abzuwenden. Vor der Kommission bestreitet Rampf die Sinnlosigkeit des Einsatzes nicht, beruft sich aber auf Befehlsnotstand und streitet persönliche Motive ab. Daraufhin legt der Historiker, ein ehemaliger Emigrant, der mit Rampf einen «Nazi-General» hinter Gitter bringen will, ein Gestapo-Protokoll vor, wonach Rampf am 21. Juli 1944 einen am Putschversuch beteiligten Offizier denunzierte. Der General bezeichnet seine damaligen Aussagen als Schutzbehauptung, um seinen Kopf zu retten. Die Juristen in der Kommission sehen die Vorwürfe gegen Rampf für ein Verfahren nicht ausreichend, gegen die «utopischen Gerechtigkeitsversuche» des Historikers behaupten sie: «Rechtsnorm ist Rechtsnorm», worauf der Historiker antwortet: «Und Mord ist Mord.»

Kipphardts Stück (uraufgeführt 1962 an den Münchner Kammerspielen unter August Everding, ebenfalls mit Robert Graf als Pfeiffer) ist «episches Theater» im Sinne Brechts mit einer anti-illusionistischen «offenen Bühne», die nicht Identifizierung, sondern kritische Distanz des Zuschauers hervorrufen soll. Dies ist auch in der Fernsehfassung (wie zuvor schon in ➲ IN DER SACHE J. ROBERT OPPENHEIMER) beibehalten worden. Im Unterschied zu OPPENHEIMER ist hier die Fernseh-Inszenierung durch szenische Rückblenden dramatischer und damit mediengerechter.

I

Ich – Axel Cäsar Springer ➲ Der Verleger

Ich wollte nicht töten (2006)

P ZDF 2006 **Sd** 20.4.2007, arte **R** Dagmar Hirtz **B** Frauke Hunfeld **K** Judith Kaufmann **M** Annette Focks **Sz** Ingrid Buron **Ko** Beate Scheel **S** Nicola Undritz **T** Frank Tenge **D** Jessica Schwarz (Meike Marndorfer), Hinnerk Schönemann (Robert), Gerald Alexander Held (Martin Kehl), Martin Feifel (Johannes), Inga Birkenfeld (Lena), Axel Wandtke (Andreas Marndorfer), Peter Zieser (Susanne Marndorfer), Peter Lerchbaumer (Chefred. Wilke)

Auch lange nach dem Ende der DDR werfen die Untaten des Regimes ihre Schatten auf Familienschicksale. Dieser Film, der dramaturgisch wie ein Thriller aufgebaut ist, aber auf entsprechende Mätzchen verzichtet, schöpft seinen Stoff aus den damaligen Zwangsadoptionen und den damit verbundenen Lebenslügen. Eine ihr unbekannte junge Frau, Lena Kehl, will der etwa gleichaltrigen Journalistin Meike Marndorfer eine Information überbringen und wird dabei tödlich überfahren. Sie war eigens aus Neubrandenburg nach Berlin gekommen. Meike will wissen, was Lena von ihr wollte und ob der Unfall wirklich nur ein Unfall war. Sie fährt nach Neubrandenburg und beginnt – zunächst ganz professionell – mit ihren Recherchen. Nach anfänglicher Ablehnung gewinnt sie in Lenas Freund Robert einen Vertrauten, mit dessen Hilfe sie in Lenas Schublade Fotos und Dokumente aus ihrer, Meikes, Kindheit findet. Eine Stasi-Überwachung? Aber als die Fotos gemacht wurden, waren Lena und Meike Kinder. Zur zentralen Figur wird Kehl, Lenas Vater, der bei dem Unfall in Berlin dabei war. Da er Chef einer Wohnungsbaugesellschaft ist, vermutet Meike zunächst eine damit zusammenhängende Skandalgeschichte. Doch ihre Recherchen führen immer mehr zu ihrer eigenen Person und ihren eigenen Eltern. Denn Meikes Vater und Kehl kannten sich. Sie waren beide NVA-Grenzsoldaten, und Kehl hat Lenas leiblichen Vater, ohne es eigentlich zu wollen, bei einem Fluchtversuch erschossen. Lena wurde von ihm adoptiert, und Meike, die Lenas Schwester ist, von ihrem jetzigen Vater, der bei den tödlichen Schüssen dabei war und versprochen hat, darüber zu schweigen. Meikes bisheriges Leben war auf einer Lüge aufgebaut! Die Wahrheit wirft sie zunächst aus der Bahn, sie beschimpft ihre (Stief-) Eltern. Aber ist die Wahrheit wirklich zerstörerischer als die Lüge, wie Kehl behauptet? Meike beschließt, sich nun intensiv mit ihrer toten Schwester zu beschäftigen.

«Die eigentlich tragische Figur, der Mauerschütze, der die Waise aufnimmt, deren Vater er getötet hat, bleibt am Rand. Er hätte ins Zentrum gehört. Meikes Schicksal: zu erfahren, dass die treusorgenden Eltern nicht die leiblichen sind, mag ein Schock sein, bedingt aber keine tiefere Katharsis. Die Überdramatisierung der Enthüllungsszene, in der Meike schreien muss: ‹Ihr seid überhaupt nicht meine Eltern!› versucht die Fallhöhe, in die die dramatis personae inzwischen hinaufgehievt worden sind, optisch zu vergrößern – aber es reicht nur zu einem Plumps.»

(Barbara Sichtermann, *epd medien* 33, 2007)

IHR KÖNNT EUCH NIEMALS SICHER SEIN (2008) ★

P WDR 2008 **Sd** 22.10.2008, ARD **R** Nicole Weegmann **B** Eva und Volker A. Zahn **K** Judith Kaufmann **M** Birger Clausen **Sz** Ralf Mootz **Ko** Kerstin Westermann **S** Andrea Mertens **T** Sylvain Rémy

D Ludwig Trepte (Oliver), Jürgen Tonkel (Vater), Jenny Schily (Mutter), Fjodor Olev (Micha), Karoline Teska (Charlotte), Anneke Kim Sarnau (Selma Vollrath), Luise Berndt (Katja), Hannes Hellmann (Stollberg), Leonard Lansink (Kommissar), Michael Wittenborn (Mattuseck), Anne Marie Fuchs (Annika Rother), Patrick Mölleken (Sven), Johanna Gastdorf (Ärztin)

Der 17-jährige Oliver ist mit seinen Eltern von Bielefeld nach Köln gezogen. Er ist ein phantasie- und sprachbegabter Rapper, doch in der Schule nimmt davon niemand Notiz. Seine gereimte Arbeit über Werthers Selbstmord bewertet die bornierte Deutschlehrerin mit null Punkten. Als man in seinen Texten Todesdrohungen gegen diese Lehrerin findet, wird er – Erfurt im Kopf – für einen potentiellen Amokläufer gehalten. Die Kripo entdeckt bei ihm zu Hause eine Waffe (ein Erbstück seines Opas) und indizierte Gewalt-Videos. «Wer heute nicht extrem ist, hat keinen Erfolg» lautet seine Erklärung. Um herauszufinden, ob von ihm eine Gefahr ausgeht, kommt Oliver in die Jugendpsychiatrie. Der Befund ist zwar negativ, aber sein Image als «Psycho» nun gefestigt. Sein Verbleiben an der Schule steht auf der Kippe. Bei seinen verunsicherten Eltern findet er keinen Halt, sie geraten sich über das «richtige» Verhalten gegenüber ihrem Sohn in die Haare, schwanken zwischen Verständnis und Vorhaltungen. Nur von dem russischen Rapper Micha fühlt sich Oliver akzeptiert, sonst scheint es keine Brücken zu seiner Umwelt zu geben, eine Distanz, die sich auch visuell vermittelt, z. B. durch Hell-Dunkel-Kontraste und spiegelnde Oberflächen. Das Gefühl, ständig ins Unrecht gesetzt zu werden, bekommt neue Nahrung, als der Vater seiner Freundin ihn wider besseres Wissen wegen Sachbeschädigung anzeigt. Nun fliegt er endgültig von der Schule, und seine Freundin kommt seinetwegen in ein Internat. Katja, eine ehemalige Mitpatientin aus der Psychiatrie, die sich an Oliver klammert, will als Liebesbeweis seine vermeintlichen Mordphantasien in die Tat umsetzen, geht mit einem Messer in die Schule und sticht die Deutschlehrerin nieder. Oliver und Micha können im letzten Moment noch schlimmeres verhindern.

Die Jury des Adolf-Grimme-Preises urteilte bei ihrer Preiszuerkennung: «Das Buch von Eva Zahn und Volker A. Zahn unterläuft äußerst geschickt, konsequent und mit unverbrüchlicher Sympathie zu ihrer Hauptfigur die Erwartungen des Zuschauers, ohne das Thema Amok und seine Mechanismen zu verharmlosen. Doch nicht etwa der Schüler läuft hier Amok, sondern seine Umgebung, die ihn mit kopfloser Angst vorsorglich kriminalisiert. Einzig die Psychiaterin hält den Jugendlichen nicht für geisteskrank, sondern für ganz normal. Und Oliver erweist sich, wenn auch verzweifelt, als stabilster Charakter in einer Panikwelt. Der Film nötigt zum genauen Hinsehen. Die Inszenierung von Nicole Weegmann wirbt um Verständnis, aber heischt nicht darum. Beeindruckend getragen durch seinen Hauptdarsteller Ludwig Trepte, vermittelt der Film Haltung, vermeidet aber Herablassung gegenüber denen, die sich um Haltung bemühen und dabei falsche Entscheidungen treffen. Ihr könnt euch niemals sicher sein wagt einen heiklen Balanceakt bei einem schwierigen Thema.»

Literatur: Rasmus Greiner: Die künstlerische Einstellung. Judith Kaufmanns Fernseharbeiten, in: Bernd Giesemann u.a. (Hrsg.): *Nähe und Empathie. Die Bilderwelten der Kamerafrau Judith Kaufmann*, Marburg 2013, S. 180–198.

DVD: Edel Germany

Im Angesicht des Verbrechens (2010) ★

P WDR 2010 **Sd** 27.4–11.5.2010, arte (10 Teile) **R** Dominik Graf **B** Rolf Basedow **K** Michael Wiesweg **M** Florian van Volxem, Sven Rossenbach **Sz** Claus-Jürgen Pfeiffer **Ko** Barbara Grupp **S** Claudia Wolscht **T** Rainer Haase

D Max Riemelt (Marek Gorsky), Ronald Zehrfeld (Sven Lottner), Marie Bäumer (Stella), Mišel Matičević (Mischa), Alina Lershin (Jelena), Katja Nesytowa (Swetlana), Bernd Stegemann (Lanz), Georgii Povolotskyi (Sokolow), Mark Ivanir (Andrej), Ryszard Ronczewski (Sascha), Marko Mandic (Bodrov), Carmen Simone Birk (Anja), Klara Manzel (Eva Padelski), Uwe Preuss (Hollmann), Ulrike C. Tscharre (Sabine Jaschke), Sandro Lohmann (Hollmanns Sohn), Arved Birnbaum (Roeber), Yevgeni Sitokhin (Lushin), Karolina Lodyga (Katarina)

Der junge Polizist Marek Gorsky, Sohn einer jüdischen Einwanderer-Familie aus Riga und sein Kollege Sven Lottner ermitteln beim LKA gegen die «Russen-Mafia», vor allem gegen Sokolow, einen der Köpfe im illegalen Zigarettenhandel und gegen den «Brigadechef» Bodrov. Bei einem Einsatz in einer Lagerhalle entkommt Bodrov, die Mitglieder seiner Brigade werden verhaftet. Dies führt zur Uneinigkeit unter den beiden Clans und ihren jeweiligen Brigaden (es geht um «Ehre»). Doch auch Marek Gorsky selbst ist indirekt durch seine Verwandtschaft involviert. Seine Schwester Stella ist mit dem Kriminellen Mischa verheiratet, sie führen ein russisches Restaurant, in dem auch die Mafiosi verkehren. Tatsächlich hält Mischa vorübergehend Sokolow in seinem Keller versteckt. Außerdem ist zehn Jahre zuvor Mareks Bruder Grischa ermordet worden, ohne dass der Täter gefasst wurde. Der Verdacht liegt nahe, dass er in die Bandengeschäfte verwickelt war. In einer Nebenhandlung werden zwei ukrainische Mädchen nach Berlin gebracht und dort zur Prostitution gezwun-

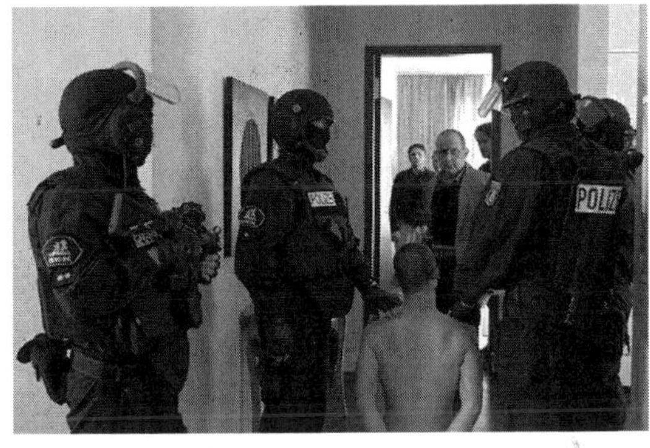

IM ANGESICHT DES VERBRECHENS

gen. In eine der beiden verliebt sich Marek, die andere wird nach Weißrussland verschleppt und dort von Marek gewaltsam befreit. Er findet die frühere Freundin seines Bruders und erfährt die Wahrheit über den Mord: Sokolow und Grischa waren Partner, Sokolow hat ihn bei einem Treffen erschossen, als sie Zigaretten nach Deutschland schmuggelten. Nun hat Marek bei seiner Fahndung noch ein persönliches Rache-Motiv. Sein Schwager Mischa wird von Bodrovs Killern getötet, Stella ist bereit, seinen Platz in der Mafiaorganisation einzunehmen. Als das LKA (in dem auch zwei geschmierte Beamte arbeiten, die von Gorsky und Lottner aufgedeckt werden, nachdem sie zunächst selbst in Verdacht geraten waren) die illegale, von dem Spediteur Lanz getarnte Zigarettenfabrik stürmt, flieht Sokolow. Marek folgt dem Mörder seines Bruders durch die Kanalisation (eine Hommage an Carol Reeds DER DRITTE MANN). Nachdem er ihn gestellt hat, könnte er ihn erschießen, doch Polizist zu sein, ist stärker als Rache.

Der hochambitionierte, für Fernsehverhältnisse außergewöhnlich komplexe Mehrteiler, der sich inhaltlich wie ästhetisch (ausgestellte Stilisiertheit) an amerikanische Serien-Vorbilder wie DIE SOPRANOS und THE WIRE anlehnt, nimmt sich viel Zeit für ausgedehnte narrative Exkurse in die verschiedenen Milieus (Russen, Juden, Polizisten etc.). Diese retardierenden Momente sorgen für Authentizität (es gibt viele untertitelte Passagen) und geben nie gesehene Einblicke in Parallelgesellschaften mit einer eigenen Lebenswelt. Aufgrund seiner filmischen Qualitäten war IM ANGESICHT DES VERBRECHENS schon auf der Berlinale 2010 uraufgeführt worden.

Die Jury des Adolf-Grimme-Preises schwärmte in ihrer Begründung: «Nahezu makellos ist die Komposition, die fließende Übergänge zwischen den einzelnen Handlungsebenen schafft und eingeführte Motive auch überraschend an anderer Stelle wieder aufnimmt. Die variable Kamera von Michael Wiesweg unterstützt den Reichtum an Stimmungen und Perspektiven. Mal ist sie mitten im Geschehen und zeigt Gewalt in Nahaufnahme, mal schmiegt sie sich über Umwege an die Protagonisten, mal schafft sie Tableaus des Schönen und des Schrecklichen. Ein enges Zusammenspiel geht die Kameraarbeit mit dem kongenialen Schnitt von Claudia Wolscht ein, der hektisch und nervös, aber auch ruhig und kaum spürbar sein kann. Sehr oft entstehen Bilder, die lange im Gedächtnis bleiben.»

Literatur: Johannes F. Sievert (Hrsg.): *Dominik Graf, Im Angesicht des Verbrechens. Fernseharbeit am Beispiel einer Serie*, Berlin

2010. – Britta Hartmann: «Berlin ist das Paradies». Inszenierung der Stadt in Dominik Grafs IM ANGESICHT DES VERBRECHENS und Thomas Arslans IM SCHATTEN, in: Rainer Rother / Julian Pattis (Hrsg.): *Die Lust am Genre. Verbrechergeschichten aus Deutschland*, Berlin 2011, S. 169–186. – Brad Prager: Gegenspieler und innere Dämonen. Dominik Grafs IM ANGESICHT DES VERBRECHENS, in: *Im Angesicht des Fernsehens. Der Filmemacher Dominik Graf*, München 2012, S. 215–237.
DVD: MFA

IM RESERVAT (1973) ★

P ZDF 1973 **Sd** 13.6.1973, ZDF **R** Peter Beauvais **B** Peter Stripp **K** Wolfgang Treu **Sz** Jan Schlubach, Werner Juhrke **Ko** Barbara Bilabel **T** Elisabeth Mondi **RAss** Michael Meyer
D Wolfgang Kieling (Alfred Bergmann), Johanna Hofer (Frau Minkwitz), Rosemarie Fendel (die Tochter), Johannes Schaaf (Amtsarzt), Käte Jaenicke (Heimleiterin), Gloria Doer (Hauswartsfrau)

In einem maroden Berliner Altbau, der als einziges Haus in einem Abrissgebiet stehengeblieben ist, leben neben der Hausmeisterfamilie nur noch die physisch wie mental gebrechliche Frau Minkwitz und ihr Untermieter Alfred Bergmann, der als Transvestit in einem Schwulenlokal arbeitet. Frau Minkwitz' Tochter kommt, die für das Verharren ihrer Mutter in dieser Wohnung kein Verständnis hat. Schon mehrmals hat sie den Räumungsbefehl ignoriert, stattdessen erst kürzlich eine neue Musiktruhe auf Raten gekauft. Mutter und Tochter besichtigen eine Neubauwohnung, aber in diesem «Loch» will sich die Alte nicht «einsperren» lassen. Nun sieht die Tochter nur noch ein Altenheim als Lösung, aber schon bei der Besichtigung läuft die Mutter davon. Auch der Versuch einer Entmündigung scheitert. Als sie ihrer Mutter vorwirft, sie behaupte, ihr Sohn lebe in Südamerika, obwohl er doch im Krieg gefallen sei, erleidet die Alte einen Zusammenbruch und kommt ins Krankenhaus. Währenddessen räumt die Tochter die Wohnung aus, trotz Herrn Bergmanns Proteste, der bislang mit Frau Minkwitz eine funktionierende Zweckgemeinschaft gebildet hat und auch bereit ist, sich weiterhin um die Alte zu kümmern. Die Tochter reist resigniert zurück nach Hamburg, Frau Minkwitz kehrt wieder zu Herrn Bergmann in die leergeräumte Wohnung zurück. Die beiden Außenseiter sind wieder unter sich, sie haben ihr «Reservat» gegen die Gesellschaft «draußen» vorläufig verteidigt.

Vordergründig ein «Problemfilm» über zwei gesellschaftliche Außenseiter, entfaltet dieses Fernsehspiel Qualitäten, die es zu einem der bedeutendsten in der Geschichte dieses Genres machen. Peter Beauvais enthält sich jeder direkten plakativen «Botschaft». Allein die Momentaufnahme aus dem Leben zweier Randexistenzen zwingt den Zuschauer zur Reflexion über den Zustand der «normalen» Gesellschaft. Hilfe, Respekt, Verständnis, Toleranz, die sich die beiden Außenseiter gegenseitig angedeihen lassen, verweisen auf die entsprechenden Defizite im Zusammenleben der «Normalen». Die Komik geht nicht auf Kosten einer schrulligen Alten und eines Herrn in Frauenkleidern, sondern entsteht durch den spontanen und konsequenten Kampf, mit dem die beiden ihre kleine Freiheit in ihrem Refugium gegen die sie bedrängende Umwelt verteidigen, auch wenn dieser Kampf angesichts des unausweichlichen Abrisses aussichtslos ist. Das Darsteller-Duo Johanna Hofer (die ursprünglich vorgesehene Grete Mosheim starb vor Drehbeginn) und Wolfgang Kieling trägt zu dieser Gipfelleistung wesentlich bei:

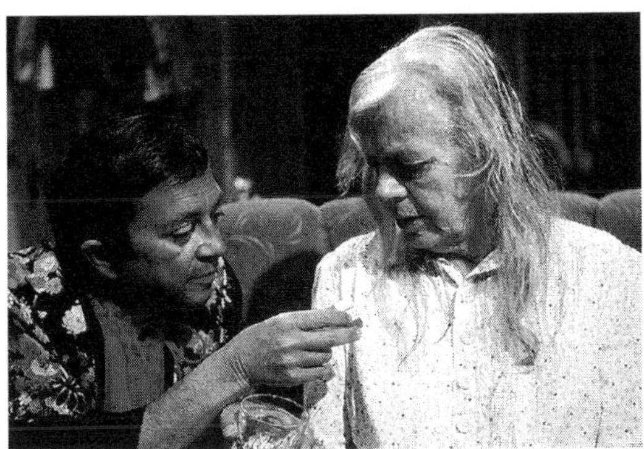

Wolfgang Kieling und Johanna Hofer in IM RESERVAT

«Ein solcher Glücksfall von Schauspielkunst, ein solches Ereignis subtiler, facettenreicher, auch schamloser, doch zutiefst berührender Menschendarstellung ist auch in der heutigen Programmfülle kaum je zu entdecken.»

(Wolfgang Ruf, in: Martin Wiebel [Hrsg.]: *Deutschland auf der Mattscheibe*, Frankfurt 1999, S. 197)

▶ Zum Thema der sexuellen Devianz ist zu erwähnen, dass im gleichen Jahr 1973 im deutschen Fernsehen (außer im BR) Rosa von Praunheims legendärer Dokumentarfilm NICHT DER HOMOSEXUELLE IST PERVERS, SONDERN DIE SITUATION, IN DER ER LEBT (WDR) lief: ein Meilenstein der Schwulenbewegung, weil er sich zuvörderst als Appell an die Betroffenen verstand, aus ihren Verstecken hervorzukommen und für ihre Rechte zu kämpfen.

IM SCHATTEN DER MACHT (2003)

P NDR 2003 **Sd** 23., 24.10.2003, arte (2 Teile) **R/B** Oliver Storz **K** Hans Grimmelmann **M** Klaus Doldinger **Sz** Eduard Krajewski **Ko** Wiebke Kratz **S** Heidi Handorf **T** Wolfgang Wirtz **RAss** Lilian von Koydell

D Michael Mendl (Willy Brandt), Jürgen Hentsch (Herbert Wehner), Dieter Pfaff (Genscher), Matthias Brandt (Günter Guillaume), Barbara Rudnik (Rut Brandt), Michael Quast (Günter Nollau), Rudolf Kowalski (Egon Bahr), Ulrich Mühe (Günter Gaus), Markus Boysen (Helmut Schmidt), Felix von Manteuffel (Walter Scheel), Felix Eitner (Schrader), Jörg Gudzuhn (Schacht), Michael Brandner (Holger Börner), Patricia Hirschbichler (Greta Burmester), Christiane Lemm (Mildred Scheel), Robert Giggenbach (Horst Ehmke), Martin Lüttge (Horst Herold), Siemen Rühaak (Karl Ravens), Siegfried Kernen (Dr. Böttner), Pierre Besson (Kellner)

1973 wird Günter Guillaume persönlicher Referent von Bundeskanzler Willy Brandt. Über Innenminister Genscher lässt der Verfassungsschutz Brandt davon in Kenntnis setzen, Guillaume sei als DDR-Spion verdächtig, bittet aber, ihn weiter gewähren zu lassen, um ihn bei einem konspirativen Treffen überführen zu können. Der Kanzler – quasi als Lockvogel – nimmt den Verdacht nicht sonderlich ernst. Der BND und Genscher verschweigen ihm jedoch, dass die Täterschaft Guillaumes bereits sicher ist. Nach dessen Verhaftung und Geständnis ist Brandt zutiefst verletzt, hat sich aber nichts vorzuwerfen. Da die Beweislage gegen Guillaume dünn ist, geraten Brandts Bettgeschichten in den Vordergrund, denn Guillaume hatte auch die Aufgabe, Brandt Damen zuzuführen. Dem Kanzler ist nun klar: «Weil sie den Spion nicht schlachten können, schlachten sie mich!» Er wird depressiv, bekommt Suizidgedanken, nicht wegen des drohenden Macht- sondern wegen des Ehrverlusts. Er schwankt zwischen Rücktritt und Kampflust, doch als die Boulevardpresse die Bettgeschichten auszuschlachten beginnt, und Brandt erkennt, dass Wehner ihn als Kanzler loswerden will, um die SPD an der Regierung zu halten, bleibt ihm keine Wahl. Er erklärt seinen Rücktritt, der zunächst widerwillige und erst von Wehner disziplinierte Helmut Schmidt wird Nachfolger. Walter Scheel resümiert Brandts Tragik: Er wollte auch als Kanzler Mensch bleiben, aber das geht nun nicht mehr.

Der Film, der nicht frei von Klischees ist (wasserfallartiger Regen als dramaturgischer Holzhammer, ein Kitsch-Dialog zwischen Brandt und seiner Geliebten, ein Schachbrett, auf dem der König umfällt), hat seine Höhepunkte vor allem in den messerscharfen Sottisen Wehners (Wehner zu Schmidt: «Ich habe Solidarität in der Arbeiterbewegung gelernt, du im Offizierskasino!»). Warum genau Brandt das Handtuch geworfen hat, kann auch Oliver Storz nicht beantworten.

«Storz erzählt die Geschichte von außen, so als sei er dabei gewesen, habe aber nur Details und Indizien und keine Zusammenhänge und Beweise sichern können. So spricht dieser Film mit abgesenkter, raunender Stimme. Eine inner-circle-Atmosphäre entsteht, ein gehobener Stammtisch, ein Ehemaligen-Treffen. Dabei geht es nicht etwa lustig zu. Keiner traut hier dem anderen, weder Brandt seinen Ministern, noch Storz seinen Figuren. Brandt ist schon amtsmüde, als er erstmals auftritt, der Rest der Herrenriege trägt sich entweder mit dunklen Absichten oder quälenden Skrupeln – es ist wie im Albtraum: Alle wollen das Äußerste verhindern, aber keiner ist im Stande, den entscheidenden ersten Schritt zu tun.»

(Barbara Sichtermann, *Tagesspiegel*, 23.10.2003)

DVD: Universum; Die Zeit «Dokumentation»

Im Zeichen des Kreuzes ➲ Die Bombe

In aller Stille (2010)

P BR 2010 **Sd** 3.11.2010, ARD **R** Rainer Kaufmann **B** Ariela Bogenberger **K** Klaus Eichhammer **M** Gerd Baumann **Sz** Renate Schwaderer **S** Ueli Christen **T** Marco Parisollo

D Nina Kunzendorf (Anja Amberger), Michael Fitz (Franz), Maximilian Brückner (Anton Kirmayer),Veronika Fitz (Uschi Amberger), Johanna Bittenbinder (Frau Gallus), Lola Dockhorn (Laura), Michael A. Grimm (Christian Anik), Sarah L. Schmidbauer (Stephanie Anik)

Anja Amberger ist Kriminalbeamtin in einer oberbayerischen Kleinstadt. Sie ist psychisch sehr angespannt, da sie in Scheidung lebt, und die 13-jährige Tochter und der 5-jährige Sohn sich von ihr zu entfremden scheinen: sie geben ihr deutlich zu verstehen, dass sie lieber beim Vater leben wollen. Anja verhärtet sich und reagiert zusehends aggressiv, lässt niemand an sich heran. Sie lebe «wie hinter Glas» sagt ihr Mann, ihre Ärztin stellt fest, dass sie «Angst vor der Angst» habe. Dann muss sie in einem Fall ermitteln, in dem sich ihre eigenen Probleme spiegeln. Familie Anik scheint ihren 5-jährigen Sohn Max zu vernachlässigen, er soll zwei Stunden in der Kälte vor der Haustür gestanden haben. Anja fehlt der Mut zu kontrollieren, ob an dem Jungen Spuren von Misshandlung zu finden sind: sie hat Angst vor dessen Vater. Dann ist Max verschwunden. Die Mutter ist Alkoholikerin, der Vater gibt zu, sehr streng zu seinem Sohn zu sein und gerät in Verdacht, ihn misshandelt oder gar getötet zu haben. Tatsächlich wird die Leiche des Jungen gefunden, der Vater legt ein Geständnis ab, stellt das Geschehen aber als Unfall dar. Durch die Konfrontation mit dieser Familie und die Auseinandersetzung mit ihrer eigenen Mutter wird Anja von ihrer eigenen Geschichte eingeholt. Auch sie ist sehr streng erzogen worden. Die Angst, die ihr damals eingeimpft wurde, hat sie heute noch. Doch durch die Erkenntnis dieses Zusammenhangs scheint sie sich langsam öffnen und wieder auf ihre Kinder zugehen zu können.

Trotz dieser vagen positiven Wendung am Schluss, handelt es sich bei In aller Stille um einen ungewöhnlich pessimistischen Fernsehfilm. Er ist eine Studie über die alltägliche Aggressivität, über das Unvermögen die Mauer der eigenen Angst zu durchbrechen und die Kompensation dieses Defizits durch Härte und Kälte gegen sich und andere. Die Beunruhigung und Beklemmung, die von diesem außerordentlichen Film ausgeht, wird von einer sich ständig in Bewegung befindenden Kamera verstärkt.

DVD: Edel Germany

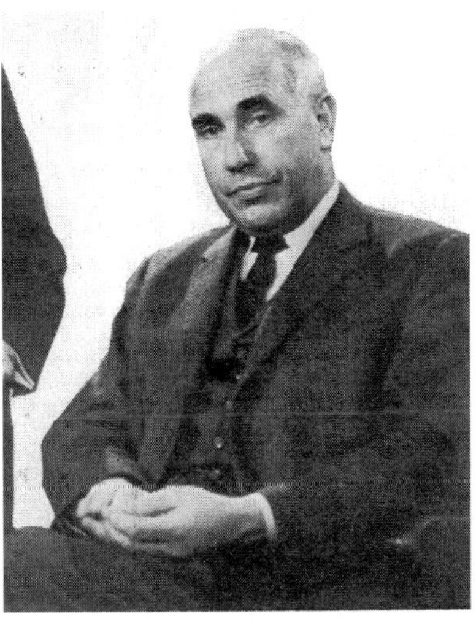

Charles Regnier als J. Robert Oppenheimer

In der Sache J. Robert Oppenheimer (1963)

P HR 1963 **Sd** 23.1.1964, ARD **R** Gerhard Klingenberg **B** Heinar Kipphardt **K** Wilfried Huber **Sz** Horst Klös
D Charles Regnier (Oppenheimer), Hans-Karl Friedrich (Evans), Carl Lange (Gordon Gray), Siegfried Wischnewski (Roger Robb), Horst Rüschmeier (Rolander), Hans Epskamp (Lloyd Garrison), Konrad Georg (Marks), Franz Kutschera (Pash), Alexander Kerst (Edward Teller), Kaspar Brüninghaus (Hans Bethe), Heinz Frölich (Griggs), Hanns Ernst Jäger (Isadore Isaac Rabi), Robert Freytag (Berichterstatter)

Durch die von Senator McCarthy ausgelöste hysterische Verfolgung von Persönlichkeiten, die auch nur den Anhauch einer «linken» Gesinnung erkennen ließen, muss sich auch der renommierte Kernphysiker Oppenheimer, der «Vater der Atombombe», vor dem Sicherheitsausschuss verantworten. Angenommen wird ein Zusammenhang zwischen Oppenheimers zögerlichem Verhalten in der

Frage der Wasserstoffbombe und seinen früheren Verbindungen zu Kommunisten. In dem Verhör geht es um die Frage, ob der Wissenschaftler sich seiner Regierung gegenüber loyal verhalten hat und damit um den grundsätzlichen Konflikt zwischen der Verantwortung des Wissenschaftlers und den Interessen des Staates. Wegen des hohen Vernichtungspotentials der Wasserstoffbombe und nach den Erfahrungen von Hiroshima bekam Oppenheimer Skrupel. Wissenschaftlich war er «begeistert», menschlich «tief erschrocken». Er erkennt, dass er eine Sache vorangetrieben hat, deren Anwendung er fürchtete. Demgegenüber zeigt sich der Zeuge Edward Teller tief enttäuscht über Oppenheimers Verhalten, denn er, Teller, ist überzeugt, dass die Menschen erst dann politische Vernunft annehmen, wenn sie wirklich tief erschrecken. Er nennt Entdeckungen weder gut noch böse, man kann sie gebrauchen oder missbrauchen. Oppenheimer wird die Sicherheitsgarantie entzogen, weil seine Bemühungen, die Wasserstoffbombe durch internationale Abkommen zu verhindern, seinen Mangel an Vertrauen in die Regierung der USA zeige. In seinem (fiktiven) Schlusswort beklagt Oppenheimer, die Physiker hätten ihre Arbeiten den Militärs überlassen, ohne an die Folgen zu denken. Dies sei tatsächlich eine Art von Verrat und es sei zu fragen, ob die Wissenschaftler ihren Regierungen nicht zuweilen eine zu große, ungeprüfte Loyalität gegeben haben: «Wir haben die Arbeit des Teufels getan.»

Das ursprünglich als Theaterstück konzipierte Fernsehspiel lehnt sich eng an die Vorlage des historischen Verhörprotokolls der amerikanischen Atomenergiebehörde an, wobei Kipphardt den Anspruch hatte, «Worttreue» durch «Sinntreue» zu ersetzen. Auch die Inszenierung der Verhörsituation ist absichtlich nüchtern-spröde gehalten ohne zusätzliche Schauwerte, erfährt jedoch durch Schuss-Gegenschuss-Technik und die Abfolge von Nahaufnahmen eine «filmische» Dramatisierung (diese Methode der Visualisierung von Gerichtsverhandlungen war dem Fernsehzuschauer schon bekannt: durch die seit 1961 laufende ARD-Serie Das Fernsehgericht tagt). Die – nur geringfügig abweichende – Bühnenfassung hatte erst nach der Fernsehsendung Premiere: am 11.10.1964 gleichzeitig in Berlin (unter Piscator) und München (unter Verhoeven).

▶ Dem gleichen Dokumentar-Genre zuzuordnen ist die szenische Dokumentation des Frankfurter Auschwitz-Prozesses Die Ermittlung von Peter Weiss, die ein Jahr nach der Theater-Uraufführung als Fernsehspiel lief (NDR 1966, R: Peter Schulze-Rohr, mit Fritz Strassner als Vorsitzender und Herbert Fleischmann als Ankläger).

Text: Heinar Kipphardt: *In der Sache J. Robert Oppenheimer. Ein szenischer Bericht*, Frankfurt: edition suhrkamp 1964.

Literatur: Ferdinand van Ingen: *Heinar Kipphardt: In der Sache J. Robert Oppenheimer. Grundlagen und Gedanken zum Verständnis des Dramas*, Frankfurt u.a. 1978. – U. Naumann (Hrsg.): *Heinar Kipphardt: In der Sache J. Robert Oppenheimer. Ein Stück und seine Geschichte*, Reinbek 1987. – Melanie Fastenrath: Heinar Kipphardt: In der Sache J. Robert Oppenheimer. Originalfernsehspiel oder Fernsehspiel nach literarischer Vorlage?, in: Helmut Schanze (Hrsg.): *Fernsehgeschichte der Literatur*, München 1996, S. 153–191. – Clas Dammann: *Stimme aus dem Äther – Fenster zu Welt*, Köln u.a. 2005, S. 249–258.

INDUSTRIELANDSCHAFT MIT EINZELHÄNDLERN (1970)

P NDR 1970 **Sd** 7.12.1970, ARD **R/B** Egon Monk **K** Kurt Weber **Sz** Herbert Kirchhoff **D** Horst Tappert (Drogist), Marianne Kehlau (Frau), Marcel Werner (Sohn), Gottfried Kramer (Fleischer), Peter Lehmbrock (Wirt), Gert Haucke (Filialleiter), Heini Kaufeld (Tierhändler), Hans Fitze (Lebensmittelhändler), Ilse Seemann (Kundin), Hedwig Schmitz (Seifenfrau), Gert Schaefer (Fotohändler), Egon Monk (Erzähler)

Ein Drogist versucht nach der Theorie der Marktwirtschaft zu handeln und scheitert damit. Er liest ökonomische Bücher und Zeitschriften und den Wirtschaftsteil der Zeitungen, akzeptiert den Konkurrenzkampf, dem er als Einzelhändler ausgesetzt ist. Er glaubt, das tüchtige Individuum habe die gleichen Chancen wie die großen Konzerne, man müsse sich nur «ins große Ganze» – also die bestehende wirtschaftliche Ordnung – einpassen, er selbst hat schließlich seinerzeit die Seifenfrau niederkonkurriert. Doch je mehr er sich mit dem ideellen Rüstzeug der Marktwirtschaft beschäftigt, desto höher steigt ihm das Wasser. Alles Modernisieren und Rationalisieren hilft nichts, er kann seinen letzten Kredit nicht mehr zurückzahlen, und auch der «Canossa-Gang» zum Filialleiter der Bank bleibt erfolglos. Er muss sein Geschäft schließen. Doch da er immer nach den Gesetzen des Marktes gewirtschaftet hat, versteht er sein Scheitern nicht. Den Verdacht, dass die Theorie sich nicht mit der Praxis deckt, verwirft er, glaubt vielmehr, selbst versagt zu haben und zeigt Einsicht in die Notwendigkeit seines Opfers, das er der Regulierung des Marktes bringt. Er verkennt, dass es den «freien Markt» gar nicht mehr gibt, dieser vielmehr von den «Großen», den Konzernen und Kartellen schon besetzt ist und gesteuert wird.

Monk verzichtete bewusst auf Realismus und verwendete für den reflexiven Monolog des Drogisten eine hochpoetische Sprache, um einen für den Zuschauer verfremdenden Effekt zu erzielen: «Ich musste davon ausgehen, dass die Mehrzahl der Zuschauer die Meinungen des Drogisten über die Verhältnisse teilt. Es musste also eine Methode benutzt werden, die es ermöglichte, diese Meinungen so vorzutragen, dass die Zuschauer in den Stand versetzt wurden, ihrerseits die Lage des Nichtbegreifenden zu begreifen, sein Denken als eingepflanzt, sein Verhalten als für ihn falsch und schädlich zu erkennen.» Ein Ausweg aus diesem auf hohem Niveau artikulierten Fatalismus ist jedoch nicht erkennbar.

«Der Film wirkt seltsam unpolitisch. Dies kapitalistische Trauerspiel bleibt jede Auskunft schuldig, was dieses Einzelhändlerschicksal oder dieses Schicksal des Einzelhandels für die Gesellschaft bedeutet. Monk scheint sein Konzept in einem Augen-Blick der Resignation entworfen zu haben. Sein Text ist ganz Klage, ganz Elegie. Ein wesentlicher Faktor des Misslingens ist das Experiment mit der stilisierten Sprache. (…) Ferner scheint, leider, Horst Tappert für die Verkündigung derart komplizierter Monkscher Gedanken nicht der ideale Interpret zu sein. Beim Formulieren unsinnlicher Abstrakta wirkt er nicht ganz glaubwürdig.»

(Egon Netenjakob, *FK* 51, 1970)

Text in: Heinz Schöffler (Hrsg.): *Fernsehstücke*, Frankfurt: Fischer 1972.

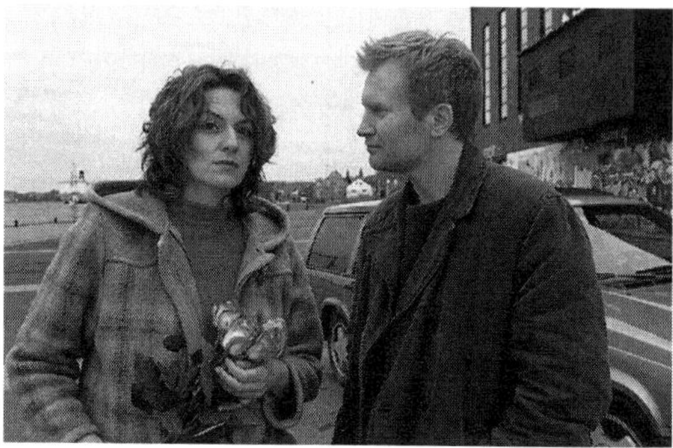

INS LEBEN ZURÜCK mit Martina Gedeck und Ulrich Thomsen

INS LEBEN ZURÜCK (2003)

P ZDF 2003 **Sd** 10.10.2003, arte **R** Markus Imboden **B** Fabian Thaesler **K** Jo Heim **M** Annette Focks **Sz** Klaus R. Weinrich **S** Annemarie Bremer **T** Benjamin Schubert **D** Martina Gedeck (Clara Lorenz), Ulrich Thomsen (Eric Lundgren), Herbert Knaup (Martin Lorenz), Natalie Thiede (Lilly), Annette Uhlen (Dr. Nenntwig), Maren Eggert (Schwester Sophie), Dietrich Hollinderbäumer (Frode Johansson), Marit Falk (Anna Johansson), Victoria von Trauttmannsdorff (Krankenschwester), Christian Fiedler (Bengt Wahlberg)

Clara Lorenz ist psychisch labil, seitdem ihre Tochter Lilly vor acht Jahren spurlos verschwunden ist. Nachdem sie ihr Zimmer in Brand gesteckt hat, dringt ihr Mann auf eine Therapie in der Psychiatrie. Dort sieht sie in einer Zeitschrift ein Foto, auf dem sie glaubt ihre Tochter wiederzuerkennen: als Stewardess auf einem schwedischen Schiff, das vor fünf Jahren gesunken ist. Ihr Mann vesucht vergeblich, ihr diese Idee auszureden. Clara bricht aus der Psychiatrie aus und fährt nach Schweden. Sie nimmt dort die Hilfe des dänischen Polizisten Eric Lundgren in Anspruch, den sie auf der Fähre kennengelernt hat und der sich als verständnisvoller und einfühlsamer Freund erweist. Sie besuchen die Eltern einer bei dem Schiffsunglück Ertrunkenen, die auf dem Foto neben der vermeintlichen Lilly steht. Während sich Herr Johansson abwesend verhält, weil er über seine Tochter nicht mehr sprechen will, kennt seine Frau das Mädchen auf dem Foto: es habe in Göteborg an der Oper als Garderobiere gearbeitet. Dort machen Clara und Eric sie ausfindig, aber sie ist nicht Lilly. Clara muss einsehen, dass sie ihre Tochter nicht mehr wiederfindet. Am Denkmal für die Opfer des Schiffsunglücks legt Clara Blumen für Frau Johanssons Tochter nieder. Durch diese Geste kann sie sich auch von Lilly verabschieden und wieder ins Leben zurückfinden.

«Wenn einem die Vergangenheit genommen wird, dann tut man eben Dinge – dieses Erklärungsmuster der Psychoanalyse reichern Markus Imboden und Fabian Thaesler, aber vor allem die Schauspielerin Martina Gedeck mit einer ganz eigenen Poesie an. Wieder einmal ist der Weg das Ziel, wieder einmal dient eine von der zivilisatorischen Landnahme noch nicht versehrte Natur dazu, die Seele allmählich zu glätten. Doch die Bilder, die davon künden, dass Clara auf dem Weg von Göteborg weit hinauf ins Unwegsame der Schären auch einen Ort finden könnte, endlich Abschied zu nehmen von der Tochter – diese melodisch eingebundenen, aber niemals penetrant in Musik verpackten Bilder meiden jeden bloß heuchlerischen Ton der

Versöhnung. So unterschlagen sie auch nicht, wie unempfindlich die verletzte Seele Clara dafür geworden ist, andere bei ihrer verbissenen Suche verletzen zu können.»

(Hans-Dieter Seidel, *FAZ*, 10.10.2003)

INSPEKTOR TONDI ➲ DEUTSCHSTUNDE

INTERVIEW MIT HERBERT K. (1970) ★

P ZDF 1970 **Sd** 16.9.1970, ZDF **R** Herbert Ballmann **B** Herbert Ballmann, Wolfgang Patzschke **K** Gero Erhardt, Szenenfotos: Thomas Grebe **S** Wolfgang Wehrum
D Herbert Stass (Herbert K.), Paul Albert Krumm (Scheffter), Friedrich G. Beckhaus (Reichert), Erika Dannhoff (Mutter K.), Katharina Matz (Mia), Friedrich W. Bauschulte (Rakowski), Peter Schiff (Kurt Walch), Iris Erdmann (Rita Walch), Hilde Sessak (Frau Schlichting), Hans Elwenspoek (Troost), Franz Nicklisch (Leischke)

Im sozialkritischen Fernsehspiel kam um 1970 der «Interviewdokumentarismus» auf, bei dem einfache Arbeiter oder Außenseiter der Gesellschaft nach ihrem Leben befragt wurden (z. B. WARUM IST FRAU B. GLÜCKLICH? von Erika Runge oder ➲ NACHREDE AUF KLARA HEYDEBRECK von Eberhard Fechner). Herbert Ballmann widmet sich Werdegang und Resozialisierungsversuch eines Strafgefangenen. Herbert K. – die Person ist authentisch, der Name geändert – wird nach sechs Jahren Zuchthaus (wegen Raubes) entlassen. Das Interview mit ihm findet im Off statt, weder K. noch der Interviewer sind zu sehen. Während K. spricht, ist sein von ihm referierter Lebenslauf bis zur Entlassung in Standfotos visualisiert, die Zeit danach ist vorwiegend durch Spielszenen wiedergegeben. K.s Kindheit ist durch sozialen Abstieg nach dem frühen Tod des Vaters markiert, der Junge lernt im katholischen Internat, sich mit Aggressivität gegen die anderen durchzusetzen: «man muss sich nicht alles erarbeiten, man kann es auch durch Courage kriegen.» Nach HJ und Erziehungsheim meldet er sich freiwillig zur Waffen-SS, sieht diese aber nicht als verbrecherische Organisation, sondern als soldatische Eliteeinheit. Da er keinen Beruf erlernt hat, kann er nach dem Krieg nicht Fuß fassen. Nach der Entlassung aus dem Zuchthaus – er saß die volle Strafe ab, weil er sich auch in der Haft renitent und aggressiv verhielt und einen Ausbruchsversuch unternahm – entschließt er sich zur Rückkehr in ein «normales bürgerliches Leben». Er heiratet die Frau eines verstorbenen Freundes und findet einen Job als Hilfsarbeiter beim Bau. Dann erhält er Morddrohungen von den ehemaligen Komplicen Reichert und Scheffter. K. geht deswegen zur Kripo und dient sich als Spitzel an. Er verrät einen Raubüberfall Reicherts und Scheffters, die, noch bevor sie geschnappt werden, tatsächlich versuchen K. zu erschießen. Beide werden zu hohen Haftstrafen verurteilt, und Scheffter erneuert noch im Gerichtssaal seine Morddrohung gegen K. K. erhält zwar eine Belohnung, gerät aber durch Falschinformationen der Polizei neuerlich in den Geruch der Kollaboration mit Verbrechern. Seine Anpassung an die bürgerliche Gesellschaft ist nur zum Teil geglückt – «sie lassen mich mitleben, mehr nicht» –, er bleibt ein von Baustelle zu Baustelle nomadisierender Hilfsarbeiter und resümiert: «das beste wäre gewesen, man hätte mir 43/44 zwischen die Augen geschossen.»

INTERVIEW MIT HERBERT K. zerfällt deutlich in zwei Teile: auf einen sozialkritischen Dokumentarismus folgt eine orthodoxe Krimihandlung mit Spannungselementen und Actionsequenzen.

▶ Über die Missstände im Strafvollzug war schon 1967 das Fernsehspiel ZUCHTHAUS produziert worden (NDR, R: Rolf Hädrich, B: Claus Hubalek, K: Walter Fehdmer) mit Vadim Glowna als Rebellenfigur. Die Vorführung der autoritären Hierarchie und der Mechanismen in der Strafanstalt – mit einer protokollarischen, dem NDR-Fernsehspieldirektor Egon Monk verpflichteten Ästhetik – sollte den Sinn von Freiheitsstrafen fragwürdig machen.

IRRLICHT UND FEUER ➲ STELLENWEISE GLATTEIS

J

Ein Jahr nach morgen (2012)

P WDR 2012 **Sd** 21.9.2012, arte **R/B** Aelrun Goette **K** Sonja Rom **M** Annette Focks **Sz** Susanne Hopf **Ko** Bettina Graupp **S** Monika Schindler **T** Andreas Ruft
D Margarita Broich (Katharina Reich), Rainer Bock (Jürgen Reich), Jannis Niewöhner (Julius), Gloria Endres de Oliveira (Luca), Isolda Dychauk (Nadine), Matthias Bundschuh (Klaus Nagel), Maurizio Magno (Andreas), Ben Unterkofler (Romeo)

Vor einem Jahr hat die 16-jährige Luca mit dem Jagdgewehr ihres Vaters eine Lehrerin und eine Mitschülerin erschossen. Seitdem schweigt sie, auch im Prozess macht sie keine Aussage zu ihren Motiven, zeigt keine Reue. Die Zurückgebliebenen – ihre Eltern, ihr Freund, die Angehörigen der Opfer – sind mit ihrer Trauerarbeit und ihrem Nicht-verstehen-können allein. Während Lucas Mutter völlig verstört ist, reagiert ihr Vater eher pragmatisch, versucht die Familien-Routine aufrecht zu erhalten («wir müssen nur zusammenhalten») und sorgt sich vor allem um seine eigene Anklage wegen fahrlässiger Tötung. Der Freund Julius macht sich Vorwürfe, weil er die Vorzeichen nicht erkannt hat. Als Luca ihm ihren Hass auf «das ganze furchtbare System» entgegengeschrien hat, war seine Antwort: «Mach irgend was!» Als sie mit dem Gewehr ihres Vaters auf ihn gezielt hat, hielt er es nur für Spaß. Die Mutter muss erfahren, wie sehr sie von ihrer Tochter, die ihre Eltern auch im Gefängnis nicht sehen will, gehasst wird. In Lucas Tagebuch liest sie über sich: «Sie lächelt alles tot. Ich will in dieses Lächeln hineinstechen. Wie hält sie es nur aus, so erbärmlich zu sein?» Zwischen allen Beteiligten, vor allem zwischen den Jungen und Alten scheint eine unüberwindliche Barriere zu liegen, eine lähmende Sprachlosigkeit (die nur einmal durchbrochen wird, als Julius seinen Hass auf das Schulsystem im Klassenzimmer hinausschreit). Als das Verfahren gegen den Vater eingestellt wird, ist für ihn «alles vorbei», für die Mutter jedoch nicht: sie verlässt ihn. Am Ende gibt es jedoch zumindest die Andeutung von Hoffnung. Der Mann der getöteten Lehrerin kann wieder lachen, Julius und die Tochter des Opfers schließen Freundschaft, und zwischen Luca und ihrer Mutter gibt es doch noch eine Begegnung im Gefängnis. Die Mutter streckt ihr die Hand hin, ob Luca diese Geste annimmt, bleibt offen.

«Goette hat es auf bemerkenswerte Weise gewagt, unser Verlangen nach Aufklärung, Deutung, Entschuldigung und Sühne nach einem Amoklauf einfach so im Raum stehen zu lassen. Ein Jahr nach morgen ist eine Studie über menschliche Beziehungen, insbesondere über die von Mutter und Tochter, über Sprachlosigkeit, über Nähe und Vertrauen, über Einsamkeit und Unverständnis außerhalb und innerhalb der Familie.»

(Markus Ehrenberg, *Tagesspiegel*, 26.9.2012)

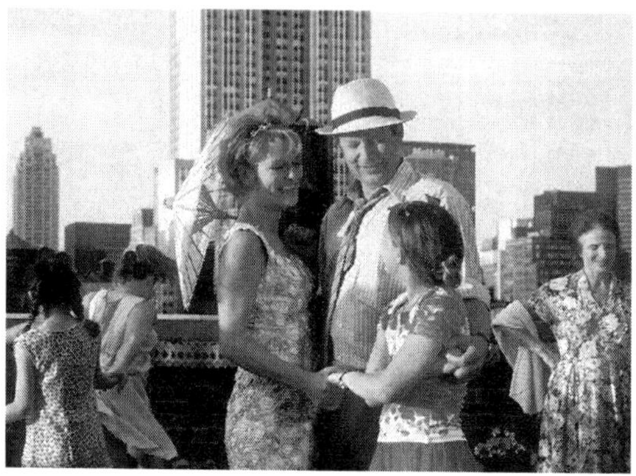

Suzanne von Borsody und Axel Milberg in JAHRESTAGE

JAHRESTAGE (2000)

P WDR 2000 **Sd** 14., 16., 21., 22.11.2000, ARD (4 Teile) **R** Margarethe von Trotta **B** Christoph Busch, Peter Steinbach **L** Uwe Johnson **K** Franz Rath **M** Enjott Schneider **Sz** Heike Bauersfeld **Ko** Ursula Eggert **S** Corina Dietz **T** Michael Busch, Jürgen Göpfert **D** Suzanne von Borsody (Gesine Cresspahl), Marie Helen Dehorn (Marie), Matthias Habich (Heinrich Cresspahl), Axel Milberg (Dietrich Erichson), Hanns Zischler (De Rosny), Kai Scheve (Jakob Abs), Jutta Wachowiak (Mutter Abs), Edgar Selge (Rohlfs), Nina Hoger (Anita Gantlik), Tina Ruland (Amanda), Peter Roggisch (Albert Papenbrock), Karin Gregorek (Louise Papenbrock), Susanne Simon (Liesbeth), Carola Regnier (Mrs. Ferwalter), Laura Henscher (Rebecca Ferwalter), Doris Schade (Mutter Erichson), Fabienne Kraup (Francine), Hans Kremer (Pastor Brüshaver), Armin Dilleberger (Bürgermeister Jansen), August Zirner (Dr. Sernig)

New York, August 1967: die Zeit des Vietnam-Kriegs, der Rassenunruhen und auch des Prager Frühlings. Gesine Cresspahl arbeitet als Fremdsprachenkorrespondentin in einer Bank und erzählt ihrer altklug fragenden Tochter von ihrem toten Vater. Diese USA-Ebene ist durch Rückblenden antithetisch mit dem ländlichen Mecklenburg der 30er bis 50er Jahre verknüpft. Beide Ebenen sind aber auch durch thematische Gemeinsamkeiten verbunden: politische Verbrechen, Freiheit des Individuums, Heimat und Heimatlosigkeit, Gerechtigkeit, Anpassung oder Widerstand. Gesines Vater Heinrich Cresspahl geht mit der ihr frisch angetrauten Lisbeth zunächst nach England, beide kehren jedoch zu Gesines Geburt im März 1933 zurück nach Jerichow, denn Lisbeth will trotz der Nazis in Deutschland bleiben. Aus einem irrationalen Sühneverlangen heraus begeht sie in der «Kristallnacht» Selbstmord. Heinrich betätigt sich als Spion für England und wird nach dem Krieg – nachdem die Engländer ihn zunächst zum Bürgermeister von Jerichow ernannt hatten – von den Russen verhaftet wegen seines kritischen Verhaltens gegenüber der neuen Ordnung. Mit einem Flüchtlingstreck kommt Jakob nach Jerichow, für die junge Gesine ist er der «geschenkte große Bruder». Sie geht jedoch in den Westen, arbeitet in Düsseldorf als Dolmetscherin für die NATO. Die Stasi übt Druck auf sie, Heinrich und Jakob aus. Gesine kehrt zu einem Besuch nach Jerichow zurück, doch sie und Jakob kommen nicht zueinander, weil er in der DDR bleiben will und sie im Westen. Wenig später wird Jakob vom Zug überfahren. Gesines Erinnerung an das Leben in der DDR ist verknüpft mit dem Prager Frühling und dessen Scheitern. Im Auftrag ihrer Bank soll sie nach Prag reisen und eine Dollarhilfe für die neue Regierung einfädeln. Auf dem Flug hört sie vom Einmarsch der Warschauer-Pakt-Truppen. Sie landet in Kopenhagen. Dort erfährt sie auch vom Tod Dietrich Erichsons, der sie heiraten wollte. In einer imaginären Schlussszene versammeln sich noch einmal alle Protagonisten am Strand.

Bei der Adaption von Uwe Johnsons Opus magnum für das Unterhaltungsmedium Fernsehen war eine «Werktreue» von vornherein nicht zu erwarten und war angesichts der Vielzahl von letztlich nicht verfilmbaren Passagen des Romans wohl auch nicht das Ziel der Verantwortlichen (Margarethe von Trotta sprang übrigens für den ursprünglich vorgesehenen Frank Beyer ein). Die Komplexität der Vorlage war auf dem Bildschirm insofern reduziert, als die reflexiven Elemente in «Erzählung» umgesetzt wurden und die distanzierte Perspektive zum Geschehen und den Figuren zugunsten einer identifizierenden Haltung aufgegeben war. Entsprechend umstritten war das Ergebnis bei der Kritik. Gemessen am Anspruch des Geschichten-Erzählens fürs Fernsehen war das Urteil positiv:

«Ein Spannungsbogen, der sechs Stunden trägt. Zusammengesetzt aus Szenen, die sorgfältig gearbeitet sind, die die jeweilige Grundsituation präzise bedienen, die Psychologie des Handelnden ausloten für diesen einen Moment. So werden Stück für Stück Figuren gebaut, die wirklich zu leben beginnen. Margarethe von Trotta inszenierte die Wechselwirkung von Politischem und Individuellem als filigranes Gewebe, spröde und auch transparent.»

(Renate Stinn, *epd medien* 91, 2000)

Gemessen an der mehrdimensionalen Struktur und der zeitgeschichtlichen Reflexionsebene des Romans war das Urteil vernichtend:

«Alles ist auf eine sentimentale Familiengeschichte eingedampft, die man so bei Johnson keineswegs herausfiltern kann, und die Zeitgeschichte tritt so klischeebesessen und operettenhaft auf, wie man sie vom Hörensagen zu kennen glaubt. Die Flüchtlingstrecks, die Russen, die SED-Apparatschiks und Stasifieslinge: wie aus dem Zigeunerbaron.»

(Herbert Böttiger: Uns Uwe. Zum Desaster der Fernseh-«Jahrestage», in: *Text + Kritik* 65/66 ²2001, S. 171)

Literatur: Martin Wiebel (Hrsg.): *Mutmaßungen über Gesine. Uwe Johnsons Jahrestage in der Verfilmung von Margarethe von Trotta*, Frankfurt 2000 – Thilo Wydra: *Margarethe von Trotta – Filme um zu überleben*, Berlin 2000, S. 240–249. – Norbert Mecklenburg: Jahrestage als Biblia pauperum, in: *Johnson-Jahrbuch* 9, 2002, S. 187–199. – Silke Jakobs / Lothar van Laak: «Wir essen ihn erstmal auf. Das halten wir nicht aus mit der Erinnerung.» Ästhetisch-religiöse Präsentativität in Margarethe von Trottas Jahrestage-Verfilmung, in: *Johnson-Jahrbuch* 10, 2003, S. 173–200. – Nikolaus G. Schneider, in: Anne Bohnenkamp (Hrsg.): *Literaturverfilmungen*, Stuttgart 2005, S. 314–321. – Lothar van Laak: Episierung des Romans durch den Film. Uwe Johnsons *Jahrestage* in der Fernsehverfilmung Margarethe von Trottas, in: Michael Braun / Werner Kamp (Hrsg.): *Kontext Film. Beiträge zu Film und Literatur*, Berlin 2006, S. 45–58.

DVD: Suhrkamp

Jeder stirbt für sich allein ➲ Wolf unter Wölfen

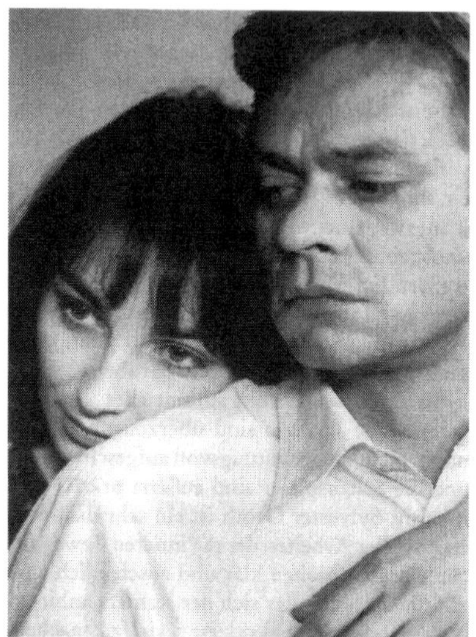

Ekaterina Medvedeva und Sylvester Groth in JENSEITS

JENSEITS (2000)

P ZDF 2000 **Sd** 19.1.2001, arte **R/B** Max Färberböck **K** Carl-Friedrich Koschnick **M** Jan Kaczmarek **Sz** Albrecht Konrad **Ko** Bettina Helmi **S** Benjamin Hembus **T** Wolfgang Preiss

D Sylvester Groth (Matthias Mund), Ekaterina Medvedeva (Katharina Buchwald), Anja Kling (Elke Mund), Rudolf Kowalski (Heinrich Kranz), Krista Posch (Richterin), Felix N. Bold (Nicolaj), Nick Seidensticker (Benny)

Staatsanwalt Mund überfährt, wenngleich ohne eigene Schuld, einen Jungen und begeht Fahrerflucht. Er nimmt ohne sich zu offenbaren Kontakt zu der Mutter des Jungen auf, der Russlanddeutschen Katharina Buchwald, die nach dem Tod ihres Sohnes völlig versteinert ist. Er befürchtet, sie könne Selbstmord begehen und versucht, sie aus ihrer Depression herauszureißen. Er will nur, dass es «ihr wieder gut geht». Tatsächlich gelingt es ihm, sie langsam aus ihrer Vereisung zu lösen. Er verliebt sich in sie und lässt damit in seiner eigenen Ehe die Krise ausbrechen. Da die Polizei den Täter nicht ermittelt, beauftragt Katharina einen Privatdetektiv. Gleichzeitig klammert auch sie sich an Mund, der ihr zum wirklichen Freund wird. Während er die Nacht bei ihr verbringt, ahnt Munds Frau die Zusammenhänge, und auch der Privatdetektiv ist auf seine Spur gestoßen. Völlig aufgelöst stößt die fassungslose Frau Mund in Katharinas Wohnung auf ihren Mann. Als Katharina erfährt, dass Mund der Täter ist, sticht sie ihn nieder. Sowohl Katharina als auch Mund erhalten sehr milde Strafen. In seinem Prozess hält Mund eine eindrucksvolle (dramaturgisch allerdings überflüssige) Rede, in der er seine Motive erläutert: er hatte das Gefühl, sich gegen das Schicksal auflehnen zu müssen und wollte dieses Gefühl an Frau Buchwald weitergeben. Katharina verweigert jeden Kontakt zu Mund, der mit einer Bewährungsstrafe davonkam. Sie ist jedoch im 4. Monat schwanger. Sie flieht aus dem Krankenhaus, wo sie abtreiben will. Mund sucht sie vergebens, bis sie plötzlich nachts in seinem Garten sitzt.

«Das könnte der Stoff sein, aus dem man Justizkrimis oder kolportagehafte Psychothriller macht. Aber Max Färberböck geht es um etwas völlig Anderes: um die Erschütterung von Gewissheiten, Eindeutigkeiten, moralischem Gefestigtsein; um den Verlust des Glaubens, das Leben sei kontrollierbar – und, nicht zuletzt, auch um die Kraft, die Liebe haben kann, obwohl sie im Schatten eines schrecklichen Geheimnisses entsteht. (...) Dem großartigen Sylvester Groth gelingt

es, seine Figur und deren Motive mit einem Geheimnis zu umhüllen, vor innerer Spannung geradezu zu implodieren – und trotzdem mit jeder Geste klarzustellen, dass sein Verzicht auf eine moralisch ‹ordentliche› Lösung (...) jenseits der Dimension liegt, in der er angekommen ist.»

(Sybille Simon-Zülch, *epd medien* 6, 2001)

«Der Film verkitscht zum Schluss, Versöhnung wird mit Gewalt herbeigeführt und der Autor verhebt sich bei der Aufgabe, dem Leben ins Handwerk zu pfuschen. Trotz Schluss-Schelte: ein herausragender Film.»

(Torsten Körner, *FK* 3, 2001)

JERUSALEM, JERUSALEM ➲ BEI THEA

DER JUNGE FREUD ➲ WELCOME IN VIENNA

EIN JUNGER MANN AUS DEM INNVIERTEL ➲ WELCOME IN VIENNA

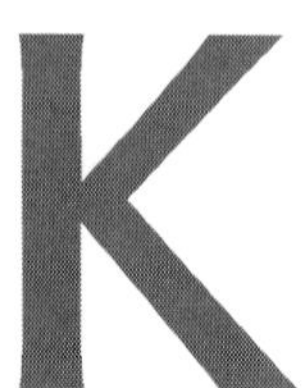

Kaddisch nach einem Lebenden (1968)

P RB 1968 **Sd** 27.1.1969, ARD **R/B** Karl Fruchtmann **K** Günter Wedekind **Sz** Herbert Kirchhoff **M** Graziano Manduzzi **T** Elmar Schmidt **S** Ingeburg Forth **RAss** Klaus Bertram
D Günter Mack (Peri), Rudolf Wessely (Bach), Zalman Lebiush (Garfinkel), Walter Bluhm (Kellner), Avraham Ronai (Pförtner), Mordechai Braitbart (betender Jude), Ulrich Radke, Peter Kner, Wolfgang Schenck (SS-Männer), Sprecher: Norbert Kappen

Peri, ein deutscher Jude hat das KZ überstanden und lebt nun in Israel. Er ist entschlossen, die Vergangenheit abzuschütteln. Doch dann erinnert er sich zufällig an Bach, einen Leidensgenossen im KZ, dessen leicht verschrobene Persönlichkeit den latenten Sadismus der Schergen zu gezielter Grausamkeit provozierte. Bach hatte es abgelehnt «Ich bin eine dreckige Judensau» zu rufen, denn: «Wenn ich mich aufgebe, bleibt mir nichts.» Peri hingegen verfolgte im KZ wie in Israel die Strategie «Das erste Gesetz heißt: Nicht auffallen.» Doch nun fragt er sich, ob dieser melancholisch-sensible Sonderling Bach überlebt hat und geht seinen Spuren in Israel nach. Er findet ihn schließlich an einer Straßenecke, wo er die Kinderwagenachsen vorbeispazierender Mütter ölt: körperlich lebend, aber geistig zerrüttet, ein Wrack, das die Behörden zeitweise in eine Anstalt einweisen. Diesem «lebendigen Toten» zu Ehren lässt Peri in der Synagoge, das jüdische Totengebet Kaddisch «nach einem Lebenden» sprechen. Gegenwartshandlung und Rückblenden sind zusätzlich mit Kommentaren und Kapitelüberschriften in der Tradition des pikaresken Romans versehen, die das Geschehen einrahmen sollen und zugespitzt die Quintessenz der jeweiligen Episode mitteilen. Gleichzeitig halten diese Zwischentexte den Zuschauer auf Distanz.

Eines der ganz wenigen Fernsehspiele der 60er Jahre, das sich überhaupt mit dem Leben der Nazi-Opfer beschäftigt (vgl. ➲ Ein Tag). Vor allem wird hier nicht eine vermeintlich abgeschlossene Geschichte behandelt, sondern vom ungebrochenen Nachwirken des Terrors in der Gegenwart berichtet, das Verdrängte ins Bild gesetzt, das zur Anschauung gebracht, worüber die Deutschen zu trauern unfähig waren.

«Der Film zeigt dreierlei: (1) Dass auch die Verfolgten wegen ihrer tiefgreifen-

den Traumatisierung eine Art ‹Heilsschlaf› (Sebastian Haffner) brauchen, bis sie vom Grauen der Demütigung und Entmenschlichung sich und anderen etwas eingestehen, (2) dass für einige Überlebende keine vollständige Wiederherstellung an Haupt und Gliedern, an Geist und Seele möglich ist, sondern eine Verformung übrig bleibt (...), (3) dass der Versuch der Ausgestoßenen, einen neuen Ort zum Leben auf dieser Welt zu finden, außerordentlich mühevoll und langsam vor sich geht.»
(Thomas Koebner)

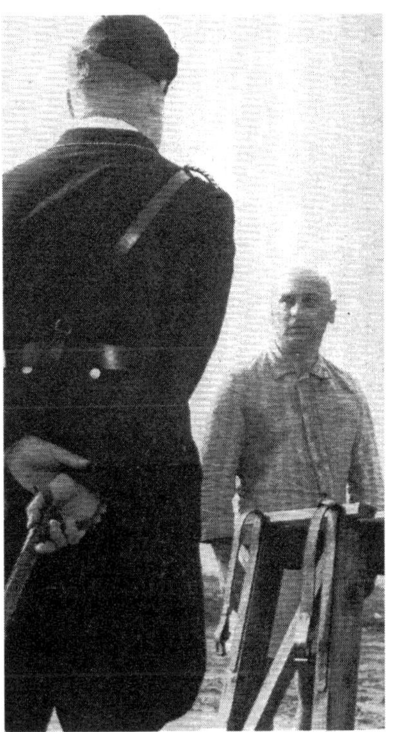

KADDISCH NACH EINEM LEBENDEN

Der von polnischen Juden abstammende Karl Fruchtmann (1915–2003) wanderte nach seiner Freilassung aus dem KZ Dachau nach Palästina aus, arbeitete nach 1945 für die Fluggesellschaft «El Al» in England, kehrte 1958 nach Deutschland zurück, wo er als TV- und Theaterregisseur tätig war.

«(Der Film) entlässt die Zuschauer vor dem Bildschirm so sprachlos niedergeschmettert, dass sie dankbar für die schweigende Pause sind, die ihnen danach vom Sender gewährt wird.»
(fwa., *Stuttgarter Zeitung*, 30.1.1969)

▶ Mit der Situation von Emigranten befassten sich die Fernsehspiele GELIEBT IN ROM (BR 1963, R: Paul Verhoeven, B: Jürgen Gütt): ein jüdischer Architekt und eine tschechische Tänzerin (Robert Graf und Ingrid Andree) verstecken sich in einem Hotel in Rom, das in ein deutsches Offizierskasino umgewandelt wird. EXIL (WDR 1965, R: Eberhard Itzenplitz, B: Leo Lehman) handelt von polnischen Juden in England, WIE EIN HIRSCHBERGER DÄNISCH LERNTE (NDR 1968, B: Dieter Meichsner, R: Rolf Busch) von einem Anwalt (Josef Schaper), der 1939 nach Dänemark emigriert und seinen Schwierigkeiten, sich dort anzupassen. Nach dem Einmarsch der Deutschen wird er in einer heroischen Aktion von dänischen Fischern gerettet.

Literatur: Thomas Koebner: Vorstellungen von einem Schreckensort. Konzentrationslager in Fernsehfilmen von Egon Monk und Karl Fruchtmann, in: ders.: *Vor dem Bildschirm*, Sankt Augustin 2000, S. 73–91. – Ders.: An einen Zurückgekehrten. Karl Fruchtmann, in: ders.: *Wie in einem Spiegel*, Sankt Augustin 2003, S. 226–229.

KAISERHOFSTRASSE 12 ➲ DIE BERTINIS

KALTER FRÜHLING (2003)

P ZDF 2003 **Sd** 12.3.2004, arte **R** Dominik Graf **B** Markus Busch **K** Hanno Lentz **M** Dieter Schleipp **Sz** Claus Jürgen Pfeiffer **Ko** Barbara Grupp **S** Christel Suckow **T** Wolfgang Schukrafft
D Jessica Schwarz (Silvia Berger), Friedrich von Thun (Carl Berger), Angela Roy (Karen Berger), Matthias Schweighöfer (Ben), Tanja Gutmann (Manuela), Markus Boysen (Hendrik Frieloff), Misel Maticevic (Rico Schmidt), Peter Lerchbaumer (Hans Terhofe), Johanna Gestdorf (Ursula), Marita Ragonese (Hanna Siemers), Christine Rose (Nele Henreiter), Michael Abendroth (Peter Kaufmann), Hildegard Kuhlenberg (Claudia Kaufmann), Martin Rentzsch (Wolfgang Deibach), Andreas Schröders (Marius Jelenek)

Die heitere Geburtstagsfeier zu Beginn anlässlich des 65. von Dental-Unternehmer Carl Berger ist nur die Fassade, hinter der die Abgründe der bürgerlichen Familienstrukturen lauern. Die Firma ist in finanziellen Schwierigkeiten, und Tochter Silvia steigt aus der vermeintlich heilen, kultivierten Welt aus. Sie, die laut ihrer Mutter schon immer ein «schwieriges Kind» war – mit 12 ist sie in eine Therapie gesteckt worden – schmeißt ihr Jura-Studium und lässt sich mit dubiosen Mackern ein – vom ersten wird sie obendrein mit Syphillis infiziert und dann schnöde verlassen, der zweite ist ein chaotischer Crack-Raucher – und geht auf den Strich. Ihre Mutter wird angesichts dieses Verhaltens «das Gefühl nicht los, dass sie sich an mir rächen will» und sperrt die Konten. Der Kälte ihrer Eltern begegnet Silvia mit einer ebenso kalten Intrige, um sich als Erbin an ihrer Cousine Manuela vorbei ins elterliche Geschäft einzusetzen. Sie ruiniert die Firma erst vollends – sie benutzt dazu ihren ersten Lover, der mit ihrer Mutter schläft, um sie zur entscheidenden Unterschrift zu bewegen –, dann präsentiert sie Investoren, die sie mit Hilfe ihres Anwalts, der ihr Freier war, kennenlernt, um die Firma wieder zu retten. Mit Erfolg: Am Schluss kann sie ihre Rückkehr ins bürgerliche Geschäftsleben feiern.

KALTER FRÜHLING bildet mit ➲ BITTERE UNSCHULD und ➲ DEINE BESTEN JAHRE (beide 1999) eine Trilogie über Frauen aus der gehobenen Gesellschaftsklasse, die durch eine Krise aus dem Gleis geraten. Grafs Absicht ist jedoch nicht, eine psychologisch stringente Story nach üblichem Muster (Krise – Katharsis – Happy End) zu entwickeln, sondern mit einem extrem unterkühlten Erzählstil Beziehungen zwischen den Figuren herzustellen, die letztlich mysteriös bleiben. Die Protagonisten verhalten sich nicht so, wie es der Zuschauer erwartet.

«Das alles vollzieht sich mit suggestiver Unerbittlichkeit – und ist auch von verzaubernder Ästhetik: Mit welcher Beiläufigkeit Graf den Zeitraum der Handlung – etwa ein Jahr – umreißt: der Schnee in Silvias Haaren, als sie zu Ben nach Hause kommt; ein Blick durchs Fenster nach draußen, der Kinder zeigt, die Silvesterraketen knallen lassen, ein Osterei als Geschenk des Rechtsanwalts (…) an Silvia zur Belohnung für ihre gute Arbeit; die Rose im Glas, die vom aufspringenden Fensterflügel heruntergerissen wird: dem Nuancenreichtum der Charaktere, ihren von Hanno Lentz (Kamera) so seismographisch registrierten emotionalen

Vibrationen entspricht eine dramaturgisch virtuos choreographierte Genauigkeit. Ein Dominik-Graf-Film eben. Ein Fernsehkunstwerk von pulsierender Vitalität.»

(Sybille Simon-Zülch, *epd medien* 20, 2004)

Literatur: Daniel Eschkötter: Außer Fassung. Drei Firmen-Familien-Melodramen: BITTERE UNSCHULD, DEINE BESTEN JAHRE, KALTER FRÜHLING, in: *Im Angesicht des Fernsehens. Der Filmemacher Dominik Graf*, München 2012, S. 200–214.
DVD: Edel Germany

EIN KAPITEL FÜR SICH ➲ TADELLÖSER & WOLFF

KLARAS MUTTER ➲ DOROTHEA MERZ

KLASSENPHOTO (1970) ★

P NDR 1970 **Sd** 17., 19.1.1971, ARD (2 Teile) **R/B** Eberhard Fechner **K** Rudolf Körösi **S** Brigitte Kirsche **T** Dieter Schulz

Das Foto einer Berliner Gymnasialklasse aus dem Jahr 1933 nimmt Fechner zum Anlass für Recherchen über das Schicksal der Abgebildeten, gleichsam stellvertretend für das Schicksal einer Generation. In mehrstündigen Einzelinterviews ließ er sich aus dem Leben der ehemaligen Schüler berichten, von 1937, dem Jahr ihres Abiturs, bis zur Gegenwart. Diese «Erinnerungen deutscher Bürger» sollen eine Chronik der Angehörigen dieser Klasse ergeben, einer Mittelschicht, die insofern privilegiert war, als sie das Gymnasium besuchen konnte. Diese Generation bestand aus den Mitläufern der Hitler-Diktatur und die meisten von ihnen waren auch nach dem Krieg nicht in der Lage, ihre Rolle in der Vergangenheit kritisch zu reflektieren. Sie sprechen über diese Zeit in entschuldigenden, verharmlosenden Formulierungen. Vor dem Hintergrund der Wirtschaftskrise fanden sie die Nazis attraktiv und glaubten an den glanzvollen Aufstieg Deutschlands. Der Krieg war für sie die verlorenen Jahre in ihrer Biographie, deshalb versuchten sie nach 1945 ihre verpassten Karrieren nachzuholen. Einer von ihnen vertritt noch immer die nazistischen und rassistischen Überzeugungen, einer ging aus religiösen Gründen auf zaghafte Distanz und nur einer scherte völlig aus: der jüdische Mitschüler Bernhard Kaiser, der in die USA emigrierte und dessen Eltern in Auschwitz ermordet wurden. Er sagt einen bizarren, aber in die Tiefe der Wahrheit führenden Satz: «Vom menschlichen Standpunkt ist es menschlich, ein Mörder zu werden.» Fechner gelang es, am Schluss noch einmal einige der Abgebildeten in ihrem alten Klassenzimmer zu versammeln.

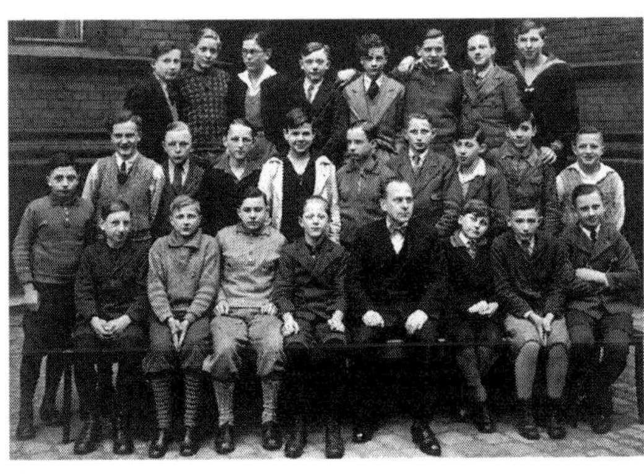

KLASSENPHOTO

Die zusammengeschnittenen Redebeiträge der ehemaligen Schüler mit ihren Übereinstimmungen und Widersprüchen ergeben durch Fechners Montagetechnik einen indirekten Kommentar zur Zeitgeschichte, eine Art «synthetischen Dialog» (vgl. ➲ NACHREDE AUF KLARA HEYDEBRECK). Ihm ging es nicht um die individuellen Biographien (die Befragten werden nur einmal kurz mit Namen und Beruf vorgestellt), nicht um konkrete Einzelschicksale, vielmehr sollten durch die Montage die Lebenswege der Gesprächspartner «zu exemplarischen Biographien einer Generation und eines Milieus werden» (Judith Keilbach). Diese Methode ist jedoch auch kritisiert worden: Die Spieldramaturgie sei ersetzt «durch die bloße Mechanik der Collage. Dokumentarisches Material, ohne eine stringente dramaturgische Strategie zusammengefasst, ergibt keinesfalls automatisch eine Analyse gesellschaftlicher Umstände» (Werner Waldmann: *Das deutsche Fernsehspiel*, Wiesbaden 1977, S. 77f.).

▶ Eine ähnliche, von einem Klassenphoto ausgehende Grundidee, verwendete Georg Friedel bei seinem Dokumentarfilm EINE VOLKSSCHULKLASSE DER ZWANZIGER JAHRE. VERSUCH EINER REKONSTRUKTION (BR 1970).

Text in: *Fernsehen + Film* 4, 1970.

Literatur: Judith Keilbach: *Geschichtsbilder und Zeitzeugen*, Münster 2008.

KLEINE SCHWESTER (2004)

P ZDF 2004 **Sd** 13.9.2004, ZDF **R** Sabine Derflinger **B** Nanouk C. Wilmer **K** Bernhard Pötscher **M** Ulrich Reuter **Sz** Susanne Hopf **Ko** Monika Buttinger **S** Dora Vajda **T** Bela Golya

D Marie Simon (Kathrin), Benno Fürmann (Ulf), Esther Zimmering (Romy), Michael Gwisdek (Vater), André Szymanski (Schnaubi), Uwe Kockisch (Herbert), Albrecht Grötzsch (Torsten), Peter Moltzen (Ecki), Sebastian Weber (Stefan), Lili Jung (Maria), Fanny Staffa (Kerstin), Susanne Klaus (Staatsanwältin)

Die aus Sachsen stammende junge Bundesgrenzschutz-Beamtin Kathrin Rubakow lässt sich in ihre alte Heimat versetzen, wo sie mit der Aufgabe betraut wird, Schleuserbanden an der tschechischen Grenze aufzuspüren. Ihr Vorgesetzter Ulf Weinhold ist auch ihr Lebensgefährte, für ihn ist die Stationierung in Sachsen jedoch nur eine Etappe: Er will Kathrin heiraten und mit ihr zur Flugsicherung nach Berlin. Eines Tages trifft Kathrin zufällig ihre jüngere Stiefschwester Romy, die sie seit Jahren nicht gesehen hat. Im Gegensatz zu Kathrins Beamtenkarriere arbeitet Romy in einer Backwarenfabrik und ist mit ihrer jugendlich-rebellischen, aber auch zerbrechlichen Art ein ganz anderer Charakter als die selbstdisziplinierte Kathrin. Zusammen mit Romys Freund Schnaubi fahren sie zu ihrem gemeinsamen Vater, der seine erste Frau, Kathrins Mutter, zugunsten einer anderen verlassen hat und nun als Kleingärtner auf dem Land arbeitet. Der Vater und Schnaubi fallen durch rechtsradikale Sprüche auf, die Familienbegegnung endet mit einem Eklat, und Schnaubi verprügelt Romy. Kathrin entdeckt die CD einer Neonazi-Band mit Schnaubi als Bandleader. Romy, von Kathrin zur Rede gestellt, wiegelt ab und macht sich an Ulf heran, der mit ihr ins Bett geht. Unterdessen identifiziert Kathrin Schnaubi als einen der gesuchten Schleuser tamilischer Flüchtlinge. Zwischen den Halbschwestern kommt es zum Streit, der eskaliert: Romy schlägt Kathrin, der sie mit Bewunderung und Neid gegenübersteht, mit einem Hammer nieder. An ihrem Krankenbett hofft Ulf, Kathrin werde ihr den Seitensprung mit Romy verzeihen und mit ihr nach Berlin gehen. Doch sie erteilt ihm eine Abfuhr, fährt stattdessen nach ihrer Genesung zu der wegen Mordverdachts in U-Haft sitzenden Romy, bagatellisiert den Vorfall und versichert der Halbschwester ihrer Freundschaft. Sie will nun hierbleiben: «Heimat» ist eben nicht nur Landschaft mit Kühen, sondern auch die Akzeptanz komplexer (Familien-) Verhältnisse.

KLEINER MANN, WAS NUN? ➲ WOLF UNTER WÖLFEN

KLEMPERER (1999)

P MDR 1999 **Sd** 12.10.–18.11.1999, ARD (12 Teile) **R** Kai Wessel, Andreas Kleinert (ab Teil 7) **B** Peter Steinbach **L** Victor Klemperer **K** Rudolf Blahacek **M** Andreas Hoge **Sz** Gerd Staub, Gabriele Wolff **Ko** Wiebke Kratz, Dorothee Kriener **S** Christina Freitag **T** Jiri Kriz

D Matthias Habich (Victor Klemperer), Dagmar Manzel (Eva Klemperer), Esther Esche (Sonja), Nicole Heesters (Annemarie Euler), Rudolf Wessely (Prof. Abendroth), Hans-Peter Korff (Prof. Feller), Helmut Stauss (Prof. Dember), Teresa Harder (Agnes Dember), Ignaz Kircher (Libeskind), Kathrin Angerer (Lore Libeskind), Anian Zollner (Eberhard Klingler), Hildegard Alex (Frau Libeskind), Günter Schubert (Fabritius), Tilo Prückner (Weinstein), Karl Kranzkowski (Treuhänder), Gerhard Olschewski (Pfr. Dost), Carmen-Maja Antoni (Dosts Schwester), Fabian Busch (Pichelott), Gudrun Gabriel (Frau Pichelott), Kevin Leisner (Benno), Katrin Sass (Hermine Kraithaim), Peter Prager (Herr Kraithaim), Simone von Zglinicki (Frau Fruchtmann), Gerd Preusche (Robert Stauffer), Julia Jäger (Carlotta Stauffer), Heinrich Giskes (Bergson)

Die 1995 veröffentlichten Tagebücher des Dresdner Romanisten Victor Klemperer (1881–1960) ermöglichten zum erstenmal einen umfassenden Einblick in den nationalsozialistischen Terror aus der Perspektive eines hiergebliebenen Juden. Klemperer, der sich gerade mit seiner nichtjüdischen Ehefrau Eva ein Häuschen gebaut und den Führerschein gemacht hat, verliert unter entwürdigenden Umständen seinen Lehrstuhl an der Dresdner TU. Während die Lage für Juden im Land immer schlimmer wird und viele seiner Freunde emigrieren, versucht Klemperer «Normalität» aufrecht zu erhalten, doch die alltäglichen Schikanen nehmen immer mehr zu. Die befreundete Ärztin Annemarie Eu-

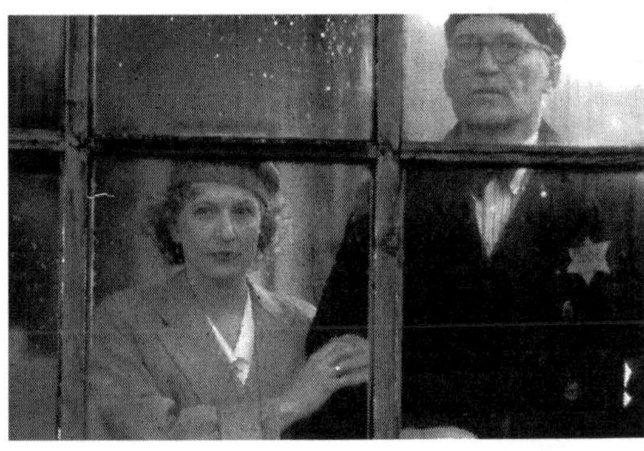
Dagmar Manzel und Matthias Habich in KLEMPERER

ler – die auch unter Lebensgefahr seine Tagebücher versteckt – bringt ihn zunächst in einem Krankenhaus unter. Dann wird er wegen Verstoßes gegen die Verdunkelungsvorschriften ins Gefängnis gesteckt und muss schließlich sein Häuschen aufgeben und mit seiner Frau ins «Judenhaus» ziehen. Im Güterbahnhof muss er Zwangsarbeit verrichten, dort wird er auch Zeuge der ersten Judendeportationen, von denen er selbst noch durch seine nichtjüdische Frau bewahrt bleibt. Auch Leidensgenossen aus dem Judenhaus werden mit den nächtlichen Transporten in den sicheren Tod geschickt. Als er selbst von seiner bevorstehenden Deportation erfährt, bedeutet ausgerechnet der große Bombenangriff auf Dresden im Februar 1945 die Rettung. Im Chaos wagen es Victor und Eva die Judensterne von ihrer Kleidung zu entfernen und nach Bayern zu fliehen. Dort erleben sie auf einem Bauernhof das Kriegsende.

Um den Mehrteiler an die Fernseh-Standards anzupassen, ist die äußere Handlung fiktional mit erfundenen Episoden ausstaffiert worden. Insbesondere Klemperers starke und mutige Ehefrau spielt eine wesentlich bedeutendere Rolle als in den Tagebüchern. Dem Protagonisten selbst wurde eine Liebesaffäre mit einer Studentin angedichtet, um das Projekt quotentauglich zu machen. Dieses Abweichen vom «Authentischen» und die Stereotypen in der Charakterisierung von Juden und Nichtjuden waren die Hauptvorwürfe der Kritik:

«Indem er die Perspektive des allwissenden Erzählers einnimmt, betrügt uns Steinbach um die individuelle Wahrheit, die Stimme und den Blick des Tagebuchschreibers Klemperer. Diese Popularisierung wird zur Infamie, wenn Steinbach Klemperers Leben ausschmückt, um es genießbarer zu machen, etwa durch die Affäre des Professors mit einer blonden Exstudentin. Mit dem Druck der Quote sind solche Entstellungen nicht mehr zu rechtfertigen. Sie degradieren ein einzigartiges Dokument des Überlebens unter der Barbarei zu einem weiteren Kapitel in der langen Geschichte des Schunds.»

(Andreas Kilb, *Die Zeit* 45, 1999)

Literatur: Frank Stern: «Frei nach Klemperer». Virtuelle Projektionen auf die Vergangenheit, in: Matías Martínez (Hrsg.): *Der Holocaust und die Künste*, Bielefeld 2004, S. 171–187.
DVD: S.A.D. Home Entertainment / Pidax

Kollege Otto – Die Co-op-Affäre (1991) ★

P WDR 1991 **Sd** 12.6.1991, ARD **R/B** Heinrich Breloer **K** Klaus Brix **M** Hans-Peter Ströer **Sz** Wolfgang Schünke **Ko** Detlef Papendorf **S** Monika Bednarz-Rauschenbach **T** Gernot Bürger
D Rainer Hunold (Bernd Otto), Hermann Lause (Informant), Udo Weinberger (Casper), Gert Haucke (Alfons Lappas), Dieter Mattausch (Vorstandsmitglied), Klaus J. Behrendt (Abteilungsleiter), Burghart Klaussner (Referent), Klaus Pohl (Schröder-Reinke), Peter Franke (Werner Krek), Hannelore Hoger (Lore Lowey), Angelika Thomas (1. Sekretärin), Karin Eckhold (2. Sekretärin), Christoph Quest (Peter Bölke), Rolf Becker (Uwe Malterer), Wolfgang Schenk (Kerbusk), Gustav Adolph Artz (Michael Werner), Helmut Ehmig (Ingo Cornelßen), Gustav Peter Wöhler (Kollege), Ilona Januschewski (Sekretärin)

Bernd Otto, ehemals Färbergeselle aus Wuppertal, der es über die Abendschule zum promovierten

Volkswirt gebracht hat, wird 1974 Arbeitsdirektor der gewerkschaftseigenen Konsumgenossenschaft Co-op. Breloers Montage aus Zeugenaussagen und inszeniertem Spiel versucht aufzuzeigen, wie jemand, der aus dem Arbeiter- und Gewerkschaftsmilieu stammt und entsprechend «in der Wolle gewaschen ist» unter dem Einfluss wirtschaftlicher Macht zum sich persönlich bereichernden Kapitalisten mutiert. In den 80er Jahren veröffentlichte Co-op abenteuerlich hohe Bilanzen, die über die tatsächliche Verlustsituation hinwegtäuschten, aber vom Aufsichtsrat abgesegnet wurden. Obwohl die «Neue-Heimat»-Affäre noch nicht lange zurücklag, geben die Banken anstandslos Kredite für Expansionen auch im Ausland. Störende Kritiker und Bedenkenträger werden entlassen und abgefunden. Mit einer Mischung aus Arroganz, Selbstherrlichkeit und Inkompetenz errichtet der Vorstand ein Schattenimperium: faktisch agiert ein zweiter Konzern neben der Co-op, die durch Vermögensverschiebungen «ausgekühlt» wird. Die Vorstände leiten einen gut organisierten Geldfluss in die eigenen Kassen. Erst ein «Spiegel»-Artikel, der die Konzernverflechtungen offenlegt, bringt Otto und Co-op zu Fall.

Die Jury des Adolf-Grimme-Preises resümierte: «Ein historisches Lehrstück im doppelten Sinne: der Film klärt über deutsche Geschichte auf und praktiziert zugleich die Methode einer historischen Aufklärung, die sich allen schlichten Antworten verweigert.»

«Sein synthetischer Charakter ist auch für den naiven Zuschauer offensichtlich. Das geordnete Durcheinander von Spielszenen und dokumentarischem

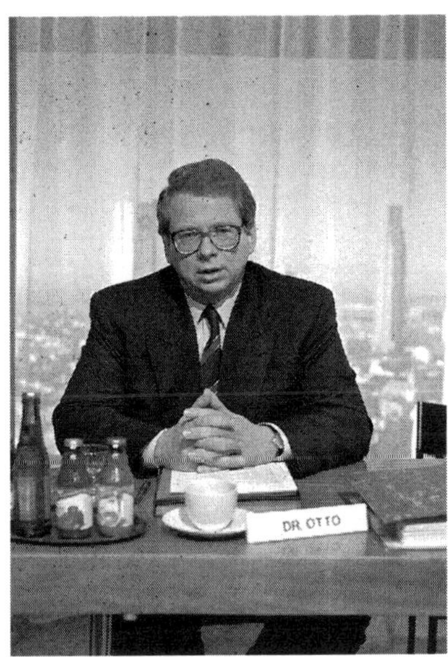

Rainer Hunold in KOLLEGE OTTO – DIE CO-OP-AFFÄRE

Material, nachgestellten Statements und Interviews mit Zeit- und Tatzeugen (...), der wohltuende Schock, wenn etwa einem Interview mit dem Aufsichtsratsvorsitzenden Alfons Lappas ein Auftritt seines Darstellers Gert Haucke folgt (...), all das signalisiert den fiktiven Charakter des Ganzen. Angenommene Zeitgeschichte. Ein Ideendrama, inspiriert von Fakten.»

(Manfred Delling, *Dt. Allgemeines Sonntagsblatt*, 7.6.1991)

▶ Ein ähnliches Thema behandelte schon zwei Jahre zuvor DAS MILLIARDENSPIEL (WDR 1989, R: Peter Keglevic, B: Klaus Pohl, m. Ulrich Tukur und Friedrich von Thun). Der Zweiteiler nimmt sich aus heutiger Sicht wie eine Vorstudie zur Bankenkrise des 21. Jhdts. aus. Ein Spekulant kauft – nach realem Vorbild – Baumaschinen-Unternehmen, die vor dem Konkurs stehen, auf, bildet daraus einen neuen Konzern und erhält für seine abenteuerlichen Expansionspläne von seiner Bank hemmungslos und unkontrolliert Kredite.

Die Konferenz (2004)

P HR 2004 **Sd** 4.2.2005, arte **R** Niki Stein **B** Bodo Kirchhhoff **K** Arthur W. Ahrweiler **M** Jacki Engelken, Ulrike Spies **Sz** Klaus Wischmann **Ko** Anette Schröder **S** Elke Herbener **T** Michael Busch
D Senta Berger (Cornelia Cordes), Nina Petri (Marlies Kahle-Zenk), Jan-Gregor Kemp (Pfirsich), Rudolf Kowalski (Leo Stern), Günther Maria Halmer (Holger Stubenrauch), Ulrike Kriener (Heide Stubenrauch), Peter Fitz (Dr. Roman Branzger), Sophie von Kessel (Sophie Kressnitz), Wotan Wilke Möhring (Karsten Graf), Johann Adam Oest (Hausmeister)

Der 18-jährige Schüler Viktor Leysen soll seine Mitschülerin Tizia nach einer Theaterprobe im Schulkeller vergewaltigt haben. Die Mutter des Mädchens, die über weitreichende Beziehungen «nach oben» verfügt, will auf eine Anzeige verzichten, wenn die Angelegenheit schulintern geregelt wird, d. h. Viktor kurz vor dem Abitur von der Schule entfernt wird. Direktorin Cordes beruft an einem kalten Frankfurter Winterabend eine Lehrerkonferenz ein. Kälte ist das Leitmotiv: ein Schneesturm ist angekündigt, die Heizung funktioniert nicht. Die nun folgende «Konferenz» ergibt ein reißbrettartig angelegtes Kammerspiel, das dramaturgisch stark an Die zwölf Geschworenen erinnert. Die Lehrer sind vollständig typisierte Figuren, die das eigentliche Ziel, herauszufinden, ob eine Vergewaltigung stattgefunden hat oder nicht, schnell aus den Augen verlieren und stattdessen sich selbst zerfleischen. Im Streit über Viktor – die einen halten ihn für einen notorischen Querulanten, der schon längst hätte relegiert werden sollen, die anderen für einen selbstbewussten und intelligenten Schüler – führen die Lehrer ihr eigenes Seelendrama auf. Das Generalthema der gegenseitigen Unterstellungen, Anfeindungen, psychischen Verletzungen, eingestandenen Vorurteile und überraschenden Beichten ist die Unfähigkeit, mit «Liebe» umzugehen. Höhepunkt ist das Eingeständnis von Frau Stubenrauch – sie und ihr Mann waren die vehementesten Befürworter von Viktors Rausschmiss – sie sei selbst schon einmal vergewaltigt worden, wovon ihr Mann bis jetzt nichts wusste. Unter einem Weinkrampf plädiert sie nun ebenfalls – wie der «3. Geschworene» bei Reginald Rose bzw. Sidney Lumet – für «nicht schuldig». Der Emotionssturm, der in dieser Konferenz tobte, führt schließlich bei den Beteiligten zur Überzeugung, dass die «Vergewaltigung» wohl doch eher ein Liebesakt war, und Tizia sich nur vergewaltigt «fühlte», weil Viktor sie überrumpelt hat.

«Stein gelingt es, durch eine betont minimalistische Inszenierung Details symbolisch aufzuladen und eine so dichte Atmosphäre zu erzeugen, wie man sie im Fernsehen selten erlebt. Das Klopfen und Hämmern im Untergeschoss – dort, wo neben der Heizungsanlage eine fleckige Matratze liegt – wird zum Zeichen des Verdrängten, das die vermeintlich mit professioneller Distanz geführte Diskussion zunehmend heftiger unterspült: politische Differenzen, Generationskonflikte, verflossene Liebschaften, Sticheleien und schließlich ein ausgemachtes Trauma.»

(Christina Heinen, *FR*, 4.2.2005)

Der König von St. Pauli (1997)

P Sat.1 1997 **Sd** 13.–21.1.1998, Sat.1 (6 Teile) **R** Dieter Wedel **B** Dieter Wedel, Hans Eppendorfer **K** Gerard Vandenberg, Edward Klosinski **M** Harold Faltermeyer, Gernot Rothenbach **Sz** Wolf Sesselberg **Ko** Nikola Hoeltz **S** Tanja Schmidbauer **T** Peter Scherer

D Hilmar Thate (Rudi Kranzow), Oliver Hasenfratz (Robert), Heinz Hoenig (Sugar), Hans Korte (Graf), Julia Stemberger (Julia), Maja Maranow (Mizzi), Florian Martens (Karin), Eva-Maria Bauer (Charlotte), Sonja Kirchberger (Lajana), Peter Roggisch (Schmidt-Weber), Henry Hübchen (Manfred Fischer), Andrea Sawatzki (Regine Fischer), Alexander Radszun (Dirk / der Zauberer), Otto Kukla (Max), Karoline Eichhorn (Grafs Schwiegertochter), Claude-Oliver Rudolph (Chinesen-Fiete), Hans Diehl (Flüsterer), Uwe Friedrichsen (Vieting), Karin Giegerich (Olga)

Auf St. Paulis Kiezgröße Rudi Kranzow, Inhaber des Striplokals «Die Blaue Banane», wird ein Mordanschlag verübt, weil er seine Spielschulden nicht bezahlen kann. Er liegt nun schwerverletzt im Krankenhaus. Außerdem will der Fischgroßhändler Graf die «Blaue Banane» haben, um sein Groß-Bordell auszubauen. Beide aber werden von noch ganz anderen «Größen» gegeneinander ausgespielt: ein Baulöwe und Spekulant plant den Abriss und die Umgestaltung von St. Pauli zu einem «Freizeitpark». Kranzows Sohn Rudi, der in München studiert, kommt nach St. Pauli, um seinem Vater, zu dem er freilich nie ein herzliches Verhältnis hatte, zu helfen. Die speziellen Gesetze, die auf St. Pauli herrschen, muss er erst lernen. Die Spekulanten-Mafia schreckt auch vor Mord nicht zurück. Der von ihr beauftragte Killer stürzt die Stripperin Lajana aus dem Fenster, täuscht dabei Grafs Sohn Max als Täter vor, den der Augenzeuge Robert auch prompt beschuldigt. Lajanas jüngere Schwester, eine Kiez-Novizin wie Robert, übernimmt den Strip-Job ihrer Schwester. Auch auf Robert wird ein Anschlag verübt. Rudi Kranzow, inzwischen aus dem Krankenhaus entlassen, beschuldigt Graf, der seinerseits von Robert verlangt, seine Aussage gegen Max zurückzunehmen. Als Graf und Kranzow herausfinden, dass sie selbst nur Spielball «höherer» Interesse sind, verbinden sie sich, denn der kiezinterne Kapitalismus läuft nach der Devise «Leben und leben lassen», während der schmutzig-mafiöse der Baumafia über Leichen geht. Es stellt sich auch heraus, warum die Immobilie «Blaue Banane» für die Spekulanten so wichtig war: In der Pharma-Fabrik hinter der Bar wird Heroin hergestellt.

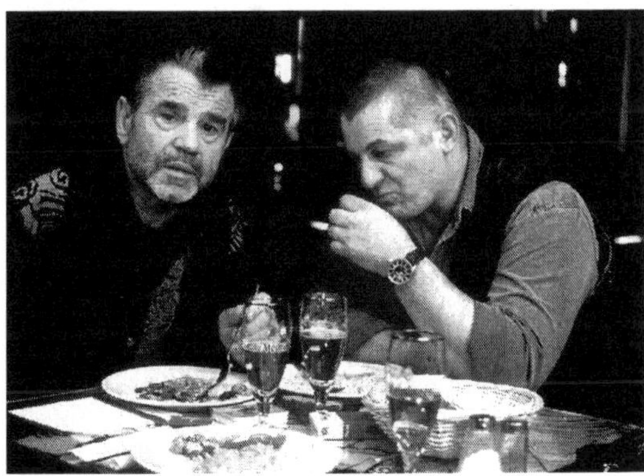

Hilmar Thate (l.) und Heinz Hoenig in Der König von St. Pauli

«Das alles und noch viel mehr klang sechs Folgen lang nach der Semantik des frühen Schimanski und wäre trotzdem durch die Qualitätskontrolle gegangen, hätte DER KÖNIG VON ST. PAULI *auch nur annähernd jenes Flair verbreitet, das Dieter Wedel in den letzten Jahren im Fernsehen wie kein anderer zu beschwören vermochte. Dem aber standen zuvörderst die für drei Millionen Mark auf dem Bavaria-Gelände in München errichteten Kulissen im Weg. (...) Der Jugendherbergs-Mief der ‹Blauen Banane› hätte zu einem Jürgen-Roland-Revival gepasst, der Kontrast zu Szenen, die im heutigen St. Pauli spielten, ist größer nicht denkbar. So blieb denn alles Bühne, Ohnsorg-Theater mit Tür-auf-Tür-zu-Eskapaden, bei denen die Schauspieler niemals etwas anderes waren als Schauspieler.»*

(Michael Hanfeld, *FAZ*, 22.1.1998)

▶ Von anderem Kaliber ist der in ähnlichem Milieu angesiedelte Luden-Film HOTTE IM PARADIES (BR 2002/04, R: Dominik Graf, B: Rolf Basedow, K: Hanno Lentz, m. Misel Maticevic und Nadeshda Brennicke): Aufstieg und Fall eines Berliner Zuhälters, dessen Star-Nutte ihm durch die Russen-Mafia abhanden kommt.

DVD: EuroVideo

DAS KONTO (2003)

P ARD 2003 **Sd** 2., 3.1.2004, ARD (2 Teile) **R** Markus Imboden **B** Martin Pristl **L** Uwe Schwartzer **K** Rainer Klausmann **M** Florian Appl **Sz** Frank Geuer **Ko** Stefanie Bicker **S** Dagmar Pohle **T** Benjamin Schubert

D Heino Ferch (Michael Mühlhausen), Julia Jäger (Charlotte), Jürgen Schornagel (Mortier), Hermann Beyer (Sikorsky), Josef Bierbichler (Schneider), Franziska Petri (Laura Spiegelberg), Uwe Stemmler (Killer), Michael Gwisdek (Osterwald), Nadine Fano (Hannah), Peggy Lukac (Lilly), Gudrun Gabriel (Heike Wagner), Michael König (Bremer), Michael Kind (Kommissar), Peter Jordan (Assistent), Hansjürgen Hurrig (Funke), Hans-Uwe Bauer (Heinz)

Dr. Michael Mühlhausen hat für seinen Arbeitgeber, den Lebensmittelkonzern Olson, die feindliche Übernahme der Schweizer Konkurrenzfirma Funke erarbeitet. Von diesem Coup erhofft er sich einen Karrieresprung. Doch völlig unerwartet scheitert das Vorhaben: die Konzernleitung lehnt ab, weil es zu teuer ist. Die entscheidende Konferenz fand zudem ohne Mühlhausen statt. Dann wird Olson-Chefchemiker Ostwald ermordet und der Tatort so arrangiert, dass Mühlhausen unter Verdacht geraten muss. Außerdem hatte Mühlhausens Frau eine Affäre mit Ostwald, ein Motiv ist somit auch vorhanden. Obendrein wird die Tatwaffe in Mühlhausens Waschmaschine gefunden. Seiner Verhaftung entzieht er sich in letzter Minute durch Flucht. Nun versucht er auf eigene Faust, seine Unschuld zu beweisen. Seine Verbindungen zur «Polen-Mafia» erweisen sich als nützlich. Der Kontaktmann besorgt ihm Pässe gegen Insider-Informationen aus der Firma. Mühlhausens Frau kommt durch ihre Beziehung zu Ostwald an die Beweise heran, die ihren Mann entlasten, muss dafür aber mit ihrem Leben bezahlen. Das Olson-Komplott sah vor, Funkes Joghurt mit Salmonellen zu verseuchen, die Übernahme der Konkurrenz wäre damit ein Kinderspiel gewesen. Mühlhausen ist am Schluss durch ein Schweizer Konto der Polen-Mafia, das er mit seinem Kontaktmann geplündert hat, reich. Er muss zwar zunächst in Untersuchungshaft, kann sich aber Hoffnung auf Freilassung machen. Ob die Schuldigen bestraft werden, lässt der Film offen.

«Die Kamera von Rainer Klausmann lieferte klar strukturierte Bilder, deren Farben und Muster mit den Personen zu tun hatten. Ob Hamburg, Paris oder Zürich, ob Wohnzimmer oder Büro – die Schauplätze atmeten, sie hatten Schwere und Charakter, man fühlte sich als Zuschauer hineingezogen. Die Regie von Markus Imboden hat es vermocht, dem Thriller das mitzugeben, was gerade hochspannende Filme, in denen (zu) viel geschieht, dringend brauchen: Ruhe für die Konzentration auf eine immer mal wieder sich selbst überholende Handlung. Es ging hart zur Sache, aber jede Szene hatte einen Bogen, hatte Anfang, Höhepunkt und Schluss und durch diese zuverlässige und stabile Dramaturgie im Einzelnen konnte man auch folgen, wenn sich die Ereignisse überschlugen. (...) Schade um so viele schöne Bilder, so viele lebendige Dialoge, so viele sorgsam durchkomponierte Szenen und so viel Atmosphäre. Angesichts einer kruden, konfusen, verrutschenden Geschichte wirken all diese Aktivposten leider nur wie bestehende Fingerübungen.»

(Barbara Sichtermann, *epd medien* 2, 2004)

DVD: Best Entertainment

Krambambuli (1998) ★

P ORF/BR 1998 **Sd** 21.12.1998, ARD **R/K** Xaver Schwarzenberger **B** Felix Mitterer **L** Marie von Ebner-Eschenbach **M** Anna Lauvergnac **Sz/Ko** Egon Strasser **S** Daniela Padalewski **T** Tomas Bastian **Do** Steinwald **D** Tobias Moretti (Wolf Pachler), Gabriel Barylli (Georg Walch), Christine Neubauer (Johanna), Nina Franoszek (Martha), Anne-Marie Bubke (Christine), Lola Müthel (Mutter Pachler)

Der neue Oberjäger Walch tritt die Stelle seines brutalen Vorgängers an, der von dem Wilderer Pachler erschossen wurde. Walch trifft Pachler zufällig im Wirtshaus und kauft ihm seinen Hund Krambambuli (der Name eines Kirschbranntweins) ab, den schönsten und treuesten Jagdhund, den er je gesehen hat. Um seinen Hund wiederzubekommen, macht sich Pachler an Walchs Frau heran, die den Hund ebenfalls loswerden will, weil ihr Mann sie vernachlässigt und sich nur noch um Krambambuli kümmert, den er strengstens abrichtet. Als sie den Hund von der Kette lässt, damit er zu Pachler zurückläuft, bleibt er: eine Lektion in Treue. Walch sucht gezielt die Auseinandersetzung mit Pachler, zum Hass auf den Wilderer kommt die Eifersucht hinzu, denn seine Frau, die mit ihrem Leben unzufrieden ist, betrügt ihn nun offen mit dem Wilderer und bekennt, dass sie als Wirtstochter sich zu «den Halunken» hingezogen fühlt. Beim Showdown im Wald zwischen Walch, Pachler und Krambambuli – welcher zwischen seinen beiden Herren hin- und hergerissen ist – erschießt Walch Pachler, als der Hund doch zu seinem früheren Herrn läuft. Den – aus seiner Sicht – treulosen Krambambuli zu erschießen, bringt Walch nicht fertig. Er wird von seiner Frau verlassen und findet den Hund, der tagelang heimatlos umhergestreunt ist, erfroren vor seiner Tür.

Der Adolf-Grimme-Preis wurde mit dieser Begründung verliehen: «So gerät Xaver Schwarzenbergers phänomenales Requiem für einen

Jagdhund zum wahrhaft sinnlichen Fest, zum bitterernsten Spiel auf Liebe und Tod – zu einem Western in seiner ganzen Herrlichkeit. Dazu gehört eine Kamera, die mit der Gabe des unfehlbaren Blicks sanft jene Rührung wachruft, die alle Kritik hinter sich lässt, weil sie einfach darüber triumphiert.»

DVD: EuroVideo

KRUPP UND KRAUSE (1968)

P DFF 1968 **Sd** 5., 7., 9., 12., 14.1.1969, DFF (5 Teile) **R** Horst E. Brandt, Heinz Thiel **B** Gerhard Bengsch **L** Karl Heinrich Helms (Teil 1) **K** Peter Süring **M** Helmut Nier **Sz** Paul Lehmann **Ko** Joachim Dittrich **S** Monika Schindler, Helga Emmrich, Helga Krause, Renate Müller **T** Christfried Sobczyk
D Günther Simon (Fred Krause), Gerd Ehlers (Fritz Krause), Helga Göring (Frieda Krause), Lissy Tempelhof (Hanna), Hans-Joachim Hanisch (Gustav), Harry Hindemith (Onkel Jüll), Wilhelm Koch-Hooge (Gustav Krupp), Alfred Struwe (Alfried Krupp), Herwart Große (Losinger), Gerry Wolff (Blumenthal), Fred Delmare (Wilhelm Kaiser), Herbert Köfer (Barberino), Peter Herden (Hensfeld), Angelica Domröse (Guste), Jutta Wachowiak (Else Kethmann), Jürgen Frohriep (Jochen Kirchhoff), Marylu Poolman (Erna Kirchhoff), Arno Wyzniewski (Erich Krause), Doris Thalmer (Mumm), Harry Pietzsch (Fipps), Rudolf Ulrich (Anton Wrege), Peter Marx (Willi Tröger), Walter Richter-Reinick (Jupp), Jürgen Hentsch (Griesisch), Peter Sturm (Piaschowski), Harald Halgardt (Rentsch), Hannjo Hasse (Mengert),Traute Sense (Bertha Krupp), Wolfgang Greese (Konopatow), Uwe Baumgart (Fred als Kind), Jaecki Schwarz (Fred als Jugendlicher)

Dieses großangelegte Geschichts-Epos war als «Apotheose des Sozialismus» (Peter Hoff) zum Jubiläum «20 Jahre DDR» gedacht. Es kontrastiert die Lebensgeschichte des Krupp-Arbeiters Fred Krause mit der Firmenleitung dieses Rüstungskonzerns, das Symbol für Kapitalismus, Unterdrückung, Ausbeutung und Krieg. Geboren und aufgewachsen in einer Ruhrgebiets-Umwelt, die gleichsam aus «Krupp» besteht und erzogen von einem kaisertreuen Kruppianer, geht der Krupp-Lehrling Fred im Ersten Weltkrieg an die Front. In den 20er Jahren erlebt er Inflation und Arbeitslosigkeit und vor allem das Erwachen seines Klassenbewusstseins. Er muss sich stellvertretend, gleichsam als Personifikation der Arbeiterklasse, mit allen ideologischen Anfechtungen auseinandersetzen: Nationalismus (anhand der Ruhrbesetzung), Anarchismus, Nationalsozialismus, dem Pragmatismus seines Bruders Gustav, dem Klerika-

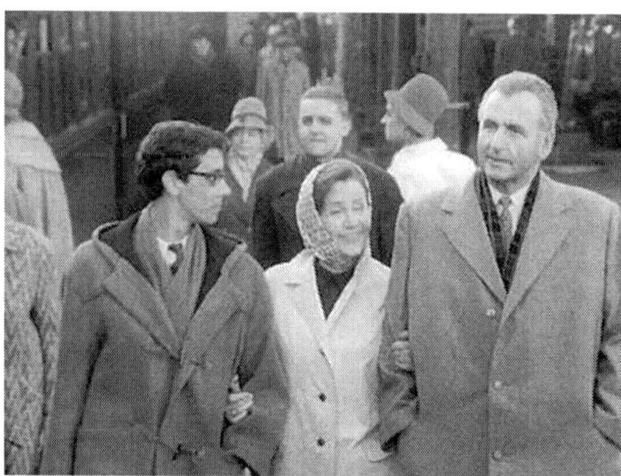

KRUPP UND KRAUSE mit Arno Wyzniewski, Lissy Tempelhof und Günther Simon (v.l.n.r.)

lismus seines Vaters. Vom tiefsten Punkt seiner Lebensgeschichte – als KZ-Häftling muss er in einem Krupp-Rüstungsbetrieb arbeiten – steigt er nach 1945 empor zum Protagonisten des sozialistischen Aufbaus: er wird Direktor eines ehemaligen Krupp-werks in Magdeburg. In einem Epilog sitzt er 1968 auf der Leipziger Messe als überlegener Verhandlungspartner dem westdeutschen Krupp-Vertreter gegenüber.

«Interessant an diesem Film ist sicher nicht die Form – die den biederen DEFA-Realismus einmal mehr konserviert –, wohl aber die sehr subtil, sehr differenziert dargestellte Bewusstseinsentwicklung eines Arbeiters, der immerhin als Leitbild erscheint. Der Film wird allerdings dramaturgisch wie inhaltlich schwächer, je mehr er sich der Gegenwart nähert: die Aufbauphase der DDR, die Probleme der Demontage, der sowjetischen Unterstützung werden idealisiert, dem berechtigten Stolz fehlt eine kritische Einschätzung. Trotzdem ist diese Fernsehfunkproduktion durch ihre ideologische Differenzierung ein wichtiger Beitrag zum ostdeutschen Selbstverständnis im 20. Gründungsjahr der DDR.»

(Peter B. Schumann, *SZ*, 24.1.1969)

Text: Gerhard Bengsch: *Krupp und Krause*, Berlin 1969.

DVD: Icestorm / DDR TV-Archiv

L

DER LADEN (1998) ★

P ORB 1998 **Sd** 20., 21., 24.11.1998, arte (3 Teile) **R** Jo Baier **B** Ulrich Plenzdorf **L** Erwin Strittmatter **K** Gernot Roll **M** Thomas Osterhoff **S** Clara Fabry **Ko** Ursula Welter **T** Manfred Bannach
D Ole Brandmeyer, Bastian Trost, Arnd Klawitter (Esau), Martin Benrath (Großvater), Carmen Maja Antoni (Großmutter), Dagmar Manzel (Mutter), Jörg Schüttauf (Vater), Horst Krause (Lehrer Rumposch), Michael Hanemann (Juro Baltin), Carola Regnier (Mina Baltin), Sabrina Rattey (Hanka), Ingo Naujoks (Phile), Heikko Deutschmann (Apfelkorn), Cosma Shiva Hagen (Ilonka), Deborah Kaufmann (Christine), Natalia Wörner (Nona), Martina Gedeck (Elvira), Hermann Beyer (Sastupeit), Nina Petri (Frau Sastupeit), Peter Fitz (Bürgermeister), Paul Herwig (Tinko), Johanna Wokalek (Hertchen), Mark Zak (russ. Kommandant), Erzähler: Otto Sander

1919 zieht der 9-jährige Esau Matt mit seiner Familie in das Lausitzdorf Bossdom, wo sie einen winzigen Kramladen mit eigener Bäckerei eröffnen, der kaum etwas abwirft, aber um den sich alles dreht. Auch der Großvater, der, wenn auch nicht uneigennützig, mit einem Darlehen aushilft, zieht in das Haus. Esau ist in dieser Kleinwelt von den unterschiedlichsten Charakteren umgeben, so dass er früh lernt, die Menschen zu studieren: der cholerische Müller Sastupeit, dessen alkoholkranke Frau sich erhängt, der brutale Lehrer Rumposch, der Esau unterdrückt, das hübsche Kindermädchen Hanka, das sein erster Schwarm wird. Esau, dessen Wunsch Schriftsteller zu werden, früh geweckt ist, wechselt auf das Gymnasium in Spremberg, wo er beim Hausmeisterpaar des Mädchenlyzeums wohnt, in einer

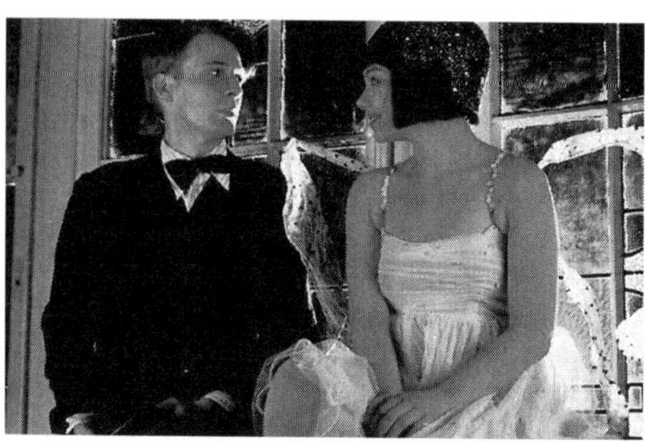

Bastian Trost und Cosma Shiva Hagen in DER LADEN

Kellerwohnung, die eine pikareske Froschperspektive eröffnet. Esau leidet unter den Vorurteilen gegen den «wendischen Bäckersohn» und dem autoritären Schulunterricht – die Institution Schule fungiert generell als Hindernis in der Emanzipation des Individuums, die «Schule des Lebens» ist wichtiger –, er lässt sich aber nichts gefallen. Außerdem verliebt er sich in die Jüdin Ilonka. Unterdessen ist seine Familie durch die Inflation ruiniert, seine Mutter landet gar im Gefängnis, weil sie in die Kasse der von ihr nebenbei betriebenen Post gegriffen hat. Im Dorf führt der Nazi-Postinspektor das Regiment. 1946 kommt Esau als Deserteur der Wehrmacht in die kleinbürgerlich-agrarische Welt von Bossdom zurück, unter nun wieder völlig veränderten politischen Verhältnissen. Er verliebt sich in die Gemeindeschwester Christine, doch dann taucht Nona, die einen Sohn von ihm hat, auf. Er heiratet sie, obwohl er gar keine Familie haben, sondern einfach nur schreiben will (seinem Sohn gegenüber verhält er sich zunächst brutal ablehnend). Er wird Journalist bei der nunmehr sozialistischen «Lausitzer Rundschau», aber auch hier eckt er mit seinen Ansichten an.

Ausgezeichnet mit dem Adolf-Grimme-Preis mit Gold. Aus der Begründung der Jury: «In heiteren, ernsten, dramatischen und tragikomischen Szenen und in Momenten von Melancholie und Lakonik entsteht ein warmherziges und liebevolles Bild verschütteter Alltagswirklichkeiten: bewusst nostalgisch und emotionalisierend und penibel genau in den sozialen Details. Jo Baiers sensible Regie, das konzentrierte Drehbuch von Baier und Ulrich Plenzdorf, das die Dialektik von Altem und Neuem auslotet, die schwerelose (...) Kamera von Gernot Roll, die mit Licht, Schatten und kostbaren Farbvaleurs die Schönheit der Geschichten weckt, und die bis in die kleinsten Nebenrollen hervorragenden Schauspieler (...): Alles fügt sich zu einem schwelgerischen Fernsehepos, und alles stimmt in diesem grandiosen Generationen-Gemälde.»

Die Einwände der Kritik galten meist dem Umstand, dass über den Schauwerten der soziale Kontext vernachlässigt wurde:

«Ein spannendes Familiendrama. Über die Zeit und die Gesellschaft, in der das Geschehen spielt, erfährt man darum wenig. Auf dem historischen Auge bleibt der Film blind. Die Geschmeidigkeit der Bilder, ihre widerstandslose Konsumierbarkeit nimmt dann überhand und beschädigt die Figuren, macht die Schicksale allzu rund und glatt.» (Torsten Körner, *FK* 49, 1998)

DVD: Arthaus

LAGERSTRASSE AUSCHWITZ ➲ DER PROZESS

LAND (1971)

P ZDF 1971 **Sd** 26.1.1972, ZDF **R** Roland Gall **B** Otto Jägersberg **K** Dietrich Lohmann **M** Wilhelm Killmayer **Sz** Ulrich Schröder **D** Karl John (Albrecht Rotter), Martin Lüttge (Robert), Inge Birkmann (Erika), Lina Carstens (Oma), Carin Braun (Johanna), Werner Eggenhofer (Horst), Wolfgang Engels (Moll), Peter Kuiper (Rübensam), Gernot Duda (Dr. Fleger), Alexander Golling (Tierarzt), Gottfried Kramer (Lex), Wolfrid Lier (Wacker), Ilse Künkele (Frau Wacker), Walter Ladengast (Erich), Katja Bechtolf (Nora), Wolfgang Völz (Schmerbeck), Götz

Olaf Rausch (Pfarrer), Heinz Meier (Heinz), Henning Schlüter (Wohnpark-Wundermilch), Karl Lieffen (Immobilien-Horst), Hubert Suschka (Landsuppen-Fabrikant)

Während die Lebenswelt der Arbeiter wiederholt im Fernsehspiel dargestellt wurde, steht hier zum erstenmal ein Bauer im Wirtschaftskampf im Mittelpunkt. Albrecht Rotter hat seinen Maschinenpark erneuert, denn: je besser man mechanisiert ist, umso weniger Lohnkosten hat man. Doch seine Kalkulation stimmt bald nicht mehr. Um aus der Verschuldung herauszukommen, lässt er sich vom Landwirtschaftsamt eine moderne Schweinemast aufschwatzen. Doch die von Viehhändler Moll verdächtigerweise nachts gelieferten Ferkel sind im schlechten Zustand, Rotter muss dem Futter teure Vitamine und Antibiotika beigeben. Sein Ackerland will er trotz seiner Spezialisierung auf Schweine aber nicht abgeben, er will kein «Bauer ohne Land» sein. Dann sinken aufgrund der Überproduktion in Europa die Schweinepreise. Rotter sieht sich als Opfer von «Brüssel», das die Preise macht, von denen die Bauern nicht leben können: «Beschissen haben Sie uns. Die Banken und Händler verdienen an unserem Missgeschick so gut wie am Gelingen unserer Arbeit. Fallende Preise sind ihnen so willkommen wie steigende, sie machen immer den Reibach.» Sein Hof wird zwangsversteigert, neuer Eigentümer ist ein Suppenfabrikant, der den Bauernhof als Stützpunkt für seine Jagdgesellschaft erwirbt. Rotter wird Nachtwächter bei einem Materiallager der Bundeswehr.

«Land ist erklärtermaßen ein didaktisches Fernsehspiel, doch auch zugleich eines der unterhaltendsten, ja spannendsten seit langem. (...) Der sonst vor allem bei Fassbinder beschäftigte Kameramann Dietrich Lohmann demonstrierte eine fernsehgemäße Filmarbeit ohne alle modischen Gags: geschmeidig und einfühlsam erfasste er die Figuren, die Situationen, die Landschaft, seine Bilder waren immer verständlich, auch wenn sie pointiert zu Tableaux erstarrten. Nicht einmal die Doppelbelichtungen störten wie sonst: Lohmann gelang ein exemplarischer, jedem oberflächlichen Naturalismus abholder Bild-Realismus.»

(Wolfgang Ruf, *epd/KF* 7, 1972)

Text: Otto Jägersberg: *Land*, Zürich: Diogenes 1975.

Das Leben des schizophrenen Dichters Alexander März (1975)

P ZDF 1975 **Sd** 23.6.1975, ZDF **R** Vojtech Jasny **B** Heinar Kipphardt **K** Igor Luther **Sz** Jürgen Weitkunat

D Ernst Jacobi (Alexander), Michael Hinz (Dr. Kofler), Rudolf Wessely (Direktor), Susanne Schaefer (Hanna), O. A. Buck (Karl), Heinrich Giskes (Albert), Jan Groth (Hans), Gisela Trowe (Malchen), Eva Brumby (Alexanders Mutter), Gert Schaefer (Alexanders Vater)

Mit der Diagnose «paranoide Schizophrenie» ist Alexander März seit elf Jahren Insasse einer Heilanstalt. Er ist mit Elektro- und Kardiozolschocks behandelt worden. Als ihn der junge Psychiater Dr. Kofler kennenlernt, ist er «einer der aufgegebenen Menschen der rückwärtigen Abteilungen, die der Arzt nur noch zu sehen bekommt, wenn sie den Ablauf der Maschinerie der Anstalt stört». Kofler lehnt die traditionelle Psychiatrie der Schockbehandlung und Sedierung ab, für ihn ist die Anstalt ein Gefängnis, das nicht nur die Insassen, sondern auch das Personal krank macht. Den ersten Schritt zur Heilung sieht er darin, dem Patienten die Bestimmung über sich selbst zurückzugeben. Er gründet eine Therapiegemeinschaft. Die Ursachen für Alexanders Erkrankung findet er in dessen repressiver Kindheit. Er litt nicht nur unter einer Hasenscharte, die ihn zum Außenseiter stempelte, sondern auch unter dem dominant-bornierten Vater. Alexander fühlt sich verfolgt und kontrolliert. Sein Mangel an Durchsetzungsvermögen macht ihn zum Opfer, er findet keine dauerhafte Arbeit, sein Verhalten wird immer «auffälliger». Durch das Vertrauensverhältnis zu Dr. Kofler löst sich Alexander aus seiner Isolation, er verfasst Gedichte und beginnt eine menschliche Beziehung zu der Mitpatientin Hanna. Doch das Experiment scheitert jäh, als Alexander einen Nachtwächter niederschlägt, weil ihn dieser in einer intimen Situation mit Hanna überrascht hat. Er wird wieder in die geschlossene Abteilung eingewiesen, der blasierte Direktor verbietet Kofler die Fortsetzung seiner Therapie. Am Ende steht ein alptraumhafter Selbstmord: Alexander hängt als Gekreuzigter mit Benzin übergossen in einem Baum und zündet sich an.

Seinen überragenden Status innerhalb der Fernsehspiel-Geschichte erreicht das mit dem «Prix Italia» ausgezeichnete Werk vor allem durch seine collagenhafte Form. Der Film ist in 82 abrupt aneinandermontierte Kurzszenen eingeteilt, die jeweils auf eine Pointe zulaufen. Die nicht-lineare Handlung korrespondiert mit Alexanders innerer Gespaltenheit. Seine Äußerungen und Gedichte sind jedoch nicht nur «wirr», sondern offenbaren seine kritische Distanz zur Gesellschaft und ihren Institutionen

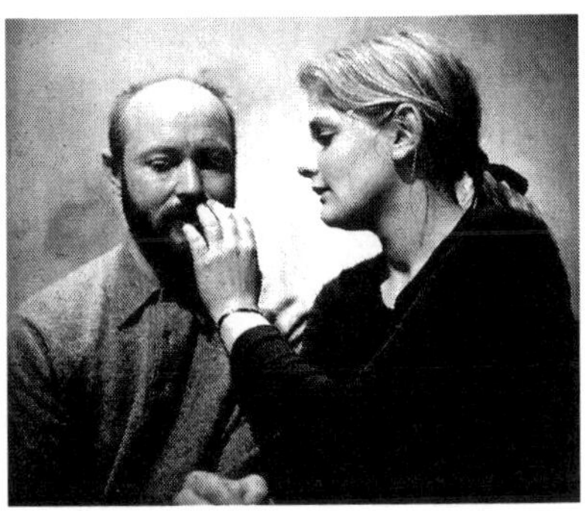

Ernst Jacobi und Susanne Schaefer in Das Leben des schizophrenen Dichters Alexander März

(Familie, Klerus, Heilanstalt). Oft enthalten seine Bemerkungen eine klare Erkenntnis («manchmal ist ICH sehr schwer»). Kipphardt, der dem Film einen Roman (*März*, 1976) und ein Theaterstück (1981) folgen ließ, verwendete Material aus einem authentischen Fall, den Leo Navratil beschrieben hat. Im Kontext der «Antipsychiatrie» steht auch die Kritik an der Isolierung und Hospitalisierung der Patienten mittels Bewahranstalt.

«Kipphardt will dieses zum eigentlichen Thema machen, was in skurrilen Satz- und Brieffetzen etwas untergeht: wie die Schizophrenie in genau empfindenden und Empfindungen nicht brutal unterdrückenden Gemütern ‹nur› einen Gesellschaftszustand abbildet, den wir – die ‹Normalen› – eben schon verinnerlicht haben. Die Wirtschaftsordnung, die prästabilisiert, die körperliche Liebesbegegnung, die etwas Schmutziges, die Leistung, die das einzig Anständige ist, der körperliche Geburtsfehler (die Hasenscharte), die unanständig und zu verbergen ist, die Parteien, die Kirche, der Bischof, den er in einer unentwirrbaren Mischung aus Naivität und berechnender List als seinen ‹Bruder in Christo› in einem Brief

anredet – dies alles kommt dabei in dem seismographisch registrierenden Kopf zusammen und Jacobis Kopf wirkt wie ein auf feine untergründige Stöße registrierender Seismograph!»
(Rupert Neudeck, *FK* 27, 1975)

▶ Vier Wochen später strahlte das ZDF einen weiteren Psychiatrie-Film aus: DEPRESSIONEN (R/B: Herbert Vesely, K: Petrus Schloemp), der die Krankheit ausschließlich aus der Perspektive der Patientin (Doris Kunstmann) schildert.

Text: Heinar Kipphardt: *Leben des schizophrenen Dichters Alexander März. Ein Film*, Berlin: Wagenbach 1977.

Liteatur: Karl Prümm: Das Buch nach dem Film. Aktuelle Tendenzen des multimedialen Schreibens bei Tankred Dorst und Heinar Kipphardt, in: Helmut Kreuzer (Hrsg.): *Fernsehforschung – Fernsehkritik*, Göttingen 1980, S. 54–74. – Manfred Durzak: Näher ans Authentische der Wirklichkeit. Vom Fernsehen zur Literatur: Das März-Projekt von Heinar Kipphardt, in: ders.: *Literatur auf dem Bildschirm*, Tübingen 1989, S. 139–155. – Tilman Fischer: *«Gesund ist, wer andere zermalmt». Heinar Kipphardts MÄRZ im Kontext der Antipsychiatrie-Debatte*, Bielefeld 1999. – Ulrike Ruppin / Jane Spiekermann / Friedmann Pfifflin: Gegen den Strom und kreuz und quer, in: Heidi Möller / Stephan Doering (Hrsg.): *Batman und andere himmlische Kreaturen. Nochmal 30 Filmcharaktere und ihre psychischen Störungen*, Berlin 2010, S. 25–37.

LEBEN WÄRE SCHÖN (2003) ★

P BR 2003 **Sd** 22.10.2003, ARD **R** Kai Wessel **B** Beate Langmaack **K** Holly Fink **M** Ralf Wienrich **Sz** Arni Pall Johannsson, Patrick Steve Müller **Ko** Susanne Witt **S** Tina Freitag **T** Michael Mladenovic
D Dagmar Manzel (Manja Grüneberg), Gabriela Maria Schmeide (Ute Even), Filip Peeters (Ragnar), Amalie Kiefer (Miriam), Hans Korte (Albert Grüneberg), Hjalmar Hjalmarsson (Erlendur)

Die 42-jährige Bergbauingenieurin Manja fährt mit ihrer zickigen Tochter Miriam (die lieber nach Rimini wollte) in den Urlaub nach Island, wo ihre Freundin Ute als Krankenschwester arbeitet. Manja verliebt sich in Utes Schwager Ragnar, der diese Zuneigung stürmisch erwidert. Die Unbeschwertheit dieser Begegnung hat ein jähes Ende, als bei Manja Brustkrebs diagnostiziert wird. Sie ist nun hin und hergerissen zwischen der Angst vorm Sterben und der neuen Liebe. Sie versucht, Ragnar «wegzubeißen» und kehrt wieder nach Deutschland zurück. Ihrer Tochter verschweigt sie zunächst die Krankheit und reist unter einem Vorwand abermals nach Island, um sich operieren zu lassen. Auch Ragnar hat sie zunächst nichts gesagt. Als sie sich ihm offenbart, reagiert er schweigsam-verstört. Sie bleibt mit ihrer Angst allein, große Gefühle zeigt sie ohnehin nicht – sie würden auch gar nicht zur spröden, elementaren Landschaft passen. Am Ende hat Manja eine Brust weniger, das Leben geht vorerst weiter.

Der Film vermeidet geschickt alle billigen Mitleidseffekte und ragt vor allem optisch heraus durch die Visualisierung von Gefühlen und Seelenzuständen, das «Eigentliche» bleibt im Impliziten. Wegen dieser Qualitäten wurde er auch mit dem Adolf-Grimme-Preis ausgezeichnet: «Viel Schweres, was in den Dialogen – wohlweislich – unausgesprochen bleibt, machen uns sorgfältig komponierte Bilder und Szenen mit Leichtigkeit verständlich. In alter erzählerischer Tradition, lässt Wessel keinen geschwätzigen Menschen, sondern die stumme Landschaft die zweite Hauptrolle spielen. Holly Finks Kamera fängt die elementare Gewalt dieses wasserumspülten, eisige Feuer spuckenden Fleckens nördlicher Erde ein. Immer wieder neu schweift Manja und unser Blick über dieses wilde, rohe Land. Der Blick ins Weite hilft ihr und uns aus Manjas Todesangst und innerer Beklemmung» (aus der Begründung der Jury).

«Man sollte das phänomenale Drehbuch von Beate Langmaack zur Pflichtlektüre in Drehbuchseminaren machen. Denn sie beherrscht wie kaum ein anderer die Kunst, das Unsagbare zu verschweigen und tiefe Gefühle in unsentimentalen Dialogen auszudrücken.»
(Sybille Simon-Zülch, *epd medien* 85, 2003)

DVD: Brigitte Film-Edition

Lenz oder die Freiheit (1986)

P SWF 1986 **Sd** 5., 8., 12., 19.10.1986, ARD (4 Teile) **R** Dieter Berner **B** Dieter Berner, Hilde Berger **L** Stefan Heym **K** Anton Peschke **M** Peter Fischer **Sz** Jörg Höhn **Ko** Nikola Hoeltz **S** Bernd Lorbiecki **T** Fritz Nebrich **D** Peter Simonischek (Andreas Lenz), Annette Uhlen (Josepha), Brigitte Karner (Leonore), Helmut Berger (Christoffel), Otto Mächtlinger (Einstein), Hans-Walter Klein (Brentano), Michael Maasen (Struve), Dominique Horwitz (Goegg), Ulrich Tukur (Engels), Rainer Steffen (Mördes), Christoph Waltz (Sigel), Dieter Traier (Becker), Dominic Raacke (Heilig), Michael Wallner (Gramm), Uwe Ochsenknecht (Rinckleff), Arnulf Schumacher (Strathmann), Wilfried Baasner (Glaubitz), Jürgen Schmidt (Weltzien), Michael Weber (August), Johann Iwancsits (Stäbchen), Mathias Repiscus (Comlossy), Relja Basic (Mieroslawski), Andreas Wellano (Küchelbecker), Karl Merkatz (Böning), Dietrich Lehmann (Tiedemann), Werner Prinz (Biedenfeld), Dominique Albert (Thiebaut), Dieter Franke (Hoff)

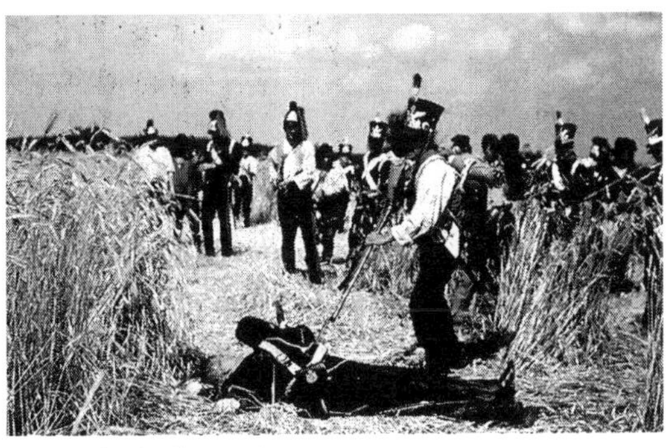
Lenz oder die Freiheit

Der Student und Bänkelsänger Andreas Lenz hat 1848 an den Aufständen in Baden teilgenommen. Nach deren Scheitern muss er als Soldat der großherzoglichen Armee in der Festung Rastatt dienen. Aber seinen revolutionären Idealen ist er treu geblieben. Im Lokal «Türkenlouis» hält er Reden und singt aufrührerische Lieder. Nach einer Denunziation wird er festgenommen, aber von meuternden Soldaten befreit. Damit beginnt ein neuerlicher Aufstand der Demokraten, der mit dem Sturz des badischen Großherzogs endet. Lenz steht zwischen zwei Frauen: der liebenswürdigen Hure Josepha und der feinsinnigen Jüdin Leonore, Tochter des Bankiers Einstein. Leonore bricht mit den bürgerlichen Konventionen, verlässt ihren Vater, um sich den Revolutionären anzuschließen und lebt mit

Lenz zusammen. Aber die Revolution scheitert an der Uneinigkeit der liberalen und radikalen Demokraten. Es kommt zur Schlacht zwischen den revolutionären Truppen und der preußischen Armee. Lenz verteidigt als Leutnant der Volkswehr die Festung Rastatt, das letzte Refugium der Demokraten. Nach der bedingungslosen Übergabe wird Lenz gefangengenommen. Ihm droht wie seinen Kameraden die standrechtliche Erschießung. Doch Leonore, die ein Kind von Lenz erwartet, gelingt es, zusammen mit Josepha, die mittlerweile zur Mätresse des preußischen Stadtkommandanten geworden ist, und dem Bauern-Revolutionär Christoffel, der Josepha liebt, Lenz zu befreien. Dabei kommt Josepha ums Leben. Lenz und Leonore wandern nach Amerika aus, wo Lenz im Bürgerkrieg gegen die Südstaaten fällt.

LENZ ist kein üblicher Historienfilm mit belehrendem Charakter. Die Autoren stellten nicht das Dokumentarische (Chronologie, Fakten) in den Vordergrund, sondern es ging ihnen vor allem um die psychologische Motivation der Beteiligten. Die Dreieckskonstellation Lenz–Josepha–Leonore schiebt sich vor die politischen Konflikte.

«Das Manko des Projekts lag, wie so oft, im Versuch der möglichst weitgehenden TV-Adaption eines Romans. Zu divergent gerieten Rhythmus und ‹innere Geschwindigkeit› der Sequenzen, langatmige Dialoge und knallige Kommandos standen sich schroff gegenüber. So wurde aus Heyms politisch ambitionierter Abenteuergeschichte keine zündende Fernseh-Reihe, sondern ein farbenprächtiger Dekorationsfilm, in dem die badische Revolution nur die Funktion einer austauschbaren, beliebigen Epoche innehat – die Historie ertrinkt in Histörchen.»
(Lutz Hachmeister, *epd/KR* 85, 1986)

▶ Historisch-rekonstruierend war die Revolution in Baden schon in in den 70er Jahren dargestellt worden: BADISCHE REVOLTE (WDR 1974, R/B: Hans-Joachim Kurz m. Dieter Laser als Friedrich Hecker) erzählt die unmittelbare Vorgeschichte zu LENZ.

Literatur: Friedrich P. Kahlenberg / Dietrich Mack (Hrsg.): *Abenteuer Revolution. Der SWF-Film LENZ ODER DIE FREIHEIT*, München 1986. – Dietmar Pertsch: *Jüdische Lebenswelten in Spielfilmen und Fernsehserien*, Tübingen 1992.

DVD: Studio Hamburg / ARD Video «Große Geschichten»

DER LETZTE KURIER (1996) ★

P WDR 1996 **Sd** 6.11.1996, ARD **R** Adolf Winkelmann **B** Matthias Seelig **K** David Slama **M** Hans Peter Kuhn **Sz** Florian Haarmann **Ko** Regina Bätz **S** Carsten Ott **T** Peter Schmidt

D Sissi Perlinger (Vera), Sergej Garmasch (Bubka), Alexej Schkatow (Iwanow), Hans Martin Stier (Rohleder), Vladimir Dolinski (Shigalow), Jenny Winkelmann (Paula), Alexander Topuria (Djadin), Hanns Zischler (Kant), Christian Tasche (Knobel), Juri Ptjomkin (Baritow), Michael Kessler (Sattler), Brigitte Janner (Bille)

Die Kölner Galeristin Vera Rohleder erfährt von der russischen Botschaft, ihr Mann, der sich als Kunsthändler in Moskau aufhält, sei dort bei einem Autounfall ums Leben gekommen. Als sie in Moskau ihren Mann identifizieren soll, zeigt man ihr eine falsche Leiche. Sie ist überzeugt, dass ihr Mann noch lebt. Das glaubt auch Chefinspektor Bubka von der Moskauer Kriminalmiliz. Er sucht nach Rohleder wegen des Mordes an einer 12-jährigen Kinderprostituierten, den ein Ausländer begangen hat. Vera und Bubka suchen nun nach Rohleder aus unterschiedlichen Motiven. Sie glaubt, ihr Mann sei in undurchsichtige Geschäfte verstrickt und habe untertauchen müssen, Bubka hält ihn für den Täter in seinem Mordfall, muss aber auf eigenen Faust ermitteln, da ihm seine korrupten Vorgesetzten den Fall entzogen haben. Rohleder scheint unter dem Schutz einflussreicher Kreise zu stehen. Angeblich soll er für eine Mafiaorganisation die illegale Ausfuhr von Kunstgegenständen organisiert haben, doch davon will Vera nichts wissen. Als ihr aber Bubka ein undeutliches Video von dem Mord zeigt, auf dem ihr Mann als Täter zu sehen sein soll, ist sie verunsichert. Kurz bevor sie Rohleders Versteck in einer psychiatrischen Klinik ausfindig machen, ist diesem die Rückkehr nach Deutschland gelungen. Auch Vera reist wieder nach Köln, wo sie von ihrem Mann erfährt, er sei mit dem gefälschten Video erpresst worden. Damit gibt sie sich zufrieden, bis auch Bubka in Köln auftaucht, der immer noch hinter Rohleder als Mörder her ist. Nun zieht sich das Netz der Verwirungen und Verstrickungen langsam zusammen. Rohleder wird von Kant, dem Leiter des LKA Düsseldorf, gedeckt, denn er braucht ihn als Verbindungsmann zur Russenmafia, die sich mit der italienischen Mafia zu vernetzen droht. Doch bevor es zu dem arrangierten Treffen kommt, bei dem die Mafiosi auffliegen sollen, wird Rohleder umgebracht. Sein Kölner Familienleben mit Vera und Tochter war für ihn nur der «bürgerliche Schafspelz», was jetzt auch Vera erkennen muss.

Dieser «atmosphärisch sensationelle Thriller» (Sybille Simon-Zülch, *epd/KR* 90, 1996) spielt souverän mit den Stereotypen von Mafiafilmen. Dazu gehört auch eine gewollte Undurchsichtigkeit der Handlung. Die beiden in Hassliebe verbundenen Protagonisten sind ein Gerechtigkeitsfanatiker, der gegen die Korruption in den eigenen Reihen ankämpft und eine naive, gefühlsbetonte Frau, die sich von dem Kriminalitäts- und Brutalitätssumpf, in den sie gerät, nicht anfechten lässt. So dicht wie hier die Milieus inszeniert sind, kann man Dominik Grafs ➲ Im Angesicht des Verbrechens vorausahnen.

Die Jury des Adolf-Grimme-Preises urteilte bei ihrer Preiszuerkennung: «(Der Regisseur) öffnet sogartig Räume und schafft intensive Stimmungen, er malt Bilder und erfindet Figuren, die eine Aura entfalten. Auf der Folie eines verrätselten Buches, dessen lineare Geschichte sich nur in großen Bögen mitteilt, errichtet Winkelmann ständig neue und dabei doch nahtlos ineinander übergehende Ansichten eines zugleich realen und symbolischen Zwischenreiches.»

DVD Studio Hamburg / ARD Video

Das letzte Stück Himmel (2007)

P BR 2007 **Sd** 17.8.2007, arte **R** Jo Baier **B** Jo Baier, Michael Watzke **K** Judith Kaufmann **Sz** Patrick Steve Müller **Ko** Katharina Ost **S** Clara Fabry **T** Gunnar Voigt

D David Rott (Anno), Max von Pufendorf (Julian), Nora Tschirner (Laura), Karl Kranzkowski (Vater Wilhelm), Finja Martens (Nadine), Saskia Schwarz (Elke), Tobias Kasimirowicz (Diesel), Nadja Vogel (Claudia), Katharina Gebauer (Sabrina), Wilfried Labmeier (Filialleiter), Bruni Löbel (alte Dame), Christian Dorn (alter Herr)

Anno und Julian sind zwei sehr gegensätzliche Brüder. Der extravertierte Frauenheld Anno ist Modefotograf in München, sein Bruder Julian in Wuppertal ist nach dem frühen Tod der Mutter und der gestrengen Erziehung des Vaters depressiv geworden. Er stand schon mehrmals auf der Eisenbahnbrücke, um zu springen. Anno, der sich bislang nicht um ihn gekümmert hat, holt seinen Bruder nach München, um ihm zu beweisen, dass das Leben schön ist und sich zu leben lohnt: hier gibt es schöne Mädchen und die Berge sind nah. Er macht Julian mit dem Model Laura bekannt, nimmt ihn auf Segelflüge in die Alpen mit (ein Zustand der Schwerelosigkeit: eben das, was Julian fehlt), besorgt ihm eine Wohnung und einen Job im Supermarkt. Tatsächlich verliebt sich Julian in Laura und fühlt sich so gut wie nie. Als Laura mit dem Segelflieger abstürzt und im Koma im Krankenhaus liegt, wacht er an ihrem Bett. Doch er sieht, wie Anno, der die Dreierkonstellation nicht ganz uneigennützig arrangiert hat, weil er selbst in Laura verliebt ist, das Mädchen küsst. Nun fühlt sich Julian wieder überflüssig und fällt in seine alte Schwermut zurück. Er landet in der Nervenklinik. Sein Vater holt ihn wieder nach Wuppertal, wo er endgültig von der Brücke springt.

«Und bis in den Abspann hinein wahrt dieser zartfühlende Film, bei aller Schwere des Themas, eine Stimmung schwebender Melancholie. Kein sentimentaler Misston zerstört das fein austarierte Gleichgewicht von Traurigkeit und Lebensfreude.»

(Sybille Simon-Zülch, *epd medien* 67, 2007)

Das Leuchten der Sterne ➲ Engelchen, flieg

Liebe Melanie (1983)

P ZDF 1983 **Sd** 14.11.1983, ZDF **R/B** Michael Verhoeven **K** Axel de Roche **M** Josef Berger **Sz** Norbert Scherer, Rosa Zimlich **Ko** Ute Schwippert **S** Barbara Hennings **T** Heiko Hinderks, Ottfried Wimmer
D Melanie Horeschovsky (Melanie), Senta Berger (Dr. Katja Kolloczeczyk), Friedrich von Thun (Heinz Zimmermann), Michael Ande (Martin Reich), Ulrich Tukur (Willi), Eva Mattes (Eva), Gloria Doer (Hermi), Erika Wackernagel (Nachbarin), Charly Meyer-Bux (Schultheiß), Wilfried Klaus (Kaseder), Thomas Reiner (Notar), Peter Welz (Bankangestellter), Axel Scholtz (Filialleiter), Stella Adorf (Franziska), Sabine Stanzel (Inge)

Die 87-jährige Schauspielerin Melanie Drew lebt allein in ihrer Münchner Wohnung. Sie ist voller Erinnerungen an ihr reiches Schauspielerleben, an Rollen und Kollegen. Sie hat auch noch ein paar Schüler, aber auch zwei Neffen, die hinter ihrer Wohnung und ihrem Geld her sind und sie drängen, ins Altersheim zu gehen. Als Neffe Heinz Zimmermann vor ihren Augen das Piano aus der Wohnung schleppen lässt, bricht Melanie zusammen. Zimmermanns «Konkurrent» Martin Reich, der schon Melanies Bankkonto geplündert hat, zieht kurzerhand in ihre Wohnung – angeblich hat er einen Mietvertrag – und schmeichelt sich bei ihr ein. Wenigstens die Ärztin Katja kümmert sich, nach anfänglicher routinierter Gleichgültigkeit, um die alte Dame, weil sie versucht, ihre eigene versäumte Mutterbeziehung an ihr abzuarbeiten. Martin Reich gibt vor, mit seiner Anwesenheit verhindern zu wollen, dass Zimmermann die Wohnung bekommt, deshalb soll Melanie ihr Testament ändern. Diese versucht nun, die beiden Neffen gegeneinander auszuspielen, indem sie die Wohnung an einen Dritten verkauft, weil sie nun doch ins Altersheim will. Doch beim Notar, wo sie die Testamentsänderung zugunsten ihrer Neffen unterschreiben soll, hat sie erneut einen Zusammenbruch. Sie geht ins Altersheim, wo sie kurz darauf stirbt. Zuvor hat sie aber noch, auf Anraten der Ärztin, ihre Erinnerungen auf Tonband sprechen können.

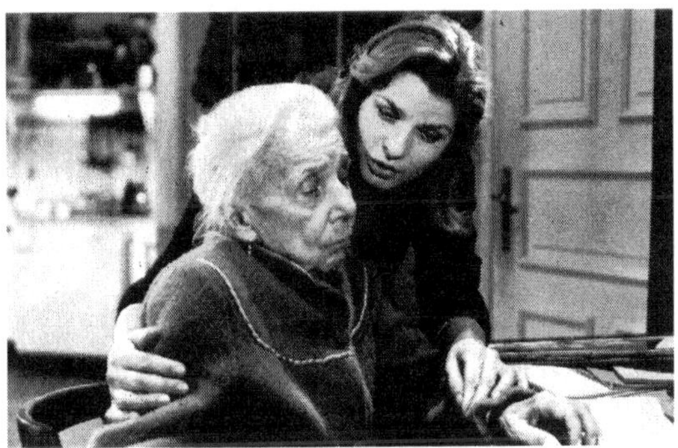

LIEBE MELANIE mit Melanie Horeschovsky und Senta Berger

LIEBE MELANIE ist eine Hommage an die Schauspielerin Melanie Horeschovsky, die vor allem an den Münchner Kammerspielen und dem Wiener Theater in der Josefstadt wirkte. Sie starb unmittelbar nach den Dreharbeiten im Alter von 82 Jahren. Verhoeven hatte 1982 mit ihr den Fernsehfilm DIE MUTPROBE gedreht. LIEBE MELANIE ist durchzogen mit ihren Erinnerungen an die Theatergeschichte: Gustaf Gründgens, Jürgen Fehling, Horst Caspar, dessen letzten Brief sie wie eine Reliquie aufbewahrt. Diese verschwundene Welt kontrastiert scharf mit der enttäuschenden Gegenwart, in der zu leben sie gezwungen ist.

«Ein behutsamer Film, der des Regisseurs Sensibilität für die Schwierigkeiten des Altwerdens wie seine Liebe zum Theater zeigt. Vorm Abgleiten in Sentimentalität bewahren den Film fast vollständig die Kabaretteinlagen (mit Flügelbegleitung) des Schülers Willi, der vom Haben nichts hält und ganz aufs Sein konzentriert ist, wie die diskrete Spielweise der Horeschovsky.»

(Brigitte Jeremias, *FAZ*, 17.11.1983)

Text/Literatur: Michael Verhoeven: *Liebe Melanie. Hintergründe zu dem ZDF-Fernsehfilm*, Frankfurt: Fischer 1983.

LIEBE UND WEITERE KATASTROPHEN (1998)

P BR/ORF 1998 **Sd** 20., 21., 27., 28.1.1999, ARD (4 Teile) **R** Bernd Fischerauer **B** Gabriela Sperl **K** Bernd Neubauer **Sz** Jörg Neumann **Ko** Ute Schwippert **S** Dorothee Maass **T** Stanislav Litera

D Senta Berger (Franziska Ackermann), Friedrich von Thun (Max Weiß), Suzanne von Borsody (Mechthild), Michael Mendl (Rainer), Matthias Schloo (David), Bobby Brederlow (Bobby), Katrin Ackermann (Brigitte), Bernadette Heuwagen (Celine), Arnoldo Foà (Opa), Claudio Maniscalco (Thomas Winter), Bernd Fischerauer (Dr. Schröder), Konstanze Breitlebner (Antonella Bleibtreu), Silvan Engelmeier (Andy), Michaela May (Rita), Stephan Schwartz (Polizeiinsp.)

Die verwitwete Franziska Ackermann hat von ihrem Mann eine Menge Schulden geerbt. Sie kämpft um den Erhalt ihres Eigenheims, in dem sie mit ihren beiden Söhnen lebt, Bobby mit Down-Syndrom und David, einem Graffiti-Sprayer. Ein neuer Nachbar zieht ein, der Psychologie-Professor Max Weiß, der mit seiner Frau Mechthild in «offener Zweierbeziehung» lebt. Franziska hält Max, der gleich ein Auge auf sie geworfen hat, für einen arroganten Schnösel, doch hat er auch seine sozialen Seiten. Vor allem Bobby freundet sich sofort mit ihm an. Als David wegen seiner Sprayerei verhaftet wird und Max und Mechthild, die Anwältin ist, ihn aus der U-Haft holen, prallen Maxens Avancen an Franziska schon weniger ab. Doch sie besteht darauf, ihre Probleme allein zu lösen, auch als ihr lüsterner Schwager das Haus, das ihr nur zur Hälfte gehört, verkauft und ihren Anteil in einem dubiosen Geschäft in den Sand setzt. Nach weiteren Turbulenzen («Katastrophen») – Mechthild hat eine Fehlgeburt (David glaubt der Vater zu sein), Bobby reißt aus nach Italien zu seinem Großvater, der kurz darauf stirbt – scheint der Weg von Max und Franziska doch gemeinsam zu verlaufen.

Der Mehrteiler versucht, sozialen Realismus (Schulden, Jugendkriminalität, Behinderung, Patchworkfamilien etc.) mit Komik zu verbinden. Die Balance zwischen Ironie und Kitsch gelingt allerdings nicht durchweg.

«Die Qualität steckt hier eindeutig im Detail. So waren die Dialoge (...) um den entscheidenden Tick pointierter als in vergleichbaren Familienserien, und wann immer sich hier eine Figur zum Absondern von Allgemeinplätzen über das Leben an sich hinreißen ließ, folgte die ironische Brechung auf dem Fuße. Und wann immer das ganze in Herzigkeit abzugleiten drohte, fand Regisseur Bernd Fischerauer wunderbare Auflösungen, die den drohenden Schwulst mit einem Augenzwinkern unterliefen.»

(Reinhard Lüke, *FK* 4, 1999)

«Irgendwie wird man bei diesem Film den Verdacht nicht los: Hinter all dem in warmes Licht getauchten Bildern, hinter den schönen Menschen und ihren ‹Huch, wie wahnsinnig neckisch›-Allüren, hinter diesem erneuten Zusammentreffen des erfolgserprobten ‹Doktor Schwarz und Doktor Martin›-Teams steckt eine mechanisch kalkulierte Planung von Erfolg. Und wenn man genau hinschaut, merkt man, dass dieser Vierteiler (...) keine Seele hat, dass er leerläuft und vor Schlampigkeiten nur so strotzt: in Ausstattung, Schauspielerführung, Anschlüssen – von der Charakterisierung der Personen ganz zu schweigen.»

(Sybille Simon-Zülch, *epd medien* 11, 1999)

Lieber Erwin (1970)

P ZDF 1970 **Sd** 27.5.1970, ZDF **R** Thomas Fantl **B** Herbert Knopp **K** Wolfgang Treu **M** Rio Gregorie **Sz** Gerd Krauss **T** Werner Gieseler

D Manfred Seipold (Erwin), Maja Scholz (Betty), Verena Buss (Frenzi), Käte Jaenicke (Erwins Mutter), Heinz Schimmelpfennig (Erwins Vater), Maria Hofen (Großmutter), Horst Michael Neutze (Harald), Barbara Schönc (Doris)

Der 24-jährige Erwin arbeitet als Angestellter bei einer Tankstelle und verkauft Gebrauchtwagen. Als seine Freundin Frenzi ein Kind von ihm erwartet, will er «Verantwortung» zeigen und sie heiraten. Freilich speist sich diese Verantwortung nicht aus seiner Überzeugung, sondern eher aus einem gesellschaftlichen Pflichtgefühl. Die «romantische» Beziehung zu der wesentlich älteren Betty lässt ihn plötzlich über sein Leben reflektieren. Wie kann er sich in seiner kleinbürgerlichen Umwelt selbst verwirklichen? Er und seine Kollegen leiden unter der Gleichförmigkeit der Arbeit, verdrängen ihre Probleme und machen sich in Aggressionen Luft. Ein Dialog darüber ist nicht möglich, auch mit Frenzi nicht. Alles scheint vorbestimmt zu sein. Das Verhältnis mit Betty ist für Erwin der vergebliche Versuch, aus den vorgefertigten Bahnen auszubrechen und etwas Ungewöhnliches zu tun. Doch «die Gesellschaft» und ihre Konventionen erweisen sich als stärker, Erwin kehrt wieder zu Frenzi zurück.

«Die Personen und ihre Handlungen waren aufgenommen wie man dem Umtrieb von Infusorien in einem mikroskopierten Wassertropfen zuschaut. Selbst die Dialoge, meist nur ‹angeschnitten›, wirkten wie Absonderungen von Lebewesen aus dem niederen Tierreich: Die Sprache schien entseelt zum akustischen Instrument, zum bloßen Tonträger. Demgegenüber gewannen die mechanischen Nebengeräusche (Lautsprecherstimmen, Konservenmusik, der Lärm der Motoren) eine bösartige Autonomie. Ja, die von Tonmeister Werner Gieseler kunstvoll gesteuerten Hörspieleffekte brachten einen Gegenrhythmus ins Spiel, welche der klebrigen Normalität des sichtbaren Milieus fast die Dimension des Gespenstischen gab. Ein Funkspiel fürs Fernsehen, ein Fernsehspiel der Gegenwart, das diesen Titel verdient.»
(Karl Heinz Kramberg, *SZ*, 19.5.1970)

Lockruf des Goldes ➲ Der Seewolf

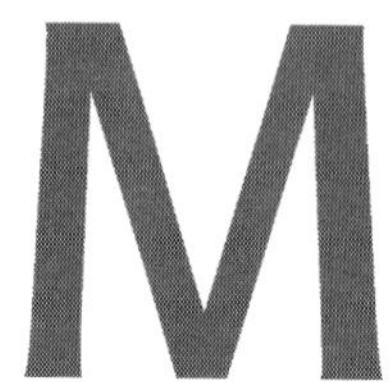

Ein Mann fürs Leben (1980)

P WDR 1980 **Sd** 3.12.1980, ARD **R** Erwin Keusch **B/L** Gerd Fuchs **K** Frank Brühne **Sz** Friedhelm Boehm **Ko** Sabine Jaehner **S** Elke Niemietzek

D Manfred Krug (Heinz Mattek), Hannelore Hoger (Marion), Brigitte Janner (Irene), Anja Beddig (Rita), Jörg Nickel (Karsten), Gerhard Olschewski (Paul), Claus Theo Gärtner (Conny), Ferdinand Dux (Johnny), Karlheinz Maslo (Student), Ingeborg Kanstein (Frau Reissmüller), Ebba Reiter (Frau Echternach), Hanna Seifert (Carola), Bertram von Boxberg (Lucky)

Heinz Mattek ist Schiffbauer und soll auf seiner Werft plötzlich als Dreher eingesetzt werden. Doch er kündigt lieber, als eine «minderwertige» Tätigkeit auszuüben. Er ist nun arbeitslos und sitzt zu Hause bei seiner Frau und seinen beiden Kindern. Er bemerkt, wie ahnungslos er über das Leben seiner Familie ist, dass er seine Kinder eigentlich kaum kennt, seine frühere Rolle als Familienpatriarch ist problematisch geworden, die (wohl nur simulierte) Selbstsicherheit ist dahin. Seine Frau Marion nimmt eine Arbeit als Packerin in einem Kaufhaus an, nicht nur um die Haushaltskasse aufzubessern, sondern auch, um den Spannungen zu Hause zu entgehen. Sie freundet sich mit Kollegin Irene an, ihre Hausfrauen-Isolation ist durchbrochen. Während sie so ein neues Rollenverständnis als Frau gewinnt, ist das Rollenverhalten ihres Mannes in Frage gestellt. Er vereinsamt zusehends, nimmt eine Schwarzarbeit an und trinkt immer mehr. Endlich findet er wieder eine Stellung als Schiffbauer. Nun verlangt er von Marion, sie solle wieder kündigen und alles wäre wie früher. Doch sie will nicht wieder in ihre frühere Rolle zurück. Er versteht sie nicht und zieht aus, verbringt die meiste Zeit in der Kneipe, seine Arbeitsleistungen lassen nach. Ein Kollege kümmert sich um ihn. Und irgendwann bringt er die Kraft auf, seine Frau anzurufen und sie um ein Gespräch zu bitten. Wie es ausgeht, bleibt offen.

Exemplarisch zeigen Fuchs und Keusch wie sich prekäre Arbeitsverhältnisse auf die privaten (Paar-) Beziehungen auswirken. Die wirtschaftliche Krise erzwingt eine Änderung des Rollenverhaltens und einen emanzipatorischen Aufbruch, der das männlich-patriarchalische Selbstbild in Frage stellt.

▶ Auch die Titelfigur von Hilde Breitner (RB 1975, R: Peter Beauvais, B: Peter Stripp) erfährt eine ähnliche Wandlung. Eine Arbeiterin (Margret Homeyer) macht nach dem Tod ihres Mannes eine «Zwangsemanzipation» durch, sie wird politisch und in der Gewerkschaft aktiv, die Rollen kehren sich um: sie belehrt jetzt ihre linke Tochter. Doch erweist sich dieses Verhalten als aufgesetzt, die Klischees und ideologischen Vorgaben kollidieren mit der Realität. Gleichwohl denunziert der Film seine Figuren nie, sondern bleibt optimistisch, «weil hier den kleinen Leuten ihre kleinen Lebenslügen nicht genommen wurden, weil gezeigt wurde, dass sie ein notwendiger Teil ihres Überlebens sind, ihrer Hoffnungen, ihres Glaubens an ihr Leben, weil ihr Arrangement mit einer unbefriedigenden Wirklichkeit als Kern zu einer möglichen Verbesserung ihrer Situation bewahrt wurde» (Thomas Thieringer, *FR*, 4.12.1975). Einen mit der Männerfigur von EIN MANN FÜRS LEBEN vergleichbaren Rollenverlust zeigte ROSENMONTAG (WDR 1974, R: Peter Beauvais, B: Karl Otto Mühl): ein Arbeiter (Günter Lamprecht) sieht sich aus der Bahn geworfen, als er wegen eines harmlosen Vorfalls zurückgesetzt und unterdrückt wird.

DIE MANNS – EIN JAHRHUNDERTROMAN (2001)

P WDR 2001 **Sd** 5., 6., 7.12.2001, arte (3 Teile) **R** Heinrich Breloer **B** Heinrich Breloer, Horst Königstein **K** Gernot Roll **M** Hans-Peter Ströer **Sz** Götz Weidner, Peter Ackermann **Ko** Barbara Baum **S** Monika Bednarz, Olaf Strecker **T** Karsten Ullrich
D Armin Mueller-Stahl (Thomas Mann), Monica Bleibtreu (Katia), Jürgen Hentsch (Heinrich Mann), Veronica Ferres (Nelly), Sophie Rois (Erika), Sebastian Koch (Klaus), Philipp Hochmair (Golo), Katharina Eckenfeld (Elisabeth), Stefanie Stappenbeck (Monika), Rüdiger Klink (Michael), Torben Liebrecht (Thomas Quinn Curtiss), Gerd David (Gustaf Gründgens), Rudolf Wessely (Alfred Pringsheim), Anne Marie Blanc (Hedwig Pringsheim), Sebastian Münster (Klaus Pringsheim), Katharina Thalbach (Therese Giese), Andrea Sawatzki (Pamela Wedekind), Hans-Michael Rehberg (Giuseppe Borgese), Oliver Stritzel (Rudi Carius), Hermann Treusch (René Schickele), Carola Regnier (Alma Mahler-Werfel), Karl Fischer (Franz Werfel), Wolf-Dietrich Sprenger (Karl-Victor Mann)

Mit der gewohnten Mixtur aus Spielszenen, Zeitzeugen-Interviews und Archivmaterial nähert sich Breloer nicht aus einer kritisch-distanzierenden, sondern wohlwollend-einfühlenden Perspektive dem Jahrhundert-Schriftsteller Thomas Mann und seinem in sehr disparate Individuen zerfallenden Familien-Clan. Die Autoren erläuterten ihre Absicht selbst: «Die offene Form ermöglichte eine polyperspektivistische Erzählweise, die dem Zuschauer potentiell durch alle Gefühlswelten der Beteiligten hindurchführt. Und sie haben alle Recht: Thomas Mann mit seiner Entscheidung für die Welt im Arbeitszimmer, Golo mit seiner Lebensentscheidung, sich zu ‹ducken› und den Vater nicht mit seinen Talenten herauszufordern; Klaus mit seiner Sehnsucht, wie Thomas Mann zu werden und doch Klaus

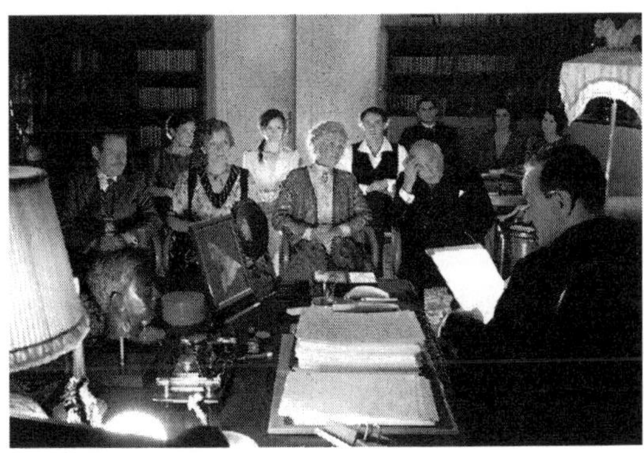

DIE MANNS – EIN JAHRHUNDERTROMAN mit Armin Mueller-Stahl (r.)

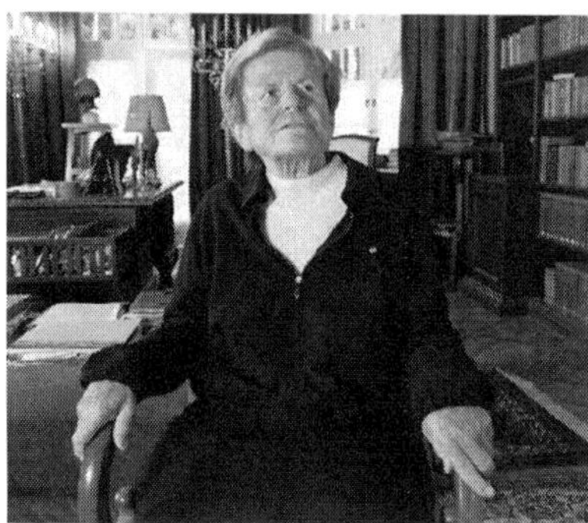

Elisabeth Mann Borgese in DIE MANNS - EIN JAHRHUNDERTROMAN

Mann zu bleiben. Erika in ihrem Bemühen, ihres Talentes Herr zu werden und selbst eine Rolle als Frau gegen die starken und begabten Männer in der Familie zu finden» (Breloer/ Königstein). Die Handlung setzt 1923 in München ein (klammert also den höchst politischen «unpolitischen» Thomas Mann aus der Zeit des Ersten Weltkriegs aus) und hat ihren Schwerpunkt im amerikanischen Exil. Im Februar 1933 kehren Thomas und Katia von einer Lesereise nicht zurück, sondern lassen sich in der Schweiz nieder, von wo sie 1938 in die USA übersiedeln. Mit seinem Status als Emigrant kann sich Thomas Mann nicht abfinden, er denkt immer noch, dass der Bruch mit Deutschland nicht endgültig sei, hofft auf die Veröffentlichung der «Josephs»-Romane bei Beermann. Die Radikalität, mit der Klaus und Erika auf die Nazis reagieren, geht ihm zu weit. Im Gegensatz zu dem sich hinter seiner Arbeit verschanzenden und unzugänglichen Thomas, versucht Klaus sein Leben als Schwuler und Drogensüchtiger auch auszuleben. Heinrich Mann, verheiratet mit der Amüsierdame Nelly, die in den großbürgerlichen Mann-Kreisen als unmöglich gilt, bleibt, da als Schriftsteller im Exil erfolglos, finanziell vom Bruder abhängig. Die alkoholsüchtige Nelly vergiftet sich mit Tabletten, Heinrich stirbt 1950, bevor er als Akademie-Präsident nach Ost-Berlin gehen kann. Um dem Verfolgungswahn McCarthys zu entgehen, ziehen Thomas und Erika 1952 wieder in die Schweiz.

Der «Star» des Films ist die 83-jährige Elisabeth Mann Borgese, die mit Breloer die Stätten der Familiengeschichte besucht und mit ihrem Charme die Erinnerungen an den Vater in goldenes Licht taucht. Die kalte Glätte dieses Großbürgers kommt nur am Rande vor, etwa wenn Elisabeth eingesteht, dass sie nie ein richtiges Gespräch mit ihrem Vater führen konnte. Der Konflikt mit Heinrich reduziert sich auf die peinliche Nelly, wiewohl die Rivalität eher ideologisch grundiert war. Psychologie und Erotik rangieren vor literarischen und politischen Konflikten.

«Trotz des hohen Anteils dokumentarischer Darstellungsmittel folgt die Gesamtdramaturgie der Abfolge des Dreiteilers dem Handlungsschema des populären Films mit den Teilelementen Harmonie, Störung der Harmonie, Konflikt, Konfliktlösung. Im ersten Teil stehen die beruflichen Erfolge des Vaters und das Liebesleben der Kinder im Zentrum. Die Emigration stört diese Harmonie und löst die Konfliktstruktur zwischen den Generationen des zweiten Teils aus. Im dritten Teil kommt es zur Lösung des Konflikts durch den Verfall der Familie. Die ursprüngliche Harmonie wird nicht wieder erreicht.» (Joan Kristin Bleicher)

Text: Heinrich Breloer / Horst Königstein: *Die Manns. Ein Jahrhundertroman*, Frankfurt: Fischer 2001.

Literatur: Brigitte Knott-Wolf: Zwischen Kunst und Leben. Helmut Breloers Meis-

terwerk: Der ARD-Dreiteiler über die Familie Mann, in: *FK* 48, 2001, S. 8–12. – Joan Kristin Bleicher: Die Manns – ein Jahrhundertroman, in: Anne Bohnenkamp (Hrsg.): *Literaturverfilmungen*, Stuttgart 2005, S. 215–229. – Heinz-Peter Preusser: Vom Roman zu Film und Doku-Fiktion sowie retour. Die Buddenbrooks und Die Manns, in: Simone Castagli / Matteo Galli (Hrsg.): *Deutsche Familienromane*, München 2010, S. 85–96.
DVD: EuroVideo

MARGARETE STEIFF (2005)

P SWR 2005 **Sd** 23.12.2005, arte **R/K** Xaver Schwarzenberger **B** Susanne Beck, Thomas Eifler **M** Hans Jürgen Buchner (Haindling) **Sz** Petra Heim **Ko** Heidi Melinc **S** Helga Borsche **T** Roman Schwarz, Jerome Burkhard
D Heike Makatsch (Margarete Steiff), Felix Eitner (Fritz), Hary Prinz (Julius), Suzanne von Borsody (Mutter), Herbert Knaup (Vater), Bernadette Heerwagen (Charlotte), Harald Krassnitzer (Dr. Werner), Donald Arthur (der Amerikaner), Annika Luksch (Margarete als Kind)

Die an den Folgen einer Kinderlähmung leidende Margarete muss sich im 19. Jhdt. in ihrem Heimatort Giengen an der Brenz gegen eine bigotte Umwelt und verständnislose Eltern durchsetzen: Wer nicht laufen kann, gilt als wertlos. Nur zu ihrem Bruder Fritz hat sie eine gleichsam symbiotische Beziehung: Er zieht sie im Leiterwagen in die Schule oder trägt sie auf dem Rücken durch den Ort. Die vielversprechende und teure Behandlung bei dem Arzt Dr. Werner in Wien scheitert, aber Margarete fasst trotzdem Mut: «Es macht keinen Sinn, immer nur seinen Beinen nachzusinnen, wenn einem darüber das ganze Leben wegläuft.» Von dem Vertreter Julius Tichy – in den sie sich verliebt – kauft sie eine Nähmaschine, die erste weit und breit. Sie ist erfolgreich mit dem Nähen von Kleidern, doch als sie einen Stoff-Elefanten als Nadelkissen näht, wird er ihr von den Kindern aus der Hand gerissen. Tichy verlässt sie, und Margarete, die ihrem Bruder an diesem Bruch die Schuld gibt, stürzt sich in die Fabrikation von Spielzeug. Nach anfangs großem Erfolg, gerät sie in wirtschaftliche Schwierigkeiten. Die Zwangsversteigerung ihrer Fabrik droht, weil die Bank sie im Stich lässt. Doch auf der Spielwarenmesse rettet sie ein Amerikaner: Er kauft 3000 Stück ihres gerade erfundenen «Teddy»-Bären.

Die Geschichte einer gedemütigten Außenseiterin, die aus der Position der Unterdrückten heraus ein Unternehmen aufbaut, gerät nie zur Schmonzette oder zum Rührstück. Sie spielt sich ab in einer konkreten Epoche – dem calvinistisch geprägten Frühkapitalismus – und in einer herben Landschaft – der Schwäbischen Alb –, die zur Metapher gerät.

DVD: Mc One

MARIAS LETZTE REISE (2004) ★

P BR 2004 **Sd** 23.3.2005, ARD **R** Rainer Kaufmann **B** Ariela Bogenberger **K** Klaus Eichhammer **M** Annette Focks **Sz** Renate Schmaderer **Ko** Lucie Bates **S** Veronika Zaplata **T** Jan Bennert
D Monica Bleibtreu (Maria Stadler), Nina Kunzendorf (Andrea), Günther Maria Halmer (Dr. Fritz Osterhahn), Michael Fitz (Simon), Philipp Moog (Hans), Hubert Mulzer (Günther), Gundi Ellert (Rosa), Philipp Sonntag (Edwin)

Die krebskranke Bäuerin Maria Stadler liegt in der Klinik, wo sie eine nicht gerade beliebte Patientin ist: eigensinnig, egozentrisch, bockig. Aber Schwester Andrea überwindet ihre Distanz und unterstützt sie dabei, die Chemotherapie abzubrechen und zum Sterben nach Hause, auf ihren Hof am Staffelsee, entlassen zu werden. Das führt zum Zwist mit Andreas Freund, dem Chefarzt, der dieses Vorhaben für verantwortungslos hält. Andrea bleibt als Pflegerin bei Maria, da deren Sohn Simon, der den Hof führt, damit überfordert ist. Auch und erst recht zu Hause will sich Maria keine Vorschriften machen lassen. Nach und nach findet sich die Verwandtschaft ein, mit der Andrea auch noch zurechtkommen muss. Es gelingt ihr, die zerstrittenen Brüder zu versöhnen, und sie bringt Frau Stadler dazu, ihre abweisende Haltung zu überwinden und im Frieden mit ihrer Familie zu sterben. Nebenbei verliebt sich Andrea noch in Simon, denn auch mit ihr ist durch den Umgang mit der Sterbenden eine Veränderung vorgegangen: hin zum Leben.

«Sterbebegleitung» ist zwar ein tabubefrachtetes Thema, doch überwiegt hier der Weichzeichner. Das Sterben ist in mildes Licht getaucht, die schrecklichen, quälenden Momente bleiben außen vor. Allerdings gleitet der Film auch nicht ins Melodramatische ab, wie etwa vier Jahre vorher der Krebs-Film MEIN LEBEN GEHÖRT MIR (ZDF 2000, R: Christiane Balthasar, B: Akiko Hitomi) mit Ute Willing und Klaus J. Behrendt.

Aus der Begründung der Jury des Adolf-Grimme-Preises: «Der Film ergreift Partei für Menschlichkeit und für die Heimat. Er zeigt, dass es für den Menschen gut sein kann, dort zu sterben, wo er gelebt hat. Dank den wunderbaren Schauspielern, allen voran Monica Bleibtreu, die den alten Drachen mit der guten Seele so gibt, dass man zugleich lachen und weinen möchte, kippt dieser Film bei aller Harmonie nie ins Triviale oder Kitschige. Autorin Ariela Bogenberger hat dem schweren Thema viel Leichtigkeit gegeben. Nicht zuletzt ist das wohl auch der bayerischen Bodenständigkeit und der Sprache zu verdanken, die dem Film die Authentizität geben. (...) Rainer Kaufmann hat den Film schwebend zwischen Tragik und Humor, zwischen Trauer und Lebensfreude inszeniert. (...) Der Film verknüpft Emotionalität mit sehr viel Klugheit und Sensibilität. MARIAS LETZTE REISE macht uns allen Mut, Gefühle zu zeigen.»

DVD: Universal

MARLENEKEN (1990)

P ZDF/ORF 1990 **Sd** 21., 27.5.1990, ZDF (2 Teile) **R** Karin Brandauer **B** Eva-Maria Mieke **K** Helmut Pirnat **Sz** Hans Zillmann **Ko** Barbara Baum **S** Barbara Büsche-Grimm **T** Walter Amann
D Hannelore Hoger, Nina Hoger, Daniela Schleicher (Marilena), Karin Baal, Therese Lohner, Janina Froh (Marga), Elisabeth Trissenaar, Agnes Fink (Carla), Hans M. Rehberg (Egon Folkmann), Marita Marschall (Hanna Folkmann), Leo Bardischewski (Opa Meissner), Eva-Ingeborg Scholz (Frau Meissner), Wolfrid Lier (Helmut Möller), Martin Diekow (Dieter), Nadja Engelbrecht (Katja), Friedrich Wollweber (Mario), Burkhard Heyl (Wolfgang), Marita Breuer (Irene)

Im Winter 1989/90 fährt Marilena in die DDR, um ihre Mutter und ihre Schwester zu besuchen, die sie seit 28 Jahren nicht mehr gesehen hat. Während ihr eine endlose Schlange von Trabis auf dem Weg in den Westen entgegenkommt, ist es für Marilena eine Reise in die Erinnerung an ihre Kindheit. Sie wuchs allein mit ihrer Mutter und ihrer Schwester auf, denn der Vater, ein Arzt, hatte sich zu den Amerikanern «abgesetzt», «sich aus der Verantwortung gestohlen» aus der Sicht der Mutter. Er war Jude, was die Mutter ihren Kindern verschwiegen hatte. Der Versuch, ihn zurückzugewinnen, bleibt vergeblich. Aber Marilena hat Sehnsucht nach ihrem Vater – obwohl dieser kalt und abweisend bleibt – und besucht ihn häufig in West-Berlin, weswegen sie in der DDR Schwierigkeiten bekommt. Nach dem Mauerbau bleibt auch Marilena im Westen, aber der Weg, den sie dort zurücklegt, ist dornig, eine Abfolge zerstörter Illusionen, aber auch der Prozess einer Selbstfindung. Von ihrem Freund bekommt sie Zwillinge, aber er lässt sie sitzen und geht nach Amerika. Erst als sie entdeckt, dass die Schwiegereltern ihres Vaters ihm eine «Arisierung» ermöglichten, die er sich erkaufte, indem er seine eigenen Eltern der Deportation preisgab, kann sie sich aus der unglückseligen Verbindung zu ihrem Vater befreien und einen eigenen Standort in ihrem Leben finden. Im weiteren Verlauf wird eine Vielzahl von Motiven angeschnitten: deutsch-deutsche Teilung, Kennedy-Mord, 68er, Frauen- und Kinderladenbewegung, wobei die Männer in Marilenas Leben sich als erbärmliche Figuren erweisen. Nur der Opa, der ihr als Kind immer das «Märchen vom Machandelboom» erzählte, ist der strahlende Held ihrer Kindheit. Die Begegnung mit ihrer Schwester Marga, der kranken Mutter (die am Schluss stirbt) und deren zweiten Mann verläuft ernüchternd. Marga war in der DDR linientreue Lehrerin, die das Leben ihrer Schwester im Westen hasste, aber nicht nur aus ideologischen Gründen, sondern auch weil sie die ganzen Jahre am Gängelband ihrer Mutter leben musste.

Im kunstvollen Verweben von Biografie, Topografie und Geschichte ist MARLENEKEN der herausragende Fernsehfilm zur «Wende». Die Stringenz des ersten Teils erreicht der in einer Fülle von Motiven zerflatternde zweite Teil jedoch nicht mehr.

«Noch nie hat ein Film so eindringlich wie dieser den von Alexander und Margarete Mitscherlich (‹Die Unfähigkeit zu trauern›) als bestimmend für das soziale Klima in Nachkriegsdeutschland herausgearbeiteten Zusammenhang von Vergangenheitsverleugnung und autistisch verriegelter Gegenwartsverblendung sichtbar gemacht.»
(Siegrid Schniederken, *FK* 22, 1990)

MARTIN LUTHER (1983)

P ZDF 1983 **Sd** 1., 3.4.1983, ZDF (2 Teile) **R** Rainer Wolffhardt **B** Theodor Schübel **K** Rolf Romberg **M** Bert Breit **Sz** Karl Wägele **Ko** Gloria von Stokar-Prechtl **T** Vladimir Vizner **Do** Nürnberg, St.-Lorenz-Kirche **D** Lambert Hamel (Martin Luther), Ernst Fritz Fürbringer (Cajetan), Dieter Pfaff (Papst Leo X.), Jörg Pleva (Karl V.), Herbert Stass (Vater Luther), Heini Göbel (Staupitz), Rolf Illig (Prior), Michael Habeck (Tetzel), Horst Sachtleben (Karlstadt), Mathias Einert (Erzbischof Albrecht), Karl Obermayr (Thomas Müntzer), Klaus Grünberg (Landgraf Philipp), Hannes Seebner (Domherr zu Mainz), Britta Fischer (Käthe), Alfons Scharf (Grunenberg), Gert Burkard (v. d. Ecken), Peter Musäus (Hzg. von Braunschweig), Tilly Breitenbach (Äbtissin), Hermann Hom (Rektor in Wittenberg), Rudolf Schündler (Beichtvater d. Kaisers), Wolf Dietrich Berg (Legat)

Formal auffallend ist der ZDF-Beitrag zum Luther-Jahr 1983 (500. Geburtstag) insofern, als sämtliche Szenen in der Nürnberger Lorenz-Kirche ge-

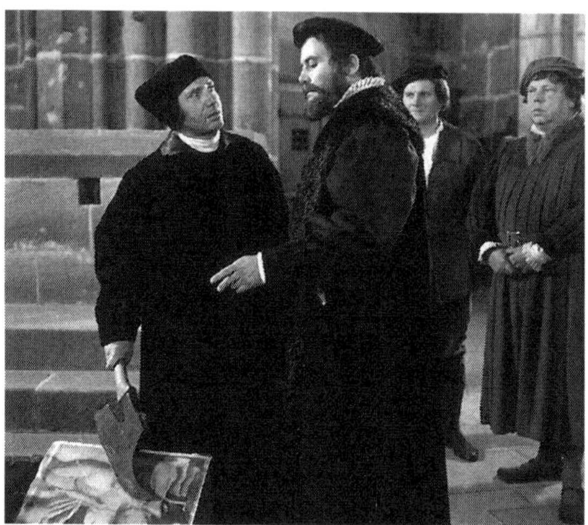

Lambert Hamel (Mitte) und Horst Sachtleben (links) in MARTIN LUTHER

dreht wurden, ein Schauplatz, der damit gleichsam zum «Welttheater» gemacht wurde. Magister Martin Luther hat nach seinem «Blitz-Erlebnis» den Entschluss gefasst, ins Kloster zu gehen. Ihn treibt die Frage um: Wie finde ich einen gnädigen Gott? Sind meine Leistungen ausreichend für mein Heil? Für ihn steht allein der Glaube im Mittelpunkt, unabhängig von den Taten. Deshalb protestiert er bei Kardinal Cajetan gegen den Ablassprediger Tetzel. Der Kardinal warnt vor der Anarchie, die Luthers Ansinnen, das die bisherigen Lehren der Kirche umstößt und das er durch seinen Thesenanschlag in die Öffentlichkeit getragen hat, zur Folge haben kann. Doch damit stärkt er nur den Widerspruchsgeist Luthers. Mit der Druckerpresse gelangen seine Ansichten unters Volk. Er wird von der Kirche gebannt und muss sich auf dem Reichstag vor dem Kaiser verantworten. Dieser lässt ihn in «Schutzhaft» nehmen, denn die «Causa Luther» ist politisch geworden. Während Martin auf der Wartburg die Bibel übersetzt, greifen seine Anhänger wie Karlstadt zu radikalen Methoden, von denen sich Luther distanziert. Thomas Müntzer will seine Lehren zum Kampf gegen die Obrigkeit instrumentalisieren, doch Luther verwahrt sich dagegen, dass in seinem Namen zu den Waffen gegriffen wird, fordert die Fürsten gar auf, gegen die revolutionären Bauern vorzugehen, denn ihm geht es nur um eine Reformation der Kirche. Aber sein eigentliches Ziel, die Kardinäle und Bischöfe zu ihren religiösen Aufgaben zu zwingen, wo diese nur politisch denken und handeln, erreicht er nicht.

▶ Der ambitionierteste und aufwändigste Film zum Luther-Jahr war der DDR-Fünfteiler MARTIN LUTHER (DFF 9.–23.10. 1983, R/B: Kurt Veth, m. Ulrich Thein in der Titelrolle), der einer Rehabilitierung des Reformators gleichkam und ihn nicht mehr nur als Verräter am Frühsozialismus Thomas Müntzers interpretierte, sondern als Vorläufer der bürgerlichen Revolution. Das ältere Fernsehspiel DER ARME MANN LUTHER (WDR 1964, R: Franz Peter Wirth, B: Leopold Ahlsen, m. Hans-Dieter Zeidler) ist kein eigentliches «Bio-pic». Es zeigt den um sein Seelenheil bangenden Reformator auf dem Sterbelager, wo er die Personen imaginiert, die seinen Lebensweg entscheidend markierten.

Text: Theodor Schübel: *Martin Luther*, München 1983.

Literatur: *Martin Luther. Reformator – Ketzer – Nationalheld?*, München 1983. – Werner Schneider-Quindeau: Der Reformator als Leinwandheld: Lutherfilme zwischen Geschichte und Ideologie, in: *Handbuch Theologie und populärer Film*, Bd. 2, Paderborn 2009, S. 189–197. – Martin Pohlmeyer: Martin Luther (1983): Filmische Rekonstruktion eines Genies. Und seine Demontage. Ein Essay, in: Günter Helmes (Hrsg.): *«Schicht um Schicht behutsam freilegen». Die Regiearbeiten von Rainer Wolffhardt*, Hamburg 2012, S. 278–288.
DVD: Studio Hamburg / ARD Video «Große Geschichten» (Wolffhardt + Veth)

MATHIAS KNEISSL (1970)

P WDR 1970 **Sd** 20.4.1971, ARD **R** Reinhard Hauff **B** Martin Sperr **K** W. P. Hassenstein **M** Peer Raben **Sz** Max Ott jr. **Ko** Barbara Baum **S** Jean-Claude Piroué **T** Adolf Kredatus
D Hans Brenner (Mathias Kneißl), Eva Mattes (Katharina), Hanna Schygulla (Mathilde), Frank Frey (Alois), Alfons Scharf (Vater), Ruth Drexel (Mutter), Peter Müller (Michl), Andrea Stary (Cilly), Franziska Stömmer (Mathildes Mutter), Kelle Riedl (Johann Patsch), Jackel Ehl (Sepp), Gustav Dennert (Graf), Karl Obermayr (Verwalter), Werner Hierl (Lehrer Wagner), Rainer Werner Fassbinder (Flecklbauer), Ursula Strätz (Flecklbäuerin), Gustl Bayrhammer (Mühlbauer), Kurt Raab (Rechthaler), Franz Peter Wirth (Schreiner), Annemarie Wendl (Voglbäuerin), Martin Sperr (Hirt), Volker Schlöndorff (Bahnhofsvorsteher), Peter Probst (Krämer), Irm Hermann (Gefängniswärterin)

Die bayerische Räuber-Moritat, die zum Genre des gesellschaftskritischen Heimatfilms gehört und sich eng an Volker Schlöndorffs DER PLÖTZLICHE REICHTUM DER ARMEN LEUTE VON KOMBACH (1970) anlehnt, kam nach der Fernsehausstrahlung auch ins Kino. Um 1900 lebt die Familie Kneißl in bitterer Armut im Dachauer Moos. Sie halten sich mit Diebstählen und Wilderei über Wasser. Die Mutter landet im Zuchthaus, der Vater wird von Gendarmen erschlagen, Mathias' Bruder Alois kommt ebenfalls ins Zuchthaus, weil er zwei Polizisten niedergeschossen hat – der Film handelt nicht zuletzt von der Zerstörung einer Familie. Auch Mathias, der den Traum hat, wie sein Onkel nach Amerika auszuwandern, landet im Gefängnis wegen Widerstands gegen die Staatsgewalt. Nach seiner Entlassung findet er zunächst Arbeit in einer Schreinerei, muss als ehemaliger Zuchthäusler aber wieder gehen. Ihm bleibt nur noch ein Räuber-Dasein. Von der Bevölkerung erhält er Unterstützung, weil er nur die reichen Bauern ausnimmt, die Polizei sich aber nur gegen die Armen und nicht gegen die Reichen vorzugehen traut: es herrschen noch feudale Herrschaftsverhältnisse. In einer Großaktion wird er schließlich von der Polizei eingekreist und schwer verletzt abtransportiert. Im Operationssaal flicken sie ihn wieder zusammen, damit er zum Tode verurteilt und hingerichtet werden kann.

«Indem der Film das Figurenverhalten durchgängig als mechanischen Reflex sozialer Rahmenbedingungen darstellt, widerspricht er der Heroisierung des Protagonisten ebenso wie der liberalen Fiktion des autonomen Individuums. Sein Held ist dabei allerdings ohne eigene Impulse, bloßer Abdruck einer ihn materiell fast vollständig bestimmenden Umwelt. Mit diesem Milieu-Determinismus ist Hauffs Film auch inhaltlich Moritat.» (Alexander Schacht)

«Dieser Mathias Kneißl ist kein romantischer Wilderer, der sentimental

stimmt. Er ist kein Räuberheld. Kneißl, seine Verwandten, seine Freundin, diejenigen, die ihm auf der Flucht helfen, sie alle sind alles andere als positive glatte Figuren. Die Verhältnisse haben sie hässlich und kantig gemacht, egozentrisch, manchmal heimtückisch. Sympathie oder auch nur Verständnis gewinnen sie allein durch die ausweglose Lage, in der sie sich befinden, durch das Unrecht, das ihnen von allen Seiten geschieht.»

(Egon Netenjakob, *FK* 18, 1971)

Text: Martin Sperr: *Der Räuber Mathias Kneißl*, Frankfurt: Verlag der Autoren 1970.
Literatur: Eric Rentschler: Calamity Prevails Over the Country. Young German Film Rediscovers the Heimat, in: Sigrid Buschinger u.a. (Hrsg.): *Film und Literatur*, Bern/München 1984, S. 50–71. – Ders.: Kritische Heimatfilme, in: *Neuer Deutscher Film. Stilepochen des Films*, Stuttgart 2012, S. 135–145. – Daniel Alexander Schacht: *Fluchtpunkt Provinz. Der Neue Heimatfilm zwischen 1968 und 1972*, Münster 1991, S. 96–121.

Die Mauer – Berlin '61 (2006)

P WDR 2006 **Sd** 29.9.2006, arte **R/B** Hartmut Schoen **K** Tomas Erhart **M** Matthias Frey **Sz** Eduard Krajewski **Ko** Gudrun Schretzmeier **S** Vessela Martschewski
D Heino Ferch (Hans Kuhlke), Inka Friedrich (Katharina Kuhlke), Axel Prahl (Erwin Sawatzke), Johanna Gastdorf (Renate Sawatzke), Frederick Lau (Paul), Iris Berben (Lavinia Kellermann), Jule Gartzke (Franziska Götze)

Der Film ist kein Polit-Drama über den Mauerbau, sondern er zeigt die tragischen Auswirkungen aus der Perspektive der «kleinen Leute». Am 13. August 1961 besucht das Ost-Berliner Ehepaar Hans und Katharina Kuhlke die Geburtstagsfeier der befreundeten Sawatzkes im Westteil. Als sie wieder nach Hause wollen, ist der Weg in den Osten abgeriegelt: die Mauer wird gebaut. Hans kann nicht wieder zurück, weil er wegen Kupferschmuggels ins Visier der Stasi geraten ist. Aber sie haben ihren 14-jährigen Sohn Paul zu Hause zurückgelassen. Der Versuch, zurückzuschwimmen misslingt. Kuhlkes müssen bei den Sawatzkes Unterschlupf suchen, die die Notlage der beiden ausnutzen. Hans muss für Erwin Schulden eintreiben, dieser verlangt von Katharina sogar Sex gegen Geld, das sie für Anwaltskosten brauchen, um Paul in den Westen zu holen. Dieser wird derweil in der DDR in ein Heim gesteckt und zum vorbildlichen Pionier ausgebildet, seine Eltern gelten als «Rabeneltern». Hans beginnt angesichts des Kampfes mit Gesetzen und Behörden zu resignieren. Doch Katharina gelingt es, an einem Grenzübergang Blickkontakt mit Paul aufzunehmen. Er ist aus dem Pionierlager geflohen und von seiner Klavierlehrerin aufgenommen worden. Nun versteckt er sich in einem Haus, das direkt an die Mauer grenzt, um von dort in den Westen zu springen. Doch vor den Augen der Eltern verhindert die Volkspolizei im letzten Moment die Flucht. 28 Jahre muss die Familie auf ein Wiedersehen warten. Als sie sich nach dem Mauerfall treffen, sind sich Eltern und Sohn fremd.

Im Unterschied zu anderen Ost-West-Filmen ist hier die DDR nicht einfach die böse Hexe und der Westen die gute Fee, vielmehr ist auch die BRD-Gesellschaft in ihrem auf Vorteil bedachten Geschäftsdenken der Kritik unterzogen. Im Fokus steht ein Familiendrama ohne Happy-End, der politische Hintergrund des Mauerbaus interessiert hier nicht.

▶ Heino Ferch war schon 2001 an der frisch errichteten Mauer unterwegs, als Tunnelbauer und Fluchthelfer in ➲ DER TUNNEL. Von Hartmut Schoen lief 2005 mit Axel Prahl DER GRENZER UND DAS MÄDCHEN (WDR): Ein an die ukrainisch-polnische Grenze versetzter BGS-Beamter verliebt sich in eine ukrainische Schleuserin, was seine dienstliche wie private Welt ins Wanken bringt, eine Liebesgeschichte, bei der Mentalitäten und Kulturen kollidieren.

Literatur: Matthias Steinle: Good Bye Lenin – Welcome Crisis! Die DDR im Dokudrama des historischen Eventfernsehens, in: *DDR – erinnern, vergessen. Das visuelle Gedächtnis des Dokumentarfilms*, Marburg 2009, S. 322–342.
DVD: Warner

MAUERN (1963)

P NDR 1963 **Sd** 30.5.1963, ARD **R/B** Egon Monk **L** Gunther R. Lys **K** Horst Schröder **Sz** Emil Hasler **S** Waltraut Lück **T** Fritz Schwarz
D Siegfried Wischnewski (Werner Nast), Camilla Spira (Trude Nast), Ernst Jacobi (Hans Nast), Ernst Ronnecker (Paul Koslowski), Erika Dannhoff (Else Koslowski), Hartmut Reck (Walter Koslowski), Lis Verhoeven (Hilde Weiss), Max Buchsbaum (Prützmann), Wolfgang Condrus (Volkspolizist), Hermann Ebeling (Polizist)

Am Beispiel zweier Berliner Familien, deren Schicksale sich immer wieder kreuzen, beleuchtet der Film die entscheidenden Phasen der deutschen Geschichte zwischen 1932 und 1962. Der Kommunist Paul Koslowski hat Werner Nast 1932 bei einer Straßenschlacht zwischen SA und Kommunisten geholfen. Als Dank nimmt dieser die Familie Koslowski in seinem Keller auf. Doch als es ihm zu brenzlig wird, einen Kommunisten zu beherbergen, schiebt er ihn ins Saarland ab. Aber die Söhne der beiden Familien wachsen zusammen auf und werden Freunde. Nach dem Krieg ist es umgekehrt: die Koslowskis wohnen oben und die Nasts im Keller. Aus Paul ist ein doktrinärer DDR-Funktionär geworden, Werner Nast kehrt aus der Kriegsgefangenschaft zurück, ohne sich geändert zu haben: er hat noch immer die alten Phrasen und nationalen Ressentiments auf den Lippen. Ihre Fähigkeit, sich über Dogmen und Parteien hinwegzusetzen und zu einfacher menschlicher Solidarität zu finden wie noch 1932, haben sie verloren. Doch während zwischen den Vätern eine ideologische Mauer aus Hass und Vergeltung besteht, suchen ihre Söhne einen Weg ohne Vorurteile. Als Walter Koslowski als Grenzsoldat an die Mauer abkommandiert wird, überredet ihn Hans Nast mit ihm in den Westen zu fliehen, damit er nie in Versuchung kommen soll, auf Deutsche zu schießen. An der Stelle, wo Walter auf Posten steht, will Hans durch den Landwehrkanal schwimmen. Entweder muss Walter schießen oder mit ihm fliehen. Walter schwimmt mit, aber Hans wird von einem anderen Volkspolizisten erschossen.

Monk inszenierte den Film in Brecht-Manier streng antirealistisch und antiillusionistisch: eingeblendete Schautafeln mit Zitaten aus der Politik, zu Symbolen stilisierte Requisiten, formelhafte Dialoge.

▶ Den Schießbefehl an der Mauer thematisiert auch SONDERURLAUB von Gerd Oelschlegel (ZDF 1963, R: Rainer Erler): Ein junger DDR-Grenzer (Fritz Wepper), der einen

Fliehenden erschossen hat, ist zunächst stolz auf seine Pflichterfüllung. Doch als seine Umgebung distanziert reagiert und erst recht, als er erfährt, dass sein Opfer kein Agent war, sondern ein Arbeiter, der zu seiner Familie wollte, fühlt er sich mehr und mehr als Mörder. BEGRÜNDUNG EINES URTEILS (WDR 1966, B: Wolfgang Menge, R: Eberhard Itzenplitz, m. Edgar Hoppe und Gerd Baltus) befasst sich (nach einem authentischen Fall) mit der Problematik eines Prozesses gegen einen DDR-Grenzer, der, nachdem er einen Flüchtling erschossen hatte, in den Westen geflohen war.

MEIN ALTER FREUND FRITZ (2006)

P ZDF 2006 **Sd** 26.2.2007, ZDF **R/B** Dieter Wedel **K** Edward Klosinski **M** Ralf Wengenmayr **Sz** Maximilian Johannsmann **Ko** Astrid Karras **S** Kerstin Helfer, Patricia Rommel **T** Wolfgang Schukrafft
D Ulrich Tukur (Harry Seidel), Veronica Ferres (Lydia), Anna Hausburg (Eva), Maximilian Brückner (Fritz), Uwe Bohm (Manfred Zach), Dorka Gryllus (Cora), Peter Jordan (Jim), Ernst Jacobi (Prof. Hinkel), Valerie Niehaus (Schwester Vanessa), Wiebke Puls (Hildegard Sommer), Robert Dölle (Dr. Böck), Jörg Pleva (Prof. Pretze)

Als Starchirurg Harry Seidel einen Verkehrsunfall nur knapp überlebt, erscheint ihm sein alter Freund und Kollege Fritz, der seit 21 Jahren tot ist. Der «Geist» ist von nun an sein ständiger Begleiter, aber natürlich nur für ihn sichtbar. Die vermeintlichen «Selbstgespräche», die Harry ständig führt, irritieren seine Umgebung. Der Verwaltungsdirektor der Klinik benutzt die Gelegenheit, Harry einen Dachschaden nachzuweisen, weil er ihn ohnehin loswerden will. Die Klinik wird nach kaufmännischen Gesichtspunkten geführt, die Ärzte sind mehr Händler als Heiler, unnötige Operationen sollen für «Auslastung» sorgen. Harrys Patienten haben zu lange Liegezeiten. Harry ist die Geistererscheinung selbst peinlich, da er an Übersinnliches eigentlich nicht glaubt («Ich hab bestimmt 20000 Menschen aufgeschnitten, aber so was wie Seele hab ich nie gefunden»). Doch Fritz hat einen positiven Einfluss auf ihn, er entdeckt seine Herzensgüte und Menschlichkeit, außerdem verschafft ihm sein Kontakt zu «Geistern», von dem schließlich die Presse Wind bekommt, den Status eines Wunderheilers. Die Patienten strömen, die Klinik floriert, der Ministerpräsident (Christian Wulff höchstselbst) weiht einen Erweiterungstrakt ein. Als Harry unterwegs bei einer Geburt in einem Taxi hilft, ist Fritz plötzlich verschwunden, stattdessen sehen ihn nun Harrys Frau und Tochter.

Dieter Wedel verbindet die Kritik an der Kommerzialisierung des Gesundheitswesens mit einem komisch-phantastischen Thema, das an MEIN FREUND HARVEY erinnert.

«Wie kaum einem anderen gelingt es Dieter Wedel, soziale Diagnosen mit utopischen Wünschen und realen Appellen zu versöhnen. Er klagt kunstvoll an, aber er klagt so gekonnt, dass wir in dieser Klage einen Einspruch gegen das schlechte Leben an sich hören und nicht nur wohlfeile Polemik gegen eine Medizin im Würgegriff der Betriebswirte. Sein Blick bohrt sich in ein komplexes Teilsystem des Sozialen und findet hier das Soziale an sich, die menschliche Komödie im Ganzen.»
(Torsten Körner, *epd medien* 18, 2007)

DVD: Universum

MEIN LEBEN GEHÖRT MIR ➲ MARIAS LETZTE REISE

MEIN VATER (2002)

P WDR 2002 **Sd** 8.1.2003, ARD **R** Andreas Kleinert **B** Karl-Heinz Käfer **K** Johann Feindt **M** Andreas Hoge **Sz** Gabriele Wolff **S** Gisela Zick **T** Wolfgang Schukrafft
D Klaus J. Behrendt (Jochen Esser), Götz George (Richard Esser), Ulrike Krumbiegel (Anja), Christine Schorn (Karin), Sergej Moya (Oliver), Cornelia Schmaus (Anne)

Der 62-jährige Busfahrer Richard Esser wird entlassen, weil er öfters an Haltestellen durchfährt. Als er auch noch verwirrt in ein Auto läuft, lautet die Diagnose: Alzheimer. Trotz des eher distanzierten Verhältnisses zu seinem Vater, nimmt Sohn Jochen ihn ins neugebaute Haus auf. Das Zusammenleben mit dem kranken Richard wird für die Familie zu einer Zerreißprobe. Richard behauptet, seine Schwiegertochter habe sein Geld gestohlen, er klaut einen Linienbus, legt sich mit ins Ehebett, schließt sich ein, wird aggressiv und schreit und ist dann wieder hilflos wie ein Kind. Bei der Kneipenwirtin Karin findet er Trost und Verständnis, sie besucht ihn auch zu Hause, aber auch sie wird von ihm geschlagen. Jochen und seine Frau Anja sind mit der Pflege überfordert. Anja gibt ihre Arbeit auf, weil sie Richard keine Minute allein lassen kann. damit werden die finanziellen Schwierigkeiten wegen der Schulden vom Hausbau noch drückender. Nachdem die höhere Pflegestufe abgelehnt wird, weigert sich Anja, sich weiter um Richard zu kümmern. Schließlich findet Jochen einen Pflegeplatz, aber er bringt es nicht übers Herz, seinen Vater in dem deprimierenden Heim zu lassen. Er holt ihn wieder zurück, aber als Richard zu Hause Feuer legt, hat Anja endgültig genug und zieht zu ihrer Mutter. Jochen bleibt mit Vater und Sohn in dem halbverwüsteten Haus zurück. Er sieht allmählich ein, dass dieses Leben keinen Sinn mehr hat. Als Richard nachts in seiner Busfahrer-Uniform mit Aktentasche das Haus verlässt, hält er ihn nicht zurück …

Bei aller Tragik hat «Alzheimer» auch komische Seiten, weil die Desorientierung in der Wirklichkeit, eben diese Wirklichkeit in ein absurdes Licht setzt (Als z.B. Richard gefragt wird, warum er die Zeitungen in den Kühlschrank legt, antwortet er, so blieben die Nachrichten länger frisch). Dass diese Gratwanderung zwischen Ernst und Komik funktioniert, liegt an Götz George, der sämtliche Facetten von Starr- und Irrsinn, von Hilflosigkeit und Panik glaubwürdig vermittelt – und am Drehbuch von Karl-Heinz Käfer:

«Wie er die Krankheit dramaturgisch umsetzte, ihre immer stärkeren Ag-

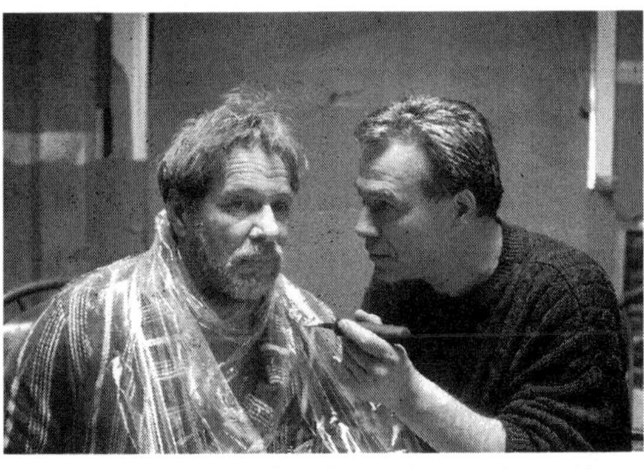

Klaus J. Behrendt (rechts) und Götz George in MEIN VATER

gressionsschübe für dramatische Sequenzen nutzte, während auf der anderen Seite deren skurrile Facetten für urkomische Einlagen sorgten, war in Dosierung und Umsetzung meisterlich.» (Reinhard Lüke, FK 3, 2003)

▶ Ein Alzheimer-Film lief bereits 1999 im Fernsehen: REISE IN DIE DUNKELHEIT (ZDF, R: Berthold Mittermayr, B: Detlef Michel) mit Peter Simonischek. Der Protagonist ist hier erst Anfang 50, seine Frau obendrein schwanger. Simonischek war in der Patientenrolle offenbar so überzeugend, dass er 2008 in MIT EINEM SCHLAG (BR, R: Vivian Naefe, B: Christian Jeltsch) auch noch einen Schlaganfall-Kranken spielte, der, nachdem er aus dem Koma erwacht, an einer Amnesie leidet.

Literatur: Dirk Arenz: Ein Ich löst sich auf, in: Heidi Möller / Stephan Doering (Hrsg.): *Batman und andere himmlische Kreaturen. Nochmal 30 Filmcharaktere und ihre psychischen Störungen*, Berlin 2010, S. 1–12.
DVD: EuroVideo

MEINE VERRÜCKTE TÜRKISCHE HOCHZEIT (2005) ★

P Pro7 2005 **Sd** 20.3.2006, Pro7 **R** Stefan Holtz **B** Daniel Speck **K** Bernhard Jasper **M** Rainer Kühn **Sz** Olaf Schiefner **S** Georg Söring **Ko** Viola Völk **T** Jochen Hergersberg **D** Florian David Fitz (Götz), Mandala Tyde (Aylin), Hilmi Sözer (Süleyman), Gandi Mukli (Tarkan), Charly Hübner (Horst), Katrin Saß (Helena), Aykut Kayacik (Kemal), Özay Fecht (Melek)

Götz und sein Freund Horst – «die letzten Deutschen in der Straße» – machen in Berlin-Kreuzberg einen Plattenladen auf. Götz verliebt sich in die wunderschöne Türkin Aylin, die zwar seine Gefühle erwidert, aber ihrem Großcousin versprochen ist. Götz bleibt hartnäckig und will Aylin heiraten, aber die deutsch-türkische und damit christlich-islamische Liaison stößt auf den Widerstand von Aylins Süleyman-Clan. Doch Götz geht aufs Ganze und will zum Islam übertreten. Er hungert sich tapfer durch den Ramadan, opfert seine Vorhaut und unterwirft sich den Gebräuchen von Süleymans Import-Export-Handel (der Plattenladen wird kurzerhand übernommen). Als Aylin schwanger ist, fliegen zwar erst die Fäuste, doch die Heirat ist damit zwangsläufig besiegelt. Nun schaltet sich Götz' Mutter ein, die zwar als Emanze auftritt, aber unter türkischer Kultur nur Kopftuch, Zwangsehe und Ehrenmord versteht. Die Verlobungsfeier platzt. Die Hochzeit Aylins mit dem Großcousin wird arrangiert, doch auf die entscheidende Frage sagt Aylin ihr Lieblingswort: «Nein!» Es folgt eine Schlägerei vor dem Standesamt, aber Süleyman lenkt schließlich ein, und der Film endet mit einer Schnelltrauung von Götz und Aylin im Auto.

Die deutsch-türkische Komödie wurde unter anderem mit dem Adolf-Grimme-Preis ausgezeichnet. In der Begründung hieß es: «Mögen andere sich bemühen, kulturelle Klischees zu vermeiden: MEINE VERRÜCKTE TÜRKISCHE HOCHZEIT kehrt sie lieber hervor, um sie vergnüglich – mal mit feiner Ironie, mal in derben Späßen – auf die Schippe zu nehmen. (...) Eine solche Sorgfalt und Akribie findet der Zuschauer im Fernsehen sonst eher in aufwändigen zeitgeschichtlichen Mehrteilern. (...) Schnitt und Kamera sind ausgezeichnet, Ausstattung und Kostüme bestechen durch große Liebe zum Detail, selbst in den kleinsten Nebenrollen ist der Film hervorragend besetzt, und die exzellente

Filmmusik (‹Come on Eileen›) treibt die Geschichte immer wieder voran.»

Man kann's auch anders sehen:

«So plätschert die Handlung dahin, und sowohl die sich anbahnende Katastrophe wie die letztendliche Wendung bieten kaum Überraschungen. Dass der Film dennoch nicht wie eine Schulkomödie versandet, liegt an der Überzeichnung der Figuren. (...) Wer solche Späße kaum komisch findet, wird sicher wenig Gefallen an einem Film finden, der kein noch so plattes deutsch-türkisches Klischee auslässt. Dennoch täuscht die Derbheit der Pointen nicht darüber hinweg, dass die Botschaft des Films letztlich eher bieder daherkommt. Besinne dich auf die familiären Werte, sagt der Film, dann werden auch die Differenzen zwischen den Kulturen überbrückbar.»

(Richard Pohle, *FAZ*, 30.3.2006)

DVD: Turbine Medien

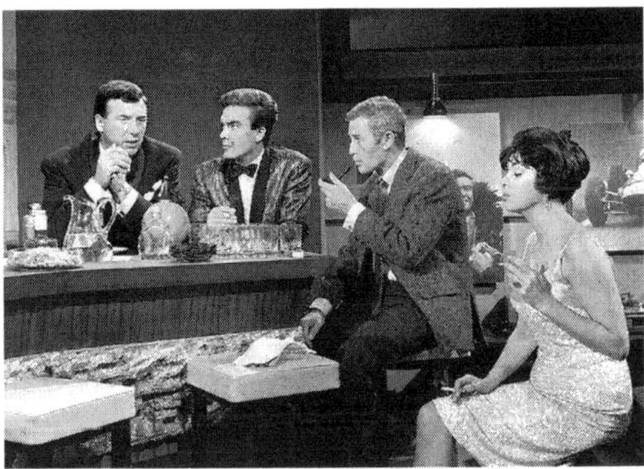

Hubert Suschka, Erik Schumann, Günther Stoll und Hanne Wieder in MELISSA

MELISSA (1965)

P WDR 1965 **Sd** 10., 12., 14.1.1966, ARD (3 Teile) **R** Paul May **B** Francis Durbridge **Ü** Marianne de Barde **K** Werner Dalg **M** Peter Thomas **Sz** Alfons Windau **Ko** Dela Duhm **S** Liesgret Schmitt-Klink **T** Manfred Oelschlegel

D Günther Stoll (Guy Foster), Siegfried Wischnewski (Insp. Cameron), Hubert Suschka (Felix Hepburn), Hanne Wieder (Paula), Erik Schumann (Don Page), Albert Bessler (Dr. Swanson), Katinka Hoffmann (Joyce Dean), Claudia Gerstäcker (Carol Stewart), Ulrich Beiger (Duncan), Christine Uhde (Mary)

Melissa, die Frau des arbeitslosen Journalisten und Schriftstellers Guy Foster wird ermordet. Er selbst hat kein Alibi, weil er durch einen Anruf von zu Hause weggelockt wurde. Ein Psychiater, den er noch nie gesehen hat, erklärt der Polizei, Foster sei sein Patient und leide unter krankhafter Eifersucht. Foster entdeckt außerdem, dass seine Frau viel Geld und teuren Schmuck besaß. Durch eine anonyme Mitteilung über einen angeblichen Geliebten seiner Frau, wird Foster wieder in eine Falle gelockt: In einem Cottage findet er eine Mädchenleiche. Obendrein behauptet die Sprechstundenhilfe des Psychiaters, von einem Mann überfallen worden zu sein, auf den die Beschreibung Fosters passt. Von einem Verbrecher, der sich als Vater des ermordeten Mädchens ausgegeben hat und bei Foster eingedrungen war, erfährt Inspektor Cameron, dass Melissa die Komplizin eines Erpressers gewesen war, der sie loswerden wollte und die Spuren so legte, dass alles auf ihren Mann hindeutete. Cameron stellt dem Täter eine Falle, indem er verbreiten lässt, bei Foster befinde sich ein belastendes Tonband. Prompt taucht Felix Hepburn, ein Bekannter Fosters auf, fordert die Herausgabe des Tonbands und gibt zu, Melissa damit erpresst zu haben, dass sie bereits verheiratet gewesen war, als sie Guy Foster heiratete. Hepburn wird verhaftet, aber auf der Flucht erschossen.

«Was blieb, ist Bluff statt Logik. Durbridges Geheimnis ist neben dem Effekt der Fortsetzung die Kunst der ständigen Mystifikation, bei der er sich eines für ihn typischen Reglements bedient, von dem er nicht abweicht, das er nur variationsreich handhabt. Gerade der Durbridge-Kenner wird daran Spaß haben, die gleichen Gags in ihren verschiedenen Abwandlungen wiederzuerkennen, diese simsalabim hingezauberten Requisiten, diese unbekümmerten Eintritte in leere Wohnungen, hinter deren Türen, Vorhängen, Möbeln oder ungesicherten Fenstern das Unheil lauern kann, diese Autofahrten in Hinterhalte, diese Besuchsspiele und entscheidenden Ansprachen. (...) Der Regisseur Paul May hat das alles köstlich in den Griff bekommen. Er zelebriert die Gags mit unsagbarer Delikatesse.» (*KF* 3, 1966)

DVD: Studio Hamburg / ARD Video «Straßenfeger» (zusammen mit Ein Mann namens Harry Brent)

Die merkwürdige Lebensgeschichte des Friedrich Freiherrn von der Trenck (1972)

P ZDF 1972 **Sd** 1., 7., 14., 21., 28.1., 4.2.1973, ZDF (6 Teile) **R** Fritz Umgelter **B** Leopold Ahlsen **L** Friedrich von der Trenck **K** Gernot Roll (Ass.: Joseph Vilsmaier) **M** Miroslav Hurka **Sz** Wolfgang Hundhammer **Ko** Ilse Dubois **S** Dorothee Maass **T** Christian Schubert

D Matthias Habich (Friedrich von der Trenck), Rolf Becker (Friedrich II.), Alf Marholm (von Bork), Nicoletta Macchiavelli (Amalie), Teresa Ricci (Henriette), Glauco Onorato (Franz), Erich Auer (Gen. Neipperg), Elfriede Ramhapp (Maria Theresia), Harry Hardt (Gen. Wintersberg), Mario Erprichini (Jaschinsky), Daniela Giordano (Baronin Lazar), Helmut Janatsch (Weber), György Györffy (Lopresti), Franz Stoss (Gen. Löwenwalde), Kurt Mejestrik (von Daun), George Claisse (Lt. Sonntag), Jean Claudio (Bestuscheff)

Die Verfilmung der – ohnehin romanesken – Memoiren des Friedrich von der Trenck (1726–1794) zeigt einen freiheitsliebenden Individualisten, einen Abenteurer, der sich an keine Regeln hält vor dem Hintergrund der untergehenden absolutistischen Monarchien. Auf persönlichen Wunsch von Preußenkönig Friedrich II., den er an seinen hingerichteten Freund Katte erinnert, geht der Student Friedrich von der Trenck in die Kadettenschule nach Potsdam, wo er sich als besonders begabt erweist. Doch verscherzt er sich die Gunst des Königs, als er sich in dessen Schwester Amalie verliebt. Unter einem Vorwand wird er verhaftet, obwohl er im 2. Schlesischen Krieg für Tapferkeit ausgezeichnet wurde. Nach elf Monaten Haft auf der Festung Glatz gelingt ihm die Flucht nach Österreich, wo er seinen Vetter, den Pandur Franz trifft, der mit seinem Regiment zwar für den Hof unentbehrlich, jedoch als Mordbrenner berüchtigt ist. Vor der drohenden Justiz in Österreich, die glaubt, er habe zwei Offiziere überfallen, flieht Friedrich nach Russland, wo er als Rittmeister Dienst tut. Wegen verschiedener Amouren – u. a. mit der Frau des russischen Kanzlers – macht er sich dort Feinde. Als ihm ein von Friedrich II. eingefädeltes Verfahren wegen Münzfälschung droht, verlässt er das Land. Zurück in Österreich, wo sein Vetter in der Haft Selbstmord begangen hat, führt er einen aussichtslosen Kampf um dessen Erbe. Wegen des Todes seiner Mutter reist Friedrich nach Danzig, wird Opfer eines österr.-preuß. Komplotts und jahrelang unter unmenschlichen Bedingungen auf der Festung Magdeburg eingekerkert. Nach dem Siebenjährigen Krieg geht er ins vorrevolutionäre Frankreich, wo er als Opfer des preußischen Absolutismus sehr beliebt ist. Doch in der Revolution stellt er sich gegen den *terreur* und landet selbst auf dem Schafott. Seinen Henkern ruft er zu: «Friedrich war groß und erbärmlich, ihr seid nur erbärmlich!»

«Dazu hört man Matthias Habichs Krähenstimme, einen Exerzierplatz-Diskant, der Gerechtigkeit fordert von den Monarchen in Wien und Berlin. (...) Der Sechsteiler, von Leopold Ahlsen frei nach den Bestseller-Memoiren des notorischen Abenteurers aus dem Rokoko geschrieben und von Fritz Umgelter mit bewährter Grandiosität inszeniert, löste damals eine Art Historikerdebatte aus. Fachgelehrte mäkelten, die Serie enthalte ‹erlogene› Details und Ahlsen musste sich öffentlich verteidigen: Er habe eine ‹Mischung aus Showeffekten und Information› angestrebt. Selige Tage! Inzwischen ist klar, dass Trenck eine Sternstunde deutscher Fernsehunterhaltung war: siebeneinhalb Stunden Pomp und Gloria, Küsse und Kanonen, Sanssouci und Säbelgeklirr.»

(Andreas Kilb, *FAZ*, 28.8.2002)

▶ Ahlsen und Umgelter arbeiteten auch bei einem weiteren erfolgreichen Mehrteiler zusammen: DES CHRISTOFFEL VON GRIMMELSHAUSEN ABENTEUERLICHER SIMPLIZISSIMUS (ZDF 1975, ebenfalls mit Matthias Habich in der Hauptrolle), der allerdings den Barock-Klassiker auf eine reine Abenteuergeschichte mit schönen Kostümen eindampft.

DVD: Studio Hamburg / ARD Video «Große Geschichten»

DAS MILLIARDENSPIEL ➲ KOLLEGE OTTO – DIE CO-OP-AFFÄRE

DAS MILLIONENSPIEL (1970)

P WDR 1970 **Sd** 18.10.1970, ARD **R** Tom Toelle **B** Wolfgang Menge **L** Robert Sheckley **K** Jan Kalis, Rudolf Holan **M** Innerspace **Sz** Günther Naumann **Ko** Brigitte Scholz **S** Marie-Anne Gerhardt **T** Manfred Oelschlegel

D Dieter Thomas Heck (Uhlenhorst), Jörg Pleva (Bernhard Lotz), Dieter Hallervorden (Köhler), Josef Fröhlich (Witte), Theo Fink (Hensel), Friedrich Schütter (Moulian), Peter Schulze-Rohr (Ziegler), Annemarie Schradiek

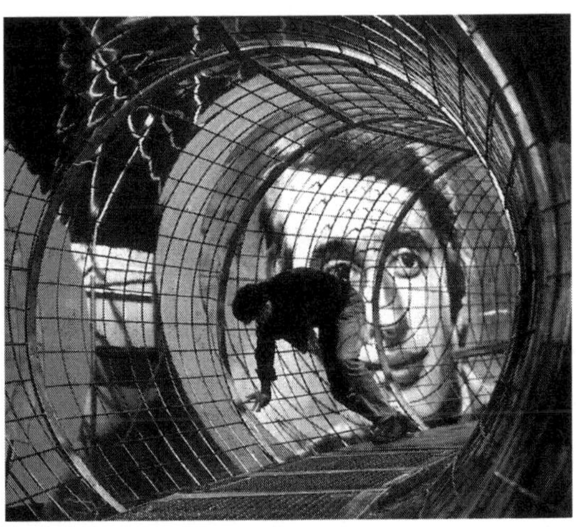

Jörg Pleva in DAS MILLIONENSPIEL

(Mutter Lotz), Elisabeth Wiedemann (Frau Steinfurth), Andrea Grosske (Frau Grote), Claudia von Hohenheim (Susanne Roquette)

Diese zynische Mediensatire sollte den Zuschauern klar machen, was mit dem kommerziellen Fernsehen auf sie zukommen könnte und nahm mit der dargestellten Menschenjagd als TV-Unterhaltung – utopisch in die 80er Jahre verlegt – die heutige Realität nur wenig zugespitzt vorweg. Die Kandidaten der TV-Show «Das Millionenspiel» im Privatsender «TETV» können eine Million Mark gewinnen, wenn sie sich auf Leben und Tod von einer Killer-Bande jagen lassen, aber lebend das Ziel im Studio erreichen. Wer gewinnt, ist reich, wer verliert, tot. Heute ist Kandidat Bernhard Lotz in der Endphase seiner Flucht, die live im Studio enden soll. Außenreporter begleiten ihn bei seinen Versuchen, sich zu verstecken und unterzutauchen. Acht seiner Vorgänger sind schon erschossen worden, einer gab auf und beging Selbstmord, weil er die Schande nicht ertrug. Von der Bevölkerung wird Lotz zum Teil geholfen, einige denunzieren ihn auch. Währenddessen moderiert Showmaster Uhlenhorst im Studio die Sendung, berichtet aus dem Leben des Kandidaten, führt rührselige Interviews, z. B. mit Lotzens Mutter, die ihrem Sohn die Daumen drückt, oder mit Studiogästen, die auch Kritik an der Show üben dürfen. Werbepausen und Balletteinlagen gehören ebenso dazu. Die Macher hinter den Kulissen nehmen derweil Einfluss auf Lotzens Flucht, weil sie ihn unbedingt zum Finale im Studio haben wollen. Als er einen Kreislaufkollaps hat, schicken sie Sanitäter, um ihn wieder aufzupäppeln («Meinen Sie, Sie tun uns einen Gefallen, wenn Sie jetzt krepieren?»). Lotz erreicht das Studio und muss durch die 28m lange «Todesspirale» hindurch, die aus schusssicherem Glas mit Einschusslöchern besteht, während die Killer-Bande auf ihn schießt. Er wird getroffen und wankt schwerverletzt ins Ziel. Er hat zwar gewonnen, muss aber auf einer Trage aus dem Studio gebracht werden.

Wie nahe die Satire auf Sensationsgier und Voyeurismus, die auch zeitgenössische Fernsehformate wie AKTENZEICHEN XY aufs Korn nahm, an der Realität war, zeigt, dass mehrere Zuschauer die Fiktion ernst nahmen und sich als Kandidaten anmelden wollten. Zu dieser fingierten Authentizität trug auch die Besetzung mit Dieter Thomas Heck bei, der die Show im gleichen Tonfall wie die HITPARADE moderierte («und nun meine Damen und Herren...»). Außerdem wirkten echte Reporter wie Heribert Fassbender, Arnim Basche und Gisela Marx mit, so dass DAS MILLIONENSPIEL durch Aufrufen der unterschiedlichen etablierten Formate des Mediums tatsächlich das Fernsehen selbst reflektierte statt mittels einer fiktionalisierten Außenwelt das übliche Illusionstheater aufzuführen. Die Fingierung einer Live-Berichterstattung war auch das zentrale Moment von Wolfgang Menges ➲ SMOG.

«Das folterlüsterne Publikum, die dümmlich-plauderfroh drauflosmanipulierenden Moderatoren und Conférenciers, die vor lauter Realitätssinn blödgewordenen Reporter – alle die Leute, die Menges albtraumschweres TV-Weltspiel als die gedankenlosen, sadistischen Voyeure einer fernen Zukunft vorführt, bevölkern unsere Welt ja schon heute. Von wegen Fiktion.»

(Ruprecht Skasa-Weiß, *Stuttgarter Zeitung*, 20.10.1970)

Literatur: Knut Hickethier: Das Millionenspiel. Die Wahrheit des Fernsehens liegt in seinen Fiktionen, in: Michael Grisko / Stefan Münker (Hrsg.): *Fernsehexperimente. Stationen eines Mediums*, Berlin 2009, S. 67–82. – Gundolf S. Freyermuth: *Faktion // Intermedialität um 1970. Wolfgang Menges TV-Experimente zwischen Adaption und Antizipation*, ebda., S. 121–147. – Florian Mundhenke: Von Mockumentaries zu Mock-Format-Filmen. Das selbstreflexive Fernsehspiel als Motor der Gattungshybridisierung, in: *Rundfunk und Geschichte* 3-4, 2011, S. 46–59.
DVD: Studio Hamburg

Mit einem Schlag ➲ Mein Vater

Mit meinen heissen Tränen (1986) ★

P ORF/ZDF 1986 **Sd** 28.10., 31.10., 2.11.1986, ZDF (3 Teile), 31.10.–2.11.1986, ORF1 **R/B** Fritz Lehner **K** Gernot Roll **Sz** Alan Starski, Anna Prankl **Ko** Uli Fessler **S** Juno Sylva Englander **T** Peter Kellerhals, Reinhold Kaiser **D** Udo Samel (Franz Schubert), Daniel Olbrychski (Franz von Schober), Gabriel Barylli (Moritz von Schwind), Therese Affolter (Madgdalena). Traugott Buhre (Vater Schubert), Wojtech Psoniak (Kajetan), Maja Komorowska (Anna Schubert), Florentin Groll (Joseph von Spann), Michaela Widhalm (Josefa), Vitus Zeplichal (Josef Hüttenbrenner), Wolf-Dietrich Sprenger (Johann Mayrhofer), Dorothea Neff (Altgräfin Rieder), Erni Mangold (Gräfin Rieder), Wolfgang Hübsch (Ferdinand Schubert), Monica Bleibtreu (s. Frau), Charlotte Acklin (Bettina)

Der Dreiteiler (I. Der Wanderer, II. Im Reich des Garten, III. Winterreise) schildert mit ungewöhnlicher Ruhe und Genauigkeit – einer «Ästhetik des Verweilens» – die letzten Jahre (1823–1828) im Leben des Komponisten Franz Schubert. Der syphiliskranke Schubert versucht, nach einem Spital-Aufenthalt sich wieder in die Gesellschaft zu integrieren, stößt jedoch überall auf Distanz, sein Vater lehnt ihn rundheraus ab. Er fühlt sich nur wegen seiner Musik geliebt, aber nicht als Mensch. Auf einer Landpartie mit einer lustigen Gesellschaft, zu der ihn sein Freund Schober mitnimmt, entflammt Schubert für Magdalena, doch Schober hat sie bezahlt, damit Schubert nicht so allein ist. Dieser fühlt immer mehr die Kluft zwischen Kunst und Leben. Er zieht sich in das Haus seines Bruders zurück – diese Wohnung wurde originalgetreu rekonstruiert –, doch auch hier begegnet man ihm reserviert. Er wird als «ansteckend» wahrgenommen, seine Musik nun als düster, fremd, nervös. Die Außenwelt, etwa in Gestalt seiner Halbschwester Josefa und einer geheimnisvollen Schönen aus dem Haus gegenüber, das Leben auf der Straße, das er distanziert aus seinem Fenster betrachtet, sind nur Material für Schuberts Kompositionen. Seine Krank-

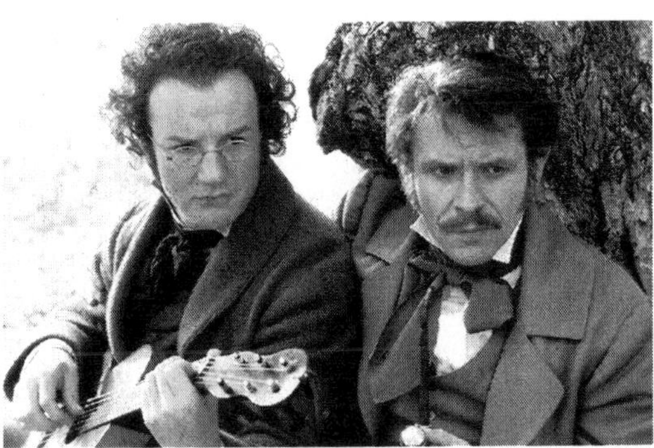

Udo Samel (l.) und Wolf-Dietrich Sprenger in Mit meinen heissen Tränen

heit verschlimmert sich, der Sterbende weigert sich verzweifelt, die letzte Ölung entgegenzunehmen, die man ihm aufzudrängen versucht.

Der Komponist trotzt einer kleinbürgerlichen Umgebung, die sich immer enger um den Todkranken zieht, ein gigantisches Werk ab. Die Akribie – sowohl visuell wie akustisch –, mit der die einzelnen Episoden ausgestaltet sind, dient dem Versuch, das subjektive Empfinden Schuberts zu rekonstruieren (auch wenn viele Details hinzuerfunden sind). «Nicht wann Schubert dieses oder jenes komponiert hat, interessiert mich. Ich wollte vielmehr wissen, wie er bestimmte Situationen erlebt hat, wie seine Strukturen ausgesehen haben, wie er auf bestimmte Umstände reagiert hat» (Fritz Lehner).
Die Bilder des Unbehaustseins, der Entfremdung, der Isolierung, der Todesnähe ergeben eine krasse Antithese zum (vor allem in Österreich) vorherrschenden Schubert-Klischee à la «Dreimäderlhaus» (etwa in dem gleichnamigen Film von 1958).

Die Jury des Adolf-Grimme-Preises urteilte: «Die Beschränkung auf knappsten Raum, die ausführliche Zeitbehandlung und Konzentration auf wenige Ausschnitte, auf expressive Körpersprache ebenso wie feinste Nuancierung der Mimik und eine betonte Dramaturgie der Geräusche, und nur sparsam eingesetzte Musik, all dies von einer außerordentlichen sensiblen und genauen Kamera in ungewöhnlichen Einstellungen umgesetzt, lässt Lehners Schubert-Film zur meisterhaften Verbindung von Musik und Bildern werden.»

«An diesen drei Abenden wurde der Fernsehfilm neu geboren.»
(hi, *Gong* 46, 1986)

▶ Fritz Lehner brillierte schon vorher mit einem anderen Meisterwerk: SCHÖNE TAGE (ORF 1981, K: Toni Peschke, m. Laiendarstellern) nach dem Roman von Franz Innerhofer, die Geschichte eines unehelichen Bergbauernkindes, das auf dem Hof seines leiblichen Vaters als Leibeigener aufwächst.

Text: *Franz Schubert. Mit meinen heißen Tränen. Ein Film von Fritz Lehner*, Wien 1986.
Literatur: Horst Fritz: Der Tod und der Künstler. Fritz Lehners Schubert-Trilogie, in: Jürgen Felix (Hrsg.): *Genie und Leidenschaft. Künstlerleben im Film*, St. Augustin 2000, S. 115–128.

MOGADISCHU (2008)

P SWR 2008 **Sd** 30.11.2008, ARD **R** Roland Suso Richter **B** Maurice Philip Remy, Gabriela Sperl **K** Holly Fink **M** Martin Todsharow **Sz** Martina König **S** Bernd Schlegel **T** Steffen Graubaum
D Thomas Kretschmann (Jürgen Schumann), Nadja Uhl (Gabi Dillmann), Said Taghmaoui (Mahmud), Herbert Knaup (Jürgen Wegener), Jürgen Tarrach (Wischnewski), Christian Berkel (Helmut Schmidt), Simon Verhoeven (Jürgen Vietor), Tobias Licht (Lt. Baum), Cornelia Schmaus (Lyvia Vamos), Youssef Hamid (Wadi Haddad), Valerie Niehaus (Birgit Röhl), Franz Dinda (Peter-Jürgen Boock)

Gleichsam als Ergänzung zu Heinrich Breloers inszenierter Dokumentation ➲ TODESSPIEL beschreibt MOGADISCHU die brisantesten Tage der bundesdeutschen Nachkriegsgeschichte: die Entführung der Lufthansa-Maschine «Landshut» durch palästinensische Terroristen im Oktober 1977. Zur Unterstützung der Schleyer-Entführer versucht die Terroristengruppe «PFLP», deren Chef KGB-Agent ist (die Sowjetunion war über die Aktion informiert), die in Deutschland inhaftierten RAF-Terroristen freizupressen. An Bord übernimmt «Captain Mahmud» das Kommando «im Kampf gegen den Imperialismus»: ein unberechenbarer Psychopath, der das Leben der Passagiere in diesen fünf Tagen zur Hölle macht. Für Bundeskanzler Schmidt kommt ein Austausch der Geiseln nicht in Frage, dies käme einer Kapitulation des demokratischen Staates gleich. Er schickt dem Flugzeug seinen Staatsminister Wischnewski und die GSG 9 hinterher. Die Maschine geht nach einem Irrflug über Rom, Zypern und Dubai mit einer Notlandung auf dem blockierten Flughafen Aden in Jemen nieder. Während die Passagiere in Todesangst einer klaustrophobischen Situation ausgesetzt sind, hat Mahmud in Flugkapitän Jürgen Schumann (dem der Film gewidmet ist) einen heldenhaften Gegenspieler. Aus Verantwortung für die Passagiere will er erreichen, dass die Verantwortlichen in Aden das bei der Notlandung beschädigte Flugzeug nicht wieder starten lassen. Mahmud hält dies für «Verrat» und erschießt Schumann vor den Augen der Passagiere. Doch die Entführer sind isoliert, weil die Sowjetunion und ihre jemenitischen Verbündeten nicht in eine terroristische Aktion verwickelt werden wollen. Die «Landshut» startet noch einmal und landet in Mogadischu. Mahmud ist entschlossen, das Flugzeug in die Luft zu sprengen, wenn das letzte Ultimatum verstrichen ist. Er verkabelt die Passagiere mit Zündschnüren und übergießt sie mit Alkohol. Wischnewski kann auf Zeit spielen, um die GSG 9 einfliegen zu lassen und die somalische Regierung zur Erlaubnis der Befreiungsaktion überreden zu können (gegen 100 Mio. DM Entwicklungshilfe). Die Aktion gelingt, die Terroristen werden überrumpelt und alle Passagiere befreit.

Dem Film ging eine lange und gründliche Recherche des Autors und Dokumentarfilmers Maurice Philip Remy voraus, v. a. über die Hintermänner der Terroristen und die Rolle des KGB. Doch die politischen Akteure stehen nicht im Vordergrund, auch die in Bonn nicht. Entstanden ist ein grandios inszenierter klaustrophobischer Thriller, der in der Innenröhre eines Flugzeugs abrollt. Den Grimme-Preis bekam MOGADISCHU unbegreiflicherweise ebensowenig wie TODESSPIEL.

«Mogadischu ist ein Regisseursfilm, der aber niemanden klein macht. Gedreht wurde ausschließlich mit Handkamera – viel Zoom, viele Schwenks, viele Richtungswechsel. Das Meiste spielt sich in der Halbtotalen ab, in den Gesichtern von Thomas Kretschmann, Nadja Uhl, Simon Verhoeven, allen anderen und im Gesicht des spektakulären Said Taghmaoui. Suso Richter lenkt den Machtkampf zwischen Kapitän Schumann und Terroristenführer Mahmud mit Hilfe der Kunst und des Egos der Schauspieler, mit Hilfe seines Kameramanns Holly Fink und des Rhythmusgefühls seines Cutters Bernd Schlegel.»

(Christopher Keil, *SZ*, 28.11.2008)

DVD: Warner

MONOLOG FÜR EINEN TAXIFAHRER (1962)

P DFF 1962 **Sd** 26.4.1990, DFF **R** Günter Stahnke **B** Günter Kunert **K** Werner Bergmann **M** Karl-Ernst Sasse **Sz** Christoph Schneider **Ko** Ingeborg Wilfert **S** Thea Richter

D Fred Düren (Taxifahrer), Gabriele Bahrenburg (werdende Mutter), Agnes Kraus (Verkäuferin), Christel Fischer (Ehefrau), Marianne Wünscher (Sängerin), Hans Hardt-Hardtloff (Englers Chef), Bella Waldritter (alte Frau), Peter Reusse (Engler), Sprecher: Armin Mueller-Stahl

Ein Ost-Berliner Taxifahrer chauffiert am Heiligen Abend eine schwangere Frau ins Krankenhaus und erhält von ihr den Auftrag, den werdenden Vater namens Engler telefonisch zu verständigen. Die Verbindung kommt jedoch nicht zustande, er fährt selbst zur Arbeitsstelle Englers, der BZ-Druckerei. Dort findet er ihn auch nicht, die Arbeiter schicken ihn mit Hohn und Spott wieder fort. In Englers Wohnung wird er von dessen Vater davongejagt. Der Taxifahrer kann außerdem keinen Feierabend machen, weil seine Ablösung nicht eintrifft. Deswegen kommt es zum Streit mit seiner Frau, die ihn für einen Versager hält. Diese ganze missliche Situation ist für den Taxifahrer Anlass für einen sich den ganzen (im übrigen nur 36 Minuten langen) Film hindurchziehenden inneren Monolog, eine subjektive Perspektive, worin er sein Unbehagen einer feindlichen Umwelt gegenüber artikuliert, allerdings mit einer eigenen Erzähler-Stimme, so dass der Protagonist in ein reflektierendes und ein handelndes Ich gespalten ist. Er hält sich für viel zu gutmütig, hat immer noch nicht gelernt «nein» zu sagen, kommt sich vor wie ein «fremdes Tier, das sich verirrt hat unter Menschen», fühlt sich von keinem gebraucht, hält seine Mitbürger gar für ein «Volk von verhinderten Polizisten, das sind wir schon immer gewesen» und spricht von der «Trübsal, die mich zerfrisst». Statt sozialistischer Geborgenheit spürt er die Entfremdung in der Gesellschaft. Dieses subjektive Krisenbewusstsein ist auch auf der visuellen Ebene durch eine expressionistisch anmutende Ästhetik umgesetzt (verkantete Kamerapositionen, Bedrohung signalisierende Großaufnahmen von Details), verbunden mit einer aggressiven Jazz-Musik, die das Getriebensein des Protagonisten markiert. Dennoch hat der Film ein Happy-End: Im Krankenhaus will der Taxifahrer eine Schachtel Konfekt für das schwangere Mädchen abgeben (man kennt hier aber keine Frau Engler – eine neuerliche Irritation) und entdeckt, dass schon vor ihm seine Kollegen an den gleichen Stationen nach dem Vater gesucht hatten. Und auch dieser findet sich nun ein (die Schwangere heißt deshalb nicht Engler, weil sie nicht mit ihm verheiratet ist). Die Krise des Taxifahrers war also von einer Reihe von Missverständnissen ausgelöst worden. Nun fühlt er sich wieder als «Mensch unter Menschen» und kann endlich, da auch die Ablösung da ist, Weihnachten feiern.

Trotz dieses – aufgesetzten – versöhnlichen Schlusses wurde der Film noch vor der geplanten TV-Ausstrahlung am 23.12.1962 als «nihilistisch», «schematisch» und «volksfremd» gebrandmarkt und verboten.

Literatur: Dirk Schneider: Der Umsteiger, in: *Umsteiger, Aussteiger. Studien zum Fernsehspiel der DDR* (*Augen-Blick* 25), Marburg 1997, S. 8–23.

MORD IN FRANKFURT (1967) ★

P WDR 1967 **Sd** 30.1.1968, ARD **R/B** Rolf Hädrich **K** Jost Vacano **M** Peter Thomas **Sz** Herbert Labusga **S** Brigitte Lässig **T** Richard Kettelhake **RAss** Renate Vacano
D Vaclav Voska (Dr. Makowsky), Christiane Schröder (Helga), Joachim Ansorge (Hans),

Monika Lundi (Franziska), Dirk Dautzenberg (Guttke), Karl-Heinz von Hassel (Ehlers), Walter Bluhm (Herr vom Komitee), Hela Gruel (Schauspielerin)

In seinem ersten Autorenfilm verschränkt Rolf Hädrich drei Handlungen ineinander: Der Mord an einem Taxifahrer lässt die empörten Kollegen nach der Todesstrafe rufen, Schauspieler proben die Aufführung von Peter Weiss' *Ermittlung*, Dr. Makowsky, ein polnischer Überlebender von Auschwitz, ist zum Prozess in Frankfurt (eine Nachfolgeverhandlung zum «großen» Auschwitz-Prozess) als Zeuge geladen. Er wird am Flughafen von einem wohlorganisierten Betreuerteam empfangen, gleichzeitig steigen zwei Stewardessen, von denen die eine die Freundin eines Schauspielers aus dem Peter-Weiss-Stück ist, in ein Taxi: Sie sind die letzten Fahrgäste des Taxifahrers vor seiner Ermordung. Die Taxifahrer zetteln einen Streik an und fordern auf Spruchbändern die Todesstrafe für Taximörder. Taxifahrer Ehlers beteiligt sich nicht an dem Streik und befördert Makowsky vom Theater ins Hotel. Dort wird der «Streikbrecher» von seinen Kollegen gestellt und bedroht, die obendrein Makowsky auffordern, auszusteigen: «Wir fahren heute keine Fahrgäste. Aussteigen – wir fahren keine Mörder.» Anderntags kümmert sich die junge, freundliche Helga um Makowsky, der zum erstenmal im Land der Täter ist und sehr tolerant und verständnisvoll reagiert («Man kann nicht leben und nur hassen. Man muss einmal vergessen. Aber vorher, die Schuldigen müssen bestraft werden»). Im Prozess soll Makowsky einen Arzt identifizieren, der in Auschwitz bei Selektionen dabei war. Der Verteidiger verunsichert ihn mit Unterstellungen («Haben Sie sich mit anderen Zeugen abgesprochen?» «Sind Sie Mitglied der Kommunistischen Partei?») und der Staatsanwalt lässt ihn im Stich, so dass Makowsky nicht in der Lage ist, den Angeklagten eindeutig zu belasten. Er wird – in einer grandios gefilmten Sequenz, von der Kamera permanent umkreist – unversehens selbst zum Angeklagten, der jemand zu beschuldigen scheint, ohne sich genau erinnern zu können. Makowsky verlässt fassungslos den Gerichtssaal und will auf der Stelle abreisen. Helga begleitet ihn zum Bahnhof.

Der Titel verweist sowohl auf den Taximord als auch auf den in Frankfurt verhandelten millionenfachen Mord von Auschwitz. Der Film konfrontiert die kollektive Hysterie und die faschistoide Stimme des Volkes mit dem Desinteresse am Auschwitz-Prozess und dem schamlosen Versuch, ein Opfer zum Angeklagten zu

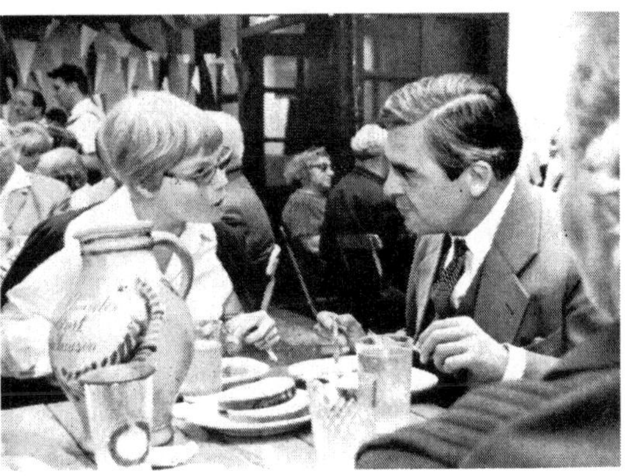

Mord in Frankfurt mit Christiane Schröder und Vaclav Voska

machen. Seine Stärke liegt gerade darin, auf einen eigenen Kommentar zu verzichten, und die Interpretation und die Verbindung der drei Handlungsebenen dem Zuschauer zu überlassen.

«Auf den ersten Blick erscheint diese Koppelung krampfhaft, die sich dann mehr und mehr als eine geschickt durchgeführte dialektische Operation erweist. Das Nebeneinander von gegensätzlicher Reaktion auf das Verbrechen, fanatische Empörung auf der einen, beziehungsweise Gleichgültigkeit und neurotisch ärgerliches Nichtwissenwollen auf der anderen Seite, sind demaskierend genug. Bemerkenswert auch, dass hier einmal das Thema Nationalsozialismus ohne Zeigefinger, Verteufelungen und ohne Verkrampfung einfach so dargestellt ist, wie es eben heute erscheint. Das vielleicht ein bisschen schematisch, aber doch sehr raffiniert geknüpfte Szenennetz ist weit ausgelegt. Anders als wohl alle bisherigen Fernsehspiele geht es über seinen eigenen Stoff hinaus. Ausschnitte aus der Wirklichkeit, dokumentarisch oder fiktiv, bilden in mehreren verschränkten Handlungssträngen kommentarlos nebeneinander gesetzt, eine Art Kollage, die mehrdeutig und interpretationsfähig bleibt. Ein offener Film mit sehr genauen Beobachtungen, der nicht fixiert, der lediglich Symptome aufzeigt und damit vielleicht eine beginnende oder noch nicht abgeklungene Erkrankung der Gesellschaft.»

(Egon Netenjakob, *FK* 6, 1968)

Text in: *Spiele: Fernsehspiele*, Hannover: Schroedel 1970.

Literatur: Michael E. Geisler: Die Entsorgung des Gedächtnisses. Faschismus und Holocaust im westdeutschen Fernsehen, in: *Erinnerung und Geschichte, Augen-Blick* 17, Marburg 1994, S. 10–50. – Hanno Loewy: Zwischen Judgement und Twilight. Schulddiskurse, Holocaust und das Courtroom-Drama, in: Sven Kramer (Hrsg.): *Die Shoah im Bild*, München 2003, S. 133–169.

DVD: Al!ve/Pidax

DER MÖRDER IST UNTER UNS (2003)

P ZDF 2003 **Sd** 20.10.2003, ZDF **R** Markus Imboden **B** Holger Karsten Schmidt **K** Rudolf Blahacek **M** Detlef Petersen **Sz** Peter Bausch **Ko** Stefanie Bieker **S** Annemarie Bremer **T** Benjamin Schubert

D Christoph Waltz (Martin Bach), Susanne Schäfer (Julia Stein), Thomas Schedel (Gehring), Hermann Lause (Jürgen Lorenz), Miriam Morgenstern (Natalie), Tina Engel (Nadja), Frank Giering (Kai Wegner), Therese Hübchen (Jasmin Wegner), Karl Krazkowski (Rüdiger Krohn), Max Hebrechter (Rainer Selditz), Thomas Schmauser (Frank), Mona Kähler (Susanne Döbelin), Wilfried Dziallas (Salewski), Brigitte Böttrich (seine Frau)

Gehring sitzt seit 9 Jahren als vermeintlicher Sexualmörder im Gefängnis und hat gerade einen Selbstmordversuch überlebt. Nun ist in seinem Dorf in Schleswig-Holstein neuerlich ein Mädchen getötet worden, mit den gleichen abscheulichen Tatmerkmalen. Für diesen Mord kann Gehring nicht verantwortlich sein. Staatsanwältin Julia Stein glaubt an den gleichen Täter und hält Gehring in beiden Fällen für unschuldig. Sie beauftragt den sich zunächst zögerlich verhaltenden Kriminalpsychologen Martin Bach, mit ihr zusammenzuarbeiten. Die Dorfbevölkerung reagiert auf die neuen Ermittlungen verstockt, weil man glaubt, es sei längst Gras über die Sache gewachsen. Auch der Kommissar vor Ort, Lorenz, der Gehring seinerzeit überführt hatte, verhält sich skeptisch und glaubt an zwei verschiedene Täter. Unter den Tatverdächtigen befinden sich auch Lorenz' Schwiegersohn Kai Wegner und dessen Bruder Frank. Lorenz erklärt sich für befangen und kündigt Bach und Stein die Zusammenarbeit auf. Gleichwohl ist er beunruhigt und recherchiert auf eigene Faust beim BKA, wo er auf weitere ähnliche Serienmorde in Frankfurt stößt – und dort haben sich die Brüder Wegner längere Zeit aufgehalten. Er ist sich plötzlich sicher, dass Frank der Täter ist und glaubt seine eigene Tochter in Gefahr. Als Frank Lorenz' Tochter Natalie unmotiviert von der Schule abholen will, wird er verhaftet. Der Kriminalpsychologe jedoch überführt Kai als Täter, Frank ist zur Schule gefahren, um Natalie vor Kai zu schützen. Gehring wird entlassen, Lorenz lässt sich versetzen.

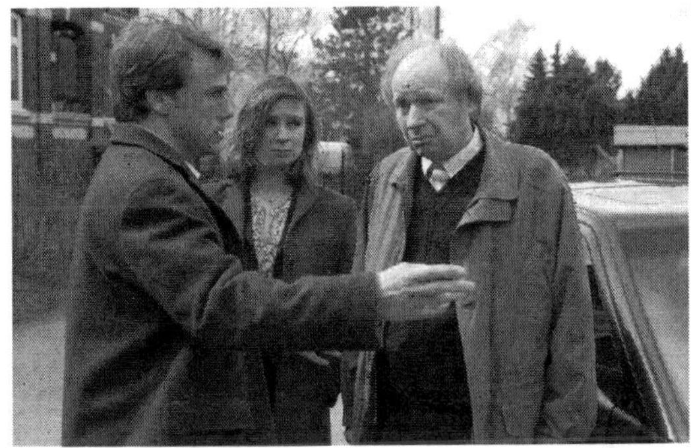

Christoph Waltz, Susanne Schäfer und Herrmann Lause (v.l.n.r.) in DER MÖRDER IST UNTER UNS

«Dorf in Angst. Die geschlossene Gesellschaft, die ein ungebetener Gast nötigt, dem Verdrängten ins Auge zu blicken, ist ein klassisches Szenario. Nach einem Drehbuch von Holger Karsten Schmidt hat Markus Imboden einen in jeder Hinsicht hochkonzentrierten Film gedreht. Die Stimmung des Unheimlichen steigt aus dem Abgrund der Überlegung auf, dass Sicherheit nur noch die Abstraktion, die errechnete Regelmäßigkeit abweichenden Verhaltens verspricht, wenn jedes konkrete sittliche Verhältnis, Freundschaft, Verwandtschaft, Ehe, gelogen sein kann. (...) Die neckischen Ornamente des konventionellen Kriminalfilms wären hier deplaziert; die Serientäterjäger haben nicht die Muße, sich durch Kultivierung von Marotten als Serienhelden zu empfehlen.»

(Patrick Bahners, *FAZ*, 20.10.2003)

DVD: Kinowelt; edel Germany

MORENGA (1984)

P WDR 1984 **Sd** 13., 17., 20.3.1985, ARD (3 Teile) **R/B** Egon Günther **L** Uwe Timm **K** Gernot Roll **Sz** Wolfgang Schünke **Ko** Charlotte Fleming **S** Ingrid Bichler **T** Frank Scherer

D Jacques Breuer (Gottschalk), Edwin Noël (Wenstrup), Jürgen Holtz (Kageneck), Manfred Seipold (Koppy), Ken Gampu (Morenga), Tobias Hösl (Treskow), Harrison Coburn (Schwanebach), Arnold Vosloo (Schiller), Vernon Dobtscheff (Lohmann), B. O'Shaughnessy (Lüdermann), Susanne Stoll (Frau Lüdermann), Sam Williams (Johannes Christian), Nomsa Nenee (Katharina), Peter Strombeck (Zeisse), Thomas Dressel (Treptow), Gideon Camm (Jakobus), Leon Vanheerden (Erich), Jochen Werk (v. d. Hagen), Harry Riebauer (Estorff), Herbert Weissbach (Deimling), Steven Classen (Morris)

1904 kämpft in Deutsch-Südwest-Afrika die «Schutztruppe» gegen aufständische Hereros und im Süden kommt es zu Unruhen bei den Nama (Hottentotten) unter einem mysteriösen Anführer namens Morenga. Unter den deutschen Truppenverstärkungen sind auch die Veterinäre Gottschalk und Wenstrup als Freiwillige. In Warmbad werden sie mitsamt der deutschen Besatzung von den Aufständischen eingeschlossen, die militärische Ordnung und die «deutsche» Zivilisation lösen sich auf. In dieser Ausnahmesituation rücken Kolonisten und Kolonisierte immer enger zusammen. Gottschalk verliebt sich in ein Namamädchen, worauf seine Kameraden mit Repressionen reagieren. Dann kommt Verstärkung von außen unter Hauptmann Koppy, der ein Fraternisierungsverbot erlässt, um die «Verkafferung» zu verhindern. Morenga, eine auf einem Schimmel reitende, schreckenverbreitende Erscheinung, entwickelt eine Guerillataktik, gegen die die ortsunkundigen, schwerfälligen deutschen Einheiten nicht ankommen. Bei einem solchen Überfall wird Gottschalk gefangengenommen. Doch zwischen Gottschalk und Morenga kommt es zum Einvernehmen, als er ihm eine Kugel herausoperiert. Morenga will Frauen und Kinder über den Oranje in die englische Kapkolonie in Sicherheit bringen. Er schickt Gottschalk zurück, damit er den Deutschen von seinen Plänen berichtet. Damit ist dieser von beiden Seiten benutzt worden, denn Morenga gelingt es nun, eine größere deutsche Abteilung zu vernichten. Der desillusionierte Gottschalk sondert sich von den Deutschen immer mehr ab, bis er sein Abschiedsgesuch einreicht. Wenstrup geht zu den Aufständischen über. Morenga hat sich in die englische Kapkolonie zurückgezogen, um von dort den Kampf gegen die Kolonialherren aufzunehmen. Nun wird er von Briten und Deutschen verfolgt.

«Günthers bildsprachliche Erzählweise vermeidet jede vordergründige Action-Realistik in der Rekonstruktion der historischen Ereignisse. (...) Günther zerstört jeden Ansatz, sich mit den einzelnen Figuren emotional einlassen zu können; er hält auf Distanz, er macht keine Anbiederungsangebote an den Zuschauer. Das schafft Irritationen und die sind durchaus beabsichtigt, denn es sind die Irritationen der in diesem Film auftretenden Deutschen in ihren Rollen als Kolonialherren selbst, sich in diesem Land und mit der Mentalität der Eingeborenen, denen dieses Land mit allen Tricks, notfalls mit Gewalt weggenommen wird, zurechtzufinden.» (H. V., *FR*, 26.3.1982)

«Egon Günther ließ den Film überlaufen, weil er als Regisseur verliebt war in die Fülle der Bilder, Symbole und auch allerlei Kameraschnokus. So geriet ihm ein Film, dessen Thema, die gnadenlose Kolonialpolitik des Kaiserreiches im damaligen ‹Deutsch-Südwest›, eigentlich heftig zum Nachdenken hätte reizen können – aber es tat's nicht, es zerfaserte mit viel ‹action› zu einer Western-Unterhaltung, die immer schön ihren Strickmustern folgte.» (Valentin Polcuch, *Die Welt*, 26.3.1985)

Literatur: Milka Car: Uwe Timms Morenga: Ein historischer Dokumentarroman, in: *Gegenwartsliteratur* 11, 2012, S. 103–126.

Musik auf dem Lande ➲ Die Stadt im Tal

N

Nachrede auf Klara Heydebreck (1969)

P NDR 1969 **Sd** 29.11.1969, NDR III **R/B** Eberhard Fechner **K** Rudolf Körösi **S** Brigitte Kirsche **T** Dieter Schulz

«Porträt eines Selbstmörders» hieß Fechners Arbeitstitel für einen Dokumentarfilm. An einem vorbestimmten Tag, dem 10. März 1969 ließ er sich von der Berliner Polizei alle Suizidfälle vorlegen. Seine Wahl fiel auf die 72-jährige alleinstehende Klara Heydebreck aus Berlin-Wedding, denn bei «Motiv» stand in der Polizeiakte: «unbekannt». Durch Interviews mit den Verwandten der Frau, den Beamten (Polizei, Feuerwehr), die mit ihrem Tod zu tun hatten, Hausbewohnern, Nachbarn sowie den Dokumenten und Materialien, die in Klara Heydebrecks Wohnung gefunden wurden – sie hatte glücklicherweise alles aufbewahrt, vom Mietbuch bis zu den Arbeitspapieren – sollte nun das Leben dieser Frau, das sie schließlich selbst beendete, rekonstruiert werden. Klara Heydebreck lebte seit 1913 in dieser Wohnung, seit dem Tod ihrer Mutter 1931 allein. Verheiratet war sie nie, auch Männerbekanntschaften hatte sie so gut wie keine, ebensowenig wie Kontakt zu den anderen Hausbewohnern. Deutlich wird ein Leben, das nicht nur in großer Einsamkeit, sondern auch unter ungeheuren Entbehrungen stattfand. Mit ihrer Tätigkeit als Lohnbuchhalterin in verschiedenen Firmen konnte sie sich mehr schlecht als recht über Wasser halten. 1916 verdiente sie 150 Mark im Monat, in zweieinhalb Jahren Arbeitslosigkeit 1932–34 bekam sie 37,80 Mark Unterstützung im Monat, nach dem Zweiten Weltkrieg konnte sie nur noch als Hilfs-

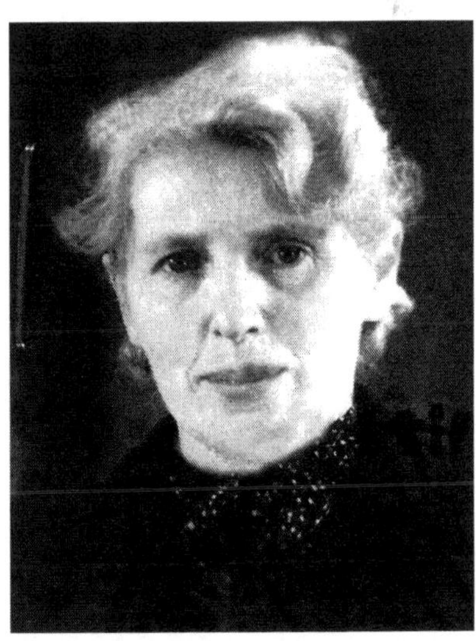
Klara Heydebreck

arbeiterin Arbeit finden (100 Mark), ab 1956 bekam sie Rente, aber erst durch deren laufende Erhöhungen in den 60er Jahren hatte sie aufgrund ihrer anspruchslosen Lebensweise etwas Überschuss. Durch die akribische Rekonstruktion der materiellen Basis entsteht auch ein Diskurs über historisch-soziologische Zusammenhänge, z. B. über die Folgen von Wirtschaftskrisen (Inflation, Währungsreform) für das Individuum, den Zerfall bürgerlicher Familienstrukturen, die dem Einzelnen keine Sicherheit mehr geben. Deutlich wird aber auch, was für ein Mensch Klara Heydebreck war: musisch interessiert, um Bildung bemüht und trotz ihrer Armut äußerst freigebig. Sie unterstützte ihre Verwandten mit Geld und Geschenken, wofür diese zwar dankbar waren, aber als Mensch haben sie ihre Schwester oder Tante wohl nicht verstanden. In ihren Aussagen erscheint sie als eine schrullige, alte Jungfer, die selbst alle Kontaktversuche zurückwies. Über das Motiv ihres Selbstmordes lässt sich nur mutmaßen. Sie war krank und es drohte ihr, die ein Leben lang allein und selbstständig gelebt hatte, die Abhängigkeit von anderen. Die «Wahrheit» über Klara Heydebreck kann und will aber auch dieser Film nicht schildern, da die Aussagen über dieses Leben von Fechners suggestivem Montageprinzip bestimmt sind, das darin besteht, die Rede einer Person z. T. oft mitten im Satz von einer anderen fortsetzen zu lassen: eine imaginäre Wechselrede über Zeit und Raum hinweg, die das Gesagte mit Glaubwürdigkeit und Bedeutung auflädt:

«Das hochgradig manipulative Verfahren, in dem Fechner die zur Passform geschnittenen Teile miteinander verknüpft und ihren ursprünglichen Stellenwert verändert, bewirkt eine durchgehende Ästhetisierung des Materials, dessen dokumentarischer Charakter weitgehend zum Stilistikum wird.»
(Joachim Schöberl)

«Ein Kommentar war nicht vonnöten, das fabula docet erübrigte sich; was keine Selbstdarstellung erreicht hätte, gelang vom Rande her dem Zeugenbericht: hinter dem Elend des einzelnen die Krankheit der Gesellschaft sichtbar zu machen. Gleich weit entfernt von einer naturalistischen Porträtstudie und einem Gesellschaftstraktat, dem Individuelles nur zur Veranschaulichung von Grundsatzproblemen dient, erfolgte die Schattenbeschwörung genau aus der richtigen Entfernung: Nah genug, um den Gegenstand als Klara Heydebreck erscheinen zu lassen, weit genug, um hinter der einen die Millionen Klara Heydebreck sichtbar zu machen.»
(Momos [= Walter Jens], *Die Zeit* 39, 1970)

Text in: *Fernsehen + Film* 4, 1970. – Eberhard Fechner: *Nachrede auf Klara Heydebreck*, Berlin/Weinheim: Quadriga, 1990.
Literatur: Joachim Schöberl: Spiegelung als Gestaltungsprinzip. Zu Eberhard Fechners Film NACHREDE AUF KLARA HEYDEBRECK, in: *Rundfunk und Fernsehen* 27, 1979, S. 116–135. – Dietrich Schwarzkopf: Zu Eberhard Fechners NACHREDE AUF KLARA HEYDEBRECK, in: Karl Friedrich Reimers u.a. (Hrsg.): *Unser Jahrhundert in Film und Fernsehen*, München 1995, S. 159–166.

DIE NACHRICHTEN (2004) ★

P ZDF 2004 **Sd** 3.10.2005, ZDF **R** Matti Geschonneck **B/L** Alexander Osang **K** Wedigo von Schultzendorff **M** Hans-Peter Ströer **Sz** Benedikt Herforth **Ko** Ute Hofinger

S Inge Behrens **T** Philip Ulikowski, Maj-Linn Preiss
D Jan Josef Liefers (Jan Landers), Nina Kunzendorf (Margarethe Beer), Uwe Kockisch (Raschke), Dagmar Manzel (Doris Theyssen), Henry Hübchen (Zelewski), Thomas Thieme (Blöger), Anna Schudt (Ilona), Herbert Feuerstein (Reichelt), Marie Gruber (Frau Wolters), Udo Samel (Grundmann), Christine Schorn (Ingrid Landers), Hermann Beyer (Werner Landers), Ingeborg Westphal (Karin Zelewski)

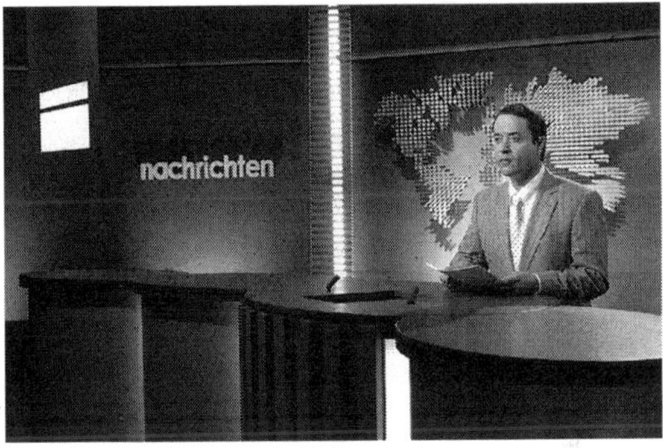

Jan Josef Liefers in Die Nachrichten

Die selbst aus Ost-Berlin stammende «Spiegel»-Reporterin Doris Theyssen soll fünf Jahre nach der Wiedervereinigung eine Titelgeschichte über «erfolgreiche Ostdeutsche» schreiben. Dabei gerät der TV-Nachrichtensprecher Jan Landers in ihr Visier, der möglicherweise eine Stasi-Vergangenheit als «IM» hat, die es nun aufzudecken gilt. Auch Thomas Raschke, schmieriger Lokaljournalist aus Neubrandenburg, wo Landers bei der NVA gedient hat, wittert eine Story. Landers selbst fällt aus allen Wolken, weil er sich an nichts erinnern kann. Er, der geglaubt hat, es «geschafft» zu haben und im Westen «angekommen» zu sein, wird von seinem Sender beurlaubt. Unterdessen ist Raschke der Theyssen zuvorgekommen und hat sich Landers' Kartei-Karte, die ihn als IM «Pankow» führt, beschafft. Die nicht minder eifrige Theyssen bietet Landers' ehemaligen und jetzt heruntergekommenen Verbindungsoffizier Zelewski 3000 Mark für Informationen. Kurz davor, seine «Seele zu verkaufen», begeht dieser jedoch lieber Selbstmord, als zum Verräter zu werden, zumal Landers, wie Zelewski in seinem Abschiedsbrief schreibt, sich gar nicht hat anwerben lassen. Raschke hingegen schreibt unverdrossen seinen Artikel über «Aufstieg und Fall des Jan Landers», der im letzten Moment wegen der aus dem Stasi-Unterlagenbüro entwendeten Karteikarte zurückgezogen wird. Doris Theyssen kommt durch Antichambrieren beim Büroleiter an die Stasi-Akte von Landers, aber da in ihr ohnehin nichts Belastendes steht, schickt sie sie ihm. Landers spricht wieder die Nachrichten.

Zur Zuerkennung des Adolf-Grimme-Preises schrieb die Jury in ihrer Begründung: «Zugegeben, manchmal droht die Schilderung des Medienmilieus auch in den Nachrichten ins Klischee zu verfallen, etwa wenn die ‹Spiegel›-Konferenz inszeniert wird wie die ‹Focus›-Reklame im Fernsehen. Doch durch den besonderen Witz des Films, durch Karikatur und Parodie wird auch der Zuschauer, der die Medien- und Fernsehwelt von innen kennt, damit versöhnt.»

«Der kühl und doch so wissend ironisch inszenierte Fernsehfilm hat erst die Qualitäten des Romans ins rechte Licht gerückt, den prägnant skizzier-

ten Charakteren biografisches Profil gegeben und außerdem noch gezeigt, dass Alexander Osang nicht nur glänzende Artikel für den ‹Spiegel› schreibt, sondern auch die Dialogverknappung ins überaus Sarkastische beherrscht.»

(Sybille Simon-Zülch, *epd medien* 78/79, 2005)

Literatur: Dominik Orth: Literarisch archivierte Zeitgeschichte? – Das Leben nach der Wende in Jens Sparschuhs *Der Zimmerspringbrunnen* und Alexander Osangs *Die Nachrichten*, in: Gerhard Jens Lüdeke / Dominik Orth (Hrsg.): *Nach-Wende-Narrationen*, Göttingen 2010, S. 103–118.
DVD: good! movies

NACHRUF AUF JÜRGEN TRAHNKE ➲ ALMA MATER

NEGER, NEGER, SCHORNSTEINFEGER ➲ NICHT ALLE WAREN MÖRDER

NICHT ALLE WAREN MÖRDER (2006)

P SWR 2006 **Sd** 1.11.2006, ARD **R/B** Jo Baier **L** Michael Degen **K** Gunnar Fuß **M** Enjott Schneider **Sz** Klaus-Peter Platten **Ko** Ute Hofinger **S** Clara Fabry **T** Horst Zinsmeister **D** Nadja Uhl (Anna Degen), Aaron Altaras (Michael), Hannelore Elsner (Ludmilla), Dagmar Manzel (Martchen), Maria Simon (Lona), Richy Müller (Hotze), Axel Prahl (Redlich), Katharina Thalbach (Oma Teubert), Martin Stührk (Rolf), Maria Hofstätter (Erna), Steffi Kühnert (Käthe Hotze), Michael Gerber (Teuber)

Der auf der Autobiografie des Schauspielers Michael Degen basierende Film zeigt den 11-jährigen Michael 1942 mit seiner Mutter Anna in Berlin. Sie ist frisch verwitwet, ihr Mann starb an den Misshandlungen, die er im KZ erlitten hat. Als die SS die Juden aus der Nachbarschaft deportiert, reißen sich Mutter und Sohn die gelben Sterne von den Mänteln und fliehen. Es entwickelt sich ein Stationendrama, in dessen Verlauf sie von Berlinern, die unterschiedlicher kaum sein können, versteckt und damit vor dem sicheren Tod gerettet werden. Durch die Vermittlung einer Freundin finden sie Unterkunft bei einer russischen Emigrantin, die einmal mit einem Juden verheiratet war, bei der aber auch Nazis verkehren. Das Haus wird bei einem Bombenangriff zerstört und sie müssen weiter. Sie landen bei «Oma» Teuber, in deren Wohnung es sexuell recht freizügig zugeht: Sie vermietet ihre Töchter an fremde Männer. Auch hier können Anna und Michael nicht lange bleiben. Sie kommen zu dem Kommunisten Karl Hotze und seiner Schwester, entgehen dort einer Razzia und finden eine Bleibe bei Herrn Redlich, mit dessen Sohn Rolf sich Michael anfreundet. Redlich hat als Lokführer Züge nach Auschwitz gefahren. Als Rolf bei einer Blindgänger-Explosion stirbt, empfindet Redlich dies als «gerechte Strafe» für seine, des Vaters, Mittäterschaft. Anna und Michael erleben das Kriegsende. Von den Russen werden sie zunächst für «Spione» gehalten, da Hitler doch alle Juden umgebracht habe. Erst als Michael das «Kaddisch» betet, ist der russische Offizier, selbst Jude, überzeugt.

Jo Baiers Film heroisiert seine Figuren nicht bedingungslos, sondern zeigt ein differenziertes Spektrum von Charakteren aus unterschiedlichen Milieus, meist am Rande der Gesellschaft.

«Dabei geraten die Nebenrollen fast stärker, bunter und in ihrer Zwie-

spältigkeit faszinierender als die eigentlichen Protagonisten, die in ihrer moralischen Integrität und ihrem bewunderungswürdigen Überlebenswillen manchmal vergleichsweise blass und langweilig wirken. Was hier fehlt, ist eine stärkere filmische Berücksichtigung von Bruchstellen auch in den Hauptcharakteren, denn solche Schattierungen kommen im Buch von Michael Degen durchaus vor, etwa wenn er schreibt: ‹Bis zum heutigen Tag werde ich das Gefühl von Minderwertigkeit nicht los, die ich als Kind eingeimpft bekam›.»

(Brigitte Knott-Wolf, *FK*, 43/44, 2006)

▶ Dass nicht alle Deutschen bedingungslose Nationalsozialisten waren, sondern viele unter Lebensgefahr den Verfolgten geholfen haben, war in Deutschland lange tabuisiert. So wie der US-Mehrteiler HOLOCAUST (1979) bahnbrechend für die Thematisierung des Völkermords wurde, war es der Film SCHINDLERS LISTE (1994), der die Diskussion über den individuellen Widerstand von «innen» und «unten» eröffnete. Seitdem war auch das tapfere Verhalten von einfachen Leuten Fernsehstoff. Ebenfalls 2006 lief z. B. NEGER, NEGER, SCHORNSTEINFEGER (ZDF, R: Jörg Grünler, B: Beate Langmaack) mit Veronica Ferres als alleinerziehende Mutter eines dunkelhäutigen Jungen (gleichfalls nach einer Autobiografie des Protagonisten).

DVD: Warner

NICHT DER HOMOSEXUELLE IST PERVERS, SONDERN DIE SITUATION, IN DER ER LEBT ➲ IM RESERVAT

NICHT NUR ZUR WEIHNACHTSZEIT (1970)

P ZDF 1970 **Sd** 30.12.1970, ZDF **R** Vojtech Jasny **B/L** Heinrich Böll **K** Jaroslav Kucera **M** Svatopluk Havelka **Sz** Gerd Krauss **Ko** Helga Pinnow **T** Kurt Dau
D Edith Heerdegen (Tante Mila), René Deltgen (Onkel Franz), Peter Ehrlich (Franz), Rolf Becker (Johannes), Edeltraut Elsner (Lucy), Wolfgang Hoeppner (Karl), Gerd Baltus (Erzähler), Henning Schlüter (Pfarrer), Hans Deppe (Prälat), Herbert Weissbach (Bischof), Erich Fiedler (Theaterdirektor), Til Erwig (Reiseleiter)

Höhepunkt des Jahres ist für Tante Mila das Ausschmücken des Weihnachtsbaumes. Hauptattraktion sind gläserne Zwerge, die auf Ambosse schlagen und ein feines Gebimmel erzeugen, sowie ein Engel auf der Spitze der Tanne, der in bestimmten Abständen mechanisch «Frieden, Frieden» hervorstößt. Doch nach diesem Weihnachtsfest ereignet sich etwas Unerwartetes. Als es im Januar gilt, den Baum wieder abzuschmücken, verfällt Tante Mila in einen Schreikrampf, der nicht mehr zu stoppen isst, die Ärzte ratlos macht und die Familie an den Rand der Auflösung bringt. Dann hat Onkel Franz die rettende Idee: er stellt wieder einen Tannenbaum mit Milas Weihnachtsschmuck auf. Die Therapie ist erfolgreich, beim Anblick ihres geliebten Baumes beruhigt sich Tante Mila wieder. Freilich besteht sie nun jeden Tag darauf, den Heiligen Abend im Kreise der Familie zu feiern unter Absingen des einschlägigen Liedguts und unter Verzehr von reichlich Spekulatius. Auch vom nahenden Frühling lässt sie sich nicht irritieren und quittiert jede Veränderung des Rituals mit neuerlichem Schreien. Jeden Tag müssen alle ihr

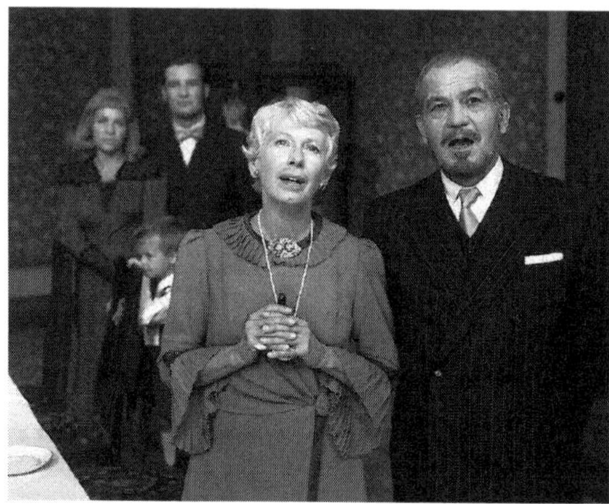

Edith Heerdegen und René Deltgen in NICHT NUR ZUR WEIHNACHTSZEIT

nahestehenden Personen zur Bescherung erscheinen, einschließlich des Pfarrers und der Enkelkinder. Spätestens nach einem Jahr löst sich die anfängliche Standhaftigkeit der Familie auf, jeder sucht nach Ausflüchten der Feier fernzubleiben. Der Pfarrer kapituliert als erster und muss durch einen pensionierten Prälaten aus der Nachbarschaft ersetzt werden. Onkel Franz kommt auf die Idee, sich von einem Schauspieler vertreten zu lassen (während er zu seiner Geliebten schleicht), schließlich ersetzt ein ganzes Ensemble die Familie, bis Tante Mila nur noch von Wachspuppen umgeben ist, weiterhin versonnen und beglückt auf die gläsernen Zwerge und den Friedens-Engel blickend.

«Böll wollte am Beispiel der verkitschten Weihnachtsbräuche die Automation gesellschaftlicher Vorgänge demonstrieren. Der Regisseur Vojtech Jasny ergänzte diesen geglückten Versuch mit köstlichen Einfällen, so etwa, wenn er das strapaziöse Ritual des Aufmarschs unter dem Weihnachtsbaum zu einer Musik geschehen lässt, die vom fröhlichen ‹O Tannenbaum› bis zum treudeutschen Marsch reichte. Die Gefährlichkeit eines sinnentleerten Rituals wird angedeutet, ohne dass der Spaß darüber verlorengeht.»

(Thomas Thieringer, *SZ*, 2.1.1971)

«Wenn der Film schockiert, so nicht, weil er aggressiv ist, sondern wegen der Machart, die an Spießigkeit beinahe den Gartenzwergen am Weihnachtsbaum gleichkommt. Es muss schon hundert Jahre her sein, dass Ibsen behauptete, eine zu niedrige Einschätzung der Publikumsintelligenz entspringe einer geheimen Menschenverachtung: bis heute eine seiner unbekanntesten Äußerungen.»

(Clara Menck, *FAZ*, 4.1.1971)

NICHTS IST VERGESSEN (2007)

P WDR 2007 **Sd** 9.5.2007, ARD **R/B** Nils Willbrandt **K** Eeva Fleig **M** Michael Dübe **Sz** Sonja Strömer **Ko** Katrin Aschendorf **S** Vessela Martschewski **T** Andreas Pietann **D** Jörg Schüttauf (Kai Wagner), Inka Friedrich (Maria), Noemi Slawinski (Lilli), Peter Franke (Jan Bösche), Volker Bruch (Stahmann), Annika Blendl (Sabine Stahmann), Sebastian Kroehnert (Holger Heitmann), Christian Tasche (Günther Dopmann), Isolda Dychauk (Paula)

Maria und Kai Wagners Tochter ist vor acht Jahren von ihrem Tennislehrer Olaf Stahmann vergewaltigt und ermordet worden. Nun, nach seiner Entlassung, taucht Stahmann in dem Dorf auf, in das sich Wagners, die wieder eine Tochter haben, damals zurückgezogen hatten. Kai und seine Frau geraten in Panik. Hat es Stahmann jetzt auf ihre kleine Lilli abgesehen? Von der Polizei erhalten sie wegen fehlender rechtlicher Handhabe keine Unterstützung, nur Bösche, ein kurz vor der Pensionierung stehender Polizist, wird zur Bewachung abgestellt. Die verängstigten Eltern lassen Lilli nicht mehr aus dem Haus. Stahmann, der – offensichtlich psychisch gestört – nahezu stumm bleibt, quartiert sich im Ort ein, schreibt den Wagners einen Brief, in dem er um ein Treffen und um Vergebung bittet. Während Maria darin eine Chance sieht, vielleicht mit der Vergangenheit fertig zu werden, beschafft sich Kai eine Pistole. Unterdessen macht eine jugendliche Dorf-Gang gegen Stahmann mobil und schlägt ihn zusammen. Dieser entwendet Bölsche seine Dienstwaffe und bedroht damit zunächst seine Peiniger, lässt sich dann aber – eine Art Selbstmord – von diesen niederschießen. Nun erst bringen Kai und Maria es fertig, Lilli die Wahrheit zu sagen und ihr das Grab der ermordeten Schwester zu zeigen.

Im Mittelpunkt steht die Inszenierung der Angst: die der Familie (v. a. des Vaters, der bei der ersten Begegnung mit Stahmann wortlos umfällt) vor einem unheimlichen Gesetz der Wiederholung und die des gehemmten Täters vor der Außenwelt.

•

«Die Figur des Mörders wird durch die darstellerische Brillanz von Volker Bruch zum dunklen Zentrum der Tragödie, weil es ihm gelingt, jedes Mitleid mit dem Mörder abzuwehren und ihm trotzdem einen Rest von menschlicher Würde zu belassen: Mit seiner undurchdringlichen Miene, der ungeschlachten Körpersprache, der dumpfen Zielstrebigkeit, mit der er die Eltern des Opfers um Verzeihung bitten will, und der verqueren Todessehnsucht als Antwort auf die zur Lynchjustiz entschlossene Dorfjugend ist dieser Olaf sich selbst ein Rätsel. Und dass der Film das Rätsel stehen lässt, keine Erklärungen über die Psyche des Mörders liefern will, sondern sich voll und ganz auf die Dynamik des Umgangs mit so einem tragischen Erlebnis konzentriert, hebt ihn über den Durchschnitt moralisierender Problemfilme weit hinaus.»

(Sybille Simon-Zülch, *epd medien* 40, 2007)

NIKOLAIKIRCHE (1995)

P WDR 1995 **Sd** 17.10.1995, arte **R** Frank Beyer **B** Frank Beyer, Eberhard Görner, Erich Loest **L** Erich Loest **K** Thomas Pleinert **Sz** Thomas Knappe **Ko** Ulrike Stelzig **S** Rita Hiller **T** Andreas Mücke-Niesytka **D** Barbara Auer (Astrid), Ulrich Matthes (Sascha), Daniel Minetti (Harald), Ulrich Mühe (Ohlbaum), Otto Sander (Superintendent), Ulrich Tukur (Schnuck), Jutta Wachowiak (Gabriele Heit), Annemone Haase (Marianne Bacher), Günter Naumann (Albert), Claudia Messner (Claudia Engelmann), Alfred Müller (Linus Bornowski), Rolf Ludwig (Reichenbork), Peter Sodann (MfS-General), Niels-Bruno Schmidt (Jörg Franzen), Julia Braun (Silke), René Steinke (Martin Vocken), Hansjürgen Hurrig (Prof. Huhnfeldt)

Der Film nähert sich dokumentarisch (unter Verwendung von Original-Material) der Bürgerrechtsbewegung in der DDR, die ihre Keimzelle in der Leipziger Nikolaikirche hatte. Hier können bei den «Montagsgebeten», die «offen für alle» sind, die Bürger ihre Kritik an Staat und Gesellschaft äußern, z. B. den katastrophalen Folgen des Braunkohleabbaus. Das Thema der anschwellenden Opposition in der DDR ist eng verzahnt mit dem

Schicksal der Familie Bacher. Der Vater Albert Bacher, als Antifaschist und Volkspolizei-General ein offizieller Vorzeige-Held, ist gerade gestorben. Sohn Sascha ist linientreuer Stasi-Offizier, der in Konflikt mit Mutter und Schwester gerät. Astrid rebelliert gegen die Missstände im Stadtplanungsamt, wo sie beschäftigt ist. Sie wird deswegen nicht nur entlassen und aus der Partei geworfen, sondern sie landet auch noch mit Depressionen in einer Nervenklinik. Ihre Tochter Silke reist über Prag in den Westen. Während Astrid wieder die Kraft findet, sich den Oppositionellen in der Nikolaikirche anzuschließen, erhält Sascha den Auftrag, seine eigene Mutter zu bespitzeln, die sich wegen einer wiederaufgetauchten West-Bekanntschaft verdächtig macht. Die Fäden der Handlung münden schließlich in der ersten Montagsdemonstration in Leipzig am 9. Oktober 1989. Die Stasi, einschließlich Sascha, verschanzt sich in ihrem Gebäude. Sie will «dem Spuk ein Ende machen», doch gegen 70 000 friedlich demonstrierende Bürger – unter ihnen Astrid und nun auch überraschenderweise ihre Kollegen vom Stadtplanungsamt – hat sie keine Chance: «Wir waren auf alles vorbereitet, nur nicht auf Kerzen und Gebete», resigniert der MfS-General.

Loests Roman (der mit Rückblenden bis in die 30er Jahre zurückreicht) und das Drehbuch entstanden nahezu parallel. Dramaturgisches Zentrum ist der Kontrast zwischen der widerständigen Astrid und ihrem angepassten Bruder Sascha. Warum aber die Kerzen-und-Gebete-Revolution letztlich erfolgreich war, geht aus dem Film nicht hervor.

«Niemals verschwimmt die Grenze zwischen dokumentarisch eingefügten Elementen und der Fiktion. Sie ergänzen und verstärken einander, ohne dem Verdacht der Verfälschung Platz zu bieten. Beyers Film ist ein historisches Epos, dem die Gratwanderung zwischen Dokumentation und Erzählung gelingt, weil es auf die Lebendigkeit seiner Figuren, die darstellerischen Fähigkeiten seiner Schauspieler vertraut und sie nicht gegen die emotionale Wirkung der eingestreuten Dokumentarbilder ausspielt.»

(Michael Hanfeld, *FAZ*, 17.10.1995)

«Es sind schon unsäglich schablonenhafte Rankünen, in denen wir uns verzetteln müssen, und mit dem breiten, nie wirklich wahrhaftigen Familienepos ist eigentlich nichts gewonnen. (...) Ganz anders freilich, wenn es um die Nikolaikirche, die Montagsgebete, die Fürbitten, die Strategien der Geistlichen geht. Hier zeigt Beyer den Prozess des Aufruhrs als mühsamen Handel zwischen dem Willen zur Revolte und der Sanftmut gegenüber der Obrigkeit.»

(Wilfried Geldner, *Das Sonntagsblatt* 42, 1995)

Literatur: Rüdiger Steinlein: Romanstruktur und Wendeproblematik – Erich Loests *Nikolaikirche* (1995), in: *Produktivität des Gegensätzlichen, Fs. Horst Denkler*, Tübingen 2000, S. 289–305.

DVD: Icestorm

DER NOVEMBERMANN (2007)

P WDR 2007 **Sd** 6.7.2007, arte **R** Jobst Christian Oetzmann **B** Magnus Vattrodt **K** Volker Trittel **M** Fabian Roemer **Sz** Annette Ganders **Ko** Brigitta Lohrer-Horres **S** Cosima Schnell **T** Sylvain Remy

D Götz George (Henry), Burghart Klaußner (Hermann Droemer), Bernadette Heerwagen (Susanne), Barbara Auer (Lena), Henriette Confurius (Niko)

Nach dem Unfalltod seiner Frau macht Pfarrer Droemer eine irritierende Entdeckung. Lena ist nicht jedes Jahr im November wie gedacht in die Toskana gereist, sondern nach Sylt zu ihrem Liebhaber. Droemer fährt nun ebenfalls nach Sylt und stößt dort auf den blinden Klavierlehrer Henry Lichtfeld, der sich zunächst als raubeiniges Ekel präsentiert, in Wirklichkeit aber ein liebenswerter Chaot ist. Droemer schleicht sich unter falschem Namen als Klavierschüler bei ihm ein, um denjenigen kennenzulernen, den seine Frau geliebt hat. Henry, früher Fotograf, ist vor 10 Jahren durch einen Schlaganfall erblindet und daraufhin völlig verbittert, er unternahm einen Selbstmordversuch und begann zu trinken. Lena, die er in einem Sanatorium in der Toskana kennengelernt hat, wurde seine große Liebe und brachte ihn dadurch wieder zurück ins Leben. Durch die Begegnung mit Henry erfährt Droemer, wie wenig vollkommen seine eigene Ehe mit Lena war, zumal auch noch seine Tochter in Sylt auftaucht und ihm vorwirft, er habe sich nur für seine Gemeinde und nicht für sie interessiert. Der «Blinde» ist Droemer selbst, der weder seine Frau gekannt hat, noch seine Tochter kennt. Als Droemer Henry indirekt zu verstehen gibt, dass Lena ihn verlassen hat, bricht für diesen eine Welt zusammen. Henrys Selbstmord, den er mit seinem Verhalten heraufbeschworen hat, kann Droemer gerade noch verhindern. Er nimmt ihn mit zu Lenas Grab und gibt sich zu erkennen. Sie nehmen Lenas Urne mit zurück nach Sylt und verstreuen die Asche in der See.

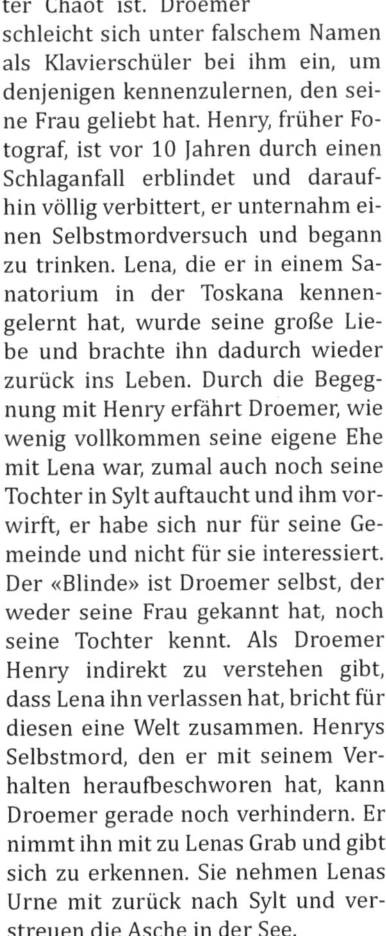

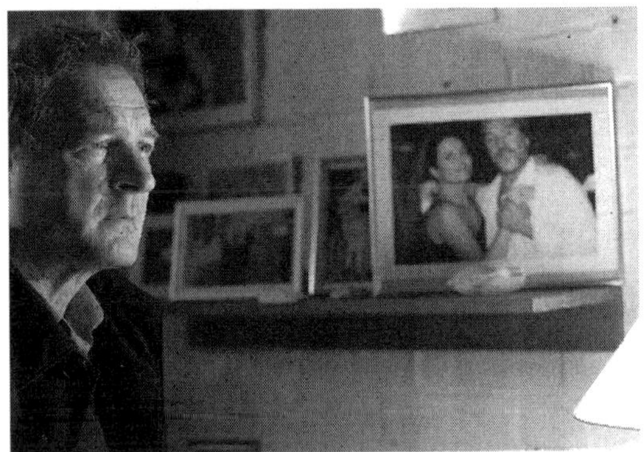

Burghart Klaußner in DER NOVEMBERMANN

«Klaußner und George bieten eindrucksvolle Charakterstudien. Jobst Oetzmann inszenierte das Duell der ungleichen Gegner mit viel Gespür für Wirkungschancen, die dem Kontrast entspringen. Ein sehenswertes Kammerspiel, in dem starke Gefühle ins Wort und in die Geste kommen und es der Darstellerin Barbara Auer, die als Lena nur ein paar kurze Szenen hat, gelingt, bis zum Schluss als Frau mit Doppelleben indirekt präsent zu bleiben.»
(Barbara Sichtermann, *Tagesspiegel*, 6.7.2007)

«Diese auf der Bildebene so übereindeutige Inszenierung entlarvt die Geschichte als Konstruktion. Schade. Ein stillerer und damit Klaußner ähnlicherer George hätte hier sicher viel Gutes bewirken können. So aber hat der Star mit seinem Engagement den Film beschädigt.»
(Klaudia Wick, *epd medien* 57, 2007)

DVD: ZYX Music

NOVEMBERVERBRECHER (1968)

P NDR 1968 **Sd** 10.11.1968, ARD **R** Carlheinz Caspari **B** Dieter Meichsner, Karlheinz Dederke **K** Wolfgang Zeh **Sz** Karl Hermann Joksch **Ko** Dore Clemens **S** Karin Wagner **T** Hans Diestel

D Rudolf Rohlinger (Interviewer), Otto Graf (Bethmann Hollweg), Conny Palme (Levetzow), P. Walter Jacob (Gen. von Loßberg), Ernst Fritz Fürbringer (Scheidemann), Rudolf Fenner (von Payer), Hans-Günter Martens (Journalist), Joachim Wolff (Erzberger), Günter Glaser (Noske), Rolf Moebius (Oberst im Generalstab), Richard Lauffen (Emil Barth), Ernst Kuhr (Max von Baden)

Im Unterschied zum traditionellen Dokumentarspiel, das mit rekonstruierten Szenerien und Dialogen dem Publikum die Illusion einer historischen Wahrheit suggeriert, ist hier der Zuschauer durch verfremdende Mechanismen auf Distanz gehalten. Der Fiktionscharakter ist durch eine zurschaugestellte Künstlichkeit offengelegt, die Identifikation mit der jeweiligen historischen Persönlichkeit zumindest erschwert. Anlass ist ein Untersuchungsausschuss der Nationalversammlung, der 1926 der Frage nach der Schuld am Zusammenbruch von 1918 nachgeht. Der das Dokumentarische durchbrechende Kunstgriff besteht darin, dass der reale TV-Journalist Rudolf Rohlinger im Outfit und mit Mikrofon von 1968 die damaligen Protagonisten (Militärs, Politiker, Wissenschaftler, Soldaten, Matrosen) interviewt. Historischer Kontext ist die von den Militärs, den rechten Ideologen und der deutschnationalen Presse propagierte Fortsetzung des angeblichen «Verteidigungskrieges», während sich die Politik den Militärs gegenüber als ohnmächtig erweist. Bethmann-Hollweg erklärt, bereits im November 1914 habe es Hinweise gegeben, dass der Krieg nicht zu gewinnen sei. Nachdem die SPD die Regierung übernommen hat, schiebt die sich von jeder Realitätseinsicht emanzipierende OHL ihr die Schuld am Kriegsausgang zu. Die von meuternden Matrosen ausgelöste Revolution, die die SPD zu verhindern versucht, ist Anlass für die «Dolchstoßlegende» und dem negativen Mythos von den «Novemberverbrechern», die noch im Zweiten Weltkrieg als Propagandawaffe benutzt wird. Gleichzeitig ist die politische Linke uneins, sie macht sich gegenseitig die Führung streitig, während sich die Revolution spontan fortsetzt. Die abschließende Rahmenhandlung führt mit dem Blick auf einen Massenfriedhof wieder zum Beginn, der vom Matrosenaufstand 1918 seinen Ausgang nahm. Ein HJ-Führer fordert seine Jungen mittels der Dolchstoßlegende zu kriegerischem Denken auf.

NOVEMBERVERBRECHER setzt einen historisch gebildeten Zuschauer voraus, der dem komplexen Diskurs zu folgen in der Lage ist. Die interviewten Militärs demaskieren sich selbst durch Mimik, Gestik und Emotionalität oder reagieren gar mit feindseligem Schweigen, z. B. als nach dem Widerspruch zwischen dem Waffenstillstandsbegehren der militärischen Führung und dem gleichzeitigen Wunsch nach Fortsetzung des Krieges gefragt wird. Die positive Kontrastfigur zu den rechten Militärs ist Philipp Scheidemann, der Pragmatismus der SPD – so wird insinuiert – sei der einzig gangbare Weg gewesen. Bemerkenswert an der Machart ist die Interpretation des Geschehens aus heutiger Sicht und diese Perspektive auch explizit auszustellen. Diesem Modell folgte auch ➲ OPERATION WALKÜRE.

Literatur: Brigitte Domurath: *Das faktographische Fernsehspiel Dieter Meichsners*, Frankfurt 1987.

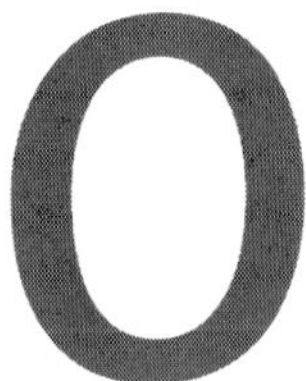

Operation Ganymed ➲ Fleisch

Operation Walküre (1971) ★

P WDR 1971 **Sd** 17., 20.7.1971, ARD (2 Teile) **R** Franz Peter Wirth **B** Helmut Pigge **K** W. P. Hassenstein **Sz** Götz Weidner **Ko** Ilse Dubois **S** Lilian Seng **T** Günter Blumhagen **D** Joachim C. Fest (Interviewer), Joachim Hansen (Stauffenberg), Wolfgang Engels (Kluge), Harry Kalenberg (Fromm), Werner Rundshagen (Olbricht), Dieter Wagner (Mertz von Quirnheim), Ernst Dietz (Hoeppner), Rolf Müller (Beck), Ernst Fritz Fürbringer (Witzleben), Friedrich Gröndahl (Stülpnagel), Manfred Spies (Haeften), Gerd Gutbier (Speidel), Karl Heinz von Hassel (Remer), Willi Rose (Goerdeler), Werner Hessenland (Hase), Götz von Langheim (Hofacker), Friedrich Siemers (Rommel), Bert Fortell (Kodré), Gerhard Geisler (Esebeck)

Mit der Mischung von Zeitzeugenbefragungen und szenischen Rekonstruktionen scheint Operation Walküre ein Vorläufer der späteren «Doku-Fiction» (etwa von Breloer/Königstein) zu sein. Dabei erweckt er von vornherein nicht die Illusion von Authentizität, sondern stellt den Blick von heute auf die damaligen Ereignisse in den Vordergrund. Am Beginn steht eine fiktive Wochenschau von 1944, die suggeriert, der Staatsstreich sei geglückt und eine neue, liberale Regierung werde installiert, dann folgen Umfragen von 1971, nach denen über die Hälfte der Bevölkerung mit dem Datum «20. Juli» nichts anzufangen weiß und schließlich als Erkenntnisziel, ob das Attentat Spuren im deutschen Bewusstsein hinterlassen hat bzw. wie es so schnell vergessen werden konnte (was allerdings letztlich nicht beantwortet wird). Der «Interviewer» Joachim C. Fest (der darüberhinaus als Moderator fungiert) befragt – meist an den Originalschauplätzen (Berlin, Wien, Frankreich, Wolfsschanze) – unmittelbar am Geschehen beteiligte Zeitzeugen, Wehrmachtsoffiziere und Dienstpersonal, die alle erstaunlich druckreife Statements abgeben (einschließlich des unsäglichen Altnazis Otto-Ernst Remer, der für die Niederschlagung des Aufstands verantwortlich war). Nach deren Angaben sind mit Schauspielern nachgestellte Spielszenen eingeschoben, deren Produktion eigens zur Schau gestellt ist (z. B. kommt Joachim Hansen gerade aus der Maske, der Darsteller von Remer befragt ebendiesen, wie er damals gegrüßt und ob er einen Helm getragen habe). Der

Schwerpunkt liegt auf der exakten Rekonstruktion dieses schicksalshaften Tages mit organistorischen, topographischen und technischen Details. Als entscheidende Faktoren für das Scheitern der «Operation Walküre» (so lautete ein bereits vorhandener Alarmplan zur Bekämpfung innerer Unruhen) erweisen sich das Überleben Hitlers (verbunden mit der irrationalen Fixierung der Offiziere auf ihren «Führereid»), der naive Glaube der Verschwörer an die Automatik ihres Plans und die fehlgeschlagene Besetzung des Rundfunksenders, der ungehindert die Meldung «der Führer lebt» verbreiten konnte. In der Fülle der z. T. irrelevanten Fakten (z. B. wer wo an welchem Tisch saß), mit denen der Zuschauer konfrontiert wird, bleiben ausgerechnet die Motive und Zielsetzungen der Verschwörer weitgehend diffus, so dass der eingangs betonte Bezug zur Gegenwart nicht zu erkennen ist. Aus heutiger Sicht machen die zu Worte kommenden Zeitzeugen (z. B. die Generale Warlimont und Heusinger oder Stauffenbergs Chauffeur) das Fernsehspiel zumindest zu einem historischen Dokument (vgl. auch ➲ STAUFFENBERG).

▶ In den 60er Jahren waren Dokumentarspiele im Fernsehen ein signifikanter Programmteil. Das ZDF versuchte durch szenisches Nachstellen historischer Ereignisse, dem Zuschauer die Illusion des «Dabeigewesenseins» zu vermitteln. Das produktive Autoren-Duo Maria Matray und Answald Krüger schrieb z. B. DER PROZESS CARL VON O. (1964, R: John Olden, K: Wolfgang Treu, Sz: Wilhelm Vorweg) über den «Weltbühne»-Prozess (1931) gegen Carl von Ossietzky (dargestellt von Rolf Henniger) und BERNHARD LICHTENBERG (1965, R: Peter Beauvais, Sz: Jan Schlubach) über den katholischen Geistlichen, der gegen die Judenverfolgung predigte (dargestellt von Paul Verhoeven). Die ARD verzichtete meist auf die Illusion des Authentischen, sondern präsentierte das Dargestellte als eine mögliche Lesart, z. B. DER REICHSTAGSBRANDPROZESS (HR 1967, R: Tom Toelle, B: Michael Mansfeld) und ➲ NOVEMBERVERBRECHER.

DVD: EuroVideo

OPERNBALL (1997)

P Sat.1 1997 **Sd** 15., 16.3.1998, Sat.1 (2 Teile) **R** Urs Egger **B** Gundula Leni Ohngemach **L** Josef Haslinger **K** Lukas Strebel **M** Dominic Roth **Sz** Peter Manhardt **Ko** Lisy Christl **S** Hans Funck **T** Thomas Szabolcs

D Heiner Lauterbach (Kurt Fraser), Franka Potente (Gabrielle), Gudrun Landgrebe (Claudia Röhler), Frank Giering (Ingenieur), Tonio Arango (Joe), Andreas Lust (Amon), Georg Prokop (Feilböck), Caroline Goodall (Heather), Benny Waters (Fred), Georg Friedrich (Polier), Richard Bohringer (Michael Reboisson), Wolfgang Böck (Reso Dorf), Walter Schmidinger (Dr. Leitner), Desirée Nosbusch (Iris), Dieter Moor (Günther), Olivia Silhavy (Paula), Rudolf Melichar (Polizeipräsid.), Rudolf Wessely (Sicherheitsdir.), Hans-M. Rehberg (Tomak), Klaus Händl (Professor), Gerhard Liebmann (Druckeberger), Josef Bilous (Jupp Miterhammer)

Auf den Wiener Opernball, wo sich alljährlich die internationale Prominenz aus Politik, Wirtschaft und Show versammelt, wird ein verheerender Blausäure-Anschlag verübt. Mehr als 3000 Menschen kommen ums Leben, darunter die gesamte österreichische Regierung. Kurt Fraser, ein ehemaliger Kriegsberichterstatter, hat beim Opernball die Bildregie für den Privatsender ETV. Unter den Todesopfern ist sein eigener Sohn, der als Kameramann dabei war. Auch die Attentäter sind tot, doch die offiziellen Ermittler geben nichts über deren Motive und Hintergründe bekannt. Fraser macht sich selbst auf die Suche nach der Wahrheit. Von den Attentätern gibt es eine Verbindung zu der rechtsextremen Bewegung der «Volkstreuen», die für einen Brandanschlag auf ein Ausländer-Wohnheim verantwortlich ist. Feilböck, einer der «Volkstreuen» hat der Polizei kurz vor dem Opernball-Attentat einen Tip gegeben, war jedoch wieder weggeschickt worden. Auf der Suche nach Feilböck trifft Fraser in Spanien den «Ingenieur», den letzten Überlebenden der «Entschlossenen», der Nachfolgeorganisation der «Volkstreuen»: eine rechte, religiös grundierte, esoterische Sekte, die sich von den Nazis abgrenzt und von Weltende, Erlösung und «Harmagedon» schwadroniert. Dieser «Ingenieur» packt nun aus. Heraus kommt eine Verschwörung, bei der der oberste Wiener Polizeijurist als Drahtzieher fungiert. Er und seine politischen Freunde haben die Attentatspläne der Sekte ausgenutzt, um an die Macht zu kommen.

«Der Regisseur Urs Egger verschränkt die Handlungsebenen souverän. Er blendet routiniert vor und zurück und vermag den Zuschauer kunstvoll zu verwirren, wie eingangs des Films. Die Kamera von Lukas Strebel setzt Egger zu diesem Zweck durchweg wuchtig ein. Es gibt reichlich Reißschwenks, rasante Bildfolgen, wie wir sie aus dem Nachrichtenfernsehen kennen und aus den Filmen über das Nachrichtenfernsehen, und dann wieder sehen wir Bilder, die einfrieren, verschwimmen, langsam zum Stillstand kommen, so wie alles Leben auf dem Opernball.»

(Michael Hanfeld, *FAZ*, 14.3.1998)

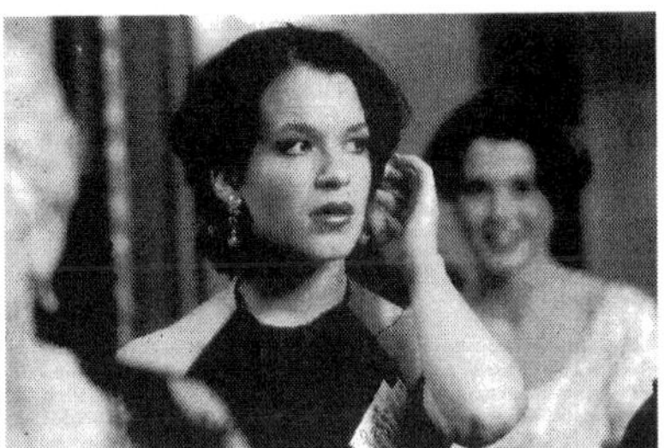

Franka Potente in OPERNBALL

Literatur: Gudrun Bässe-Smith / Bernd Brüninghoff: Josef Haslingers Roman *Opernball* (1995) – Eine Auseinandersetzung mit Rechtsradikalismus und Gewalt, in: *Der Deutschunterricht* 53, 2001, Nr. 3, S. 86–91.
DVD: EuroVideo

ORDEN FÜR DIE WUNDERKINDER (1963)

P WDR 1963 **Sd** 29.8.1963, ARD **R/B** Rainer Erler **K** Werner Kurz **M** Eugen Thomass **Sz** Rolf Zehetbauer **Ko** Nikola Hoeltz **S** Johannes Nikel **T** Hans Joachim Richter
D Carl-Heinz Schroth (Ziegler), Edith Heerdegen (Gräfin), Hans Jürgen Diedrich (Higges), Robert Meyn (Senftenauer), Herta Konrad (Dolores), Sabine Eggerth (Roswitha Kloschke), Max Strecker (Wägele), Hans Fitz (Tischlinger), Otto Stern (Grotzinger), Hermann Lenschau (Gefängnisdirektor), Hans Epskamp (Dr. Honold), Harry Hertzsch (Buchdrucker)

Oberregierungsrat Ziegler erzählt im Altersheim einer Gräfin die Geschichte, wie er zu seinem Verdienstorden kam. Als Heiratsschwindler im Gefängnis, wird er vorzeitig entlassen. Um alsbald seine «Geschäfte» wieder aufzunehmen, fährt er nach Bonn, wo er sich in den höchsten Kreisen nach «Kundinnen» umzusehen gedenkt. Bei der Verleihung eines Verdienstordens an einen Kommerzienrat kommt er auf eine bessere Idee. Er gibt sich als

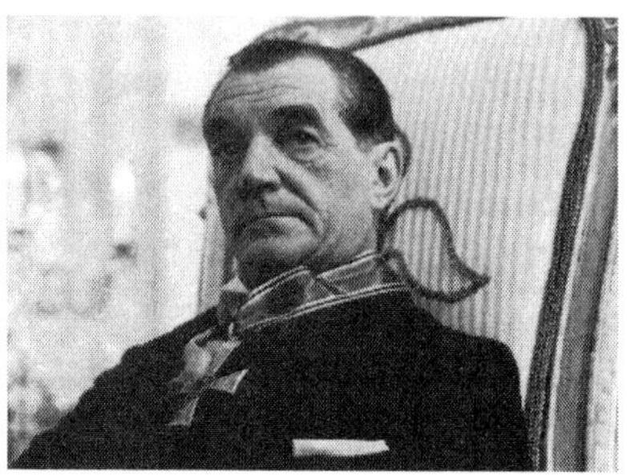

Carl-Heinz Schroth in ORDEN FÜR DIE WUNDERKINDER

Oberregierungsrat im Innenministerium aus, lässt amtliche Formulare drucken und verschickt an ausgewählte Mitbürger die frohe Nachricht, sie seien für eine Ordensverleihung vorgesehen, müssten jedoch vorher 750 Mark zur Gestaltung der Feier überweisen. Die beglückten Geehrten zahlen anstandslos, der Rubel rollt. Einige jedoch wollen ihn persönlich sprechen: ein Unternehmer beschwert sich, sein Konkurrent habe eine höhere Ordensklasse, obwohl er weniger Umsatz mache, ein Kreistagsabgeordneter moniert die Ehrung eines Oppositionsvertreters. Ziegler braucht ein standesgemäßes Büro, schleicht sich ins Innenministerium ein, wo er einen leerstehenden Raum findet. Die anderen Beamten halten ihn für den neuen Leiter einer geheimen Dienststelle, die die Abgeordneten überwachen soll. Alle haben deshalb Respekt oder gar Angst vor ihm. Schließlich wird ihm selbst der Verdienstorden verliehen, um seinen vermeintlichen Untersuchungseifer etwas zu dämpfen. Zieglers Köpenickiade fliegt dann doch auf, weil er seinen «Dienstwagen» bar aus eigener Tasche bezahlt hat. Da aber die ganze Geschichte keinesfalls an die Öffentlichkeit gelangen darf, erhalten alle von Ziegler Bedachten tatsächlich ihre Orden, aus den 750 Mark wird eine offizielle «Ordenssteuer», Ziegler wird befördert und gleichzeitig in den Ruhestand versetzt.

ORDEN FÜR DIE WUNDERKINDER – ausgezeichnet u.a. mit dem «Prix Italia» (wie schon zuvor ➲ SEELENWANDERUNG) – ist nicht nur eine der besten gesellschaftskritischen Satiren in der Geschichte des Fernsehspiels. Rainer Erler experimentierte auch mit einer im Medium bis dahin ungewöhnlichen Bildsprache, indem er z. B. die für den kleinen Bildschirm als unpassend erachtete Totale einsetzte. Die filmischen Mittel sollten sich der satirischen Intention unterordnen. «Die optische Stilisierung, die Satire im Bild, in der Handlung und im Dialog fügen sich zu einer Einheit zusammen. (...) Rainer Erler versucht, die Wirklichkeit zu überhöhen. Sein Ministerium erscheint völlig anonym. (...) Seine Bildsprache ist stark stilisiert. Seine Figuren treten in schwarzer Kleidung vor strahlend weißem Hintergrund auf (...). Bestimmte Schauplätze wirken betont künstlich» (Torsten Musial). Gänge und Räume wirken überdimensioniert, der riesige Park im Altersheim (eine Anspielung auf LETZTES JAHR IN MARIENBAD) ist so fotografiert, dass die Menschen zu kleinen Punkten werden, geometrisch zu Gruppen geordnet wie die Pflanzen. Geradezu genial war die Besetzung der Hauptrolle mit Carl-Heinz Schroth, «der dem Hochstapler eine korrekte, listige Haltung bis ins kleinste Detail hinein verlieh und dessen meisterhaft gepflegtes Äußere den Abgrund des Zynikers verdeckte: es blieb komisch, was sonst unangemessen boshaft ausgesehen hätte» (KF 35, 1963).

Literatur: Torsten Musial (Hrsg.): *Rainer Erler, Archiv-Blätter* 19, Berlin: Akademie der Künste 2009.

P

Die Patriarchin (2004)

P ZDF 2004 **Sd** 3., 5., 9.1.2005, ZDF (3 Teile) **R** Carlo Rola **B** Christian Schnalke **K** Frank Küpper **Sz** Rolf Küfner **M** Georg Kleinebreil **Ko** Bettina Weiß **S** Friedrike von Normann **T** Detlev Fichtner

D Iris Berben (Nina Vandenberg), Ulrich Noethen (Bent Peerson), Christoph Waltz (Wolf Sevening), Sophie Rois (Tanja Sevening), Felix Eitner (Kai Vandenberg), Michael König (Gero Vandenberg), Alexander Kerst (Gorm Vandenberg), Nadja Bobyleva (Finja), Steffen Wink (Steffen), Adrian Topol (Nils), Ina Weisse (Corinna), Jürgen Tarrach (Jens Tiede), Hans Diehl (Robert Bruckner), Julia Stinshoff (Susanna), Tobias Schenke (Frank Tischler), Jeroen Willems (Henry Theegarten), Miguel Herz-Kestranek (Arno), Debora Weigert (Frau Claasen), Karl-Michael Vogler (Jost Hasselbrock), Lisa Kreuzer (Ilka), Ruth Rex-Viehöver (Freia), Ulrich von Dobschütz (Staatsanwalt), Friedrich Karl Praetorius (Anwalt)

Nach dem Unfalltod des Kaffeeröstereibesitzers Vandenberg ermitteln Staatsanwaltschaft und Finanzamt: Vandenberg hatte nicht nur 500 000 € in bar bei sich, sondern auch 40 Mio. € aus der Firma abgezogen. 17,3 Mio. € Steuern sollen nachgezahlt werden. Damit steht die Firma vor dem Ruin. Während die bislang ahnungslose Witwe Nina Vandenberg den Chefsessel besetzt, um die Firma zu retten, wollen die heillos zerstrittenen anderen Familienmitglieder und Anteilseigner Nina «opfern», denn sowohl sie als auch der Staatsanwalt nehmen an, sie wüsste, wo die 40 Millionen sind. Außerdem neigt sie zum Alkoholismus und ist damit ohnehin «verdächtig». Nina sucht sich Verbündete gegen den «Clan», um an das veruntreute Geld zu kommen, andernfalls droht ihr selbst das Gefängnis. Eine Spur führt nach Kenia auf die Vandenberg-Plantagen. Dort trifft Nina nicht nur auf einen bislang unbekannten Bruder ihres Mannes, sondern macht auch die furchtbare Entdeckung, dass ihr Mann für ein Verbrechen an ihrer eigenen Familie (sie ist auf der Nachbarplantage aufgewachsen) verantwortlich war. 18 Jahre hat sie mit dem Mörder ihrer Familie zusammengelebt! Sie stößt auf ein raffiniertes Schein-Geschäft mit zwei Konten, kommt damit aber immer noch nicht an das Geld heran. Nun fädelt sie selbst eine Intrige ein, um ihren Neffen und Feind Wolf, der inzwischen Geschäftsführer ist, und – wie Nina glaubt – hinter den Machenschaften steckt, zu zwingen, das Geld einem Strohmann zu übergeben. Doch bei der Geldübergabe entpuppt sich der alte Firmenpatriarch, Ninas Schwiegervater, der sich längst aus der Firma zurückgezogen hatte, als Drahtzieher hinter den Transaktionen.

«Filmisch schreitet das zunächst ganz eindrucksvoll, weil geradlinig und ohne Firlefanz voran; die Schnitte machen meist gutes Tempo, der weitgehende Verzicht auf Rückblenden zeugt von Vertrauen in die Erzählung. Dieses Vertrauen aber zerbröselt sichtlich. Offenbar glaubt die Regie, die Charakterfieslinge allein mit immer neuen Überzeichnungen am Leben erhalten zu können. So stellt sich nach einer Phase der angenehmen Überraschung eine gewisse Gereiztheit beim Zuschauer ein: Es ist zuviel Salz in der Suppe. (...) Je abenteuerlicher das Drehbuch seine Verstrickungskonstrukte auftürmt, desto behaglicher kann man sich zurücklehnen und auf den Sieg des Matriarchats warten.»

(Hannes Hintermeier, *FAZ*, 3.1.2005)

DVD: Constantin; Highlight

PHANTASTEN (1979)

P WDR 1979 **Sd** 13., 17.6.1979, ARD (2 Teile) **R** Peter Beauvais **B** Dieter Wellershoff **K** Ingo Hamer **Sz** Peter Scharff **Ko** Dela Fredrich **S** Marie-Anne Naumann

D Manfred Krug (Breysig), Michael Degen (Sollier), Günter Strack (Hammerich), Kurt Hübner (Brunstein), Sabine Sinjen (Julia), Inken Sommer (Anja Heimann), Klaus Barner (Erich Heimann), Gustav R. Sellner (Dr. Plesse), Witta Pohl (Frau Hammerich), Susanne von Medvey, Doris Kaehler (ihre Töchter), Heinz Günter Kilian (Axmann), Hans Weicker (Sozialarbeiter), Alexander von Eschwege (Muchow), Axel Radler (Dreyling), Michael Hampe (Dr. Wegener)

Baulöwe Breysig ist aus dem Bauunternehmer-Kartell, das sich gegenseitig die Aufträge zuschiebt, ausgestiegen, weil er expandieren will. Er zieht sowohl Bankdirektor Sollier, der soeben zum Aufsichtsratsvorsitzenden seiner Bank gewählt wurde, als auch Stadtdirektor Hammerich auf seine Seite. Breysig will ein Gelände am Stadtrand kaufen, das noch gar nicht zum Bauland erklärt ist, um dort eine große Wohnsiedlung zu errichten. Zu diesem Zweck spaltet er seine Firma in mehrere Unterfirmen auf, wodurch sich das Kreditvolumen erhöht, das Sollier persönlich verantworten kann. Eine Bürgerinitiative protestiert mit Pressebegleitung auf dem Baugelände gegen die Zerstörung des letzten Waldgebiets der Stadt durch Spekulantentum und Korruption. Daraufhin kündigt Breysig beim Zeitungsverlag seinen Anzeigenauftrag. Gleichzeitig aber hat er Schwierigkeiten, die neuen Wohnungen zu verkaufen, da die Grundstückspreise stark gestiegen sind. Er kann den Bauarbeitern keine Löhne mehr bezahlen und beginnt mit Entlassungen. Sollier bekommt wegen seines Engagements für Breysig und wegen seines Umgehens der Meldepflicht bei der Kreditvergabe Probleme in seiner Bank. Auf einem chaotisch verlaufenden Fest, das Breysig zur Halbzeit der neuen «Nordstadt» gibt, wird Sollier klar, dass er ausgespielt hat, da ein beabsichtigtes Stillhalteabkommen mit Stadtdirektor Hammerich scheitert und Breysigs Wechsel platzen werden. Auf dem Heimweg erleidet Sollier einen Herzinfarkt. Breysig geht in Konkurs, versucht aber aus der Konkursmasse heimlich zu retten, was zu retten ist: Maschinen, Werkzeuge etc. Als beim Abtransport ein Fotoreporter auftaucht, wird dieser zusammengeschlagen. Die Bank ordnet eine Kreditrevision an und erteilt Sollier Hausverbot. Breysig setzt sich in die Schweiz ab, Hammerich bleibt OB-Kandidat seiner Partei, da er in dieser heißen Phase des Wahlkampfs nicht mehr ausgewechselt werden kann.

«Es ist das existentielle Moment, das Phantasten *von Fernsehfilmen ähnlicher Thematik (wie Bernd Schröders* ➲ Die Stadt im Tal*) abhebt. Der provinzielle Einzelfall wird bei Wellershoff transparent für die Grundspannungen unserer Epoche: Rationalität als Programm und reales Ausufern ins Phantastische, Wachstum und die Grenzen des Machbaren, gigantische Technologien und der Verlust ihrer Beherrschbarkeit, Öffentlichkeit und zerstörte Privatsphäre.»*

(Karl Prümm in: *medium* 5, 1979, S. 32)

Text in: Dieter Wellershoff: *Glücksucher*, Köln: Kiepenheuer & Witsch 1979. – Ders.: *Werke* 6, Köln: Kiepenheuer & Witsch 1997.
Literatur: Manfred Durzak: Der Tanz um das goldene Kalb. Zur Darstellung von Wirtschaftsprozessen in Wellershoffs zweiteiligem Fernsehspiel Phantasten und seinem Roman ‹Der Sieger nimmt alles›, in: *Dieter Wellershoff. Studien zu seinem Werk*, Köln 1990, S. 176–199.

Die Physiker (1964)

P SDR 1964 **Sd** 5.11.1964, ARD **R** Fritz Umgelter **B/L** Friedrich Dürrenmatt **K** Rolf Ammon **Sz** Walter Dörfler **Ko** Annegret Stieler **S** Stella Niecke **T** Rolf Reinhardt
D Therese Giehse (Dr. Mathilde von Zahnd), Gustav Knuth (Newton), Kurt Ehrhardt (Einstein), Wolfgang Kieling (Möbius), Siegfried Lowitz (Insp. Voss), Rosemarie Fendel (Lina Rose), Willy Semmelrogge (Oskar Rose), Hans Schmidt (Adolf-Friedrich), René Franckh (Wilfried Kasper), Siegfried Schmidt (Jörg Lukas), Lilo Barth (Oberschwester), Renate Schroeter (Schwester Monika), Günter Skopnik (Gerichtsmediziner), Werner Veidt (Blocher), Hans-Werner Kirchner (Guhl), Gerhard Zech (Oberpfleger), Walter Scott, John Jonston (Pfleger)

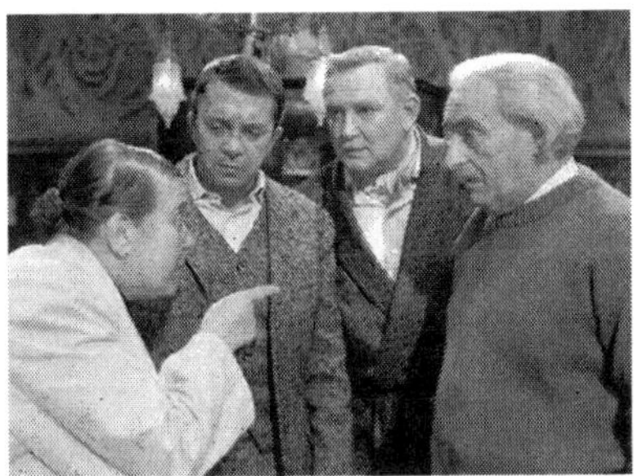

Therese Giehse, Wolfgang Kieling, Gustav Knuth und Kurt Erhardt in Die Physiker

Die Polizei wird in das von der Irrenärztin Mathilde von Zahnd geleitete Sanatorium gerufen. Der Insasse Ernesti, der sich für Einstein hält, hat eine Krankenschwester umgebracht. Schon drei Monate zuvor war eine andere Schwester von Beutler, der sich als Newton ausgibt, ermordet worden. Als Irre bleiben die Täter zwar von der Verhaftung verschont, doch sollen sie künftig von männlichen Pflegern beaufsichtigt werden. Ein dritter ehemaliger Physiker, Möbius, der unter dem Einfluss des Königs Salomo steht, erhält den Abschiedsbesuch seiner früheren Frau, die mit ihrem neuen Mann, dem Missionar Rose zu den Marianen aufbricht. Auch Möbius erwürgt eine Krankenschwetser, nachdem sie ihm gestanden hat, sie liebe ihn und halte ihn außerdem für einen Simulanten. Möbius sieht sich durchschaut und deshalb zu dem Mord gezwungen, denn er ist ebensowenig geisteskrank wie «Einstein» und «Newton». Diese sind in Wirklichkeit im Auftrag gegnerischer Geheimdienste hier, um den genialen Physiker Möbius zu entführen. Auch sie haben gemordet, um ihre Aufdeckung zu verhindern. Möbius hat sich aus ethischen Gründen freiwillig ins Sanatorium begeben, um die Menschheit vor seinen gefährlichen Entdeckungen zu schützen. Doch dieses Opfer war vergeblich, denn als tatsächlich Irre entpuppt sich die Ärztin Mathilde von Zahnd, die die drei Physiker in ihrem Haus behält, um sich ihrer zu bedienen. Sie hat es auch arrangiert, dass die drei zu Mördern wurden und somit ihrer Irren-Rolle nicht mehr entschlüpfen können. Dr. von Zahnd dagegen hat mit den Formeln und Papieren von Möbius Geschäfte gemacht, einen Trust gegründet, mit dem sie Welt und Menschheit auszubeuten gedenkt. Die drei Physiker resignieren angesichts der Tatsache, dass die Welt in die Hände einer verrückten Irrenärztin gefallen ist: «Was einmal gedacht wurde, kann nicht mehr zurückgenommen werden.»

Die von Dürrenmatt selbst geschriebene Fernseh-Fassung seiner ohnehin nach den klassischen Einheiten von Ort, Raum und Zeit strukturierten Komödie (Uraufführung 1962 in Zürich ebenfalls mit Therese Giehse und Gustav Knuth) erlaubt sich nur wenige «filmische» Sequenzen: die Fahrt der Polizei mit Blaulicht durch die Stadt zum Sanatorium, der An- und Abmarsch von Familie Möbius.

«Die Schlussszene wird wieder beherrscht von der Giehse, nicht in ihrer Funktion als Gebieterin über den alles gefährdenden Trust, sondern durch eine großartige Apotheose dieser schauspielerischen Ausdeutung der kulminierenden Rolle. Die künstliche, ausgefeilte Zeremonie des Weineinschenkens in der Vorfreude auf den Sieg, das triumphierende ‹durch eure Morde›, die komprimierte Altjüngferlichkeit bei dem Wort ‹unfruchtbar›, das muss man gesehen und gehört haben, es ist unbeschreiblich.»

(Egon Netenjakob, *FK*, 12, 1964)

DVD: KNM

DIE PIEFKE-SAGA (1990) ★

P NDR/ORF 1990 **Sd** 30.10.1990 NDR III, 17., 20., 24.2.1991, ARD (3 Teile) **R** Wilfried Dotzel **B** Felix Mitterer **K** Michael Thiele **M** Wilhelm Dieter Siebert **Sz** Martin Zimmermann **Ko** Magda Hauschulz **S** Ursula Höf **T** Rolf Schmidt-Gentner **Do** Mayrhofen/Zillertal

D Dietrich Mattausch (Karl-Friedrich Sattmann), Kurt Weinzierl (Franz Wechselberger), Brigitte Grothum (Elsa), Ralf Komorr (Gunnar), Sabine Cruso (Sabine), Ferdinand Dux (Heinrich), Hans Richter (Hans), Josef Kuderna (Max), Ludwig Dornauer (Thomas), Brigitte Jaufenthaler (Anna), Tobias Moretti (Joe), Gregor Bloéb (Stefan), Sascha Scholl (Manfred Holleschek), Veronika Faber (Christl), Peter Kluibenschädl (Andreas), Doris Goldner (Olga), Barbara Weber (Maria), Hans Kolp (Pfarrer), Else Anderka (Lena)

Wie jedes Jahr macht der deutsche Unternehmer Karl-Friedrich Sattmann mit seiner Familie Urlaub im Tiroler Lahnenberg. Ein kritischer Artikel in einer Zeitschrift über die «Piefke»-Touristen bringt ihn auf die Palme. Die Sattmanns ziehen aus dem Hotel aus und quartieren sich im abgelegenen Rotterhof ein. Sattmann will die anderen Touristen auf einer Protestversammlung gegen die Einheimischen mobilisieren. Doch dem Bürgermeister und Hotelbesitzer Franz Wechselberger gelingt es, den Zorn der Urlauber auf die Urheber des Artikels (darunter peinlicherweise der Bruder des Bürgermeisters) abzulenken, die von den Einheimischen prompt krankenhausreif verprügelt werden. Die Bestrafung der Sündenböcke bietet Gelegenheit zur Versöhnung, ein Minister aus Wien entschuldigt sich persönlich für die «Verunglimpfung». Doch auch die nächsten Urlaube fallen für Sattmann recht unharmonisch aus. Bei der letzten Fahrt wird er hoch oben auf dem Sessellift vergessen, dann von einer Lawine verschüttet. Sohn Gunnar schwängert die Tochter vom Rotterhof und wird obendrein in den örtlichen Cannabis-Handel verstrickt. Im nächsten Sommer ist Sattmann im Berg-Stress, weil er unbedingt die silberne Leistungsnadel im Wandern erringen will. Er hetzt von Hütte zu Hütte. Doch der jeweilige Ärger ist schnell wieder verraucht. Ein Jahr darauf eröffnet er sogar eine Schneekanonen-Fabrik in Lahnenberg, und seine Tochter heiratet den Dorfcasanova. Doch Sattmanns Liebe zu Tirol wird schon wieder enttäuscht. Als die Abwässer der Fabrik das Grundwasser verseuchen, wechselt Sattmanns Kumpan Franz die Fronten, weil er um seine Wiederwahl fürchtet. Sattmann will die Fabrik nach Bayern verlegen und nie wieder einen Fuß nach Tirol setzen. Doch zu Hause, als sie sich in Urlaubsprospekten nach anderen Orten umsehen, steht plötzlich eine Blaskapelle aus Lahnenberg vor der Tür.

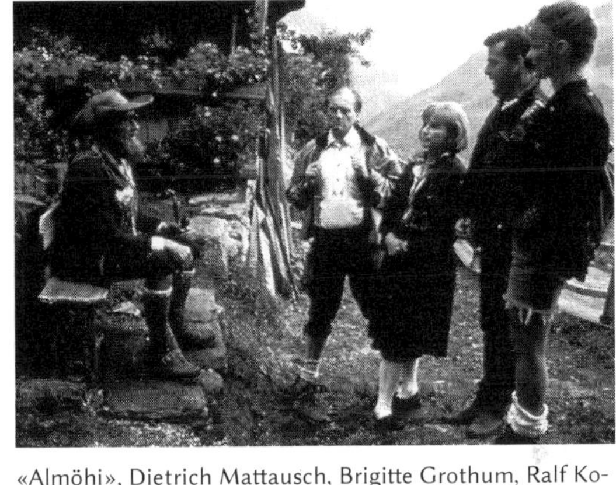

«Almöhi», Dietrich Mattausch, Brigitte Grothum, Ralf Komorr und Sabine Cruso in DIE PIEFKE-SAGA

«Die grobschlächtige Überzeichnung aller beteiligten Personen ließ nur hier und da realistische Hintergründe erahnen. Zu künstlich wirkten die garstigen Konfrontationen, diese kruden Machenschaften, die stürmischen Liebschaften und die euphorischen Versöhnungen.»
(abt., *Stuttgarter Zeitung*, 26.2.1991)

Die Jury des Adolf-Grimme-Preises sah es anders: «Alle Möglichkeiten des Bild-Mediums werden unter der Regie von Wilfried Dotzel ausgeschöpft, ohne dass es beliebig wird; satirisch überdrehte Bosheiten wechseln stimmig ab mit leise anrührenden Momenten, die getrost auch mal sentimental sein dürfen.»

Text: Felix Mitterer: *Die Piefke-Saga*, Innsbruck: Haymon 1991.
DVD: EuroVideo

DER POTT ➲ ROTMORD

PREIS DER FREIHEIT (1965) ★

P NDR 1965 **Sd** 15.2.1966, ARD **R** Egon Monk **B** Dieter Meichsner **K** Walter Fehdmer **Sz** Herbert Kirchhoff **Ko** Ingrid Eggert **S** Irene Brunhöver **T** Rolf Keitel **RAss** Erika Runge

D Eberhard Fechner (Pierott), Ortwin Speer (Hönisch), Jochen Genscher (Drehmel), Lutz Mackensy (Grüttner), Peter Müller (Petri), Joachim Richert (Zunkel), Nikolaus Dutsch (Rühl), Hans-G. Harnisch (Siebert), Ulrich Radke (Schwaiger), Fritz Hollenbeck (Firzlaff), Ulrich Liedtke (Richard), Wolfgang Zerlett (Schillak), Herbert Leonhardt (Kompaniechef), Franz Rudnick (Politstellvertreter), Edgar Bessen (Postenführer), Franz Arzdorf (Regimentskommandeur), Joachim Boldt (Hauptmann), Dietrich Stephan (UvD), Henning Venske (Georg)

Der Film, der 24 Stunden im Leben von DDR-Grenzern an der Berliner Mauer beschreibt, entzieht sich der bis dahin üblichen Konzeption von Ost-West-Geschichten. Er verzichtet auf jegliches Freiheit-vs.-Diktatur-Pathos, mit Ausnahme des Schlusses auch auf eine dramaturgische Zuspitzung – das Flucht-Motiv ist nur an der Peripherie des Geschehens angesiedelt –, hat keine zur Identifikation einladende Hauptfigur und löst die Handlung in einzelne Episoden auf. Ost- und Westmilieu sind nahezu austauschbar (und für den Zuschauer oft nur an den Uniformen zu unterscheiden). Im Mittelpunkt steht der (vor allem nächtliche) Streifendienst der DDR-Grenzer, die sich im schnoddrigen Tonfall über ihren Alltag unterhalten: den Dienst, ihre Familien, Wohnungsprobleme, Lebensverhältnisse in ihrer Heimatregion (sie stammen aus allen Teilen der DDR) unter Aussparung jeglicher ideologischer Diskussionen. Der Dienst an der Grenze erweist sich als Arrangement mit einer ungeliebten Situation, nicht als Identifikation mit dem System und schon gar nicht als Funktion eines vermeintlich mörderischen Regimes: «Der Blick auf den Alltag entideologisiert den Gegenstand» (Domurath). Ihr Verhältnis untereinander ist weniger von Solidarität als von Misstrauen geprägt. In einer Episode wird ein Grenzer bestraft, weil er im Dienst eingeschlafen ist, in einer Parallelhandlung – die jedoch nicht zum Konflikt führt – plant eine Gruppe Ost-Berliner Studenten eine Flucht, gibt ihr Vorhaben aber wieder auf. Der dramatische Höhepunkt am Schluss kommt überraschend: einer der Grenzer flieht in den Westen und verletzt dabei einen Kameraden.

▶ Meichsner schrieb mit Gerhard Langhammer und die Freiheit (NDR 1967, R: Rolf Busch) eine Fortsetzung über die Erfahrungen eines geflüchteten DDR-Grenzers im Westen, seine Probleme bei der Anpassung an die Arbeits- und Konsumwelt. Die allgemeine Tendenz zur Profanisierung und Entmythisierung der innerdeutschen Grenze im Fernsehspiel führte schließlich zur politischen Komödie in ➲ Die Dubrow-Krise.

Text in: *Rundfunk und Fernsehen* 4, 1965.
Literatur: Brigitte Domurath: *Das faktographische Fernsehspiel Dieter Meichsners*, Frankfurt 1987, S. 84–109.

Der Prozess (1984)

P NDR 1984 **Sd** 21., 23., 25.11.1984, NDR III (3 Teile) **R/B** Eberhard Fechner **K** Frank Arnold, Niels-Peter Mahlau u. a. **S** Brigitte Kirsche **T** Dieter Schulz

Im nationalsozialistischen Vernichtungslager Majdanek wurden zwischen 1941 und 1944 mindestens 250 000 Menschen vergast, erschossen, erschlagen. 30 Jahre später, von 1974 bis 1981 fand vor dem Landgericht Düsseldorf die Verhandlung gegen 17 Verantwortliche statt, der längste

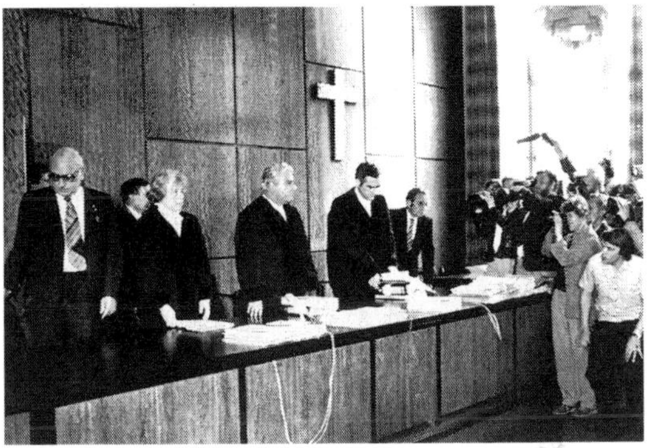

Der Prozess

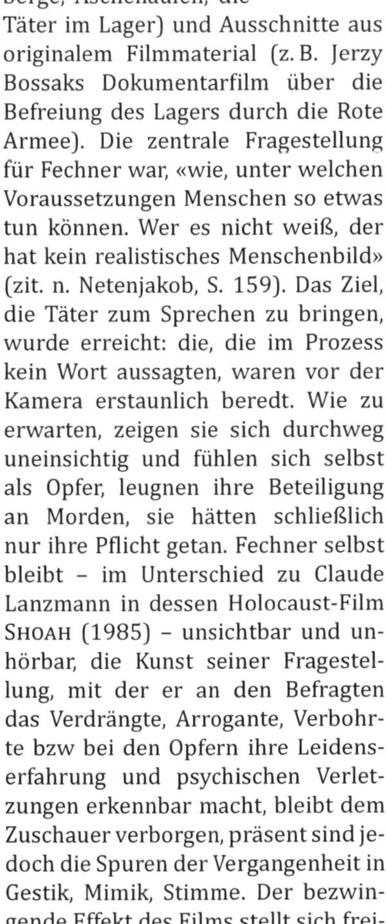

Prozess der deutschen Justizgeschichte. Gegenstand von Fechners Dokumentarfilm ist nicht die Verhandlung an sich, da im Gerichtssaal nicht gefilmt werden durfte. Er besteht wesentlich aus Interviews mit den Prozessbeteiligten: Angeklagte, überlebende Zeugen, Juristen. Hinzu kamen zahlreiche Fotos (z. B. Leichenberge, Aschehaufen, die Täter im Lager) und Ausschnitte aus originalem Filmmaterial (z. B. Jerzy Bossaks Dokumentarfilm über die Befreiung des Lagers durch die Rote Armee). Die zentrale Fragestellung für Fechner war, «wie, unter welchen Voraussetzungen Menschen so etwas tun können. Wer es nicht weiß, der hat kein realistisches Menschenbild» (zit. n. Netenjakob, S. 159). Das Ziel, die Täter zum Sprechen zu bringen, wurde erreicht: die, die im Prozess kein Wort aussagten, waren vor der Kamera erstaunlich beredt. Wie zu erwarten, zeigen sie sich durchweg uneinsichtig und fühlen sich selbst als Opfer, leugnen ihre Beteiligung an Morden, sie hätten schließlich nur ihre Pflicht getan. Fechner selbst bleibt – im Unterschied zu Claude Lanzmann in dessen Holocaust-Film Shoah (1985) – unsichtbar und unhörbar, die Kunst seiner Fragestellung, mit der er an den Befragten das Verdrängte, Arrogante, Verbohrte bzw bei den Opfern ihre Leidenserfahrung und psychischen Verletzungen erkennbar macht, bleibt dem Zuschauer verborgen, präsent sind jedoch die Spuren der Vergangenheit in Gestik, Mimik, Stimme. Der bezwingende Effekt des Films stellt sich freilich erst durch die Montage der – im übrigen thematisch gegliederten – Interviews ein. Sie folgt Fechners schon mehrfach erprobtem Prinzip (vgl. ➲ Nachrede auf Klara Heydebreck), aus den verschiedenen individuellen Stimmen eine kollektive zu machen, eine große «Gesprächsrunde» zu simulieren, indem er die Aussagen von Tätern, Opfern, Zeugen mischt und gleichsam in einen fiktiven Dialog versetzt. Es entstehen so Ergänzungen, Bekräftigungen, Konfrontationen, Widersprüche (etwa wenn ein Zeuge mittels Schnitt einen Satz zu Ende führt, den ein Angeklagter begonnen hat), was zu einer ungeheuren Verdichtung der Aussagen führt. Hierzu war es auch wichtig, dass alle Personen aus dem gleichen Blickwinkel aufgenommen wurden, so dass durch den Schnitt kein harter Bruch entstand. Die Befragten bleiben anonym, nur durch genaues Hinhören ist auszumachen, ob es sich um Täter oder Opfer handelt. Dieser komplexe Diskurs lässt ein simples Mit-Leiden des Zuschauers nicht zu (wie etwa in der Serie Holocaust).

Fechners Prozess gehört neben Claude Lanzmanns Shoah zweifellos zu den bedeutendsten und aufklärerischsten Holocaust-Filmen überhaupt. Der Skandal besteht darin, dass seine Aufführung einem Rarissimum gleichkommt (auch bei seiner Uraufführung war er in die Dritten Programme abgeschoben worden, was damals eine umfangreiche publizistische Kontroverse auslöste). Das Verstecken im Sender-Archiv hängt wohl auch damit zusammen, dass er kein Dokumentarfilm über ein historisches Ereignis ist, sondern über die Auseinandersetzung mit diesem Ereignis in der Gegenwart. Er stünde im heutigen Programm-Umfeld auch wie ein erratischer Block da.

«Anders als das echte Verfahren ist sein (Fechners) Prozess noch nicht zu Ende und er wird, glaube ich, auch länger dauern. Wer steht jetzt vor Gericht? Einige Kunstwerke verlangen eine Antwort – sonst verfallen sie. (...) Dieser Film macht uns den Prozess und unsere Antwort wird unsere Rolle darin festlegen, als Richter oder Opfer, als Monster oder Beobachter. (...) Fechner hat meine schlaflosen Nächte mit seinen lebenden Ikonen bevölkert, er hat auf mein Dach getrommelt wie der Sturm am Freitagabend und hat um Einlass gebeten. Jetzt leben wir in einer Wohngemeinschaft – ein Alptraum, wenn man so will – doch Alpträume sind so notwendig wie der tägliche Triumph unserer Därme.»
(George Tabori, *SZ*, 29.11.1984)

▶ Das apologetische Reden der Täter, die vom Interviewer nicht unterbrochen wurden, war schon Gestaltungsmerkmal von Ebbo Demants Dokumenatarfilm Lagerstrasse Auschwitz (SWF 1979). Demant liess drei bereits verurteilte NS-Massenmörder im Gefängnis über ihre Taten reden und veröffentlichte die Protokolle: Ebbo Demant (Hrsg.): Auschwitz – «Direkt von der Rampe weg...», Reinbek 1979.

Literatur: Michael Marek: Verfremdung zur Kenntlichkeit. Das Erinnern des Holocausts. Gestaltungsprozesse in den Filmen Der Prozess von Eberhard Fechner und Shoah von Claude Lanzmann, in: *Rundfunk und Fernsehen* 36, 1988, S. 25–44. – Egon Netenjakob: *Eberhard Fechner. Lebensläufe dieses Jahrhunderts im Film*, Weinheim/Berlin 1989, S. 140–183. – Ulrich Wendt: Prozesse der Erinnerung. Filmische Verfahren der Erinnerungsarbeit und der Vergegenwärtigung in den Filmen Shoah, Der Prozess und Hotel Terminus, in: *Cinema* 39, 1993, S. 35–54. – Simone Emmelius: *Fechners Methode. Studien zu seinen Gesprächsfilmen*, St. Augustin 1996. – Martina Thiele: *Publizistische Kontroversen über den Holocaust im Film*, Münster 2002, S. 339–377. – Knut Hickethier: Ermittlungen gegen die Unmenschlichkeit – Der Prozess von Eberhard Fechner, in: Waltraud ‹Wara› Wende (Hrsg.): *Geschichte im Film*, Stuttgart/Weimar 2002, S. 141–158. – Peter Reichel: *Erfundene Erinnerung*, München 2004, S. 272–284. – Susann Reck: *Shoah und Prozess. Der Regiestil in den Dokumentarfilmen von Claude Lanzmann und Eberhard Fechner*, Saarbrücken 2008. – Sonja M. Schultz: *Der Nationalsozialismus im Film*, Berlin 2012. – Zu Lagerstrasse Auschwitz: Judith Keilbach: *Geschichtsbilder und Zeitzeugen*, Münster 2008, S. 167–181.

Der Prozess Carl von O. ➲ Operation Walküre

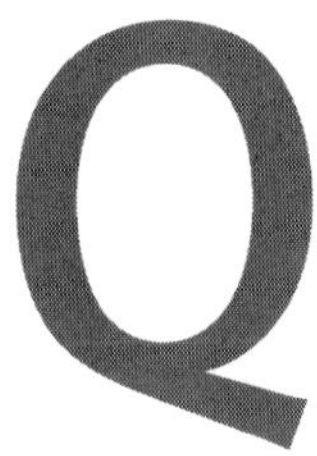

Die Quittung (2003)

P ZDF 2003 **Sd** 19.1.2004, ZDF **R** Niki Stein **B** Detlef Michel **K** Arthur W. Ahrweiler **M** Ulrik Spies, Jacki Engelken **Sz** Benedikt Herforth **Ko** Anette Schröder **S** Nicola Undritz **T** Uve Haußig
D Jan Gregor Kremp (Olaf Bongartz), Heikko Deutschmann (Christian Conradi), Anke Sevenich (Beatrice), Paula Paul (Marina), Katharina Thalbach (Kommissarin Wartenberg), Hermann Treusch (Anwalt Feldmann)

Vier Freunde führen ein Feinschmecker-Lokal: Inhaberin Beatrice, ihr Mann Christian als «Maitre de plaisir», Olaf als Chefkoch, seine Frau Marina als Kellnerin. Dann wird Beatrice tot in einem Steinbruch aufgefunden. Selbstmord? Ein bizarre, offenbar «Columbo» parodierende Kommissarin taucht auf, die sich nicht nur an den Töpfen und Pfannen des Lokals zu schaffen macht, sondern auch unangenehme Fragen stellt. Es gab Steuerschulden und unterschlagenen Edel-Wein, und Christians Alibi aus Kaufhaus-Quittungen und zur Tatzeit abgeschlepptem Auto ist mehr als fadenscheinig. Dennoch gilt Selbstmord als offizielle Version, die Ermittlungen werden eingestellt. Derweil kommt Koch Olaf dahinter, dass ihn seine Frau Marina mit Christian betrügt. Er fädelt nun eine eigene Intrige ein, gibt vor, selbst eine Freundin zu haben, bringt Marina aus Rache um und lenkt den Verdacht geschickt – geradezu perfekt – auf Christian, indem er ein fingiertes Alibi mit Einkaufs-Quittungen arrangiert, geradeso wie es Christian wohl selbst gemacht hat, um Beatrice umzubringen. Die Rechnung geht auf: Christian wird wegen Mordes in zwei Fällen verurteilt und das Restaurant

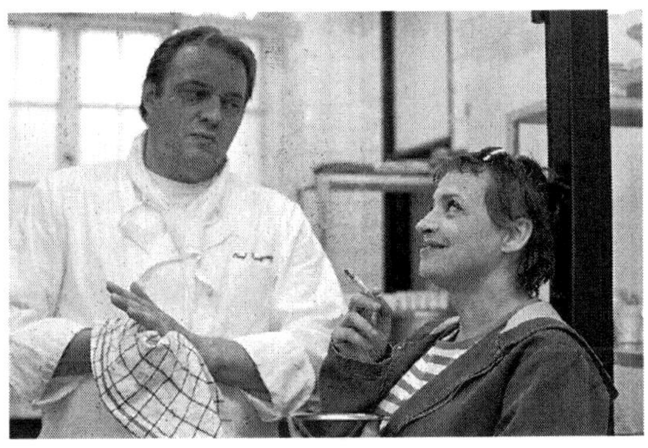

Jan Gregor Kremp und Katharina Thalbach in Die Quittung

fällt Olaf zu, bei dem sich nun allerdings die verfressene Kommissarin als Dauergast einnistet.

«Wo Columbo allerdings noch die Form wahrt, seine Höflichkeit bis zur Demut zelebriert und nahezu unterwürfig seinen Verdacht ausbreitet, da gibt sich sein weibliches Pendant in diesem Film frech, dreist, aufdringlich, hemmungslos und (was sind schon zwei Todesfälle?) pietätlos. Ein Irrwisch der zotigen Recherche, eine tabulose Fahnderin, eine quäkende, knarzende, bis zur ungeschminkten Unhöflichkeit kalauernde Fahnderin. Ihr Psychoduell mit Olaf Bongartz: das ist der wunderbare Höhepunkt dieses Fernsehfilms. Der Zuschauer darf sich über pointierte Dialoge und einen Reigen der Verlogenheit, des Misstrauens, der üblen Absichten freuen. Und er darf sich nebenbei mit der juristischen Frage auseinandersetzen, ob der immer wiederkehrende Besuch einer aufdringlichen, geschwätzigen, vor sich hin kauenden Kommissarin nicht schlimmer ist als eine mehrjährige Zuchthausstrafe.»

(Hans-Heinrich Obuch, *FAZ*, 19.1.2004)

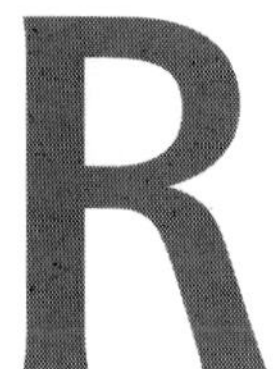

Radetzkymarsch (1965/1994)

P BR/ORF 1965 **Sd** 18., 19.4.1965, ARD (2 Teile) **R/B** Michael Kehlmann **L** Joseph Roth **K** Elio Carniel **M** Rolf Wilhelm **Sz** Walter Dörfler **Ko** Erika Thomasberger **S** Leontine Klika **T** Karl Höfler
D Leopold Rudolf (Baron Trotta), Helmuth Lohner (Carl Joseph), Manfred Inger (Dr. Demant), Hans Jaray (Graf Chojnitzky), Max Brebeck (Kaiser Franz Joseph), Karl Ehmann (Jacques), Rudolf Rhomberg (Slama), Eva Fiebig (Frl. Hirschwitz), Fritz Eckhardt (Knopfmacher), Hertha Martin (Eva), Senta Wengraf (Frau von Taussig), Helmut Qualtinger (Kapturak), Hintz Fabricius (Dr. Skowronnek), Pitt Krüger (Onufrij), Franz Stoss (Mj. Zoglauer), Ernst Meister (Hptm. Wagner), Walter Sedlmayr (Taittinger), Jane Tilden (Frau Kathi)

P ORF/BR 1994 **Sd** 25., 26.12.1994, ARD (2 Teile) **R** Axel Corti **B** Georges Conchon, Louis Gardel, Erik Orsenna, Axel Corti **L** Joseph Roth **K** Gernot Roll **M** Zbigniew Preisner **Sz** Karl Vacek **Ko** Uli Fessler **S** Ulrike Pahl, Susanne Hartmann **T** Ian Voigt
D Max von Sydow (Stimme: Werner Gasser; Franz von Trotta), Tilman Günther (Stimme: Gabriel Barilly; Carl Joseph), Claude Rich (Stimme: Peter Matic; Dr. Demant), Charlotte Rampling (Stimme: Michaela Rosen; Frau von Tausig), Julis Stemberger (Frau Demant), Gert Voss (Chojnicki), Elena Sofia Ricci (Katharina Slama), Bruno Dallansky (Slama), Fritz Muliar (Knopfmacher), Michael Schönborn (Tattenbach), Friedrich von Thun (Taittinger), Friedrich W. Bauschulte (Kaiser Franz Joseph), Karlheinz Hackl (Wagner), Gustl Halenke (Frau Hirschwitz), Erzähler: Udo Samel

In der Schlacht von Solferino (1859) rettet Leutnant Trotta dem Kaiser das Leben und wird dafür geadelt. Doch als ein Lesebuch seine Tat verfälschend heroisiert, zieht er sich enttäuscht aus dem Militärdienst zurück. Sein Sohn Franz wird auf Wunsch des Vaters Bezirkshauptmann in Mähren, ein pflichtbewusster, verknöcherter Beamter. Dessen Sohn Carl Joseph soll aus Gründen der Familientradition – mit dem «Helden von Solferino» als Vorbild – wieder in die Armee. Doch der Ruhm des Großvaters erweist sich als Last. Nach tragischen Erfahrungen mit Frauen und Freunden (seine wesentlich ältere Geliebte stirbt bei der Geburt ihres Kindes, der Regimentsarzt Dr. Demant stirbt bei einem sinnlosen «Ehren»-Duell, für das Trotta der Anlass ist), hasst er die Armee. Doch anstatt seinen Abschied zu nehmen, lässt er sich an die russische Grenze versetzen und führt dort eine selbstentfremdete Existenz mit Flucht in den Alkohol. Als er end-

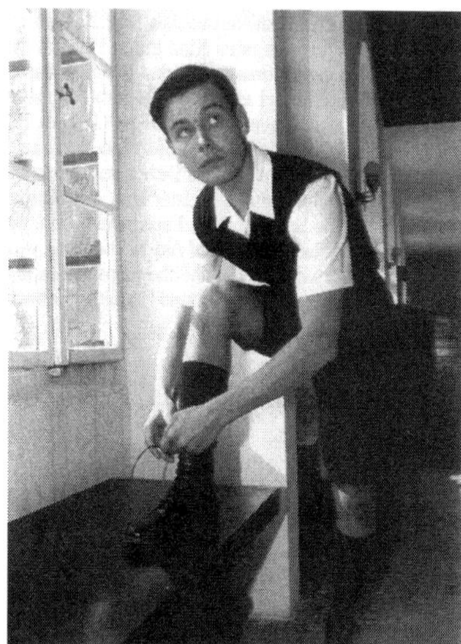

Tilman Günther als Joseph von Trotta in RADETZKYMARSCH

lich doch ins Zivilleben zurückkehren will, bricht der Erste Weltkrieg aus, und Trotta stirbt unter banalen Umständen: nicht mit dem Gewehr in der Hand, sondern mit zwei Wassereimern. Der Vater ist erschüttert über den Untergang seiner monarchischen Illusionen und den Zerfall der traditionellen Werte («alles verliert irgendwie seinen Sinn») und stirbt an dem Tag, an dem der uralte Kaiser Franz Joseph, der sich längst selbst überlebt hat, begraben wird.

Beide Verfilmungen sind Meisterwerke der Literatur-Umsetzung ins andere Medium. Kehlmann erzielt seine Wirkungen vor allem mit einer erstaunlich bewegten Kamera, Corti besticht durch den Zusammenklang von Dekor und Raumarchitektur. Nach Cortis Tod im Dezember 1993 wurde der Film von Kameramann Gernot Roll vollendet. Die Verfilmung von 1965 sorgte in konservativen Kreisen Österreichs für einen Skandal. Die Darstellung der Armee (Alkoholismus) wurde als defätistisch und die des Kaisers (ein seniler Greis im Nachthemd mit Schnupfen) als nationale Schmähung empfunden.

Kehlmann verfilmte auch Joseph Roths HIOB (ORF 1979, m. Günter Mack in der Titelrolle) sowie TARABAS (1982) und FLUCHT OHNE ENDE (1985).

«Michael Kehlmann bewährt sich als vorzüglicher Transpositeur; die optische Verdeutlichung gelang. (...) Obwohl der Bearbeiter (...) sich ganz auf das Wechselspiel zwischen dem Bezirkshauptmann und dem jungen Carl Joseph beschränkte, blieb die Rothsche Untergangsstimmung, vanitas vanitatum, deshalb gewahrt, weil Kehlmann die optische Ergiebigkeit des Grundmotivs, der Relation zwischen dem Kaiser und dem Trotta-Porträt, richtig eingeschätzt hatte, und auf diese Weise die Identität von hoher Politik und signifikantem Familienschicksal anschaulich zu beleuchten verstand.»

(Momos [= Walter Jens], *Die Zeit* 18, 1965)

«Cortis Bauten und Räume entfalten eine eigene Poesie und eine eigene erzählerische Kraft – die geduckte Schenke, die zwischen zwei großen Häusern fast erdrückt wird, die nur den einfachen Soldaten vorbehalten ist und gerade deshalb für den einsamen Leutnant Trotta eine besondere Wärme ausstrahlt; das halbfertige Luxushotel im gottverlassenen Grenzort, mit gähnend leeren, verrauchten Sälen und armseligen Kulissen des Mondänen.»

(Karl Prümm, *epd/KR* 1, 1995)

Literatur: Arno Rußegger: Michael Kehlmanns RADETZKYMARSCH (1965), in: *Modern Austrian Literature* 32, 1999, Nr. 4, S. 40–59.

DVD: Edition Der Standard (Kehlmann); Praesens-Film (Corti)

Die Ratten (1959)

P NWRV 1959 **Sd** 12.3.1959, ARD **R** John Olden **B** Gerd Oelschlegel **L** Gerhart Hauptmann **K** Karlheinz Wüst **Sz** Walter Dörfler **Ko** H. Metzner **S** Helga Stumpf **T** Karl-Heinz Schulte

D Gisela von Collande (Frau John), Walter Richter (John), Walter Suessenguth (Hassenreuter), Ingrid Andree (Pauline), Peter Mosbacher (Bruno), Rolf Nagel (Erich Spitta), Erich Weiher (Pastor Spitta), Charlotte Kramm (Frau Hassenreuter), Renate Schroeter (Walburga), Elisabeth Flickenschildt (Sidonie Knobbe), Edith Hancke (Selma), Stanislav Ledinek (Quaquaro), Gustl Busch (Frau Kielbacke), Siegfried Graw (Käferstein)

Gerhart Hauptmann kontrastiert in seiner Tragikomödie das Bildungsbürgertum und seinen verstiegenen Idealismus in Gestalt des Theaterdirektors Hassenreuter mit dem milieugebundenen Proletariat der Handwerkerfrau John. Diese bringt, um den drängenden Wunsch ihres Mannes nach einem Kind zu erfüllen, das ledige Dienstmädchen Pauline dazu, deren neugeborenes Kind ihr zu überlassen und als ihr eigenes auszugeben. Als Pauline ihr Kind zurückfordert, unterschiebt ihr Frau John das todkranke Kind der Nachbarin. Aus Angst vor Entdeckung hetzt Frau John ihren dumpf-dämonischen Bruder Bruno gegen Pauline, der sie umbringt. Schließlich doch entlarvt und der Anstiftung zum Mord verdächtigt, nimmt sich Frau John das Leben. Die Mietskaserne, in der sich das Geschehen abspielt, steht stellvertretend für die ganze Gesellschaft, die von Ratten unterminiert und zerfressen wird.

Die TV-Inszenierung wandte sich vom bisher üblichen statischen und live gesendeten «Studiotheater» des Fernsehspiels ab und setzte auf eine betont filmische Umsetzung (z. B. Außenaufnahmen, Schuss-Gegenschuss-Verfahren). Frühere Kinoverfilmung von Robert Siodmak (1955 mit Heidemarie Hatheyer und Maria Schell), spätere Fernsehverfilmung von Peter Beauvais (WDR 1968 mit Inge Meysel als Frau John).

«Die Fülle der dramaturgisch genau berechneten, wie nach einem Drehbuch gesteuerten Wechsel von Blickwinkel, Totale, Nahaufnahme, Großaufnahme berechtigt ebenso von einer Verfilmung zu sprechen. Dabei ist es gleichgültig, mit welchen Mitteln der Effekt erreicht wurde, ob durch Aufteilung in Einstellungen oder kontinuierliche Aufnahme mit drehbuchartigem Kamerafahrplan, verschiedensten Brennweiten und verschiebbaren Kulissen – in jedem Falle ist die Wirkung der filmischen Regie gleich. Sie integriert die zweidimensionale Guckkastenbühne zum dreidimensionalen Zimmertheater. Sie bringt jede Spielphase in Hautnähe. Und sie zwingt den Blick auf den dramatischen Konzentrationspunkt des Moments. Einer solchen Massierung gezielter Bilder kann man sich nicht mehr entziehen – vorausgesetzt, dass die Schauspieler soviel geben wie hier. Sie und die filmische Regie haben diesmal alle technischen Mängel überspielt.» (oh, *FK* 11, 1959)

▶ John Olden inszenierte für den NDR auch Gerhart Hauptmanns Komödie Der Biberpelz (1962, K: Walter Zen, Sz: Werner Dörfler) mit Inge Meysel als Frau Wolff und Ernst Schröder als Wehrhahn.

Literatur: Michael Schaudig: *Literatur im Medienwechsel. Gerhart Hauptmanns Tragikomödie ‹Die Ratten› und ihre Adaptionen für Kino, Hörfunk, Fernsehen*, München 1992.

RAUS AUS DER HAUT (1997)

P ORB 1997 **Sd** 24.9.1997 ARD **R** Andreas Dresen **B** Torsten Schulz, Andreas Dresen **K** Andreas Höfer **M** Jürgen Ehle **Sz** Susanne Hopf **Ko** Sabine Greunig **S** Rita Reinhardt **T** Peter Schmidt
D Susanne Bormann (Anna), Fabian Busch (Marcus), Otto Mellies (Rottmann), Christel Peters (Oma), Matthias Walter (Randy), Martin Seifert (Winkler), Manfred Möck (Annas Vater), Franziska Troegner (Annas Mutter), Wolfgang Hosfeld (Marcus' Vater), Simone von Zglinicki (Marcus' Mutter), Thomas Neumann (Schulrat), Karin Gregorek (Sekretärin)

In einem DDR-Gymnasium zirkulieren 1977 RAF-Fotos («anarchistische Propaganda») und Stones-Platten. Direktor Rottmann droht der Arzttochter Anna mit der Verweigerung des Medizin-Studiums und Marcus mit der NVA. Die Schleyer-Entführung in der BRD animiert die beiden Schüler, ihren Direktor zu entführen, so lange bis die Fachlehrerkonferenz ihre Studienbewerbungen bestätigt. Anna und Marcus ketten Rottmann im Kohlenkeller an und bedrohen ihn mit Opas Jagdgewehr. Beim Schnüffeln in seinen Sachen finden sie heraus, dass er eine Freundin hat, die in den Westen geflüchtet ist. Als Annas Oma den Gefangenen entdeckt, macht sie zunächst bei der Entführung mit, lässt ihn aber schließlich doch frei. Rottmann kehrt wieder in seine Schule zurück. Doch dort ist der Vermisste inzwischen als Direktor abgesetzt, und die Stasi weiß über seine West-Freundin Bescheid. Die Entführungsgeschichte glaubt ihm keiner. Ihm wird der vorzeitige Ruhestand nahegelegt. Er stirbt an einem Kreislaufkollaps.

«Der Film bezeugt eine genaue Kenntnis der Mechanismen von Überwachungsapparaten mit ihren vielen Verboten – auch wenn merkliche innere Distanz zur DDR in der bisweilen sarkastischen und erheiternden Rekonstruktion der Verhältnisse von damals zu spüren ist – und ebenso Verständnis für den Sturm und Drang schnellfertiger Befreiungsphantasien in der Spielart jugendlicher Radikalität. Dresen erzählt seinen Film zügig, mit vielen pointierenden kurzen Einstellungen und auffällig zahlreichen Reactionshots. Man wird vom Allegro-Tempo mitgerissen, die tiefe Nachwirkung bleibt dennoch nicht aus. (...) Kaum ein Film im deutschen Kino kann diesem Fernsehfilm die Waage halten. Dresen hat sich erneut als einer der fähigsten Regisseure seiner Generation erwiesen, der makellose Könnerschaft mit seltenen humanen Eigenschaften vereinigt, die gleichwohl für seine Kunst erforderlich sind: Einfühlung, Behutsamkeit, Gerechtigkeitssinn, Humor.»
(Thomas Koebner, *FK* 40, 1997)

DVD: KJF-Edition

DIE REBELLION ➲ DER SEEWOLF

REICHSHAUPTSTADT PRIVAT (1987)

P SFB 1987 **Sd** 21., 25.10.1987, ARD (2 Teile) **R** Horst Königstein **B** Wolfgang Menge **K** Klaus Brix **M** Hans Peter Ströer **Sz** Götz Heymann **Ko** Brigitte Heick **S** Friederike Badekow **T** Werner Stumpf
D Ruth Niehaus, Annette Uhlen (Anna), Heinz Baumann, Robert-Wolfgang Jarczyk (Kurt), Heike Falkenberg (Ursula Spindler), Jürgen Vogel (Wolfgang Spindler), Roland-Momme Jantz (Peter Bach), Caroline Redl (Edda Kohn), Eva Medusa Gühne (Amanda Haak), Irm Hermann (Edeltraud von Garmitz), Wolf-Dietrich Sprenger (Westecker), Robert Tillian (Ott), Barbara Nüsse (Annas

Mutter), Rolf Becker (Annas Vater), Peter Wöhler (Piek), Peter Behrens (Herz), Walter Tielsch (Karo), Carin Abicht (Else), Evelyn Meyka (Frau Meier), Hans M. Rehberg (Korff), Carola Regnier (Direktrice), Till Topf (Lt. Frank), Christoph Eichhorn (Verdunkelungsvertreter)

Anhand einer Tagebuch-Fiktion geht der Film der Frage nach, inwiefern und zu welchem Preis das «Private» im Dritten Reich als Flucht vor dem «Öffentlichen» fungieren konnte. Die beiden Berliner Kurt und Anna, 19 und 17, lernen sich an Bord eines KdF-Schiffes nach Norwegen kennen. Er will Architekt werden, sie Modezeichnerin. Zusammen mit Kurts Freund Peter, Annas Freundin Ursula und deren Bruder Wolfgang bildet sich eine lustige Clique. Kurt und Anna verlieben sich, kommen aber nie dazu, zu heiraten. Der Krieg bringt sie auseinander, eine Ferntrauung, die Kurt aus der Kriegsgefangenschaft initiiert, will Anna nicht haben. Während sie in Berlin bleibt, verschlägt es Kurt ins Ruhrgebiet. 20 Jahre nach Kriegsende treffen sie sich zufällig in Düsseldorf. Er besucht sie nun ab und zu in Berlin und macht ihr erneut einen Heiratsantrag. Als Antwort überreicht Anna ihm ihr Tagebuch aus den 30er und 40er Jahren. Diese Eintragungen geben die Sicht derjenigen wieder, die weder Täter noch Opfer waren bzw. beides zugleich (im Luftschutzkeller z. B. schiebt Anna ein jüdisches Kind wieder nach draußen). Die – szenisch dargestellten – Tagebuchaufzeichnungen werden ergänzt bzw. kontrastiert mit Wochenschau-Einblendungen und Statements von Zeitgenossen (z. B. Hans Abich, Ilse Werner, Rainer Penkert). Die damaligen Erfahrungen und die aus der Nachkriegszeit haben bei den Protagonisten ihre Spuren bis in die Gegenwart hinterlassen: «Irgendwas muss kaputtgegangen sein in uns, sonst könnten wir nicht so tun, als wäre nichts passiert.»

Die Autoren ließen kein heutiges Wissen einfließen, sondern übernahmen nur die damaligen subjektiven Perspektiven der jungen Protagonisten, die, so scheint es, eine ganz normale Jugend verlebten, so dass eine nostalgische Haltung überwiegt («uns ging es gut», «es war auch eine schöne Zeit»), Politik, Nationalsozialismus, Judenverfolgung kommen, wenn überhaupt, nur als winziger Reflex vor, der Krieg ist eine lästige Unterbrechung des Privatlebens, es überwiegt das Banale und Triviale. Diese absichtlich naive Herangehensweise stieß überwiegend auf Kritik: «So bedenkenlos wie Menge und Königstein hat das Fernsehen hierzulande noch nie NS-Realität in Seifenoper verwandelt.» (*Der Spiegel* 43, 1987). Königstein drehte allerdings zusätzlich einen vierstündigen Dokumentarfilm zum Thema (der jedoch nur im 3. Programm lief).

Text: Wolfgang Menge / Klaus Behle: *Reichshauptstadt privat*, Köln: vgs 1987.
DVD: Studio Hamburg / ARD Video

Der Reichstagsbrandprozess ➲ **Operation Walküre**

Reifezeit ➲ **Grabbes letzter Sommer**

Reise in die Dunkelheit ➲ **Mein Vater**

RHEINPROMENADE (1975)

P ZDF 1975 **Sd** 8.9.1975, ZDF **R** Heinz Schirk **B** Karl Otto Mühl **K** Willy Jamm **Sz** Leo Karen
D Rudolf Platte (Fritz Kumetat), Ulrike Bliefert (Martha), Annemarie Schlaebitz (Kläre), Hermann Günther (Arnold)

Mühls Alltagsdrama aus der Kleinbürger-Realität zeigt den Rentner Fritz Kumetat, der in seinem Haus mit Tochter und Schwiegersohn lebt. Die Tochter «versorgt» ihn zwar, aber nicht aus Liebe, sondern weil sie auf das Erbe aus ist. Ernst genommen fühlt sich Kumetat nicht, allenfalls als «Opa» geduldet. Die menschliche Kälte, die hier herrscht, lassen auch die gesellschaftlichen Bedingungen durchscheinen, unter denen die Kleinbürger leben. Dann lernt Kumetat ein junges Mädchen kennen, die Küchenhilfe Martha. Sie ist allein wie er, kontaktarm, unreif-gehemmt. Zwischen beiden entsteht eine menschliche Beziehung, die aber selbst eher spröde und widersprüchlich bleibt. Allein das Suchen nach einer gemeinsamen Basis für ein Gespräch ist für das ungleiche Paar schon ein Glückserlebnis. Martha lästert zwar über sein Alter, akzeptiert ihn aber als Mensch (im Gegensatz zu seiner Tochter). Für beide ist es ein Ausbruch aus den häuslichen bzw. Arbeitsverhältnissen, die Zwangscharakter haben. Doch das nicht-konforme Verhältnis provoziert die Gesellschaft. Kumetats Tochter fürchtet um ihr «Ansehen» und um die Erbschaft, die er nun womöglich für das Mädchen ausgibt. Sie erpresst ihn mit der Verweigerung weiterer Pflege, wenn er ihr nicht das Haus überschreibt. Dann wird Kumetat mit einem Schlaganfall ins Krankenhaus eingeliefert und stirbt dort. Die einzige, die ihn vermisst, ist Martha.

Ein unspektakulärer Schluss: die kleine Geschichte versteht sich als ein Ausschnitt, eine Momentaufnahme, die verdeutlichen soll, dass es den «Alten» nicht um ein «Versorgtsein» geht, das nur neue Abhängigkeiten mit sich bringt, sondern um ein weiterhin bestehendes Recht auf Glück durch menschliche Beziehungen.

▶ Andere bemerkenswerte Fernsehspiele zum Thema «Alter» waren in den 1970er Jahren z. B. FINITO L'AMOR (ZDF 1972, R: Peter Beauvais, B: Daniel Christoff, m. Camilla Spira und Wolfgang Büttner) über Senioren-Winterurlauber in Mallorca und deren Sorgen und Illusionen; ALTERSHEIM (ZDF 1972, R: Claus Peter Witt, B: Daniel Christoff) mit Johanna Hofer, die gegen ihr Heimschicksal rebelliert und als Querulantin abgestempelt wird; AKTION ABENDSONNE (ZDF 1980, R/B: Diethard Klante): In einer von Ernst Stankovski moderierten fingierten Unterhaltungsshow können sich alte Menschen in neue Familien vermitteln lassen. Vor laufender Kamera müssen sie über ihre Finanzen und ihre Gesundheit Auskunft geben. Hervorzuheben ist ferner der österreichische Film ABENDLICHT (ORF 1978, R: Edwin Zbonek, B: Lotte Ingrisch, m. Käthe Gold und Guido Wieland): Zwei alte Leute heiraten noch einmal, doch ihr Glück ist nur von kurzer Dauer.

Text (Bühnenfassung) in: Karl Otto Mühl: *Rheinpromenade/Rosenmontag*, Berlin: Rotbuch 1974.

ROCKER ➲ TREFFER

Romeo (2000) ★

P ZDF 2000 **Sd** 29.1.2001, ZDF **R** Hermine Huntgeburth **B** Ruth Toma **K** Diethardt Prengel **M** Biber Gullatz, Eckes Malz, Andreas Schäfer **Sz** Katharina Wüppermann **Ko** Ute Hofinger **S** Bettina Böhler **T** Max Vornehm

D Martina Gedeck (Lotte), Sylvester Groth (Hermann), Katrin Bühring (Julia), Martin Glade (Ralf), Michael Sideris (Anwalt), Rudolf Kowalski (MfS-Offiz. Holz), Lena Lessing (Staatsanwältin)

1996 wird in München Lotte Zimmermann, Sekretärin im bayerischen Innenministerium, wegen «Landesverrat» verhaftet. Sie bleibt gegen Meldeauflage von der U-Haft verschont. Nach einem Selbstmordversuch überredet ihr Pflichtverteidiger ihre Tochter Julia, die ihrer Mutter abweisend bis aggressiv gegenübersteht, zu ihr zu ziehen. Julia wusste nichts von der Vergangenheit ihrer Mutter, war von ihr jahrelang belogen worden und erfährt nun, dass ihr Vater der damalige Stasi-Verbindungsmann ihrer Mutter ist. Dieser war als «Romeo» auf ihre Mutter angesetzt worden mit dem Auftrag, eine Liebesbeziehung mit ihr einzugehen, um über sie Dokumente aus dem Innenministerium zu erhalten. Lotte war arglos auf den gutaussehenden Agenten hereingefallen, er war die «Liebe ihres Lebens». Die Spionagearbeit ist erfolgreich, sie können sich ein Reihenhaus leisten. Er heiratet sie sogar, weil es von seinen Vorgesetzten so befohlen wird. Doch die Hochzeit in der DDR ist fingiert, sogar die Schwiegereltern sind falsch. Alle diese Einzelheiten erfährt Lotte erst jetzt in ihrem Prozess, in dem Romeo nur als Zeuge auftritt (da er nach DDR-Gesetzen keine Straftat begangen hat). Je mehr von der Wahrheit ans Licht kommt, desto mehr beginnt Julia ihre Mutter, von der sie sich nie geliebt gefühlt hat, zu verstehen. Als Lotte mit ihr schwanger war, hatte dies ihren Spionageauftrag gefährdet, Romeo ließ sich nach Ost Berlin zurückberufen mit dem Scheinversprechen, sie nachholen zu lassen. Lotte glaubt auch dies und arbeitet weiter für den Osten. Während Romeo, der in der DDR eine andere geheiratet hatte, sich emotionslos und unschuldig gibt, bleiben Mutter und Tochter als psychisch Verletzte auf der Strecke. Doch am Schluss scheinen Lotte, die mit einer Bewährungsstrafe davonkommt, und Julia, die erkennt, dass sie beide die Betrogenen sind, wieder zueinanderzufinden.

Zur Aufführung gelangt nicht ein Polit-Drama, sondern eine den Mutter-Tochter-Konflikt ins Zentrum rückende psychologische Studie, die tragikomische Geschichte einer emotionalen Ausbeutung, ohne Pathos und Sentimentalität erzählt. Die Jury

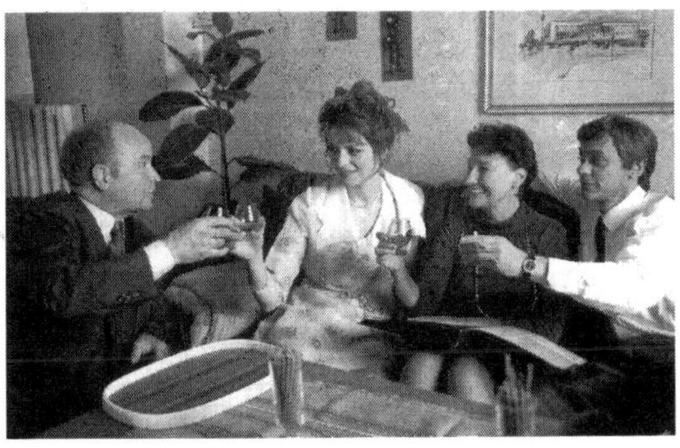

Romeo mit (v.l.) Christian Ebel, Martina Gedeck, Gertrud Roll und Sylvester Groth

des Adolf-Grimme-Preises urteilte: «Fast unmerklich springt die kluge Dramaturgie zwischen Gegenwart und Vergangenheit. Der Fluss der Ereignisse und Erinnerungen ist stimmig, Informationen und Emotionen sind fein austariert. Auf Erklär-Szenen verzichtet Toma und doch kennt der Zuschauer am Ende die politischen Fakten.»

«Die Zeitgeschichte wird hier von den Figuren erzählt und sichtbar gemacht, nicht umgekehrt. Hier wird induktiv erzählt, das Besondere ist das Buch, in dem wir lesen, der Film, den wir sehen, die Gesichter, denen wir hier vertrauen. Und dadurch schnappen wir einen Zipfel des Allgemeinen. Das ist vielleicht die größte Leistung dieses außergewöhnlich guten Films: Er macht neugierig auf deutsch-deutsche Geschichte, er behauptet nicht, sie im Sack zu haben. Er stößt kein triumphierendes Geheul aus.»

(Torsten Körner, *FK* 5, 2001)

ROSENMONTAG ➲ EIN MANN FÜRS LEBEN

ROTE FAHNEN SIEHT MAN BESSER ➲ ACHT STUNDEN SIND KEIN TAG

ROTMORD (1969)

P WDR 1969 **Sd** 21.4.1969, ARD **R** Peter Zadek **B** Tankred Dorst, Peter Zadek **L** Tankred Dorst **K** Bruno Hoffmann (Bildingenieur: Roland Freyberger) **M** Werner Haentjes **Sz** Wilfried Minks **S** Eva Schmidt, Alexandra Anatra **Ko** Dela Fredrich **T** Karl Marnach, Gerhard Trampert
D Gerd Baltus (Ernst Toller), Siegfried Wischnewski (Leviné), Werner Dahms (Landauer), Wolfgang Neuss (Mühsam), Walter Riss (Dr. Lipp), Gernot Duda (Paulukum), Willy Schultes (Gandorfer), Harry Wüstenhagen (Reichert), Ingrid Resch (Olga), Helmut Oeser (Eglhofer), Rudolf Forster (adliger Herr), Alois Garg (Silvio Gesell), Peter Neubauer (Maenner), Hugo Lindinger (Wimmer)

Welch künstlerischen Gestaltungsfreiraum damals das Fernsehen (und vor allem der WDR in der Ära Günter Rohrbach) zur Verfügung stellte, offenbaren Peter Zadeks Experimente ROTMORD und DER POTT. In ROTMORD, einer Adaption von Tankred Dorsts Theaterstück *Toller* (Uraufführung 1968 unter Peter Palitzsch in Stuttgart), geht es um die Münchner Räterevolution 1919 und den expressionistischen Dichter Ernst Toller, der als politikferner Künstler mit Idealen und Illusionen an der Bewegung teilnimmt und scheitert. Entstanden ist weder eine Theaterinszenierung noch ein Dokumentarfilm, sondern ein anti-naturalistisches, anti-dokumentaristisches, experimentelles Werk der Avantgarde, das jedoch keine Nachfolger gefunden hat. Zadek und Dorst arbeiteten mit Verfremdungseffekten, technisch mittels des elektronischen Stanzverfahrens, langen Brennweiten, Doppelbelichtungen zur Veränderung der Helligkeitswerte, vor allem zur Erzeugung harter Schwarz-Weiß-Kontraste. Aber auch inhaltlich gingen die Autoren manipulativ vor. Erklärte Absicht war es, zunächst eine anti-kommunistische, pro-nazistische Position einzunehmen (auch der Titel zitiert ein Nazi-Schmähwerk über die Räterepublik) – die als solche freilich nicht einfach zu erkennen war –, diese Position dann wieder zu konterkarieren, um den Zuschauer zu verunsichern und ihn zum Nachdenken zu bringen. Durch die elektronischen Bildbearbeitungen ist weniger zu sehen als beim Normalbild, aber genau dies sollte zum «genaueren» Sehen animieren. In einer raschen, oft verwirrenden Abfolge von Kabarettnummern, Theaterszenen, Dokumentarmaterial und Zeugen-Statements (z. B. der Witwe Levinés oder des Schauspielers Konstantin Delacroix, der mit Toller zusammenarbeitete), zentriert um die Protagonisten Toller, Gustav Landauer, Ernst Mühsam und Eugen Leviné, steht die Frage nach dem Intellektuellen und der Revolution im Mittelpunkt, womit die intendierten Parallelen zur Studentenbewegung und «1968» offenliegen. Die linken Revolutionäre sind in ihrem vorhersehbaren, jämmerlichen Scheitern satirisch gezeichnet, ihr amateurhafter Illusionismus karikiert (der von einer gewaltfreien Revolution träumende Toller muss am Ende erschossene Geiseln in panischer Hast in einem Sandkasten vergraben). «ROTMORD sollte als Anreiz möglicher ‹Fernsehkunst› verstanden werden, auch in Konkurrenz zum Theater» (Stephan Becker)

▶ Die Illusionszerstörung wird noch weiter getrieben in DER POTT (WDR 1971). Zugrunde liegt das Stück *Der Preispokal (The Silver Tassie)* von Sean O'Casey (von Zadek 1967 in Wuppertal inszeniert). Zadek macht daraus eine pazifistische Anti-Kriegs-Show, die mit einer grellen, alles überdeckenden Farbdramaturgie arbeitet, Trickelektronik einsetzt und vor drastischen Szenen nicht zurückschreckt (Soldaten, die ihre Eingeweide vor sich hertragen etc.). Die empörte Ablehnung der Zuschauer war zu erwarten, aber auch die Kritik höhnte über die «bunte Gasmaskenoperette»: «Wie in einigen seiner Bremer Inszenierungen, wie auch in dem Kinofilm ICH BIN EIN ELEFANT, MADAME erschöpft sich der Erfindungsreichtum des Regisseurs Zadek in sich selbst, wird ablösbar vom Sujet, steht ihm schließlich im Wege.» (Hans C. Blumenberg, *Die Zeit* 3, 1971)

Text (als Collage): Tankred Dorst / Peter Zadek / Hartmut Gehrke: *Rotmord or I was a German*, München: dtV 1969.

Literatur: Stephan Becker: *Die Fernseharbeiten Peter Zadeks der sechziger und siebziger Jahre. Zur Koevolution der Medien Theater und Fernsehen*, Stuttgart 1997.

DVD: Suhrkamp

ROTTENKNECHTE (1971)

P DFF 1971 **Sd** 8.1., 10., 11., 15., 17.1.1971, DFF (5 Teile) **R** Frank Beyer **B** Gerhard Stuchlik, Klaus Poche, Frank Beyer **K** Günter Marczinkowsky **M** Karl-Ernst Sasse **Sz** Harald Horn **Ko** Werner Bergemann **S** Hildegard Conrad-Nöller **T** Peter Foerster **D** Dieter Mann (Glasmacher), Dieter Montag (Prenzler), Günter Naumann (Kmetsch), Dietmar Richter-Reinick (Klose), Helmut Schellhardt (Petersen), Hans-Peter Reinecke (Wehrmann), Jaecki Schwarz (Schwalenberg), Mathis Schrader (Gail), Klaus-Peter Thiele (Merkel), Kurt Kachlicki (Christiansen), Fred Ludwig (Schultz), Klaus Piontek (Krause), Kaspar Eichel (Peters), Günter Junghans (Kurt), Wolfgang Dehler (Pahl), Hans Teuscher (Sander)

Während das zerstörte Deutschland auf das Kriegsende wartet – die Handlung setzt am 30.4.1945, dem Tag von Hitlers Selbstmord ein – geht für das in Dänemark stationierte 2. Schnellbootbataillon das Leben weiter wie bisher. Der Krieg gegen die

Sowjetunion soll fortgesetzt werden, die Führung spekuliert auf ein Zusammengehen mit den Alliierten. Die Besatzung des Minensuchers M 612 ist sich darüber im Klaren, dass der Krieg zu Ende ist, gleichzeitig erhält sie jedoch den Befehl, nach Kurland auszulaufen. Am 5. Mai meutern die Matrosen der M 612, sie übernehmen das Kommando, verhaften die Offiziere und nehmen Kurs auf die Heimat in der Hoffnung auf die unmittelbar bevorstehende Kapitulation. Doch ein Kommando der Schnellbootflotte entert ihr Boot, beendet die Meuterei und stellt die alte Ordnung wieder her. Gegen die verhafteten Matrosen wird ein Standgerichtsverfahren eröffnet. Elf von ihnen werden zum Tode verurteilt, vier zu Zuchthausstrafen. Am 6.5.1945 verlassen vier Matrosen ihre Einheit in Svendborg, um nach Hause zu marschieren. Auch sie werden wegen «Fahnenflucht» vor ein Kriegsgericht gestellt und hingerichtet. Das Schicksal der einfachen Soldaten, die in den letzten Kriegstagen noch Opfer der «furchtbaren Juristen» wurden, ist verwoben mit den Aktionen der Nazi-Militärs, die auf eine neue Konfrontation mit der Sowjetunion in Kooperation mit den «imperialistischen Mächten» hinarbeiten. Der «Kalte Krieg» beginnt noch vor Ende des Zweiten Weltkriegs. Die letzten beiden Teile (die bei TV-Wiederholungen nicht mehr gezeigt werden) verfolgen das Wirken der ehemaligen Nazi-Offiziere in der BRD. Dabei steht der frühere Kapitänleutnant Klose im Mittelpunkt, der 1945 in Kurland die Flucht von SS-Verbänden organisiert hatte und zwischen 1949 und 1955 die unter britischer Aufsicht stehende «Schnellboottruppe Klose» leitete, deren Aufgabe es war, Agenten ins Baltikum einzuschleusen.

Rottenknechte war Frank Beyers erster Film nach dem Verbot von Spur der Steine (1966) und folgendem Berufsverbot. Der dokumentarisch angelegte Mehrteiler verknüpft szenische Darstellung mit Originalaufnahmen und Zeugenaussagen, ordnet die Handlung somit in einen chronologisch strukturierten Zusammenhang ein, der für die Matrosen selbst nicht durchschaubar war. Bemerkenswert ist, dass nicht wie sonst im antifaschistischen Film der DDR der heldenhafte kommunistische Widerstand im Mittelpunkt steht, sondern die einfachen Matrosen, die naiv und ohne ideologisches Programm handeln, und deshalb scheitern. Gleichwohl blieb dem Film eine gewaltsame propagandistische Instrumentalisierung nicht erspart:

«Vor allem aber ist die große historische Mission des gesamten sozialistischen Lagers und damit auch der Deutschen Demokratischen Republik unausgesprochen gegenwärtig. Der Schutz unserer Grenzen – zu dieser Schlussfolgerung führt der Film Rottenknechte auch sein junges Publikum mit überzeugender Ausdruckskraft – ist ein Gebot des Klassenkampfes unserer Tage.»

(Katja Stern, *ND*, 18.1.1971)

Literatur: Peter Hoff: Die ersten Opfer des Kalten Krieges, in: Ralf Schenk (Hrsg.): *Regie: Frank Beyer*, Berlin 1995, S. 196–201.

DVD: Studio Hamburg / DDR TV-Archiv

Rückfälle ➲ Dunkle Tage

S

SACHRANG (1978)

P BR 1978 **Sd** 26.–29.12.1978, ARD (3 Teile) **R** Wolf Dietrich **B** Oliver Storz **L** Carl Oscar Renner **K** Klaus König **M** Rolf Wilhelm **Sz** Robert Hofer-Ach **Ko** Ursula Welter **S** Karin Fischer **T** Sigbert Stark
D Gerhard Lippert (Müllner Peter), Silvia Janisch (Marai), Oswald Fuchs (Krautnudel), Gustl Bayrhammer (Ertlbauer), Franziska Stömmer (Ertlbäuerin), Fritz Strassner (Peters Vater), Fred Stillkrauth (Roter), Rudolf Waldemar Brem (Daxer), Bernd Helfrich (Alois), Claudia Gerhardt (Terry), Ulrich Beiger (Baron von Lilien), Walter Riss (Landrichter), Michael Stippel (Grottenbacher), Willy Harlander (Eberwirt), Wilfried Klaus (Vikar), Alexander Golling (Dr. Russegger), Tosca Landsberger (Rosanna), Franz Seidenschwan (Lukas), Georg Blädel (Kratzer), Rolf Castell (Wurzer), Sprecher: Heinz Reinhard Müller

Basierend auf einer authentischen Geschichte schildert der Film das Leben des «Müllner-Peter» aus Sachrang im Chiemgau in dem Zeitraum von 1791 bis 1814. Er hat sein Theologiestudium in München abgebrochen und kehrt in die Mühle seines Vaters zurück, weil er einfach nur Müller sein will. Er lebt in einer Zeit des Epochenumbruchs, in dem neue Ideen, etwa aus Frankreich, auch in den hintersten Winkel vordringen. Peter hat humanitäre Vorstellungen vom menschlichen Zusammenleben, doch seine Ideen stoßen sich an den bornierten, abergläubischen Dörflern, für die jeder Fremder ein Feind ist. Angestachelt vom mächtigen Ertlbauern wird er von den Sachrangern zunächst boykottiert. Aber der für die neue Vorstellung von Gleichheit und Gerechtigkeit kämpfende Peter legt sich auch mit der Obrigkeit in Gestalt des korrupten Landrichters an. Er kommt in den «Femekerker» auf Burg Grünwald, wo ihm gar der «Hexenprozess» gemacht werden soll. Doch auf Vermittlung adliger Kreise – er war in seiner Münchner Zeit Hauslehrer und Geliebter von Terry von Lilien – kommt er wieder frei. Er wird in Sachrang Gemeindevorsteher und heiratet Marai, die Tochter des Ertlbauern, die in die Befreiungsbewegung des Andreas Hofer geraten und erst nach neun Jahren in Tirol wieder nach Sachrang zurückgekehrt war. Allgemein herrscht große Not: Zerstörung des Dorfes durch französische Truppen, schlechte Ernten, hohe Steuerlast. Nach wie vor kollidiert Peters Menschenfreundlichkeit mit seiner hartherzigen, misstrauischen und neidischen Umwelt. Er verkauft den Sachrangern verbilligtes Saatgut, aber sie brennen Schnaps daraus. Seine Ehe mit Marai, die aus härterem Holz geschnitzt ist, scheitert, weil sie mit seiner Barmherzigkeit nichts anfangen kann (außerdem hat er eine Affäre mit dem Zigeunermädchen Rosanna). Marai zieht sich auf ihren alten Hof zurück, wo sie – wie seinerzeit ihr Vater – bei einem Brand umkommt.

«Gänzlich unklar blieb die historische Lage, von der in den Ankündigungen des Films so ausführlich die Rede war. Dort übrigens sprach man auch von einem ‹Eastern›, und in der Tat waren manche Szenen in Anlehnung an berühmte Western-Sequenzen inszeniert. Warum es aber eher komisch wirkt, wenn die Bauern mit Ackergerät bewaffnet drohend vor dem Haus des Müllner-Peter aufziehen und der alte Vater ihnen persönlich ‹Watschn› anbietet, und warum keine ‹High-Noon›-Atmosphäre aufkommt, das hätten Autor und Regisseur sich eigentlich vor Drehbeginn überlegen müssen. Klischees sind offenbar nur als Verfremdung übertragbar, und wenn man so tut, als könnte man im Fernsehspiel noch einmal ganz naiv sein, dann geht manches daneben.»

(BNB, *FR*, 28.12.1978)

DER SANDMANN (1995)

P RTL 1995 **Sd** 5.10.1995, RTL **R** Nico Hofmann **B** Matthias Seelig **K** Tom Fährmann **M** Nikolaus Glowna **Sz** Thomas Freudenthal **Ko** Christina Schnell **S** Inge Behrens **T** Jochen Schwarzat

D Götz George (Henry Kupfer), Karoline Eichhorn (Ina Littmann), Barbara Rudnik (Sabine Ammann), Martin Armknecht (Volker Lommel), Jürgen Hentsch (Stolpe), Rudolf Kowalski (Neuhaus), Matthias Fuchs (Zwick), Michael Brandner (Hermann Krieger), Michael Schenk (Günther), Wolfgang Pregler (Alfons Becher), Götz Argus (Dellinger), Alexa Surholt (Evi Schlichter), Ilka Teichmüller (Margit), Claus-Dieter Clausnitzer (Walter Borsig)

Die junge Fernsehredakteurin Ina Littmann bekommt den Auftrag, über den Bestsellerautor Henry Kupfer zu recherchieren, der Gast in der nächsten Talkshow sein soll. Dieser, einst wegen Mordes an einer Prostituierten verurteilt, hat ein neues Buch «Der Kannibale» geschrieben. Es handelt von einem Schmied, der Anfang des 20. Jahrhunderts mehrere Kinder ermordet hat und in dessen Haus Kupfer nun wohnt. Als Ina Littmann ihn dort aufsucht, hat sie eine Autopanne und muss bei ihm übernachten. Sein Charisma bleibt nicht ohne Wirkung auf sie, doch je mehr sie über ihn recherchiert, desto stärker wächst ein Verdacht: Da in jüngster Zeit mehrere Prostituierten-Morde auf dieselbe Weise begangen wurden wie der damals von Kupfer verübte, ist sich Ina Littmann sicher, dass Kupfer ein Serientäter ist. Auf eine Sensation vor laufender Kamera bedacht, soll Kupfer live in der Talkshow als Täter entlarvt werden. Doch dieser lässt sich nicht aufs Glatteis führen. Er offenbart zwar seine Faszination für Gewalt und Mord, gibt jedoch nichts zu. Am gleichen Abend besucht Kupfer Littmann in deren Wohnung, fesselt sie und bedroht sie mit einem Rasiermesser. Dann befreit er sie jedoch wieder mit der Erklärung, alles sei nur eine Publicity-Aktion für sein neues Buch gewesen. Er bedankt sich für Inas «Hilfe» («wir sind doch beide im Show-Business») und wird von seiner Geliebten abgeholt, von der Ina, die nun als die Düpierte dasteht, die ganze Zeit dachte, sie sei sein letztes Opfer gewesen.

DER SANDMANN war die erste Eigenproduktion von RTL Weil sie auf aufgesetzte Effekte verzichtete und auf subtile Psychologie setzte, war die Messlatte für künftige Filme des Senders sehr hoch und ist auch nicht mehr erreicht worden. Bemerkenswert ist auch der selbstreflexive Aspekt, da hier die Quoten- und Sensationsgier von Fernsehshows und die Manipulierbarkeit nicht nur der Zuschauer, sondern auch der Medienmacher selbst vorgeführt werden.

«Der Film entwickelt die Spannung zwischen seinen beiden Hauptfiguren durch Gesichterstudien – und durch Dialoge, bei denen mehr geschieht, als dass der Zuschauer darüber informiert wird, wie weit die Story schon vorangeschritten ist. Obzwar ein böser und monströser Thriller, ist DER SANDMANN ganz wie DAS SCHWEIGEN DER LÄMMER ein ruhiger Film. Spannung braucht Ruhe. Hektik, Wirrwarr und fliegender Wechsel stehen ihr entgegen. Wenn Kupfers Auge sich unverwandt auf Ina richtet, während er mit leiserer Stimme ein schlüpfriges Kompliment murmelt, und wenn die Kamera immer näher an dieses Auge heranrollt, entsteht mehr Spannung als bei allen Action-Sequenzen oder splitterndem Glas.»

(Barbara Sichtermann, *Die Zeit* 42, 1995)

DVD: Screen Power; SZ «Deutsche Thriller»

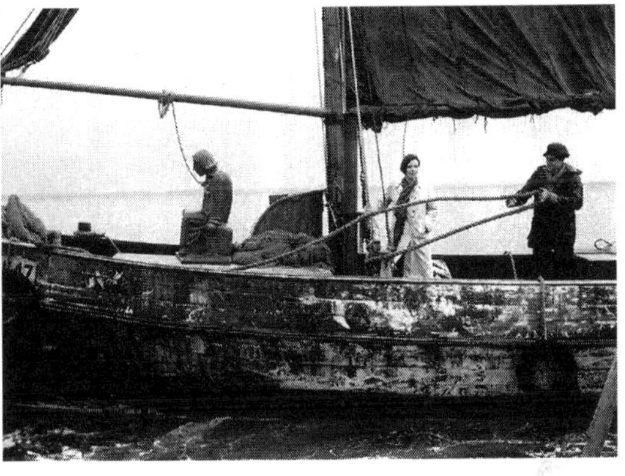

Cornelia Schmaus (M.) in SANSIBAR ODER DER LETZTE GRUND

SANSIBAR ODER DER LETZTE GRUND (1987) ★

P WDR 1987 **Sd** 13.12.1987, ARD **R** Bernhard Wicki **B** Wolfgang Kirchner, Bernhard Wicki **L** Alfred Andersch **K** Claus Neumann, Edward Klosinski **M** Günter Fischer **Sz** Hans-Jörg Mirr **Ko** Günter Heidemann **S** Eva Schlensag **T** Horst Matuschek **Do** Wismar, Bad Doberan, Rostock

D Peter Kremer (Gregor), Michael Gwisdek (Knudsen), Cornelia Schmaus (Judith), Peter Sodann (Helander), Frank Hessenland (Junge), Elisabeth Endriss (Bertha Knudsen), Gisela Stein (Judiths Mutter), Rolf Ludwig (Wirt), Ulrich Mühe (Dr. Grote)

1938 treffen in dem Ostseehafen Rerik mehrere Menschen unterschiedlicher Herkunft aufeinander, die alle auf der Suche nach Freiheit sind, aber dabei in Konflikt mit Verantwortung und Gewissen geraten. Der kommunistische Funktionär Gregor soll Geld für spanische Genossen nach Schweden bringen; der ortsansässige Fischer Knudsen, ein ebenfalls desillusionierter Kommunist, besitzt den nötigen Kutter; die Jüdin Judith ist bereit für ihre Rettung nach Schweden alles zu tun, auch sich zu prostituieren; der zweifelnde, mit seinem Gott hadernde Pastor Helander will die Barlach-Plastik «Der lesende Klosterschüler», die als «entartete Kunst» gilt, vor der Gestapo retten und bittet seinen weltanschaulichen Gegner Knudsen sie nach Schweden zu bringen. Knudsen verweigert sich zunächst allen, es kommt zum Kampf mit Gregor. Dem Pfarrer gibt Knudsen nach, weil dieser seine, Knudsens, psychisch kranke Frau vor der «Euthanasie» beschützt hat. Gregor verzichtet auf die Überfahrt, weil er seine Genossen nicht im Stich lassen will und übergibt Judith das Geld. Als die Gestapo bei Helander die Figur abholen will, erschießt der Pfarrer einen von ihnen und wird selbst getötet. Knudsen bringt Judith und die Plastik nach Schweden. Sein Schiffsjunge will zunächst auch dort bleiben, doch würde er Knudsen damit gefährden, der wiederum seine Frau nicht verlassen will. Beide kehren nach Rerik zurück.

Wicki stellt die NS-Bezüge viel deutlicher heraus als Andersch (der den Nationalsozialismus nicht ausdrücklich erwähnt), Gregor und Judith stehen im Mittelpunkt (bei Andersch ist der naive Fischerjunge, der liest und sich Gedanken macht, analog zur Barlach-Plastik die Reflektorfigur), die eigentlich kleine Skulptur – das zentrale Freiheits-Symbol – ist bei Wicki überlebensgroß.

Die Jury des Adolf-Grimme-Preises urteilte: «Bernhard Wicki ist es mit hoher Sensibilität gelungen, die Innenansichten der Handelnden ins Szenisch-Dialogische zu übertragen. Dabei führt er einen klassischen, ruhigen Stil des Erzählens zu äußerster Perfektion.»

▶ Anderschs Roman war schon 1961 unter dem Titel SANSIBAR fürs Fernsehen bearbeitet worden (SDR, R: Rainer Wolffhardt, B: Leopold Ahlsen, m. Robert Graf), ein auf die Personen konzentriertes Kammerspiel (DVD: KNM).

Literatur: Peter Zander: *Bernhard Wicki*, Berlin [2]1995, S. 79–85.

SANTA FÉ ➲ WELCOME IN VIENNA

SCHANDE (1999)

P WDR 1999 **Sd** 7.4.1999, ARD **R** Claudia Prietzel **B** Burkhard Driest **K** Florian Ballhaus **M** Christoph Oertel **Sz** Michael Ferwagner **Ko** Judith Holste **S** Sabine Brose **T** Andreas Kaufmann

D Stephanie Charlotta Kötz (Benice), Imogen Kogge (Claudia Melzer), Hansa Czypionka (Josch), Oliver Stritzel (Hubertus), Nina Franoszek (Petronella), Katharina Schüttler (Ria), Maren Kroymann (Anwältin)

Claudia Melzer entdeckt im Slip ihrer 13-jährigen Tochter Benice einen Spermafleck und verdächtigt ihren Ex-Mann, ihre Tochter sexuell zu missbrauchen. Sie schleppt Benice zu ihrer Anwältin, doch die verlangt Beweise oder eine Aussage der Tochter. Claudias neuer Lebensgefährte Josch soll sie zu einer Aussage gegen ihren Vater überreden. Dieser geht tatsächlich sehr einfühlsam mit Benice um und entlockt ihr das Geständnis, sie habe Verkehr mit ihrem Vater gehabt. In Wirklichkeit ist jedoch Josch der Täter, der sich mit raffinierten Erotikspielen an Benice vergeht und sie gleichzeitig mit Drohungen unter Druck setzt: wenn sie die Wahrheit sagt, würde ihre Mutter Selbstmord begehen. Benice offenbart sich nur ihrer Schwester, die zugibt, selbst Joschs Opfer gewesen zu sein. Die Mutter geht mit Benice zur Polizei, wo sie gegen ihren Vater aussagen soll. Hier aber sagt sie die Wahrheit. Josch wird verhaftet, aber ihre Mutter will es immer noch nicht wahrhaben und denkt, sie habe ihn nur beschuldigt, um ihren Vater zu schützen. Von Josch erneut unter Druck gesetzt, will Benice vor Gericht ihre Aussage widerrufen, aber dann tritt ihre Schwester auf und bestätigt die Vorwürfe. Die Mutter bricht zusammen. Benice stürzt sich vom Balkon.

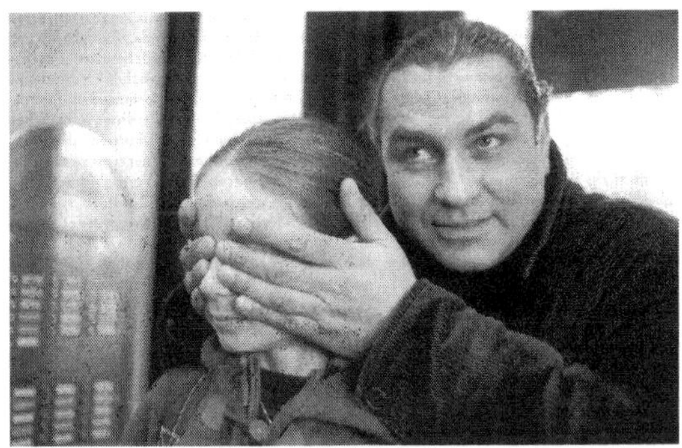

Stephanie Charlotta Kötz und Hansa Czypionka in SCHANDE

Hier ist der Kindesmissbrauch und die psychische, vertrauenzerstörende Gewalt, die der sexuellen folgt, einmal nicht aufgefangen durch erfolgreiches Therapie-Management und suggerierte institutionelle Kontrolle, sondern durcherzählt bis zur Katastrophe. Der Zuschauer bleibt ohne Happy-End beunruhigt zurück.

«Hinzu kommt, dass Florian Ballhaus mit seinem genauen, stets die richtige Stimmung gebenden Licht und seinen behutsam-genauen Kamerafahrten die richtigen Empfindungsräume und Bildrahmungen schafft (...). Vorbildlich auch die ganz sparsam – und nie als Seelenkorkenzieher – eingesetzte Musik.»
(Uwe Kammann, *epd medien* 29, 1999)

DER SCHATTENMANN (1995)

P ZDF/ORF 1995 **Sd** 1., 3., 6., 8., 10.1.1996, ZDF (5 Teile) **R/B** Dieter Wedel **K** Edward Klosinski **M** Wolfgang Hammerschmid, Michael Landau **Sz** Winfried Hennig **Ko** Nikola Hoeltz **S** Tanja Schmidbauer **T** Herbert Prasch

D Stefan Kurt (Charly Held), Mario Adorf (Jan Herzog), Heinz Hoenig (King), Heiner Lauterbach (Fritz Gehlen), Maja Maranow (Michelle), Jennifer Nitsch (Barbara), Günter Strack (Möllbach), Julia Stemberger (Annemarie Held), Claude-Oliver Rudolph (Gonzo), Constanze Engelbrecht (Sylvia Brandt), Alexander Radszun (Dr. Kilian), Hans Häckermann (Oberle), Florian Martens (Jürgen Droegel), Christine Reinhart (Renate), Henry Hübchen (Otto Tötter), Michael Mendl (Hotte), Axel Milberg (Rüdiger), Marek Harloff (Louis Herzog), Armin Rohde (Lasky), Fritz Lichtenhahn (Bankier), Jürgen Hentsch (Oberstaatsanwalt)

Hauptkommissar Charly Held legt sich eine neue Identität als betuchter Geschäftsmann Karl von Hellberg zu (mit Stasi-Vergangenheit), um den Drahtzieher des organisierten Verbrechens in Frankfurt, Jan Herzog, das Handwerk zu legen. Herzog, der über beste Kontakte zur Polizei verfügt, hat obendrein Helds Kollegen auf dem Gewissen, aber die Tat lässt sich ihm nicht nachweisen. Held verwickelt Herzogs Sohn in einen Unfall und spielt den Lebensretter. Auch

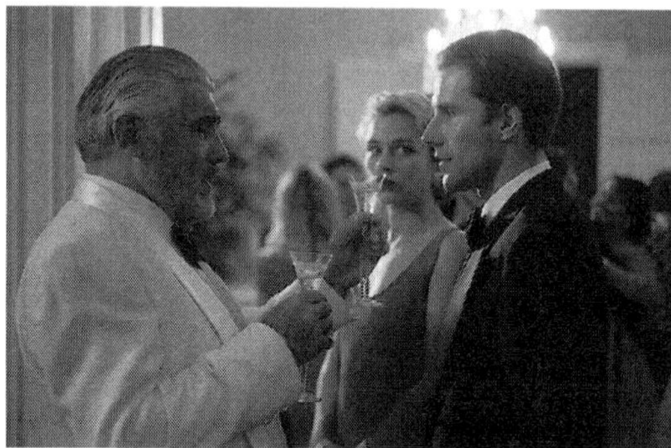

Mario Adorf, Jennifer Nitsch und Stefan Kurt (v.l.n.r.) in DER SCHATTENMANN

entlassen wird und in die Freiheit fährt, fliegt das Auto in die Luft.

Herzog selbst kann er bei einem Attentatsversuch beschützen, damit ist ein Vertrauensverhältnis zwischen beiden hergestellt. Herzog beauftragt Held mit einem lukrativen Immobiliengeschäft, der Sanierung und Umgestaltung des Alten Markts in Frankfurts Altstadt. Unterdessen gerät Held unter Druck, die Staatsanwaltschaft ermittelt gegen ihn, weil er Informanten aus dem Rotlichtmilieu mit Rauschgift bezahlt haben soll. Der Zwiespalt, in den Held durch seine Doppelrolle gerät, führt nicht nur zur Zerrüttung seiner Familie, sondern auch zur Dominanz des fiktiven Karl von Hellberg über den realen Charly Held. Als Herzog ihn zu seinem Nachfolger aufbauen will, ist er bereit, diese Chance zu nutzen. Aber Held, der sich immer mehr in illegale Aktionen verstrickt, bis er in Untersuchungshaft landet, muss erfahren, dass seine Identität Herzog längst bekannt war. Er hält trotzdem an ihm fest, weil er im «Schattenmann» endlich einen Vertrauten gefunden hat, ein alter ego, so wie umgekehrt Held von der Skrupellosigkeit Herzogs fasziniert ist. Doch der finale Showdown zwischen den beiden ist unvermeidlich. Als Held aus der Untersuchungshaft entlassen wird und in die Freiheit fährt, fliegt das Auto in die Luft.

«Darzustellen, dass die Welt des organisierten Verbrechens das getreue Vexierbild der bürgerlichen ist, war nach Brechts Dreigroschenoper *für die Unterhaltungskunst eigentlich unmöglich. Wedel fügte Brechts Gauner-Milieu das bürgerliche hinzu, zeigte, während er die Machenschaften und Macht der Wirtschaftskriminalität und die Überforderung des zum Verzweifeln antiquierten Polizeiapparats nachzeichnete, en passant auch noch die erbärmlichen und erbarmenswerten Verhältnisse, in denen die Akteure beider Seiten leben. Charakter- und Milieustudien, bis in die kleinste Nebenszene und Nebenrolle exakt gezeichnet und brillant besetzt, umlagerten den Hauptstrang der Handlung. So wurde der Schattenmann zum funkelnden Lehrstück ohne Lehrformel.»*

(Dieter Bartetzko, *FAZ*, 12.1.1996)

*«*DER SCHATTENMANN *führt ein höchst konventionelles Drama um Macht und Mafia auf, und dass sich etwas Ähnliches in Frankfurt tatsächlich zugetragen haben soll, macht den Fünfteiler um keinen Deut beunruhigender. Auch beim psychologischen Kern der Geschichte bleibt der Film äußerlich und smart; er verklärt das Klischee vom Verfolger, der dem Verbrecher charakterlich gleicht, statt es überzeugend zu variieren.»*

(Barbara Sichtermann, *Die Zeit* 3, 1996)

Text (Prosafassung): Dieter Wedel / Sven Böttcher: *Held. Roman nach dem Fernseh-*

film DER SCHATTENMANN, Reinbek: Wunderlich 1996.
DVD: Studio Hamburg

SCHAU HEIMWÄRTS, ENGEL (1961)

P NDR 1961 **Sd** 21.9.1961, ARD **R** John Olden **B** Ketty Frings **L** Thomas Wolfe **K** Eric Cross **M** Siegfried Franz **Sz** Mathias Matthies **Ko** Irms Pauli **S** Luise Dreyer-Sachsenberg **T** Karl-Heinz Schulte
D René Deltgen (Oliver Gant), Inge Meysel (Eliza Gant), Dietmar Schönherr (Ben), Christoph Bantzer (Eugene), Gunnar Möller (Luke), Regine Lutz (Helen), Manfred Steffen (Hugh Barton), Gertrud Kückelmann (Laura James), Herta Saal (Mrs. Pert), Ilse Steppat (Mme Elizabeth), Eduard Marks (Dr. Maguire), Reinhold Nietschmann (Will Pentland), Charlotte Kramm (Mrs. Clatt), Helmut Oeser (Jake Clatt), Anny Werner (Miss Snowden), Sybille Dochtermann (Miss Mangle), Ulrich Beiger (Farrel), Edda Seippel (Miss Brown)

Der 17-jährige Eugene Gant wächst unter bedrückenden Familienverhältnissen heran. Seine Mutter Eliza betreibt mit verbissener Energie eine Pension und spekuliert mit Grundstücken. In ihrer Geschäftstüchtigkeit sind ihr die Gefühle für ihre Kinder und ihren Mann verloren gegangen. Alles wird nur nach kaufmännisch-rationalen Gründen betrachtet, Wünsche und Sehnsüchte haben sich unterzuordnen. Der Vater Oliver ist ein hervorragender Steinmetz, der den Pensionsbetrieb seiner Frau mit den «Schießbudenfiguren» von Gästen hasst. Gelegentlich flüchtet er sich in Alkoholexzesse. Eliza will das Grundstück mit seiner Werkstatt verkaufen, Oliver unterschreibt den Kaufvertrag sogar. Als er aber den Scheck selbst behalten will, um Eugene studieren zu lassen, will Eliza ihn entmündigen. Eugenes verehrter älterer Bruder Ben stirbt an einer Lungenentzündung. Er hat sich nie von seiner Mutter verstanden gefühlt, sondern – gleichsam als Ersatz – von dem Hotelgast Mrs. Pert. Eugene verliebt sich in die 24-jährige Laura James, will sie heiraten, aber sie reist ab, da sie schon verlobt ist. Eugene schreit seiner Mutter den ganzen Frust ins Gesicht. Sie habe sich nie um ihn gekümmert, sondern nur um ihre Pension, er sei nur ein Rädchen gewesen, das zu funktionieren hatte. Er verlässt das Haus, um ans College zu gehen. Die Suche nach Glück und Freiheit ist nur außerhalb der Familie möglich.

Der Inszenierung lag die Bühnenfassung von Ketty Frings zugrunde, die den Roman stark verkürzte. Der «epische Atem» von Thomas Wolfe ging verloren. Doch lebte hier noch einmal die alte Zeit des theateraffinen Fernseh-*Spiels* auf mit einer exzellenten Besetzung:

«Inge Meysel ist die tüchtige, rackernde, raffende Hausfrau, die sorgende, temperamentgeladene Mutter, die ihre Liebe nur schwer zeigen kann, ein Familienungeheuer, das sich dennoch Sympathie gewinnt. Ihre gebändigte Unruhe bewirkt eine große Leistung. René Deltgen gibt den Vater als am Leben leidender Grübler mit der Zerstörtheit eines Mannes, dessen exzessive Ausbrüche in Menschennot eingebettet sind.» (*KF* 38, 1961)

SCHICHTWECHSEL ➲ STELLENWEISE GLATTEIS

SCHICKSALSSPIEL ➲ DER HAMMERMÖRDER

SCHLACHTVIEH (1962)

P NDR 1962 **Sd** 14.2.1963, ARD **R** Egon Monk **B** Christian Geissler **K** Horst Schröder **M** Hans Koler **Sz** Herbert Kirchhoff, Albrecht Becker **T** Wolfgang Schmeiss
D Ingmar Zeisberg (Schreibabteilmädchen), Ernst Jacobi (Pfarrer), Gerlach Fiedler (Betriebspsychologe), Uwe Friedrichsen (Reisender), Peter Lehmbrock (Toningenieur), Bruno Dietrich (Oberfähnrich), Hartmut Reck (Journalist), Gert Haucke (2. Journalist), Ina Peters (s. Frau), Albert Johannes, Mita von Ahlefeldt (älteres Ehepaar), Kurt Otto Fritsch (Schaffner), Renate Pichler (Barmädchen)

Die Passagiere eines Zuges sind mit allerlei Merkwürdigkeiten konfrontiert. Sie dürfen nicht gleich einsteigen, die hinteren Abteile sind zugesperrt, die Fenster lassen sich nicht öffnen, die Telefonverbindung ist tot und eine mysteriöse militärische Durchsage ist zu hören. Die Fahrgäste sind zwar beunruhigt, beschwichtigen sich jedoch gegenseitig, außerdem: «Wir sind nicht befugt, über die Vorgänge in diesem Zug zu befinden.» Im Gegensatz zu dem anderen «feigen Pack» will das Schreibabteilmädchen als einzige etwas unternehmen und die Notbremse ziehen. Aber auch die Notbremse funktioniert nicht. Selbst das bekümmert die Passagiere nicht weiter, man beginnt sogar zu tanzen und spielt das Spiel «Schlachtvieh»: Einer schlachtet pantomimisch ein Tier und die anderen sollen raten, was für eins. Das Spiel endet mit der Pantomime eines Atombombenabwurfs. Als sie die Schlüssel für die hinteren Abteile erhalten, weigert sich die Mehrheit aufzuschließen. Das Schreibabteilmädchen hält die Schlussansprache: «Blöde Kinder von blöden Vätern! Wie habt ihr geschrieen damals: ‹Unsere Väter! Wie konnten sie! Sie hätten es wissen müssen! Und jetzt müsst ihr es wissen. Aber ihr wollt es nicht wissen. Ihr seid nicht besser, nur dicker. Dass euch noch nichts passiert ist, ist euer Glück, nicht euer Verdienst.» Dann ist der Zielbahnhof erreicht, die Passagiere steigen aus. Die hinteren Waggontüren öffnen sich, die Leute, die aussteigen, haben die Gesichter von Reisenden, aber ihre Kleidung ist Metzgerkleidung. Die Rolltür des Viehwaggons öffnet sich, das Schlachtvieh kommt heraus und wird ins Schlachthaus getrieben.

Während sich ➲ ANFRAGE gegen die Schuld der Väter im Dritten Reich richtete, haben Geissler und Monk nun die Söhne im Visier, denen sie eine gefährliche Lethargie, ein Desinteresse an der Gesellschaft und Opportunismus vorwerfen. Der Wandel von einer autoritär regierten zu einer demokratischen Gesellschaft ist in den Ansätzen stecken geblieben. Die drastische Schlachtvieh-Metapher, angewandt auf die sich konformistisch verhaltenden Wohlstandsbürger, die sich schon wieder (bzw. immer noch) im Modus «blinder Gehorsam» befinden und die zugespitzte Parabel (der Zug steht für die Bundesrepublik und ihre saturierte Gesellschaft) stießen auf wenig Verständnis:

«Gewiss waren viele der Klischees den kritisch beleuchteten Personen vom Autor bewusst in den Mund gelegt worden, leider aber hatte er für das Häuflein der von ihm positiv Akzentuierten auch nur Schablonen übrig. Aber selbst in dieser grobgerasterten Vorstellungswelt hätte es den Spielherstellern auffallen müssen, dass Papier und leergedroschenes Stroh, in einen Priesterrock gesteckt, nicht allein genügen, um einen Buhmann hinzustellen, der an allem Schuld haben soll.

Möglich auch, dass diese vergebliche Anstrengung ihre Kraft zur dramaturgischen Konsequenz erschöpft hat. Denn um den visuell dankbaren Einfall der getriebenen Rinder auch am Ende auszuschlachten (und zwar buchstäblich), ließ Autor Geissler seinen allegorisch überfrachteten Zug, samt allen Insassen wohlbehalten am Zielbahnhof anlangen, statt mit der vorher beschworenen Tarnung einer drohenden Katastrophe den Zug ins Ungewisse fahren zu lassen und dadurch sein Schicksal der freien Verantwortung, dem Gewissen des Zuschauers anzuvertrauen. Das wäre ein Ziel gewesen. Stattdessen verstand man am Ende nur noch Bahnhof.» (rsd, *FK* 8, 1963)

Text: Christian Geissler: *Schlachtvieh*, Hamburg: Claassen 1963 und in: ders.: *Die Plage gegen den Stein*, Reinbek: Rowohlt 1978.

Der Schlaf der Gerechten ➲ Unruhige Nacht

Die Schlüssel (1964)

P WDR 1964 **Sd** 18., 20., 22.1.1965, ARD (3 Teile) **R** Paul May **B** Francis Durbridge **K** Werner Dalg, Paul Ellmerer **M** Peter Thomas **Sz** Alfons Windau **Ko** Dela Duhm **S** Marie-Anne Gerhardt **T** Manfred Oelschlegel
D Harald Leipnitz (Eric Martin), Albert Lieven (Insp. Hyde), Dagmar Altrichter (Vanessa Curtis), Friedrich Joloff (Douglas Talbot), Hans Quest (Thomas Quayle), Ruth Scheerbarth (Ruth Sanders), Peter Thom (Philip Martin), Christian Wolff (Andy Wilson), Benno Hoffmann (Cliff Fletcher), Bum Krüger (Lancelot Harris), Reinhard Glemnitz (Norman Stansdale), Magda Hennings (Freda Stansdale), Helmut Peine (Dr. Linderhof), Anna Smolik (Clare Seldon), Gerd Wiedenhofen (Arthur), Annemarie Schlaebitz (Doreen), Walö Lüönd (Insp. Lang), Henry van Lyck (Eddie Medows), Herta Worell (Miss Silence)

Der Londoner Modefotograf Eric Martin bekommt Besuch von seinem Bruder Philip, der von seinem Militärdienst aus Deutschland zurückkehrt. Philip erklärt, noch am gleichen Tag weiter nach Dublin reisen zu wollen, da er die Witwe eines Kameraden aufsuchen müsse, der in Hamburg überfahren worden sei. Doch Philip reist nicht nach Dublin, sondern steigt in einem Hotel in Maidenhead ab. Dort ist ein Band mit Gedichten von Hilaire Belloc für ihn abgegeben worden, in den er, der sonst nie liest, sich drei Tage vertieft. Dann wird er in seinem Hotelzimmer erschossen aufgefunden: Selbstmord, so scheint es. Inspektor Hyde von Scotland Yard ermittelt, dass der angebliche Kamerad aus Dublin nie existiert hat und Philip nie vorhatte dorthin zu fahren. Eric glaubt nicht an den Selbstmord seines Bruders und da er in Verdacht gerät,

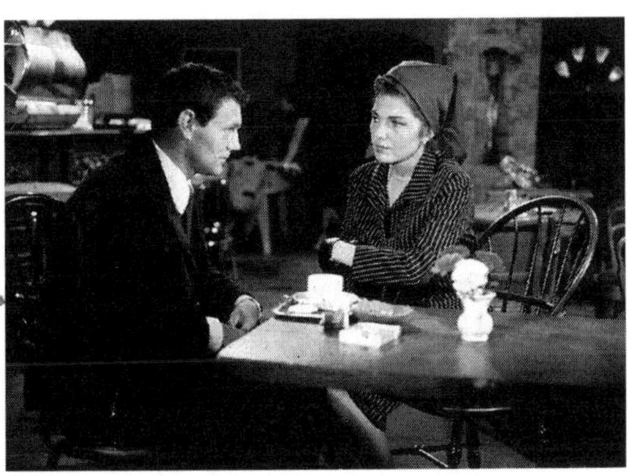

Harald Leipnitz und Anna Smolik in Die Schlüssel

etwas mit dem Tod Philips zu tun zu haben, stellt er eigene Nachforschungen an, zumal auch noch der mit Philip befreundete Andy Wilson niedergeschossen wird, nachdem er Eric besucht und dort den Gedichtband mitgenommen hat. Vom Diener des Hotels in Maidenhead erhält Eric einen Schlüssel, den er in Philips Zimmer gefunden hat. Hinter diesem Schlüssel sind nun eine Menge Leute her. Miss Curtis, die Besitzerin des Hotels verlangt ihn zurück und entgeht prompt einem Anschlag, desgleichen ihr Bruder Thomas Quayle, ein Antiquitätenhändler aus Brighton, den Eric, kurz nachdem er ihn aufgesucht hat und von ihm bestätigt bekam, dass Philip tatsächlich ermordet wurde, erstochen im Kofferraum seines Wagens findet. Durch Lancelot Harris, einen weiteren Bekannten seines Bruders, erhält Eric den Schlüssel zu einem Schließfach, in dem sich noch ein Koffer Philips befinden soll. Dieser Koffer ist prall gefüllt mit deutschen Banknoten – 500 000 Mark aus einem Bankraub in Hamburg. Nach und nach lichtet sich das Dunkel über den Zusammenhängen. Der Schlüssel aus dem Hotelzimmer ist deshalb so wichtig, weil die Nummer auf ihm Teil eines Codes ist, mit dem die am Bankraub Beteiligten – darunter auch Philip Martin – zu ihrem Anteil gelangen sollten. Der eigentliche Drahtzieher ist Douglas Talbot, der Geschäftsführer des Hotels in Maidenhead. Er hat auch Philip und Quayle ermordet. Als er mit dem Rest der Beute – insgesamt über 500 Mio. Mark –, die zu teilen er nie beabsichtigt hatte, fliehen will, wird er am Hafen von der Polizei verhaftet.

Obwohl Regisseur Paul May vom Kinofilm kam (08/15), war auch dieser Durbridge-Straßenfeger noch ganz den Gesetzen des Fernseh*spiels* unterworfen: eine reine Studio-Produktion (eine Tennishalle in Köln-Müngersdorf, da der WDR keine eigenen Studios hatte) mit nur wenigen Außenaufnahmen (u.a. in Holland) und ohne jede britische Atmosphäre. Dies besserte sich mit ➲ MELISSA.

DVD: Studio Hamburg / ARD Video «Straßenfeger» (zusammen mit DAS HALSTUCH)

SCHÖNE TAGE ➲ MIT MEINEN HEISSEN TRÄNEN

SCHULE DER GELÄUFIGKEIT ➲ DER BEGINN

SCHWABENKINDER (2002)

P BR/ORF 2002 **Sd** 7.3.2003, arte **R/B** Jo Baier **L** Elmar Bereuter **K** Tomas Erhart **M** Enjott Schneider **Sz** Petra Heim **Ko** Ute Hofinger **S** Clara Fabry **T** Heinz Ebner
D Vadim Glowna (Ritter-Bauer), Thomas Unterkircher (Kaspar als Kind), Hary Prinz (Kaspar als Mann), Tobias Moretti (Kooperator), Jürgen Tarrach (Steinhauser), Naomi Krauss (Josefa), Eva-Maria Fleissner (Magdalena), Andrea Eckert (gnädige Frau), Werner Prinz (Pfarrer), Christina Amoser (Lieserl), Martin Abram (Kilian), Vera Lippisch (Steinhauserin), Bernd Faerber (Gerhard), Roeland Wiesnekker (Albrecht)

Im Frühjahr 1908 kehrt Kaspar Ritter in sein Tiroler Heimatdorf zurück, das er vor 20 Jahren als Achtjähriger hat verlassen müssen. Er berichtet seinem im Sterben liegenden Vater, der seinen Sohn längst für tot hielt, wie es ihm ergangen ist. Nach dem Tod der Mutter und der Verarmung der Familie hatte der Vater ihn als «Schwabenkind» fortgeschickt, obwohl er sich dieser barbarischen Maßnahme zunächst verweigert hatte: 7 bis

14-jährige Kinder von in Not geratenen Tiroler Bergbauern wurden damals – und bis weit ins 20. Jhdt. hinein – über die Berge nach Schwaben geschickt, wo sie auf einem Markt in Ravensburg als Knechte, Mägde und Dienstleute feilgeboten wurden. Kaspar wurde damals mit anderen Kindern von einem Hilfsgeistlichen als «Kooperator» unter widrigsten Umständen über verschneite Gebirgspässe geführt. Ein Mädchen kam dabei ums Leben. In Ravensburg kommt Kaspar als Knecht zum «Saubauern» Steinhauser, der auf seinem Hof ein unmenschliches Regiment führt. Von drakonischen Strafen bedroht, muss Kaspar bis zur Erschöpfung arbeiten. Als er bei eisiger Kälte im Plumpsklo eingesperrt wird, zündet er dieses an und ergreift die Flucht. In Ravensburg überredet er die 14-jährige Magdalena, mit der er sich auf dem «Schwabengang» über die Berge angefreundet hatte und die in einem Handelshaus arbeiten muss, wo sie von ihrem Dienstherrn geschwängert wurde, mit ihm nach Amerika durchzubrennen. Dort heiraten sie und leben jetzt in Chicago. Nachdem er diesen Bericht vernommen hat, kann der alte Ritter-Bauer, von den Schuldgefühlen seinem Sohn gegenüber halbwegs entlastet, zufrieden sterben.

«Jo Baier ist der letzte große Dramatiker des deutschen Fernsehens. Stets auf der Suche nach dem großen Stoff, den er neugierig in der Sache und akribisch in der Recherche um- und umwälzt, ehe er die entscheidende tragische Wendung gefunden hat, die er dann mit großem Ernst und beseelt von den Schicksalen, von denen er erzählen, ja künden will in klare filmische Bilder übersetzt. Das kann und muss man vielleicht auch angesichts der sonst üblichen Vorbilder für preiswerte Ironie und müßige Distanz bewundern. Aber muss man den orgelnden Grundton und die steil auf Identifizierung setzende Inszenierung lieben?»

(Dietrich Leder, *Jahrbuch Fernsehen*, 2004)

«Obwohl die Innenräume, in denen das Licht so brillant gesetzt ist, dass man den Mief dieser verdreckten Stuben förmlich riecht, unglaublich realistisch wirken, erstrahlen sie zugleich im Glanz eines altmeisterlichen Ölgemäldes. Der Schmutz, der Schlamm und das Elend – sie wirken irgendwann doch ein wenig zu ‹schön›.»

(Manfred Riepe, *FK* 11, 2003)

▶ 2003 ragte noch ein anderes Bergdrama aus den Fernseh-Niederungen hervor: Tauerngold (BR, R: Rüdiger Nüchtern, B: Stefan Knösel, K: Hans-Günther Bücking), ein düsterer «Alpenwestern» mit Sebastian Koch als Arbeiter im Goldbergbau Ende des 19. Jhdts.

DVD: arte edition; ZYX Music

Sechs Wochen im Leben der Brüder G. (1974)

P SFB 1974 **Sd** 10.5.1974, ARD **R** Peter Beauvais **B** Daniel Christoff **K** Jost Vacano **Sz** Günther Naumann **Ko** Barbara Baum **S** Barbara Herrmann **T** Gunther Kortwich. **D** Jan Kollwitz (Rolf), Hans-Georg Panczak (Jürgen), Renate Küster (Mutter), Regine Lutz (Frau Brettschneider), Heinz Ulrich (Hausmeister), Charlotte Joeres (seine Frau)

Zwei Brüder, der 12-jährige Rolf und der 17-jährige Jürgen finden ihre alkoholkranke Mutter tot auf: Sie hat sich selbst umgebracht. Da sie unter keinen Umständen wieder in ein Heim gesteckt werden wollen, beschließen die Brüder, den Tod der Mutter geheim zu halten. Sechs Wochen verbringen sie, nach außen «Normalität» vortäuschend (die Mutter sei krank, sagen sie den Nachbarn) mit der Leiche in der Wohnung. Eingestreute Rückblenden machen deutlich, welch traumatisierende Erlebnisse sie zu diesem verzweifelten Entschluss getrieben haben. Nach dem Unfalltod des Vaters hatte ihre Mutter zu trinken begonnen. Während sie eine Entziehungskur macht, kommen die Jungen in getrennte Heime. Dort erleben sie die Brutalität der Heiminsassen, die Blasiertheit der Erzieher, die Hilflosigkeit der Behörden. Jürgen gleitet in die Kriminalität ab, Rolf landet um ein Haar in der Prostitution. Als die Mutter geheilt entlassen wird, kehren die Brüder wieder in die Wohnung zurück, aber Normalität will sich nicht einstellen, da die Familie als asozial abgestempelt ist. Außerdem wird die Mutter schnell rückfällig. Das Leben mit der toten Mutter im Wohnzimmer – Ausdruck ihrer ausweglosen Verzweiflung – halten sie weder materiell noch psychisch lange durch, zumal Jürgen schwer erkrankt. Erst als sich der Leichengeruch im Haus ausbreitet, holen die Nachbarn Polizei und Feuerwehr, just in dem Moment, als im Stockwerk darüber ein paar Spießer eine Silberhochzeit feiern.

Der Film überzeugt durch seine nüchterne Dramaturgie und

«seine stilistische Entschiedenheit im Visuellen. Jost Vacanos Kamera besteht auf dem Dunkel, den Schatten und der Nacht – und vermittelt so eindringlich die Verlassenheit und Aussichtslosigkeit, in der sich die Brüder G. befinden.»
(Wolfgang J. Ruf, in: *Deutschland auf der Mattscheibe*, 1999, S. 218)

▶ Zur bedrückenden Situation in Erziehungsheimen hatte es schon vorher einen aufschlussreichen Fernsehfilm gegeben: BAMBULE (SWF 1970, R: Eberhard Itzenplitz), der jedoch nicht gesendet wurde, nur weil das Drehbuch von Ulrike Meinhof stammte. Kurz vor der geplanten Ausstrahlung war sie an einer Befreiungsaktion für Andreas Baader beteiligt (Erstsendung: 24.5.1993, S3). 1979 griff der Internats-Film FEUERZEICHEN (RB, R: Rainer Boldt, B: Herbert Brödl, K: Xaver Schwarzenberger) das Thema erneut auf, allerdings mit anderen Akzenten: Nicht die Unterdrückungspraxis, sondern die Phantasien des Zöglings standen im Mittelpunkt.

SEELENWANDERUNG (1962)

P WDR 1962 **Sd** 2.10.1962, ARD **R** Rainer Erler **B** Karl Wittlinger, Rainer Erler **K** Günther Senftleben **M** Otto Erich Schilling **Sz** Ludwig Reiber **S** Johannes Nikel **Ko** Ilse Dubois **T** Walter Rühland

D Hanns Lothar (Axel), Wolfgang Reichmann (Bum), Karl Bockx (Pfandleiher), Robert Meyn (Gerichtspräsident), Helmut Brasch (Hugo), Karin Schlemmer (Bums Frau), Herta Fahrenkrog (Stubenmädchen)

Axel überzeugt seinen Freund Bum, dass es an der «Seele» liegt, wenn es mit ihnen nicht so recht vorwärts gehen will. Aus einer Kneipenlaune heraus lässt er Bum dessen Seele in einen Pappkarton hineindenken. Den Karton mit Seele versetzen sie im Pfandleihhaus, wofür Bum fünf Mark erhält («Mehr kannste für wat Metaphysisches nicht verlangen»). Das ist der finanzielle Grundstock für eine gigantische Karriere: vom Schrotthändler zum ordenbehangenen Wirt-

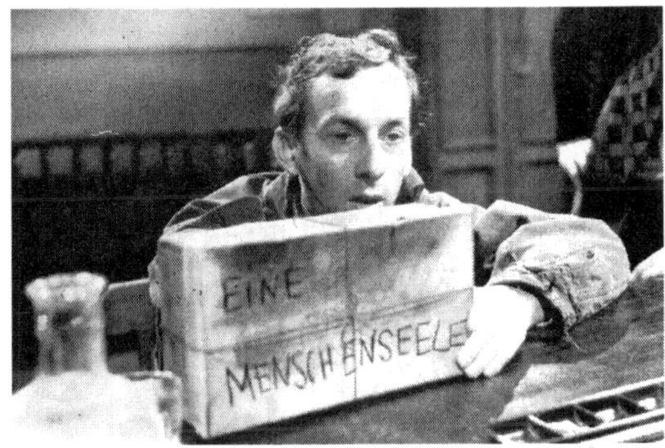

Hanns Lothar in SEELENWANDERUNG

schaftswunderkapitän. Nach fünf Jahren werden die liegengebliebenen Sachen in der Pfandleihe versteigert. Axel kann im letzten Moment verhindern, dass Bums Seele dieses Schicksal widerfährt, indem er den Karton klaut. Doch der reichgewordene, seelenlose und damit auch hart und skrupellos gewordene Bum will sein gutes Stück gar nicht zurückholen, da er auch weiter «oben» bleiben möchte, wofür die Seele nur hinderlich wäre. Er will sie nur als Versicherung für später im Tresor lagern. Darüber ist Axel, der doch nur wollte, dass Bum wieder ein «Mensch» wird, sehr erbost, er behält die Seele und beide scheiden im Streit. Axel muss sogar wegen des Diebstahls vorübergehend ins Gefängnis. Bum stirbt und, da seelenlos, muss er ruhelos als Geist umherwandern. Mit Axels Hilfe kann er zwar dem Pappkarton nachjagen, der inzwischen auf der Müllhalde gelandet ist, aber als Geist kann er Axel keine finanzielle Gegenleistung mehr anbieten. Er schenkt ihm das Denkmal, das für Bum in Bronze gegossen wurde. Aber Axel will «Moneten» sehen und demoliert das Denkmal, weshalb er wieder vor dem Richter steht. Erst jetzt hat er ein Einsehen mit seinem Freund und erlöst ihn.

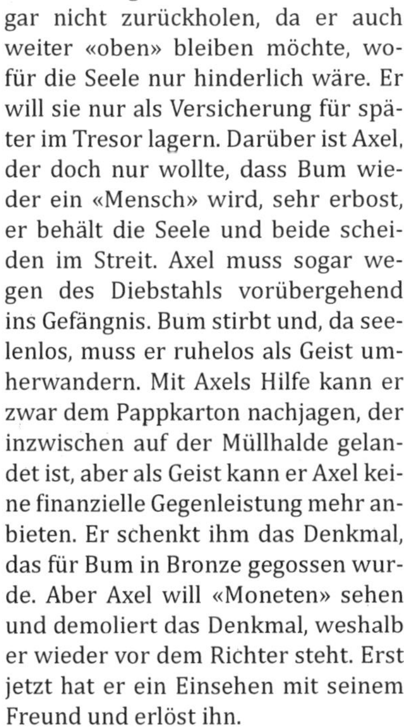

Die Parabel auf eine Gesellschaft, die für den Aufstieg ihre Seele verkauft, ist nicht nur in eine märchenhafte Handlung umgesetzt, sondern auch durch visuelle Kontraste verdeutlicht, etwa wenn Bum im ordenbestückten Frack auf der Müllhalde herumirrt. SEELENWANDERUNG lief auch erfolgreich im Kino, auf internationalen Festivals und war das erste deutsche Fernsehspiel, das mit dem «Prix Italia» ausgezeichnet wurde. Rainer Erler steigerte seine zeitkritische Satire ein Jahr später in ➲ ORDEN FÜR DIE WUNDERKINDER.

«Der Autor ordnet den Handlungsablauf ganz der Grundkonzeption ein. An keiner Stelle werden Episoden dramatisch verselbständigt. Sie ziehen nur als Stationen der Entwicklung vorüber, mal fließt es, mal werden Akzente gesetzt, und alles treibt unerbittlich dem Schlusspunkt zu. Der ausgezeichnete Regisseur Rainer Erler hat diese Konzeption konsequent verwirklicht. Die Laufbahn Bums wird behende, aber mit jedem Bild und jedem Schnitt das Bedeutende aussagend, abgehaspelt. Der Zuschauer wird zum Lachen animiert. Ohne dass es ein einziges Mal als unpassend empfunden wird, verschmelzen sich Lachen, Nachdenklichkeit, Betroffensein und Erschrecken zu einem einheitlichen Gefühl.»

(*epd/KF* 40, 1962)

Text in: Hansjörg Schmitthenner (Hrsg.): *Acht Fernsehspiele*, München: Piper 1966. – *Spiele: Fernsehspiele*, Hannover: Schroedel 1970.

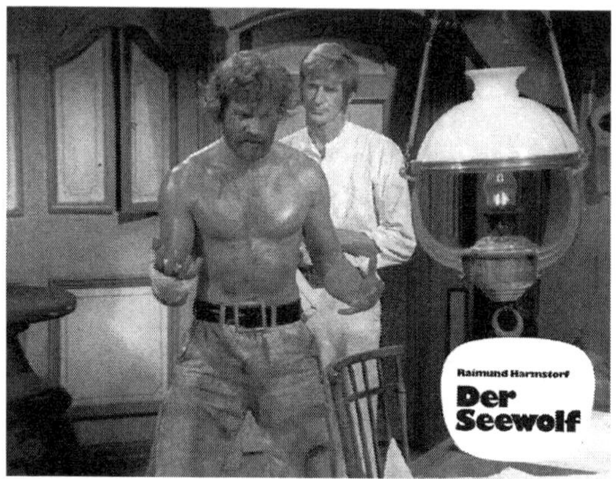

Raimund Harmstorf und Edward Meeks in DER SEEWOLF

DER SEEWOLF (1971)

P ZDF 1971 **Sd** 5., 12., 19., 26.12.1971, ZDF (4 Teile) **R** Wolfgang Staudte **B** Walter Ulbrich **L** Jack London **K** André Zarra **M** Hans Posegga **Sz** Aureliu Ionescu **Ko** Lydia Luludi **S** Hermann Haller **T** Willy Brahmann

D Edward Meeks (Stimme: Reinhard Glemnitz; Humphrey van Weyden), Raimund Harmstorf (Stimme: K. E. Ludwig; Wolf Larsen), Emmerich Schäffer (Stimme: Horst Raspe; Mugridge), Peter Kock (Stimme: Manfred Seipold; Leach), Sandu Popa (Stimme: Tommi Piper; Johnson), Omar Islau (Stimme: Norbert Gastell; Oofty-Oofty), Beatrice Cardon (Stimme: Helga Trümper; Maud Brewster), Franz Seidenschwan (van Weyden als Junge), Dieter Schidor (Larsen als Junge), Boris Ciornei (Louis), Septimu Sever (Stimme: Paul Klinger; Vater van Weyden), Sanda Toma (Mutter), Colea Rautu (Pete), Willi Kowalj (Pankburn), Sergiu Nicolaescu (Stimme: Günther Ungeheuer; Kpt. Rafty), Lydia Tomescu (Lavina)

Der schiffbrüchige Schriftsteller Humphrey van Weyden wird in der Bucht von San Francisco von dem Robbenfänger-Schoner «Ghost» gerettet, auf dem der brutale Kapitän Wolf Larsen ein tyrannisches Regiment führt. Larsen zwingt Weyden an Bord zu bleiben und dort die niedrigsten Arbeiten zu verrichten. In der Kombüse wird er von dem Schiffskoch Mugridge gedemütigt. Aber Larsen hat noch eine andere Seite: er liest und eignet sich Wissen aus einem Lexikon an. Weyden glaubt in Larsen einen Freund aus Kindheitstagen zu erkennen: «Frisco Kid» aus den Slums von San Francisco, der sich aus der Armut nach oben gekämpft hat. (Die Rückblenden in die Jugend der Protagonisten folgen Jack Londons *The Cruise of the Dazzler.*) Er gibt sich jedoch nicht zu erkennen, und auch Larsen scheint sich nicht zu erinnern. Nachdem ein Fluchtversuch mit Teilen der Besatzung gescheitert ist, nimmt die «Ghost» ein weiteres Boot mit Schiffbrüchigen auf, darunter Maud Brewster, zu der Weyden eine Zuneigung fasst. Während eines Gelages, bei dem Larsen über Maud herfällt, bricht dieser plötzlich zusammen. Weyden und Maud nutzen die Gelegenheit zur Flucht, sie wollen im Boot nach Japan. Bei der Landung auf einer Insel kommt Maud ums Leben. Weyden trifft hier wieder auf Larsen, der von seiner Besatzung ausgesetzt wurde. Er lässt den verletzten Weyden im Stich, der sich nun allein durch die Sümpfe der Insel schlagen muss, bis ihn die Besatzung eines Walfängers aufliest. (Die Insel-Episode folgt Londons *Love of Life.*) Jahre später trifft Weyden, inzwischen selbst Besitzer eines Schoners, in der Südsee wieder auf Larsen, der aufgrund eines Gehirntumors völlig erblindet ist. Bei einem Handgemenge mit Weyden bricht er tot zusammen.

Grundkonstante ist die Opposition des «Menschen» Weyden zu dem «Unmenschen» Larsen, der sich keine Grenzen setzen lassen will. Die «Ghost» ist eine Welt mit eigenen Gesetzen, in denen die von Moral und Anstand außer Kraft gesetzt sind. In der Inszenierung dieser Welt hat der Film seine stärksten Seiten, eher überflüssig ist der redundante Erzähler-Kommentar van Weydens.

▶ Die Fernsehverfilmung von 2008 (Pro7, R: Christoph Schrewe, B: Holger Karsten Schmidt) mit Thomas Kretschmann als Larsen und Florian Stetter als van Weyden konzentriert sich ganz auf Jack Londons Roman von 1904 und enthält viele Wortduelle der beiden gegensätzlichen Protagonisten. 2009 verfilmte auch wieder das ZDF als internationale Co-Produktion (R: Mike Barker, B: Nigel Williams) mit Sebastian Koch (Larsen) und Stephen Campbell-Moore (van Weyden). Die «klassische» Kino-Verfilmung stammt von Michael Curtiz (1941, m. Edward G. Robinson und Alexander Knox). Wolfgang Staudte drehte einen weiteren ZDF-«Weihnachts-Mehrteiler», der auf Jack London basierte: Lockruf des Goldes (ZDF 1976 m. Rüdiger Bahr in der Hauptrolle), der sich nur locker an die Vorlage anlehnte und diese auf eine reine Abenteuergeschichte reduzierte (Co-Produktion mit Rumänien und dort auch gedreht). Staudtes Debüt als Fernsehregisseur fand schon 1962 statt: Die Rebellion nach Joseph Roth (NDR, K: Albert Benitz): ein Untertan (ein österreichischer diesmal, kein preußischer), der von den Behörden schikanierte Kriegsinvalide Andreas Pum (Josef Meinrad) wird zum Rebell, wenngleich erst im Jenseits.

Literatur: Oliver Kellner / Ulf Marek: *Seewolf & Co.*, Berlin 2005.
DVD: Concorde Video

Selbstbedienung (1967)

P NDR 1967 **Sd** 11.3.1967, NDR III **R/B** Eberhard Fechner **K** Rudolf Körösi **M** Günter Handke **Sz** Götz Heymann **Ko** Johanna Kieling **S** Brigitte Kirsche **T** Wolfgang Schmeiss
D Wolfgang Condrus (Bruno), Jürgen Draeger (Dieter), Wolfgang Giese (Helmut), Katharina Tüschen (Helmuts Mutter), Dagmar Biener (Karin), Heinz Spitzner (Heinz Wuttke), Henriette Gontermann (Bibliothekarin), Günter Kieslich (Polizist), Annaliese Würtz (Kassiererin), Lilo Hartmann (Bibliotheksaufsicht), Michael Bünte (Grewe)

Der Film schildert einen authentischen Fall aus der Berliner Kriminalgeschichte und beruht auf Interviews mit den Delinquenten. Drei Freunde – Bruno, Helmut, Dieter – wollen den Tresor in einem Kaufhaus knacken. Ihre schlichten Motive schildern sie in drei kurzen inneren Monologen: «auf anständige Arbeit kommt man doch kaum zum Zuge», «wer was haben will, der muss auch was riskieren», «is mir auch egal was passiert, Hauptsache es passiert was.» Ihr erster Versuch scheitert, weil sie beim Schweißen auf eine Betonschicht stoßen, für die sie Spezialgeräte brauchen. Aus der Zeitung erfahren sie, dass ihnen eine halbe Million entgangen ist – Anreiz genug, den Coup besser vorbereitet zu wiederholen. Allerdings werden Bruno und Dieter wegen eines anderen Einbruchversuchs verhaftet, unter Auflagen nach einigen Tagen wieder entlassen. Helmut räumt unterdessen die Wechselkassen im Kaufhaus aus und lässt Schmuck mitgehen. In ihrem Entschluss, sich den Tresor nochmals vorzunehmen, bleiben sie fest. Helmut, der die Trebegängerin Karin bei sich aufgenommen hat, trauen die anderen nicht mehr recht. Sie brechen in seinen Keller ein, um den geklauten Schmuck «sicherzustellen». Damit sollen die Präzisionsgeräte für den Tresor finanziert werden. Ihr neuer Termin ist der Himmelfahrtstag, an dem die Queen Berlin besucht und die Polizei abgelenkt ist. Diesmal sind Bruno und Dieter erfolgreich. Helmut ist wie verabredet im Hintergrund geblieben, rechnet jedoch mit seinem Anteil an der Beute, zumal Karin schwanger ist. Aber in seinem Eifer hat er einem Nachbarn gegenüber zuviel gequatscht. Dieser informiert die Polizei, nachdem die Versicherung eine Belohnung ausgesetzt hat. Die drei Freunde, die ebenso dreist wie naiv waren (sie gehen in eine Bibliothek, um zu recherchieren, welches Land sie nicht ausliefern würde), werden festgenommen. Helmut erhält eine Jugendstrafe von 6 Jahren, Bruno und Dieter aber werden zu 7 Jahren Zuchthaus verurteilt.

«Es sind Jugendliche, zeigt Fechner, die ihren Einbruch eigentlich nur aus Versehen und ein wenig Spaß und aus Neugier, wie so etwas denn vor sich gehe, begehen – keine professionellen Verbrecher, keine von vornherein schlechten Charaktere; ihre Aktivität könnte man (diese moralische Pointe ist dem Film immanent) in andere Wege lenken. (...) Fechner fällt bei dem Versuch, authentisch zu sein, in die Klischees des Genres. Vielleicht, weil die Klischees auch in der Wirklichkeit vorhanden sind. Aber das ist dann schon egal.» (Klaus Eder, *Film* 4, 1967)

Shirins Hochzeit ➲ Der Unfall

Sie ist meine Mutter (2006)

P WDR 2006 **Sd** 21.2.2007, ARD **R** Dagmar Hirtz **B** Hannah Hollinger **L** Gisela Heidenreich **K** Axel Block **M** Annette Focks **Sz** Michael Köning **Ko** Beate Scheel **S** Nicola Undritz **T** Andreas Mücke-Niesytka, Rainer Gerlach
D Thekla Carola Wied (Rena), Kyra Mladeck (Edith), Rüdiger Vogler (Jan), Michael Altmann (Friedrich), Florian Brückner (Philip), Robert Dölle (Daniel), Veronika von Quast (Barbara), Lilian Naumann (Phoebe), Daniel Friedrich (Richter), Alfred Klaienheinz (Renneberg), Erik Kliviu (Erik), Petra Perle (Heimleiterin)

Rena Waldmann fährt mit ihrer Mutter Edith nach Norwegen, um ihr Geburtshaus zu besichtigen. Edith war damals Sekretärin in einem «Lebensborn»-Heim der SS. Aber auf die Frage ihrer Tochter, wo sie denn nun geboren sei, verwickelt sie sich in Widersprüche. Wieder zu Hause taucht ein Herr Friedrich auf, der von Edith in einem Prozess in Nürnberg eine entscheidende Aussage erhofft, denn sie hat damals seine Adoptionspapiere unterschrieben. Doch Edith weigert sich, hält Friedrich für einen Spinner. Rena regen die Ausflüchte und offensichtlichen Lügen ihrer Mutter, wie überhaupt ihre ganze Verweigerungshaltung gegenüber der Vergangenheit immer mehr auf. Sie war als uneheliches Kind von ihrer Mutter jahrelang verleugnet worden und «erreicht» sie nun nicht mehr. Darüber, dass sie nach dem Krieg von den Amerikanern ein Jahr interniert worden war, hat Edith nie ein Wort verloren. Sie war auch nicht nur Sekretärin, sondern hat von der SS den Auftrag erhalten, ein Lebensborn-Heim in Norwegen zu gründen. Schließlich ringt sie sich doch noch zu einem Treffen mit Friedrich durch, bricht aber kurz davor zusammen und stirbt im Krankenhaus. Im Nachlass ihrer Mutter findet Rena die für Friedrich entscheidenden Unterlagen: «Sie hat gelogen, aber sie war meine Mutter.»

«Wir sehen Menschen dabei zu, wie sie das, was für sie Wahrheit ist, nebeneinander stellen und entdecken, dass da nichts passt und nichts passend gemacht werden kann. Dass es nur einen Weg gibt, trotzdem miteinander zu leben: Vergebung und Liebe. Eine eigentlich christliche Botschaft, die schlicht und klar, in weltlicher Sprache, aus dem Film herausschallt. (...) Die Dialoge besitzen endlich mal die jeder Rolle angepasste persönliche Färbung und Feinheit, die man im Fernsehfilm so oft vermisst.»

(Barbara Sichtermann, *Tagesspiegel*, 21.2.2007)

«Die Dialoge scheinen direkt aus dem Handbuch für Familientherapeuten abgeschrieben oder aus der Schreibwerkstatt zusammengezimmert.»

(Ulrike Steglich, *epd medien* 17, 2007)

Die sieben Affären der Doña Juanita ➲ Eva und Adam

Der Skorpion (1997)

P ZDF 1997 **Sd** 3.10.1997, ZDF **R** Dominik Graf **B** Günter Schütter **K** Benedict Neuenfels **M** Dominik Graf, Helmut Spanner **Sz** Renate Schmaderer **Ko** Barbara Grupp **S** Christel Suckow **T** Albrecht Harms **D** Heiner Lauterbach (Josef Berthold), Marek Harloff (Robin), Birge Schade (Daria), Ulrich Noethen (Arno Jürging), Renate Krößner (Lili), Petra Kleinert (Iris Schmied), Oliver Stokowski (Carpentier), Filip Peeters (Kreuzkamp), Martin Gruber (Barney), Marcus Nau (Kermit), Wilfried Labmeier (Scherbaum)

Die Frau des Münchner Drogenfahnders Josef Berthold wird Opfer eines Anschlags. Nachdem ihr LSD ins Essen gegeben wurde, rennt sie im Rausch auf die Straße und wird überfahren. Während sie auf der Intensivstation liegt, feiert der 18-jährige Sohn Robin auf der Abiturparty, wo eine Drogentote aufgefunden wird. Robin verliebt sich in Daria, eine Pornodarstellerin, mit der er das verbotene Ecstasy konsumiert. Dadurch gerät er immer mehr in die Kreise, in denen sein Vater ermittelt. Josef steigert sich nach dem Anschlag auf seine Frau, der womöglich ihm selbst galt, berserkerhaft in seine Fahndungsarbeit hinein, die immer komplizierter wird: Der gesuchte Dealer ist gleichzeitig V-Mann der Polizei, Kontaktleute und Verdächtige werden ermordet. Gleichzeitig sieht er seinen eigenen Sohn ins Drogenmilieu abgleiten, der genau dies als Rebellion gegen seinen Vater versteht. Am Krankenbett der im Koma liegenden Mutter kommt es mehrfach zur Auseinandersetzung zwischend den beiden. Schließlich ist für Josef, dessen Methoden immer ruppiger werden – er wird der Selbstjustiz bezichtigt –, Robin der einzige Verbindungsmann zum Mörder, der polizeiintern als «Skorpion» bezeichnet wird. Josef stellt dem Täter eine Falle, in die sein eigener Sohn tappt. Dieser legt seinem Vater ein Geständnis ab. Doch der eigentliche Drahtzieher ist ausgerechnet Josefs Kollege Arno. Beim Showdown mit Robin stürzt er vom Balkon in den Tod. Josef verspricht seinem Sohn, ihn vor dem Gefängnis zu bewahren, sie scheinen nun wieder vereint zu sein.

Mit dieser konventionellen Inhaltsangabe ist der Film freilich nur unzureichend beschrieben. Die Thriller-Handlung und Vater-Sohn-Geschichte ist mit kulturgeschichtlichen Symbolen, Verweisen und Zitaten durchzogen (z. B. Michelangelo, Richard Wagner, Verdi, die Bibel), die dem Film eine eigentümliche Tiefendimension mit permanentem Interpretationsappell verleihen. Das zweite Alleinstellungsmerkmal ist die Form, v. a. die «subjektive Kamera» zur Visualisierung des Drogenrausches: bizarre Beleuchtung, blitzartige Schnitte, «Graf setzt auf Jump Cuts und schnelle Kreisfahrten. Er arbeitet mit Schwarz- und Weißblenden, Überbelichtungen, verzerrten und unscharfen Bildern, Als Fan des 1970er-Jahre-Kinos verwendet er künstliche Deep-Focus-Einstellungen mit Split-Field-Filtern à la Brian de Palma. Und natürlich bringt er immer wieder die von ihm heißgeliebten Zooms ins Spiel»(Julian Hanich).

Literatur: Julian Hanich: Des Knaben wunder Zorn. Über das Motiv des Vater-Sohn-Konflikts in Dominik Grafs DER SKORPION, in: *Im Angesicht des Fernsehens, Der Filmemacher Dominik Graf*, München 2012, S. 181–199.
DVD: SZ «Deutsche Thriller»

SMOG (1973)

P WDR 1973 **Sd** 15.4.1973, ARD **R** Wolfgang Petersen **B** Wolfgang Menge **K** Jörg Michael Baldenius **M** Nils Sustrate **Sz** Manfred Lütz **S** Liesgret Schmitt-Klink **T** Manfred Oelschlegel
D Wolfgang Grünebaum (Franz Rykalla), Marie-Luise Marjahn (Elvira Rykalla), Heinz Schacht (Opa), Hans Schulze (Grobeck), Doris Gallert (Frau Grobeck), Rudolf Jürgen Bartsch (Engelbrecht), Wilfried Dzubries (Dr. Timpe), Konrad Horschik (Prof. Plötz), Alf Pankarter (Prof. Steinbrück), Michaela Hennies (Andrea), Wolf Lindner (Stetter), Edda Pastor (von Schultz)

Im semi-dokumentarischen Stil (und wesentlich sachlicher und unprätentiöser als in ➲ DAS MILLIONENSPIEL) beschreibt der Film vier Tage im Ruhrgebiet, in denen Smog-Alarm ausgelöst wird, als aufgrund einer Inversions-Wetterlage der Schadstoffgehalt der Luft dramatisch ansteigt. Im Mittelpunkt stehen die Reaktionen von Bürgern (z. B. Familie Rykalla und ihr krankes Baby), Behörden, Ärzten, Medien und der Industrie. Das Wetteramt Essen liefert die immer bedrohlicher werdenden Messdaten, die Polizei befürchtet Verkehrschaos durch die Absperrungen, die Industrie Verluste durch Auflagen, bei den Behörden herrscht Zuständigkeits-Wirrwar, das Fernsehen berichtet in einer Live-Sondersendung mit Reporter-Einblendungen und Studiogästen. Im Fußballstadion bricht ein Spieler mit Atemnot zusammen, dann Live-Reportage von einer Unfallstelle: ein Autofahrer ist am Steuer durch Atem-Insuffizienz gestorben. Vor den Toren der Globag-Werke sammeln sich Demonstranten, sie sehen in dem Konzern den Hauptverantwortlichen für die Luftverschmutzung (der Direktor versucht, den Leiter des Wetteramtes einzuschüchtern). In den überfüllten Kliniken mehren sich die Todesfälle, die Todesanzeigen in den Zeitungen sind mittlerweile vier Seiten lang, die Bevölkerung reagiert mit Fluchtbewegungen in die Eifel. Am vierten Tag geht die Hochdruck-Wetterlage zu Ende, der Smog-Alarm wird aufgehoben. Das Baby der Rykallas ist tot. Sonst geht alles weiter wie zuvor: Die Kamera schwenkt über Autoschlangen und rauchende Schlote.

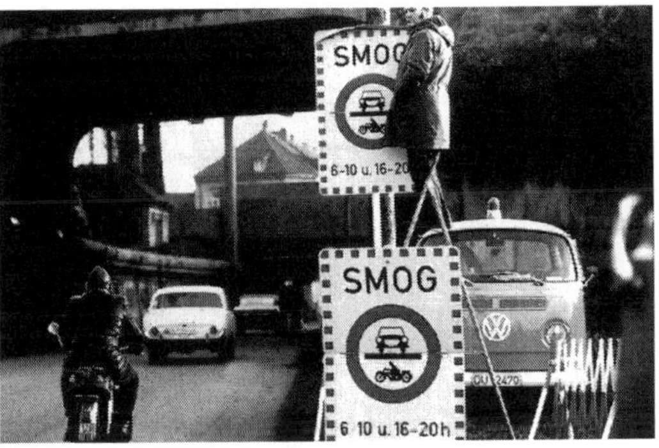

SMOG

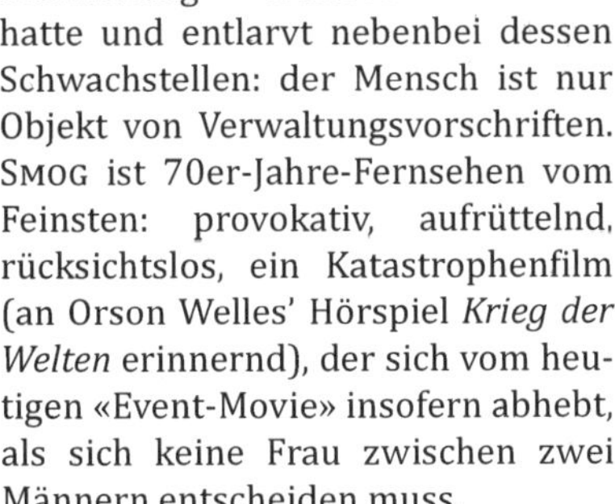

Das Szenario ist nicht erfunden: Der Film spielt ganz konkret die Maßnahmen durch, die das Land Nordrhein-Westfalen in einem Gesetz für den Fall einer hochgradigen Luftverschmutzung erlassen hatte und entlarvt nebenbei dessen Schwachstellen: der Mensch ist nur Objekt von Verwaltungsvorschriften. SMOG ist 70er-Jahre-Fernsehen vom Feinsten: provokativ, aufrüttelnd, rücksichtslos, ein Katastrophenfilm (an Orson Welles' Hörspiel *Krieg der Welten* erinnernd), der sich vom heutigen «Event-Movie» insofern abhebt, als sich keine Frau zwischen zwei Männern entscheiden muss.

«Im Gegensatz zum MILLIONENSPIEL *ist* SMOG *mehr an der Wirklichkeit orientiert. Wolfgang Petersens Regie vermeidet alle schrillen Töne, er bleibt allen Thrillereffekten, die dem Thema Katastrophenalarm anhaften, fern und strebt einen sachlichen, emotionslosen und so den Ernst eines solchen Themas angemessenen Stil an, den er erreicht und durchhält. (...) Was einzig Wolfgang Petersens Film aus der nüchternen Reportage herausreißt, ist die fiktive Fernsehaktualität, die ständig eingeblendeten Interviews, Berichte, Reportagen. Da kommt ein wenig Sensationseffekt hinein, es wird eine Gegenwart vorgetäuscht»*

(Heiko R. Blum, *medium* 4, 1973)

DVD: ARD Video (zusammen mit DAS MILLIONENSPIEL)

SO WEIT DIE FÜSSE TRAGEN (1959)

P NWRV 1959 **Sd** 12.2.–21.4.1959, ARD (6 Teile) **R/B** Fritz Umgelter **L** Josef Martin Bauer **K** Walter H. Schmitt **Sz** Alfred Bütow, Theo Zwierski **Ko** Ingrid Bütow **S** Marie-Anne Gerhardt **T** Carl Becker
D Heinz Weiss (Forell), Wolfgang Büttner (Dr. Stauffer), Edgar Mandel (Dannhorn), Hans Epskamp (Leibrecht), Harro Rivière (Dechant), Harry Engel (Mattern), Ferdinand Anton (Bauknecht), Günter Beckert (Portschach), Willi Schultes (Hägelin), Elfriede Beutner (Spinnwebe), Nikita Uljaschkin (Laatmai), Uchur Iwanow (Pehtak), Dragomir Paunitsch (Händler), Klaus Bauer (Anastas), Willi Leyrer (Grigorij), Georg Hartmann (Semjon), Ernst Konstantin (Lederer), Richard Beck (Strafnik), Aksam Josefoglu (Kalka), Basar Abuschinow (Aljoscha), Anton Reimer (Leopold Messmer), Walter Wilz (Mihail), Christian Schmieder (Igor), Hans E. Schons (Oberst), Viktor Stefan Görtz (Arzt), Dietrich Thoms (Menke), Robert Bürkner (Baudrexl)

Mit Hilfe des Arztes Dr. Stauffer, der seine eigene Flucht vorbereitet hatte, aber darauf verzichtet, weil er Krebs hat, gelingt es dem deutschen Kriegsgefangenen Clemens Forell aus einem Bleibergwerk am sibirischen Ostkap

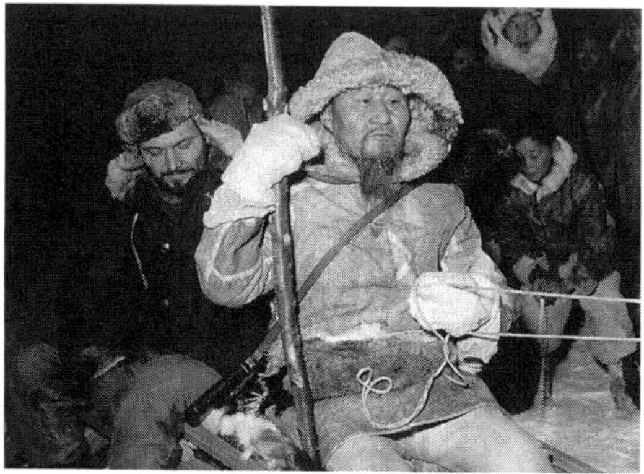
Heinz Weiss (l.) in So weit die Füsse tragen

nicht zu Ende. Dass er es vom Ostkap bis hierher geschafft hat, will ihm niemand glauben und da er keinen Ausweis hat, halten ihn die persischen Behörden für einen Spion und bringen ihn ins Polizeigefängnis nach Teheran. Dort erst wird er von einem aus Ankara herbeigeholten Onkel identifiziert. Er ist frei, seine Flucht ist zu Ende.

zu fliehen. Er hat den eisernen, unerschütterlichen Willen, alle Strapazen und Gefahren auf sich zu nehmen, um sich von Sibirien «nach Hause» durchzuschlagen. Er verbringt den ersten Winter im Kolchos von Rentierjägern, schließt sich dann aus einem anderen Lager geflohenen Goldsuchern an. Jakuten retten ihn vor den Wölfen (die von Schäferhunden «gespielt» werden!) und nehmen ihn mit in ihr Zeltdorf. Sie helfen ihm weiter und schenken ihm einen Hund. Mit dem Zug gelangt er nach Čita. Beim Fluchtversuch über die mongolische Grenze wird Forell beinahe erschossen und muss sich daher einen anderen Weg suchen. Er zieht weiter nach Aberkan, wo er von dem Österreicher Messner, der schon seit dem Ersten Weltkrieg in der Sowjetunion lebt, neue Kleidung erhält. Auf seinen Rat hin geht Forell Richtung Iran. In Kasadinsk trifft er den armenischen Juden Igor, der einer antistalinistischen Widerstandsgruppe angehört und Forell über andere Mitglieder seiner Organisation in Richtung Kaukasus weiterschleust. Mit Schmugglern gelangt er über die iranische Grenze, aber seine Odyssee ist noch

Gedreht wurde in den Münchner Bavaria-Studios, die (wenigen) Außenaufnahmen stammen aus Bayern, der Schweiz und Finnland. Der Flucht von Clemens Forell entspricht in Roman und Verfilmung die Flucht aus zeitgeschichtlichen Zusammenhängen mit Nationalsozialismus und Zweitem Weltkrieg, aus Fragen nach Schuld und Sühne. In dieser «Entpolitisierung» (abgesehen von antistalinistischen Akzenten) liegt auch der Grund für den überragenden Erfolg des Mehrteilers (90% Sehbeteiligung, der erste «Straßenfeger» des deutschen Fernsehens): Der Zuschauer konnte sich mit einem deutschen Soldaten als Helden identifizieren, der selbst Opfer ist, der vom Krieg nichts mehr wissen, sondern nur nach Hause will und der aus seiner passiven Opfer-Rolle ausbricht, um sein Schicksal selbst in die Hand zu nehmen. Diese Entlastungsfunktion machte So weit die Füsse tragen gleichsam zum «Nationalepos des westdeutschen Staates» (Harald Martenstein). Die deutsche Vergangenheit nahmen andere Fernsehspiele dieser Zeit präziser ins Visier (➲ Unruhige Nacht, ➲ Am grünen Strand der Spree). Das (Kino-)Remake von

2001 (R: Hardy Martins, mit Bernhard Bettermann) bot vor allem mehr fürs Auge: Originalschauplätze statt billiger Kulissen, Farbe, breite Leinwand.

Literatur: Knut Hickethier: Kriegserlebnis und Kriegsdeutung im bundesdeutschen Fernsehen der fünfziger Jahre, in: Ursula Heukenkamp (Hrsg.): *Schuld und Sühne? Kriegserlebnis und Kriegsdeutung in deutschen Medien der Nachkriegszeit (1945–1961)*, Bd. 2, Amsterdam 2001, S. 759–775.
DVD: EuroVideo; Pandastorm

SONDERURLAUB ➲ MAUERN

SPÄTE RACHE (2001)

P ZDF 2001 **Sd** 23.11.2001, arte **R** Matti Geschonneck **B** Hannah Hollinger **K** Rudolf Blahacek **M** Ulrich Reuter **Sz** Bernd Gaebler **Ko** Bettina C. Proske **S** Inge Behrens
D Peer Jäger (Michael), Maja Maranow (Heide), Christian Redl (Klaus), Birge Schade (Karin Wolf), Lena Stolze (Susanne Schneider), Klaus Nierhoff (Chirurg), Gisela Hoeter

Dr. Michael Klenz, Chefarzt einer Privatklinik, erhält unversehens Besuch von Klaus, einem Freund aus alten DDR-Tagen. Dieser Klaus saß 12 Jahre in Bautzen für einen Mord an ihrem gemeinsamen Freund Thomas, den nicht Klaus, sondern möglicherweise Klenz begangen hat. Klaus heiratete Thomas' Freundin, mit der Thomas damals in den Westen gehen wollte. Klenz hat Angst, dass Klaus, der im Sicherheitsdienst der Klinik arbeitet, sich rächen will. Klenz kommt in Bedrängnis, da ein Patient nicht rechtzeitig in die Uni-Klinik eingeliefert wird und stirbt. Ihm droht ein Verfahren und Verlust der Approbation. Doch Klaus macht überraschend eine Aussage, die ihn entlastet. Klenz hingegen zeigt Klaus an, da dieser ihn angeblich wegen Klenz' Geliebter erpresst und sogar den Tod des Patienten arrangiert haben soll. Nun ist es Klenz' Frau Heide – auch sie gehörte zum Freundeskreis in der DDR-Zeit –, die Klaus mit einer Aussage hilft. Beim «Showdown» in Klenz' Jagdhütte gesteht der Chefarzt Klaus den Mord an Thomas.

«[Ein] Film, der das ewige Spiel von Belauern und Einschüchtern gewandt in Szene setzt, indem nur Mosaiksteinchen enthüllt werden, worauf dieses Spiel sich gründet, bei dem die Rolle zwischen Drohendem und Bedrohtem fortwährend wechselt und es einzig um die Frage geht, wer von den Beteiligten die perfidesten Absichten hegt.»
(Hans-Dieter Seidel, *FAZ*, 24.11.2001)

«Was anfänglich raffiniert in der Schwebe gehalten wurde, fiel einem im weiteren Verlauf des Films zunehmend auf den Wecker, da Buch und Regie die Andeuterei über Gebühr strapazierten und somit ihrem eigenen Stilprinzip den Garaus machten. Da mussten die ohnehin schon nicht besonders redseligen Figuren ständig mit verhangenen Blicken ins Nichts starren, vielsagend-nichtssagend aneinander vorbeischauen, sich belauern und sich vor allem immer wieder beobachten. So lähmte bald eine bleischwere Statik das Geschehen.»
(Reinhard Lüke, *FK* 47, 2001)

SPEER UND ER (2005)

P WDR 2005 **Sd** 9., 11., 12.5.2005, ARD (3 Teile) **R** Heinrich Breloer **B** Heinrich Breloer, Horst Königstein **K** Gernot Roll **M** Hans-Peter Ströer **Sz** Götz Weidner **Ko** Barbara

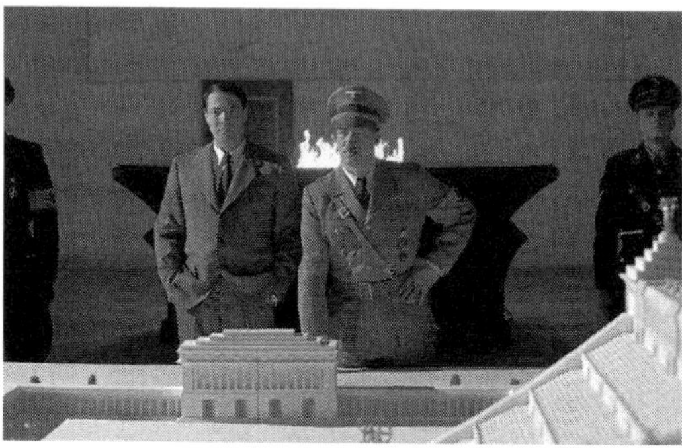

Sebastian Koch und Tobias Moretti in SPEER UND ER

Baum **S** Monika Bednarz-Rauschenbach **T** Thomas Schwedes
D Sebastian Koch (Albert Speer), Tobias Moretti (Hitler), Dagmar Manzel (Margarete Speer), Susanne Schäfer (Annemarie Kempf), Markus Boysen (Baldur von Schirach), Peter Rühring (Dönitz), André Hennicke (Hess), Michael Gwisdek (Raeder), Hannes Hellmann (Göring), Oliver Stern (Sauckel), Edmund Dehn (Robert Jackson), Joachim Bißmeier (Flächsner), August Zirner (Gilbert), Florian Martens (Himmler), Wilfried Hochholdinger (Goebbels), Gottfried Breitfuß (Martin Bormann), Eva Hassmann (Eva Braun), Axel Milberg (Wolters), Christian Nickel (Ernst Speer), Götz Argus (Degenhardt), Elias Patrick (Richard Sonnenfeldt)

Hilters Architekt und Rüstungsminister Albert Speer konstruierte im Nürnberger Prozess und vor allem in den Publikationen nach seiner Entlassung aus dem Spandauer Gefängnis die Legende vom Mitläufer und unpolitischen Künstler, der von den Verbrechen nichts gewusst haben wollte. Diese Legende versucht Breloer mit seinem Dokudrama aufzubrechen. Ausgehend vom Nürnberger Prozess beleuchtet er die Etappen von Speers Karriere zwischen 1933 und 1945. Der Weg an Hitlers Seite beginnt mit Dekorationen für den Reichsparteitag, Speer wird Hitlers «Kulissenzauberer». Als Generalbauinspektor für die Reichshauptstadt (1937) ist er für die monumentale Neugestaltung der Hauptstadt «Germania» verantwortlich. Die Ersatzwohnungen für die notwendigen Abrisse lässt er durch «Entjudungs»-Aktionen beschaffen. Als Rüstungsminister genehmigt er 1942 den Ausbau des KZ Auschwitz, was allerdings erst ein in den 90er Jahren gefundenes Dokument beweist. Auch dass er die mörderischen Zustände im Lager Dora/ Mittelbau aus eigener Anschauung kannte, war in Nürnberg nicht bekannt. Speer bestritt außerdem, bei der berüchtigten Himmler-Rede über die «Endlösung» (1943 in Posen) dabei gewesen zu sein, obwohl die Fakten dagegensprechen. Im Prozess gelingt ihm der große Schachzug: Distanzierung von Hitler, Torpedierung der Führer-Befehle zur «verbrannten Erde», Nähe zu den Verschwörern des 20. Juli, ja sogar die Behauptung eigener Attentatspläne. Er akzeptiert nur die Schuld des Nicht-gewusst-haben-*Wollens*. Ebenso war er sich sicher, von den Alliierten für den Wiederaufbau gebraucht zu werden («auf wen sollten sie sonst zurückgreifen?»). Trotz der Differenz zwischen Speers Aussagen im Prozess und dem, was heute über ihn bekannt ist, bleibt die Person ambivalent und rätselhaft. Dies gilt auch für die von Breloer befragten Kinder Speers (diese Gespräche nehmen den Großteil des Films ein), die ihren Vater letztlich nicht ergründen können (Speer jr.: «Wenn einer mit Leichenbergen weiterleben will, muss er die Leichenberge verdrängen»). In einem «Nachspiel» SPEER UND ER – DIE TÄUSCHUNG (12.5.2005, ARD) geht Breloer der Frage nach, wie die Selbststilisierung zum «guten Nazi» nach Speers Entlassung 1966 so perfekt funktionieren konnte.

«Die Lebenslüge bürgerlicher Kreise, ausgerechnet an der Figur Speer dem Nazi-Regime doch noch einige hellere Seiten abgewinnen zu können, hat Breloer endgültig platzen lassen.»
(Wolfgang Jean Stock, *SZ*, 14.5.2005)

Text: Heinrich Breloer: *Speer und Er*, Berlin: Propyläen 2005.
Literatur: Heinrich Breloer: *Unterwegs zur Familie Speer*, Berlin 2005. – Anson Rabinbach: Kein Engel aus der Hölle. Heinrich Breloers SPEER UND ER: Hitlers Architekt und Rüstungsminister, in: *Das Böse im Blick. Die Gegenwart des Nationalsozialismus im Film*, München 2007, S. 113–126. – Judith Keilbach: *Der Nationalsozialismus als Dokudrama. Zur programmatischen Ambivalenz in Heinrich Breloers* SPEER UND ER, ebd., S. 127–141.
DVD: EuroVideo

DIE SPIELERIN (2005)

P NDR/ORF 2005 **Sd** 17.6.2005, arte **R** Erhard Riedlsperger **B** Fred Breinersdorfer **K** Frank Brühne **M** Karim-Sebastian Elias **Sz** Isolde Rüther **Ko** Esther Walz **S** Moune Barius **T** Gunther Hahn
D Hannelore Elsner (Polina Sieveking), Erwin Steinhauer (Friedrich Mühlbichler), Nina Petri (Claudia), Frank Giering (Dietrich Schröder), Gesine Cucrowski (Annegret Reuther)

Polina Sieveking lernt in einem Hotel den etwas zwielichtigen Anwalt Friedrich Mühlbichler kennen. Er gibt ihr Geld und fordert sie auf, damit in der Spielbank für ihn Roulette zu spielen, denn sie sei aufgrund ihres Horoskops dafür geeignet. Tatsächlich gewinnt sie, die vorher noch nie gespielt hat, in einer halben Stunde 21000 €. Ist sie nun ein «Glückskind», wie er behauptet? Mit 35000 € fährt er mit ihr nach Travemünde. Doch nun verspielt sie die Summe, weil sie glaubt, alles auf «Zéro» setzen zu müssen. Mühlbichler gesteht ihr, dass er unter dem – falschen – Verdacht steht, 2 Millionen € Mandantengehälter veruntreut zu haben. Als er deswegen verhaftet wird, spielt Polina weiter, um die Kaution für ihn herauszuholen. Er, der früher selbst gespielt hat, warnt sie vergeblich vor der Spielsucht. Sie glaubt, sich im Griff zu haben. Während der Prozess gegen Mühlbichler stattfindet, verspielt Polina wie im Rausch alles: das Geld, das er ihr anvertraut hat, um es vor Pfändung zu schützen, ihr eigenes Vermögen, ihre Wohnung. Nach der Zwangsräumung landet sie in einer Läusepension und wird zur Diebin. Nachdem Mühlbichler wieder auf freiem Fuß ist, zwingt er sie, sich für alle Kasinos sperren zu lassen, aber sie macht in illegalen Spielclubs weiter. Ihre Selbstzerstörung scheint unaufhaltbar, all ihre Energie konzentriert sich auf die Umsetzung angeblich todsicherer Gewinnsysteme.

Der Film orientiert sich zwar an Dostojewskij – auch der Name Polina stammt aus *Der Spieler*, es gibt sogar wörtlich entnommene Dialogstellen –, reduziert ihn aber auf ein Zweipersonenstück, vor allem auf die Studie des Verfalls einer reifen, mitten im Leben stehenden Frau. Das Ergebnis ist jedoch nicht eine soziale Tragödie oder ein psychologischer Problemfilm, es überwiegen vielmehr die komödiantischen Akzente.

«Man meint es pädagogisch mit dem Zuschauer. Frau Polina wird spielsüchtig wie eine Maus im Versuchslabor. Ihre Seele bleibt außen vor.»

(Eva Marz, *SZ*, 24.5.2006)

DVD: Brigitte Film-Edition

DAS STAATSGEHEIMNIS (2001)

P Pro7 2001 **Sd** 25.10.2001, Pro7 **R** Matthias Glasner **B** Michael Fengler, Margot Rothkirch **K** Benjamin Dernbecher **M** Rainer Oleak **Sz** Tom Hornig **S** Dirk Grau

D Benno Fürmann (Lars Schelling), Nele Müller-Stöfen (Nicole), Jutta Wachowiak (Irene Schelling), Maxi Mari Duck (Emmylou), Ill Young Kim (Kim Chong), Otto Mellies (Krassnitz), Michael Hannemann (Pape), Günter Junghans (Erlandt), Harald Schrott (Heyse)

Lars Schelling, der gerade einen Sushi-Imbiss eröffnet und sich bei der Russen-Mafia verschuldet hat, findet seine Mutter in ihrer Wohnung sterbend vor. Er erfährt, dass sie Todesahnungen hatte und sich deshalb eine Grabstelle reserviert hat. Nachdem man versucht, ihn zu entführen und Leute, von denen er sich Informationen erhofft, ermordet werden, ist Lars überzeugt, dass auch seine Mutter nicht an Herzversagen gestorben ist. Mit Hilfe der angeblichen Journalistin Nicole, die in Wirklichkeit für den Geheimdienst arbeitet, führt er eigene Recherchen durch. Seine Mutter hat 500 Millionen von verstecktem DDR-Vermögen in der Schweiz deponiert. Die unverständlichen letzten Worte, die ihm seine Mutter noch ins Ohr flüstern konnte, waren das entscheidende Code-Wort, hinter dem ehemalige Stasi-Funktionäre her sind, um an das Geld zu gelangen. Lars versucht, seine Verfolger gegeneinander auszuspielen, hat aber auch den Geheimdienst zum Gegner, denn nach der Wende hatte die Stasi die BRD-Regierung bestochen, um in Ruhe gelassen zu werden. Dieses «Staatsgeheimnis» darf auf keinen Fall publik werden. Am Schluss steht Lars vor der Entscheidung, die Unterlagen dem Geheimdienst gegen «Finderlohn» zu übergeben oder zu sterben.

«Regisseur Matthias Glasner orientiert sich weitestgehend an Tony Scotts DER STAATSFEIND NR. 1, und manchmal merkt man, dass er dem US-Vorbild technisch unterlegen ist. Allerdings muss man Glaser das zutiefst verstörende Ende für sein Verschwörungsspektakel hoch anrechnen. Ein passabler Paranoia-Thriller für paranoide Zeiten.»

(Christian Buss, *taz*, 25.10.2001)

DIE STAATSKANZLEI (1989)

P WDR 1989 **Sd** 29.11.1989, ARD **R/B** Heinrich Breloer **K** Klaus Brix **Sz** Wolfgang Schünke **M** Hans-Peter Ströer **Ko** Christine Schnell **S** Monika Bednarz **T** Werner Stumpf

D Roland Schäfer (Uwe Barschel), Hermann Lause (Reiner Pfeiffer), Barbara Nüsse (Jutta Schröder), Burghart Klaussner (Björn Engholm), Dietrich Mattausch (Klingner), Dietmar Mues (Graf Kerssenbrock), Grischa Huber (Irmlind Heiser), Siegfried Kernen (Aniol), Gerhard Garbers (Börnsen), Ulrich Wildgruber (Ballhaus), Dieter Prochnow (Frank Herrmann), Angelika Thomas (Brigitte Eichler), Wolf-Dietrich Sprenger (Dierken), Inge Meysel (Bedienung)

Mit dem in ➲ DAS BEIL VON WANDSBEK erprobten fließenden Übergang von Spiel- und Dokumentarszenen rollt Breloer die Barschel-Affäre von 1987 auf. Reiner Pfeiffer, der vom

Springer-Verlag ans Land Schleswig-Holstein vermittelte Medienreferent von Ministerpräsident Uwe Barschel, hatte die Aufgabe, das Image des Regierungschefs «aufzupolieren» und das Ansehen des Gegenkandidaten Björn Engholm zu «demontieren». Barschel beauftragt ihn zunächst, eine anonyme Anzeige gegen Engholm wegen angeblicher Steuerhinterziehung zu erstatten. Diese erste Denunziations-Versuch scheitert zwar, aber das Büro des Ministerpräsidenten wandelt sich langsam zum Zentrum einer Verschwörung gegen den Oppositionsführer. Nächster Coup ist das Gerücht, Engholm sei homosexuell. Für die Bespitzelung wird eine Detektei beauftragt, die von der Kosmetik-Firma Schwarzkopf bezahlt wird, die ihrerseits den TV-Journalisten Bednarz beobachten lässt, der kritisch über die Firma berichtet hat. Barschel treibt die Aktion schließlich auf die Spitze, indem er verbreiten will, Engholm habe Aids. Für Pfeiffer und vor allem Barschels Sekretärin Jutta Schröder ist damit eine moralische Grenze überschritten. Pfeiffer informiert den SPD-Pressesprecher. Unterdessen überlebt Barschel einen Flugzeugabsturz und inszeniert die Rückkehr nach seiner Genesung als ein von Gott Geretteter und Auserwählter. Dann erscheint ein erster «Spiegel»-Bericht über die ominösen Ausspähungen von Engholm. Barschel gerät in Erklärungsnot, versucht Pfeiffer als den Alleinschuldigen hinzustellen und gibt seine berühmte Ehrenwort-Pressekonferenz. Das Lügengebäude bricht zusammen. In einem Genfer Hotel findet das Leben eines aus dem Nichts aufgestiegenen Provinz-Politikers ein Ende, der durch seine Machtbesessenheit und seine Unfähigkeit, Niederlagen zu ertragen, die Staatskanzlei zur geschlossenen Gesellschaft machte.

«Breloers Barschel ist der Bösewicht, seine heimlichen Helden sind die Angestellten. Die Sekretärin Jutta Schröder, die Reiner Pfeiffer dazu bewegt, auszupacken, und die beiden Fahrer, von denen einer dem vom Thron gestoßenen Ministerpräsidenten nachweint, erhalten ein derartiges Gewicht, dass die politische Dimension dahinter zu verschwinden droht. (...) Breloer verabreicht Beruhigungspillen. Was ist noch Skandal an dem Skandal, wenn alle so artig wie Jutta Schröder waren?»
(Christof Boy, *taz*, 29.11.1989)

Text/Literatur: Michael Schmid-Ospach (Hrsg.): *Tatort Staatskanzlei*, Wuppertal: Peter Hammer 1989.

Die Stadt im Tal (1974)

P WDR 1974 **Sd** 26., 28.1.1975, ARD (2 Teile) **R** Wolfgang Petersen **B** Bernd Schroeder **K** Peter Kaiser **M** Nils Sustrate **Sz** Günther Naumann **Ko** Gisela Röcken **S** Liesgret Schmitt-Klink **T** Manfred Oelschlegel **Do** Monschau/Eifel

D Paul Dahlke (Graf Brosch), Siegfried Wischnewski (Kastner), Horst Beck (Vater Fantl), Volker Martens (Max), Hans Peter Korff (Fridolin), Susanne Uhlen (Veronika), Claudia Buthenuth (Edith), Carmen-Renate Köper (Frau Kastner), Renate Heilmeyer (Johanna), Dieter Kirchlechner (Lamprecht), Hans Häckermann (Kammerloher), Heinz Schimmelpfennig (Pfeiffer), Peter Drescher (Wunderlich), Walter Bluhm (Alten), Günther Jerschke (Praetorius), Dieter Schaad (Stockmann), Hans Wehrl (Pfarrer), Walter Jokisch (Leichner), Uwe Dallmeier (Krötz), Eva-Maria Bauer (Frau Leichner), Gisela Hoeter (Frau Krötz), Karl Walter Diess (Dr. Marquardt), Ilse Strabowski (Frau Marquardt)

Das Provinzstädtchen Lugtal wird von dem Brauereibesitzer Graf Brosch beherrscht. Während er in der Altstadt die Mieter auf die Straße setzt, um Geschäfte anzusiedeln, plant er im Stadtwald ein Wohnungsbauprojekt. Für diese Luxuswohnungen braucht er öffentlichen Grund. Die Mehrheitsfraktion des Bürgermeisters ist dagegen, und im Ort gründet sich eine Bürgerinitiative gegen das Projekt. Doch Brosch, der sein eigenes Handeln als «sozial-autoritär» definiert («man muss die Leute zu ihrem Wohl zwingen»), kauft sich die fehlenden zwei Stimmen im Stadtrat. Außerdem verspricht sich Broschs Schwiegersohn, Schuldirektor Kastner, politisches Prestige von dem Bauvorhaben, denn er will selbst Bürgermeister werden. Eine auf dem Baugrund stehende historische Kapelle geht in Flammen auf, doch ein Schuldiger wird nicht gefunden. Kastner gewinnt die Bürgermeisterwahl, aber Brosch geht mit seinem Wohnungsbau pleite, weil sich für die teuren Wohnungen keine Käufer finden. Er macht die Bonner Politik für sein Scheitern verantwortlich und verkauft an die überregionale Baugesellschaft «Grüner Wohnen», die praktischerweise die Innenstadtsanierung im Sinne Broschs gleich mit übernimmt. Die Bürgerinitiative hat ein neues Thema.

DIE STADT IM TAL ist das Muster eines sozialkritischen Fernsehspiels der 70er Jahre, das die politische Botschaft nicht doziert, sondern in Unterhaltung verpackt. Die verhandelten Themen wie Anpassung und Widerstand, Aufbruch und Resignation, Macht und Ohnmacht, Ausbeutung und soziales Handeln, Korruption und Aufklärung sind auf familiärer Ebene angesiedelt, die sozialen und politischen Konflikte verschränken sich im Mikrokosmos einer Kleinstadt mit den privaten. Von den Brüdern Fantl z. B. ist Max zunächst der Revoluzzer (er beschimpft in der Abiturrede seine Lehrer), Fridolin ist Journalist beim opportunistischen Lokalblatt. Doch Max heiratet Broschs Enkelin und steigt am Schluss sogar bei «Grüner Wohnen» ein, während sein Bruder einsieht, dass Verbürgerlichung auf Kosten von Freiheit und Unabhängigkeit geht. Die Figuren sind komplex angelegt, entgehen somit einer Schwarz-Weiß-Zeichnung. Auch der von Paul Dahlke verkörperte Graf ist kein kapitalistisches Monster, sondern gibt den charmanten Patriarchen.

▶ Eine Kleinstadt in der Nachkriegszeit nahm Oliver Storz als Kulisse für Aussagen über die Suche nach einem Glück, das nur durch Verdrängen der Vergangenheit zu erreichen ist. «Kultur» ist das Mittel der Übermalung. In MUSIK AUF DEM LANDE (WDR 1980, m. Hans-Georg Panczak, Andrea L'Arronge, Harald Leipnitz) will im fiktiven schwäbischen Salzlach 1952 das örtliche Kammerorchester zur Aufwertung einer Festaufführung sündhaft teure Musiker vom Rundfunkorchester Stuttgart einladen. Die vergötterten Künstler entpuppen sich jedoch als profane Figuren, die sich v. a. für Fußball, Frauen und Wein interessieren und damit die bürgerliche Honoratiorengesellschaft durcheinanderbringen. Eine Fortsetzung drehte Oliver Storz mit DER STADTBRAND (ZDF 1985) um die Festspielinszenierung eines historischen Stadtbrandes (m. Ernst Stankowski als Intendant). Am Schluss brennt es tatsächlich, die Kleinstadt ist die «lachhafte Metapher der Weltzustände» (Storz). Beide Filme bilden mit DAS TAUSENDUNDERSTE JAHR (ZDF 1979, R: Eberhard Itzenplitz) – gemeint ist das Jahr 1945, das erste nach dem Ende des «Tausendjährigen Reiches» – eine «schwäbische Trilogie».

DVD: Warner (in: Wolfgang Petersen Film Collection)

EINE STADT WIRD ERPRESST (2006) ★

P ZDF 2006 **Sd** 23.2.2007, arte **R** Dominik Graf **B** Dominik Graf, Rolf Basedow **K** Alexander Fischerkoesen **M** Sven Rossenbach, Florian van Volxem **Sz** Claus Jürgen Pfeiffer **Ko** Barbara Grupp **S** Hanna Müllner **T** Rainer Haase

D Uwe Kockisch (Kalinke), Misel Maticevic (Ronny), Julia Blankenburg (Maria Rogalla), Hubertus Hartmann (Oberstaatsanwalt), Arved Birnbaum (Einsatzleiter), Lutz Teschner (Bürgermeister), Oona von Maydell (Rebecca), Thomas Neumann (Günter Naumann), Petra Kleinert (Frau Steinert)

Ein Sprengstoffanschlag auf eine Hohspannungsleitung in Leipzig taucht die ganze Stadt ins Dunkel. Erpresser fordern Diamanten im Wert von 20 Millionen Euro, sonst folgen weitere Anschläge auf die Strom- und Wasserversorgung. Trotz einer aufwendigen Überwachung bei der Übergabe, gelingt den Tätern mit den Diamanten die Flucht. Die Spur führt in ein vom Tagebau bedrohtes Dorf, dessen verschworene Bewohner sich vom Staat verschaukelt fühlen. In diesem Ort gibt es einen kooperativ geführten, gewissermaßen «volkseigenen» Betrieb. Dessen Chef Naumann steht bald im Fokus der Ermittler. Naumann und der leitende Kommissar Kalinke kennen sich aus DDR-Zeiten. Naumann bezichtigt Kalinke, als Volkspolizist an der Vertuschung einer Straftat beteiligt gewesen zu sein. Als Naumanns Tochter von einem berühmten Sportler überfahren wurde, blieb die Tat ungesühnt. Kalinke steht bei seinen Ermittlungen im Dorf vor einer Mauer des Schweigens, die Einwohner decken sich gegenseitig mit Alibis. Als ein Diamant in Moskau auftaucht, kommt Licht in die Zusammenhänge: die Dorfbewohner, die sich durch den Tagebau in ihrer Existenz bedroht fühlen, arbeiten mit einer internationalen Erpresserbande aus der Russenmafia zusammen. Diese investiert das Geld aus der Erpressung in Naumanns Betrieb. Bei der Festnahme der Täter aus dem Dorf kommt es zur Eskalation. Naumann zündet eine Handgranate und tötet sich und Kommissar Kalinke.

Dominik Grafs Polizeifilm zeichnet sich nicht nur durch seine soziale Verankerung im tristen Milieu der Wendeverlierer aus, sondern auch durch formale Qualitäten, die die Klassiker des Genres zitieren. Hohes Tempo und permanente Bewegung im Bild sorgen für Dynamik. Die Jury des Adolf-Grimme-Preises bemerkte bei ihrer Preiszuerkennung: «Großartig die Kameraarbeit von Alexander Fischerkoesen, der die unwirtliche Weite der Ost-Landschaft und die verschlossenen Mienen der Bewohner im Stil eines pessimistischen Westerns visualisiert. Herausragend Uwe Kockisch in der Rolle eines mit Intuition begabten, menschlich aber abgewrackten Polizisten, der sich schon zu DDR-Zeiten nicht dem System gefügt hat und es nach der Wende umso weniger mit den Opportunisten hält. Mit jeder seiner sparsam gesetzten Gesten, jedem sarkastischen Zucken von Mund- und Augenwinkel gibt er die faszinierende Charakterstudie eines Polizisten, der einen hohen Preis für seine Unkorrumpierbarkeit zu zahlen hat, und wird zum Kraftzentrum dieser meisterhaften Teamarbeit.»

«(Graf) verfilmt, was zwischen den Zeilen der Narration versteckt ist. Das macht seine Werke zugleich originell und persönlich.»

(Barbara Sichtermann, *Tagesspiegel*, 23.2.2007)

Literatur: Jesko Jockenhövel: Von Morlocks und Kakadus. Deutsch-deutsche Gesellschaftsbilder in den Filmen von Dominik Graf, in: *Im Angesicht des Fernsehens. Der Filmemacher Dominik Graf*, München 2012, S. 125–142.
DVD: SZ «Deutsche Thriller»

Der Stadtbrand ➲ Die Stadt im Tal

Stärker als der Tod (2003)

P ZDF 2003 **Sd** 26.1.2004, ZDF **R/B** Nikolaus Leytner **K** Hermann Dunzendorfer **M** Stefan Schulzki, Marco Raab **Sz** Pit Janzen **S** Jens Klüber **T** Quirin Böhm
D Veronica Ferres (Lena Koch), August Zirner (Georg Koch), Anna Brüggemann (Julia), Cornelia Froboess (Margret Gerber), Martin Feifel (Jan Marbach), Hans-Jochen Wagner (Franco Sell), Gundi Ellert (Felizias Heintze), Frank Röth (Uwe Kainz), Christian Schneller (Robert Margulies), Tristano Casanova (Mario Fröhlich), Laura Sonntag (Melanie)

Nach einem Konzertbesuch kehrt die 14-jährige Melanie nicht nach Hause zurück. Nach drei Wochen zermürbender Wartezeit kommt für die Eltern Lena und Georg Koch die Gewissheit: Melanie ist vergewaltigt und ermordet worden. Während Lena rational reagiert und sich aufs «Weiterleben» einstellt, kapselt sich Georg völlig ab. Er bleibt unentschuldigt seiner Arbeit fern und verliert deshalb seinen Job, schließt sich in seinem Zimmer ein, beschäftigt sich nur noch mit dem Mord und dem Prozess, hat Rachephantasien gegenüber dem Täter, «Michael-Kohlhaas-Allüren», wie es seine Frau nennt. Leidtragende ist die Tochter Julia, die sich schon immer gegenüber ihrer Schwester zurückgesetzt fühlte. Als der Mörder «nur» in die Psychiatrie eingewiesen wird, verwüstet Georg sein Zimmer und verschwindet aus dem Haus. Ein Jahr später ist die Ehe geschieden, was Julia völlig aus der Bahn wirft. Sie fehlt in der Schule, bleibt von zu Hause weg und entfremdet sich ihrer Mutter immer mehr, zumal diese einen neuen Freund hat, einen Journalisten, der ihr einen dringend benötigten Job in seiner Zeitung verschafft hat. Julia kündigt schriftlich ihren Selbstmord an. Lena alarmiert ihren Ex-Mann, beide finden ihre Tochter, die Tabletten genommen hat, gerade noch rechtzeitig.

«Plakativ und aufgeheizt war dieser Film bis zu seinem Ende: Das geschiedene Paar rettet in einer dramatischen Aktion die verbliebene gemeinsame Tochter vor dem Selbstmord. Man wagt, nach allem, was man gesehen hat, zu zweifeln, dass es da wirklich um die Tochter ging. Aber ein kleines Happy-End passt zu diesem halbherzigen Film. Am Ende wundert man sich nur noch, dass noch niemand ein Filmprojekt mit Veronica Ferres als Maria mit dem kleinen Jesuskind angemeldet hat.»

(Ulrike Steglich, *epd medien* 9, 2004)

Stauffenberg (2004)

P SWR 2004 **Sd** 25.2.2004, ARD **R/B** Jo Baier **K** Gunnar Fuß **M** Enjott Schneider **Sz** Uli Hanisch **Ko** Ursula Welter **S** Clara Fabry

T Ed Cantu
D Sebastian Koch (Claus Stauffenberg), Ulrich Tukur (Henning von Tresckow), Hardy Krüger jr. (Werner von Haeften), Axel Milberg (Fromm), Christopher Buchholz (Berthold), Nina Kunzendorf (Nina), Stefania Rocca (Margarethe von Oven), Olli Dittrich (Goebbels), Udo Schenk (Hitler), Andy Gätjen (von Freyend), Wilfried Hochholdinger (von Thadden), Michael Lott (Schweizer), Joachim Bißmeier (Witzleben), Enrico Mutti (Remer), Reno Girone (Beck), Christian Doermer (Keitel), Thorsten Merten (Yorck von Wartenburg), Gregor Weber (von Schulenburg), David C. Brunners (Quirnheim), Harald Krassnitzer (Fellgiebel), Benjamin Strecker (Färber), Hans-Jörg Assmann (Staatsanwalt Hanssen), Bruno F. Apitz (Roettger), Ronald Nitschke (Hoepner), Michael Bornhütter (Bernardi), Rainer Brock (Olbricht)

Oberst Stauffenberg steht vor der Erkenntnis, dass der Russlandfeldzug militärisch und menschlich eine einzige Katastrophe ist. Als er auch noch von Massenerschießungen von Zivilisten durch Sonderkommandos erfährt, lässt er sich vom Generalstab nach Afrika an die Front versetzen, wo er bei einem Luftangriff sein linkes Auge und die rechte Hand verliert. Sein Entschluss steht fest: Hitler muss getötet werden, damit der Krieg aufhört. Als er zu einem Vortrag ins Führerhauptquartier gebeten wird, sieht er die Gelegenheit zur Realisierung des Vorhabens. Nach der Explosion der Bombe, die Stauffenberg in seiner Aktentasche eingeschmuggelt hatte, wird in Berlin der Plan «Walküre» ausgerufen, wenngleich mit entscheidenden zwei Stunden Verspätung. Stauffenberg ist felsenfest davon überzeugt, dass Hitler tot ist. Doch seine Allianzen bröckeln. Im Bendlerblock überschlagen sich die Ereignisse. Ein Gruppe führertreuer Offiziere schmuggelt Waffen ins Gebäude, und als endgültig feststeht, dass Hitler lebt, bricht der Umsturz zusammen. Der mehrfach die Fronten wechselnde Generaloberst Fromm übernimmt wieder das Kommando und lässt die Verschwörer im Hof des Bendlerblocks erschießen.

Stauffenberg ist zwar der alleinige Held des Films, aber nicht der Heros des «anderen Deutschland» wie in den Filmen der fünfziger Jahre zum «20. Juli». Er ist nicht als Widerständler geboren, seine Nazi-Vergangenheit wird nicht verschwiegen, vor allem aber sind die Kriegsverbrechen der entscheidende Motor für seinen Entschluss – kritischer formuliert: «Der Attentäter ist Zuschauer, der seine Zeugenschaft nicht mehr ertragen kann» (Drehli Robnik), dies auch im Unterschied zu Georg Elser, der ohne große «Zeugenschaft» intuitiv handelt (➲ DER ATTENTÄTER).

«Mit sezierender Kühle und von dokumentarisch-authentischem Kalkül bestimmt, widmete sich Jo Baier der Chronologie jenes 20. Juli 1944, der das Schicksal Deutschlands noch einmal hätte herumreißen können. Das führt zu einem Mangel an Verdichtung, zu unvermeidlicher Unübersichtlichkeit, wenn in den dramatischen Stunden zwischen etwa drei Dutzend verschiedenen Personen die Allianzen wechseln, was alles durchaus den Tatsachen entsprochen haben mag.»

(W. O. P. Kistner, *Abendzeitung*, 27.2.2004)

Literatur: Drehli Robnik: *Geschichtsästhetik und Affektpolitik. Stauffenberg und der 20. Juli im Film 1948–2008*, Wien 2009, S. 99–124.
DVD: EuroVideo

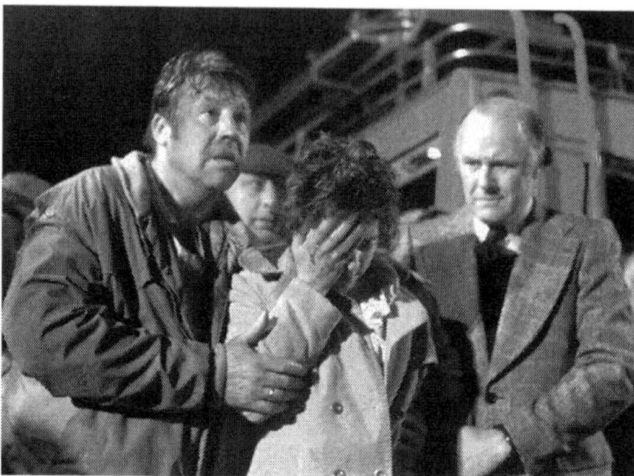

Günter Lamprecht, Léonie Thelen und Dieter Schaad (v.l.n.r.) in STELLENWEISE GLATTEIS

STELLENWEISE GLATTEIS (1975)

P WDR 1975 **Sd** 22.6.1975, ARD (2 Teile) **R** Wolfgang Petersen **B/L** Max von der Grün **K** Jörg-Michael Baldenius **Sz** Günther Naumann **Ko** Gisela Rücken, Detlef Papendorf **S** Marie-Anne Naumann **T** Gerhard Trampert **RAss** Eva Ebner

D Günter Lamprecht (Karl Maiwald), Dorothea Moritz (Angelika), Léonie Thelen (Karin), Ortrud Beginnen (Elvira Schindler), Heinz Schimmelpfennig (Kollmann), Klaus Schwarzkopf (Kühn), Karl-Heinz von Hassel (Franz Weigel), Günter Heising (Faber), Hans Schulze (Dr. Brosch), Hermann Günther (Rahner), Claus-Theo Gärtner (Martin Voigt), Günter Neutze (Grünefeld), Wolfgang Grönebaum (Schöller), Dieter Schaad (Borgmann), Giuseppe Coniglio (Angelo)

Karl Maiwald arbeitet in der Werkstatt eines Dortmunder Unternehmens, seitdem er wegen eines Rückenleidens nicht mehr als Fahrer beschäftigt werden kann. Durch Zufall entdeckt er, dass die Werksleitung mittels einer manipulierten Gegensprechanlage ihre Arbeiter systematisch ausspioniert und über jeden Kollegen eine Akte angelegt hat. In Absprache mit dem Betriebsratsvorsitzenden bricht Maiwald mit zwei weiteren Kollegen ins Chefbüro ein und stiehlt die Akten. Auf der Weihnachtsfeier lässt er die Bombe platzen. Die Firmenleitung ist zunächst in der Defensive, die Gewerkschaft verspricht, die Sache groß rauszubringen, wenn die Arbeiter nicht mehr eigenmächtig handeln. Die neue Betriebsleitung verlangt von Maiwald, dem der Diebstahl nicht nachzuweisen ist, die Herausgabe der Akten. Er weigert sich, fühlt aber gleichzeitig, dass ihm alles über den Kopf wächst, zumal sich seine Kollegen nicht gerade solidarisch verhalten. Als die Presse über die Bespitzelungsaffäre berichtet und es so aussieht, als sei Maiwald der Informant, wird er entlassen. Daraufhin streiken seine Kollegen – wenn auch widerwillig –, um seine Wiedereinstellung zu erzwingen. Doch er gewinnt seinen Prozess vor dem Arbeitsgericht, weil die Chefsekretärin sich als Informantin zu erkennen gibt. Damit ist für Firmenleitung, Gewerkschaft und Kollegen wieder Frieden eingekehrt, nicht jedoch für Maiwald, der immer noch die Akten mit den Gesprächsprotokollen versteckt hält. Er verlangt eine öffentliche Entschuldigung der Firma als Genugtuung. Doch die Gewerkschaft will sich so einen «Luxus wie Moral» nicht leisten, denn sie hat ganz andere Pläne: die Bank für Gemeinwirtschaft übernimmt die Mehrheit der Firma. Maiwald resigniert schließlich. Als ihm neuerlich gekündigt wird, willigt er ein.

Die gesellschafts-, und hier vor allem gewerkschaftskritische Tendenz ist von Petersen in eine betont actionreiche Ästhetik verpackt worden, die zuweilen an einen Ruhrgebiets-«Tatort» erinnert und die Haupthandlung, die zudem mit einer Fülle von Neben-Geschichten verbunden ist, zu überlagern droht.

«Überhaupt schätzt Petersen, stets bemüht, sowohl didaktische Langeweile als auch pittoresken Voyeurismus zu vermeiden, Fahrtaufnahmen bei jeder Gelegenheit. Selbst in Dialogszenen ohne dramatische Bedeutung steht die Kamera kaum je still. Petersen ist ein neugieriger Regisseur, und diese Neugier, die immer diszipliniert bleibt, teilt sich dem Betrachter mit. Figuren werden buchstäblich eingekreist, abgetastet, aber nicht denunziert. Petersens Gefühl für Schauplätze und Schauwerte manifestiert sich in einigen sehr guten Action-Szenen (...), es ist zugleich verbunden mit der Fähigkeit, Schauspieler richtig einzusetzen. Als verhärmte Sekretärin hätte sich ein Routinier die exaltierte Selbstdarstellerin Ortrud Beginnen wohl kaum vorstellen können, und auch die Besetzung der beiden weiblichen Hauptrollen mit Dorothea Moritz (hervorragend als verblühte Vorstadt-Moreau) und Léonie Thelen (ebenso intensiv als unsentimentale Kindergärtnerin) zeigt Sinn für ungewöhnliche Wirkungen.»

(Hans C. Blumenberg, *Die Zeit* 27, 1975)

▶ Wesentlich asketischer und dokumentarischer ging Max von der Grün in SCHICHTWECHSEL vor (HR 1968, R: Hans Dieter Schwarze) über das Bergarbeiter-Milieu im Ruhrgebiet. Die Verfilmung seines Romans IRRLICHT UND FEUER hatte von der Grün der DDR überlassen (DFF 1966, R: Heinz Thiel / Horst E. Brandt, B: Gerhard Bengsch, m. Günther Simon und Irma Münch). Thema ist die Entfremdung und Entwürdigung des Arbeiters im kapitalistischen Produktionsprozess.

DVD: Warner

DER STICH DES SKORPION (2004)

P WDR 2004 **Sd** 19.11.2004, arte **R** Stephan Wagner **B** Holger Karsten Schmidt **L** Wolfgang Welsch **K** Thomas Benesch **M** Irmin Schmidt **Sz** Uwe Riemer **Ko** Christina Schnell **S** Gunnar Wanne-Eickel **T** Rolf W. Hapke

D Jörg Schüttauf (Wolfgang Stein), Martina Gedeck (Anne Stein), Matthias Brandt (Volker Erler), Matthias Brenner (Dieter Michaelis), Ulrike Krumbiegel (Maria Michaelis), Kathrin Kühnel (Bianca), Martin Brambach (Jürgen Bungert), Hannes Jaenicke (Sebastian Krüger), Volkmar Kleinert (Mj. Fink), Christian Grashof (Manfred Landowski), Rüdiger Dambroth (Gauck)

Nach einer gescheiterten «Republikflucht» landet DDR-Bürger Wolfgang Stein in Bautzen. Weil er seine Helfer nicht preisgibt, wird er brutalen Verhörmethoden unterworfen, darunter eine Scheinhinrichtung. Nach 7 Jahren Haft wird er 1972 freigekauft. Im Auffanglager Unna findet er einen Job und seine zukünftige Frau Anne. Er lässt sich überreden, selbst als Fluchthelfer tätig zu werden. Bei diesen Aktionen werden DDR-Bürger mit falschen Pässen als Bundesbürger ausgegeben und über Ostblockstaaten ausgeflogen. Stein ist so erfolgreich, dass er für die DDR zu einem Problem wird. Sie lässt die «Operation Skorpion» anlaufen. Die Stasi beobachtet ihn, und Stein weiß, dass er in ihrem Visier ist. Deshalb führt die nächste Aktion seine Frau für ihn aus. Sie wird jedoch in Bulgarien verhaftet. Daraufhin entführt Stein in Deutschland einen bulgarischen Diplomaten, und seine Frau kehrt zu ihm zurück. Während eines Israel-Urlaubs verübt die Stasi einen Giftanschlag auf ihn, den er knapp überlebt. Nach dem Fall der Mauer will er unbedingt herausbekommen, wer hinter dem Mordanschlag steckt. Er fährt zur Gauck-Behörde und liest seine Akten. Er war nicht nur beobachtet, sondern minutiös beschattet worden («sie hatten jeden Orgasmus und jeden Durchfall mitbekommen»). Hinter IM «Lucy» entdeckt er seinen Freund Volker Erler, den er seit seiner Ausreise kannte und der ebenfalls in der Fluchthelfer-Szene aktiv war. IM «Linde» war Steins eigene Frau Anne. Als Stein wieder zurückkehrt, hat sich seine Frau erschossen. Stein gelingt es, Volker Erler ausfindig zu machen, aber statt ihn, wie geplant, zu erschießen, lässt er ihn von der Polizei verhaften.

DER STICH DES SKORPION entstand nach der Autobiografie *Ich war Staatsfeind Nr. 1* von Wolfgang Welsch, der mit seiner Organisation mehr als 200 Ostdeutsche in den Westen schleuste und mehrere Mordversuche der Stasi überlebte (Die Rolle seiner damaligen Frau war jedoch nicht so eindeutig wie im Film). Die reale Person hinter «Volker Erler» wurde 1994 zu sechseinhalb Jahren Haft verurteilt, in einem Prozess, der erstmals ein Mordkomplott der Stasi dokumentierte.

«Regie und Darsteller meiden die naheliegenden Fallen. Nirgends wird das deutsch-deutsche Drama pathetisiert, selbst Szenen, die einen gewissen Déja-vu-Effekt nicht vermeiden können, weil der oft genutzte Stoff um sie nicht rumkommt, wie etwa die Geheimbesprechung im Auto oder das Verhör im Stasi-Büro, sind hier wie neu: frisch, dicht, manchmal, so die Sequenzen mit einem ausnahmsweise nicht naturburschenhaften, sondern eleganten, undurchsichtigen Hannes Jaenicke, richtig aufregend.»

(Barbara Sichtermann, *Tagesspiegel*, 19.11.2004).

DVD: SZ «Deutsche Thriller»

DIE STUNDE DER ANTIGONE ➲ BERLINER ANTIGONE

STUNDE NULL (1976) ★

P WDR 1976 **Sd** 8.3.1977, ARD **R** Edgar Reitz **B** Peter Steinbach, Edgar Reitz **K** Gernot Roll **M** Nikos Mamangakis **S** Ingrid Boszat **Do** Kreis Helmstedt
D Kai Taschner (Joschi), Anette Jaeger (Isa), Herbert Weissbach (Mattiske), Klaus Dierig (Paul), Günter Schiemann (Franke), Erika Wackernagel (Frau Unterstab), Thorsten Henties (Fahrradjunge), Erich Kleiber (Motek), Bernd Linzel (Karl-Heinz), Edith Kurze (Joschis Mutter)

Die «Stunde Null» ist die Phase im Frühsommer 1945, als die Nazis plötzlich verschwunden, die Sieger aber noch nicht eingerückt waren und für kurze Zeit ein Machtvakuum herrschte, in dem die Bevölkerung sich selbst überlassen war. Der Teenager Joschi kommt nach Möckern bei Leipzig, wo die Amerikaner wieder weg, aber die Russen noch nicht da sind. Er weiß, dass ein SS-ler auf dem Friedhof Schmuck vergraben hat, den er sich nun holen will. Der Bahnwärter Mattiske, ein Alt-Sozialist und ehemaliger Widerstandskämpfer (der über seine Erfahrungen jetzt erst zu sprechen wagt), lässt

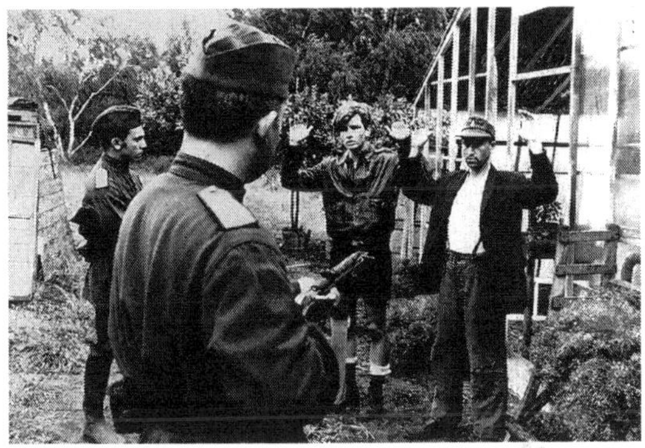
Kai Taschner und Klaus Dierig in STUNDE NULL

ihn bei sich wohnen. Joschi ist zwar unter den Nazis sozialisiert worden, bewundert aber die Amis, zu denen er sich mit dem erbeuteten Schmuck absetzen will, eine US-Fliegerjacke hat er bereits organisiert. Zu den anderen Leuten, die er im Ort antrifft, gehören der Kriegsveteran Paul, der polnische Jude Motek, der sich mit einem deutschen Jahrmarktkarussell selbstständig machen will, da die Menschen ja irgendwann wieder fröhlich sein werden, den vom Nazi-Blockwart zum Bolschewisten-Freund gewendeten Opportunisten Franke sowie das Mädchen Isa, in das Joschi sich verliebt. Die ersten Russen tauchen auf, aber sie sind ganz anders als erwartet: eine infantile, übermütige Rasselbande, die ihren Spaß haben will (ohne Vergewaltigung geht es aber doch nicht ab). Joschi und Isa fliehen mit dem ausgegrabenen Schmuck in die amerikanische Zone. Aber die MP-Streife, der sie jubelnd entgegenlaufen, hält Joschi für ein verdächtiges Subjekt, nimmt ihm den Schmuck ab und fährt mit Isa davon. Joschi bleibt desillusioniert zurück.

Der Film lebt nicht von einer dramaturgisch ausgereiften Handlung, sondern von seinem in Episoden ausgebreiteten Detailreichtum und seiner atmosphärischen Dichte. Die entscheidenden Aussagen sind oft nicht im Dialog, sondern im Bild umgesetzt. In dieser «Stunde Null» weht nicht der große Atem der Geschichte, sondern es herrscht die Banalität der Umstände. Die Menschen jubeln nicht über die Freiheit, sondern registrieren fatalistisch die Verhältnisse und warten ängstlich auf die Zukunft. Autor Steinbach schrieb parallel zum Drehbuch das thematisch ähnliche Hörspiel *Immer geradeaus und geblasen* (SDR 1977) und sieben Jahre später mit Reitz die legendäre Filmchronik ➲ HEIMAT.

«Peter Steinbachs Dialoge sind weder platt und redselig noch literarisch aufgedunsen, sondern von unauffällig pragmatischer Poesie.»
(Wolf Donner, *Die Zeit* 11, 1977)

Literatur: Karl Prümm: Ein Film der Befreiung. STUNDE NULL (1977), in: *Film-Konzepte 28: Edgar Reitz*, München 2012, S. 19–42.
DVD: Arthaus (in: Edgar Reitz: Das Frühwerk)

T

Tadellöser & Wolff (1975)

P ZDF 1975 **Sd** 1., 3.5.1975, ZDF (2 Teile) **R/B** Eberhard Fechner **L** Walter Kempowski **K** Gero Erhardt **Sz** Hans-Jürgen Kiebach **Ko** Elisabeth Schewe **S** Werner Grimm **T** Johnny Grimm, Christian Falckow **RAss** Jeanette Gefken
D Edda Seippel (Mutter), Karl Lieffen (Vater), Martin Semmelrogge (Robert), Michael Poliza, Martin Kollewe (Walter), Gabriele Michel (Ulla), Hans Mahnke (Großvater), Ernst von Klipstein (Großvater de Boussac), Jesper Christensen (Sven Sörensen), Henning Schlüter (Lehrer Hannes), Gert Haucke (Dr. Fink), Kurt Buecheler (Krause), Ruth Nimbach (Frau Krause), Helga Feddersen (Anna Kröger), Heike Heising (Ute), Fred Bräutigam (Manfred), Douglas Welbat (Heini), Walter Wiegand (Michael), Uwe Rode (Eckhoff), Otto Kurth (von Globig), Ruth Teege (s. Frau), Andrea Bergmann (Elisabeth), Horst Beck (Direktor), Gert Schaefer (Hausarzt), Ilsemarie Schnering (Klavierlehrerin), Erzähler: Ernst Jacobi

Die Verfilmung des autobiographischen Romans von Walter Kempowski schildert eine bürgerliche Jugend in Rostock zwischen 1939 und 1945. Nicht die «große Geschichte» steht im Mittelpunkt, sondern die trivialen, zwischen Tragik und Komik angesiedelten Details sollen den Alltag im Nationalsozialismus wiedergeben und das Spannungsverhältnis von Zeitgeschichte und privater Geschichte. Die Familie ist zwar durchaus nationalkonservativ, aber nicht nazistisch. Der Vater ist Schiffsmakler, der Bruder und dessen Freunde sind Jazz-Fans, der Freund der Tochter ein Däne (der zeitweise unter Spionageverdacht verhaftet wird). Beim großen Luftangriff auf Rostock kommt man glimpflich davon. Während «draußen» alles in Scherben fällt, versucht vor allem die Mutter die Familien-Ordnung mit ihren kleinen Ritualen aufrecht zu erhalten. Mehr als ein erstauntes «Wie isses nur bloß möglich!» angesichts der menschlichen und materiellen Verheerungen lässt der Erkenntnishorizont der bürgerlichen Mittelschicht nicht zu. Die Menschen leben blind für die Zeitläufte und nur ihrem Alltag verhaftet, Eltern und Kinder bewegen sich «nur noch in Ritualen und Redensarten, die eine wirkliche Kommunikation ersetzen» (Egon Netenjakob).

Die Fortsetzung Ein Kapitel für sich (ZDF 1979, mit Stephan Schwartz als Walter Kempowski) hat das Leben der Familie in der Nachkriegszeit zum Gegenstand. Beim Versuch, ihr Geschäft wiederzueröffnen, entdecken die Kempowskis, in welchem Ausmaß die russischen Besatzer das Land plündern. Sie beschließen, ihre Habe in erlaubten 7-Kilo-Päckchen zu Verwandten in den Westen zu schicken. Dank der mitgebrachten Frachtbriefe mit Angaben über Reparationslieferungen aus der SBZ in die Sowjetunion, bekommt Walter im Westen bei den US-Streitkräften einen Job. Bei seiner Rückkehr nach Rostock wird er ebenso wie sein Bruder Robert verhaftet. Die Mutter versucht verzweifelt etwas über das Schicksal ihrer verschwundenen Söhne zu erfahren und landet selbst vor dem sowjetischen Militärtribunal. Robert und Walter werden zu 25 Jahren Zwangsarbeit verurteilt, die Mutter zu sechs Jahren Haft. Möbel und Wohnung werden versteigert: die bürgerliche Existenz der Familie hat sich aufgelöst. 1956 wird die Familie in den Westen abgeschoben.

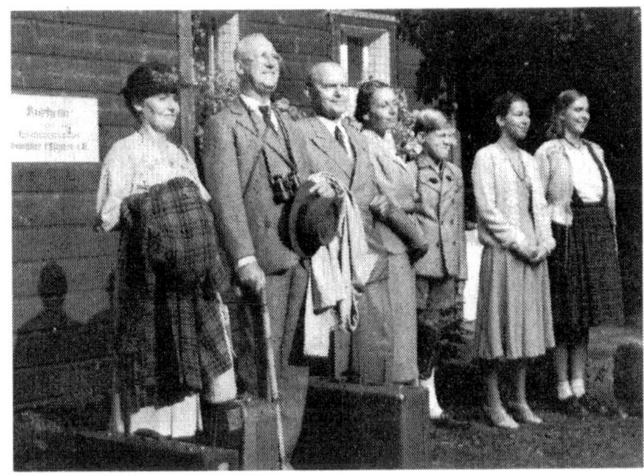

TADELLÖSER & WOLFF

«Das sozial-darwinistische Denkmuster dieser Familie bleibt dominant. (...) TADELLÖSER & WOLFF zeigt nur die eine Seite der Wirklichkeit. Die Kehrseite lässt er noch nicht einmal in der Form eines Durchblicks erahnen. Von Lagern, Millionen von Toten, von Verbrennungsöfen und Folter ist nicht die Rede. (...) Ich denke also, es hätte – durchblicksartig, wohl gemerkt: nicht traktathaft und mit didaktischem Pathos – gezeigt werden müssen, dass der Regelfall der Familie Kempowski eben doch nur ein Regelfall ist, der Millionen von Ausnahmen kennt.»

(Momos [= Walter Jens], *Die Zeit* 20, 1975)

Literatur: Walter Kempowski / Eberhard Fechner: *Tadellöser & Wolff. Ein Kapitel für sich*, München 1979. – Egon Netenjakob: *Eberhard Fechner*, Weinheim/Berlin 1989, S. 195–202. – Manfred Durzak: Alltag im Dritten Reich – doppelt belichtet. Fechners filmische Kempowski-Adaptionen, in: ders.: *Literatur auf dem Bildschirm*, Tübingen 1989, S. 211–232.
DVD: Polar-Film

EIN TAG (1965) ★

P NDR 1965 **Sd** 6.5.1965, ARD **R** Egon Monk **B** Gunther R. Lys **K** Walter Fehdmer **Sz** Herbert Kirchhoff, Albrecht Becker **Ko** Brigitte Dankwardt **S** Irene Brunhöver **T** Hans Diestel **RAss** Klaus Wildenhahn
D Gert Haucke (Rüttig, Lagerkommandant), Heinz Giese (Herrmann), Hartmut Reck (Ernst Springer), Ernst Jacobi (Pfarrer), Josef Fröhlich (Hans Neumann), Hans Stadtmüller (Ludwig Pfitzner), Ernst Ronnecker (Reusch), Eberhard Fechner (Mennes), Josef Schaper (Katz), Conny Palme (Eichner), Peter Lehmbrock, Günter Langer, Herbert Leonhardt, Frank Straass (Blockführer), Peter Lakenmacher (Paschke), Curt Timm, Gottfried Kramer (Kapos)

Erstmals in Film und Fernsehen erscheint die Realität der NS-Konzentrationslager nicht als reines Dokument, sondern als fiktionale Inszenierung, beruhend auf den Erfahrungen des Autors Lys im KZ Sachsenhausen. Wiedergegeben ist der Ablauf eines beliebigen Tages in einem fiktiven Arbeits- und Straflager (kein Vernichtungslager) im Jahr 1939. Strukturiert ist der Tag, der mit der Ankunft neuer Häftlinge beginnt, durch den «Appell» und damit einer militärischen und bürokratischen Ordnung, die die Rationalität und Funktionalität des Lagers suggeriert. Die Hierarchie ist nicht nur durch Wachpersonal und Häftlinge bestimmt, Konflikte bestehen auch zwischen den «politischen» und den «kriminellen» Gefangenen. Die Politischen versuchen mit einer (illegalen) Selbstorganisation Disziplin und Verwaltung in ihr Dasein zu bringen, aber auch unter ihnen entsteht ein Zwiespalt, als der Verdacht aufkommt, ein Spitzel sei eingeschleust worden. Zwischen den Kriminellen und den Wachmannschaften kommt es zu Tauschgeschäften und Kollaborationen. Die Juden stehen auf der untersten Stufe und sind völlig wehrlos den Sadismen der SS ausgeliefert, weil sie im Unterschied zu den Kriminellen und Politischen keine eigenen Schutzmechanismen entwickeln können. Auf Befehl des Rapportführers soll der Judenälteste, Rechtsanwalt Katz, von den Kriminellen zum Selbstmord im elektrischen Drahtzaun gezwungen werden, was die Politischen vergebens zu verhindern suchen: Katz wird von einem Posten erschossen (der Mord damit an diesen delegiert). Der Pfarrer wird am schwersten gedemütigt: Als er sich weigert, «Gott ist ein Schwein» zu sagen, wird er während des Appells an den Handgelenken aufgehängt. Andere sind gezwungen, am Vernichtungswerk der Täter teilzunehmen, als z. B. der 2. Lagerälteste die kranken Juden zum Arbeitseinsatz herausholen muss, denn der größte Teil des Tages besteht in der Verrichtung sinnloser Schwerstarbeit. Die Täter selbst erscheinen nicht als Monster, sondern sie decouvrieren sich gerade in ihrem durchschnittlichen Mensch-Sein. Sie sprechen wie die Häftlinge verschiedene Dialekte, einer der übelsten Schergen bekennt dem Kommandanten seine Sorgen: wegen der vielen Umzüge von Lager zu Lager habe sein Sohn Probleme in der Schule. Das Schlusskapitel heißt «Unter ordentlichen Menschen». Der Lagerkommandant begibt sich ins Wirtshaus im Ort. Während er dort zwischen anderen plaudernden, trinkenden, rauchenden Menschen sitzt und isst, legt sich der SS-Kommandoton aus dem Lager über das Bild.

Der Zuschauer sollte nicht geschockt werden, sondern das militarisierte Lager-System mit seinen eigenen Erfahrungen (etwa bei der Wehrmacht) koordinieren können mit dem Erkenntnisziel, «dass unter dem Befehl der SS auch jenseits der Grenzen dessen, was beim Militär erlaubt war, noch immer weiter gestraft und geschunden wurde, und dann konnte er vielleicht auch mitdenken, dass der behördliche Mord die Konsequenz der ihm bekannten Behördlichkeit war. (...) Der nicht ausgesprochene, aber geheime Sinn des Films war, an die Stelle des Glaubens an die Unfehlbarkeit des Staates die Kenntnis von seiner Fehlbarkeit zu setzen, das Vertrauen auf die Richtigkeit der Beschlüsse der jeweiligen Obrigkeit zu erschüttern.»

(Egon Monk, zit. n. *Regie: Egon Monk*, Berlin 2007, S. 194)

«Im gleichen Maße, wie die Gefangenen einsichtig werden und die Maschinerie zu durchschauen beginnen (...), gewinnt auch der Betrachter an Einsicht. An diesem Punkt stellt sich ein zweites Mal das Problem einer zu privaten Identifikation, jenes Sich-Einleben in die Denkweise der Zentralfigur etwa, des von Hartmut Reck gespielten Genossen. Diese Gefahr sentimentaler Akklamation aber wird von den Autoren dadurch gebannt, dass sie an charakteristischer Stelle historisches Material einschießen lassen, einen Neujahrsempfang beim Führer der Deutschen, einen Nuntius am Mikrophon, ein Ballettabend, eine jubelnde Menge, um auf diese Weise dem Betrachter neben den Aufrechten und neben den Henkern eine dritte Gruppe (seine, des Betrachters, Gruppe) zu zeigen – die anständigen Leute als die Rechtschaffenen, die jedoch nur das Beste wollten (wie sie behaupten) und dadurch mithalfen, dass die Welt sich in Gut und Böse zerteilte. Erst die Einführung dieses Flucht- und Bezugspunkts machte die (streng und ringkompositorisch durchgeführte) Parabel zu einer Geschichte, die in der Gegenwart spielt, zu einem Lehrstück, das nicht lehrhaft ist, einem Modell, dessen Kalkül sich nicht aufdrängt, einem Passionsspiel, das, statt Rührung zu erregen, an den Verstand appelliert, einem Bericht, der von einem ebenso kunstverständigen und klugen wie politisch erfahrenem Team ausgearbeitet wurde. (...) An diesem Report, einer distanzierten Dokumentation von Evidenz und spiritueller Durchsichtigkeit, stimmt jedes Detail. Es ist nicht besser zu machen.»

(Momos [= Walter Jens], *Die Zeit* 4, 1967)

Literatur: Thomas Koebner: Rekonstruktion eines Schreckensortes. Egon Monks Film EIN

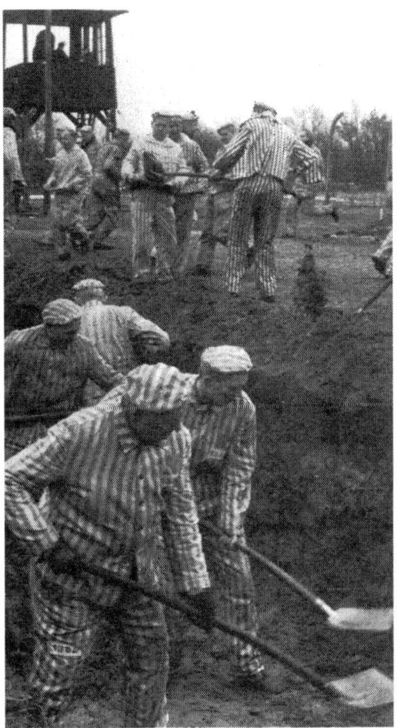

EIN TAG

TAG, in: *Deutsche Geschichten. Egon Monk – Autor, Dramaturg, Regisseur* (*Augen-Blick* 21), Marburg 1995, S. 52–64. – Martina Thiele: *Publizistische Kontroversen über den Holocaust im Film*, Münster 2002, S. 267–297. – Karl Prümm: Dokumentation des Unvorstellbaren: EIN TAG – BERICHT AUS EINEM DEUTSCHEN KONZENTRATIONSLAGER 1939. Hinweise auf einen noch immer verkannten Film, in: Waltraud «Wara» Wende (Hrsg.): *Geschichte im Film. Mediale Inszenierungen des Holocaust und kulturelles Gedächtnis*, Stuttgart/Weimar 2002, S. 123–140.

TANKER (1970)

P WDR 1970 **Sd** 17.3.1970, ARD **R** Volker Vogeler **B** Günter Herburger **K** Gerard Vandenberg **M** Eugen Illin **Sz** Günther Naumann

D Katrin Schaake (Helga), Hans Michael Rehberg (Peter), Karl Georg Saebisch (Offenbach), Ivan Desny (Lichtentäler), Ulrich Matschoss (Sitting)

Gedacht ist der Film als ein Planspiel über den Versuch, mit dem Informationsvorsprung des «theoretischen Überbaus» in die praktische Kapitalistenwelt einzusteigen, um daraus – im wörtlichen Sinn – Kapital zu schlagen. Der junge Betriebswirtschaftler Peter und seine Frau Helga warten auf die Gelegenheit, innerhalb des scheinbar so freien Wirtschafts- und Gesellschaftssystems den großen Gewinn zu machen, der ihren intellektuellen Fähigkeiten entspricht. Helga arbeitet als Sekretärin bei dem Makler Offenbach und leitet zunächst ohne Wissen ihres Chefs ein günstiges Angebot über den Verkauf einiger Tankschiffe an den Schweizer Bankier Lichtentäler. Nach Absprache mit Peter fliegt Helga zu Verhandlungen nach Zürich. Selbst einen geschäftsfördernden sexuellen Seitensprung kalkuliert das Paar ganz emotionslos mit ein. Das Geschäft kommt zustande, doch ohne Helga und Peter. Denn ehe an den gewinnbringenden Verkauf der Tanker gedacht werden kann, muss jeder der Geschäftspartner eine größere Summe für den Umbau der Schiffe auf den Tisch legen. Für Lichtentäler und Offenbach ist das kein Problem. Doch Helga muss passen und wird von den großen Herren der Geschäftswelt freundlich aber bestimmt über ihre subalterne Stellung und die Gesetze des Marktes belehrt. Helga und Peter laden ihren Frust in gegenseitigen Ohrfeigen ab: «Vom System geschlagen, können sie als Einzelne nicht zurückschlagen, schlagen daher am Schluss sich selbst» (Günter Herburger).

«Regisseur Volker Vogeler und sein bewährter Kameramann Gerard Vandenberg behandelten Herburgers hochkünstliche Spielvorlage angemessen: sie ‹stellten› Bilder von kühler, kahler Frappanz und strengem illustrierenden Raffinement, sehr eigenartig zweidimensional-unbeseelt in ihrer Wirkung. Die Kamera fixierte ihr Personal in strikter Isolation, sie zeigte, jäh und unvermittelt springend, starre Profile, starre En-face-Aufnahmen, starr vereinzelte Gebärden (...) – jeder ‹stand› allein: Umwelt, Natur, mitmenschliche, blieb draußen. Und ebendrum war's ein unnatürliches, formal überanstrengtes Spiel.»

(Ruprecht Skasa-Weiß, *Stuttgarter Zeitung*, 19.3.1970)

Text in: *Fernsehen + Film* 2, 1970

TANZ MIT DEM TEUFEL (2001) ★

P Sat.1 2001 **Sd** 11., 12.11.2001, Sat.1 (2 Teile) **R** Peter Keglevic **B** Rainer Berg **K** Hans Günther Bücking **M** Jürgen Ecke **Sz** Martin Schreiber **S** Moune Barius **Ko** Ulrike Schütte **T** Christian Götz
D Sebastian Koch (Richard Oetker), Tobias Moretti (Georg Kufbach), Christoph Waltz (Dieter Cilov), Ann-Kathrin Kramer (Lena), Günther Maria Halmer (Heinz Stegmayr), Sophie von Kessel (Christine), Michael Mendl (Richter), Götz Otto (Wasa), Hanns Zischler (Anwalt), Dieter Kirchlechner (Cilovs Verteidiger), Dierich Hollinderbäumer (Oberstaatsanwalt), Erich Hallhuber (Schumann), Oliver Stritzel (Lutz Martin), Leonard Lansink (Roll)

Im Winter 1976 wird Richard Oetker entführt und in einem VW-Bus in einer Holzkiste gefangengehalten. Die Kiste ist zudem mit 220 Volt verkabelt, so dass Oetker durch Stromschläge lebensgefährlich verletzt wird. Nach der

Zahlung von 21 Mio. Mark Lösegeld wird er freigelassen und – mehr tot als lebendig – von dem zufällig als Jogger vorbeikommenden MEK-Beamten Kufbach gefunden. Zwischen Oetker und Kufbach entwickelt sich ein Vertrauensverhältnis, v. a. als Kufbach für die SoKo gewonnen wird. Dem ungeduldigen und durch mehrere schwere Operationen genervten Opfer gehen die mühsamen Ermittlungsarbeiten zu langsam voran. Über den benutzten VW-Bus werden die Ermittler auf den aalglatten, selbstbewussten und hochintelligenten Händler Cilov aufmerksam. Die Indizien reichen gerade für eine Anklageerhebung, doch im Prozess liefert Cilov eine brillante Verteidigung, in der er sich als Justizopfer darstellt. Dennoch wird er zu 15 Jahren Haft verurteilt. Die Öffentlichkeit kritisiert das Urteil, es sei nur auf Druck des Oetker-Konzerns zustandegekommen. Weder Oetker noch Kufbach können sich damit abfinden, dass Cilov kein Geständnis ablegt, sondern sich weiter als unschuldiges Opfer geriert. 1994 wird Cilov entlassen. Kufbach lässt ihn – z. T. auf eigene Faust – überwachen, weil er sicher ist, dass er an das bis dahin nicht aufgetauchte Lösegeld geht. Er setzt einen Lockvogel auf Cilov an, doch dieser lässt sich nicht hereinlegen. Als Kufbach schon aufgeben will, tauchen in London Scheine des Lösegelds auf. In Zusammenarbeit mit Scotland Yard schnappt die Falle doch noch zu. In einem Hotel wird Cilov mitsamt dem Koffer voll Lösegeld entdeckt. Er legt das für Oetker und Kufbach erlösende Geständnis ab.

Die wahre Geschichte ist garniert mit hinzuerfundenen Episoden, die zu den Essenzen des Fernsehfilm-Genres gehören, z. B. eine Liebesaffäre Oetkers mit der Krankenschwester. Die dominierende Perspektive ist

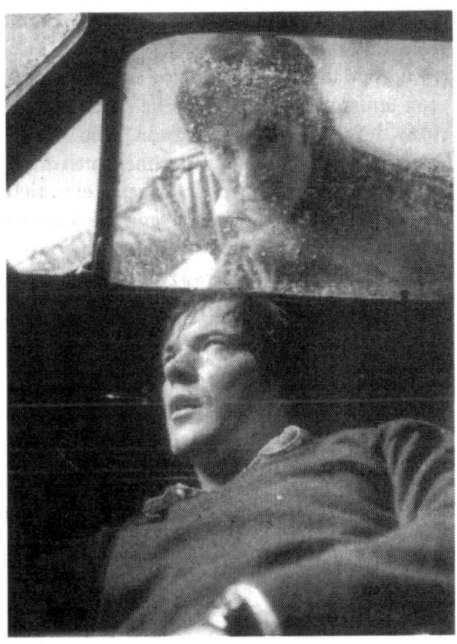

Tobias Moretti und Sebastian Koch in Tanz mit dem Teufel

die von Oetker und Kufahl, doch die interessanteste Figur ist der mit allen Wassern gewaschene, von einem überragenden Christoph Waltz interpretierte Cilov, der «in egomanischer Selbstbespieglung und Verblendung einen diabolischen Zynismus an den Tag legt, und sich dabei noch über die Aufmerksamkeit diebisch freut, die man ihm schenkt» (Thilo Wydra, *Tagesspiegel*, 11.11.2001).

«Da gibt es die bewundernswerte Perfektion und Diskretion der Darstellung und Regie, das völlig unpompöse Arrangement der Schaueffekte, die unaufdringlich exzellente Ausstattung, die äußerst knappen, lässig hingeworfenen Dialoge – ein Fest fürs Auge und fast auch fürs Ohr, wäre da nicht die melodramatisch sülzende Musik, die sozusagen lang und breit kaschieren muss, woran selbst dieser sorgfältig komponierte Film ein wenig leidet: am Leerlauf im engen Spielraum des Be-

kannten, an einer prinzipiellen Überraschungslosigkeit, die das Geschehen immer wieder ins dramaturgisch Monotone gleiten lässt.»

(Sybille Simon-Zülch, *epd medien*, 17.11.2001)

DVD: Universum Film

TAUERNGOLD ➲ SCHWABENKINDER

DAS TAUSENDUNDERSTE JAHR ➲ DIE STADT IM TAL

TEUFELSBRATEN (2007) ★

P WDR 2007 **Sd** 7.3.2008, arte (2 Teile) **R** Hermine Huntgeburth **B** Volker Einrauch **L** Ulla Hahn **K** Sebastian Edschmid **M** Biber Gullatz **Sz** Bettina Schmidt **Ko** Lucia Faust **S** Eva Schnare **T** Csaba Kulcsar
D Nina Siebertz, Charlotte Steinhauer, Anna Fischer (Hildegard), Ulrich Noethen (Vater), Margarita Broich (Mutter), Barbara Nüsse (Großmutter), Peter Franke (Großvater), Moritz Klein, Karl-Alexander Seidel, Felix Brückling (Bertram), Lucas Gregorovicz (Geffken), Ignaz Kirchner (Mohren), Corinna Harfouch (Frau Wachtel), Ludger Pistor (Pastor), Petra Welteroth (Tante Berta), Harald Schmidt (Vertreter), Sebastian Urzendowsky (Sigismund)

Hildegard wächst in den 50er Jahren in der rheinischen Provinz auf. Sie stammt aus einfachsten proletarischen Verhältnissen, ist den prügelnden Eltern ebenso ausgesetzt wie einem bigotten Katholizismus. Aber sie weiß sich durchzusetzen, ist klug und bildungshungrig, lernt früh lesen, doch kollidieren ihre Ambitionen mit dem Unverständnis der bornierten, hilflosen Eltern. Für sie ist Hildegard ein «Teufelsbraten» («Düvelsbrode»). Nur der Großvater erkennt das Außergewöhnliche in ihr, als er stirbt verliert sie ihren einzigen Vertrauten. Auf Initiative des Lehrers hin darf sie wenigstens auf die Mittelschule, wo sie Freunde aus «besseren», bürgerlichen Kreisen kennenlernt. Sie versucht, gegen den proletenstolzen Vater kleine Freiheiten durchzusetzen: Lesen, Essen mit Messer und Gabel, Verzicht auf den provinziellen Dialekt. Der Übertritt aufs Gymnasium wird ihr verweigert («Du bist doch ein Mädchen, du heiratest ja eh»). Sie muss als Lehrling in ein Büro, wo sie sich – mit ihren Talenten hoffnungslos unterfordert – mit charmanter Renitenz gegen ihre stupiden Vorgesetzten durchsetzt. Lehrer und Pfarrer gelingt es schließlich, die Eltern davon zu überzeugen, dass sie Abitur machen und studieren soll.

Der Ausbruch eines Mädchens aus dem für sie milieu- und klassenbedingt vorgezeichneten Weg ist nicht zuletzt ein Kampf gegen die Sprachbarriere, in diesem Fall das «Kölsch» (in einer gemäßigten Variante, sonst wären Untertitel notwendig gewesen). Während im kritischen Diskurs über die Provinz üblicherweise das pädagogische und klerikale Personal die Reaktion verkörpert, haben hier Lehrer und Pfarrer, die fortschrittlichen Gedanken. Auch der Vater ist nicht einfach ein Unhold, sondern ein zerrissener Mensch, der darunter leidet, nicht «aus seiner Haut» zu können.

Die Jury des Grimme-Preises lobte: «Der atmosphärische und kulturelle Wandel von den späten 50er zu den 60er Jahren wird mit sicherem Gespür für Farben, Bilder und sprechende Szenen eingefangen, man fühlt sich im besten Sinne in eine Familiensaga und ihre Zeit entführt.»

DVD: EuroVideo

THEODOR CHINDLER (1979)

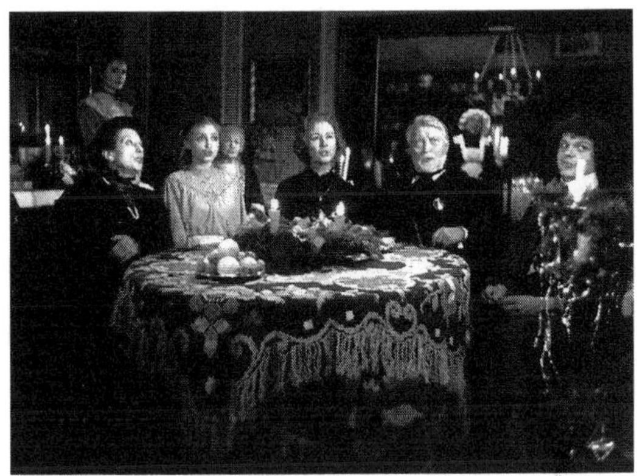

Dana Medricka, Katharina Thalbach, Rosemarie Fendel, Hans-Christian Blech und Hans Putz Jr. in THEODOR CHINDLER

P WDR 1979 **Sd** 14.5.–4.7. 1979, ARD (8 Teile) **R/B** Hans W. Geißendörfer **L** Bernhard von Brentano **K** Jaroslav Kucera **M** Jürgen Knieper **Sz** Toni Ludi **Ko** Claudia Bobsin, Ellen Eckelmann **S** Jutta Brandstaetter, Ulrike Pahl **T** Edward Parente **D** Hans-Christian Blech (Theodor Chindler), Rosemarie Fendel (Elisabeth), Jan Niklas (Ernst), Katharina Thalbach (Maggie), Hans Putz jr. (Leopold), Alexander Radszun (Karl), Anne Bennent (Luise), Antonia Reininghaus (Lili), Gottfried John (Clemens Koch), Kai Taschner (Balthasar Vierling), Erni Wilhelmi (Frau Vierling), Martin Flörchinger (Diel), Giovanni Früh (Richard), Ernst Fritz Fürbringer (Erzbischof), Suzanne von Borsody (Gerda Riemer), Erica Schramm (Frau Riemer), Marcel Werner (Mahritz), Jürgen Schornagel (Pfr. Müller), Bernd Tauber (Granowski), Maria Rosulkowa (Großmutter), Bernhard Wicki (Heimberger), Walter Taub (Rathenau), Walter Kohlund (von Herting), Dana Medricka (Tante Friederike)

Durch den Ausbruch des Ersten Weltkriegs geraten die bislang so geordneten familiären Verhältnisse des Historikers und Zentrumsabgeordneten Theodor Chindler durcheinander. Er ist zwar Kriegsgegner, aber seine konservative Grundeinstellung gerät nun in Konflikt mit neuen Einsichten in politische Zusammenhänge. Während er mit seinem Engagement gegen den U-Boot-Krieg bei seinen Zentrumskollegen für Empörung sorgt, bleibt er doch Feind aller sozialistischen Ideen. Auch seinem Sohn Ernst steht er verständnislos gegenüber. Dieser erlebt die Grausamkeit und Brutalität des Krieges an der Front, wo er Zeuge von Fehlleistungen des Generalstabs wird, während die Offiziere routiniert und abgestumpft sind. Ernst verliert alle Illusionen und den Glauben an den Sinn des Krieges. Theodors Sohn Karl dagegen stellt sich in den November-Unruhen 1918 gegen die aufbegehrenden Arbeiter. Tochter Maggie, die in einem Krankenhaus die Verwundeten pflegt, verlässt das Elternhaus, schließt sich der Arbeiterbewegung an und landet wegen «hochverräterischer Umtriebe» im Gefängnis. Ihrer Mutter, einer fanatischen, bigotten Katholikin, bleibt jede, auch nur menschliche Einsicht in diese Entwicklungen verschlossen. Als der Krieg zu Ende geht und die revolutionären und konterrevolutionären Ereignisse Deutschland erschüttern, ist die Familie Chindler ein für allemal zerbrochen. Theodor aber kehrt in die Politik zurück: Die SPD, die auf die Arbeiter hat schießen lassen, macht ihn zum Minister.

Ebenso wie dem – damals erst wiederentdeckten – 1936 erschienenen Exil-Roman, gelingt es der Verfilmung mit der Einbeziehung zahlreicher Nebenfiguren ein breites Gesellschaftspanorama zu entfalten: Proletarier, Sozialdemokraten, Frontsoldaten, Parlamentarier, wobei der Konflikt zwischen Monarchisten und Sozialisten im Mittelpunkt steht. Neben der Entlarvung der Kriegspropaganda steht die Erkenntnis, dass die hohlen Werte «Nationalismus» und «Patriotismus» das Volk blind für die Wahrheit machen.

«Hans W. Geißendörfer (...) hat den Hauptvorzug von Brentanos Roman instinktsicher filmisch ausgebeutet: Lebensschicksale sind Zeitschicksale und wirken dennoch unauswechselbar, laden vielmehr zur identifizierenden Anteilnahme ein, ohne die ein solches Serienunternehmen auch kaum über die Runde zu bringen ist. Dass Geißendörfers filmischer Extrakt aus dem Roman sich zudem die Freiheit zu stärker emotionalisierenden Umdichtungen herausnahm (...), wirkt in der Gesamtkonzeption überzeugend. Gegen die auffallend knappe, distanzierte Sicht des Romans verfährt Geißendörfer auch in der Schlussepisode, wo er das selbstmörderische Einstehen der Spartakisten für ihre politischen Überzeugungen mit Sympathie als eine heroische Symbolszene für die ewige Unterlegenheit der Überzeugungs-Sozialisten unter die sozialdemokratischen Taktierer ausmalt.»

(Brigitte Desalm, *Kölner Stadt-Anzeiger*, 6.7.1979)

Der Tod des Camilo Torres (1977)

P ZDF 1977 **Sd** 14.12.1977, ZDF **R** Eberhard Itzenplitz **B** Oliver Storz **K** Wolfgang Treu **M** Mario Rodríguez Aguirre

D Gerd Böckmann (Camilo Torres), Wolfgang Wahl (Valencia Tovar), Verena Buss (Guitemie), Inge Birkmann (Isabel), Harry Buckwitz (Kardinal Concha), Ludwig Thiesen (Isaza), Günther Flesch (Zalamea), Leonardo Guzmán (Santos), Paulina Castro (Luisa)

Am 15.2.1966 wurde in Kolumbien der ehemalige Geistliche Camilo Torres von Regierungstruppen erschossen. Er hatte sich dem «Nationalen Befreiungsheer» angeschlossen, weil er nur noch im gewaltsamen Widerstand einen gesellschaftlichen Wandel für möglich hielt. Der Film konfrontiert in einem fiktiven Gespräch Torres kurz bevor er zu den Guerillas geht mit dem ihm bekannten liberalen General Tovar, der gerade zum Chef einer Eliteeinheit für die Guerillabekämpfung gemacht wurde («Ich wollte dich noch einmal sehen, bevor wir uns nur noch durch Zielfernrohre betrachten»). Das Gespräch, in dem Tovar Torres begreiflich zu machen versucht, dass die Idee vom «Volk», das hinter ihm steht, nur ein Hirngespinst ist, gibt Anlass für Rückblenden, die den Werdegang Torres' verdeutlichen. Statt Anwalt wird Torres Priester. Als Studentenpfarrer in Bogota bremst er die politisch ungeduldigen Studenten in ihrem «blinden Aktionismus», plädiert stattdessen dafür, die wissenschaftlichen Grundlagen für Reformen und einen Strukturwandel zu erarbeiten. Sein Versuch, Christentum und Marxismus zu verbinden, macht ihn populär, die Kirche zieht ihn jedoch aus der Universität zurück und versetzt ihn ans Institut für Agrarreform, wo er die Probleme und das Elend Kolumbiens selbst erlebt. Er träumt von einer Landreform, die die landbesitzende Oligarchie mit einbezieht, denn auch diese wird nur von den multinationalen Konzernen, die ganz Südamerika beherrschen, ausgebeutet. Hier lernt er auch Tovar kennen, den Vertreter der Armee am Institut. Während Torres zu der Einsicht gelangt, dass aufgrund der «versteinerten» kolonialen Verhältnisse Veränderungen nicht innerhalb des herrschenden Systems möglich sind und sich mit seiner Forderung nach Wahlboykott und Gegengewalt innerhalb der Opposition isoliert, glaubt Tovar, es hätte die Chance zur Veränderung auf legalem Weg gegeben («Du greifst aus Hochmut zum Gewehr, nicht aus Erbarmen»). Bald nach dem Gespräch (das im übrigen nur in Torres' Imagination stattfand) hat Tovar Torres' Leiche vor sich.

Der ursprünglich vorgesehene Sendetermin 1.11.1977 wurde wegen der Schleyer-Ermordung um sechs Wochen verschoben. Das ZDF befürchtete vom Film eine Aufwertung des Terrorismus.

«Überzeugende filmische Formen für einen solchen Essay stehen nicht zur Verfügung, und hier jedenfalls wurden sie nicht erfunden. Am Ende handelt es sich denn doch nur darum, dass ein paar Schauspieler in historischen Kostümen ein paar Szenen nachstellen, die es erlauben, wenigstens die wichtigsten Informationen und Kernthesen in Dialogform vorzutragen. (...) Aber ein Film kann sich bei einem derartigen Arrangement gar nicht erst entfalten. Da sich das Leben zweifellos nicht in fernsehgerechten Szenen abspielt, kann eine filmische Rekonstruktion von Wirklichkeit, die nur aus bedeutungsschweren Episoden besteht, in denen druckreife, bedeutende Worte gewechselt werden, nicht anders als tief unwahr wirken.»

(Dieter E. Zimmer, *Die Zeit* 51, 1977)

Text in: *Rundfunk und Fernsehen* 4, 1977.

DER TOD LÄUFT HINTERHER (1967)

P ZDF 1967 **Sd** 27., 28., 30.12.1967, ZDF (3 Teile) **R** Wolfgang Becker **B** Herbert Reinecker **K** Ernst W. Kalinke **M** Erich Ferstl **Sz** Wolf Englert **Ko** Irms Pauli **S** Ingrid Bichler **T** Martin Müller

D Joachim Fuchsberger (Edward Morrison), Marianne Koch (Mary Hotkins), Josef Meinrad (Gaston), Pinkas Braun (John Evans), Gisela Uhlen (Myrna Collins), Yvette Monlaur (Stimme: Gisela Trowe; Jeanette), Jan Hendriks (Dan Low), Elisabeth Flickenschildt (Edna Stone), Christiane Schröder (Marylin Stone), Friedrich Schoenfelder (David Stone), Walter Richter (Bressac), Marianne Hoppe (Mme Bressac), Ernst Fritz Fürbringer (Insp. Brown), Gerd Baltus (Harry Brenton), Wolfgang Engels (Sam Hotkins), Anneliese Telluren (Mrs. Hotkins), Friedrich Joloff (Rutley), Thomas Astan (Mahmud), Reinhard Glemnitz (Piccard), Stanislav Ledinek (Georges), Alwy Becker (Alice), Fritz Schmiedel (Shelby), Gisela Dreyer (Jenny), Fred Haltiner (André)

Der Ingenieur Morrison kehrt nach einem längeren Aufenthalt in Südamerika nach London zurück. Er erfährt, dass seine Schwester Alice Selbstmord begangen haben soll, indem sie sich vor einen Lastwagen warf. Morrison glaubt diese Version nicht und stellt selbst Nachforschungen an. Als ein Zeuge des Unfalls ermordet wird, ist er sicher, dass auch Alice sich nicht selbst umgebracht hat. Bei seinen Recherchen erfährt Morrison von Gewohnheiten seiner Schwester, die er nicht glauben will: Sie hatte fragwürdige Freunde, ging dauernd aus und trat als Tänzerin in dem zwielichtigen Lokal «Malibu» auf. In Mary Hotkins, der Tochter des ermordeten Zeugen, bekommt Morrison eine Verbündete bei seiner Suche nach der Wahrheit. Zunächst findet er heraus, dass nicht

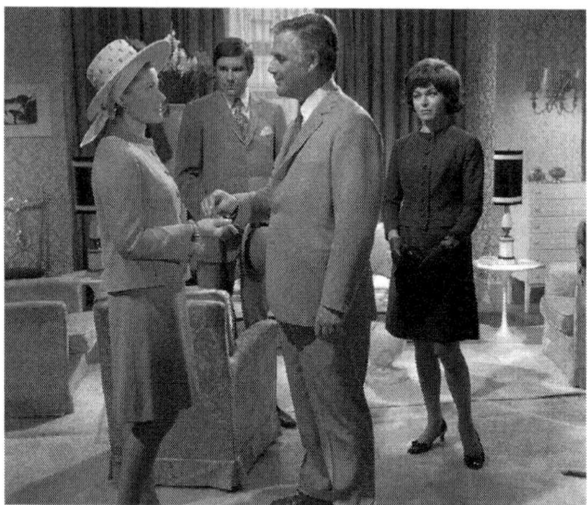

Gisela Uhlen, Gerd Baltus, Joachim Fuchsberger und Marianne Koch (v.l.n.r.) in DER TOD LÄUFT HINTERHER

seine Schwester bei dem Unfall ums Leben kam, sondern eine andere Tänzerin aus dem «Malibu». Ein kurzer Telefonanruf bestätigt ihm: Alice lebt! Aber wo und unter welchen Umständen? Das Landhaus, aus dem der Anruf kam, steht leer, aber der Besitzer Stone scheint Alices Geliebter gewesen zu sein. Stone, dessen mysteriöse Frau eine Agentur für Tänzerinnen betreibt, verschwindet plötzlich. Die Spur führt nach Frankreich, in eine Hafenkneipe in Boulogne, wo ebenfalls Tänzerinnen aus dem «Malibu» auftreten. Mehrmals hört Morrison den Namen «Gilbert», der der Drahtzieher hinter allem Geschehen zu sein scheint, aber niemand will ihn kennen. Mehrere Mitwisser, von denen er Näheres zu erfahren hofft, werden vorher ermordet, darunter auch Stone. Morrison selbst entgeht wiederholt seiner Ermordung, weil ihm im letzten Moment jemand hilft. Als er beim Kellner der Hafenspelunke Heroin findet, hat er den Schlüssel zur ganzen Geschichte vor Augen. Ein Zwischenhändler spielt ihm Material zu, mit dem er «Gilbert», in dessen Händen er Alice vermutet, erpressen könnte. Aber als Morrison schließlich vor «Gilbert» steht – es ist der smarte Besitzer des «Malibu», der ihn im Laufe der Handlung mehrfach vor weiteren Nachforschungen gewarnt hat –, ist er mit der bitteren Wahrheit konfrontiert: Alice ist Mitglied des Rauschgiftrings, nicht zwangsweise, sondern aus freien Stücken, weil sie aus ihrer bürgerlichen Welt, die ihr zu langweilig geworden war, aussteigen wollte. Als sie von der Polizei abgeführt wird, würdigt sie ihren Bruder keines Blickes. Damit ist der Kern der Botschaft Herbert Reineckers benannt: Das Anti-Bürgerliche ist mit dem Kriminellen identisch.

DVD: Universal

TODESSPIEL (1997)

P WDR 1997 **Sd** 24., 25.7.1997, ARD (2 Teile) **R/B** Heinrich Breloer **K** Hans Günther Bücking **M** Hans-Peter Ströer **Sz** Wolf Sesselberg **Ko** Christian Schnell **S** Monika Bednarz

D Hans Brenner (Schleyer), Manfred Zapatka (Helmut Schmidt), Dieter Mann (Horst Herold), Sebastian Koch (Andreas Baader), Anya Hoffmann (Gudrun Ensslin), Ulrich Matthes (Jan-Carl Raspe), Gerd Preusche (Wischnewski), Robert Viktor Minich (Peter-Jürgen Boock), Birol Ünel (Cpt. Mahmoud), Christoph Piesk (Ulrich Wegener), Mathias Freihof (Schumann), Susanne Schäfer (Gaby Dillmann), Ulrich Bähnk (Co-Pilot), Karoline Eichhorn (Brigitte

Mohnhaupt), Claudia Michelsen (Sieglinde Hofmann)

Am 5.9.1977 entführen RAF-Terroristen in Köln Arbeitgeber-Präsident Schleyer und erschießen seine Begleiter. Sie fordern die Freilassung der in Stammheim einsitzenden Terroristen. In Bonn tritt der Krisenstab zusammen, vergegenwärtigt durch szenische Rekonstruktion und durch (heutige) Interview-Statements der beteiligten Politiker, BKA-Beamten, zweier Terroristen (Peter-Jürgen Boock und Silke Meyer-Witt) sowie Witwe und Söhne Schleyers. Wiewohl unausgesprochen, ist den Mitgliedern des Krisenstabs klar, dass Schleyer nicht ausgetauscht wird. Man hofft, das Versteck zu finden. Tatsächlich gerät bei der Überprüfung verdächtiger Wohnungen auch der Aufenthaltsort in Erftstadt-Liblar ins Visier, aufgrund einer Fahndungspanne versickert diese Spur jedoch. Die Regierung lässt die Ultimaten verstreichen und spielt auf Zeit. Währenddessen kommt es zwischen den Entführern und ihrem Opfer zur Diskussion um dessen Mitgliedschaft in der SS. Unter dem Fahndungsdruck bringen die Entführer Schleyer über die holländische Grenze, dann nach Brüssel, das BKA verliert die Spur. Die Lage spitzt sich katastrophal zu, als ein PLO-Kommando die Lufthansa-Maschine «Landshut» entführt, mit dem Ziel, die Stammheim-Häftlinge freizupressen. Die Regierung ist entschlossen, auf die Forderungen zum Schein einzugehen. Die GSG 9 wird alarmiert (die das Stürmen von Flugzeugen just an der «Landshut» geübt hatte). Spielszenen und Erinnerungen der Crew rufen die höllische Situation an Bord der Maschine zurück: die Ermordung des Kapitäns, die Verkabelung der Maschine mit Zündschnüren, das Begießen der Passagiere mit Alkohol, damit sie bei der Explosion schneller brennen. Während den Entführern glaubhaft gemacht wird, die Stammheim-Häftlinge seien unterwegs nach Mogadischu, befreit die GSG 9 die Geiseln. Das bedeutet das Todesurteil für Schleyer: Die Terroristen erschießen ihn am 19.10. an der deutsch-französischen Grenze. Die Regierung, so das Fazit, hat vor den Terroristen nicht kapituliert, sondern «den Kampf angenommen».

Verglichen mit seinen bisherigen Doku-Dramen verwendet Breloer in «Anspassung an veränderte Sehgewohnheiten» der Zuschauer wesentlich mehr narrativ-fiktionale Elemente, die das rein Dokumentarische überlagern. «Damit steht *erzählte Geschichte* gegenüber einer dokumentarischen, analysierenden und/oder entlarvenden Aufarbeitung im Vordergrund» (Chr. Hißnauer, in: Film im Zeitalter Neuer Medien I, München 2011, S. 214). Der Zweiteiler konzentriert sich auf die Opposition zweier Lager: hier «der Staat», dort «die Terroristen». Die gesellschaftlichen Widersprüche, die in dem Schlagwort «Deutschland im Herbst» zusammenfließen (und die der gleichnamige Film von 1978 reflektiert) sowie der beginnende staatliche Überwachungswahn kommen nicht vor (vgl. auch ➲ MOGADISCHU).

«In meisterhaftem Schnitt gleiten Spielszenen und Dokumentarmaterial ineinander über, entsteht ein filmischer Dialog zwischen den damals im Bundeskanzleramt, im ‹Volksgefängnis› und in Stammheim voneinander isolierten Protagonisten. (...) Beide Teile zusammen fügen sich zu einer filmischen Geschichtsschreibung der

Republik. Sie zeigen auf bestürzende Weise, wie der Versuch der Nachkriegsgeneration, sich aufs äußerste von den belasteten Vätern abzusetzen, geradewegs in engste Nähe zu den Hassobjekten führte.»

(H.Sf., *NZZ*, 28.6.1997)

Text: Heinrich Breloer: *Todesspiel. Von der Schleyer-Entführung bis Mogadischu*, Köln: Kiepenheuer & Witsch 1997.

Literatur: Kay Hoffmann: Zehn Jahre nach Breloers Todesspiel, in: *Rundfunk und Geschichte* 3–4, 2007, S. 71–73. – Martin Groß: *Die Darstellung des RAF-Terrorismus im Spielfilm*, Saarbrücken 2008, S. 73–85. – Julia Schumacher: *Filmgeschichte als Diskursgeschichte. Die RAF im deutschen Spielfilm*, Münster 2011.

DVD: Icestorm; Die Zeit Dokumentation

Ein tödliches Wochenende (1998)

P NDR 1998 **Sd** 7.3.2001, ARD **R** Torsten C. Fischer **B** Klaus-Peter Wolf **K** Theo Bierkens **M** Mark Hollis Massive Attack **Sz** Adrian Ochse **Ko** Patricia Rola **S** Sybille Windt **D** Andrea Sawatzki (Ute Sperling), Nele Müller-Stöfen (Sabine Jung), Dominique Horwitz (Julius), Thomas Kretschmann (Christian), Jürgen Hentsch (Harry), Helmut Berger (Jochen), Manfred Möck (Paul Weber), Jochen Nickel (Ernst Menzel), Katrin Saß (Hilde Menzel), Daniel Leon Ihrecke (Stefan)

In einem abgeschiedenen Jagdhaus auf dem Land findet ein Therapiewochenende für erfolgreiche Großstädter statt: Arzt, Anwalt, Lehrerin, Unternehmer. Unter Anleitung des Psychologen sollen sie sich mit ihren «dunklen Seiten» konfrontieren und ihrer «archaischen Anteile» bewusst werden. Sie spielen «Schiffbrüchige», die einen aus ihrer Reihe auf dem Rettungsboot opfern müssen. Die Gruppe wird immer aggressiver und aus dem Spiel bald Ernst. Einer der sechs hat auf der Zufahrt zu dem Jagdhaus den Sohn eines Bauern überfahren und Fahrerflucht begangen. Der Bauer versucht auf eigene Faust, den Täter zu ermitteln. Er umzingelt mit bewaffneten Dorfbewohnern das Jagdhaus und droht damit, alle umzubringen, wenn der Täter nicht herauskommt. Die Therapiegruppe hat nun ihren «Ernstfall» und steht kurz vor der Selbstzerfleischung. Der Arzt Julius gibt schließlich zu, dass er der Täter ist und geht raus. Die anderen hören einen Schuss und verlassen fluchtartig das Jagdhaus. Doch der Bauer hat Julius nur zum Schein erschossen.

«Fischer ließ lange Szenen ohne Unterbrechung durchspielen und zwang die Darsteller dabei, sich selbst wie in einer Selbsterfahrungsgruppe seelisch zu verausgaben. Zu verdanken ist ihm eine beispielhafte Ensemblearbeit von großer künstlerischer Homogenität – und der Fernsehspielabteilung des NDR eine seltene Sternstunde der Fernsehdramatik.»

(Werner Schulze-Reimpell, *Stuttgarter Zeitung*, 7.3.2001)

«Doch dann begibt sich die Gruppe in Therapie, und der Film wandelt sich zur Farce. Es sieht jetzt so aus, als würden Berufsanfänger Psycho spielen. Da wird gekreischt und geheult, gebarmt und gezittert, der Therapeut sagt Sätze wie ‹Spür dem nach, genau das ist es, was du deiner Mutter gegenüber unterdrückt hast›. Dabei klingt seine Stimme wie autogenes Training von der Hörkassette. Bei allem Respekt vor Therapeuten, aber dieses Geschwätz tötet den Film. Da die Therapie die Hälfte der Sendezeit kostet, ist nicht viel zu retten.»

(Frank Junghänel, *Berliner Zeitung*, 7.3.2001)

Toter Mann (2001) ★

P ZDF 2001 **Sd** 31.5.2002, arte **R/B** Christian Petzold **K** Hans Fromm **M** Stephan Will **Sz** Kade Gruber **Ko** Lisy Christl **S** Bettina Böhler **T** Andreas Mücke-Niesytka
D Nina Hoss (Leyla), André Hennicke (Thomas), Sven Pippig (Blum), Heinrich Schmieder (Richard), Kathrin Angerer (Sophie), Henning Perker (Ott), Franziska Troegner (Kollegin), Michael Gerber (Makler)

Rechtsanwalt Thomas Richter lernt im Schwimmbad die schöne, aber verschlossene Leyla kennen und verliebt sich in sie. Nach der ersten gemeinsam – aber ohne Sex – verbrachten Nacht ist Leyla verschwunden und mit ihr Thomas' Laptop mit Daten und Bildern eines grausigen Mädchenmords, der zu seinen Fällen gehört. Sie zieht in eine andere Stadt und nimmt einen Job in einer Werkskantine an. Dort knüpft sie Kontakte zu einem der Arbeiter: Blum, ein ehemaliger Strafgefangener auf Resozialisierung, der der Klient von Thomas ist. Dieser sucht unterdessen Leyla verzweifelt, um schließlich festzustellen, dass sie ihn nur benutzt hat, um an Blum heranzukommen. Denn der hat vor 15 Jahren Leylas Schwester vergewaltigt und getötet. Leyla will Rache, aber auch Blum, der durch die Begegnung mit ihr erahnt, wie ein «normales» Leben für ihn hätte verlaufen können, weiß inzwischen, wer sie ist und was sie von ihm will. Als sie ihn zum Essen einlädt, trinkt er wissentlich das präparierte Getränk, das ihn bewusstlos macht. Er wacht gefesselt in Leylas Keller auf, die ihn mit seiner Tat konfrontiert und ihn töten will, es aber dann doch nicht kann. Blum lässt sich von der durch Thomas alarmierten Polizei erschießen.

Neben dem Wasser als Symbol des Erinnerns und Vergessens, des Verbergens und Auftauchens durchzieht den kalt-nüchtern inszenierten Film als Leitmotiv der Song «What the world needs is love» (Dionne Warwick) – ansonsten ist auf jede Untermalungsmusik verzichtet –: drei Figuren, die belastende, doch nie exakt benannte Erinnerungen mit sich herumtragen und die auf der Suche nach Liebe sind, die aber in der Realität nie so ist wie in der Hoffnung.

In der Begründung der Jury des Adolf-Grimme-Preises heißt es: «Trotz aller Strenge – für die auch Harun Farocki als dramaturgischer Berater steht – lässt dieser Film seine Konstruktion nie zum Selbstzweck werden. Sie ist vielmehr notwendig, um die innere Intensität noch zu steigern, um die starken, die archaischen Gefühle – vom Hass bis zur Liebe, von Verlorenheit bis zur Sehnsucht – auch in der Reflexion sichtbar zu machen, um ihnen einen Entfaltungsraum zu geben. Darin entsteht (…) ein System von Ambivalenzen, das im Spektrum offen/geschlossen, geheimnisvoll/offenbarend, kalkuliert/unberechenbar changiert, und eine Reihe von zugleich eigentümlichen, irritierenden Zwischenräumen einfügt.»

«Man taucht am Ende, wie aus dem klaren Wasser, vom Schmutz des Alltagsfernsehens gereinigt wieder auf – in dem Bewusstsein, ein Meisterwerk gesehen zu haben.» (Sybille Simon-Zülch, *epd medien* 44, 2002)

DVD: SZ «Deutsche Thriller»

Treffer (1984)

P WDR 1984 **Sd** 4.4.1984, ARD **R** Dominik Graf **B** Christoph Fromm **K** Helge Weindler **M** Stefan Melbinger **Sz** Hubert Popp

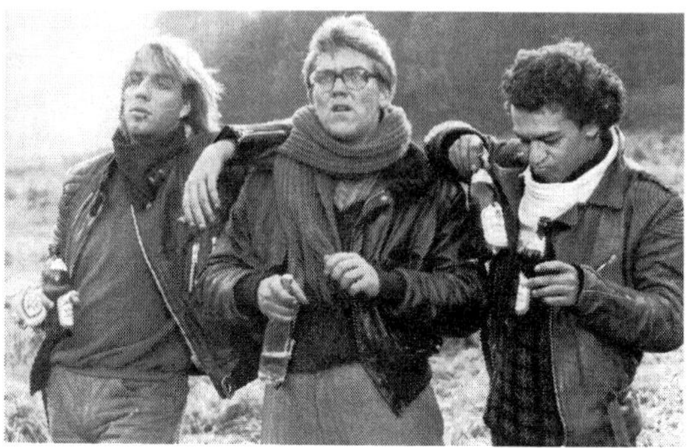

TREFFER mit Max Wigger, Dietmar Bär und Tayfun Bademsoy (v.l.)

Ko Esther Walz **S** Rolf Basedow **T** Klaus Eckelt **RAss** Peter Kenke

D Maximilian Wigger (Albi), Dietmar Bär (Franz), Tayfun Bademsoy (Tayfun), Barbara Rudnik (Conny), Beate Finckh (Mira), Heinrich Schafmeister (Chris), Guido Gagliardi (Leone), Rainer Grenkowitz (Alf)

Eine Motorradclique in der pfälzischen Provinz. Franz erhält in der Autowerkstatt, in der seine Freunde arbeiten, einen Job als Autoverkäufer. Als ihr Chef, mit dem sie sich gut verstehen, an einem Herzinfarkt stirbt und sie von seinem Nachfolger rausgeschmissen werden, schlagen sie in der Werkstatt alles kurz und klein. Albi, Franz und Tayfun halten sich mit Gelegenheitsarbeiten über Wasser. Obwohl sie pleite sind, wollen sie sich nicht von ihren Motorrädern trennen, dann schon lieber von ihren Freundinnen. Ein Bekannter, der bei der Bank arbeitet, verschafft ihnen einen Kredit (20% Zinsen!). Als sie entdecken, dass in ihrer alten Werkstatt Wagen umgespritzt werden, klauen sie dort einen Daimler und verkaufen ihn ihrem Freund aus der Bank, um damit ihre Schulden zu reduzieren. Doch der Coup geht schief. Die Leute von der Werkstatt holen sich den Daimler zurück, es kommt wieder zu einer handfesten Keilerei. Bei dem Versuch, durch einen simulierten Unfall zu Geld zu kommen, verunglückt Franz tödlich.

In TREFFER sind die zentralen Aspekte von Grafs späterem Werk bereits enthalten:

«Bei Graf prallen zwei gegenläufige Stile zusammen. Als analytischer Milieubeobachter ist er ganz körperlicher Lebendigkeit im Hier und Jetzt verpflichtet. Andererseits stellt er nüchternem Milieu gerne elementare, mythologisch fundierte Urkräfte mit ekstatischer Wirkung entgegen. In je unterschiedlicher Mischung zeigen seine Filme stets drei Schichten. Erstens: Im Zentrum stehen Charaktere, die ihre Kontur in einer überzeugenden Sündenfallgeschichte finden. Zweitens: Dabei dienen sie als Sonden, die ein Milieu und seine Werte erschließen. Drittens: Hierauf erhebt sich eine ekstatische Schicht, die oft mit Urelementen arbeitet.»

(Felix Lenz)

▶ Für Drehbuchautor Fromm war es die Abschlussarbeit an der Münchner Filmhochschule (basierend auf eigenen Erlebnissen mit seinen Motarradfreunden), für Dominik Graf der erste Fernsehfilm. Sein Vorbild war der als eine Art «Direct Cinema» gedrehte Hamburger Kultfilm ROCKER von Klaus Lemke (ZDF 1972): ein 14-Jähriger schließt sich einem älteren Rocker an und rächt den Mord an seinem Bruder.

Literatur: Felix Lenz: Urelemente und Milieu. Die Coming-of-Age-Filme von Domi-

nik Graf, in: *Im Angesicht des Fernsehens. Der Filmemacher Dominik Graf*, München 2012, S. 156–180.
DVD: EuroVideo

DER TUNNEL (2000)

P Sat.1 2000 **Sd** 21., 22.1.2001, Sat.1 (2 Teile) **R** Roland Suso Richter **B** Johannes W. Betz **K** Martin Langer **M** Harald Kloser, Thomas Wanker **Sz** Bettina Schmidt **Ko** Astrid Karras **S** Eva Schnare **T** Roland Winke
D Heino Ferch (Harry Melchior), Sebastian Koch (Matthis Hiller), Mehmet Kurtulus (Vic), Nicolette Krebitz (Fritzi), Felix Eitner (Fred), Alexandra Maria Lara (Lotte), Uwe Kokisch (Oberst Krüger), Claudia Michelsen (Carola), Heinrich Schmieder (Theo), Karin Baal (Marianne von Klausnitz), Rainer Sellien (Georg Hemmrich), Wolf-Dietrich Sprenger (Grüner), Sara Kubel (Ina), Florian Panzner (Heiner), Dorothea Moritz (Hermine)

Harry Melchior, DDR-Meister im Schwimmen und wegen kritischer Äußerungen schon mal im Knast gewesen, verlässt am 26.8.1961 – also wenige Tage nach dem Mauerbau – mit einem gefälschten Schweizer Pass über den Checkpoint Charlie die DDR. Um auch seine Schwester rüberzuholen, plant er mit seinem Freund, dem Ingenieur Matthis und dem Italo-Amerikaner Vic, einen gigantischen Tunnel unter den Grenzanlagen zu bauen. Matthis war schon am Tag des Mauerbaus durch die Kanalisation geflohen, doch seine schwangere Frau wurde dabei verhaftet. Um aus der Haft freizukommen, lässt sie sich zwar als IM anwerben, kann jedoch am Schluss im entscheidenden Moment die Stasi in die Irre führen. Die Tunnelbauer mieten unterdessen eine stillgelegte Fabrik, von wo aus sie sich 140m unter der Mauer durcharbeiten. Immer mehr Leute schließen sich ihnen an, die Verwandte aus dem Osten herüberschleusen wollen. Ein amerikanisches Filmteam wird auf sie aufmerksam, dreht einen Dokumentarfilm über den Tunnelbau und finanziert damit die Aktion. Ein Wasserdurchbruch droht das Projekt scheitern zu lassen, und am «Tag X» erfährt die Stasi in letzter Minute vom Ort des Tunnels. Der NVA-Soldat, der ihn entdeckt hat, wird überwältigt, und Melchior gelangt in dessen Uniform in den Osten, wo er die Fluchtaktion sichern kann. Die Stasi kommt zu spät.

Das von der Kirch-Gruppe mitfinanzierte 13-Millionen-Mark-Projekt war der Versuch, einen zeitgeschichtlichen Fernsehfilm nach authentischer Vorlage in der Manier eines Hollywood-Films zu inszenieren: ein Action-Thriller mit einem von seiner Aufgabe besessenen Helden (Heino Ferch als Bruce-Willis-Verschnitt) und melodramatischen Geschichten, mit denen die einzelnen Charaktere ausgestattet sind. Was der äußerst er-

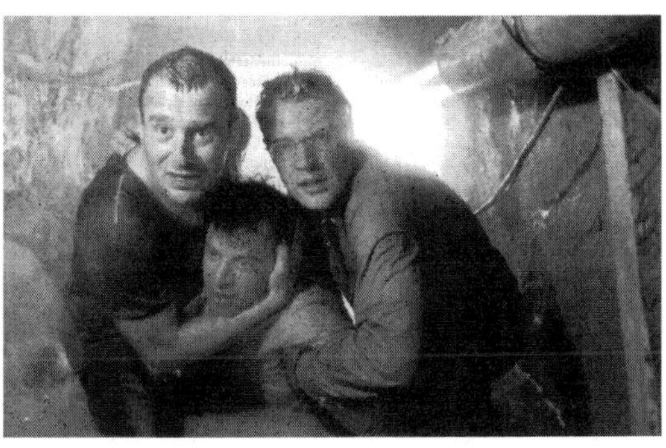

Heino Ferch, Felix Eitner und Sebastian Koch (v.l.) in DER TUNNEL

folgreiche Film (28% Sehbeteiligung, Verkauf in andere Länder) an Unterhaltung und Spannung aufbietet, lässt er an politischem Tiefgang vermissen: Tunnelbau, Flucht und Stasi sind nur Aufhänger für Suspense und Dramatik. Diese Art der Inszenierung von zeitgeschichtlichen Stoffen als «Event-Movie» setzte sich u. a. fort mit ➲ Das Wunder von Lengede, ➲ Dresden, ➲ Die Flucht, Die Sturmflut, Wilhelm Gustloff. Die Protagonisten, meist als unschuldige Opfer der Verhältnisse präsentiert, geraten durch diese Verhältnisse, die sie nicht zu verantworten haben, in existenzbedrohende Konflikte.

Literatur: Matthias Steinle: Good Bye Lenin – Welcome Crisis! Die DDR im Dokudrama des historischen Eventfernsehens, in: *DDR – erinnern, vergessen. Das visuelle Gedächtnis des Dokumentarfilms*, Marburg 2009, S. 322–342.
DVD: BMG

Der Turm (2012) ★

P MDR 2012 **Sd** 3., 4.10.2012, ARD (2 Teile) **R** Christian Schwochow **B** Thomas Kirchner **L** Uwe Tellkamp **K** Frank Lamm **M** Can Erdogan-Sus, Daniel Sus **Sz** Lars Lange **Ko** Steffi Bruhn **S** Jens Klüber **T** Jörg Kidrowski
D Jan Josef Liefers (Richard), Sebastian Urzendowsky (Christian), Claudia Michelsen (Anne), Götz Schubert (Meno), Nadja Uhl (Josta Fischer), Josephin Busch (Reina), Hans Uwe Bauer (Ulrich), Steffi Kühnert (Barbara), Stephanie Stumph (Ina), Christian Sengewald (Thomas Wernstein), Sergej Moya (Ezzo), Carina Wiese (Regine), Valery Tscheplanowa (Judith Schevola), Thorsten Merten (Manfred Weniger), Antonio Wannek (Stefan Kretzschmar), Peter Sodann (Barsano), Udo Schenk (Kohler), Peter Prager (Direktor), Claudia Geisler (Frau Kolb)

Die in Dresden angesiedelte Familiengeschichte zeigt die letzten sieben Jahre der DDR aus der Perspektive des Bildungsbürgertums («die Intelligenz» im Arbeiter- und Bauernstaat). Familienoberhaupt ist der Chirurg Richard Hoffmann, ein aalglatter Karrierist, der glaubt, sich über viele Regeln hinwegsetzen zu können. Er spielt zwar mit dem Gedanken an Ausreise, aber die Aussicht auf den Chefarzt-Posten ist ihm doch wichtiger. Er gerät massiv unter Druck, als sich die Stasi bei ihm meldet, bei der er vor 30 Jahren als Student «mal was unterschrieben» hat. Seine Affäre mit der Chefsekretärin der Klinik macht ihn erpressbar. Außerdem erhofft er für seinen Sohn Christian einen Medizin-Studienplatz. Richard trennt sich von seiner Geliebten, die daraufhin einen Selbstmordversuch unternimmt, was ihn relativ kalt lässt. Als auch noch ein anderer die Klinikleitung erhält, erleidet er einen psychischen Zusammenbruch, die Masken fallen ab. Seine Frau Anne stellt fest: «Du bist der egoistischste Mensch, der mir jemals begegnet ist.» Sohn Christian, der um Haaresbreite der Relegation von der Schule entrinnt (weil ein Nazi-Buch bei ihm gefunden wird), geht zur NVA. Dort rastet er aus, als ein Kamerad von den Ausbildern zu Tode gehetzt wird. Er muss für 20 Monate ins Gefängnis und zur Zwangsarbeit nach Schwedt, sein Studienplatz wird ihm aberkannt. Mittlerweile taumelt die DDR ihrem Ende entgegen. Als die Züge mit den Prager Botschafts-Flüchtlingen durch Dresden fahren, wollen die Demonstranten den Bahnhof stürmen. Christian, der als Soldat auf der anderen Seite steht, beschützt seine Mutter, als sie von Polizisten niedergeknüppelt wird. Diese neuerliche Renitenz hat jedoch keine Folgen mehr, denn die Mauer ist gefallen. Seine Mutter hat für ihn einen Studienplatz organisiert, aber durch seine Erfahrungen ist er so weit gereift, dass er jetzt einen eigenen Weg gehen will. Die ständige Gratwanderung zwischen Rebellion und Anpassung, zwischen Kollektivismus und Individualismus zeigt sich auch an anderen Figuren, vor allem an Onkel Meno, einem desillusionierten Verlagslektor, der von seinen Autoren «Korrekturen» verlangen muss.

Ob und inwieweit die Verlagerung von Uwe Tellkamps hochliterarischem und hochkomplexem Roman ins Prokrustes-Bett des Bildschirms gelungen ist, war bei der Kritik umstritten:

«Drehbuchautor Thomas Kirchner lässt aus dem Roman nur die Personen auf die Filmbesetzungsliste, die den Mustern der modernen Movie-Rezeption vertraut sind und nach dem riechen, woran der Fernsehzuschauer schon mal gerochen hat. Das ist und bleibt, wie es immer im Fernsehen war: die Familie, Vater und Sohn und – seit Inge Meysel – die Mutter. Ohne Anne, die Edelglucke, geht im Fernsehfilm nichts. Sie ist im TV der Mittelpunkt, gut, sorgend, wie alle männerleidenden Frauen im Recht, obwohl sie im Roman viel seltener vorkommt und dort als ein ziemlich starrsinniges, wahrheitsfanatisches Geschöpf geschildert wird.»

(Nikolaus v. Festenberg, *Tagesspiegel*, 2.10.2012)

Die Jury des Adolf-Grimme-Preises hingegen sah «eines der seltenen Beispiele einer optimalen Literaturverfilmung. (…) Der offensiv sinnenfreudige Zweiteiler befreit das Genre ‹DDR-Drama› von seiner didaktischen Schwere – und zeigt doch immer wieder präzise, wie die Protagonisten im Überwachungsstaat ihrer Identität beraubt werden.» Uwe Tellkamp selbst äußerte sich sehr zufrieden über das Drehbuch.

DVD: Universum

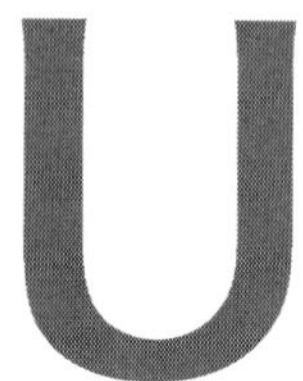

Der Unbestechliche (2002)

P ZDF 2002 **Sd** 7.4.2003, ZDF **R** Erwin Keusch **B** Hansjörg Thurn **K** Johannes Kirchlechner **M** Jens Langbein, Robert Schulte-Hemming **Sz** Uta Hampel **Ko** Christine Zahn **S** Annemarie Bremer **T** Christoph Köpf

D Christian Berkel (Harald Kittler), Andrea Sawatzki (Sabine), Hannah Jürß (Pamela), Walter Kreye (Gerd Hellinger), Johanna Christine Gehlen (Marie Hagedorn), Hannes Hellmann (Rolf Morbach), Benita Rinne (Frau Morbach), Matthias Herrmann (Sand), Robert Tillian (Simmering), Rolf Nagel (Hermann Kittler), Katharina Matz (Trude Kittler), Andreas Kaufmann (Günther Herbst), Joachim Millies (Egon Theil)

Der korrekte Zollbeamte Kittler hat sich mit seinem neuen Haus übernommen. Die Schulden sind hoch, für die fällige Dachreparatur gibt es bei der Bank keinen Kredit mehr. Da gerät er an den Großimporteur Hellinger, den er von Berufs wegen zu kontrollieren hat. Hellinger zeigt sich zunächst mit kleinen «Gefälligkeiten» erkenntlich, bis er Kittler in der Hand hat: einen Zollbeamten, der finanziell in der Klemme ist und gegen Gegenleistungen seine Pflichten nicht so genau nimmt. Er ist mit ihm per Du und gibt ihm sogar seine Kreditkarte («kleine Hilfe unter Freunden»). Dann kommt ein LKA-Beamter Kittler auf die Spur und erpresst ihn seinerseits, weil er Hellinger hochgehen lassen will. Kittler soll Einzelheiten über seine Lieferanten, Bestimmungsorte etc. ausforschen. Als er auch noch die Festplatte von Henningers Computer kopieren soll, kommt ihm dieser auf die Schliche und lässt ihn fallen. Da ihn auch noch seine Frau verlässt, ist Kittler völlig am Ende und geht selbst zur Polizei, um reinen Tisch zu machen.

«Allzu lehrbuchhaft ziehen Autor Hansjörg Thurn und Regisseur Erwin Keusch die Geschichte auf, von Anfang an ist die Katastrophe vorhersehbar. So baut sich zwar schnell das Szenario auf. Doch wenn in jeder Szene das Konstrukt gegenwärtig und allzu erkennbar ist, quasi ständig das Skelett durchschimmert, wird es bald reizlos. (...) Hätte doch Regisseur Keusch wenigstens seinem Kameramann Johannes Kirchlechner und dessen Bildern mehr vertraut. Allein diese Aufnahme aus der Vogelperspektive: Harald, der kleine Mann, auf dem Firmengelände, wie er den großen LKWs im Zickzack auszuweichen versucht. Ein starkes Bild, dass keiner Worte bedarf.»
(Ulrike Steglich, *epd medien* 29, 2003)

DER UNFALL (1968)

P WDR 1968 **Sd** 7.11.1968, ARD **R** Peter Beauvais **B** Dieter Waldmann **K** Jost Vacano **M** Hans Martin Majewski **Sz** Wolfgang Schünke **Ko** Roger von Moellendorff **S** Marie-Anne Gerhardt **T** Manfred Oelschlegel **D** Manuel Galina (Paco), Jürgen Flimm (Hansi), Peer Brensing (Walter), Marius Müller-Westernhagen (Jürgen), José Luis Gómez (Luis), Barbie Steinhaus (Renate), Hildegard Krekel (Inge), Sego Vences (Jesus), José Priego Garrido (Pepe), Avelino Morón (Fernando), Nikolaus Schilling (Kommissar), Martin Schwab (Kriminalobermeister), Rudolf Debiel (Untersuchungsrichter), Claus Enskat (Magnus), Käte Jaenicke (Frl. Alberts), Horst Schönfeldt (Werkmeister), Else Faure (Emmy Gramschek), Edith Worringen (Oma Gramschek), Josef Meinertzhagen (Vater Gramschek), Friedrich Thiel (Heimleiter)

Der Spanier Paco kommt nach Köln, wo er, wie schon sein Bruder Abél, arbeiten will. Er erfährt, dass Abél mit schweren Kopfverletzungen im Krankenhaus liegt. Es war kein Unfall, sondern ihm ist der Schädel eingeschlagen worden. Während die Kripo ermittelt, übernimmt Paco Abéls Arbeitsplatz. Als Täter gerät der gleichfalls aus Spanien kommende Arbeitskollege Luis in Verdacht, weil er mit Abél Streit wegen des Mädchens Inge hatte. Als die Polizei ihn im Betrieb vernehmen will, flieht er aus Angst, da man ihm als Ausländer ohnehin nicht glauben wird. Die Deutschen verhalten sich den Gastarbeitern gegenüber abweisend bis aggressiv (Inges Vater: «Ich kenne das Pack! Ich war im Krieg in Italien»), einer denunziert Luis, als dieser bei einem Betriebsfest wieder auftaucht. Er bestreitet die Tat. Als Abél stirbt, taucht Paco frustriert und betrunken im Lokal «Colonia» auf. Die Deutschen fühlen sich provoziert, vor dem Lokal kommt es zur Schlägerei, ein Stein wird hochgehoben. Mitten in dieser Aggression endet der Film mit gefrorenem Bild. Ihm geht es nicht um die Aufklärung der Tat – aber genau so könnte es auch bei Abél gewesen sein: ein Opfer der irrationalen Abwehr gegen die Fremden, von deren bloßer Anwesenheit sich die Deutschen herausgefordert fühlen.

Im Stil einer Sozialreportage denunzieren Waldmann und Beauvais die alltägliche Fremdenfeindlichkeit, die weniger «Rassismus» oder Rechtsradikalismus ist (das kam erst später), als vielmehr eine dumpfe Abwehr des Anderen, eine milieuspezifische, affektive, aggressive Grundhaltung, die wohl selbst auf einem Minderwertigkeitsgefühl des Arbeiters oder Kleinbürgers beruht.

«Weit entfernt von einer amerikanischen Dramaturgie liegt das Artistische des Films in der Fähigkeit, mit Durchschnittspersonen eine gesellschaftliche Stimmung festzuhalten, alltagsrealistisch bis in Nuancen, Gesten, Dialektwendungen. Die zu zeigende Gewalt ist vielgestaltig, ist nicht einfach dingfest zu machen und betrifft nicht Einzelne oder nur die eine Seite, sonern viele Personen haben ihren kleinen Anteil an einer Atmosphäre, die sich immer wieder einmal in Gewalttaten entlädt. In vielen Kontakten ist die mitmenschliche Normalität gestört.»

(Egon Netenjakob, in: *Deutschland auf der Mattscheibe*, Frankfurt 1999, S. 114)

▶ Ein anderer «Klassiker» des «Gastarbeiter»-Films ist SHIRINS HOCHZEIT von Helma Sanders-Brahms (WDR 1976, K: Thomas Mauch) über eine Türkin, die wegen einer bevorstehenden Zwangsverheiratung nach Deutschland kommt, hier arbeitslos wird und in der Prostitution landet.

DVD: Al!ive/Pidax

EIN UNGLEICHES PAAR (1987)

P WDR 1987 **Sd** 27.1.1988, ARD **R** Peter Keglevic **B** Dieter Wellershoff **K** Axel de Roche **M** George Kranz **Sz** Georg von Kieseritzky **S** Susanne Schett **T** Axel Arft
D Judy Winter (Vera), Diego Wallraff (Carlo), Karl Michael Vogler (Fritz), Maja Maranow (Marietta), Rainer Hunold (Bründel), Y Sa Lo (Else), Michaele Gries (Eva), Monika Weiss (Frau Harlinger), Amelie zur Mühlen (Journalistin), Claudia Kment (Kellnerin)

Die etwa 50-jährige Vera, Inhaberin eines Modeateliers, hat sich den 20 Jahre jüngeren Carlo als Liebhaber zugelegt. Während sie es genießt, sich mit einem so viel jüngeren Mann zu zeigen, hat er sich mit seiner Gigolo-Rolle leidlich arrangiert, weil sie seinem Bedürfnis nach Abhängigkeit, Luxus und Bequemlichkeit entgegenkommt. Vera braucht ihren Liebhaber zur Bestätigung ihrer eigenen Selbstdarstellung, denn zur Anerkennung im Beruf fehlt ihr noch die Bestätigung als Frau. Sie entwirft das Projekt «Liebe» wie ihre Kollektionsmuster. Carlos ist in dieser Beziehung zwangsläufig der Schwächere. Er verrichtet Hilfsarbeiten in ihrem Atelier und wird von einer Boulevardzeitung als «Mann für alles» verspottet. Er fühlt sich von Vera «an die Kette gelegt», hat Angst von ihr verschlungen zu werden («sie frisst mich auf»). Die einzige Möglichkeit, sich gegen die erdrückende Umarmung Veras zur Wehr zu setzen, sieht er in sexueller Untreue. Doch Vera ist gar nicht eifersüchtig auf seine Liebschaften, würde es sogar als Liebesbeweis ansehen, wenn er sie zusehen ließe, wie er mit einer anderen Frau schläft. Sie arrangiert ein Treffen mit einer bezahlten Kellnerin, doch Carlos lässt die «ménage à trois» platzen. Als er Vera die Entwürfe der neuen Kollektion stiehlt, um sich bei einer anderen Frau beliebt zu machen, ist das Spiel der Täuschungen und Selbsttäuschungen endgültig zu Ende.

▶ Ein ungleiches Paar hatte Dieter Wellershoff schon in GLÜCKSUCHER (WDR 1977, R: Peter Beauvais, m. Judy Winter, Martin Benrath, Bernhard Wicki) porträtiert oder besser: analysiert. Ein Schriftsteller in Midlife- und Schaffenskrise und eine zehn Jahre jüngere Unternehmersgattin versuchen ein Leben außerhalb der gewöhnlichen Bahnen, doch die Suche nach einem neuen Lebenssinn, nach einem anderen Glück scheitert.

Text in: Dieter Wellershoff: *Flüchtige Bekanntschaften*, Köln: Prometh 1987. – Ders.: *Werke* 6, Köln: Kiepenheuer & Witsch 1997.

UNRUHIGE NACHT (1955)

P SDR 1955 **Sd** 18.3.1955, ARD **R** Franz Peter Wirth **B** Hans Gottschalk, Franz Peter Wirth **K** Fritz Moser **L** Albrecht Goes **M** Rolf Unkel **Sz** Karl Wägele
D Peter Lühr (Back), Siegurd Fitzek (Baranowski), Erich Musil (Kartuschke), Siegfried Wischnewski (Ernst), Thomas Flemming (Brentano), Luise Cleve (Melanie), Helmut Wiedermann (Kriegsgerichtsrat), Franz Essel (General), Carl Lange (Oberfeldwebel Kröger), Walter Thurau (Hauptfeldwebel Hirzel), Joachim Fontheim (Uffz. Grubitz), Rainer Wolffhardt (Gefr. Schrotz), Jonny Goertz (Fahrer), Wolfgang Wendt (Ankläger), Peter Höfer (Verteidiger)

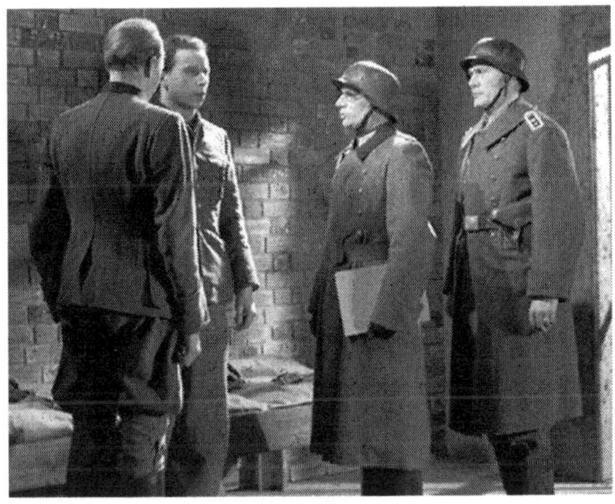

Unruhige Nacht mit Peter Lühr, Siegurd Fitzek, Helmut Wiedermann, Carl Lange (v.l.n.r.)

Der Wehrmachtspfarrer Back erhält 1942 in Russland den Befehl, dem jungen Deserteur Baranowski vor dessen Hinrichtung Beistand zu leisten. Back lässt sich die Akten aushändigen, um sich das Leben und die «Schuld» des Verurteilten zu vergegenwärtigen: Nach einer lieblosen Kindheit Soldat geworden und nur in Kasernen zu Hause, hatte sich Baranowski in eine Ukrainerin verliebt und war mit ihr ein paar Wochen ins Zivilleben untergetaucht. Back ist nicht nur mit dem Deserteur konfrontiert, sondern auch mit Oberleutnant Ernst, der zu seinem Entsetzen von dem zynischen, nazifrommen Major Kartuschke zum Leiter des Exekutionskommandos bestimmt wurde. Ernst hat in Lublin eine Massenerschießung von Juden durch die SS erlebt und zweifelt nun nicht nur am Sinn des Krieges, sondern denkt auch an Schuld und Verantwortung in der Zeit danach. Back glaubt, dass der Hass auf den Krieg nicht lange anhalten wird (eine Anspielung auf die Remilitarisierung der Bundesrepublik) und meint: «Es genügt nicht, den Krieg nur zu hassen, wir müssen ihn entzaubern.» In Backs Zimmer wird zudem der Hauptmann Brentano einquartiert, der am nächsten Tag nach Stalingrad abkommandiert ist und genau weiß, dass er von dort nicht mehr zurückkommen wird: auch eine Art Todesurteil. Er bittet den Pfarrer, um eine letzte Nacht mit seiner Verlobten in diesem Zimmer. Im Morgengrauen geht Back in Baranowskis Zelle, der ihm noch zwei Briefe an seine Geliebte und seine Mutter, die er als unehelicher Sohn nie richtig kennengelernt hat, diktiert: «Nur weil man einmal ein paar Wochen ein Mensch sein wollte, muss man jetzt dran glauben.» Backs Botschaft lautet: «Auch in der Zeit des Hasses ist die Demut stärker als die Gewalt.»

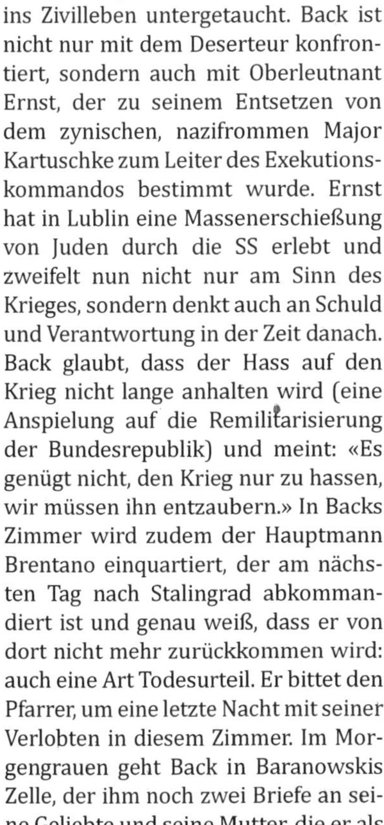

Nicht die laute pathetische Anklage ist das Ziel, vielmehr spiegelt dieses – wie auch das zeitgenössische Hörspiel – auf Innerlichkeit ausgerichtete Kammerspiel das Elend des Krieges in der seelischen Notlage des Individuums. Eine kleine Gruppe von Menschen ist mit Fragen nach Widerstand und Anpassung konfrontiert und jeder der Beteiligten repräsentiert eine bestimmte Haltung, die sich nicht in Handlung sondern, wie im Hörspiel, in wörtlicher Rede zeigt. Unruhige Nacht löste sich von der in der Frühgeschichte des Fernsehspiels üblichen Adaption klassischer Stoffe und Werke der gemäßigten Moderne und wandte sich stattdessen der jüngsten Kriegs-Vergangenheit zu, zu der Zeit, als die Bundesrepublik wieder an Aufrüstung dachte. Auch ästhetisch suchte man beim SDR neue

Wege: eine die Figuren umkreisende Kamera, Großaufnahmen der Gesichter, lange Einstellungen. In der Hinrichtungsszene wird eine Uhr über Baranowskis Gesicht geblendet, bis nur noch die Uhrzeit der Hinrichtung sichtbar ist – der Sekundenzeiger als Chiffre der unaufhaltsamen Vernichtungsmaschinerie. Die zugrundeliegende Novelle wurde 1958 von Falk Harnack auch für das Kino verfilmt (mit Bernhard Wicki als Back und Hansjörg Felmy als Baranowski).

▶ Wenn im frühen Fernsehspiel Krieg und NS-Zeit thematisiert wurden, dann meist mit Deutschen als Opfer oder Widerständler. In DIE FESTUNG (NWRV 1957, R: Gustav Burmester, B: Claus Hubalek nach dessen Hörspiel, m. Carl Wery in der Hauptrolle) widersetzt sich ein Festungskommandant dem Führerbefehl, die Stadt bis zum Letzten zu verteidigen. In einer weiteren Albrecht-Goes-Adaption (*Das Brandopfer*), DER SCHLAF DER GERECHTEN (WDR 1962, R: Rolf Hädrich, B: Oliver Storz, m. Hilde Krahl in der Hauptrolle), hilft eine Metzgersfrau den von der Deportation bedrohten Juden.

Literatur: Joan Kristin Bleicher: Ein Höhepunkt der Programmgeschichte des Fernsehens der 50er Jahre, in: Oliver Kohler (Hrsg.): *Aller Worte verschwiegenes Rot. Albrecht Goes zu Ehren*, Hünfelden 1993, S. 26–31. – Knut Hickethier: Kriegserlebnis und Kriegsdeutung im bundesdeutschen Fernsehen der fünfziger Jahre, in: Ursula Heukenkamp (Hrsg.): *Schuld und Sühne? Kriegserlebnis und Kriegsdeutung in deutschen Medien der Nachkriegszeit (1945–1961)*, Bd. 2, Amsterdam 2001, S. 759–775. – Clas Dammann: *Stimme Aus dem Äther – Fenster zur Welt*, Köln u.a. 2005, S. 210–217.
DVD: Studio Hamburg / ARD Video «Große Geschichten»

UNSERE MÜTTER, UNSERE VÄTER ➲ DRESDEN

UNTER DEM EIS (2006) ★

P SWR 2006 **Sd** 28.8.2006, SWR III **R** Aelrun Goette **B** Thomas Stiller **L** Gisa Klönne **K** Jens Harant **M** Martin Todsharow **Sz** Heidrun Reshöft **Ko** Natscha Curtius-Noss **S** Andreas Zitzmann **T** Christian Lutz **D** Bibiana Beglau (Jenny), Dirk Borchardt (Michael), Adrian Wahlen (Tim), Sandra Borgmann (Sandra), Nicole Mercedes Müller (Luzi), Barbara Focke (Hildegard Bohn), Thorsten Merten (Günther Kornatz), Susanne Lothar (Frau Pötter), Bruno F. Apitz (Pfarrer), Inka Pabst (Inka Clausener)

Der 7-jährige Tim erstickt im Spiel das Nachbarskind mit einer Plastiktüte. Seine Mutter Jenny versucht mit allen Mitteln die Wahrheit zu verbergen, auch gegenüber ihrem Mann Michael, der Polizist ist und in diesem Fall ermittelt. Das «große Geheimnis», mit dem Jenny ihre Familie beschützen will, bindet Mutter und Sohn immer enger aneinander und entfremdet Tim dem Vater. Doch der Junge kann seine Tat nicht so einfach verarbeiten. Er hat Alpträume und Angstzustände, auch der Lehrerin fallen die Veränderungen auf: Tim versteckt sich in den Umkleideräumen und fängt Streit mit seinen Mitschülern an. Als die Lehrerin Jenny auffordert, mit Tim zum Schulpsychologen zu gehen, weigert sie sich und reagiert mit Realitätsflucht: Sie verdrängt Tims psychische Probleme. Doch Michael durchschaut schließlich die Zusammenhänge und zwingt seine Frau zur Wahrheit: «Es gibt Dinge, denen muss man sich stellen». Jenny bricht zusammen.

Den Adolf-Grimme-Preis in Gold begründete die Jury so: «Am Ende verdichtet sich der Film in all seinen Qualitäten: die konzentrierten Bilder von Kameramann Jens Harant, die kalten Farben und die präzisen Blicke. Das aufmerksame Spiel mit den Innen- und Außenperspektiven. Die Menschen schauen aus den Fenstern und wir Zuschauer schauen umgekehrt durch die Fenster in die Menschen hinein. Berührend, ja bedrückend: die Präsenz der Schauspieler. Unheimlich wie Adrian Wahlen, das schuldige, doch schuldlose Kind unter Tränen vibriert. Wie allen die Worte fehlen und der Schnee die Schreie dämpft. Großartig, unmittelbar. Dicht und ergreifend.»

Aelrun Goette hatte 2003 den ebenfalls preisgekrönten Dokumentarfilm DIE KINDER SIND TOT gedreht: über eine Mutter in Brandenburg, die zwei ihrer Kinder verhungern ließ.

«Der Regisseurin geht es um die zerstörerische Kraft des Schweigens, das langsam aber sicher jeden zwischenmenschlichen Kontakt vergiftet und an dem insbesondere die Kinderseele nicht wieder gut zu machenden Schaden nimmt. (...) Die Isolation der Protagonisten fängt Kameramann Jens Harant in trostlos-schönen Bildern ein, in sorgfältig kadrierten Totalen oder Halbtotalen, die die Distanz wahren und die Einsamkeit der Figuren über den Raum transportieren. Doch auch die Großaufnahmen behalten den distanzierten Blick bei, der in seiner Unaufdringlichkeit etwas zutiefst Menschliches hat, (...) Goettes großes Verständnis von Rhythmus und Komposition schlägt sich auch in der klugen Entscheidung nieder, erneut mit dem Filmkomponisten Martin Todsharow zusammenzuarbeiten, der bereits die Musik für DIE KINDER SIND TOT schrieb. Seine minimalistischen, elektronisch unterstützten Streicher- und Klavierklänge vermitteln die beklemmende Atmosphäre des Familiendramas auf kongeniale Weise, ohne sich jemals in den Vordergrund zu drängen.»

(Katharina Zeckau, *FK* 35, 2006)

UNTER DENKMALSCHUTZ (1975)

P HR 1975 **Sd** 4.2.1975, ARD **R/B** Eberhard Fechner **K** Manfred Lowack **S** Brigitte Kirsche **T** Olaf Reinke

Ein unter Denkmalschutz stehender Altbau in der Frankfurter Arndtstraße erweckt in Fechner den Wunsch, etwas von den «Schicksalen hinter den Fenstern» zu erfahren. Es ist kein übliches Mietshaus, wie schon daran zu erkennen ist, dass an den Türen die Schlüssel stecken. «Hier kennen sich alle», sagt die Hausbesitzerin, Frau Gertrud Rösler-Erhardt, «man kann hier nicht leben, ohne dass man einen inneren Kontakt miteinander hat». Aus der Befragung der alten Dame und ihrer Mitbewohner – 9 Personen zwischen 14 und 89 – ergeben sich «Lebensbeschreibungen aus einem Frankfurter Bürgerhaus», die fast 100 Jahre Zeitgeschichte spiegeln. Das Haus wurde Ende des 19. Jahrhunderts von Gertruds Vater, dem Medizinprofessor Ferdinand Bluhm gekauft, dessen Töchter noch im Hause leben, von den «Altbewohnern» außerdem Frau Spanuth, die bei der «Frankfurter Zeitung» arbeitete. Im Haus wohnt ferner seit zwei Jahren ein 1920 in Danzig geborener Jude, der mit einem Flüchtlingsschiff nach Israel gelangt war, dort aber nicht heimisch wurde. In der Nazi-Zeit waren alle Bewohner des Hauses von antijüdischen Maßnahmen betroffen. Nach Praxisverbot emigrierte Ferdinand Bluhm mit seiner

Tochter Paula, einer Opernsängerin, und den Enkeln in die Schweiz, wo er sich mit 74 in der pharmazeutischen Industrie nochmals eine neue Existenz aufbaute. Gertruds Sohn wird als «Mischling» aus der Wehrmacht entlassen, mehrmals verhaftet und nach Interventionen seiner Mutter wieder freigelassen. Das Haus wird von einer Brandbombe getroffen und bleibt jahrelang ein Provisorium. Der alte Bluhm besucht noch einmal Frankfurt – zu seinem 90. Geburtstag erhält er die deutsche Staatsbürgerschaft zurück (er stirbt 1959, bis zuletzt mit Forschungsarbeiten beschäftigt). Die Kosten für den Wiederaufbau des Hauses müssen bis heute abgestottert werden: «Das Haus bringt nichts ein, aber wir leben darin.»

Im Unterschied zu ➲ NACHREDE AUF KLARA HEYDEBRECK und ➲ KLASSENPHOTO rückt Fechner hier das Großbürgertum in den Fokus. In allen drei Filmen gelingt es ihm durch Zufall (eine Polizei-Notiz, eine beliebige Schulklasse, ein Haus) ein geeignetes Objekt zu finden und alle Personen, die damit in Beziehung stehen, ausfindig zu machen, die dann obendrein aufschlussreiche Geschichten zu erzählen haben, aus denen Fechner wiederum eine eigene «Erzählung» macht.

«Erstaunlich, wie sicher Fechner die Gefahr der Ermüdung des Zuschauers vermied. Bis zur letzten Sekunde blieben diese behutsam und doch so sicher erzählten Berichte, mit menschlicher Wärme von der Kamera begleitet, fesselnd. Die geschickte Verwebung der Erinnerungen der Bewohner diente immer dem Fortgang des Erzählflusses, war nie bloßer Schnitt-Gag. Die bewusste Beschränkung auf das klassische Schwarzweiß des Dokumentarfilms trug viel zur atmosphärischen Dichte bei. Farbe hätte hier nur Abgleiten ins Banale bewirkt.»

(kli, *FR*, 6.2.1975)

DER UNTERGANG DER PAMIR (2005)

P NDR 2005 **Sd** 17.11.2006, arte (2 Teile) **R** Kaspar Heidelbach **B** Fritz Müller-Scherz **K** Daniel Koppelkamm **M** Arno Steffen **Sz** Götz Weidner **S** Hedy Altschiller **T** Josef Pörzchen

D Klaus J. Behrendt (Acki Lüders), Jan Josef Liefers (Hans Ewald), Herbert Knaup (Kap. Lewerenz), Max Riemelt (Carl-Friedrich von Krempin), Peter Becker (Bernd Ahlers), Dietmar Bär (Klaus Nissen), Tilo Prückner (Klimsch), Elena Uhlig (Frau Lewerenz), Tobias Schenke (Fritz Stöve), Oliver Stritzel (Wilhelm von Kempin), Ulrike Grote (Freya von Krempin)

1957 überredet Hans Ewald seinen Freund, den Bootsmann Acki Lüders, wieder anzuheuern. Lüders kümmert sich seit dem Tod seiner Frau um seine Tochter und betreibt Landwirtschaft, spricht auch fleißig dem Alkohol zu. Sie gehen auf das frachtfahrende Segelschulschiff «Pamir», einen der letzten Getreide-Großsegler überhaupt. Auf dem Schiff sind sie mit dem arroganten und überforderten Kapitän Lewerenz konfrontiert – der Film zitiert mehrmals DIE MEUTEREI AUF DER BOUNTY –, vor allem die Ausbildung der Kadetten führt zu Auseinandersetzungen. In Buenos Aires verhindert ein Streik der Hafenarbeiter das Beladen des Schiffes mit Getreide. Diese Verzögerung kostet den Hamburger Reeder viel Geld, Kapitän Lewerenz fühlt sich unter Druck gesetzt (dieses Motiv erinnert an TITANIC). Er lässt die Mannschaft 4000 Tonnen Gerste verladen und obendrein das Wasser in den Tieftanks ge-

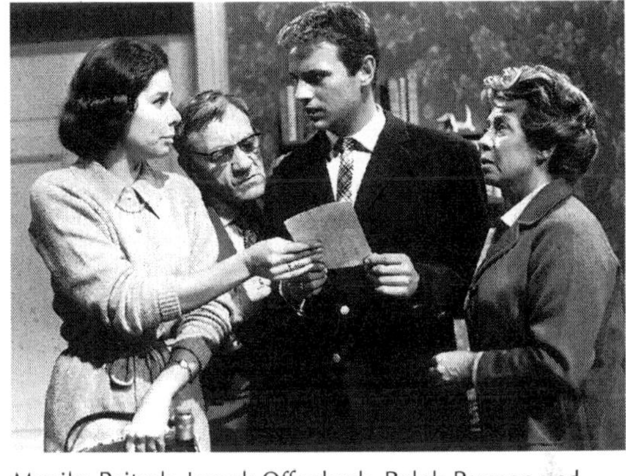

Monika Peitsch, Joseph Offenbach, Ralph Persson und Inge Meysel (v.l.n.r.) in DIE UNVERBESSERLICHEN

gen Gerste austauschen. Damit ist die Stabilität der «Pamir» gefährdet. Erster Offizier Ewald und Bootsmann Lüders versuchen vergeblich, den Kapitän am Auslaufen zu hindern. Als ein Hurrikan auf sie zukommt, verweigert der Kapitän eine Kursänderung. Die «Pamir» bekommt sofort Schlagseite und sinkt. Wegen der Schlagseite ist es auch nicht möglich, die Rettungsboote zu wassern. Eine Handvoll Überlebender klammert sich an das Wrack eines Rettungsbootes. Ohne Wasser und Nahrung hoffen sie auf Hilfe. Nach zwei Tagen werden sechs Überlebende von einem Schiff aufgelesen. Insgesamt kamen bei der Katastrophe am 21.9.1957 80 Besatzungsmitglieder ums Leben, überwiegend junge Kadetten zwischen 16 und 18 Jahren.

Der Zweiteiler ist kein Dokumentarfilm, das reale Drama ist mit viel Fiktion angereichert. Das Geschehen auf See ist mit melodramatischen Familiengeschichten in der Heimat gekoppelt, zum Schiffbruch gesellt sich der Ehebruch. Trotz einer ambitionierten Inszenierung war der Film beim Publikum ein Misserfolg.

DVD: Studio Hamburg / ARD Video

DIE UNVERBESSERLICHEN (1965)

P NDR 1965 **Sd** 9.5.1965, ARD **R** Claus-Peter Witt **B** Robert Stromberger **K** Frank A. Banuscher **Sz** Matthias Mathies, Ellen Schmidt **S** Margit Klatt **T** Günther Bock
D Joseph Offenbach (Kurt Scholz), Inge Meysel (Käthe), Gernot Endemann (Rudi), Helga Anders (Lore), Monika Peitsch (Doris), Ralph Persson (Helmut), Agnes Windeck (Oma), Gerda Gmelin (Tante Hertha)

Famile Scholz hat im Toto gewonnen, aber der Totozettel ist weg. Auf der Suche kommen allerlei Familien-Geheimnisse zum Vorschein: Vater Scholz verdient mehr, als er bislang zugegeben hat, Mutter hat eine teure Couch gekauft und ist mit den Ratenzahlungen im Rückstand, Tochter Doris arbeitet nebenher als Model, im Zimmer von Sohn Rudi findet sich Babykleidung. Nach so vielen Entdeckungen hängt der Haussegen schief. Dann macht jeder von den erwarteten 1250 Mark Gewinn eine Anschaffung, die er vor den anderen verheimlicht, um sie zu überraschen: Vater einen Gebrauchtwagen – mit dem er prompt bei der ersten Fahrt einen Unfall hat –, Mutter eine neue Nähmaschine, Rudi einen Fernseher, Doris den Baukostenzuschuss für eine neue Wohnung, damit sie endlich von den Eltern wegziehen kann. Vater Scholz hat von allem nun genug: er will selbst ausziehen, weil er sich hier überflüssig fühlt.

Diese Kleinbürger-Familie ist nicht mit Harmonie gesegnet, es herrscht Zoff auf engstem Raum. Die Krisen beruhen auf dem Prinzip der permanenten Illusionszerstörung. Der Was-soll-denn-schon-schiefgehen-Optimismus der Scholzens und ihre Flucht vor der Wahrheit kollidieren mit der Realität. Das setzt sich in den weiteren Folgen (die bis 1971 einmal jährlich am Muttertag ausgestrahlt wurden) fort, wenn z. B. Scholz nicht wagt zuzugeben, dass er schon in Rente geschickt wurde, beim Scheidungsprozess von Doris, bei der Suche nach einem Altenheimplatz für die eigensinnige Oma oder bei der gesellschaftlichen Distanz zum neuen Schwiegersohn. Grundmotiv für alle Probleme ist das Geld, das hinten und vorn nicht reicht.

«Hier, im tiefsten Kleinbürgertum, ging nun wirklich alles schief, was schiefgehen konnte, die erhofften Karrieren scheiterten, die Beziehungen und Ehen der Kinder scheiterten, und dass die Rumpffamilie nicht auch noch zerbrach, dass lag in erster Linie an ‹Käthe› (Inge Meysel), die sich mit bedrohlichem Beharrungsvermögen, ihre Familie nicht kaputtmachen ließ, während der Mann resignierte (und sicher auch ein wenig zur Bequemlichkeit neigte). (...) Selten sonst sah man auch im deutschen Fernsehen das eigene Land in so trostlosen, grauen Bildern, selten erlaubte sich ein TV-Film so viel Montage, um einen Zusammenhang herzustellen zwischen dem Elend im Innenraum und dem Elend in der zunehmenden Unbewohnbarkeit der deutschen Städte.» (Georg Seeßlen)

Robert Stromberger präsentierte mit der ebenfalls alltagsrealistischen Serie DIESE DROMBUSCHS (ab 1983) einen späten Nachfolger der UNVERBESSERLICHEN (Regie führte ebenfalls Claus-Peter Witt).

Literatur: Georg Seeßlen: *Der Tag, als Mutter Beimer starb. Glück und Elend der deutschen Fernsehfamilie*, Berlin 2001 – Klaudia Wick: *Ein Herz und eine Serie. Wie das Fernsehen Familie spielt*, Freiburg 2006, S. 41–54.
DVD: Studio Hamburg / ARD Video

URSULA (1978)

P DRS/DFF 1978 **Sd** 5.11.1978, DRS, 19.11.1978, DFF **R** Egon Günther **B** Helga Schütz, Egon Günther **L** Gottfried Keller **K** Peter Brand **M** Karl-Ernst Sasse **S** Rita Hiller **Ko** Christiane Dorst
D Suzanne Stoll (Ursula), Jörg Reichlin (Hansli Gyr), Matthias Habich (Zwingli), Jutta Hoffmann (Schnurrenbergerin), Wolf Kaiser (Schnurrenberger), Klaus Piontek (Schneck von Agasul), Ulrich Anschütz (unbek. Soldat), Jürgen Hentsch (Soldat), Eckhard Bilz (Heiland), Gerd Blahuschek (Jäger), Horst Kotterba (Erzengel)

Im 16. Jahrhundert kehrt der Söldner Hansli Gyr aus Italien in seine Schweizer Heimat zurück, um seine Verlobte Ursula, die er seit seiner Kindheit kennt, wiederzusehen. Durch die Reformation haben sich die Verhältnisse in der Schweiz geändert. In Zürich predigt Zwingli, dem sich Gyr anschließt und mit dem er gegen die Katholiken zieht. Ursula und ihre Eltern stehen unter dem Einfluss der Wiedertäufer, die nicht nur antikirchliche und sozialrevolutionäre Ansichten propagieren, sondern auch die sexuelle Freiheit. Es kommt zur Entfremdung zwischen Hansli und Ursula, die in ihrem Wahn Hansli für den Erzengel Gabriel hält. Die Täufer werden nach einer Kirchenplünderung verfolgt und eingesperrt, von Hansli jedoch befreit. Er zieht mit Zwingli in die große Schlacht bei Kappel gegen die Katholiken, in der Zwingli fällt. Der verwundete Hansli wird von der wieder genesenen Ursula gerettet.

Die durch ihre gebrochene Form, Verfremdungseffekte und opulente Bildsymbolik künstlerisch ambitionierte Koproduktion zwischen der DDR und der Schweiz setzte andere Akzente als die literarische Vorlage. Während die Wiedertäufer bei Keller negativ gezeichnet sind, stehen sie bei Günther nicht zuletzt durch ihre sexuelle Promiskuität für die menschliche Freiheit. Ihr unangepasstes Verhalten opponiert gegen den arroganten und repressiven Zwingli. Der Film war sowohl in der Schweiz als auch in der DDR ein Skandalon. Die Schweizer nahmen die Abweichungen von der Novelle, das kritische Zwingli-Bild und die Obszönitäten übel, von den DDR-Oberen wurde der Film – zurecht – als subversive Parabel auf hiesige Verhältnisse gedeutet. Neben der Huldigung anarchistischer Tendenzen sah man eine Attacke auf diejenigen, die sich im alleinigen Besitz der Wahrheit wähnen. Die Thematisierung konkurrierender Heilslehren, die Zerrissenheit eines Landes in einer Umbruchsituation und die Ohnmacht des Volkes hatte Verweischarakter auf die Gegenwart. Nach einmaliger Ausstrahlung wurde der Film in der DDR erst wieder 1990 gezeigt.

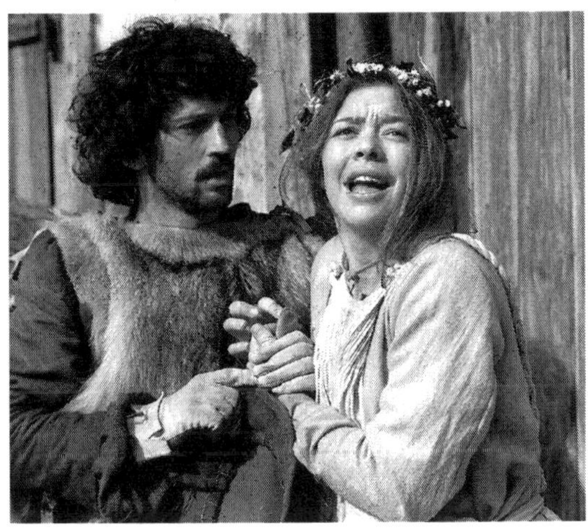

Jörg Reichlin und Suzanne Stoll in URSULA

«Üppige Phantasie des Filmemachers, sein Hang zu intellektueller Verschlüsselung und zu übersteigertem Experimentieren erschweren nicht nur den Zugang zu dem Film, sondern vermögen einfach nicht, die gewählte Zeit, Historie also, genügend durchschaubar zu machen, die Religionskriege in ihrem Kontext als Machtkämpfe, Auseinandersetzungen der Klassen in dieser Ära frühbürgerlicher Revolution zu deuten. Trotz gelegentlicher Zitate aus Kellers Novelle überdeckt optische Sinnlichkeit den historischen Hintergrund. Allzu vieles bleibt zu dechiffrieren; der Schlüssel, der dafür geliefert wird, ist jedoch ziemlich unpräzise, unstimmig.»

(Hans-Dieter Tok, *Leipziger Volkszeitung*, 21.11.1978)

Literatur: Thomas Beutelschmidt / Franziska Widner: *Zwischen den Stühlen. Die Geschichte der Literaturverfilmung* URSULA *von Egon Günther*, Leipzig 2005.

DVD: AL!VE / DDR-TV-Archiv

V

VARNA (1970)

P ZDF 1970 **Sd** 20.5.1970, ZDF **R** Volker Vogeler **B** Helmut Krapp **K** W. P. Hassenstein **Sz** Günther Naumann **S** Johannes Nikel **Do** Montenegro
D Hans Dieter Schwarze (Quandt), Irene Marhold (Carola), Katharina Lopinski (Eva), Petra von der Linde (Ruth), Joachim Böse (Richard)

Der Germanistik-Professor Quandt flieht beim Mauerbau 1961 von der DDR in den Westen. Von seiner Frau Carola, die zurückbleibt, lässt er sich scheiden, trifft sich aber weiterhin regelmäßig mit ihr an der bulgarischen Schwarzmeerküste («wir haben dann unsere Ehe fortgesetzt, immer stundenweise und da wir sie nicht mehr tagtäglich zu führen brauchten, wurde sie etwas Besonderes»). Quandts neue westdeutsche Freundin Ruth kommt hinter diese Treffen und macht ihm Vorhaltungen wegen seines Schweigens, hält ihn für kompliziert und verstockt. Quandt versucht Carola, die beim DDR-Fernsehen arbeitet, zu überreden, einen neuen Ausreiseantrag zu stellen, was diese für weltfremd hält. Dann lernt er in Bulgarien eine neue Freundin kennen: Eva, Zahnärztin aus Rostock. Diese teilt ihm unverblümt mit, dass sie ihn heiraten will, um eine Ausreisegenehmigung zu erhalten. Carola warnt Quandt: «Sich hinüber und herüber scheiden zu lassen, ist lange nicht so schwierig wie in denselben Richtungen zu heiraten.» Quandt lehnt Evas Ansinnen auch ab, doch die Kompliziertheit seiner Beziehungen vor dem Hintergrund der politischen Situation lässt ihn in Resignation verfallen.

VARNA variiert das Genre des Ost-West-Fernsehfilms insofern, als die politische Teilung mit der Entfremdung von deutsch-deutschen Paaren verknüpft ist (ähnlich wie in der zeitgenössischen Literatur bei Christa Wolf oder Uwe Johnson). Die räumliche Trennung geht mit der geistigen konform, je mehr sich die Personen mit der Grenze arrangieren, desto mehr lösen sich die Verbindungen auf.

«Der Autor nahm der mittlerweile ziemlich oft dramatisierten deutschen Teilung manche Spitze. Die Menschen von drüben und hüben wurden politisch nicht aktiv. (...) Und die Ehe des von drüben geflüchteten Professors Quandt scheiterte wohl weniger daran, dass er mit seiner Frau nur in liberalisierten östlichen Urlaubsländern zusammenkommen konnte, als an seinem polygamen Spieltrieb. So kam

freilich ein über lange Passagen farbloses Stück zustande. Sobald der Zuschauer geneigt war, den politischen Aspekt des Pseudodramas zu verdrängen, blieben nur Ansätze eines Versuchs über eine auseinandergehende Ehe übrig, für die man sich kaum engagieren mochte.» (Si, *SZ*, 22.5.1970)

Text in: Heinz Schöffler (Hrsg.): *Fernsehstücke*, Frankfurt: Fischer 1972.

VÄTER UND SÖHNE (1986)

P WDR 1986 **Sd** 12., 16., 19., 23.11.1986, ARD (4 Teile) **R/B** Bernhard Sinkel **K** Dietrich Lohmann **M** Peer Raben **Sz** Götz Weidner **Ko** Barbara Baum **S** Jean-Claude Piroué **T** Rainer Wiehr

D Burt Lancaster (Stimme: Holger Hagen; Geheimrat Deutz), Julie Christie (Stimme: Renate Küster; Charlotte), Bruno Ganz (Heinrich Beck), Dieter Laser (Friedrich), Tina Engel (Luise), Martin Benrath (Bankier Bernheim), Herbert Grönemeyer (Georg), Marcus Hetzner (Georg als Kind), Christian Doermer (Dr. Körner), Alexander Radszun (Sokolowski), Katharina Thalbach (Elli), Cyrielle Claire (Anni), Hannes Jaenicke (Max Bernheim), Daphne Wagner (Olga), Laura Morante (Judith), Rüdiger Vogler (Ulrich), Burkhard Heyl (Carl Beck), Martin Falk (Edmund)

Die Geschichte einer Industriellen-Familie des I.G.-Farben-Imperiums über den Zeitraum 1911–1948 zeigt, wie die Verflechtung von Wirtschaftsinteressen und Politik in Auschwitz endet. Der alte Geheimrat, Familienpatriarch und Inhaber der (fiktiven) Teer- und Farbenfabrik Carl Julius Deutz AG wehrt sich gegen den von der Regierung im Ersten Weltkrieg verlangten Zusammenschluss der Chemieindustrie zu einem Kartell (Rathenau spricht von «industrieller Mobilmachung»). Der Verlust der Eigenständigkeit kollidiert mit seinem konservativen Ordnungsdenken, mit dem er auch über seine Familie herrscht. Doch die Herstellung von Salpeter ist – neben dem von seiner Firma gelieferten Chlorgas – kriegsentscheidend. Dem Chefchemiker Heinrich Beck gelingt die notwendige Synthese von Ammoniak. Die Fusion, die vor allem Friedrich Deutz betreibt, ist nicht mehr aufzuhalten. Auch familiär ist die alte Welt, in der der Geheimrat lebt, zu Ende. Der designierte Nachfolger fällt im Krieg, Enkel Georg entzieht sich der patriarchalischen Bevormundung des Großvaters und wird Schauspieler und Regisseur. In den 20er Jahren nimmt die nach dem Krieg gegründete «I.G. Farben» unter ihrem Direktor Friedrich Deutz Kontakt zu den Nazis auf. Hitler ist daran gelegen, Deutschland wegen seiner Rohstoffknappheit durch synthetische Produkte autark zu machen. Die Interessen der Industrie und die Nazi-Politik laufen konform: «Werden wir jetzt von den Nazis übernommen oder haben wir die Nazis noch im Griff?» fragt Heinrich Beck, der schließlich im Dritten Reich, von der Regierung mit allen Geldmitteln ausgestattet, uneingeschränkt forschen kann. Nach dem Sieg über Frankreich übernimmt die I.G. die Kontrolle über die französische Chemieindustrie. «Wie ein Rudel von Schakalen folgt die I.G. der blutigen Spur Hitlers quer durch Europa» resümiert der nach Paris emigrierte, mit der Familie Deutz verbundene Bankierssohn Max Bernheim. Den Tiefpunkt ihrer von jeder Moral emanzipierten Interessenpolitik markiert die I.G. – die auch das Zyklon-B-Gas an die SS liefert – mit dem Bau eines eigenen Konzentrationslagers in

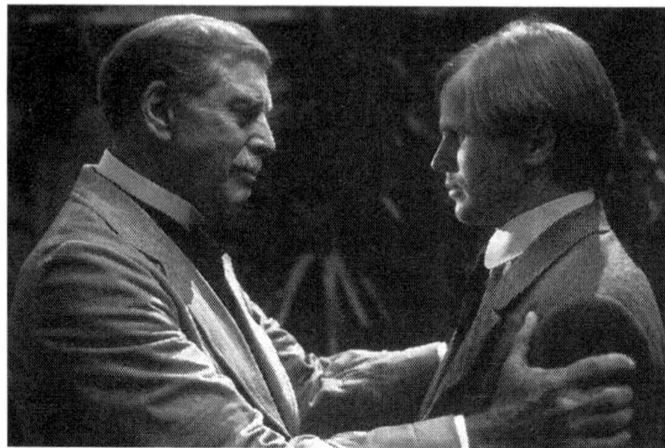

Burt Lancaster (l.) und Herbert Grönemeyer in VÄTER UND SÖHNE

Auschwitz, im dem die Häftlinge sich zu Tode arbeiten müssen. Nach dem Krieg will niemand die Verantwortung für die begangenen Verbrechen übernehmen. In Nürnberg werden die Angeklagten entweder freigesprochen oder nach kurzer Haft entlassen, weil sie in der Industrie wieder gebraucht werden.

«Man hat es als Zuschauer schwer, sich in der ersten und zweiten Folge mit auch nur einer der Personen zu identifizieren. Das liegt ganz einfach daran, dass Sinkel mit seinen Figuren nicht Familiengeschichte erzählt, sondern sie dazu benutzt, an ihr die Firmengeschichte und mehr noch, nämlich die gesamte Industriegeschichte der ersten Hälfte unseres Jahrhunderts aufzuhängen. Das, was er erzählt, hätte man im Grunde wie Viscontis DIE VERDAMMTEN *umsetzen müssen, im großen Stil mit Gewalt und Leidenschaft melodramatisch erzählt. Obwohl Sinkel in seinem Drehbuch einiges von Visconti adaptiert hat, Figurenkonstellationen und Motive (...) bebildert er prinzipiell brav, hält sich an die Fernsehdramaturgie und schafft selten wirklich bewegende Szenen oder Höhepunkte. Seinem Film fehlt es an Stil und einer persönlichen Handschrift, er ist weit entfernt von der genialen Ästhetisierung Viscontis. Und zu seinem eigentlichen Thema, der Auseinandersetzung der Söhne mit den Vätern und der Problematik der verdrängten Schuld nach '45 findet er erst in der letzten Folge, die auch die absolut beste geworden ist.»*

(Thomas Honickel, *Tip* 24, 1986)

Text: Bernhard Sinkel: *Väter und Söhne. Eine deutsche Tragödie*, Frankfurt: Athenäum 1986.
Literatur: Wolfgang Heintzeler: *Was war mit IG Farben? Der Nürnberger Prozess und der Fernsehfilm* Väter und Söhne, Herford 1987 [wirft dem Film «Geschichtsklitterung» vor].
DVD: Studio Hamburg / ARD Video «Große Geschichten»

VERA BRÜHNE (2001)

P Sat.1 2001 **Sd** 24., 25.5.2001, Sat.1 (2 Teile) **R/B** Hark Bohm **K** Frank Küpper **M** Stephan Zacharias **Sz** Bernd Lepel **Ko** Birgit Missal **S** Inez Regnier **T** Roland Winke
D Corinna Harfouch (Vera Brühne), Katja Flint (Isabel Mendes), Uwe Ochsenknecht (Hans Ferbach), Ulrich Noethen (Böck), Udo Wachtveitl (Sternmüller), Hans Werner Meyer (Dr. Haddenhorst), Fritz Wepper (Dr. Wallner), Kai-Ivo Baulitz (Pfeffer), Hark Bohm (Prof. Peters), Mavie Hörbiger (Stephanie Virno), Valerie Niehaus (Helga Haddenhorst), Hanns Zischler (Behmke), Michael Degen (Ernst Virno), Matthias Freihof (Kubalek), Anton Pointecker (Dr. Schwarz), Max von Pufendorf (Karsten Meyer), Hans-Peter Korff (Gerber), Alexander Held (Heinrich), Maximilian Krückl (Reissmüller), Phi-

lipp Moog (Kaspar Hartl), Bernd Fischerauer (Dr. Vogt)

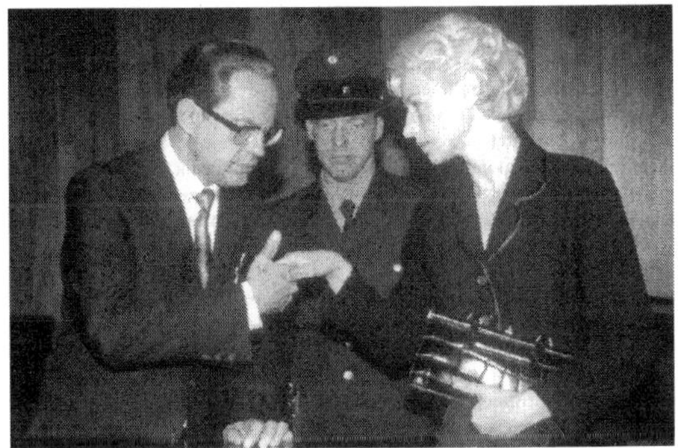

Corinna Harfouch als VERA BRÜHNE mit Uwe Ochsenknecht (l.)

In seinem Haus am Starnberger See werden der Arzt Dr. Schwarz sowie seine Haushälterin und Geliebte tot aufgefunden. Die Polizei geht zunächst von Mord und Selbstmord aus. Doch die nachträgliche Obduktion lässt auf einen Doppelmord schließen. Das Testament setzt Vera Brühne, die für Dr. Schwarz gearbeitet hat und auch seine Geliebte war, als Erbin ein, wodurch sie automatisch unter Verdacht steht. Obwohl Dr. Schwarz in dunkle Devisen-, Waffen- und Grundstücksgeschäfte verwickelt war, konzentrieren sich die Ermittlungen des übereifrigen Staatsanwalts auf Vera Brühne, die durch ihr unkonventionelles Vorleben als «Lebedame» vorverurteilt zu sein scheint. Obendrein verwickelt sie sich in Widersprüche, ihr Alibi löst sich in Luft auf und sie hat Zeugen bestochen. Außerdem wird sie von ihrer Tochter und ihrer ehemaligen Freundin schwer belastet. In einem skandalösen Indizienprozess wird ‹in dubio *contra* reum› entschieden und die Angeklagte zusammen mit ihrem Lebensgefährten, der die Tat auf ihren Befehl hin ausgeführt haben soll, zu lebenslänglich verurteilt. In der Rahmenhandlung versucht ein junger Jurist vergeblich, eine Wiederaufnahme des Verfahrens zu erreichen, da viele Spuren auf eine Verwicklung des Geheimdienstes in den Mord hindeuten. Nach 18 Jahren Haft wird Vera Brühne begnadigt, sie verzichtet aber ihrerseits auf einen Wiederaufnahmeantrag.

«Die Schauspieler haben jedes Superlativ verdient, das Hark Bohms Film bekommen hat. Der Film selbst jedoch ist in seiner zwanghaft effektverliebten Überladenheit so halbseiden wie die Gesellschaft, die Vera Brühne damals zum Verhängnis wurde.»

(Sybille Simon-Zülch, *epd medien* 42, 2001)

▶ Unter dem Titel DER FALL VERA BRÜHNE ist der Justizskandal schon 1966 als Dokumentarspiel von Rudolf Jugert inszeniert worden (mit Katharina Mayberg in der Titelrolle). Aus juristischen Gründen durfte der Film jedoch nicht gesendet werden.

DVD: Highlight

VERLASSEN (2007)

P BR 2007 **Sd** 11.9.2007, arte **R/B/S** Christoph Stark **K** Jochen Stäblein **M** Thomas Osterhoff **Sz** Christine Caspari **Ko** Claudia Unger **T** Uwe Schiefer

D Harald Krassnitzer (Dieter), Martina Gedeck (Claudia), Janina Stopper (Julia), Marion Mitterhammer (Eva), Walo Lüönd (Bruno), Ludwig Trepte (Marc), Karin Giegerich (Monica), André Jung (Jakob), Claudio Caiolo (Polizist)

Die Eltern der 17-jährigen Julia sind seit 5 Jahren geschieden. Als ihre Mutter Claudia von ihr verlangt, mit ihr nach Berlin zu ihrem neuen Partner zu ziehen, weigert sich Julia. Sie fährt mit Claudias Wagen nach Italien. Die Mutter und ihr Vater Dieter fahren ihr getrennt hinterher. Auf der Suche nach ihrer Tochter kommen sich Claudia und Dieter wieder näher. Doch Dieter wird außerdem von einer verdrängten Vergangenheit eingeholt. Die Erkenntnis, dass er seine Tochter eigentlich nicht kennt und nichts von ihr weiß, verbindet sich mit der Erinnerung an seine Mutter, die ins Wasser gegangen ist, als er noch ein Kind war. Julia taucht kurz auf, teilt mit, sie sei schwanger und verschwindet wieder. Ihre Sachen werden auf einer Klippe gefunden, sie kann nicht schwimmen aufgrund einer Wasserphobie (von der Dieter gar nichts wusste), es liegt nahe, dass sie tot ist. Dieter ist verzweifelt. Der Erkenntnisprozess, den er nun durchmacht, lässt ihn die Motive für das Verhalten seiner Tochter erahnen. Julia glaubte, sie habe ihren Eltern «alles kaputtgemacht», sei ihrer Mutter «zur Last gefallen». Er selbst hat nach Julias Geburt das Gefühl bekommen, er müsse ersticken. Nun erkennt er, dass es der Selbstmord seiner Mutter war, der ihm eine psychische Wunde zugefügt hat, die durch die Geburt der Tochter wieder aufgerissen ist. Die totgeglaubte Julia taucht abermals mit ihrem Freund auf und lässt einen Hassausbruch auf ihre Eltern los. Es widert sie an, dass ihr Vater wieder mit ihrer Mutter schläft und damit seine neue Frau betrügt. Außerdem war die Schwangerschaft erlogen. Während Claudia emotional erstarrt, weiß der Vater nun, dass er seine Tochter liebt und nicht mehr loslassen kann. Er nimmt sie auf den Arm und trägt sie ins Meer, um ihr die Angst vor dem Wasser – und dem Leben – zu nehmen.

«Verlassen ist ein fast schon quälend unaufgeregter Film. Trotz der mitunter pathetischen Figurenkonstellation behält er eine traumwandlerische Balance und kippt weder in einen langweiligen Problemfilm noch in ein überbordendes Melodram.»

(Jörg Gerle, *FK* 46, 2007)

«Der Film nimmt sich Zeit, die Warum-Frage erschöpfend zu klären. Ja, diese Klärung ist sein Sinn und Ziel. Und es gelingt ihm wunderbar. (...) Dieter, als Sehnsuchtsziel der Frauenwelt (Claudia, Eva, Julia, Wirtin) rückt automatisch in den Mittelpunkt des Films, er trägt die Handlung, seine Lakonie, seine Hilflosigkeit, seine Hartnäckigkeit, sein Zartgefühl dominieren die Szenen. Dem Österreicher Harald Krassnitzer, augenscheinlich ein Naturtalent von großer Ruhe und schönem Temperament, gelingt ein Kabinettstück.»

(Barbara Sichtermann, *Tagesspiegel*, 14.11.2007)

Der Verleger (2001)

P NDR 2001 **Sd** 9., 10.10.2001, ARD (2 Teile) **R/B** Bernd Böhlich (Szenario: Paul Hengge) **K** Eberhard Geick **M** Tamas Kahane **Sz** Eduard Krajewski **Ko** Ingrid Zoré **S** Karola Mittelstädt **T** Elisabeth Mondi

D Heiner Lauterbach (Verleger), Anica Dobra (Monika), Susanna Simon (Luise), Lisa Martinek (Angela), Jürgen Hentsch (Hans Zehrer), Sylvester Groth (Christian Kracht), Claude-Oliver Rudolph (Pit), Arndt Schwering-Sohnrey (Axel jr.), Eva Maria Hagen (Mutter), Michael Greiling (Ravens), Tatjana Blacher (Gisela)

Ein «Bio-Pic» über Axel Cäsar Springer, das diesen nie beim Namen nennt: Im Film heißt er nur «Verleger» oder «Axel». Nachdem er von den Amerikanern eine Zeitungs-Lizenz erhalten hat, erfindet er die Programmzeitschrift «Hör Zu» und legt damit den Grundstein zu seinem Verlags-Imperium. In diesem Anfangsstadium seiner Karriere erweist er sich als lebenslustiger Geschäftsmann, der sich nicht für Politik interessiert, sein Motto lautet vielmehr: «Seid nett zueinander». Mit seinen Zeitungen will er den Menschen Hoffnung, Orientierung, Unterhaltung bieten und vor allem die große Vereinfachung komplexer Sachverhalte: Vom englischen «Daily Mirror» holt er sich die Anregung für «Bild». Doch Ruhm, Erfolg und Neid setzen ihm zu, sein Status als Frauenheld kollidiert mit seiner Bindungslosigkeit, er bekommt Depressionen und die Figur des Visionärs und charismatischen Unternehmers Brüche. Als er allen Ernstes nach Moskau fährt, um mit Chrushtshov die deutsche Frage zu lösen, macht er sich lächerlich. Gegen Widerstände im Verlag setzt er den Umzug von Hamburg nach Berlin direkt an die Mauer durch. Brandts Ostpolitik ist ihm ein Gräuel und die Studentenproteste mit ihrer «Enteignet Springer!»-Kampagne verbittern ihn vollends. Er hat das Gefühl, nur von Feinden umgeben zu sein, fühlt sich fremd im eigenen Land und sieht im Anliegen der Studenten nur die Zerstörung seines Lebenswerks. Als sich auch noch sein erster Sohn, der versuchte, sich als Fotograf selbstständig zu machen, umbringt, zieht sich «der Verleger» aus der aktiven Arbeit zurück.

«Das dick aufgetragene Pathos (...) erschlägt den Helden, den Film, den Hauptdarsteller und das Publikum – alle auf einen Streich. So dumm wie Boehlich ihn darstellt, kann Springer nicht gewesen sein. Diese Art zähflüssiger, bilderschwerer, langatmiger Dummheit gibt es nur in deutschen Fernsehproduktionen und auch dort begann sie sich erst in den späten siebziger Jahren herauszubilden. Springer aber ist ein Produkt der deutschen Nachkriegszeit und einer ihrer wichtigsten Produzenten. Boehlichs Kitsch ist nicht nur ein Affront gegen Sujet und Zuschauer, sondern auch ein nicht zu ertragender Stilbruch.»

(Arno Widmann, *Berliner Zeitung*, 9.10.2001)

▶ Das Fernsehen der DDR hatte schon über 30 Jahre zuvor den Symbolwert der Springer-Figur erkannt und einen fünfteiligen antiwestlichen Propagandafilm produziert: ICH – AXEL CÄSAR SPRINGER (DFF 1968–70, R: Helmut Kraetzig, Ingrid Sander, Achim Hübner, B: Karl Georg Egel, Harri Czepuk, Titelrolle: Horst Drinda). Der Verleger fungiert hier als «Figur im Geflecht imperialistischer Machtpolitik», die eine «Rattenfängerrolle» ausübt (Katja Stern, ND 4.12.1968). Das Biografische steht im Dienst der Systemkritik. In den ersten Folgen stand die Auseinandersetzung Springers mit einem kommunistischen Betriebsrat im Mittelpunkt, die letzten Folgen, parallel zum Kampf der Studenten gegen Springer gedreht (aus DDR-Sicht: Zuspitzung des Klassenkampfs), wurden an die aktuellen Ereignisse angepasst.

DVD: Universum

VERLORENE LANDSCHAFT (1992)

P ZDF 1992 **Sd** 6.12.1992, ZDF **R/B** Andreas Kleinert **K** Sebastian Richter **M** Brynmor Llewelyn Jones **Sz** Paul Lehmann **Ko** Ulri-

ke Stelzig **S** Helga Gentz **T** Hans Henning Thölert
D Roland Schäfer (Elias), Sylvester Groth (Vater jung), Friederike Kammer (Mutter jung), Frank Stieren (Elias 19), Leo Wittrien (Elias 8), Christoph Engel (Vater alt), Christine Gloger (Mutter alt), Cornelia Schmaus (Laura), Hannes Wegener (Victor)

Elias, ein westdeutscher Politiker, erfährt kurz nach dem Mauerfall vom Tod seiner Eltern, die in der DDR gelebt haben und von denen er dachte, sie seien längst gestorben. Er fährt an den Ort seiner Kindheit, einen einsamen Bauernhof direkt an der ehemaligen Zonengrenze. Dort trifft er – wohl nur in seiner Imagination – auf seine alt gewordenen Eltern und erinnert sich der ganz besonderen Kindheit, die er hier verlebt hat. Vater und Mutter waren Gegner des sozialistischen Staats («jeder vernünftige Mensch ist ein Staatsfeind»), die ihr Kind den Behörden gegenüber verleugneten, weil sie nicht wollten, dass es in die Schule kommt, wo nur Lügen zu hören seien. Sie machen den Bauernhof zu einer eingezäunten Trutzburg und halten ihren Sohn in Isolation («draußen gibt's keinen, dem man trauen kann»). Innerhalb dieser Festung lassen sie Elias zwar eine liebevolle Erziehung angedeihen, doch der Zaun hat Löcher. Elias findet sogar einen Freund im unbekannten Raum dahinter und verspürt fortan den Drang aus seinem Eingesperrtsein auszubrechen. Mit 19 gelingt ihm die Flucht über den Grenzfluss in den Westen, wo er sich der westdeutschen Gesellschaft anpasst – die der DDR hat er ja nie kennengelernt. Der schmerzlich mit seiner Vergangenheit konfrontierte Politiker Elias, der nun das Bauernhaus geerbt hat, fährt wieder zurück nach Bonn in ein modernes Bürohaus aus Glas und Stahl, das ihn von der Realität ebenso abzuschirmen scheint, wie einst der Hof seiner isolierten, klaustrophobischen Kindheit.

Andreas Kleinerts erster Film nach der Wende verzichtet auf eine sukzessive Narration zugunsten einer metaphorisch aufgeladenen Bildsprache, die zuweilen in Kunstgewerbe abgleitet. Ein ambitioniertes Puzzle aus verschiedenen Zeitebenen, aus Realem und Irrealem, Farb- und Schwarzweißbildern, kargen Dialogen, bedeutungsgeladenem Schweigen und Starren disponiert den Zuschauer zum Nachdenken über gesellschaftliche Isolation, politische Teilung und menschliche Trennung, vorgefundene und selbsterschaffene Mauern.

«Zur riskant übergangslosen Verkettelung von Erinnerungssequenzen und Gegenwartserleben tritt als weiteres Merkmal einer streckenweit durchaus ungewöhnlichen Machart die politische Inklination der Geschichte, die wie per Blitzlicht jäh angereichert wird mit, dem Anschein nach, halluzinatorischen Einbrüchen der Wirklichkeit in die von den Eltern mühsam, krampfhaft mittels Ge- und Verboten gegenüber dem Jungen, aufrechterhaltene Illusion der Idylle inmitten der ‹verlorenen Landschaft› am Grenzstreifen. Es handelt sich somit um eine Variante der aus der Familienpsychologie her wohlbekannten Kleingruppenform der ‹Festung›, die hier als Metapher so phantasievoll wie handgreiflich, aber auch allzu bedeutungsschwanger ausgemalt wird. (...) Ein Film, der so manches vergleichbar thematisierte Fernsehspiel deutlich deklassiert.»

(Klaus Hamburger, *FK* 51, 1992)

Der verlorene Sohn (2009)

P NDR 2009 **Sd** 23.2.2011, ARD **R** Nina Grosse **B** Fred und Leonie-Claire Breinersdorfer **K** Busso von Müller **M** Dürbeck & Dohmen **Sz** Andrea Rudolph **Ko** Stefanie Bieker **S** Jens Klüber **T** Oliver Jergis
D Katja Flint (Stefanie Schröder), Kostja Ullmann (Rainer), Ben Unterkofler (Markus), Werner Wölbern (Bucher), Adnan Maral (Nazim Çiçek), Katinka Auberger (Britta), Matthias Neukirch (Staatsanwalt), Dieter Reckers (Richter), Josef Heynert (Lessing), Lisa Hagmeister (Polizistin)

Rainer Schröder ist als Jugendlicher zum Islam konvertiert und saß wegen Verbindungen zum radikalen Islamismus in Israel im Gefängnis. Vorzeitig entlassen, kehrt er nach Deutschland ins bürgerliche Milieu seiner Mutter und seines Bruders zurück. Er ist zwar immer noch gläubiger Moslem, dem Dschihad aber hat er angeblich abgeschworen. Dennoch wird er weiterhin vom Verfassungsschutz observiert, nach dessen Logik gerade der sich unauffällig Verhaltende verdächtig ist. Rainers Mutter Stefanie versucht wieder Normalität herzustellen. Sie erzwingt vor Gericht die Beendigung der Observation und verschafft ihrem Sohn einen Arbeitsplatz im Großmarkt. Rainer passt sich jedoch nur zögernd und oberflächlich an. Er hält das Leben der «anderen» für hohl und verdorben, ihr Dasein erschöpfe sich in «Fressen, Saufen, Freizeitstress», er beschimpft seinen Bruder und hält dessen Freundin für eine «Nutte». Obwohl seine Mutter um Rainer kämpft und ihn wieder in Familie und Gesellschaft integrieren möchte, scheint die entstandene Kluft unüberbrückbar. Als er sich mit einem Typen in Gebärdensprache verständigt, wird Rainer seiner Mutter selbst verdächtig, und sie informiert nun ihrerseits das LKA, bei dem sämtliche Alarmglocken schrillen. Rainer erklärt, er werde jetzt wegen eines Jobs nach Gaza fliegen (obwohl dies gar nicht geht, da er über Israel müsste). Nun ist auch Stefanie überzeugt, dass er einen Anschlag vorhat und verfolgt ihn bis zum Bahnhof. Dort eskaliert das Geschehen. Im Glauben, er habe eine Bombe im Koffer, schießt sie selbst ihren Sohn mit der Pistole einer Polizistin (die in der entscheidenden Situation die Nerven verliert) nieder. Wie sich herausstellt, zu Recht: Im Koffer war tatsächlich ein Sprengsatz.

Im Mittelpunkt des Films stehen die Mutter und ihr ständiges Schwanken zwischen Vertrauen und Misstrauen, bis die Stimmung (etwa in der Mitte des Films) völlig zuungunsten Rainers umschlägt. Die Motive des Sohns für seine Konversion bleiben als irrationales und nicht fassbares Moment im Dunkeln. Am Schluss kippt das feine psychologische Kammerspiel um in einen Thriller für «großes Orchester» und passt sich den Genre-Konventionen an. Gedreht vor dem Hintergrund des Prozesses gegen die «Sauerland-Bomber», wurde der Film vom Sender zwei Jahre zurückgehalten.

«Inszeniert ist dieses spannungsgeladene Ende aber mit ungeheurer Virtuosität. Und das Unversöhnliche des Finales, das Unerklärliche und nicht Erklärte, die Hinwendung eines jungen Deutschen zum Terrorismus lässt sich in der Kühnheit nur mit dem WDR-Film ➲ Wut vergleichen.»

(Sybille Simon-Zülch, *epd medien* 9, 2011)

DVD: Constantin

VERLORENES LAND (2001)

P BR 2001 **Sd** 5.4.2002, arte **R/B** Jo Baier **L** Bernd Schroeder **K** Peter von Haller **M** Thomas Osterhoff **Sz** Petra Heim **Ko** Ursula Walter **S** Clara Fabry **T** Albrecht Harms **D** Martina Gedeck (Maria), Monica Bleibtreu (Großmutter), Merab Ninidze (Jean-Pierre), Peter Weiß (Franz), Nina Kunzendorf (Fanni), Rüdiger Hacker (Großvater), Michael Goldberg (Hans), Tristano Casanova (Karl), Petra Berndl (Lisa), Joachim Nimtz (Otto), Philippine Pachl (Gitti), Norbert Heckner (Wirt), Jed Curtis (Colonel), Wilfried Labmeier (Bürgermeister), Hans Stetter (Grünwachtel)

Auf eine oberbayerische Bauernfamilie in den 50er Jahren rollt eine Tragödie antiken Ausmaßes zu. Zwei Söhne sind im Krieg gefallen, Hans ist seit langem in Russland vermisst, seine Frau Maria hält ihn für tot und hat sich in den ehemaligen französischen Kriegsgefangenen Jean-Pierre verliebt, der auf dem Hof geblieben ist. Nur die Schwiegermutter glaubt fest daran, dass ihr Hans wieder zurückkehren wird. Der vierte Sohn Franz versucht sich auf technischem Gebiet als Erfinder und scheitert darin ebenso jämmerlich wie in seiner Beziehung zu der flatterhaften Fanny. Dann geschieht das für Maria, die den geliebten Jean-Pierre heiraten will, Unfassbare: Hans kommt tatsächlich zurück, als stummes, psychisches Wrack, ein Pflegefall, der gefüttert werden muss. Jean-Pierre fährt wieder in seine Heimat. Marie, die ohne ihn nicht leben kann, erstickt Hans mit einem Kissen und reist Jean-Pierre in sein Dorf am Atlantik nach. Doch er ist inzwischen verheiratet. Alle Hoffnungen Marias sind damit zerstört, sie gesteht den Mord an ihrem Mann und landet im Zuchthaus. Als sich auch noch Franz wegen seiner Erfolglosigkeit erhängt, zieht die Altbäuerin verbittert eine völlig negative Lebensbilanz: Sie hat weder den Hof noch ihre Familie zusammenhalten können und ist sogar auf ihre Schwiegertochter im Gefängnis neidisch: weit weg von der Welt, nichts mehr von ihr sehen und hören.

Jo Baier knüpft mit diesem «kritischen» Heimatfilm an ➲ HÖLLEISENGRETL an, der ebenfalls in der Nachkriegszeit spielt.

«Von tiefer Melancholie und erdiger Bitterkeit ist dieses glaubwürdige, bewegende Drama durchdrungen, für das Kameramann Peter von Haller unaufdringliche, oft mit der Handkamera gedrehte Bilder findet, die von einer Atmosphäre des latenten Abschieds geprägt sind. Über verfehlte Lebens-Möglichkeiten geht VERLORENES LAND, *über den falschen Zeitpunkt einer Liebe, über das Sich-Erkennen und das Sich-Verpassen, und darüber, wozu man als Liebender fähig ist. Jo Baier will nicht amüsieren oder leicht unterhalten, er scheut die Schwere nicht, den Schmerz. Und mit Martina Gedeck und Monica Bleibtreu hat er zwei Schauspielerinnen, die in ihrem äußeren Minimalismus eine größtmögliche Präsenz des Inneren erwirken. Und wenn auch Charles Trenets Chanson-Klassiker ‹La mer› etwas zu oft und zeigefingerhaft – Achtung, es französelt! – ertönt: Jo Baier hat noch einen schönen Film gemacht, still, leise, wie ein Fels in der tosenden Fernseh-Brandung.»*
(Thilo Wydra, *Tagesspiegel*, 21.8.2002)

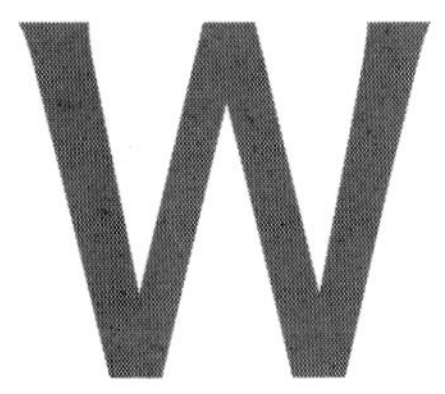

Wallenstein (1978)

P ZDF/ORF/SRG 1978 **Sd** 19., 22., 26., 29.11.1978, ZDF (4 Teile) **R** Franz Peter Wirth **B** Leopold Ahlsen **L** Golo Mann **K** Gernot Roll **M** Eugen Thomass **Sz** Götz Weldner **S** Ingrid Broszat **Ko** Ingeborg Desmarowitz **T** Milan Bor

D Rolf Boysen (Wallenstein), Romuald Pekny (Ferdinand II.), Werner Kreindl (Maximilian), Ernst Fritz Fürbringer (Tilly), Jens Okking (Gustav Adolf), Karl Schwetter (Eggenberg), Karl Walter Diess (Collalto), Hans Caninenberg (Pater Lamormaini), Erika Deutinger (Isabella), Christian Reiner (Friedrich V.), Reinhild Solf (Elisabeth von Böhmen), Björn-Watt Boolsen (Christian IV.), Wolfgang Preiss (Thurn), Stephan Orlac (de Witte), Rolf Becker (Piccolomini), Karl Michael Vogler (Pater Magni), Udo Vioff (Slawata), Vaclav Lohnisky (Kepler), Rainer von Artenfels (Senno), Reinhard Glemnitz (Aldringen)

Als sich 1618 durch den «Prager Fenstersturz» der böhmisch-habsburgische Konflikt zuspitzt, ergreift der böhmische Adlige Albrecht von Wallenstein offen Partei für den habsburgischen Kaiser. Damit stellt er sich gegen seine böhmischen Standesgenossen, die die Güter des «Verräters» enteignen. Aber auch auf katholischer Seite begegnet man dem Emporkömmling mit Misstrauen. Kaiser Ferdinand jedoch verteidigt ihn gegen alle Kritik, und bald machen seine militärischen Erfolge Wallenstein unentbehrlich. Nach dem Sieg über den böhmischen Gegenkönig Friedrich am «Weißen Berg» belohnt der Kaiser Wallenstein mit dem Herzogtum Friedland: Grundstock für Wallensteins Reichtum und Aufstieg. Als kaiserlicher Oberbefehlshaber führt er das katholische Heer gegen die protestantische Koalition, wird Herzog von Mecklenburg. Sein zunächst unangefochtener Status beruht auf seinen neuen militärischen Strategien – er «ermattet» den Gegner, statt ihn anzugreifen – und der Disziplinierung seiner Soldaten. Doch nun sieht er sich einer Front von Konkurrenten und Neidern im eigenen Lager gegenüber, angeführt vom bayerischen Kurfürsten Maximilian. Auf Druck des Kurfürstentags in Regensburg muss der Kaiser Wallenstein absetzen, aber der Siegeszug Gustav Adolfs von Schweden, der 1632 München besetzt, bedeutet eine neuerliche Kehrtwende. In der Schlacht von Lützen fällt Gustav Adolf zwar, aber es ist keine endgültige Entscheidung herbeigeführt. Wallenstein ist überzeugt, dass der Krieg militä-

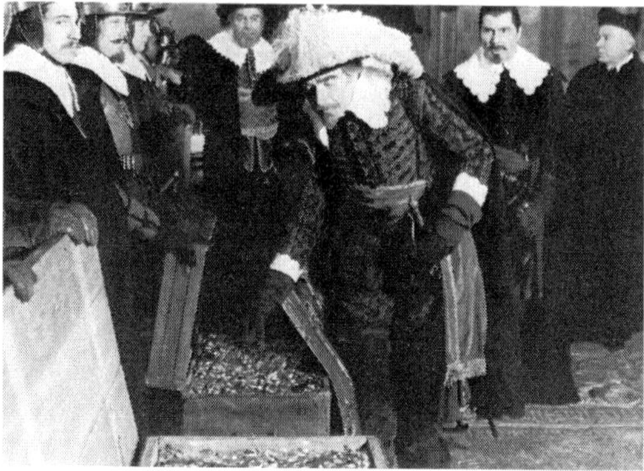

Romuald Pekny (vorne) und Rolf Boysen in Wallenstein

risch nicht beendet werden kann und beginnt selbst Politik zu machen: er nimmt Geheimverhandlungen mit den Evangelischen auf, mit Schweden und Sachsen. Damit bringt er erst recht die Wiener Hofclique gegen sich auf, die ihn abermals entmachtet. Mittlerweile von der Gicht aufs Krankenlager geworfen, töten ihn von kaiserlichen Offizieren gedungene Mörder 1634 in Eger. «Es war ihm nichts mehr gelungen, seit er dem Großen, Ganzen nachdachte. Die Partner, die Kaiserlichen, die Evangelischen, die Fremden, die dachten an das Ganze nicht, sondern jeder bloß an seinen Teil» (Golo Mann).

Franz Peter Wirth hatte bereits 1962 Schillers Wallenstein als Fernsehfilm inszeniert (Buch: Oliver Storz, Titelrolle: Wilhelm Borchert), sowie neuerlich 1987 (mit Thomas Holtzmann). Hier galt es indessen, statt Theater zu adaptieren, eine wissenschaftlich dokumentierte, wenngleich im literarischen Stil verfasste Geschichtsdarstellung szenisch umzusetzen.

«Nie zuvor wurden Atmosphäre und Lebensstil des Barock in so schöne Bilder übersetzt, niemals hat ein historischer Fernsehfilm ein solches sprachliches Niveau erreicht. (...) Der Film revidiert die überlieferten Wallenstein-Klischees und zeigt den Titelhelden in seiner ganzen Normalität. Nicht der maßlose Condottiere, nicht der zögernd-irrende Staatsmann oder gar Möchtegern-Retter des Reiches wird vorgeführt. (...) Schade nur, dass dem Film das fehlt, was den eigentlichen Charme des Geschichtsschreibers Mann ausmacht: die feine Differenzierung, die Scheu vor allzu einfachen Formeln.»

(Heinz Höhne, *Spiegel* 46, 1978)

Literatur: *Wallenstein. Nach der Biographie von Golo Mann. Für das Fernsehen erzählt von Leopold Ahlsen*, München 1979. – Florian Kain: *Die Geschichte des ZDF 1977–1982*, Baden-Baden 2007, S. 250–253.

DVD: Kinowelt/Pidax

Wambo (2000) ★

P Sat.1 2000 **Sd** 13.5.2001, Sat.1 **R/B** Jo Baier **K** Tom Fährmann **M** Thomas Osterhoff **Sz** Thomas Freudenthal **Ko** Ursula Welter **S** Clara Fabry **T** Michael Mladenovic

D Jürgen Tarrach (Herbert Stieglmeier), Ruth Drexel (Frau Stieglmeier), Bettina Redlich (Amalie), Alexander Lutz (Amadeus), Steffen Wink (Ferdi Tummler), Paulus Manker (Richard Stieglmeier), Anne Bennent (Mutter, jung), Jan Niklas (Dr. Fischer), Christian Doermer (Ministerpräsident), Florian Lukas (Clemens), Justus von Dohnanyi (Siegfried Hühnerberg), Rosemarie Gerstenberg (Tante Rita), David Scheller (Slavko), Heribert Sasse (Grützner)

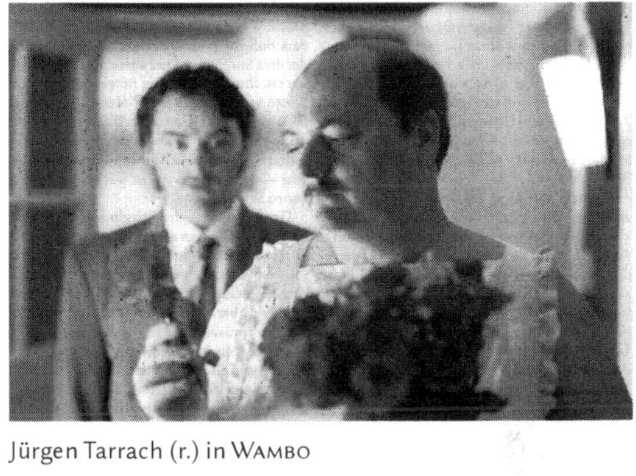

Jürgen Tarrach (r.) in WAMBO

Die im pseudo-dokumentarischen Stil – mit Statements der Protagonisten in die Kamera und Rückblenden auf verschiedenen, unchronologischen Zeitebenen – erzählte Geschichte vom Leben und Sterben des Volksschauspielers Herbert Stieglmeier ist an die Biografie des Münchner Schauspielers Walter Sedlmayr angelehnt: ein Volksschauspieler, der nie einer sein wollte und hinter der Maske des Biedermanns ein Doppelleben als Schwuler mit masochistischen Neigungen führte. Nach einer unterdrückten Kindheit mit einem tyrannischen Vater wird Stieglmeier Schauspieler, der nach Erfolg und Anerkennung im ernsten Fach strebt, aber mit diesem «Scheißgsicht» (er selbst über sich) reicht es nur für den Volksschauspieler, was er für eine Abwertung hält. Doch in dieser Sparte wird er beliebt und genießt den Erfolg, auch wenn er seine Auftritte hasst und bei Dreharbeiten selbst zum Tyrannen wird. Von Franz-Josef Strauß erhält er das Bundesverdienstkreuz, für eine Großbrauerei macht er Reklame (für 1 Million im Jahr!) und führt ein eigenes Restaurant, denn er gilt als idealer Werbeträger: der kultivierte Münchner mit Herz, solide, gediegen, vertrauenswürdig. Sein privater Umgang dringt gerüchteweise nach außen. Stieglmeier, der nach einer geplatzten Verlobung weiter bei seiner Mutter lebt, umgibt sich mit Strichjungen und in masochistischen Praktiken lebt er den Hass auf den toten Vater aus. Das Milieu, in dem er verkehrt, wird ihm zum Verhängnis. Sein Ziehsohn, Geliebter und Sklave Amadeus betrügt ihn, und als Stieglmeier ihm den Laufpass gibt, entsteht mörderischer Hass. Der Sekretär, der Stieglmeiers übel zugerichtete Leiche findet, fälscht schnell das Testament zu seinen Gunsten, bevor er die Polizei holt.

Die Jury des Adolf-Grimme-Preises sah die herausragende Leistung von WAMBO darin, «dass der Film im Umgang mit all seinen Figuren falsche Rücksichten ebenso meidet wie eine Dämonisierung, und dass er uns Sedlmayrs Leben zehn Jahre nach seinem Tod ein bisschen näher bringt, ohne jede Leerstelle darin gewaltsam auffüllen zu wollen.»

«Der gewagte Balanceakt zwischen Nähe und Distanz, Mitgefühl und Abgrund ließ die Geschichte zum bewegenden Filmereignis werden. Der Regisseur Jo Baier und der Hauptdarsteller Jürgen Tarrach widerstanden der schlichten Versuchung, eine Schmierenkomödie zu machen. Sie wählten den Weg des Recherche-Melodrams. Mit aufwendig arrangierten Szenen gelang es ihnen, ganz unterschiedliche Stimmungen zu illustrieren – das kontrastreiche Puzzle eines zerrissenen Lebens. (...) Sedlmayr

bleibt bis zuletzt die Würde, nicht boulevardesk seziert zu werden. Baier erweist ihm Respekt, indem er ihn als Chamäleon mit Charakter zeigt. Eine Person, deren Unsicherheit und Verlorenheit Jürgen Tarrach mit beklemmender Intensität und Ruhe erahnen ließ: ein Sinnbild des Gefühlsstaus in der Maske des zynischen Genießers.»

(Dieter Deml, *Stuttgarter Zeitung*, 15.5.2001)

Die Wannseekonferenz (1984)

P BR 1984 **Sd** 19.12.1984, ARD **R** Heinz Schirk **B** Paul Mommertz **K** Horst Schier **Sz** Robert Hofer-Ach **Ko** Diemut Remy **S** Ursula Möllinger **T** Sigbert Stark
D Dietrich Mattausch (Heydrich), Friedrich Georg Beckhaus (Müller), Gerd Böckmann (Eichmann), Harald Dietl (Meyer), Jochen Busse (Leibbrandt), Peter Fitz (Stuckart), Dieter Groest (Neumann), Erich Kleiber (Freisler), Reinhard Glemnitz (Bühler), Hans-Werner Bussinger (Luther), Franz Rudnick (Kitzinger), Günter Spörrle (Klopfer), Robert Atzorn (Hofmann), Gerd Rigauer (Schingarth), Martin Lüttge (Lange), Anita Mally (Sekretärin)

Am 20. Januar 1942 fand in Berlin eine Unterredung statt zwischen SD-Chef Heydrich und Vertretern nationalsozialistischer Ministerien, Parteidienststellen und SS-Ämtern. Gegenstand waren organisatorische Details und institutionelle Abstimmungen zur Durchführung der «Endlösung der europäischen Judenfrage»: der Zusammenführung und Ermordung der europäischen Juden in Vernichtungslagern im besetzten Polen. Das vorgeblich dokumentarische Fernsehspiel (die Quellen sind freilich spärlich, es gibt nur ein Protokoll) versammelt in Realzeit von 90 Minuten eine Gruppe durchaus «normal» und «vernünftig» wirkender Männer, die ihr ungeheuerliches Vorhaben als einen bürokratischen Sachverhalt, eine statistische Größe, ein logistisch-organisatorisches Problem behandeln. Sie diskutieren über Vernichtungsmethoden, die zusätzlichen Belastungen des Personals, die mangelnde Kooperationsbereitschaft der Ministerialbürokratie («vollgefressene Beamte, die sich ihre Vorzugsjuden halten») in der klinischen Sprache des Unmenschen: es wird «erfasst». «bereinigt», «beseitigt», «aufgeräumt», «weggearbeitet» und in «geordneter und anständiger Weise» durchgeführt. Man plaudert und streitet in angenehmer Atmosphäre – kleine Scherze, Cognac, Schäkereien mit der Sekretärin – darüber, wie man den Genozid ordentlich durchführt und verwaltet und inwieweit die «Mischlinge der Endlösung zur Verfügung stehen». Zu besichtigen ist die fleischgewordene «Banalität des Bösen», die Diskrepanz zwischen der Ungeheuerlichkeit der Tat und der spießigen Durchschnittlichkeit

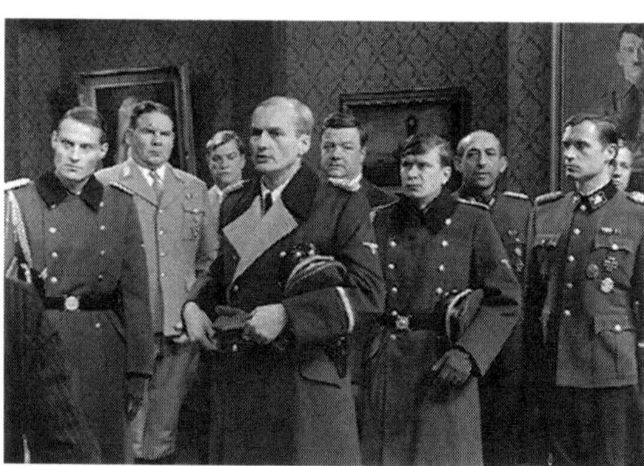

Die Wannseekonferenz mit Dietrich Mattausch (vorne)

und Normalität der Täter. Die Vertreter der Regierung (Reichskanzlei, Ministerien) zeigen zwar Anflüge von Skepsis, ordnen sich aber letztlich SD und SS unter.

«Er [Schirk] hat es mit einer Riege bewährter Schauspieler, allen voran Dietrich Mattausch in der Rolle des Heydrich und Gerd Böckmann als Eichmann, verstanden, dem Mommertz-Stück jene Atmosphäre rassistischen Säuberungswahns und kaltschnäuziger Bürokratenperfektion einzuhauchen, die die Wannseekonferenz zu der wohl schauerlichsten Hitler-Deutschlands machte. Doch was sich hier als dokumentensichere Rekonstruktion der Zeitgeschichte gibt, erweist sich bei näherem Hinsehen auf weiten Strecken als ein Produkt televisionärer Fabulier- und Kombinationskunst. Denn: Dies ist nicht die Wannseekonferenz, wie sie die Historiker kennen. Es ist die Wannseekonferenz à la Paul Mommertz. Der kann nach Herzenslust sein Konferenzpersonal reden und feixen lassen, jählings giftige Debatten am Verhandlungstisch erzeugen, den Hund eines SS-Schergen zum Bellen und auch einen Hauch von Erotik in die Szene bringen, wobei natürlich der Alkohol nicht zu kurz kommt.»

(Heinz Höhne, *Spiegel* 51, 1984)

▶ Die britisch-amerikanische TV-Produktion DIE WANNSEEKONFERENZ (Arte 29.1.2010, R: Frank Pierson, mit Kenneth Branagh als Heydrich) orientiert sich ebenfalls am Verhandlungsprotokoll und integrierte neuere Forschungsergebnisse: Heydrich setzte in der Konferenz obendrein den Führungsanspruch der SS auch gegenüber der Reichskanzlei durch.

DVD: Komplett-Media

WEGE ÜBERS LAND (1968)

P DFF 1968 **Sd** 22.–29.9.1968, DFF (5 Teile) **R** Martin Eckermann **B** Helmut Sakowski **K** Jürgen Heimlich **M** Siegfried Matthus **Sz** Albrecht Langenbeck **Ko** Gundolf Foitzek **S** Marion Trittkämper-Friedler **T** Manfred Brichmann, Manfred Berger

D Ursula Karusseit (Gertrud Habersaat), Christa Lehmann (ihre Mutter), Erik S. Klein (Emil Kalluweit), Manfred Krug (Willi Heyer), Armin Müller-Stahl (Jürgen Leßtorff), Erika Pelikowsky (s. Mutter), Heinz Klering (Leitkow), Elsa Grube-Deister (Anita Wirsing), Otto Dierichs (Heinemann), Helga Raumer (s. Frau), Angelica Domröse (Gräfin Palvner), Carmen-Maja Antoni (Irma), Ingolf Gorges (Fredi Neuschulz), Berko Acker (Stefan), Aleksandra Karzynska (s. Mutter), Lothar Bellag (Dr. Frank), Volkmar Kleinert (Schneider), Anna Procnal (Steffa), Hans Hardt-Hardtloff (Siebold), Ireneusz Kanicki (Jan), Gerd Ehlers (Jankow), Trude Bachmann (die alte Simmoneit)

Die ehrgeizige Magd Gertrud Habersaat, die ihre niedere Herkunft vergessen machen und selbst Bäuerin werden will, wird 1939 die Geliebte ihres Gutsherrn, des Großbauern Leßtorff. Als dieser vom Polen-Feldzug zurückkehrt, will er von der versprochenen Heirat nichts mehr wissen, da eine solche Alliance seiner Karriere im Dritten Reich im Weg stehen könnte. Nach dieser Demütigung ist Gertrud entschlossen, zu retten, was sie für ihre Menschenwürde hält. Sie heiratet den landlosen Bauern Kalluweit und geht mit ihm ins besetzte Polen, wo sie einen den Einheimischen geraubten Bauernhof übernehmen. Sie sehen die Brutalitäten der deutschen Besatzer, die Vertreibung und den Widerstand der Polen und müssen erkennen, dass die Suche nach dem individuellen Glück sie tief in die NS-Verbrechen verstrickt hat. Sie haben zwar einen Besitz gewonnen, aber ihre Würde verloren. Gertrud nimmt ein polnisches Kind bei sich auf, das bei der Deportation seine Eltern verloren hat und von dem sich herausstellt, dass es jüdisch ist. Sie kann Leßtorff, der inzwischen zum Stab des Reichsgouverneurs Frank gehört, erfolgreich um gefälschte Papiere für das Kind bitten. Kalluweit, den sie ohnehin nur aus egoistischen Motiven geheiratet hat, geht freiwillig an die Front, als er gezwungen werden soll, bei Erschießungen mitzumachen. Mit einem Flüchtlingstreck kehrt Gertrud 1945 wieder in ihr mecklenburgisches Heimatdorf zurück. Dort unterstützt sie den kommunistischen Arbeiter Heyer, der im Untergrund tätig war und nun als Bürgermeister eingesetzt ist. Von ihrem konventionellen Glücks- und Besitzstreben kann sich Gertrud nur langsam lösen. Als der Boden vergesellschaftet wird, weigert sie sich zunächst, Land vom «Herrenacker» zu nehmen. Boden, Besitz und gesellschaftliches Ansehen sind für sie immer noch wie zu kapitalistischen Zeiten gekoppelt. Erst unter dem Einfluss Heyers, der den Bauern geduldig und beharrlich den Sozialismus beibringt, tritt sie zögerlich in die LPG ein und hat damit das Lernziel erreicht: persönliche und gesellschaftliche Interessen liegen nun nicht mehr auseinander. Damit verfolgt der Film, der seine Figuren mit z. T. literarisch-stilisierten Sätzen reden lässt, eine ähnliche Tendenz wie ➲ DR. SCHLÜTER. Die Suche nach Glück ist nicht ein Projekt, das dem einzelnen Individuum überlassen ist, legitim ist dieses Streben nur, wenn es in der Gesellschaft verankert ist.

Text: Helmut Sakowski: *Wege übers Land*, Halle: Mitteldeutscher Verlag 1969, Berlin: Aufbau 2005.

Literatur: Ingeborg Nüssig: Wege übers Land. Zur Wirkung des Fernsehromans, in: *Filmwiss. Beiträge* 10, 1969, S. 209–227. – dies.: ... und die meisten sind Menschen geworden. Helmut Sakowskis Fernsehfilm WEGE ÜBERS LAND, in: *Prisma* 1, 1970, S. 74–81. – *Frauen im Spiegel der Kunst*, Leipzig 1972, S. 142–155. – Rita Müller: Geschichtlichkeit und Dramaturgie in Sakowskis dramatischem Fernsehroman WEGE ÜBERS LAND, in: *Schriften zur Theaterwiss.* 5, 1973, S. 471–503. – Helga Korff-Edel: *Übers Land mit Sakowski*, Friedland 2009.

DVD: Icestorm / DDR TV-Archiv

DAS WEITE LAND (1969)

P ORF/ZDF 1969 **Sd** 29.3.1970, ZDF, ORF 2 **R/B** Peter Beauvais **L** Arthur Schnitzler **K** Hannes Staudinger **Sz** Jan Schlubach **Ko** Hill Rheis-Gromes **S** Annemarie Reisetbauer **T** Klaus Kovarik

D O. W. Fischer (Friedrich Hofreiter), Ruth Leuwerik (Genia), Walter Reyer (Dr. Mauer), Sabine Sinjen (Erna Wahl), André Heller (Gustl Wahl), Michael Heltau (Otto von Aigner), Helmut Qualtinger (Natter), Grete Zimmer (Frau Meinhold-Aigner), Fred Liewehr (Dr. von Aigner), Eva Kerbler (Adele), Nina Sandt (Frau Wahl), Christian Futterknecht (Paul Kreindl), Guido Wieland (Rosenstock), Günther Bauer (Demeter Stanzides), Eduard Rothe (Albertus Rhon), Bibiana Zeller (Frau Rhon), Monika Pöschl (Kathi), Hellmuth Hron (Dr. Meyer), Raoul Retzer (Führer Pen), Karl Schellenberg (von Serkenitz)

Schnitzlers Tragikomödie führt in die Wiener Gesellschaft am Ende des 19. Jahrhunderts. Der Fabrikant Hofreiter erfährt, dass sein Freund Korsakow Selbstmord verübt hat, weil er unglücklich in Hofreiters Frau Genia verliebt war. Genia hat Korsakow aus Treue zu ihrem Mann zurückgewiesen. Hofreiter, der selbst keine Liebschaft auslässt, macht ihr, die die Demütigungen durch die Untreue ihres Mannes jahrelang verdrängt hat, zum Vorwurf, sie habe Korsakow in den Tod getrieben, denkt sogar an Scheidung. Bei einem Ausflug in die Berge verliebt er sich in die lolitahafte Erna und will sie heiraten. Bei seiner vorzeitigen Rückkehr sieht er den jungen Otto von Aigner aus dem Fenster seiner Frau steigen. Nach einem Tennismatch mit Otto fordert er ihn zum Duell und tötet ihn, weniger aus verletzter Ehre als aus Lebensneid: er tötet in Otto die Jugend. Hofreiter verlässt sowohl Genia als auch Erna.

Im Zentrum des Dramas wie des Films liegt der Dialog: er unterliegt den Regeln der konventionellen Konversation und besteht aus einem beständigen Hinwegsprechen über das Eigentliche (Höhepunkt ist eine Szene nach dem Duell: Hofreiter macht Small-talk mit der nichtsahnenden Mutter Ottos, den er gerade erschossen hat). Das Seelische selbst bleibt unausgesprochen, unfassbar (Schnitzler: «Die Seele ist ein weites Land»), wird allenfalls spielerisch simuliert (das Tennisspiel als Metapher), mit Ausnahme der naiven Kindfrau Erna, die sich ganz ihren Gefühlen hingibt. Auch die Ehre scheint nichts als ein Spiel zu sein und steht damit stellvertretend für den brüchigen, flüchtigen, sich auflösenden Zustand der ganzen Gesellschaft.

Weitere (Kino-)Verfilmung von Luc Bondy (1986) mit Michel Piccoli und Bulle Ogier.

«Wann findet sich der Fernsehregisseur, der den Mut hat, Schnitzler im Verzicht auf Rührseligkeiten ohne Scheu vor öden Schauplätzen und harten Schnitten klar und nüchtern zu inszenieren? Stattdessen wird der Hauch Fin de siècle arg strapaziert und Schnitzlers Modernität verkannt. Erst wenn im Weiten Land *die vordergründigen Gefühlseffekte ausgespart blieben, könnte deutlich werden, wo hier wirklich die Verzweiflung einsetzt: nämlich nicht da, wo sich zwei nicht kriegen oder wieder trennen, sondern da, wo alle Figuren sich selbst und die anderen belügen wollen oder müssen.»*

(Eva-Maria Lenz, *KF* 13, 1970)

Literatur: Sandra Nuy: *Arthur Schnitzler ferngesehen*, Münster 2000, S. 212–222. – Dies.: «Glatte Worte, bunte Bilder» – Arthur Schnitzlers Dramen im deutschen Fernsehen, in: *Modern Austrian Literature* 33, 2009, Nr. 3/4, S. 55–82.

Welcome in Vienna (1985)

P ORF/ZDF/SRG 1985 **Sd** 27.10.1985, ORF 1
R Axel Corti **B** Georg Stefan Troller, Axel Corti **K** Gernot Roll **M** Hans Georg Koch **Sz** Fritz Hollergschwandtner **Ko** Uli Fessler **S** Ulrike Pahl **T** Rolf Schmidt-Gentner
D Gabriel Barylli (Freddy Wolf), Nicolas Brieger (Sgt. Adler), Claudia Messner (Claudia), Karlheinz Hackl (Treschensky), Joachim Kemmer (Lt. Binder), Hubert Mann (Cpt. Karpeles), Kurt Sowinetz (Stodola), Liliana Nelska (Russin)

Axel Cortis Trilogie Wohin und zurück über Flucht, Emigration und Rückkehr ist frei gestaltet nach der Lebensgeschichte des Fernsehjournalisten Georg Stefan Troller. Der 1. Teil An uns glaubt Gott nicht mehr (Sd 16.5.1982, ORF 1) beschreibt den Weg des 16-jährigen Ferry (Johannes Silberschneider), der vor den Nazis aus Prag nach Paris und Mar-

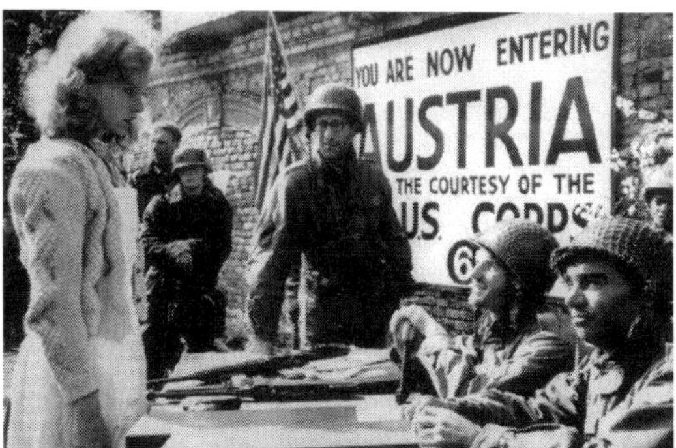

Claudia Messner, Nicolas Brieger, Gabriel Barylli und Joachim Kemmer in WELCOME IN VIENNA

seille flieht und sich dort nach Amerika einschifft. Er ertrinkt im Hafen von New York, als er einer Frau das Leben retten will. Der 2. Teil SANTA FÉ (Sd 20.10.1985, ORF 1, ausgezeichnet mit dem Adolf-Grimme-Preis) wird von dem Wiener Juden Freddy Wolf weitergeführt, der auf dem selben Auswandererschiff wie Ferry war und nun versucht, in den USA Fuß zu fassen. Im Mittelpunkt stehen die z. T. tragikomischen Anpassungsversuche der Exilanten in einem Land, dessen Kultur sie nicht kennen, dessen Sprache sie nicht sprechen. Im 3. Teil WELCOME IN VIENNA kehrt Freddy als GI mit der US-Army 1945 nach Österreich zurück. Hier macht er einen Prozess der Desillusionierung durch, denn seine idealistischen Vorstellungen über «Amerika», «Krieg» und «Befreiung» weichen der nüchternen Erkenntnis, dass er in seiner ehemaligen Heimat nur der Sieger und Besatzer ist. Er entfremdet sich sowohl seiner Kameraden, die beginnen, mit den Nazis zusammenzuarbeiten, weil sie sie gegen die Russen brauchen, als auch von der sich nur als Opfer des Krieges gerierenden Bevölkerung, für die er nur der jüdische Emigrant ist, der nicht durchgemacht hat, was sie haben durchmachen müssen und vor dem sie auch noch Schuldgefühle haben sollen. Inmitten von Wendehälsen, Kriegsgewinnlern, Opportunisten, Egoisten und Anpassungsakrobaten fühlt sich Freddy abgeschnitten von der Heimat und den damit verbundenen Gefühlen. Er verliebt sich in die junge Schauspielerin Claudia, Tochter eines zu den Amis übergelaufenen Abwehr-Offiziers, die Freddys Skrupel angesichts des allgegenwärtigen Vergessens und neuerlichen Karrieremachens nicht teilt: «Musst du alles kaputtmachen, weil sie dich kaputtgemacht haben?» Respekt bringt man ihm nur entgegen, wenn er seine Uniform trägt, ohne sie ist er ein Nichts. Aber auch wenn es für ihn nach dem Exil keine Heimat mehr gibt, kann er sich nicht entscheiden, wieder nach Amerika zurückzukehren.

«Es sind kleine Alltagshandlungen, aber in ihnen zeigen sich die Verstrickungen der Subjekte sehr viel deutlicher als in den den Zuschauern fernen Genrestoffen und Mythen beispielsweise des amerikanischen Kinos. Corti ist in dieser Anlage seiner Geschichten ein zutiefst europäischer Autor und Regisseur, dem es um die – über österreichische Befindlichkeiten hinausgehend – innere Zerrissenheit und Zwiespältigkeit der Menschen geht.»

(Knut Hickethier)

▶ Corti und Troller hatten schon vorher bei Dokumentarfilmen zusammengearbeitet, über Hitler und seine Zeit in Linz und Wien (EIN JUNGER MANN AUS DEM INN-

VIERTEL, 1973 m. Franz Trager in der Titelrolle) und über Sigmund Freud und die Entstehung der Psychonalyse (DER JUNGE FREUD, 1976 m. Karlheinz Hackl).

Text: Georg Stefan Troller: *Wohin und zurück. Die Axel-Corti-Trilogie*, Wien: Theodor-Kramer-Gesellschaft 2009.
Literatur: Knut Hickethier: Bittere Heimkehr. WELCOME IN VIENNA von Axel Corti und Georg Stefan Troller, in: Gottfried Schlemmer (Hrsg.): *Der neue österreichische Film*, Wien 1996, S. 206–220. – Thomas Koebner: Furcht und Elend der «Ausgestoßenen». Zur Trilogie WOHIN UND ZURÜCK von Georg Stefan Troller und Axel Corti, in: ders.: *Wie in einem Spiegel*, St. Augustin 2003, S. 241–253.
DVD: Edition Der Standard

DIE WELT IN JENEM SOMMER ➲ ALS HITLER DAS ROSA KANINCHEN STAHL

WER EINMAL AUS DEM BLECHNAPF FRISST ➲ BAUERN, BONZEN UND BOMBEN

WER ZU SPÄT KOMMT ... DAS POLITBÜRO ERLEBT DIE DEUTSCHE REVOLUTION ➲ DEUTSCHLANDSPIEL

WIE EIN HIRSCHBERGER DÄNISCH LERNTE ➲ KADDISCH NACH EINEM LEBENDEN

WILHELMSBURGER FREITAG (1964)

P NDR 1964 **Sd** 19.3.1964, ARD **R** Egon Monk **B** Christian Geissler **K** Horst Schröder **M** Hans Koller **Sz** Albrecht Becker **S** Irene Brunhöver **T** Hans Diestel
D Edgar Bessen (Jan Ahlers), Ingeborg Hartmann (Renate Ahlers), Harald Vock (Rathjen), Eva-Maria Bauer (Frau Rathjen), Harald Eggers, Peter Schimmelpfennig, Karl Bunge (Bauarbeiter), Ilse Seemann (Nachbarin), Hans Mahler (Werksbibliothekar), Uwe Jens Bruhn (Werkstudent), Otto Lüthje (Pförtner), Paul Seiler (Buchhändler)

Ein Tag im Leben eines Hamburger Ehepaares. Jan Ahlers ist Baggerführer auf einer Baustelle, seine Frau Renate erwartet ein Kind, das sie sich eigentlich nicht leisten können, denn die Ratenzahlungen drücken: die neue Wohnung im Neubauviertel, neue Haushaltsgeräte, der «NSU Prinz», mit dem er zur Arbeit fährt. Das Wirtschaftswunder ist zwar da, doch das Glück hinkt dem materiellen Wohlstand hinterher. Wie Jan bei seiner monotonen Tätigkeit zu sehen ist, so Renate bei ihrer monotonen Hausarbeit. Nach dem mehr oder weniger wortlos verrichteten Frühstück räumt sie die Wohnung auf, kauft ein und macht einen Bummel in die Stadt: Kaufhaus, Café, Kino, Besuch bei ihrer ehemaligen Arbeitsstätte, einem Verlag. Dabei betrachtet sie die ihr begegnenden Kinder und das Verhalten der Mütter, bei Karstadt sieht sie sich mit skeptischem Blick die Kindersachen an, ohne etwas zu kaufen. Sie registriert bedrückt die geschäftige Routine im Umgang mit Kindern, so dass sie abends zu ihrem Mann sagt, sie wolle eigentlich keines mehr.

WILHELMSBURGER FREITAG bedeutet einen Bruch mit den Konventionen des Fernsehspiels. Der Film ist nahezu dialogfrei, die wenigen Gespräche oder Gesprächspartikel sind dramaturgisch irrelevant, es herrscht eine buchstäbliche Sprachlosigkeit. Die Aussagekraft speist sich ausschließlich aus der visuellen Ebene und der jazzigen Musik. Der Zuschauer muss glauben, nicht eine fiktive

Spielhandlung zu sehen, sondern faktographisch dokumentierten Alltag (die Szenen in der City und im Kaufhaus wurden mit versteckter Kamera gedreht, aber sind von den gespielten Szenen kaum zu unterscheiden): Bilder der Monotonie und der Leere verweisen auf die innere Leere, die auszufüllen die beiden Protagonisten nicht in der Lage sind. Von Träumen, Illusionen, Leidenschaften oder gar politischen Interessen ist nicht mehr die Rede, sie sind gleichsam begraben unter Geldverdienen, Wohnung, Raten, Kinder kriegen. «Mir ist als stemme ich gegen irgendwas an, aber ich weiß nicht was», sagt Jan am Schluss. Der erste Arbeiterfilm des Fernsehens kommt ohne plakative Botschaft oder explizite «Sozialkritik» aus, sondern lebt vom beobachteten Detail: wie jeden Freitag (daher der Titel) fährt ein VW-Bus auf die Baustelle, der Buchhalter verteilt die Lohntüten, und jeder Arbeiter sucht sich alleine einen Platz, um unbeobachtet von den anderen, den Inhalt zu kontrollieren.

«Diese dem Fernsehen neu abgerungene Leistung hätte naturalistische Dramatiker wahrscheinlich begeistert, denen das Theater doch ein recht unzulängliches Mittel zur Realisierung ihrer unkünstlerischen Absichten war.»

(Egon Netenjakob, *FK* 13, 1964)

Literatur: Karl Prümm: Inszeniertes Dokument und historisches Erzählen, in: *Deutsche Geschichten. Egon Monk – Autor, Dramaturg, Regisseur, Augen-Blick* 21, Marburg 1995, S. 34–51. – Clas Dammann: *Stimme aus dem Äther – Fenster zur Welt*, Köln u. a. 2005, S. 234–241.

DAS WINTERHAUS (1987)

P RB 1987 **Sd** 16.3.1988, ARD **R/B** Hilde Lermann **K** Rolf Romberg **M** Peter Fischer **Sz** Frank Chamier **Ko** Ingeborg Desmarowitz **S** Ingeburg Forth **T** Elmar Schmidt **D** Elfriede Rückert (Lotte), Werner Kreindl (Bruno), Marita Breuer (Mutter), Rüdiger Vogler (Vater), Jochen Schröder (Moritz), Günter Brommert (Pfarrer), Wolfgang Schenck (Plümme), Ilse Pagé (Frau Swoboda), Katrin Dresel (Hanni), Henning Lühr, Michael Burhop, Isabell Adolf, Michael Sichler (Kinder)

Lotte, eine 70-jährige Komponistin mit Nazi-Vergangenheit, zieht 1947 aus einem Altersheim zur Familie ihrer Tochter in ein altes, heruntergekommenes Landhaus in Norddeutschland, wo sie ihre letzte Komposition, eine Messe, vollenden will. Das Zusammenleben mit den unterschiedlichen Menschen in dem Haus auf engem Raum gestaltet sich nicht ganz einfach. Besondere Schwierigkeiten hat Lotte mit ihrem Schwiegersohn, einem Lehrer, der arbeitslos ist, weil er auf seine Entnazifizierung wartet und deshalb höchst reizbar ist. Die Tochter hat Probleme mit den vier Kindern und der Lebensmittelbeschaffung. Außerdem gibt es Reibereien mit einer einquartierten Flüchtlingsfamilie aus Böhmen, die sich durch Raffgier hervorhebt. Im Haus wohnt auch Lottes Bruder Bruno, ein arbeitsloser Arzt, in dessen Zimmer sich ein illustres Völkchen versammelt, darunter der Schieber Plümme, der Nahrungsmittel vom Schwarzmarkt organisiert und der gefräßige Pfarrer, dessen Familie in Dresden ungekommen ist und für den Bruno, wiewohl gar nicht gläubig, die Predigten schreibt sowie der dem KZ entronnene schwule Moritz.

Bruno, der im Dritten Reich aus der Reichärztekammer ausgeschlossen wurde, weil er gegen die «Euthanasie» protestiert hatte, verzeiht seiner Schwester nicht, dass sie sich «an die Braunen rangewanzt» hat. Bruno will Bürgermeister werden und fungiert als ironisch-zynischer Kommentator («Wozu noch Zuchthäuser wenn wir ein Parlament haben»). Lottes Messe wird zu ihrer unbändigen Freude tatsächlich zur Aufführung angenommen, doch kurz vor der Premiere fällt sie aus Angst, es könnte noch etwas dazwischenkommen, tot um. Alle Bewohner des «Winterhauses» versammeln sich zur Uraufführung der Messe in Osnabrück, die nun zu ihrem eigenen Requiem geworden ist.

«DAS WINTERHAUS ist ein poetisch-realistisches Wunderwerk über die Nachkriegszeit geworden, ein ästhetisches Dokument des ‹Irgendwie-Weiterwurstelns› von einem Häufchen Menschen, denen 1947 der Krieg noch in den Knochen steckt und die bereits versuchen, unter dem Druck der alltäglichen Nazi-Vergangenheit zu vergessen und für sich selbst das Beste herauszuschlagen. (...) Dieses erzwungene Zusammenleben, dieses Aufeinanderhocken von Menschen mit gleicher Vergangenheit, die doch so unterschiedliche Spuren hinterlassen hat – das hätte Stoff sein können, aus dem eine versöhnlich-menschliche oder lehrhaft-sozialkritische Inszenierung wird. Hilde Lermann aber ist einen ganz anderen Weg gegangen: sie hat ihre Menschen in ein dichtes Netz von Beziehungsfäden eingesponnen, und in diesem Netz findet unaufhörlich Bewegung statt, die jedoch immer an Grenzen stößt. DAS WINTERHAUS ist der Kokon um einen Teufelskreis aus Essen, Vergessen, Feindseligkeit, Gier, Illusionen und Gleichgültigkeit. Aber in diesem Teufelskreis leben Menschen, denen man abnehmen mag, dass sie unglücklich und aus der Bahn geworfen sind, dass sie Fuß fassen wollen auf dem Boden, der keine Festigkeit haben kann.»

(Sybille Simon-Zülch, *epd/KR* 22, 1984)

WOHIN UND ZURÜCK ➲ WELCOME IN VIENNA

WOLF UNTER WÖLFEN (1965)

P DFF 1965 **Sd** 14.–21.3.1965, DFF (4 Teile) **R** Hans-Joachim Kasprzik **B** Klaus Jörn **L** Hans Fallada **K** Otto Hanisch **M** Günter Hauk **Sz** Alfred Drosdek **Ko** Sibylle Gerstner **S** Ursula Rudzki **T** Werner Dibowski **D** Armin Mueller-Stahl (Wolfgang Pagel), Wolfgang Langhoff (von Prackwitz), Inge Keller (Eva von Prackwitz), Helga Labudda (Violet), Herbert Köfer (von Studmann), Jürgen Frohriep (Lt. Fritz), Ekkehard Schall (Räder), Edwin Marian (Meier), Annekathrin Bürger (Petra Ledig), Agnes Kraus (Frau Thumann), Marga Legal (Frau Pagel), Karl Kendzia (Kniebusch), Hans Hardt-Hardtloff (Kowalewski), Eva-Maria Hagen (Sophie), Erik S. Klein (von Zecke), Zdenek Stepanek (von Teschow), Wolfram Handel (Liebscher), Heinz Scholz (Marofke), Sprecher: Walter Niklaus

1923, im von Inflation und Arbeitslosigkeit aufgewühlten Berlin, schlägt sich der aus seiner bürgerlichen Bahn geworfene ehemalige Fahnenjunker Pagel mit Glücksspiel durch. Er will die Gelegenheitsprostituierte Petra heiraten, doch das Vorhaben scheitert am Geldmangel. Petra wird erst auf die Straße geworfen, dann landet sie im Gefängnis. Pagel trifft zwei Bekannte aus seiner Militärzeit: Rittmeister von Prackwitz und

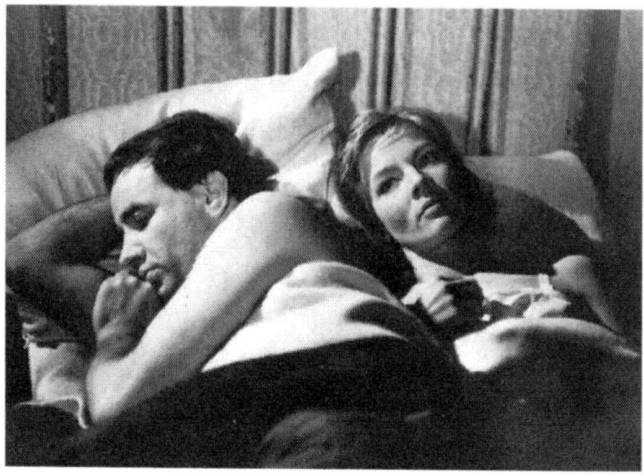

Armin Mueller-Stahl und Annekathrin Bürger in WOLF UNTER WÖLFEN

Oberleutnant von Studmann. Prackwitz nimmt Pagel und Studmann als Verwalter mit auf das gepachtete Gut Neulohe. Gutsbesitzer ist Prackwitz' Schwiegervater, der Pachtvertrag ein einziger Knebel. Prackwitz selbst ist eine kaufmännische Null, ein schwacher, haltloser Schwätzer, der sich in Schreitiraden ergeht. Seine 15-jährige Tochter Violet, die unter der Gefühllosigkeit ihrer Umgebung leidet, ist heimlich in einen Leutnant der Reichswehr verliebt, der einen Putsch gegen die Republik vorbereitet, bei dem auch der naive Prackwitz mitmachen will. Der Putsch scheitert durch Verrat, der Leutnant erschießt sich. Prackwitz verfällt dem Alkohol und Irrsinn, Violet verschwindet auf mysteriöse Weise (sie wird von dem sinistren Diener Räder entführt) und taucht als seelisches Wrack wieder auf. Frau von Prackwitz, eine kalte, egoistische, von Standesdünkel zerfressene Frau, zieht, als sie die Pacht nicht mehr bezahlen kann, mit Mann und Kind nach Berlin, wo sie einen Modesalon betreibt. Studmann, der einzige, der sich als treu und zuverlässig erwiesen hat, geht ebenfalls seiner Wege. Pagel, der bei seinem Aufenthalt auf Neulohe Zeuge all dieser Abgründe wurde – parallel zur Geldentwertung verfallen die menschlichen Beziehungen –, kehrt, um Erfahrungen und Erkenntnisse vom Niedergang einer Klasse bereichert, zu Petra zurück, die ein Kind erwartet.

Falladas reportagehafter Gesellschaftsroman wurde peinlich werkgetreu und auf hohem Niveau verfilmt, allerdings ist die Tendenz durch einen nicht von Fallada stammenden Off-Kommentar, den Walter Niklaus mit seiner markant-sonoren Stimme geradezu einhämmert, klassenkämpferisch zugespitzt: «Spekulanten und Inflationsgewinnler durchziehen das Land mit Koffern voll Geld, begierig am großen Ausverkauf der Völker zu schmarotzen!» oder: «Der große Betrug geht um, alles den Wenigen, nichts den Vielen!»

▶ Dieses Prinzip setzte sich auch bei den beiden folgenden Fallada-Verfilmungen von Jörn/Kasprzik fort: KLEINER MANN, WAS NUN? (1967, m. Arno Wyzniewski als Pinneberg und Jutta Hoffmann als Lämmchen) und JEDER STIRBT FÜR SICH ALLEIN (1970, m. Erwin Geschonneck und Elsa Grube-Deister als Ehepaar Quangel). Diese Trilogie sollte «die Entstehung des antifaschistischen Staates als eine logische Konsequenz der 20er Jahre reflektieren» (Michael Grisko). WOLF UNTER WÖLFEN war übrigens der erste DDR-Film, der auch im westdeutschen Fernsehen lief (ZDF 1968).

Literatur: Michael Grisko: ‹Es gibt keinen Frieden zwischen Arm und Reich.› Hans Falladas *Kleiner Mann, was nun?* im DDR-Fernsehen. Der kleine Mann – multimedial, in: *Hans-Fallada-Jahrbuch* 3, 2000, S. 229–246.
DVD Icestorm / DDR TV-Archiv

DAS WUNDER VON BERLIN (2007)

P ZDF 2007 **Sd** 27.1.2008, ZDF **R** Roland Suso Richter **B** Thomas Kirchner **K** Holly Fink **M** Ulrich Reuter **Sz** Olaf Rehahn **Ko** Katrin Schäfer **S** Bernd Schlegel **T** Michael Junge
D Kostja Ullmann (Marco Kaiser), Karoline Herfurth (Anja Ahrendt), Veronica Ferres (Hanna Kaiser), Heino Ferch (Jürgen Kaiser), Michael Gwisdek (Walter Kaiser), André M. Hennicke (Heinrich Wolf), Gesine Crukowski (Marion Niemann), Tino Mewes (Moskau), Anna Loos (Juliane), Christian Blümel (Klee)

Der Niedergang der DDR ist hier aus der Perspektive einer Familie geschildert, die es in sich hat. Vater Jürgen Kaiser ist Stasi-Oberleutnant, der seine Frau mit einer Kollegin betrügt. Sohn Marco ist Punk und der väterlichen Autorität längst entglitten. Der Opa ist alter Wehrmachts-Fan und Hassobjekt seines Sohnes («Du wärst besser bei Stalingrad verreckt»). Punk Marco wird wegen «staatsfeindlich-agitatorischer Hetze» nach einem Konzert festgenommen und vor die Wahl gestellt: Bautzen oder NVA. Er entscheidet sich für den Wehrdienst, und ausgerechnet der rebellische Punk mutiert zum begeisterten Soldaten und DDR-Verteidiger, während um ihn herum dieser Staat seinem Ende entgegentaumelt, und seine Freundin Anja und seine Mutter sich beim «Neuen Forum» eintragen – zur Empörung des Stasi-Vaters. Marco entfremdet sich Anja, bis er entdeckt, dass sein ihm wohlgesinnter Vorgesetzter in Wirklichkeit Anjas totgeglaubter Vater ist. Er war in Chile Berater der Allende-Regierung und stand nach dem Putsch im Verdacht «umgedreht» worden zu sein. Die Fäden der Familie und der Zeitgeschichte laufen am 9. November 1989 am Brandenburger Tor zusammen. Marco ist als Unteroffizier zur Sicherung der Grenze abkommandiert, als die Schlagbäume hochgehen fallen sich Marco und Anja in die Arme.

«Worunter der Film wirklich zusammenbricht, ist ausgerechnet der unbedingte Wille zur Authentizität, gepaart mit einem verstörenden Ehrgeiz erzählerischer Effektivität und Didaktik. Was zur Folge hat, dass jeder Satz, jede Szene, jede der 90 Sendeminuten mit Bedeutung aufgeladen wird und Geschichte erzählen muss, dass es nur so kracht. (...) Im Bemühen um Didaktik und Authentizität gibt es in diesem Film keinen Platz für den banalen Alltag, weil schon beim Frühstück mindestens auf die Mangelware Un-

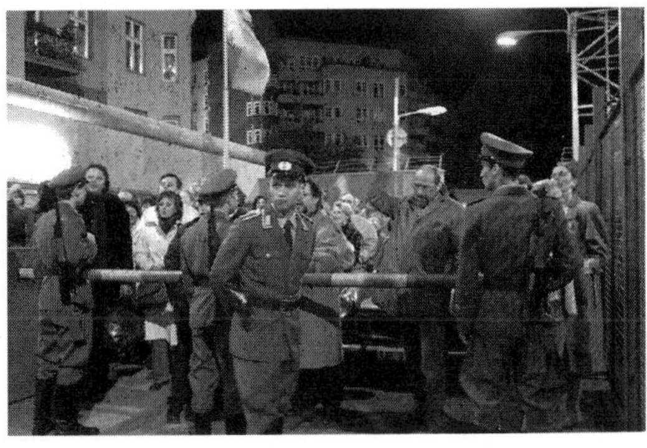
DAS WUNDER VON BERLIN

garische Salami hingewiesen werden muss, im Buchladen sofort von geistiger Bückware und dem Verbot der Zeitschrift ‹Sputnik› die Rede ist.»
(Ulrike Steglich, *epd medien* 7, 2008)

DVD: Warner

Das Wunder von Lengede
(2003) ★

P Sat.1 2003 **Sd** 9., 10.11.2003, Sat.1 (2 Teile) **R** Kaspar Heidelbach **B** Benedikt Röskau **K** Daniel Koppelkamm **M** Arno Steffen **Sz** Götz Weidner, Frank Godt **S** Hedy Altschiller **T** Wolfgang Preiss
D Heino Ferch (Franz Wolbert), Jan Josef Liefers (Bruno Reger), Heike Makatsch (Renate Reger), Nadja Uhl (Helga Wolbert), Günther Maria Halmer (Dr. Dietz), Armin Rohde (Grabowski), Sylvester Groth (Hansen), Axel Prahl (Erwin), Thomas Heinze (Reporter), Gustav Peter Wöhler (Dr. Schleip), Klaus J. Behrendt (Pit Spieker), Benjamin Sadler (Salvatore), Jürgen Schornagel (Willi), Uwe Rohde (Stubb Petersen), Mirko Lang (Hennes)

Das wirkliche Drama begann am 24.10.1963. In einer Eisenerzgrube bei Braunschweig sind durch einen Wassereinbruch 129 Bergleute gefangen. Die meisten konnten in den ersten beiden Tagen befreit werden. Für 21 besteht nur noch die vage Hoffnung, sie könnten im «Alten Mann» Zuflucht gefunden haben, einem aufgelassenen Schacht ohne Stützen. Tatsächlich haben sie sich dahin gerettet, aber ohne jeden Kontakt zur Außenwelt und ohne zu wissen, ob überhaupt noch nach ihnen gesucht wird. Nach zehn Tagen sind die Eingeschlossenen physisch und psychisch am Ende. Einer unternimmt einen Selbstmordversuch, andere fangen an zu phantasieren. Am 3.11. stoßen die Retter auf einen Hohlraum bei 58 Meter Tiefe, man schöpft wieder Hoffnung, aber die Klopfzeichen werden erst nach einem wiederholten Versuch, als die Rettungsleitung schon aufgeben wollte, gehört. Die frohe Nachricht platzt mitten in die Trauerfeier, zu der man sich in der Kirche bereits versammelt hat. Ein Mikrofon wird zur direkten Kontaktaufnahme in den Schacht hinabgelassen, die Frauen können mit ihren Männern sprechen. Doch es scheint technisch unmöglich, die Kumpel herauszuholen. Der Schacht würde dem Wasserdruck bei der Bohrung nicht standhalten. Man entscheidet sich, mit Druckluft zu bohren, was jedoch noch nie gemacht wurde. Der notwendige Kompressor muss erst aus Belgien beschafft werden. Die Lage der Eingeschlossenen wird immer prekärer, der schwerverletzte Bruno stirbt unterdessen, ein Teil des Hohlraums stürzt ein. Nach 14 Tagen gelingt das «Wunder von Lengede»: Die zehn Überlebenden werden mit der «Dahlbusch-Bombe» nach oben geholt.

Dies ist kein «Dokumentarfilm», sondern ein sogenanntes «Event-Movie», dessen Gesetze eine Strukturierung des Rettungsdramas durch Liebes- und Sterbeszenen zwingend erfordern. Nicht Analyse und Dokumentation ist das Ziel, sondern das ständige Fallen von einer Emotion in die andere. Entstanden ist, positiv formuliert, «mitreißendes Gefühlsfernsehen auf höchstem Niveau» (Jury des Adolf-Grimme-Preises).

«Was hier anrührt und in der heute herrschenden herzlosen globalen Ökonomie heimliche Sehnsüchte auslöst, ist das harmonische Abbild der Arbeitsgesellschaft der Wirtschaftswunderzeit: Rastloser Technikerfleiß, paternale Sorge des Unternehmers für seine Leute und

die unverbrüchliche Kameradschaftlichkeit des proletarischen Arbeitsmanns – es scheint, als wäre damals im Moment der Katastrophe Erhards ominöses Modell einer ‹formierten Gesellschaft› Wirklichkeit geworden.»

(Nikolaus von Festenberg, *Der Spiegel* 45, 2003)

▶ DAS WUNDER VON LENGEDE kam mit dem gleichen Titel schon einmal als Dokumentarspiel auf den Bildschirm: in einer Inszenierung von Rudolf Jugert (ZDF 1969). Der Schwerpunkt lag hier allerdings auf den technischen Details der Rettung unter Ausblendung aller Emotionen.

Literatur: Christian Hißnauer: Unten waren elf. Oben war ‹die ganze Welt›. Die Rethematisierung des Grubenunglücks von Lengede im Dokumentarspiel und als Gesprächsfilm, in: ders. / Andreas Jahn-Sudmann (Hrsg.): *medien – zeit – zeichen*, Marburg 2007, S. 45–53.
DVD: Sony Pictures; Columbia

WUT (2005) ★

P WDR 2005 **Sd** 29.9.2006, ARD **R** Züli Aladag **B** Max Eipp **K** Wojciech Szepel **M** Johannes Kobilke **Sz** Peter Menne **Ko** Riccarda Merten-Eicher **S** Andreas Wodraschke **T** Angelo D'Angelico
D Oktay Özdemir (Can), August Zirner (Simon Laub), Robert Höller (Felix), Corinna Hofmann (Christa Laub), Ralph Herforth (Michael), Demir Gökgöl (Cans Vater), Melila Foroutan (Dominique)

Felix, Teenager aus gutem Haus, wird seit einiger Zeit von dem gleichaltrigen Türken Can «abgezogen», er klaut ihm z. B. die Turnschuhe. Der Versuch von Felix' Vater Simon, angehender Professor, «normal» mit Can zu reden, scheitert. Obwohl Felix gar nicht will, dass sich sein Vater einmischt, sucht dieser auch Cans Vater auf. Während sich Felix und Can eigentlich wieder ganz gut verstehen und gemeinsam kiffen, richtet sich Cans Hass auf Simon, den er für feige und ehrlos hält. Außerdem nagt der Klassenunterschied an ihm. Er provoziert ihn mehrmals, stört sogar seine Antrittsvorlesung an der Uni und schlägt ihn schließlich zusammen, da Simon verhindern will, dass er seinem Sohn «Stoff» verkauft. Simon zeigt Can an, die Polizei findet in seiner Wohnung Rauschgift, Can droht nun eine Haftstrafe, außerdem wird er von seinem eigenen Vater vor die Tür gesetzt, weil er die Familienehre beschmutzt hat. Dafür rächt sich Cans Gang an Felix. Simon, dessen liberales Weltbild längst ins Wanken geraten ist, lässt Can durch einen Freund zusammenschlagen. Daraufhin dringt Can mit Waffengewalt in Simons Haus ein. Es kommt zum Showdown, der für Can

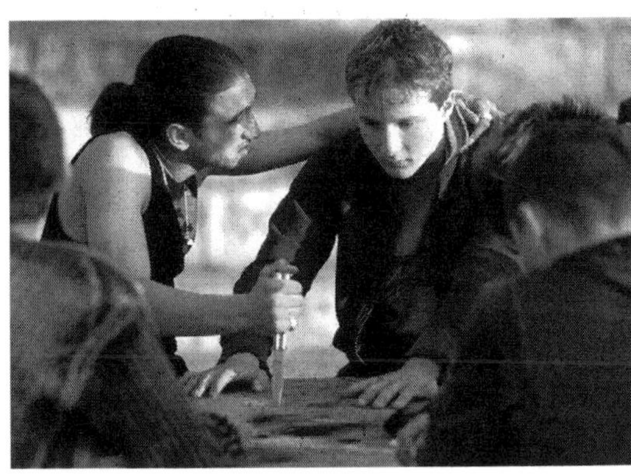
Oktay Özdemir und Robert Höller in WUT

tödlich endet: Simon ist so gedemütigt, dass er ihn umbringt.

Die Jury des Adolf-Grimme-Preises sah den Rang des Films darin, dass WUT «keine Erklärungen liefert, keine sozialtherapeutisch motivierte Schuldzuweisung, keinen Vorwurf und keine Antwort. WUT ist eine schroffe, dramaturgisch radikal vorangetriebene Tragödie des Zusammenpralls zweier Kulturen, die einander zutiefst fremd sind; das pessimistische Bild gescheiterter Integration und eklatanter Hilflosigkeit auf beiden Seiten. (...) WUT ist aber auch das Drama einer alleingelassenen Jugend, deren Väter als Vorbild nicht mehr taugen. Denn so wenig wie der tolerante intellektuelle Simon die Realität seines Sohnes Felix versteht – und deshalb von ihm verachtet wird –, so wenig ist Cans Vater (...) der kriminellen Energie seines Sohnes gewachsen. Nicht die Söhne sind es, die Schuld an der mörderischen Katastrophe tragen – es sind die Väter, die ihrerseits in einer Parallelwelt der moralischen Reflexe oder überkommenen Familienehre leben.»

DVD: WVG Medien

Z

Zuchthaus ➲ Interview mit Herbert K.

Die zweite Heimat ➲ Heimat

12 heisst: Ich liebe dich (2007)

P MDR 2007 **Sd** 16.4.2008, ARD **R** Connie Walther **B** Scarlett Kleint **K** Peter Nix **M** Rainer Oleak **Sz** Agi Dawaachu **Ko** Simone Simon **S** Sabine Brohse **T** Jochen Hergersberg

D Claudia Michelsen (Bettina), Devid Striesow (Jan), Michael Krabbe (Andreas), Winnie Böwe (Sabine), Roland May (Referatsleiter), Luise Helm (Kati), Nina Franoszek (Leiterin d. Gedächtnisstätte), Florian Panzner (Bernd)

Bettina Kramer kommt 1985 in Dresden ins Stasi-Untersuchungsgefängnis, weil sie einen kritischen Artikel in den Westen geschmuggelt hat. Während dieser achtmonatigen U-Haft ist der sie vernehmende Stasi-Offizier Jan Kohlfeld ihr einziger Kontakt. Die beiden verlieben sich, sehen sich aber, nachdem sie zu drei Jahren Haft verurteilt wird, nicht wieder. 1997 arbeitet Bettina in ihrem ehemaligen Gefängnis: Sie führt als Ex-Häftling Besucher durch die jetzige Gedenkstätte. Sie nimmt wieder Kontakt zu Kohlfeld auf, um ihn als Zeitzeugen zu interviewen, und bei ihrem ersten Treffen verlieben sie sich erneut. Er verlässt seine Frau und zieht zu Bettina – und jetzt erst beginnen die Auseinandersetzungen und der Streit um seine damalige Tätigkeit. Er hat Angst davor, sein Leben in Frage zu stellen, sie, dass er es nicht tut. Sie konfrontiert ihn mit

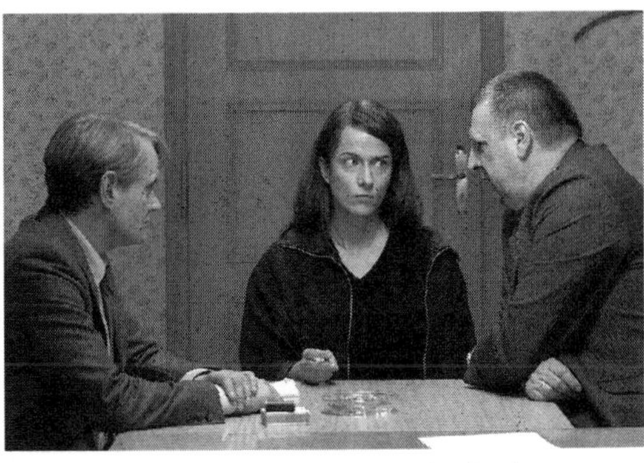

Devid Striesow, Claudia Michelsen und Roland May (v.l.n.r.) in 12 heisst: Ich liebe dich

dem, was sie durchgemacht hat und er bekennt sich erst jetzt zu seinem Anpassertum und seinem jämmerlichen Opportunismus. So wie er damals als Befehlsempfänger funktioniert hat, tut er es nun in seinem Job als Buchhalter. Bettina wird entlassen, weil die Liebe zu einem ehemaligen Stasi-Offizier die «Würde des Ortes und der Opfer» verletze und «keine adäquate Form der Aufarbeitung» sei. Der Film, der auf einem authentischen Fall beruhen soll, verlagert die «Aufarbeitung» ins Zwischenmenschliche.

«Der Film ist extremster Individualismus. Es ist die Geschichte zweier Menschen in einer spezifischen Situation. Ob da etwas herausragt für die Allgemeinheit, eine Botschaft gar? Doch ja, da ist die Irritation, dass ein gesichertes Urteil über Menschen ins Schleudern kommen kann. Dass ein Stasi-Mann ewig und drei Tage ein Stasi-Mann bleibt. Dass es Abweichungen vom Prototypen gibt, mehr als die eine verabsolutierte Perspektive aufs Geschehene.»

(Joachim Huber, *Tagesspiegel*, 16.4.2008)

DVD: KNM

«Top 20» – Die 20 besten Fernsehfilme

Eine «Best of»-Liste in chronologischer Reihenfolge als Vorschlag für einen «Basis-Kanon», Gegenvorschläge sind willkommen.

1. Orden für die Wunderkinder (Rainer Erler, WDR 1963)
2. Ein Tag (Egon Monk / Gunther R. Lys, NDR 1965)
3. Der Beginn (Peter Lilienthal / Günter Herburger, SDR 1966)
4. Mord in Frankfurt (Rolf Hädrich, WDR 1967)
5. Geschlossene Gesellschaft (Frank Beyer / Klaus Poche, DFF 1968)
6. Kaddisch nach einem Lebenden (Karl Fruchtmann, RB 1968)
7. Nachrede auf Klara Heydebreck (Eberhard Fechner, NDR 1969)
8. Das Millionenspiel (Tom Toelle / Wolfgang Menge, WDR 1970)
9. Das falsche Gewicht (Bernhard Wicki, ZDF 1971)
10. Im Reservat (Peter Beauvais / Peter Stripp, ZDF 1973)
11. Das Leben des schizophrenen Dichters Alexander März (Vojtech Jasny / Heinar Kipphardt, ZDF 1975)
12. Bolwieser (R. W. Fassbinder, ZDF 1977)
13. Die Geschwister Oppermann (Egon Monk, ZDF 1982)
14. Der Prozess (Eberhard Fechner, NDR 1984)
15. Eine blassblaue Frauenschrift (Axel Corti, ORF 1984)
16. Heimat (Edgar Reitz / Peter Steinbach, WDR 1984)
17. Mit meinen heissen Tränen (Fritz Lehner, ORF 1986)
18. Todesspiel (Heinrich Breloer, WDR 1997)
19. Die Manns (Heinrich Breloer / Horst Königstein, WDR 2001)
20. Im Angesicht des Verbrechens (Dominik Graf / Rolf Basedow, WDR 2010)

Bibliografie

Beling, Claus (Hrsg.): *Theorie des Fernsehspiels*, Heidelberg 1979

Berg, Helmut O.: *Fernsehspiel nach Erzählvorlagen*, Düsseldorf 1972

Beutelschmidt, Thomas: (Re-)Konstruktionsversuche – Entwicklungsschritte der DDR-Fernsehdramatik im historischen Kontext der Jahre 1968–1975, in: Claudia Dittmar / Susanne Vollberg (Hrsg.): *Die Überwindung der Langeweile? Zur Programmentwicklung des DDR-Fernsehens 1968–1974*, Leipzig 2002, S. 249–297

Beutelschmidt, Thomas / Steinlein, Rüdiger (Hrsg.): *Realitätskonstruktion. Faschismus und Antifaschismus in Literaturverfilmungen des DDR-Fernsehens*, Leipzig 2004

Bleicher, Joan Kristin: *Fernsehen als Mythos. Poetik eines narrativen Erkenntnissystems*, Opladen 1999

Cipitelli, Claudia / Schwanebeck, Axel (Hrsg.): *Fernsehen macht Geschichte*, Baden-Baden 2009

Dammann, Clas: *Stimmen aus dem Äther – Fenster zur Welt. Die Anfänge von Radio und Fernsehen in Deutschland*, Köln/Weimar 2005

Durzak, Manfred: *Literatur auf dem Bildschirm*, Tübingen 1989

Elghazali, Saed R.: *Literatur als Fernsehspiel*, Hamburg 1968

Ellenbruch, Peter: Notizen zur Ästhetik bundesdeutscher Fernsehspiele und Fernsehfilme (1952–1963), in: *Rundfunk und Geschichte* 3–4, 2011, S. 7–18

Fernsehen macht Geschichte – Vergangenheit als TV-Ereignis, epd medien 26, 2008

Heinz, Julia von: *Die freundliche Übernahme. Der Einfluss des öffentlich-rechtlichen Fernsehens auf den deutschen Kinofilm von 1950 bis 2010*, Baden-Baden 2012

Hickethier, Knut: Auseinandersetzung mit der Gegenwart. Fernsehdramatik in den sechziger Jahren, in: Ulrich Profitlich (Hrsg.): *Dramatik der DDR*, Frankfurt 1987, S. 130–166

Hickethier, Knut: *Das Fernsehspiel der Bundesrepublik*, Stuttgart 1980

Hickethier, Knut: *Fernsehspielforschung in der Bundesrepublik und der DDR 1950–1985*, Bern u. a. 1989

Hickethier, Knut (Hrsg.): *Deutsche Verhältnisse. Beiträge zum Fernsehspiel in Ost und West*, Siegen 1993

Hickethier, Knut: *Geschichte des deutschen Fernsehens*, Stuttgart 1998

Hickethier, Knut: Literatur als Starthilfe. Die Literaturverfilmungen des bundesdeutschen Fernsehens, in: *Das literarische Fernsehen*, Frankfurt u. a. 2007, S. 65–82

Koebner, Thomas / Netenjakob, Egon (Hrsg.): *Das experimentelle Fernsehspiel – «Das kleine Fernsehspiel im ZDF»*, Frankfurt u. a. 1988

Koebner, Thomas: Der Volkswagen unter den Filmen. 50 Jahre Fernsehfilm, in: ders.: *Wie in einem Spiegel*, St. Augustin 2003, S. 71–84

Kramp, Leif: *Gedächtnismaschine Fernsehen*, Berlin 2011

Kreuzer, Helmut / Prümm, Karl (Hrsg.): *Fernsehsendungen und ihre Formen*, Stuttgart 1979

Kreuzer, Helmut / Thomssen, Christian W.:

Geschichte des Fernsehens in der Bundesrepublik Deutschland I–V, München 1993/94

Münz-Koenen, Ingeborg: *Fernsehdramatik*, Berlin 1974

Netenjakob, Egon: *TV-Filmlexikon. Regisseure, Autoren, Dramaturgen 1952–1992*, Frankfurt 1994

Netenjakob, Egon: *Im Nullmedium. Wie Fernsehdramaturgen Filme produzieren. 18 Porträts*, Köln 1996

Netenjakob, Egon: *Es geht auch anders. Gespräche über Leben, Film und Fernsehen*, Berlin 2006

Peulings, Birgit / Jacobs-Peulings, Rainer Maria (Hrsg.): *Das Ende der Euphorie. Das deutsche Fernsehspiel nach der Einigung*, Münster 1997

Prümm, Karl: Film und Fernsehen, in: Wolfgang Jacobsen / Anton Kaes / Hans Helmut Prinzler (Hrsg.): *Geschichte des deutschen Films*, Stuttgart/Weimar 1993, S. 499–518

Reufsteck, Michael / Niggemeier, Stefan: *Das Fernsehlexikon*, München 2005

Rüden, Peter von (Hrsg.): *Das Fernsehspiel. Möglichkeiten und Grenzen*, München 1975

Rülicke-Weiler, Käte (Hrsg.): *Film- und Fernsehkunst der DDR*, Berlin 1979

Schanze, Helmut: *Fernsehgeschichte der Literatur*, München 1999

Schmidt, Susanne: *Es muss ja nicht gleich Hollywood sein. Die Produktionsbedingungen des Fernsehspiels und die Wirkungen auf seine Ästhetik*, Berlin 1994

Schneider, Irmela: Die Diskussion um das Fernsehspiel, in: *Zeitschrift für Literaturwissenschaft und Linguistik* 29, 1978, S. 101–126

Schneider, Irmela (Hrsg.): *Dramaturgie des Fernsehspiels*, München 1980

Segeberg, Harro (Hrsg.): *Film im Zeitalter Neuer Medien I: Fernsehen und Video*, München 2011

Steinmetz, Rüdiger / Viehoff, Reinhard (Hrsg.): *Deutsches Fernsehen OST. Eine Programmegeschichte des DDR-Fernsehens*, Berlin 2008.

Szely, Sylvia (Hrsg.): *Spiele und Wirklichkeiten. Rund um 50 Jahre Fernsehspiel und Fernsehfilm in Österreich*, Wien 2005

Waldmann, Werner (Hrsg.): *Das deutsche Fernsehspiel. Ein systematischer Überblick*, Wiesbaden 1987

Waldmann, Werner und Rose: *Einführung in die Analyse von Fernsehspielen*, Tübingen 1980

Wiebel, Martin (Hrsg.): *Deutschland auf der Mattscheibe. Die Geschichte der Bundesrepublik im Fernsehspiel*, Frankfurt 1999

Personenregister

enthält Regisseure (R), Drehbuchautoren (B), Autoren literarischer Vorlagen (L) und Kameraleute (K)